Sai Baba spricht über Psychotherapie

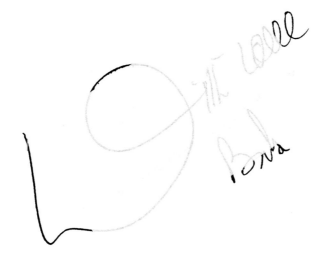

Sai Baba

Spricht
über Psychotherapie

Band 4

durch
Stephan v. Stepski-Doliwa

Foto auf dem Cover von Sabine von Kügelgen, Kiel:
Der Gott Ganesha, der von den Gläubigen darum gebeten wird, die
Schwierigkeiten auf dem Lebensweg wegzuräumen
(vgl. auch v. Stepski-Doliwa, *Sai Baba spricht zum Westen*, 7.9.).

Foto auf S. 5 von R. Padmanaban, Puttaparthi.

Dies ist der 4. Band aus der Reihe *Sai Baba spricht ...* ©

Alle Rechte vorbehalten, auch die der photomechanischen Wiedergabe und
der Speicherung auf elektronischen Medien.
Dies gilt sowohl für den gewerblichen als auch für den privaten Bereich.

1. Auflage 2000
Copyright © 2000 by Govinda Sai Verlag ®
Mülleranger 8, D – 82284 Grafrath bei München
Einbandgestaltung: Constanze v. Stepski-Doliwa, Thomas Pflaume
Textlayout: Ulrike Wolter
Satz, Druck- und Bindearbeit: Ernst Uhl, Radolfzell
Printed in Germany

ISBN 3-930889-10-2

INHALT

DANKSAGUNG	13
VORWORT	14
EINLEITUNG	18
DER THERAPEUT	21
Der problematische Therapeut	21
Der gute Therapeut	23
Beten anstatt Ausbildung?	25
Bescheidenheit statt Anmaßung	27
Das Schweigen	31
Macht und Zwang	32
Gottes Stimme	33
Die Göttliche Ordnung	35
Wahrheit und Liebe	36
Mensch und Gott	40
IDEALE UND DAS EINE ZIEL	42
Achtung und Selbstachtung	42
Der Maßstab	44
Adoleszenz	46
Adoleszenz, Entscheidung, Selbstwert	48
Sexualität als *Panacea*	50
Innere Ruhe	52
Instinkt, Verstand, innere Schau	55
Freud, Libido und Pessimismus	57
Krishna und Kant	58
Für die Frauen	61
Für die Männer	61
Der Vergleich	61
Männer und Frauen	62
Freiheit ist, das Richtige zu tun	65
Glück muss ausgehalten werden	68

Dädalos und Ikaros	69
Idee und Körper	72
Wer das Gute kennt, tut es auch!	73
Die Wahrheit	74
Die Wahrheit schützt	76
Psychologie und Wahrheit	79
Karma	79
Nishkaama Karma	82

THERAPEUT UND PATIENT — 85

Das Ego	85
Die Auswirkungen von *Tamas* und *Rajas* in der Therapie	89
Die Farbe Schwarz	92
Die Lehre der Mitte	93
Verführung	94
Therapeuten und Therapeutinnen	99
Die Führer	99
Ergänzung und Klarheit	101
Die Ordnung der Verschiedenheit	103
Der Respekt	106
Die Gefahr für den Therapeuten	109
Nichts sagen	110
Zu viel reden	111
Demut	113
Scheinheiligkeit	116
Anerkennung fordern und fördern	117
Die Grenze	120
Schwäche und Manipulation	121
Manipulation und Wahrheit	123
Das Leiden als Chance	123
Glück	127
Bewusst und unbewusst	128
Leidenschaft und Leiden	129
Aufschreiben	131
Selbstwert	132
Der Stein der Weisen	134
Pessimismus und Macht	135
Richtig und falsch	137
Gute und schlechte Menschen	138
Gut und böse	140

Mitgefühl	142
Der Witz	146
Der Humor	150
Die Situationskomik	152

VERSCHIEDENE THERAPIEMETHODEN — 154

Die Verhaltenstherapie	154
Die Reinkarnationstherapie	155
Die Astrologie	157
Hypnose	159
Katathymes Bilderleben	160
NLP	161
Die Transaktionstherapie	162
Primärtherapie	164
Eutonie und andere Therapiemethoden	164
Die Homöopathie	166
Homöopathen, Allopathen	168
„Meine Therapiemethode ist die richtige!"	169
Psychopharmaka	170
Die psychoanalytische(n) Methode(n)	171
Die Gesprächspsychotherapie	173
Die Bioenergetik	175
Gestalttherapie	180
Psychodrama	185
Die Systemische Familientherapie	186
Bert Hellinger und die Frauen	192
Das Ziel von Therapie	196
Suchen und Finden	198

DIE BASIS-AUFSTELLUNG — 203

Das Aufstellen im Allgemeinen	203
Das Aufstellen des Selbst	204
Das Aufstellen der acht Instanzen	206
Die Skepsis	207
Die Auflösung	209
Veränderung beginnt durch Staunen	211
Geduld	213
Die Beziehung zwischen Therapeut und Patient	218
Der Versuch	222
Die Lösung	223
Die Identifikation mit dem Angreifer	226

Die Entschuldigung	227
Das Vergeben	229
Der Segen	230
Die Aufstellung mit den acht inneren Instanzen – ein Praxisbeispiel	233

DER MYTHOS VON ÖDIPUS — 238

Freud und die Amerikaner	238
Der Mythos	240
Was sagt dieser Mythos?	242
Die Eltern-Kind-Beziehung	246
Blindheit als Seuche	247
Adoptiveltern	249
Erkenne dich selbst	250
Die Sphinx	251

DAS DRAMA DES NARZISSMUS — 254

Der Ursprung des Narzissmus	254
Die Reihe *Sai Baba spricht ...* als Heilung	256
Heilung der Sucht	257
Schnelle Veränderungen	261
Freiheit von der Sucht	263
Nicht das Suchtmittel, sondern die Sucht selbst ist das Thema!	265
Lösen der Sucht	267
Liebe als Sucht	269
Angst, Furcht, *Nirbhaya* und *Abhaya*	272
Arbeit an der Sucht	274
Der Guru als Maßstab	275
Narziss und Narzissmus	278

KARMA UND GLÜCK — 282

Recht und Lernen	282
Gerechtigkeit und Karma	284
Aggressionen und Ernährung	287
Nahrung und deren Zubereitung	293
Die psychische Auswirkung von Ernährung	295
Programmierung durch Liebe	298

ALLGEMEINES ZUR THERAPIE — 302

Seva	302
Fehler, Narzissmus und Differenzierung	306
Die Macht der Wut	308

Spiritualität und Wut	309
Die Kraft der Zartheit	312
Auswählen und Entlassen	314
Die zwei Formen des Lernens	316
Konflikte in der Einzelstunde	318
Niemals zu viel! Niemals zu wenig!	321
Phyllis Krystals Arbeit und Gruppentherapie	323
Einzeltherapie	327
Sich zurücknehmen ist Takt	330
Schnelle Lösung, schnelle Heilung?	333
Umgang mit der inneren Stimme	334
Die Heilung	335
Liebe und Respekt	336
Liebe statt Sexualität	339
Das Bewusste und das Unbewusste	340
Einzelstunden versus Gruppentherapie	341
Klarer Standpunkt und Gerechtigkeit	342
Gruppenfähigkeit	344
ALLGEMEINES ZUR FAMILIENAUFSTELLUNG	346
Die Fehler	346
Die Kosmischen Eltern	349
Gott	350
Kinder	351
Das Stellen	352
Die Sätze	353
Die Auseinandersetzung	354
Klarsein und Klären	355
Das Austragen der Konflikte	360
Der Rollentausch	365
Das Innehalten	368
Psychoanalyse, Familienaufstellung und Tao	373
Weitere Aspekte der Aufstellung	377
Die Affirmationen	380
KOMMUNIKATION	385
Bitte und Danke	390
Anerkennung und Komplimente	391
Das Annehmen	392
Napoleon	393
Ramana Maharshi	395

Dank und Undank	396
Das Bitten als *please*	399
Das Bitten als *welcome*	401
Konsequenzen und Therapie	403
Sokrates als Maßstab	404
Der „Sprachkompass"	408
Kommunikation und Nähe	410
Wichtige Regeln	413

GELD	415
Geldübungen	416
Die Basis-Aufstellung mit Geld	416
Affirmationen und Geld	420
Geldübung – Fantasiereise	421
Das Geldthema beim Patienten	425
Die Kassen	426
Das Geldthema beim Therapeuten	428
Der gemeinsame Weg	431

LEHRSÄTZE	434
QUINTESSENZ	441
LITERATURLISTE	442

DANKSAGUNG

Als Erstes möchte ich Sai Baba für dieses Buch danken. Es war wirklich sehr viel Arbeit. Es war aber ein noch viel, viel größeres Geschenk, dies schreiben und korrigieren zu dürfen.

Und ich danke meiner Frau Constanze, dass sie diesen Weg mit all seinen Biegungen mit mir gegangen ist. Wie sehr hat sie mich immer wieder ermuntert durchzuhalten, wenn ich gar nicht mehr ermessen konnte, wohin dieses Buch mich führte. Immer war sie mit all ihrer Liebe, ihrer Fürsorge und ihrem großen therapeutischen Wissen und Können an meiner Seite. Darüber hinaus hat sie unzählige Fragen gestellt, deren Beantwortung durch Sai Baba uns viel lehrte.

Unserem, damals noch vierjährigen, Sohn Gopala danke ich, dass er uns in Indien so viel Zeit ließ, damit wir den Text korrigieren konnten. Er spielte im Garten mit seinem lieben indischen Freund Alvin und kam nur, wenn es für ihn sehr wichtig war.

Auch Alvins Eltern, Mr. und Mrs. Nobel, danke ich für all die Liebe, die sie Gopala und uns gaben.

Nicht vergessen werde ich den Einsatz von Christine Presnell, die stets da war, wenn wir Hilfe benötigten. Ihr habe ich es zu verdanken, dass ich den Text in Goa nochmals lesen konnte, denn der Drucker, den ich extra nach Indien mitnahm, gehorchte nur ihr.

Von Herzen danke ich Charlotte Kügler, Carola Nowak und Birgit Baader, die den Text mit unendlich viel Einsatz, Kompetenz und Liebe lektorierten. Wie geschützt und daher sicher fühlte ich mich durch ihr Können und ihre Erfahrung!

Und *last but not least* danke ich Ulrike Wolter, die den Text formatierte und pünktlich zum Drucktermin ablieferte. Ich danke ihr sehr für die große Stütze, die sie mir über all die Jahre ist.

Venedig, 10.8.2000   Stephan v. Stepski-Doliwa

VORWORT

Dieses Buch kennzeichnet in vielerlei Hinsicht einen Neuanfang in meinem, in unserem Leben.

Unser Hausbau war – wie wir von so vielen hören, die ebenfalls bauen – eine enorme Herausforderung. Alles schien anders zu laufen, als Constanze und ich es uns anfangs vorgestellt hatten. Immer wieder kamen wir an unsere Grenzen. Wir dachten, wir hätten bereits 110% gegeben, es schien aber doch nicht zu genügen.

Als dann endlich alles fertig war und wir meinten, durchatmen zu können, weil auch der Zaun hergerichtet und gestrichen war, da sagte uns Sai Baba, wir sollten uns mit dem Gedanken anfreunden wegzuziehen! Wir waren natürlich *not amused*!

Zunächst nahmen wir an, wir würden innerhalb von Bayern oder Deutschland umziehen. Als wir aber erfuhren, wir sollten nach Italien gehen, waren wir doch mehr als nur überrascht.

Ich bin in Italien aufgewachsen und erlebe das Veneto als meine Heimat – trotzdem bedeutet ein Umzug nach Italien für die ganze Familie einen völligen Neubeginn.

Sai Baba sagte uns, wohin wir ziehen sollten, und beauftragte auch die Architekten Seines Krankenhauses in Puttaparthi, Keith Critchlow und John Allen, während eines Interviews, uns beim Bau dieses psychologisch-spirituellen Zentrums zu helfen. Dafür sind wir ganz besonders dankbar.

Dies war am 18.1.2000. Seither ist nun mehr als ein halbes Jahr vergangen – und nichts ist bezüglich des Kaufes dieses Objektes geschehen.

So hängen wir bereits seit zwei Jahren in der Luft, was am Anfang recht schwierig war, nun sich mittlerweile aber immer gewohnter anfühlt. Und wir lernen das, was Sai Baba in diesem Buch immer wieder anspricht und betont: Geduld, Geduld!

Diese Situation des Abwartens und Vertrauens hatte auch den großen Vorteil, dass wir auf Sai Babas Rufen hin vier Monate nach Indien gehen konnten und dadurch die Zeit hatten, Seine Nähe zu genießen und das Buch zu korrigieren.

Aber nicht nur dies, sondern auch unendlich viel anderes hat Er hervorragend geplant.

So begann 1997 eine Fortbildung, die Constanze und ich leiten und die dieses Jahr zu Ende geht. Genau vor dem Beginn des Fortbildungsseminars im letzten Jahr lehrte mich Sai Baba die Basis-Aufstellung, die eine ganz neue Dimension in meine Therapie brachte, denn sie macht unmittelbar deutlich, welche unbewussten Einstellungen jemand hat.

Diese neue Therapiemethode, die in diesem Buch von Sai Baba auch eingehend erklärt wird, hat uns alle sehr beeindruckt. Einmal wegen ihrer Effizienz und zudem wegen der Perfektion in der Planung und Einbindung in die Familienaufstellung!

So vollendete sich etwas, was Jahre vorher begonnen hatte. Ich hatte mehrere verschiedene Techniken gelernt und mich mit vielem auseinander gesetzt, was Sai Baba vertiefte und veränderte. Schließlich lehrte Er mich über die innere Stimme die Form der Aufstellungen, wie Er sie verstand und richtig fand. Somit entstand eine ganz neue, lebendige Art der Familienaufstellung.

Eine erstaunliche Erfahrung mit diesem Buch war, dass Er es ohne Gliederung schrieb. Ein Buch, das so deutlich macht, wie wichtig Klarheit, wie wichtig Struktur, wie entscheidend klare Ziele sind, entstand selbst ohne jegliche Gliederung! Dies war für mich wirklich nicht leicht zu fassen. Aber ich schrieb und schaltete mein Denken ab.

Daraufhin geschahen erstaunliche Dinge. Ich teilte das Geschriebene in verschiedene Kapitel von 20 bis 30 Seiten, da es sich mit dieser Dateigröße besonders gut bearbeiten ließ.

Als ich das Geschriebene überprüfte, stellte ich mit Bestürzung fest, dass das achte Kapitel fehlte. Es war weder auf der Festplatte noch auf einer der Sicherungsdisketten. Ich war sehr aufgewühlt, denn ich befürchtete, dass bereits Diktiertes durch einen Fehler meinerseits verloren gegangen sei. Sai Baba beruhigte mich immer, doch ich fand meine Ruhe nicht so recht wieder.

Also fragte ich Ihn, was ich machen sollte. Er antwortete: „Gar nichts. Habe Geduld und warte ab!" So wartete ich und übte mich in Geduld.

Und dann diktierte Er mir eines Tages das achte Kapitel. Und was schrieb ich nieder? Die Basis-Aufstellung! Er hatte also dieses Kapitel zuvor noch gar nicht diktiert gehabt, sondern gewartet, bis die Zeit reif war! So präzise war das Buch gegliedert, nur wusste ich es nicht.

In Indien gab es anschließend noch viele solcher Ereignisse, nur wusste ich es nicht. Constanze und ich korrigierten gemeinsam Kapitel für Kapitel. Nicht selten war ich unglücklich über die Form, den Inhalt oder beides. Ich konnte mir dann kaum vorstellen, wie aus diesen verschiedenen Gedanken und Aussagen eine gute Einheit hergestellt werden konnte.

Sai Baba aber machte all dies, damit ich Vertrauen und Geduld lernte.

Kaum bat ich Ihn nämlich um Hilfe, so diktierte Er mir hier und dort etwas, und plötzlich ergab sich aus eher losen Zusammenhängen ein beeindruckender Text. Es fügte sich auf einmal alles so leicht. Doch zuvor musste ich an meine Grenzen kommen.

Sai Baba möchte, dass wir unser Allerbestes geben – und zwar ständig.

Anfangs fand ich dies nicht selten hart. Heute finde ich, dass Er völlig Recht hat und Seine Forderungen mich sehr gefördert, weil gefordert haben.

Nach genau diesem Gesichtspunkt ist auch das vorliegende Buch aufgebaut. Sai Baba sagt, der weltliche Weg beginne leicht, um immer schwerer zu werden.

Der spirituelle Weg beginne dagegen schwer, um immer leichter zu werden.

Dieses Buch fängt schwer an. Sai Baba fordert sehr viel von einem Therapeuten: Er muss erleuchtet sein, er muss genau sehen, wo er ist und wo seine Patienten sind, er muss das Ziel und den Weg dahin genau kennen, und er muss voller Liebe, Opferbereitschaft und Geduld sein.

Als ich all dies niederschrieb, wurde mir die Schere zwischen dem Größenwahn, der darin besteht, sich vorzugaukeln, alles zu können, und der Selbstschwächung durch Zweifel am eigenen Können deutlich.

Durch das Niederschreiben dieses Buches bekam ich so viel Wissen, so viele Hilfen und Kenntnisse von so vielen neuen Zusammenhängen an die Hand, dass ich mich unendlich beschenkt fühlte.

So habe ich dieses Buch mittlerweile sieben Mal gelesen. Und jedes Mal habe ich viele, viele neue Einsichten erhalten.

Möge es jeden Leser mindestens ebenso beschenken wie mich. Und möge es jedem Therapeuten, jeder Therapeutin und allen Suchenden die Hilfen und Antworten geben, die mein Leben so sehr bereicherten.

Mögen auch sie das empfinden, was ich neben all dem Wissenswerten so entscheidend finde: Die große Freude am Leben!

Venedig, 10.8.2000   Stephan v. Stepski-Doliwa

EINLEITUNG

In den letzten 5.500 Jahren führte die Menschheit 15.000 Kriege.

Die Schrecklichsten fanden im 20. Jahrhundert statt. In dem Jahrhundert, in dem die Psychologie sich entwickelte.

Seit 5.500 Jahren führt die Menschheit einen Krieg nach dem anderen, und es sieht nicht danach aus, als wollte sie ihrer Freude am Untergang abschwören.

Hat die Psychologie daran etwas geändert?

Hat sie verhindert, dass die Menschheit sich durch das Zünden von Atombomben selbst vernichtete? Ja und nein.

Der Mensch sucht bleibende Glückseligkeit. *Ananda* ist sein Ziel, da es seine wahre Natur ist. Deshalb versucht er diese Glückseligkeit auch durch Therapie zu erlangen.

Und findet er sie? In den meisten Fällen leider nicht. Denn viele Psychologen wissen selbst weder was sie suchen, noch wo sie es finden könnten.

Deshalb spreche ich in diesem Buch stets von der Erleuchtung als Maßstab für den Therapeuten. Der Therapeut sollte ein Leuchtturm sein. Ein Leuchtturm an Wissen, an Klarheit, an Liebe und an Geduld. Und er sollte Erfolg haben.

Nun stutzt du, denn das hättest du so unvermittelt von mir nicht erwartet, dass ich dem Erfolg eine so große Bedeutung beimesse. Doch für mich ist der Erfolg sehr wichtig, denn der wahre, der bleibende Erfolg stellt sich dann ein, wenn jemand aus einem reinen, liebenden Herzen heraus arbeitet.

Eine schönere Form der Tätigkeit gibt es nicht.

Nun ist es genau 100 Jahre her, dass Freuds Werk *Die Traumdeutung* erschien, das ein neues Zeitalter einläutete, nämlich das psychologische.

Ich bin aber gekommen, um euch ein ganz anderes Zeitalter zu bringen: Das Goldene Zeitalter!

Ihr seid unglaublich gesegnet, denn ihr steht vor einer völlig neuen Zeit. In dieser Zeit wird sich alles verändern. Es wird wieder eine innige Harmonie zwischen Gott, den Menschen und der Welt geben.

Deswegen muss sich auch die Psychologie grundlegend verändern.

Denn eine Therapie ohne klare Ausrichtung auf Gott ist auf lange Sicht höchst gefährlich.

Jedes Wissen, das Gott nicht mitdenkt, ist auf Dauer mehr schädlich als nützlich und kann im Nu höchst gefährlich werden.

So sind heute viele Asketen, Mönche, Geistliche und sogar Kirchen- und Religionsführer von Habgier, Neid, Hass und Intrigen beherrscht. Kein Wunder, dass die Menschheit in eine so tiefe Krise geraten ist.

Ich bin gekommen, diese Krise, in der die ganze Welt steckt, abzuwenden. Jeder meiner Schritte auf Erden ist vorherbestimmt. Kein Karma bindet mich an die Welt, sondern nur meine Liebe.

Ich werde meine Mission erfüllen, und du wirst den Schlüssel für das Schatzkästchen der Glückseligkeit zurückbekommen, den du im Laufe der Jahrhunderte verloren hast.

Sei deshalb heute schon glücklich, denn du wirst das Ziel erreichen.

Und dieses Ziel, dies werde ich immer wieder in diesem Buch aufzeigen, liegt in dir. In deinem Herzen. Höre deshalb mit der sinnlosen Suche auf, die das Glück in der Welt und ihren leeren Versprechungen zu finden hofft. Setze all deine Kraft ein, um **dich** zu finden.

Erwarte aber nicht einfache, wohlfeile Lösungen.

Suche dir einen Therapeuten, der zusammen mit dir **deine** Wahrheit sucht und sie deshalb finden wird, weil er **seine bereits kennt und lebt.**

Bedenke aber, dass du der Schmied deines Glückes bist. So viel, wie du für das Finden deines Zieles einsetzt, so viel wirst du auch finden.

Kein anderer ist verantwortlich außer dir. Denn: Alles ist vorbereitet. Und deshalb bist du der Gestalter deines Lebens.

Denke immer daran, dass das Leben im Nu vergeht. Vergeude deshalb keinen Tag, keine Stunde. Jeder Augenblick ist unendlich kostbar und wird so nie wieder kommen. Nimm dein Leben in die Hand. Es gibt keinen einzigen Grund dafür, dass du nicht von diesem Augenblick an vollkommen glücklich sein solltest – außer, dass du meinst, das Glück geschenkt bekommen zu können.

Dieser Irrtum ist der Grund dafür, dass so viele Menschen unglücklich sind. Sie sind es – ich muss es leider so deutlich sagen –, weil sie das Unglück und die Illusion der Anstrengung und Selbstverantwortung vorziehen.

Doch die Welt ändert sich rapide zum Besseren, zum umfassenden Glück. Es wird deshalb immer weniger Möglichkeiten geben, sich in Depression, Narzissmus und Freude am Untergang zu sonnen.

Die Welt verändert sich. Und du bist dabei. Denn du verstehst, dass es nur den einen Weg gibt: Dass du dein Glück eroberst und nicht erwartest, das Glück suche und finde dich. Habe Geduld und sei trotzdem tätig.

Arbeite an dir. Scheue keine Mühe. Freue dich über jede Aufgabe, die dich herausfordert und damit erstarken lässt. Mach dich nicht damit klein, dass du nur das Einfache, Bequeme, Sichere suchst.

Lass dich im Feuer des Lebens schmieden. *Ananda*, die umfassende Glückseligkeit, ist dein Ziel. Dafür lohnt sich jede Mühe.

Und damit deine Suche auch Erfolg hat, gebe ich dir dieses Buch an die Hand. Möge es dir als Therapeut ebenso wie als Patient viel Wissen, viel Klarheit und viel Freude vermitteln – als Meilensteine zur Psychologie des Goldenen Zeitalters.

Sathya Sai Baba

DER THERAPEUT

Im Übergang vom *Kali Yuga* zum Goldenen Zeitalter, das heißt vom niedrigsten zum höchsten Zeitalter, nimmt der Therapeut die Stellung des Weisen ein. Natürlich hat er auch die Funktion eines Heilers. Aber was ist der Heiler auf seelischem Gebiet? Es ist der Weise, der Erleuchtete. Und damit ist im Grunde bereits alles gesagt und umrissen.

Der problematische Therapeut

Wer sich als Therapeut betätigen will, muss ein Weiser, muss im Grunde erleuchtet sein. Er muss die Quelle, das gemeinsame Sein aller erreicht und das Göttliche in sich verwirklicht haben.

Wer diese Attribute nicht hat, richtet schnell mehr Schaden an, als dass er hilft, geschweige denn heilt.

Weil die meisten so genannten Therapeuten heutzutage weder selbst seelisch gesund noch erleuchtet sind, dauern die Therapien einerseits so lange und erreichen andererseits so wenig, wodurch das Leiden der Patienten in vielen Fällen überhaupt nicht gemildert, sondern häufig sogar vergrößert wird. Der Ruf der Psychotherapie ist infolgedessen immer noch sehr zweifelhaft, um nicht zu sagen schlecht.

Die meisten Therapeuten stochern wie Blinde in der Psyche ihrer Patienten herum, weil sie im Grunde überhaupt nicht wissen, was sie suchen.

So schrecklich es klingt, so ist es doch in vielen Fällen wahr: Sie suchen nicht primär die Heilung ihrer Patienten, sondern ihre eigene.

Sie suchen Positives wie Wohlstand, Anerkennung, Ansehen und Anmut und landen schließlich bei der Anmaßung, weil sie am falschen Ort suchen.

Ja, Anmut! Der Leser stolpert vielleicht über das Wort Anmut und denkt möglicherweise, ich hätte es gewählt, weil es gut in die Reihe der mit „A" beginnenden Wörter passt. Dem ist aber nicht so. Anmut ist eine typische Eigenschaft desjenigen, der sich gefunden hat. Denn Anmut ist eine ureigenste Eigenschaft des Absoluten – des Absoluten, das der Erleuchtete aufsucht, in sich findet und aus dem er schöpft. Anmut ist das Wesen von allem.

Anerkennung, Ansehen und Anmut sollten Patienten in einer Therapie finden. Das heißt: Der Therapeut sollte ihnen helfen, das in sich aufzufinden, was in jedem ist und was er in sich selbst verwirklicht hat.

Wie soll aber jemand etwas geben, was er nicht hat? Und was geschieht, wenn jemand dazu gezwungen ist, etwas zu geben, obwohl er es nicht besitzt? Im Falle des Therapeuten geschieht etwas besonders Problematisches: Er nimmt es von seinen Patienten, statt es den Patienten zu geben!

Der Therapeut, der sich nicht gefunden, der die Ruhe des Absoluten nicht in sich verwirklicht hat, der nicht vom Schein zum Sein vorgedrungen ist, muss sich mit Schein umgeben. So wird er anmaßend. Und Anmaßung geht immer auf Kosten anderer. Der Anmaßende nimmt sich etwas, was ihm nicht zusteht. Der nicht verwirklichte Therapeut maßt sich eine Selbst-Sicherheit, eine Kompetenz an, die er überhaupt nicht hat. Nicht haben kann. Denn wie soll jemand selbst-sicher sein, wenn er das Selbst in sich nicht gefunden, nicht verwirklicht hat?

Dieser Therapeut lebt deshalb in *Maya*, im Schein, in der Täuschung. Wozu gibt er dann aber Therapie? Die Antwort ist: **Um sich selbst zu heilen.**

Das aber ist die größte Täuschung: Er gibt vor, Menschen helfen zu können, benutzt diese aber primär, um **seine** und nicht **ihre** Bedürfnisse zu befriedigen. Kein Wunder, dass sich viele Patienten betrogen, nicht aber gut geführt fühlen.

Diese Diskrepanz zwischen äußerem Schein („Ich bin Therapeut, ich weiß Bescheid!") und innerer Wirklichkeit („Wenn ich nur wüsste, wer ich bin, woher ich komme, wohin ich gehe!") zermürbt nicht nur die Patienten, sondern auch den Therapeuten. Er spürt, dass er nicht in der Wahrheit, nicht in seiner Mitte, nicht in seiner Kraft, nicht im Selbst gegründet ist. Er lebt mit einer Maske der angeblichen Selbst-Sicherheit, dabei ist ihm nichts weniger sicher als das Selbst. Diese Maske, mit deren Hilfe er versucht, sein Leben und das seiner Patienten in den Griff zu bekommen, ist einer der Hauptgründe für seine Schwäche, denn das, was er bräuchte, nämlich das Selbst, ist nicht durch Schein und Täuschung, sondern allein durch Wahrheit und ernsthafte Suche zu erreichen.

Den Kern der Wahrheit bilden die **wahren drei: Das Sein, das Bewusstsein und die Glückseligkeit.** Und dieser Kern lässt jede Maske wie Wachs schmelzen.

Sein, Bewusstsein und Glückseligkeit suchen im Grunde sowohl der Therapeut als auch der Patient. Aber weder der eine noch der andere weiß, **was** er sucht. Manchmal weiß sogar keiner von ihnen, **dass** sie es suchen.

Wer dies nicht weiß, ist aber nicht Therapeut, sondern selbst Patient.

Und genau dies wäre für viele Therapeuten der erste entscheidende Schritt zum Selbst und damit zur Heilung: Wenn sie sehen würden, dass sie keine Therapeuten, sondern Patienten sind.

Dies wäre deshalb so heilsam, weil es ihr falsches Selbst, nämlich ihr Ego, zerstörte. Und was geschieht, wenn das Ego vergeht? Es erscheint das Selbst.

Mit anderen Worten: Für viele Therapeuten ist ihr Beruf das Falscheste, was sie für sich und andere tun können: Sie geben vor, anderen helfen zu wollen, doch in Wahrheit denken sie nur an ihre vordergründigen Interessen. So bauen sie immer mehr Ego auf, wodurch sie mehr und mehr von ihrer wahren Quelle abgeschnitten werden. Und zwangsläufig immer weniger helfen können.

Das heißt: Je mehr Ego ein Therapeut hat, desto weniger ist er dort, wo er sein sollte, nämlich beim Selbst. Je eingebildeter er ist, je arroganter er auftritt, je mehr er in Wahrheit aus seinem Kopf statt aus seinem Herzen heraus denkt, redet und handelt, desto weiter ist er davon entfernt, ein Therapeut, geschweige denn ein guter Therapeut zu sein.

Der gute Therapeut

Nur der kann ein Therapeut sein und wirklich anderen helfen, **dessen Gedanken, Worte und Werke in Ein-Klang sind.** Wer anders redet, als er denkt, wer anders handelt, als er redet, sollte sich selbst therapeutische Hilfe suchen – eine gute, wohlgemerkt! – und nicht sich und andere in der Unwahrheit verstricken.

Dies ist der Maßstab für einen guten Therapeuten: Hat er das Selbst so weit erreicht, dass seine Gedanken, seine Worte und Werke eine Einheit bilden?

Wie steht es mit der Offenheit seines Herzens?

Wie respektvoll geht er mit sich und anderen um?

Weiß er, wo seine und – vor allem – die Grenzen der Patienten sind?

Weiß er, worauf es ankommt?

Das bedeutet: Der Therapeut muss aus der Ruhe des Selbst heraus handeln und leben.

Deshalb kann nur der ein wahrer Therapeut sein, der das Göttliche in sich gefunden hat.

Damit kommen wir zu etwas Entscheidendem: Die heutige Therapie hat ihre Wurzeln in den Lehren Freuds. Welche Methode auch angewandt wird, wie sehr sie Freud direkt oder indirekt auch ablehnen mag, sie ist selbst in der Ablehnung auf ihn bezogen, mit ihm verbunden. Freud hat eine umfassende Lehre geschaffen, die keiner nach ihm so klar und so grundlegend formulierte.

Obwohl Freud durch und durch integer war, hatte er, durch die Erfahrungen früherer Leben bedingt, seinen Zugang zum Göttlichen verloren. Freud konnte sich nicht auf Gott ausrichten. Freud konnte Gott nicht als die Quelle allen Seins – auch der so genannten Krankheit! – sehen.

Er wollte Gott vermeiden, deshalb entwickelte er den Begriff der Libido, die er so umfassend, so allgemein umriss, dass sie einem Göttlichen Prinzip gleichkam.

Freud missverstand aber den Sinn und Zweck von Therapie: Er suchte seelische Heilung, anstatt zu erkennen, dass er selbst Gott in einer verwahrlosten Welt suchte – und seine Patienten, siehe zum Beispiel den „Wolfsmann", das Gleiche taten.

Freud erfand zwar eine geniale Technik, sie ging aber im Grunde völlig am Ziel vorbei. Denn der Mensch ist nicht auf Erden, um erfüllt die irdischen Freud-en genießen zu können, sondern einzig und allein, um Gott zu verwirklichen.

Weil Freud nicht auf Gott ausgerichtet war, konnte er sein vorheriges Leben nicht zu Ende leben, sondern ließ sich eine tödliche Morphiumgabe verabreichen. In einer neuen Inkarnation musste er erleben, in welche Sackgasse seine Lehren führen. Ich werde etwas später näher darauf eingehen. Durch Gottes Gnade durfte er erkennen, dass außer Gott alles irreal ist.

Und genau das ist es, was ein guter Therapeut erreichen sollte: Er sollte wissen, dass so genannte Krankheiten der Aufschrei des Selbst sind, des

Selbst, das endlich einen neuen Weg einschlagen, das sich wieder mehr dem Göttlichen zuwenden, das sich verwirklichen will. Das ist der ganze Sinn aller Krankheiten. Einen anderen gibt es nicht. Und genau deshalb sterben Menschen an Krankheiten: Wenn das Selbst erkennt, dass die Sackgasse ohne Ausweg ist, dann zieht es die Leben spendenden Energien ab, und der Körper stirbt und verfällt.

All dies muss der richtige Therapeut wissen. Man erkennt ihn an seiner Ruhe und seiner Güte, die er auch dadurch bekommt, dass er regelmäßig meditiert (*Sai Baba spricht zum Westen*, 25.7.) und den Namen Gottes wiederholt (ebenda, 27.2.).

Durch diese Haltung aktiviert der Therapeut ganz andere Energien in sich, fühlt sich als Werkzeug und findet gewöhnlich und ganz selbst-verständlich zu immer mehr Bescheidenheit.

Und was ist nun das wahre Ziel des Therapeuten beziehungsweise der Therapie? Dies ist, wie gesagt, die Gottesverwirklichung. Und dies ist nichts anderes als die Selbstverwirklichung, das heißt das Finden der wahren, der eigenen Identität. Denn Gott ist nicht im fernen Himmel, sondern in dir, in deinem Herzen.

Freud und viele seiner Schüler versuchten, diesen Mangel an grundlegender Ausrichtung durch große Kompetenz zu kompensieren.

Beten anstatt Ausbildung?

Viele so genannte spirituelle Therapeuten meinen heute andererseits, dass ein paar „gut platzierte" Stoßgebete eine fundierte therapeutische Ausbildung leicht ersetzen können. Das zeigt, dass sie weder von der Materie noch von sich noch von Gott die leiseste Ahnung haben.

Der entscheidende Satz lautet: „Hilf dir selbst, dann hilft dir Gott!" Gott mag keine Faulpelze, keine Täuscher, keine Scheinheiligen, denn Gott ist die Wahrheit, und diese sind alle weit davon entfernt.

Es ist deshalb unverantwortlich, dass manche Menschen meinen, sie könnten ohne jegliche fundierte Ausbildung, ohne weiter gehende Selbsterfahrung, ohne ausreichende Praxis und Supervision anderen helfen. Das ist Anmaßung! Wären sie auch nur annähernd bei Sinnen, würden sie sich zuerst selbst helfen – helfen lassen – und dann erkennen, dass sie noch nicht viel entwickelt haben, womit sie anderen wirklich helfen könnten.

Ein großes Problem ist zum Beispiel die so genannte Phyllis-Krystal-Arbeit. Phyllis Krystal leistet hervorragende Arbeit, die ich kenne und führe. Sie ist aber mit so vielen Tätigkeiten und so viel Dienst am Nächsten beschäftigt, dass sie sich nicht auch noch um all das kümmern kann, was unter Verwendung ihres Namens getan wird.

Viele haben überhaupt keine Ahnung von sich und von dem, was Phyllis Krystal wirklich tut, sie haben vielmehr gerade mal ein, zwei Seminare von ihr besucht und geben sich anschließend als Therapeuten aus! Und was tun sie? Sie stochern in der Psyche ihrer armen Patienten herum, ohne auch nur im Geringsten zu wissen, was sie da tun. Sie schicken immer wieder Stoßgebete an mich mit der Bitte oder gar Aufforderung, ich sollte im Grunde für sie die Therapie machen. Was sie tun, ist Missbrauch meiner Liebe und Fürsorge. **Sie** geben die Therapie, sie müssen deshalb hervorragende Fachkräfte sein.

Es ist unverantwortlich, wenn ein Mensch sich in einer Schule vor eine Klasse stellt und immer wieder Gott bittet, ihm zu helfen, das Abc aufzusagen, weil er es nicht gelernt hat. In eine Schule, vor eine Klasse gehören nicht irgendwelche Menschen, sondern Lehrer. Und keiner kann sich Lehrer nennen, der nicht einmal das Abc beherrscht. Er ist kein Lehrer, sondern Schüler.

Das Gleiche gilt für diese so genannten Therapeuten. Sie sind keine Therapeuten, sondern höchstens Patienten. Sie wollen aber keine Patienten sein, denn sie fürchten nichts mehr als die Therapie. Und weißt du, warum? Weil sie sich vor nichts mehr fürchten, als dass sie an einen Therapeuten geraten, der so schlecht ist wie sie. Beziehungsweise, dass sie zu einem guten Therapeuten kommen und erkennen, wie viel sie selbst noch aufzuarbeiten haben!

Bemerkenswert ist noch, was geschieht, wenn ihre armen Patienten – vom Englischen *patient*, geduldig, denn geduldig müssen sie sein, um sich all dies bieten zu lassen! – in Kontakt mit ihren tiefer gehenden Konflikten kommen. Statt dass diese unfähigen Therapeuten ihre Patienten adäquat psychologisch begleiten und deren Konflikte aufarbeiten, traktieren sie sie mit **Moral**. Sie sagen ihnen, sie sollten dies und jenes tun und lassen, sie sollten sich anstrengen, sie sollten für andere da sein, sie sollten sich anständig benehmen und manch anderen Quatsch mehr.

Natürlich vertrete ich durchaus Moral, Ethik und Disziplin. Man kann aber doch nicht von einem Fiebernden verlangen, er möge ordentlich seiner Arbeit nachkommen und bitte weder schwitzen noch frieren!

Deshalb lautet die goldene Regel: **Psychologie kann nicht ohne Spiritualität wirken.** Und wenn Menschen seelisch geholfen werden soll, gehört zur Spiritualität eine fundierte psychologische Ausbildung.

Beide Extreme entstehen aus dem Ego. Sie kommen zwar aus verschiedenen Richtungen, führen am Ende aber zum Gleichen: Der Patient bekommt weder durch pure Psychotherapie noch durch falsch verstandene Spiritualität wirkliche Hilfe.

Deshalb ist es die erste Pflicht eines Therapeuten, eine ausgezeichnete fachliche Kompetenz zu erlangen, denn diese allein zeichnet ihn als Therapeuten aus – sonst könnte er auch ein gläubiger Schuster, Klempner, Chirurg oder gar Theologe sein. Sein Glaube macht ihn nicht zu einer kompetenten Fachkraft, sondern zu einem Menschen mit einer engen Beziehung zu Gott.

Der Fehler vieler Menschen im Westen, die einen spirituellen Weg gehen, besteht darin, dass sie völlig missverstehen, was ich damit meine, wenn ich sage, sie sollten „Werkzeuge Gottes" sein.

Sie denken, sie bräuchten nur fleißig zu beten, dann seien sie Werkzeuge Gottes, und Er würde dann den Rest schon machen!

Weit gefehlt! Du kannst nur dadurch ein Werkzeug Gottes werden, dass du dich auf deinem Gebiet so gut qualifizierst wie irgend möglich. **Bist du exzellent in deinem Beruf und verbindest dein fachliches Können mit einer tief gehenden Gläubigkeit und siehst nicht dich, sondern Gott als den Handelnden, dann bist du ein Werkzeug Gottes.**

Bescheidenheit statt Anmaßung

Aber Vorsicht: Je weiter du kommst, desto mehr kann dein Ego dir zur Gefahr werden.

Den Erleuchteten erkennst du an seiner Bescheidenheit. Er kann wie ein Maharadscha in einem Palast aus Tausendundeiner Nacht leben, in seinem Wesen strahlt er aber Freundlichkeit, Bescheidenheit und Liebe aus. Tut er dies nicht, ist er nicht erleuchtet.

Dies bedeutet aber nicht, dass er nicht auch entschieden, kraftvoll und sogar verletzend sein kann, wo seine Liebe und sein Wissen dies verlangen.

Andererseits kann ein Arzt jahrelang in der größten Nähe zu mir sein, seine Patienten kostenlos behandeln, aber trotzdem nicht erleuchtet sein, weil sein Ego sein Handeln bestimmt, was sich in seiner Anmaßung, seiner Überheblichkeit oder gar Kälte ausdrückt.

Überheblichkeit zeigt stets den Mangel an Erleuchtung. Wer meint, sich über andere erheben zu können, hat die grundlegende Lehre nicht verstanden: Nämlich das Wissen um **die Bruder- und Schwesternschaft der Menschen und die Vaterschaft Gottes.** Deswegen gibt es überhaupt keinen Grund für dich, dich besser als andere zu fühlen. Denn das wichtigste Merkmal ist nicht, wie intelligent, geschickt oder gar raffiniert jemand ist – dies ändert sich im Nu von Inkarnation zu Inkarnation. Das entscheidende Merkmal eines Menschen ist seine wahre Herkunft: Er kommt von Gott und geht zu Gott.

Jede Seele. In jeder Inkarnation. Deshalb sind alle Menschen gleich, weil sie alle Kinder Gottes sind und Er der Vater aller ist. Das ist das wesentliche Merkmal, das immer bestehen bleibt. Mag sich alles ändern: Geschlecht, Begabungen, Körpermaße – die Vaterschaft Gottes und die Kindschaft der Menschen bleiben immer bestehen.

Deshalb ist Überheblichkeit immer ein Zeichen dafür, dass ein Mensch das Wesentliche noch nicht verstanden hat. Er hält sich für besser als andere, für „mehr"! Wie kann jemand aber mehr Kind Gottes sein? Entweder ist er ein Kind Gottes oder ... Dieser Satz ist nicht zu vollenden, denn das Unwahre sollte nicht niedergeschrieben werden. Es gibt nur die eine Wahrheit, dass du, wie alle anderen auch, ein Kind Gottes bist. Ihm genauso lieb wie alle anderen auch.

Hier kommen wir zu einer weiteren Erklärung, warum nur der Erleuchtete Therapeut sein sollte. Nur der erleuchtete Therapeut hat durch die Nähe zu Gott sein wahres Wesen erkannt. Und was geschieht, wenn er sein Wesen erkennt? Er bekommt Selbst-Bewusstsein. Das ist der Schlüssel dieses ganzen Buches! Selbst-Bewusstsein bekommst du weder durch irgendwelche interessanten Übungen noch durch das Erhellen deiner Probleme. Selbst-Bewusstsein bekommst du nur durch die Nähe zu deinem Selbst.

Nur so erlangst du wirkliche Freiheit – die Freiheit, dich für das Richtige, für das Gute zu entscheiden.

Hat ein Therapeut Selbst-Bewusstsein erlangt, kann er es auch weitergeben. Er wird eine innere Ruhe, eine Ausgeglichenheit und Herzlichkeit ausstrahlen, die andere berührt und seinen Patienten den Weg weist.

Anmaßung und Überheblichkeit sind aber genau das Gegenteil dessen, was Menschen hilft. Weder als Therapeuten noch als Patienten. Anmaßung und

Überheblichkeit erwachsen stets aus dem Selbstzweifel, aus der Unruhe, aus dem Mangel an wahrer Selbst-Findung. Und führen schnell zu Katastrophen!

Der Erleuchtete heilt aber deshalb, weil er im Kontakt mit der Ur-Heilkraft ist. Er ist zur Quelle vorgestoßen und weiß deshalb genau, was er tun, was er lassen, was er sagen und was er verschweigen muss. Er ist durch seine Nähe zum wahren Ursprung mit allem verbunden und kann deshalb ohne Umschweife helfen.

Genau hier zeigt sich der Widerspruch, der so typisch für das Leben ist, da das Leben sich aus einem Urwiderspruch speist: Der Eine Gott schuf *Maya*, die Täuschung, als Seinen Spiegel, der den Einen Gott als die vielfältige Welt und das unendliche Universum erscheinen ließ. Dieses Viele ist im Grunde alles nur eins: Der Eine Gott, der Seine Liebe durch *Maya* vielfach materialisierte. Dies ist der Urwiderspruch, der alle anderen speist.

Der Widerspruch des erleuchteten Therapeuten besteht darin, dass er als Erleuchteter keine Technik mehr benötigt. Er weiß in jedem Augenblick **unmittelbar**, was er zu tun hat. Er schätzt aber jede Technik als entscheidenden Weg dahin.

Aber Vorsicht: Verstehe diese Sätze ja nicht aus deinem Ego heraus so, als könntest du dir eine fundierte Ausbildung ersparen.

Denn der unklare Therapeut glaubt, eine fundierte Ausbildung und das Erlangen einer souveränen Technik nicht zu benötigen. Er redet sich und seinen Patienten ein, er werde geführt und wisse deshalb genau, was in welcher Situation zu tun sei. Er ist anmaßend, weil er sich nicht kennt, und lebt deshalb auf Kosten seiner Patienten.

Der erleuchtete Therapeut dagegen weiß, wie wichtig die Beherrschung der verschiedenen Techniken für ihn war, auch wenn er sie nun nicht mehr benötigt, weil er jetzt ganz anders arbeiten kann.

Wir kommen hier zu einem interessanten Punkt: Wenn der Erleuchtete die Technik benötigt hat, um zur Erleuchtung zu gelangen, muss er zwangsläufig auch dann gearbeitet haben, als er noch nicht erleuchtet war! Das heißt, dass meine Forderung, nur der Erleuchtete solle Therapie geben, im Grunde nicht zu realisieren ist, denn um die Erleuchtung zu erreichen, muss man zunächst ohne sie auskommen!

Das ist richtig und stellt erneut ein Paradoxon, einen Widerspruch dar: Arbeitest du nicht ohne Erleuchtung, wirst du dich schwer tun, sie zu erreichen. Arbeitest du aber, ohne erleuchtet zu sein, kannst du vielen, dich selbst inbegriffen, schaden. Was tun?

Es gibt hier nur eine Lösung, was die Tätigkeit des Therapeuten betrifft: **Nur Menschen mit einer klaren spirituellen Ausrichtung, also mit einer gelebten Nähe zu Gott, sollten sich aufs Allergenaueste ausbilden lassen und in der Verbindung ihres Glaubens mit der Sicherheit einer fundierten Fachkompetenz tätig werden.** Diese Verbindung von klarer Fachkompetenz und gleichzeitiger spiritueller Ausrichtung verbunden mit viel *Seva* – das ist kostenloser Dienst am Nächsten – führt besonders im therapeutischen Bereich zur Erleuchtung und hebt damit den oben beschriebenen Widerspruch auf.

Der Unterschied zwischen dem ausgebildeten und dem erleuchteten Therapeuten ist der Unterschied zwischen Technik und Wissen. Der hervorragend ausgebildete Therapeut hat gelernt, was er wann wie anzuwenden hat. Es bleibt aber immer der Zweifel. **Der Zweifel,** der den Motor für das Erlangen von immer mehr Wissen darstellt, ist gleichzeitig das größte Hindernis. Durch den Zweifel wird der Therapeut unruhig. Manchmal sogar unsicher, angespannt, und er verbraucht viel mehr Energie als nötig. Dies vermittelt er natürlich auch seinen Patienten, die zwangsläufig verunsichert werden.

Bildet der Therapeut seine Fachkompetenz stets weiter aus und hält er sich an seine spirituellen Übungen, wie Wiederholung des Namens Gottes, Meditation, Gebet und Einhaltung der Göttlichen Ordnung, erreicht er mit Sicherheit die Erleuchtung.

Aber Vorsicht: Ich spreche hier von dem Erleuchteten, der es wirklich ist, und nicht von dem, der sich nur einbildet, es zu sein. Das *Kali Yuga* ist **das** Zeitalter der falschen Propheten. Die meine ich natürlich nicht. Ich spreche von den Therapeuten, die kraft ihrer eigenen tief greifenden Entwicklung **wirklich helfen**, und nicht von denen, die sich **nur einbilden**, weit entwickelt zu sein, ohne von sich selbst, geschweige denn von anderen ein wahres Wissen erlangt zu haben.

Denn nur einer unter vielen, sehr vielen, etwa einer unter einer Million, vermag durch die Verwirklichung seiner inneren Schau die Verbindung zu seiner wahren inneren Wirklichkeit herzustellen. Dieser findet zur Erleuchtung. Dieser wird ein Weiser und damit ein wahrer Helfer, denn er erhält durch die innige Verbindung mit dem Selbst in ihm, mit Gott, unmittelbares Wissen und Glückseligkeit.

Das Schweigen

Die Erleuchtung bedingt, dass aus Technik Wissen, aus Unruhe Sicherheit, aus Zweifel Gewissheit, aus Depression Glückseligkeit werden. Der Erleuchtete heilt. Wodurch heilt er? Durch Technik? Durch Wissen? Durch Können? Ja! Er heilt aber auch durch sein Wesen! Seine Ausstrahlung ist heilsam. Darüber hinaus weiß er, **was er wann wie sagen muss**. Und er kann **schweigen**. Die meisten Menschen verschließen sich immer wieder den Kräften der Erleuchtung, weil sie viel, viel, viel zu viel reden. Und warum reden sie so viel? Weil sie sich so gering schätzen!

Sähen sie, welche Macht sie besitzen, welche Macht deshalb auch ihre Rede hat, sie wären so sehr mit der Betrachtung dieser ungeheuren Macht beschäftigt, dass sie gar keine Zeit hätten, so viel zu reden!

Der Heilige Lao Tse sagt in diesem Zusammenhang: „Wer redet, weiß nicht. Wer weiß, redet nicht." (Lao Tse, *Tao Te King*)

Der Erleuchtete kann auch deshalb so viel bewirken, weil er im richtigen Moment schweigen kann. Wie vieles wurde nicht erreicht, wie vieles war für immer verloren, wie vieles führte in eine nicht mehr abzuwendende Katastrophe, weil jemand zu viel geredet hat!

Die Kraft des Schweigens, des **wissenden Schweigens**, ist enorm. Das wissende Schweigen ist deshalb so mächtig, weil der Wissende, der Weise, es einsetzt, um die heilenden Kräfte seines Gegenübers zu aktivieren. Durch sein Schweigen ist sein Gegenüber auf sich selbst (Selbst!) zurückgeworfen. Das Gegenüber spürt, dass es von außen keine Antwort bekommt und sie deshalb in seinem Inneren suchen muss. Und findet der Mensch sie, hat er eine unglaubliche Erfahrung gemacht: Er hat erlebt, dass das, was er sucht, nicht außen, sondern in seinem Inneren liegt. Diese Erfahrung mobilisiert die größten Heilkräfte, denn sie lässt den Hilfe Suchenden unmittelbar mit seiner Quelle in Berührung kommen – und genau dieses In-Kontakt-Kommen mit der Quelle bewirkt die Heilung.

Der Erleuchtete schweigt, weil er diese Heilkräfte kennt. Er wendet deshalb die Macht des Schweigens an, um sein Gegenüber zu sich selbst zu führen.

Der Unwissende dagegen verwendet sowohl das Schweigen als auch das Reden – was er bei weitem am meisten anwendet –, um sein Gegenüber zu beeindrucken.

Der Erleuchtete hat kein Bedürfnis, bewundert zu werden. Er sucht auch keine Anerkennung mehr. Er ist froh in seinem Status des *Sat-Chit-*

Ananda, das heißt Sein-Bewusstsein-Glückseligkeit. Er fühlt sich geborgen im Selbst, fühlt sich verbunden mit Gott – wonach sollte er sich noch sehnen, wo er sich doch gefunden hat?

Wer mehr will, hat den Status nicht erreicht. Kein normaler Mensch möchte essen, wenn er satt ist. Keiner möchte schlafen, wenn er ausgeschlafen ist. Keiner möchte mehr als die Glückseligkeit.

Jemand kann nur deshalb mehr wollen, weil er die Glückseligkeit noch nicht erreicht hat.

Und so sucht der Erleuchtete kein Glück bei seinen Patienten, sondern hilft ihnen, dieses selbst zu finden.

Weil der Erleuchtete an der Quelle angelangt ist, kann er Freude, Leichtigkeit, Ruhe und Zufriedenheit vermitteln. Er kann all dies mit Leichtigkeit geben, da er es reichlich hat.

Außerdem kann er genau abschätzen, wann das Schweigen ein Geben und wann es ein Nehmen ist.

Das Schweigen ist immer ein Geben, wenn jemand schweigt, damit der andere sich findet. Das Schweigen ist aber dann ein Nehmen, wenn jemand schweigt, damit ein anderer dazu gebracht wird, so zu handeln, wie der Schweigende es von ihm erwartet. Dieses letztere Schweigen ist egoistisch und kann bis zu Herzlosigkeit oder gar Brutalität gehen. Keiner hat ein Recht, andere zu zwingen, das zu tun, was er von ihnen will. Eine solche Einstellung führt geradewegs zur Sklaverei. Aber alle Völker, die Sklaven hatten, sind entweder untergegangen oder kämpfen mit dem Untergang beziehungsweise müssen sich mit gewaltigen Problemen auseinander setzen, die nur anhand der Versklavung von Menschen zu erklären sind.

Macht und Zwang

Halte dich deshalb immer weit davon entfernt, jemanden – und besonders deine Patienten – zu irgendetwas zu zwingen. Mag die Freiheit, von einer höheren Ebene betrachtet, noch so klein sein, für den Einzelnen ist sie ein unschätzbares Gut, das selbst die Götter nur in Notfällen antasten.

Versuche deshalb niemals, Macht gegen andere aufzubauen, sei es durch Schweigen, durch Reden oder durch sonstigen Einfluss.

Die einzige Macht, die du ohne Schaden zu nehmen verwenden darfst, ist die Macht des Erleuchteten. Und er verwendet sie eben nicht, um andere zu unterdrücken, sondern um sie zu befreien. Denn es ist die Macht des wahren Wissens, das deshalb wahr ist, weil es in Liebe gebettet ist – weil es aus der Liebe erwächst.

Wer andere unterdrückt, macht nur deutlich, dass er nicht im Geringsten weiß, worum es in der Welt geht, dass er keineswegs die Göttliche Ordnung erfasst hat. Wüsste er, worum es in der Welt geht, dann hätte er verstanden, dass derjenige, der unterdrückt, eines Tages selbst unterdrückt wird. Wer anderen die Freiheit nimmt, wird sie selbst eines Tages verlieren. Nur ganz, ganz unwissende Seelen fügen anderen Schmerzen zu. Sie sind so unwissend, dass sie meinen, was sie heute tun, habe keine Rückwirkungen auf sie. Wie naiv! Alles kommt auf dich zurück. Alles. Was du säst, wirst du ernten. Unweigerlich – so kannst du keinen Zitronenbaum pflanzen und Mangos ernten wollen!

Deshalb können nur sehr naive Menschen sich völlig unvorbereitet auf dem Gebiet der psychischen Heilung betätigen, weil sie weder sich noch die anderen noch die Göttliche Ordnung, geschweige denn Gott Selbst kennen. Sie sind von Blindheit geschlagen und von Naivität bestimmt, deshalb können sie nach dem Motto leben: „Wird schon gut gehen!" Wer kann aber eine geladene und entsicherte Pistole in der Hand eines Kindes lassen und sagen: „Es wird schon gut gehen?" Nur ein Verrückter. Deshalb hat der Volksmund in vielen Fällen Recht, wenn er meint, die meisten Therapeuten bräuchten selbst Therapie. Ich ergänze: Aber bessere Therapie, als sie selbst geben!

Gottes Stimme

Doch zurück zum Schweigen.

Das Schweigen ist deshalb eine so enorme Kraft, weil du dich im Schweigen findest. Viele Menschen stürzen sich heute in betriebsame Geschäftigkeit. Sie machen dies und jenes, reden mit diesem und jenem. Alles, damit sie ja nicht zur Ruhe kommen.

Geschwätzigkeit ist aber Schwäche, sie kostet, wie gesagt, viel Kraft und lässt früh altern. Schweigen ist dagegen stark, sehr stark. Und warum ist es so stark? Weil du im Schweigen nicht allein dich findest, sondern auch den *Atman*, das Eine ohne das Andere.

Und genau hier kommen wir zu einem weiteren Punkt: Viele Psychologen sprechen viel und gern von der **Selbstverwirklichung,** meinen jedoch die Ego-Verwirklichung, weil sie in Wahrheit überhaupt nicht wissen, wovon sie reden.

Selbst-Verwirklichung bedeutet nichts anderes als das Erreichen, das Erkennen des eigenen Selbst. Und dazu braucht man in diesem Zeitalter keinen Therapeuten, sondern muss nur den Namen Gottes wiederholen. Einen Therapeuten benötigen Menschen nur deshalb, weil sie so in alten Verhaltensmustern gefangen sind, dass sie sich immer wieder mit sich und anderen verstricken. 80% der Menschen geht es im *Kali Yuga* so.

Und warum ist das Schweigen bei der Selbst-Verwirklichung so unglaublich wichtig? **Weil nur im Schweigen Gottes Stimme gehört werden kann.** Das ist *der* Satz über das Schweigen. Einen Wichtigeren gibt es nicht.

Und was bedeutet dieser Satz? Dass der Wissende sich aktiv ins Schweigen begibt, um im Schweigen den Raum zu finden, wo er sich Gott nähert und so Seine Stimme hört.

So ist das Schweigen die Mutter der Wahrheit, denn aus dem Schweigen heraus findet der Wissende die Sätze, die den Kern treffen.

Infolgedessen verfängt er sich nicht in Nebensächlichkeiten und verirrt sich nicht in Sackgassen. Er findet Tatenlosigkeit im Handeln und Aktivität im Nichthandeln. Er kann dem Patienten zuhören und gleichzeitig aus der **aktiven Stille** heraus sich für Gottes Informationen öffnen und dadurch genau den Punkt treffen.

Und was sagte der große Weise Prahlada seinem Vater, dem mächtigen König der Dämonen? *„Vater, du hast viele Kriege und die Herrschaft über viele Welten gewonnen, aber es ist dir nicht gelungen, den Sieg über deine eigenen Sinne zu erringen. Durch den Sieg über die äußerlichen Welten bist du ein mächtiger Herrscher geworden, doch erst wenn du deine eigenen Sinne zu beherrschen gelernt hast, wirst du der Herrscher eines ganzen Universums sein. Wenn du dich weiterhin von deinen Sinnen unterjochen lässt – wie willst du dann jemals deine Feinde da draußen besiegen? Wenn du deine inneren Feinde bezwungen hast, kannst du leicht mit den äußeren fertig werden."* (Sathya Sai Baba, *Bhagavad Gita*, S. 37)

Der Weise erlangt deshalb die Herrschaft über seine Zunge, also über das, was er isst, und das, was er spricht, und kommt damit zur Ruhe, weil **sein Reden und seine Gedanken zur Ruhe kommen.** In dieser Ruhe, in dieser inneren Stille hört er Gottes Stimme. Er kann Gott dann alles fragen und wird die Antworten erhalten, die seiner Entwicklung entsprechen.

Das heißt, am Anfang werden die Antworten noch nicht umfassend sein. Am Ende seiner Entwicklung wird der Weise aber Zugang zu allem Wissen haben, das im Kosmischen Buch, in der *Akasha-Chronik* enthalten ist – und er wird damit den Schritt von der Weisheit zur Erleuchtung gemacht haben. Er ist somit in der Lage, die Vergangenheit, die Gegenwart und die Zukunft von allen und allem zu kennen. Und er wird davon stets den rechten Gebrauch machen, denn das bedingt das *Sarva Dharma*, die allumfassende Göttliche Ordnung.

Und genau so, wie Alexander mit dem Knoten umging, den der König Gordios geknüpft hatte, müssten die Therapeuten mit den Problemen ihrer Patienten umgehen: Sie müssten sehen, wie sie geknüpft sind, ob sie aufzulösen oder aufzuschneiden sind.

Wer dies weiß, spart sich und anderen unendlich viel Zeit.

Die Göttliche Ordnung

Deshalb hört der Erleuchtete nicht nur die Stimme Gottes, sondern er kennt auch die Göttlichen Gesetze, die Göttliche Weltordnung – **und hält sich daran.** Deshalb ist sein Tun immer ethisch, immer wohltuend für die Menschheit und daher heilig, nein, Göttlich.

Der Weise hat nämlich erkannt, dass nur das Eintauchen in die Göttliche Ordnung Ruhe, Zufriedenheit, Glück und dauerhaften Erfolg sichert. Wer sich nicht an die Göttliche Ordnung hält, ist immer, immer, immer zum Scheitern verurteilt. Hier gibt es keine Ausnahme.

Ein Therapeut, der sich nicht an diese Ordnung hält, ist ver-rückt, denn er schafft schreckliche Karma-Verwicklungen für seine Patienten und sich.

Ich will das anhand zweier Beispiele verdeutlichen.

Marta war ein wenig *matta* (Italienisch: verrückt). Sie hatte einen Mann und zwei Kinder. Der Mann war liebevoll, treu, bemüht und außerdem erfolgreich in seinem Beruf.

Die *matta* Marta wollte aber mehr und mehr. Sie wollte „sich selbst verwirklichen" – zumindest wird dieser Quatsch heute so genannt. Sie wollte tanzen gehen, andere Männer kennen lernen, die so genannte Freiheit haben, nämlich die Freiheit, tun und lassen zu können, was sie wollte.

Marta lebte damit die negative Bedeutung von *wife* (Englisch: Frau), nämlich *worries invited for ever:* Sorgen für immer eingeladen! Anstatt das zu sein, was eine Frau sein sollte und was die auf ihr wahres Selbst ausgerichtete Frau auch immer ist: *Wisdom invited for ever!* Weisheit für immer eingeladen!

Marta ging zu einem Therapeuten, der sich all dies anhörte und dumm genug war, sie in ihren Unglück bringenden Wünschen zu unterstützen.

Er brachte damit sich und seine Patientin in eine große Gefahr, denn Marta verließ ihren Mann und ihre Kinder, um ganz ihren Egoismus zu leben. Und welche Folgen hatte diese Entscheidung? Weil keiner sie darauf hingewiesen hat, wird das Leben sie lehren. Dabei hätte sie noch rechtzeitig gewarnt werden können, statt dem Unglück anheim zu fallen.

Martas Egoismus wird sie auf Dauer sehr verstricken – ebenso wie ihren ahnungslosen Therapeuten.

Wahrheit und Liebe

Therapie besteht eben nicht allein darin zu fragen, was Patienten wollen, sondern zu wissen, was die Göttliche Ordnung will. Das ist das Entscheidende. Alles andere ist nur Makulatur. Die Aufgabe des Erleuchteten besteht darin, seinen Patienten die Wahrheit so zu vermitteln, dass sie diese annehmen können. Sieht oder hört er die Wahrheit und spricht sie so aus, dass seine Patienten sie nicht annehmen können, hat er die Wahrheit im Grunde nicht wirklich verstanden.

Wirkliche Wahrheit ist nämlich in wunderbare Watte verpackt. Und was ist diese wunderbare Watte? Es ist die Liebe. Durch die Liebe ist alles annehmbar. Durch die Liebe wird alles nah und klar. Durch die Liebe zeigen sich plötzlich Wege, die seit Jahren, wenn nicht gar seit Jahrzehnten in diesem und in früheren Leben verschlossen waren.

Wahrheit ohne Liebe ist wie Zucker ohne Süße, wie Feuer ohne Wärme, wie Wasser ohne Nässe.

Es ist das Wesen der Wahrheit, liebevoll zu sein. Wer nicht liebevoll handelt, ist deshalb nicht in der Wahrheit.

Aber Vorsicht: Liebe bedeutet nicht, alles zu verwischen, alles gutzuheißen, alles hinzunehmen, mit der mangelnden Bereitschaft desjenigen leben zu wollen, der nichts einsehen, nichts verändern, nichts geben will. Liebe bedeutet deshalb auch, zur rechten Zeit, am richtigen Ort das klare, dezidierte Wort auszusprechen, das Schlimmeres verhindert.

Ein guter Therapeut kennt die Wahrheit, da er um *Dharma* weiß. Und er weiß, dass diese Göttliche Ordnung aus Liebe erwachsen ist. Wer nicht in der Liebe ist, ist nicht in *Dharma*, ist nicht in der Göttlichen Ordnung.

Die Göttliche Ordnung ist, was ich lehre. In allen meinen Schriften lehre ich, wie die Menschen sich zu verhalten haben, damit sie glücklich werden können.

Was die Aufgabe der einzelnen Partner in Beziehungen anbelangt, so habe ich immer wieder darauf hingewiesen, dass es auch hier ein *Dharma*, eine Gottgewollte Ordnung gibt. In *Dharma – Göttliche Ordnung*, anlässlich des Welt-Jugend-Treffens 1998 oder in den Büchern *Sai Baba spricht über Beziehungen, Sai Baba spricht zum Westen* oder *Sai Baba spricht über die Welt und Gott* habe ich immer wieder hervorgehoben, dass die wahre Selbstverwirklichung in der Liebe besteht. Und Liebe ist gekennzeichnet durch Geben und Vergeben.

Außerdem betone ich immer wieder, dass Freiheit ist, **gerne zu tun, was man tun muss. Denn dies ist nichts anderes als gelebte Liebe.**

Wer seine Familie verlässt, ist nicht frei, sondern verrückt. Und ein Therapeut, der dies ohne weiteres unterstützt, ist unverantwortlich, nein gefährlich!

Wüsste er etwas mehr, würde er sich hüten, solch ein Verhalten zu unterstützen.

Nun kommen wir zum zweiten der oben angekündigten Beispiele: Benigna, die Gütige, hatte sich verirrt. Sie war davon überzeugt, ihr Mann sei nicht der Richtige für sie. Sie hatte nicht nur große Ansprüche und Erwartungen an sich, sondern auch an ihren Mann und das Leben. Mit anderen Worten: Sie war immer unzufrieden. **Unzufriedenheit kommt aber stets vor dem Fall. Deshalb gibt es kaum ein größeres Gut als die Zufriedenheit. Jeder sollte sie anstreben. Jeder sollte wissen, dass sie die wahre Bestimmung des Menschen ist. So wie Krankheit zu Gesundheit beziehungsweise Misserfolg zu Erfolg steht, so steht Unzufriedenheit zu Zufriedenheit. Heile dich von der Unzufriedenheit, von dieser schrecklichen Feindin, denn sie kann dich wie ein Krebsgeschwür auffressen.**

Benigna kritisierte ihren Mann immer heftiger. Dies und jenes passte ihr nicht. Er war tatsächlich ein wenig schwach, aber unter anderem auch deshalb, weil sie als Frau nicht für ihn da war. Doch anstatt seiner Frau deutlich zu sagen, dass er sich ihr Verhalten nicht gefallen lassen könne, zog er sich in seine Arbeit zurück. Er sorgte zwar gut für das materielle Wohl der Familie. Als Ehemann aber war er nicht erreichbar.

Benigna ärgerte dies mehr und mehr. Ihr anfänglicher Missmut und ihre Kritik steigerten sich in regelrechte Wut und Hass. In ihren Augen entwickelte sich ihr Mann immer mehr zu ihrem Feindbild. Sie steigerte sich so in ihre Wut hinein – und er erlaubte es ihr! –, dass sie mehr und mehr auf Rache sann.

Da lernte sie einen anderen Mann kennen, der ihr das Gefühl gab, sie sei die wunderbarste Frau der Welt. Sie glaubte ihm das und sah gleichzeitig eine Gelegenheit, ihren Mann so am stärksten zu verletzen. Deshalb verließ sie ihn und die Kinder und lebte mit dem neuen Mann zusammen.

Dieser war selbst nicht ganz bei Trost. Er wusste im Grunde überhaupt nicht, was für eine Frau zu ihm passte, was er von einer Frau wollte, wie er mit einer Frau umzugehen hatte. Er wusste nur, dass er brennend gern eine Frau haben wollte, und spürte instinktiv, dass die unglückliche, interessante und attraktive Benigna von ihm mit Sicherheit zu erobern war.

Benigna war aber nicht seine Zwillingsseele. Sie hatte vielmehr viele Leben mit ihrem Mann verbracht. Und was geschah? Der Mann – also ihr „Freund", wie man heute sagt! – trennte sich eines Tages von ihr wegen einer anderen, jüngeren, weniger Komplizierten, und sie blieb allein mit dem gemeinsamen Kind zurück.

Nach einigen Jahren des Alleinseins, der Einsamkeit und der Besinnung wollte sie zu ihrem Mann zurück. Er aber lebte glücklich mit dem Kindermädchen ihrer gemeinsamen Kinder zusammen und wollte diese Frau nicht wegen der schwierigen Benigna verlassen, verletzen und enttäuschen.

So blieb Benigna allein.

Im nächsten Leben fand sie wieder den Mann, den sie als Grund für die Trennung von ihrem Ehemann genommen und der sie anschließend verlassen hatte. Dieser war immer noch ein sehr unreifer, unklarer Mann, der sie sehr verletzte, weil die Frau, wegen der er sie im vorherigen Leben verlassen hatte, ihn sehr, sehr schlecht behandelt, in der schrecklichsten Form gedemütigt und schließlich verlassen hatte. Daher hatte er einen enormen Frauenhass entwickelt, den er an Benigna auslebte. Er behandelte sie so schlecht, dass sie sich das Leben nahm.

In dem hierauf folgenden Leben begegnete sie ihm wieder. Und wieder war er sogleich dabei, sie zu zerstören. Sie hatte aber so viel gelernt, dass ich sie retten und wieder zu ihrer Zwillingsseele führen konnte. Ich musste aber viele Wunder vollbringen, damit die beiden überhaupt wieder zusammenkommen konnten, so sehr hatten sie sich verstrickt und voneinander entfernt. Ohne mein mehrmaliges direktes Eingreifen wären sie nicht zusammengekommen, geschweige denn beieinander geblieben.

Und dies, **obwohl** sie Zwillingsseelen waren, die viele Leben zusammen verbracht hatten. Sie waren aber beide so verletzt, so enttäuscht, dass sie auf keinen Fall mehr das suchen **wollten**, was sie im Grunde finden **sollten**: Die Zwillingsseele, mit der allein sie auf Dauer glücklich werden konnten.

Benigna lebte damit die positive Bedeutung von *wife: Wisdom invited for ever* (siehe weiter oben!).

Bedenke deshalb: Ein kleiner Fehler am Anfang ergibt einen großen am Schluss.

Was fällt dir bei der Art, wie ich diese Geschichte schildere, auf? Ich gab absichtlich weder Benignas Mann noch dem „Freund" einen Namen. Und weißt du, warum? Um deutlich zu machen, wie schnell sich alles vermischt, wie schnell alles unklar wird, wenn ein Partner verlassen wird. Und welche Folgen dies haben kann. Stell dir nun vor, was geschehen würde, wenn es sich um mehrere Partner gehandelt hätte, was das für eine Verwirrung angerichtet hätte!

Vergegenwärtige dir deshalb diesen Bericht und denke an den Therapeuten, der einen Menschen einfach ermuntert, „sich selbst zu verwirklichen" und dafür seinen Partner zu verlassen. Wie kann er dies tun, wenn er die obige Geschichte kennt? Dafür muss er sehr gewissenlos, erschreckend unklar beziehungsweise sehr, sehr unwissend sein. Ist er aber unwissend, sollte er nicht Therapeut werden, denn er hätte dann zum Beispiel Benignas Selbstmord zu verantworten.

Und was wurde aus Benigna? Sie war, wie ihr Name bereits sagt, eine gute Seele. Sie erwarb sich die Gnade des Herrn und die Liebe ihrer Mitmenschen. Und sie fand einen Therapeuten, der wusste, was sie brauchte und was er ihr geben musste.

Sie wurde eine glückliche und liebevolle Ehefrau. Und Benno (Benno bedeutet der Sklavenbekehrer!), ihre Zwillingsseele, versuchte nicht mehr, andere zu bekehren – zum Beispiel in seiner Arbeit –, sondern sich selbst. Er erlernte wahre Führerqualitäten, wodurch er Benigna leiten und vor vielem beschützen konnte. Er entwickelte endlich die entscheidende Qualität für eine Beziehung: Dass er wirklich für seine Frau da war, dass er ihr zuhören, mit ihr kooperieren und ihr damit **ihren Raum** geben konnte. Und da sie ebenfalls als Partnerin für ihn da sein konnte, fanden sie das **Entscheidende einer Ehe: Ruhe und Zufriedenheit, die zusammen Glück ergeben.**

Mensch und Gott

Ein Therapeut sollte sich immer dessen bewusst sein, dass sein Handeln sich über lange, sehr lange Zeit, nämlich über mehrere Leben auswirken kann. Er sollte sich deshalb stets fragen: Was würde Gott jetzt tun? Was ist Gottes Wille in dieser Situation? Was muss ich tun, damit es Gott gefällig ist?

Gott ist aber heute für viele ein Fremdwort. Die Psychologie meint sogar, sie müsse sich von Gott „emanzipieren", um frei werden zu können. Marx war unwissend genug, das Problem auf eine erschütternd falsche Formel zu bringen. Er sagte schlicht: Gott ist der Mensch.

Schade, dass er den Satz so formulierte, denn umgedreht drückt er die Wahrheit aus: **Der Mensch ist Gott.**

Und damit haben wir den ganzen Sinn und Zweck von Therapie beschrieben: Therapie hat die Aufgabe, den Menschen dahin zu führen, dass er in sich die Wahrheit dieses Satzes findet.

Psychische und physische Probleme sind nichts anderes als Hinweise – notwendige Umwege, damit jemand seine wahre Bestimmung findet. Und das ist wieder *Dharma*, dies hat ebenfalls unmittelbar mit der Göttlichen Ordnung zu tun. Der Mensch muss erkennen, dass er Gott ist. Nicht nach Rom führen alle Wege, sondern dahin!

Genau dies haben die meisten Menschen aber heute vergessen – und die Psychologie und teilweise auch die Philosophie leisten ihnen einen schrecklichen Bärendienst dabei. Die Menschen sind nicht mehr auf Gott ausgerichtet, sondern zum Teil auf ihre niedrigsten Bedürfnisse.

Man bedenke doch nur, wo Menschen im *Kali Yuga* gelandet sind. Die Horror- und Gewaltfilme beispielsweise sprechen eine deutliche Sprache.

Was heißt Menschheit im Englischen? *Mankind*. Und was heißt das? *Man-kind*: Mensch – sei gütig. Die wahre Bestimmung des Menschen ist es, gütig zu sein. Ist er es nicht, hat er seine Bestimmung verloren, hat er den Sinn seiner Inkarnation verpasst.

Und warum ist dem so? Weil der Mensch *Manava*, also derjenige ist, der sich nicht unwissend verhält. Aus diesem Grund heißt der Mensch auf Sanskrit auch *Nara* – das ist derjenige, der deshalb unsterblich ist, weil er immer zu Gott, zu *Narayana* zurückkehrt, also Göttlich ist.

Dies ist ein weiterer Aspekt der Göttlichen Ordnung: Der Mensch muss erkennen, dass er Gott, dass er gütig, dass er liebe-voll, dass er **die** Liebe ist. Dies ist die weitere Aufgabe des Therapeuten, seine Patienten dies zu lehren, damit sie gütig, liebevoll, Göttlich sein können. Aber wie kann jemand gütig und liebevoll, geschweige denn Göttlich sein, der seinen Partner und seine Kinder verlässt? Mit dieser einen Handlung verliert er alles: *Prema* **(Liebe),** *Sathya* **(Wahrheit),** *Dharma* **(Rechtschaffenheit),** *Shanti* **(Frieden/Ruhe) und** *Ahimsa* **(Gewaltlosigkeit).**

Diese fünf Kardinaltugenden sind die Essenz der Göttlichen Ordnung. Wer sie verliert, verliert den Sinn seines Lebens. Denn diese Tugenden hängen von der Liebe ab. *„Wenn Liebe in die Gedanken fließt, wird sie zu Wahrheit. Wenn sich Liebe in Form von Tätigkeit ausdrückt, wird sie zur Rechtschaffenheit. Wenn eure Gefühle mit Liebe gesättigt sind, werdet ihr zum Frieden selbst. Die wahre Bedeutung des Wortes Frieden ist Liebe. Wenn ihr euer Unterscheidungsvermögen mit Liebe erfüllt, habt ihr Gewaltlosigkeit. Liebe ausüben ist Dharma, Liebe denken ist Sathya, Liebe fühlen ist Shanti, und Liebe verstehen ist Ahimsa."* (Sathya Sai Baba, *Bhagavad Gita*, S. 66)

Diese fünf Kardinaltugenden bestimmen dein ganzes Leben, also natürlich auch dein Verhalten deinem Partner gegenüber. Verlässt du deinen Partner, verlierst du die Liebe. Du verlierst die Wahrheit, weil bei einer Trennung aus egoistischen Motiven häufig gelogen wird. Damit bist du nicht rechtschaffen. Wer aber nicht rechtschaffen ist, findet keine Ruhe. Wer keine Ruhe hat, wird auf Dauer anderen und auch sich selbst gegenüber aggressiv sein. Und wer aggressiv ist, lebt nicht in der Gewaltlosigkeit. Und wer nicht gewaltlos ist, kann nicht glücklich sein. **Glück ist aber das, was alle Lebewesen, alle ohne Ausnahme, suchen.**

Die wichtige Frage ist deshalb: Was muss ich investieren, damit mein Leben, meine Arbeit, meine Ehe funktionieren und meine Liebe fließen kann? Alles andere ist von völlig untergeordneter Bedeutung.

Was sagte bereits Jesus Christus? „Ihr lasst euch nur eurer Hartherzigkeit wegen scheiden!" Jesus Christus strahlt in der Liebe des absolut Erleuchteten. Dieser Satz ist der Maßstab. Alles andere ist nichts als leeres Argumentieren aus einem falsch ausgerichteten Ego heraus.

IDEALE UND DAS EINE ZIEL

Achtung und Selbstachtung

Der Mensch braucht unbedingt Ziele, und er braucht Ideale. Das Wort Ideal kommt vom Griechischen *eidos* = Idealbild. Ohne ein Idealbild, wonach er sich selbst ausrichten und womit er sich bilden kann, verkümmert der Mensch.

Nimmt er große, tragfähige Ideale als Maßstab für sein Handeln, lebt er automatisch mehr und mehr gemäß der Göttlichen Ordnung.

Und was bewirkt dies? Die großen Seelen dieser Welt sind deshalb solche leuchtenden Erscheinungen, weil sie sich an die Göttlichen Gesetze halten und deshalb Gott durch sie hindurchscheint. Siehst du Gutes, bewunderst du Gutes, ist die Folge davon, dass du selbst Gutes tust. Und tust du Gutes, wirst du gut. Und was ist die Folge davon? Du achtest dich selbst als gut und kannst dich deshalb respektieren. Und blickst du auf Gott, blickt Gott auf dich. **Und sieht Gott dich, kommt der Respekt für dich, kommt die Selbstachtung von allein.**

Dies ist der Schlüssel, nach dem heute so sehr gesucht wird: Selbstachtung entsteht *automatisch***, wenn du Gott und seine Gesetze achtest. Die meisten achten sich selbst nicht, weil sie weder Gott noch sonst jemanden achten. Achtest du nichts und niemanden, achtest du – zwangsläufig! – dich auch nicht!**

Achtung bedeutet auch, vorsichtig zu sein. Diese Vorsicht besteht darin, den Weg zum wahren Selbst nicht zu verlieren. Das heißt, achtsam seinen Weg zu gehen.

Achtung entsteht auch dadurch, dass man Unterschiede sieht und anerkennt. Im Anerkennen ist die Achtung bereits enthalten.

Achtung hat deshalb eine doppelte Bedeutung: Einmal aufpassen und außerdem respektieren. Das heißt, wer auf die Göttlichen Gesetze achtet, also aufpasst, dass er sie einhält, wird geachtet beziehungsweise respektiert – dies ist eine weitere Bedeutung des Satzes: *Dharma* schützt denjenigen, der sich daran hält!

Sieh die Unterschiede, versuche nicht, Grenzen zu verwischen. Denke nicht: Wir sind alle gleich. Erstens ist kein Mensch dem anderen gleich. Jeder ist einmalig. Siehst du jeden als gleich, achtest du niemanden, weil du seine einzigartige Leistung gar nicht wertschätzt.

Zweitens stehen Seelen auf ganz unterschiedlichen Stufen ihrer Entwicklung. Dies bedeutet nicht, dass in Wahrheit einer besser und der andere schlechter ist. Bemerkenswert ist aber, dass viele Menschen, die meinen, alle seien gleich, daraufhin tun und lassen, was sie wollen, da sie andere genau wie sich selbst sehr negativ (*gleich* negativ!) bewerten.

Ich dagegen sage: Es gibt unterschiedliche Stufen, auf denen sich die Seelen befinden. **Die Aufgabe der höher Entwickelten ist** nicht, auf die unter ihnen Stehenden herabzublicken und sie negativ zu bewerten, sondern **ihnen zu helfen.** Die Hilfe besteht aber nicht darin, dass sie sagen: „Wir sind alle gleich!" Sind sie nämlich mit den Schwächeren gleich, brauchen sie ihnen nicht zu helfen. Wie sollte ein Blinder den Weg weisen, ein Armer Reichtümer verschenken?

Aber gerade um Hilfe geht es!

Nach der Göttlichen Ordnung muss stets der höher Entwickelte dem weniger Bewussten bei seiner Entwicklung helfen. Deshalb ist es auch eine große Sünde, wenn Tiere nicht geachtet, nicht geschützt, nicht gut behandelt oder gar für den Verzehr geschlachtet werden.

Eine Gesellschaft, die dies tut, hat sich sehr weit von Gott entfernt. Sie hat sich von den grundlegendsten Wahrheiten abgeschnitten, die da lauten: **Lässt du jemanden leiden, wirst du leiden, kümmerst du dich nicht um die Not anderer, wirst auch du in der Not allein sein.**

Denke immer daran: Alle sind unterschiedlich. Von Gott aus gesehen, sind jedoch alle gleich. Alle sind seine Kinder. Eine Mutter vernachlässigt doch nicht ein Kind deshalb, weil es klein, hilflos oder krank ist. Ganz im Gegenteil: Gerade solchen Kindern lässt sie besonders viel Liebe und Zuwendung zukommen.

Auch hier gibt es eine einfache Regel: Gehe zu Tieren und sieh ihnen in die Augen. Du kannst nicht so abgestumpft sein, dass du das Göttliche nicht in ihren Augen siehst. Und siehst du es tatsächlich nicht, dann bemühe dich so lange, bis du es siehst. Bemühst du dich wirklich, wirst du es mit Sicherheit sehen. Besonders wenn du dabei den Namen Gottes wiederholst.

Der Maßstab

Siehst du das Göttliche in den Augen eines Tieres, bist du mit der Quelle in Kontakt gekommen. Hast du mehr Kontakt, wirst du sie mehr lieben. Und liebst du sie mehr, wird sie sich dir mehr offenbaren. Und offenbart sie sich dir mehr, kommst du immer mehr in Berührung mit dem Licht in dir, das dich zur Erleuchtung führt.

Damit kommst du ans Ziel. Bist du aber am Ziel, so wie zum Beispiel der Heilige Sokrates, so wirst du selbst Göttlich. Du bist damit an der Quelle und kannst alle reich beschenken.

Und warum konnte Sokrates so reich beschenken? Weil er durch und durch tugendhaft, das heißt von Gott ergriffen, von Gott durchdrungen, mit einem Wort: Göttlich war, und weil er durch die innere Gemeinschaft mit Gott in tiefer Ruhe und tiefem Glück war. Deshalb konnte er so reich schenken, seiner Generation und vielen, vielen nach ihm.

Und was geschah mit Sokrates? Sokrates war verwurzelt in der Liebe, deshalb liebte er alle, obwohl er deutlich sah, wie falsch manche dachten, sprachen und handelten. Seine tiefe Liebe löste in seinem Herzen jeden Unterschied auf. Trotzdem wusste er die Wahrheit und das Gute gegen die Sophisten zu schützen und konnte dadurch den Untergang der Ethik und Moral verhindern.

Sokrates war einer der größten Therapeuten der Welt. Selbst aus dem anfangs so unbeholfenen und unklaren Platon machte er einen erleuchteten Weisen, der sein Leben lang seine Liebe für seinen Lehrer Sokrates in Göttlicher Ehrfurcht wach hielt.

Sokrates war der große psychologische Heiler, weil er das größte aller Heilmittel in seinem Herzen hatte: **Die Wahrheit, die ihn das Gute in allem sehen ließ, die Achtung vor allen Kreaturen und die unbegrenzte Liebe zu Gott.**

Wer diese drei besitzt, muss den Mund gar nicht öffnen, um zu heilen. Vielmehr heilt bereits der Respekt, den jeder ihm gegenüber empfindet. Dieser Respekt springt über wie eine Flamme.

Und noch etwas: Sokrates besaß das höchste Wissen. Er wusste um die größten Geheimnisse der Welt. Er wusste deshalb auch, dass die Menschheit noch in die tiefsten Niederungen hinabstürzen würde. Trotzdem – oder gerade deshalb! – setzte er alles ein, damit das Wissen um das Wahre, Schöne und Gute zuerst bewusst und dann verbreitet werde. Sokrates setzte ein Beispiel, das trotz der Jahrtausende, die seitdem vergangen sind, nicht an Leuchtkraft verloren hat.

Im Gegensatz zu Sokrates stehst du nicht an der Schwelle zu einer finsteren Zeit, die das Göttliche Wissen massiv verdunkeln wird. **Du stehst vielmehr an der Schwelle zum Goldenen Zeitalter.** Gott ist mit unzähligen Helfern herabgekommen, um der Menschheit die unendliche Gnade in Form des Goldenen Zeitalters zukommen zu lassen. Unermüdlich arbeiten die höchsten Seelen an der Schaffung dieser neuen, wunderbaren Zeit. Sieh dich nicht als klein. Respektiere dich nicht nur, sondern liebe in dir den Helfer für das neue Zeitalter. Verwische keine Grenzen, um am Ende alle zu verachten und niemanden zu lieben. Baue vielmehr positive Grenzen auf, die dir zeigen, wo du helfen, wo du lehren, wo du achten, wo du lieben, wo du dienen kannst. Baust du ein Haus, so sind die Wände dieses Hauses Grenzen: Grenzen nach außen, um die Bewohner gegen Nässe, Kälte, Wind und andere unangenehme Einflüsse abzuschirmen, beziehungsweise abzugrenzen.

Grenze dich auch im Inneren ab, um dadurch deine eigenen Räume zu schaffen. Grenze dich gegen das ab, was dich nach unten ziehen will.

Aber Vorsicht: Dich abzugrenzen, deinen Wert kennen zu lernen, bedeutet nicht, andere abzuwerten! Das wäre der größte Fehler, den du machen könntest. Wenn ein Deutscher einsieht, dass ihn kulturell viel von einer Inderin trennt, bedeutet dies **nicht**, sie sei weniger wert als er. Es besagt nur, dass hier zwei Menschen verschieden sind – verschieden wie zum Beispiel ein Kolibri und ein Eisvogel. Ist deshalb der eine gut und der andere schlecht? Wie unsinnig wäre diese Bewertung! Sie sind beide wunderschön, werden aber trotzdem kein Paar!

Bedenkst du dies, wirst du nicht fälschlicherweise versucht sein, den Selbstwert deiner Patienten dadurch aufzubauen, dass sie dich von deinem Status herunterziehen können.

Baue ihn vielmehr dadurch auf, dass sie Respekt für dich und deine Leistungen empfinden. Verhalte dich so, dass sie in dir den Erbauer, die Erbauerin des neuen Zeitalters sehen können. Sei ihnen ein wahres Vorbild, wodurch sie – durch dieses Vorbild und den Respekt, den sie dir gegenüber empfinden – wachsen und über dieses Wachsen mehr Respekt für sich selbst bekommen können. Denn sie sehen nicht nur, sondern **erleben**, welche Gnade sie haben, so einen ausgezeichneten Therapeuten, solch eine auserwählte Seele zu kennen, die sich entschieden hat, das Goldene Zeitalter mitzugestalten.

Adoleszenz

Die Menschen heute sind in vielerlei Hinsicht verwirrt. Die alten Ideale haben sich zu einem großen Teil als nicht tragfähig erwiesen. So sucht jeder nach einer neuen, allgemein gültigen Ausrichtung. Dabei werden viele Menschen von angeblichen Lehrern in die Irre geführt, die selbst nicht wissen, was gut und hilfreich ist.

Eine dieser Irrlehren ist, dass den Menschen eingeredet und vorgelebt wird, sie **müssten viele Partner haben.** Die Folgen davon können wir überall sehen: Zerrüttete Ehen, zerstörte Familien, entzweite Gemeinschaften, kränkelnde Staaten.

Leider trugen die kirchlichen Würdenträger viel zu diesem Missstand bei. Sie wussten, dass die Unersättlichkeit, der Wankelmut und die mangelnde Treue, die häufig mit der Sexualität verbunden sind, immer zu Problemen führen. Da sie selbst weder tragfähige Ideale noch die nötige Liebe und deshalb nicht das Charisma hatten, die Menschen vom Richtigen zu überzeugen, gingen sie den Weg, der anfangs immer einfacher ist: Den Weg der Unterdrückung, der Angst, der falschen Moral, der Verleugnung, der Probleme und Neurosen.

Dies steigerte sich derart, dass die Menschheit sich mit allen Fasern ihrer geschundenen Seele nach einem neuem Weg sehnte. Deshalb kam Freud und mit ihm eine neue Richtung.

Nun ist aber das Gegenteil von etwas Schlechtem ebenfalls schlecht. Freuds Psychoanalyse war auf der einen Seite eine Befreiung, auf der anderen Seite aber auch eine neue Form der Knechtschaft. Litten die Menschen vor Freud und zu seiner Zeit unter der Unterdrückung der Sexualität, leiden sie heute unter der „neuen" Moral, die in vielen Fällen nichts anderes als eine neue Form des Zwanges ist. Es mag vereinfachend klingen, ist es aber leider überhaupt nicht: Litten die Menschen früher darunter, dass sie ihre Sexualität im Grunde nicht leben konnten, so leiden sie heute darunter, dass sie sie – ob sie wollen oder nicht! – leben **müssen.**

Wie viele Mädchen, aber auch Jungen sehe ich in der ganzen Welt, die nachts in ihre Kissen weinen, weil sie etwas leben **müssen, wozu sie überhaupt nicht bereit sind.**

Besonders Mädchen benötigen die Zeit der **Adoleszenz**, um heranreifen zu können, sonst wird unendlich viel zerstört.

Ich verstehe Adoleszenz als Zeit der Vorbereitung. Als Vorbereitung für die Aufgabe des Erwachsenseins.

Die Zeit der Adoleszenz ist die Zeit, in der junge Menschen ihre Identität ebenso wie ihre Aufgabe suchen. Sie fühlen sich häufig „weder wie Fisch noch wie Fleisch". Sie sind keine Kinder mehr und doch auch noch keine Erwachsenen. Sie wissen häufig genau, was sie alles **nicht** wollen. Was sie aber wollen, wissen sie in den meisten Fällen nicht.

Sie erleben sich ähnlich wie das Kleinkind, das sein Nein auskostet, um sich selbst zu finden. Es ist kein Zufall, dass die Entdeckung des Nein und die Entwicklung des Ich zur gleichen Zeit geschehen. Zwischen dem zweiten und dem dritten Lebensjahr findet das Kind zu seinem Ich. Und wie geschieht dies? Indem es sich abgrenzt! Die Grenze ist die Kontur. Die Kontur bildet die Form. Durch Abgrenzung findet man sich. Das Kleinkind ist dabei ein besonders wundersames Geschöpf: Einerseits ist es ganz eng mit Gott und den Engeln verbunden, und andererseits entwickelt es mitunter in Windeseile ein wirklich beeindruckendes Ego. Beide Kräfte stehen ziemlich unvermittelt nebeneinander. Kein Wunder, dass so viele Eltern manchmal meinen, verzweifeln zu müssen. Sie sollten es nicht. Sie sollten vielmehr bedenken, dass ihr Kind im Moment Unglaubliches leistet, dass es sich riesigen Kräften ausgesetzt fühlt, dass es immer wieder das Gefühl hat, diese Kräfte würden es zerreißen.

Diese Spannung überträgt es auf seine Eltern, die nicht selten befürchten, selbst schier verrückt zu werden. Bedenken sie aber, wie schwer es auch ihnen fällt, in ihrem Ego zu sein und sich gleichzeitig auf Gott zu konzentrieren, dann können sie sich in etwa vorstellen, was ihr Kind durchmacht.

Ganz Ähnliches geschieht in der **Adoleszenz.** Die jungen Menschen werden von regelrechten Gefühlsstürmen hin und her gerissen. Alles schwankt, alles verändert sich immer aufs Neue, nichts scheint überhaupt einen Halt zu bieten. Die Adoleszenten müssen sehr viel aushalten. Und sie müssen sehr viel verkraften. Denn die meisten Erwachsenen sehen nicht, was die Adoleszenten leisten, sehen nicht, wie sehr sie sich um eine stabile Identität bemühen, sehen nicht, wie sehr sie kämpfen, um ein vollwertiges Mitglied der Gemeinschaft zu sein. Darüber hinaus sehen sie auch nicht, wie wichtig in dieser Zeit für die Jugendlichen tragfähige Ideale sind.

Dieses Nicht-Gesehen-Werden in so vielerlei Hinsicht schmerzt die Heranwachsenden sehr.

Im Englischen Sprachraum werden diese enormen inneren und äußeren Kämpfe nicht noch dadurch verstärkt, dass der Adoleszent stets durch die Anrede „Du" auf seinen niederen Status hingewiesen wird. Das „Du" macht dem Heranwachsenden immer wieder deutlich, dass er von den

Erwachsenen noch nicht akzeptiert wird. Wird er dagegen mit Sie angesprochen, denkt er: „Jetzt habe ich es geschafft! Ich gehöre jetzt auch zur Erwachsenenwelt!" Hier kommt aber auch seine Ambivalenz voll zum Tragen: Spricht ihn jemand mit Sie an, erschrickt er, denn er befürchtet, die Geborgenheit der vertrauten Kindheitswelt zu verlieren. Redet ihn dagegen jemand mit Du an, erlebt er, dass er immer noch zu der Kinderwelt gezählt wird, und fühlt sich von den Erwachsenen ausgeschlossen. Ist er darüber hinaus von seinen Eltern häufig übersehen, gekränkt oder gar verletzt worden, erlebt er dieses Ausgeschlossenwerden als „böswillig". Er glaubt, die Erwachsenen *wollten* ihn nicht unter sich haben. Sie wollten ihm deshalb unmissverständlich deutlich machen, was sie von ihm halten.

Und was tut ein Mensch, der sich ausgeschlossen und einsam fühlt? Er sucht Kontakt zu Seinesgleichen. Dies ist nur allzu verständlich, dies ist nur allzu natürlich. Deshalb war es immer so.

Neu ist allerdings heute, dass Adoleszenten bereits in diesem Alter sexuelle Kontakte haben. Dies ist eine sehr fragwürdige Errungenschaft dieser Zeit und entsprechend destruktiv.

Ich sagte, Adoleszenz sei so zu verstehen, dass der Heranwachsende sich auf eine Auswahl, eine Prüfung vorbereitet. **Die Adoleszenz ist damit die Zeit der Vorbereitung auf die vielen Prüfungen und Verantwortlichkeiten des Erwachsenseins.** Wird diese Zeit nicht dazu benutzt, kann es geschehen, dass ein Mensch sein ganzes Leben lang sich niemals wirklich entscheiden, niemals heiraten, nur zeitlich begrenzte Beziehungen eingehen, nicht die Elternrolle annehmen kann. **Er wird immer nur suchen, niemals aber finden können und wollen.**

Adoleszenz, Entscheidung, Selbstwert

Deshalb reicht heute die Adoleszenz bei manchen Menschen bis ins 50., 60. oder gar 70. Lebensjahr, wenn sie bis dahin immer noch nicht gelernt haben, Verantwortung für sich und andere zu übernehmen. Ein wichtiger Schritt, diese Verantwortung zu entwickeln, besteht darin, zu heiraten.

Aus diesen Gründen hatten Adoleszenten in früheren Zeiten, als das Wissen um die größeren Zusammenhänge noch vorhanden war und gelebt wurde, ihre anerkannte Zeit, und ihre Leistung wurde gewürdigt, nämlich die Verwandlung, die Umwandlung von einem suchenden Kinde zu einem verantwortlichen Erwachsenen.

Deshalb schloss sich nach der Adoleszenz die Zeit an, in der sich die Jugendlichen bestimmten Riten, bestimmten Prüfungen unterzogen. Hatten sie diese bestanden, wurden sie in den Kreis der Erwachsenen aufgenommen und, wenn es für alle stimmig war, verheiratet. Damit war der Adoleszent durch besondere Leistungen, sprich: durch Entscheidung zum Erwachsenen geworden.

Diese Verwandlung vom Jugendlichen zum Erwachsenen ist eine unglaubliche Leistung, die nicht hoch genug bewertet werden kann. Hierzu benötigen die Adoleszenten aber einen sicheren Rahmen durch klare Regeln. Regeln, die ihnen schon selbstverständlich geworden sein müssen und nicht plötzlich und unerwartet aufgestellt werden.

Dies schafft Selbstwert und Selbstvertrauen.

Für die Entwicklung von Selbstwert und von Selbstsicherheit der Heranwachsenden ist **Koedukation** nicht geeignet. Denn durch die Koedukation geraten Jugendliche in Konkurrenz mit dem anderen Geschlecht, was sich – besonders in der späteren Partnerschaft – äußerst destruktiv auswirkt.

In früheren Zeiten galt, dass die Zeit der Adoleszenz zur inneren Einkehr, zur Selbstfindung und damit zur Stärkung genutzt werden sollte. Misslang diese Aufgabe, dann versagten die Adoleszenten bei der Erfüllung der festgesetzten Riten – oder wurden gar nicht erst zugelassen.

Jugendliche können Sexualität mit einem Partner noch nicht handhaben. Dazu sind sie zu unreif. Sie sind Adoleszenten, **weil sie unreif sind.** Dies ist ihr Recht, denn es ist der Hauptwesenszug der Adoleszenten, dass sie noch suchen. Wer sucht, ist nicht am Ziel. Das Ziel der Frucht ist, reif zu sein.

Die Aufgabe der Erwachsenen ist es, für den Schutz der Heranwachsenden zu sorgen.

Deshalb ist die Tatsache, dass Jugendliche heute ihre Sexualität mit Partnern leben dürfen, kein Ausdruck einer besonderen Freiheit, Anerkennung oder gar Fürsorge der Erwachsenen. Dass sie etwas leben, womit sie überhaupt nicht umgehen können, **ist vielmehr ebenso mangelnde Fürsorge wie mangelnde Anerkennung.** Denn sonst sähe der Erwachsene, dass hier jemand mit etwas konfrontiert wird, wofür er noch überhaupt nicht vorbereitet ist und was ihm deshalb schaden wird.

Wer Sexualität mit einem Partner in der Adoleszenz befürwortet, müsste es ebenso als ein großes Geschenk der Freiheit ansehen, wenn Jugendliche so schwer tragen müssen, dass ihr Skelett deformiert wird. Anstatt zuzugeben, dass man diesen armen jungen, zarten Körper für diese ganze Inkarnation schädigt, deformiert und ständige Schmerzen in Kauf nimmt, behauptet man vielmehr, dies sei etwas ganz Wunderbares. Und warum tut man dies? Weil mitunter die gemeinsten Interessen dahinter stehen, man betrachte zum Beispiel die Kinderarbeit oder den Leistungssport.

Manche Arbeitgeber halten ihre Kinder wie Sklaven.

Manche Trainer scheuen nicht einmal vor Drogen und anderen massiven Giften zurück, um junge Sportler zu Höchstleistungen zu bringen, nein, zu zwingen! Und wofür tun sie dies? Nicht für die Jugendlichen, denn diese ruinieren sie. Sie tun es, um ihre niederen Wünsche nach Ansehen, Geld und Macht zu befriedigen.

Ähnlich verhält es sich mit vielen Erwachsenen in Bezug auf die Sexualität von Jugendlichen. Viele Erwachsene leben selbst eine so unerfüllte Sexualität, dass sie unbewusst ihre Gefühle an ihre Kinder delegieren und diese sie ausleben lassen – oder sie gar selbst verführen. Andere Erwachsene sind so verunsichert, dass sie nicht unterscheiden können, was richtig und was falsch ist, und alles aus der Angst heraus gutheißen, sonst nicht „in", nicht „modern" zu sein. Wieder anderen ist es völlig gleichgültig, was ihre Kinder tun oder lassen beziehungsweise was aus ihnen wird.

Sexualität als *Panacea*

Viele sehen heute in der so genannten freien Sexualität eine *Panacea*, ein Allheilmittel.

Und dafür bist du verantwortlich, lieber Freud. Du hast zu Recht festgestellt, dass die Unterdrückung der Sexualität schlimme Folgen haben kann und dass die Heilung darin besteht, diese Unterdrückung aufzuheben. Das ist vollkommen richtig. Aber warum hast du es so verallgemeinert? Du wusstest doch genau, dass es zwar eindeutig richtig ist, zu behaupten, alle Schwarzen seien Menschen, jedoch falsch, daraus zu folgern, alle Menschen seien schwarz.

Aber genau diesen logischen Fehler hast du begangen, lieber Freud. Du warst so verliebt in deine Theorie der Libido beziehungsweise des Eros, dass du die Welt nunmehr als eine unendliche Ansammlung sexueller Symbole ansahst. Das war dein großer Irrtum, der heute noch fatale Folgen hat.

Denn die Menschen glauben heute tatsächlich, die Sexualität sei eine *Panacea*.

Aber sie ist es nicht. Sie ist eine sehr, sehr wichtige Energie. Sie ist zudem in einem klar begrenzten Rahmen segensreich. Sie ist aber niemals ein Allheilmittel, das zu jeder Zeit und mit jedem angewendet werden kann und segensreich ist. **Geht man so mit Sexualität um, dann ist sie keine *Panacea*, sondern ein *Panacidum*, eine Allsäure, die Menschen zerstört.**

Genau dies geschieht heute mit den Jugendlichen – und mit vielen Erwachsenen ebenso! Durch ihre so genannten Freundschaften – die manchmal nicht länger als eine Nacht dauern! – zerstören sie sich selbst. Sie lernen nicht, sich aus dem All-eins-Sein heraus zu finden und innere Stärke zu entwickeln. Sie verlieren sich vielmehr in einer Körperlichkeit, mit der sie in Wahrheit überhaupt nichts anfangen können. Diese Art der Sexualität ist wie ein Mensch, der mit einem viel zu großen Anzug auf ein Fest geschickt wird. Er wird nicht nur zum Gespött, zur bemitleideten Figur. Dieser zu große Anzug kann sogar eine große Gefahr für seinen Träger sein. Er kann bewirken, dass der Arme mit ihm an etwas hängen bleibt, stolpert oder gar eine Treppe hinunterstürzt. Dieser Mensch in dem zu großen Anzug ist wirklich zu bemitleiden, denn der Anzug kann ihn Kopf und Kragen kosten.

Und genau dies geschieht mit den Jugendlichen heute. Sie finden nicht die Zeit zur inneren Reife, spüren aber trotzdem genau, dass sie etwas Entscheidendes verlieren, das sie möglicherweise nie wieder finden werden. Deshalb wird die Sexualität als angebliche *Panacea* zum *Panacidum*, zur Allsäure. Dieser Begriff korrespondiert mit dem Deutschen umgangssprachlichen Ausdruck „sauer sein" als Bezeichnung dafür, dass jemand ärgerlich ist. Die heutige Jugend ist „sauer". Und ich finde, dass sie vollkommen Recht hat. Die Erwachsenen kümmern sich häufig überhaupt nicht darum, was Jugendliche wirklich benötigen, beziehungsweise darum, was sie, die Erwachsenen, ihnen geben müssten. Die Erwachsenen machen es sich verwerflich einfach, wenn sie Jugendliche in so frühe Partnerschaften stolpern lassen.

All dies erklärt sich, wie ich weiter oben bereits sagte, durch das Interesse der Erwachsenen an der Sexualität der jungen Menschen – was alles andere denn gut und förderlich ist.

Der andere, nicht minder verwerfliche Teil spiegelt die Tatsache wider, dass die Erwachsenen froh sind, wenn die Jugendlichen, wie auch immer, beschäftigt sind. Wo sie sich im Endeffekt herumtreiben, ist im Grunde nicht so wichtig – Hauptsache, sie lungern nicht zu Hause herum.

Sexualität als *Panacea*? Nein, Sexualität vielmehr als Ausdruck eines globalen Desinteresses, herauszufinden, was wahr, was gut, was wirklich Glück bringend ist.

Sexualität wird heute als *Panacea* gedacht, weil der Weg nach oben, der Weg zu Gott, der Weg zur wirklichen Glückseligkeit deshalb verschlossen ist, weil er gar nicht erst gesucht wird.

Und wieder sind wir bei der guten Seele Freud. Er hat sich so sehr bemüht. Er hat mit all seiner großen Redlichkeit versucht, die Wahrheit zu finden. Er hat aber – leider! – vorweg entschieden, dass Gott das Ziel nicht sein darf. Damit war seine Sicht von Anfang an so bestimmt, dass sie das Körperliche, das rein Materielle und damit das auf Dauer Banale nicht überwinden konnte.

Sexualität ist weder eine *Panacea* noch ein wirkliches Ziel. Vergleichbar dem Essen, das ebenso wenig wie das Trinken ein Ziel ist. Wer zu viel isst, ruiniert seine Gesundheit genauso wie der, der zu viel trinkt. Und was geschieht? Der Mensch wird süchtig, und die Sucht lebt irgendwann nur mehr für sich selbst – und zerstört damit den Menschen.

Genau dies geschieht heute mit der Sexualität. Sie ist zu einer Sucht geworden, von der immer mehr Menschen immer mehr erwarten. Und sich genau dadurch verlieren!

Keiner, der einer Sucht verfallen ist, findet *Shanti* beziehungsweise kann seine innere Ruhe bewahren. Jede Sucht sucht ein ständiges Mehr an Reizen, und dieses ewige Mehr schließt die innere Ruhe aus, löst sie auf.

Innere Ruhe

Shanti **ist der Maßstab.** Je mehr innere Ruhe ein Mensch hat, desto mehr ist er in Kontakt mit seiner Quelle, mit seiner inneren Kraft. Aus der inneren Ruhe heraus findet der Mensch zu seiner wahren Bestimmung. Und dies macht ihn glücklich. *Shanti* ist deshalb *die* Voraussetzung für das Erlangen der Glückseligkeit – desjenigen Zustandes, den jeder, ohne Ausnahme, sucht.

Wer glaubt, diesen Zustand in der Sexualität, gar in einer übertriebenen und ausufernden, finden zu können, der macht damit nur deutlich, dass er noch gar nicht in Kontakt mit den tieferen Schichten seiner selbst gekommen ist. Und hier ergibt sich ein Teufelskreis: Durch zu frühe und durch unklare Sexualität, das heißt durch eine, die nicht an **eine feste Partner-**

schaft gebunden ist, verschließen sich die Menschen den Zugang zu den tieferen Schichten ihrer selbst, sprich ihrer Wahrheit, ihrer inneren Ruhe und ihres Glücks. Sie verlieren dadurch ihre wahre Ausrichtung. Und dass dem so ist, erkennen viele daran, **dass ihre erste Beziehung eine Intensität hatte, die spätere nicht mehr – oder nur durch sehr großen Einsatz – erreichen.**

Dies schmerzt sie sehr, denn sie wissen von ihrem Unbewussten her genau, dass der Sinn ihrer Inkarnation auf Erden der ist, einen gemeinsamen und damit auch dauerhaften Weg mit ihrem Partner zu finden. Um diesen Schmerz nicht spüren und sich nicht eingestehen zu müssen, dass sie viele Fehler gemacht haben, stürzen sie sich noch mehr auf ihren falschen Weg. Und je mehr sie ihn als falsch erfahren, desto mehr meinen sie, verbissen daran festhalten zu müssen. Dies führt zuweilen bis zur vollständigen Aufgabe ihrer selbst und ihrer Würde beziehungsweise sogar ihres Lebens.

Aufgabe ist in diesem Zusammenhang ein sehr passendes Wort: Wer seine wahre Aufgabe nicht findet, landet bei der Selbst-Aufgabe. Er gibt sein Selbst auf. Er hat seine Aufgabe nicht erfüllt und gibt sich daher auf.

Lass dich deshalb nicht von irgendwelchem neumodischen Geglitzer in die Irre leiten. Das wirkliche Allheilmittel ist ganz einfach: **Nur das Immaterielle, das Geistige, der Gott in dir ist das Allheilmittel, das du wirklich suchst, denn es ist nicht entstanden, kann deshalb nicht vergehen und dir somit niemals Kummer bereiten. Dein wahres Selbst ist die *Panacea*, die du tatsächlich suchst und irrigerweise in der Welt zu finden glaubst. Hier wirst du sie aber nie finden. *Turiga* ist das große innere Licht, das dir die Fähigkeit gibt, alles zu erkennen und höchste Seligkeit zu genießen.**

Denke deshalb nie, dass etwas Materielles eine *Panacea* sei. Es ist auf Dauer immer, immer, immer ein *Panacidum*, eine in der Nase beißende Säure. Alles Materielle führt früher oder später zu Enttäuschung und Kummer. Denn alles Materielle wird, weil entstanden, eines Tages auch vergehen. Indem es vergeht, bereitet es dir desto mehr Trauer, je mehr du dich daran gebunden hast.

Um dein wahres Glück zu finden, musst du vielmehr die Gewohnheiten aufgeben, die du während mehrerer Inkarnationen lieb gewonnen hast. Und eben dies willst du nicht. Lieber möchtest du zigmal wiedergeboren werden, als dass du deine alten Gewohnheiten aufgibst. Das Leben, das wahre Leben, das Leben, das ich meine, besteht in der Erneuerung. In der großen

Flexibilität, die so typisch für den Körper eines Kindes ist. Das wahre Leben ist immer jung. Das wahre Leben ist immer voll. Das wahre Leben ist Glück.

Fliehe deshalb die Erstarrung, denn Erstarrung führt zur Krankheit. Fliehe das, was dich auf das rein Materielle festschreiben will.

Das Wissen, das gelebte Wissen, dass du Gott bist, ist das Glück, das du suchst.

Jeder Versuch, dieses Glück woanders, vor allem aber im Materiellen, zu suchen, bedeutet, dass du dir im Grunde nicht vertraust, dass du nicht an dich glaubst. **Dass du dich als klein siehst und dir nichts Großes, nichts wirklich Unendliches, eben das Kosmische Bewusstsein und die damit verbundene Glückseligkeit, zutraust.**

Beziehst du dich allein auf das Materielle, drückst du damit aus, dass du dich nicht für gut genug erachtest, den Gott in dir zu finden. Dies ist der wahre Grund für den erschreckend niederen Selbst-Wert der heutigen Menschen. Sie halten nicht viel von sich – und den anderen. Sie können es nicht glauben, dass sie Gott sind. Sie halten sich vielmehr für so minderwertig, dass für sie billige Süchte, sinnlose Genüsse und wahllose Sexualität das Maximum sind, was sie verlangen dürfen.

Das Gesetz ist einfach: Wer Gott aus seinem Leben sperrt, wirft sich selbst aus der Bahn.

Süchte sind der Beweis dafür, dass du das Falsche suchst. Was du suchst, ist die einzige Sucht, die dich nicht zerstört, sondern zum ewigen Glück, zum ewigen Leben führt. Diese eine, diese einzige Sucht ist Gott beziehungsweise *Shanti*, der große Kosmische Frieden.

Erreichen kannst du ihn durch *Satkarmas*, durch gute Handlungen, die dich von lieb gewonnenen Gewohnheiten aus früheren Inkarnationen befreien, weil sie dein Denken reinigen und befreien.

So ist allein der Gute glücklich. Und gut ist nur derjenige, der sich an die Kosmischen Gesetze hält. Er sieht deshalb in allen Problemen die Gelegenheit, die Tugenden zu üben, und die Chance, zu erstarken und Selbstwert aufzubauen.

Instinkt, Verstand, innere Schau

Für dich ist wichtig, zu wissen, dass jedem Menschen drei Werkzeuge gegeben wurden, mit denen er Wissen beziehungsweise Weisheit erlangen kann.

Das Erste ist der **Instinkt**, der besonders bei Tieren stark entwickelt ist. Der Instinkt ist das einfachste und damit am wenigsten ergiebige und nützliche Werkzeug, womit der Mensch das Wahre, das Sein und das Bewusstsein erlangen kann.

Das Zweite ist der **Verstand.** Der Verstand untersucht Ursache und Wirkung. Der Verstand ermöglicht es, Sachverhalte zu durchdenken, logische Schlüsse zu ziehen und Schlussfolgerungen zu erarbeiten.

Obwohl der Verstand viel größere Dienste als der Instinkt leistet, ist auch er begrenzt. Gerade die Logik, welche die Basis des Verstandes bildet, stellt diese Einschränkung dar. Die Logik ist nämlich nicht so wunderbar, wie die verstandorientierten Menschen glauben. Die Logik ist in Wahrheit nicht geradlinig. Was als Deduktion gedacht wird, ist ein stetes Zurückkehren zum Ausgangspunkt.

Der Verstand macht deshalb wissenschaftsgläubig und damit blind, da er die materielle Welt für real und die immaterielle Welt für irreal hält.

Wegen dieser Blindheit können zum Beispiel Menschen behaupten, der Anfang der Welt sei eine Urexplosion gewesen. Der Verstand, der so gerne so logisch ist, kann diesen Unsinn glatt glauben. Er fragt einfach nicht nach, **was, wodurch, wieso** explodierte. Und **warum** so eine perfekte Welt durch eine „zufällige" Explosion entstehen konnte.

Der Verstand ist deshalb ein Mittel, um auf den Weg zu kommen. Nicht aber, um ans Ziel zu gelangen. Deshalb wirst du so lange wiedergeboren, wie das Denken dich, dein Sein und dein Bewusstsein bestimmt. Es ist das Denken, das nicht aufhören mag, dich mit ihm und mit deinem jeweiligen Körper zu identifizieren.

Vernunft ist die nächsthöhere Stufe. Durch die Vernunft erfasst der Mensch die größeren Zusammenhänge. Er versteht, wie Kant sagte, die Grundgesetze der Welt. Die Vernunft ermöglicht auch den Schritt von der Logik zur Dialektik, wie dies Platon meisterhaft im Dialog *„Parmenides"* erläuterte (vgl. v. Stepski-Doliwa, *Die Platonische Erkenntnistheorie*).

Platon macht aber gerade in dem genannten Dialog deutlich, dass die Vernunft immer weiter suchen kann. So lange nämlich, bis sie durch die innere Schau den letzten Grund erfasst hat.

Deshalb ist die **innere Schau** eine grundsätzlich andere Seins- und Bewusstseinsdimension, die man *Turiya*, das Überbewusstsein, nennen kann. Durch sie erlangt der Mensch die innere Sicht Gottes. Diese innere Schau erhält der Mensch allein durch die Gnade des Herrn. Der Herr, der in deinem Herzen wohnt, zündet das Licht der Erkenntnis in dir an, sobald du Hingabe, Sinneskontrolle und damit Losgelöstsein von der Welt entwickelt hast.

Jeder Mensch hat ein Recht auf diese innere Schau. Und jeder erreicht sie früher oder später. Denn allein dieses Überbewusstsein gibt der Inkarnation als Mensch ihren Sinn. Außerdem vermittelt dir die innere Schau, dass du das uneingeschränkte, allumfassende Göttliche bist und dass es deine Bestimmung ist, glücklich zu sein.

Das Überbewusstsein lässt dich *Maya*, die Täuschung, durchschauen. Durch diese Schau gelangst du vom Gewand Gottes, von *Maya*, zu Gott Selbst. Du lässt dich nicht mehr durch *Maya* von der wahren Wirklichkeit ablenken, sondern siehst diese Wirklichkeit als das einzig Wahre.

Das heißt, durch die innere Schau erfasst du Gott in all Seiner Herrlichkeit, Seiner Allmacht und Seiner Glückseligkeit.

Es bedeutet weiter: Jeder Patient, jeder unglückliche Mensch ist weit von seiner Bestimmung entfernt. Denn Unglücklichsein, Depression, Melancholie widersprechen der wahren Natur des Menschen, die in umfassender Glückseligkeit besteht.

Und genau diese Natur sollte der gute Therapeut kennen. Denn nur wenn er sie kennt, wenn er die innere Schau erlangt hat, kann er tatsächlich helfen.

Darüber hinaus weiß der gute Therapeut in diesem Zusammenhang noch etwas: Im Laufe der Zeit geht jeder Mensch durch die folgenden vier Stadien: „Zunächst ist er ein *Arthin* – ein Leidender, dann ein *Arthartin* – einer, der um materiellen Wohlstand betet, dann ein *Jijnasu* – ein Suchender nach spiritueller Erkenntnis – und schließlich ein *Jnanin* – ein Weiser." (Sathya Sai Baba, *Bhagavad Gita*, S. 93. Großschreibung von *Arthin, Arthartin, Jijnasu, Jnanin* durch mich).

Das erste Stadium ist dem Instinkt zuzuordnen. Das zweite dem Verstand. Das dritte der Vernunft. Und das vierte der inneren Schau.

Freud, Libido und Pessimismus

Freud war, wie fast alle Therapeuten, auf der Verstandesebene stehen geblieben und nicht bis zur Suche nach spiritueller Erkenntnis vorgedrungen.

So war er ein großer Wissenschaftler, aber auch ein noch größerer Pessimist. Wie schon gesagt, hatte er Gott aus seinem Leben verbannt. Und was füllte dessen Platz? Gedanklich setzte er für Gott die Libido – physisch das Nikotin.

Die von Freud postulierte „allumfassende" Libido – beziehungsweise Eros, wie er später sagte – zerstört viele Beziehungen, Familien, Gesellschaften. Das Nikotin zerstörte ihn. Gott hätte ihn von beiden, von der angeblich alles erklärenden Libido und dem Nikotin, heilen können – was auch in einem späteren Leben geschah.

Freud musste aber zuerst am eigenen Leibe erfahren und damit wirklich erkennen, dass seine Lehren einen genialen Ansatz, gleichzeitig aber eine genauso große Sackgasse darstellten.

Gott liebt jedoch die Mutigen, die Integren, die Großherzigen, die sich für eine Idee einsetzen – mag sie noch so einseitig, noch so überspitzt sein.

Dies war Freuds Stärke, deshalb habe ich ihn sowohl als Shirdi Baba, in meiner vorherigen Inkarnation, als auch in der jetzigen unterstützt.

Freuds Tragik bestand aber darin, dass er ein Leben lang **seinen inneren Vater suchte**. Er suchte die **Quelle** der Güte, die er immer wieder in sich fand und die viele Menschen, besonders seine Patienten, in ihm erlebten. Er selbst hatte aber häufig Angst, dass seine Güte versiegen, dass er verhärten, dass er erstarren, dass er das Opfer seiner Skepsis werden könnte, die bis weit in den Bereich des Pessimismus reichte.

Dieser Weg zu Gott als Ziel war ihm damals verschlossen. Und genauso geht es heute unzähligen Menschen und sehr vielen Therapeuten. Sie sind der Überzeugung, Gott sei für sie unerreichbar. Ebenso das Glück. Deswegen glauben sie, sie müssten sich mit dem begnügen, was sie bekommen haben beziehungsweise ohne allzu große Anstrengung erreichen könnten. Und dies sind häufig billige Süchte.

Damit kommen wir zu der Wahrheit, die hinter all dem Schein liegt: Menschen, die behaupten, Sexualität oder irgendwelche anderen Süchte seien das Entscheidende, die einzig wahre Freude im Leben, glauben

in Wahrheit, dass sie nicht mehr fordern, nicht mehr vom Leben – und von Gott! – erwarten dürfen.

Deshalb sage ich immer wieder: Mache dich nicht klein! Sich-klein-Machen ist die Wurzel, der Kern allen Übels. Es gibt kaum Schlimmeres, als sich klein zu machen, denn daraus erwachsen fast alle Süchte, Streitigkeiten, Kämpfe, Kriege.

Sieh dich als Gott, und mit der Zeit lösen sich alle Probleme von Selbst – durch das Selbst!

Deshalb ist die Wiederholung des Namens Gottes so wichtig, um deine wahre Identität zu finden.

Und um deine psychischen Probleme zu lösen, ist Psychotherapie, wie ich sie meine, von unschätzbarem Wert.

Krishna und Kant

Die heutige Zeit ist durch ein Zuviel auf fast allen Gebieten gekennzeichnet.

An dieser Entwicklung ist die Psychologie nicht unschuldig. Und warum? Weil sie aus einem Denkansatz entstand – aus dem sie sich zum Teil immer noch speist –, der Transzendentes bewusst ausklammert, weil er der Ansicht ist, nur durch dieses Ausklammern des Metaphysischen wissenschaftlich zu sein!

Welch ein Irrtum, mit weit, weit reichenden Folgen!

Hast du aber das Hauptziel nicht vor Augen, verlierst du dich im Detail. Und verlierst du dich im Detail, verlierst du schnell alles.

Dies ist ein altes Gesetz, weswegen große Sportler, große Künstler und große Lehrer immer zuerst an das Ziel und erst dann daran dachten, wie sie es erreichen konnten.

Die Psychologen dachten nicht an Gott als Ziel. Die Psychologie entstand fast 5.000 Jahre nach Krishnas Tod. Seitdem herrscht das *Kali Yuga*. Krishna war auf die Erde gekommen, um die Liebe und den Frieden zu sichern.

Ohne sein Eingreifen hätte es auf der Erde eine Verbreitung des Bösen mit verheerenden Folgen gegeben. Die negativen Kräfte wären in einer Form erstarkt, die das kommende *Kali Yuga* zu einem noch viel schrecklicheren Zeitalter hätten werden lassen.

Krishna war gekommen, um die Vernichtung der Welt abzuwenden. Es war aber nicht Seine Absicht, das Goldene Zeitalter einzuläuten, denn die Zeit, das heißt die Menschheit, war dazu noch nicht reif.

Dies geschieht erst jetzt. Dazu müssen wir aber zunächst die Talsohle durchschreiten. Diese Talsohle besteht in niederen Bedürfnissen, sinnlosen Wünschen und der ausgesprochen banalen Ausrichtung vieler.

Die Psychologie trug viel dazu bei, Wissen über seelische Krankheiten bewusst zu machen und unzählige Heilmethoden anzubieten. Dies hat vielen geholfen.

Aber leider hat die Psychologie auch unzählige Menschen entwurzelt, verunsichert und im Grunde heimatlos gemacht. Die Psychologie war für die Menschen, was Kants Philosophie für Heinrich von Kleist bedeutete. Er zerbrach an Kants Aussage, das Ding an sich, also Gott, sei nicht erkennbar. Kant lehrte, das menschliche Denken sei räumlich und zeitlich begrenzt, es könne deshalb das Unendliche nicht fassen. Damit hatte Kant Recht, denn er bezog sich allein auf den Verstand. Die innere Schau kannte er leider nicht.

So war er der geniale Denker für die aufkommende Wissenschaft. Er war aber kein Philosoph, der die Wahrheit über Gott kannte und zu lehren wusste.

Schade, denn Kant war eine bis in ihr tiefstes Wesen gute und redliche Seele, die alle Mühen auf sich nahm, um die Wahrheit zu ergründen und den Menschen zu helfen.

Die Zeit war aber noch nicht reif. So gehörte seine Philosophie zu einem der entscheidenden Dominosteine, die zur oben genannten Talsohle führten.

Kant hat Gott nicht erfahren, obwohl er Gott aus seinem Denken nicht explizit ausklammerte.

So hat Kant versucht, die Göttliche Dimension mit der Unterscheidung zwischen Verstandes- und Vernunftdenken zu erfassen. Die innere Schau blieb ihm aber versagt. Hätte er dagegen die inneren Ein-Sichten wie die Seher der Veden gehabt, hätte für Preußen und damit für ganz Europa die Geschichte eine völlig andere, eine viel, viel glücklichere Wendung nehmen können.

Und hätte Kant Gott erfahren, hätte Freud Ihn ebenfalls nicht ausklammern können.

Durch Kant ist die Wissenschaft Gottlos geworden. Und ist es bis heute geblieben.

Sowohl Kant als auch die nach ihm kommenden Philosophen Hegel, Fichte, Schopenhauer und Nietzsche und vor allem die gesamte moderne Wissenschaft haben damit das Ziel verfehlt.

Das wissen und wussten alle großen Denker. Auch Kant wusste dies in seinem ihm verborgenen Selbst. Es war dies der Grund für seine schreckliche so genannte Gehirnverkalkung, derentwegen er seine eigenen Schriften später in seinem Leben nicht mehr verstand. Es war aber keine Gehirnverkalkung, sondern der Ausdruck des Kampfes zwischen dem rationalen Denken und der inneren Schau, die ihm sagte, dass er das wahre Ziel verfehlt hatte. Diesen Kampf konnte er nicht aushalten, denn er litt unglaublich unter der Verantwortung, über Nacht zwar der geistige Führer einer ganzen Nation, nein, der ganzen westlichen Welt geworden zu sein – das Entscheidende aber nicht erlangt beziehungsweise verpasst zu haben.

Freud war genauso pflichtbewusst. Auch er wollte das Richtige auf keinen Fall verfehlen. Er wollte der Menschheit den Schlüssel für die Gesundheit der Psyche und die Erlangung des Glücks geben.

Die Zeit war aber noch nicht reif. So bekam er durch den Avatar Shirdi Baba zwar wichtige Hinweise, den wahren, den Göttlichen Schlüssel erhielt er aber nicht. Damit blieb Freud, seinem und dem Karma der Menschen dieses Zeitalters entsprechend, bei der Libido als wichtigstem Ziel stehen.

Man könnte deshalb sagen, die Libido oder – vereinfachend ausgedrückt – die Sexualität sei die konsequent zu Ende gedachte Kantsche beziehungsweise Freudsche Philosophie.

Wo es nicht die Ausrichtung auf Gott gibt, landet der Mensch in den Fängen von *Maya*. Diese *Maya* ist heute die Sexualität. Das Ende jeder weiter gehenden, weiter weisenden Philosophie.

Deshalb werden hier zum Teil glatte Gegensätze gewünscht. Einmal die Freiheit und gleichzeitig die Vereinigung, die abhängig von dem macht, mit dem man sich vereinigen will. Daneben wird auch dauerhaftes und uneingeschränktes Glück gesucht, das aber von einem anderen Menschen, von **dessen Schicksal, dessen Karma, dessen Neigungen, dessen seelischer und geistiger Entwicklung abhängig macht.**

Für die Frauen

Frauen schadet diese Form der Sexualität ohne Entscheidung und Klarheit, da die ständige Unsicherheit, in der sie leben („Wie lange hält die Beziehung noch?", „Wie wird er reagieren, wenn ich schwanger bin?"), sie zermürbt. Frauen, die viele wechselnde Beziehungen und dies bereits seit der Adoleszenz haben, sind verhärtet, kämpferisch, leiden häufig unter Unterleibsproblemen und werden mit der Zeit immer angespannter.

Für die Männer

Männern schadet diese Form der Sexualität, weil nie Ruhe in ihr Leben kommt, da sie stets Ausschau nach neuen „Abenteuern" halten.

Sie entscheiden sich nie für **eine** Frau, deshalb sehen sie in jeder anderen eine potenzielle Partnerin, weswegen sie ihr imponieren wollen. Dies wertet den Mann scheinbar auf. Er hat ständig das Gefühl, „wichtig" zu sein. In Wahrheit höhlt es ihn aber aus. Es macht ihn nervös, unsicher, schwächt ihn in seiner Kreativität, seiner Leistungsfähigkeit, in seiner Lebenserwartung, und kann außerdem bis zur Impotenz gehen.

Dies verneinen die Männer strikt. Gleichzeitig können sie aber nicht erklären, warum die Potenz bei so vielen von ihnen in dieser Zeit der „Freizügigkeit" gestört ist.

Das Lateinische Wort *potens, potentis* bedeutet mächtig, stark. Macht und Stärke erwachsen aber nicht und **niemals auf Dauer** aus der Anspannung, sondern immer aus *Shanti*, aus der inneren Ruhe, aus der Ausgeglichenheit, die zwangsläufig zu innerer Kraft führt.

Und die erwächst aus einer festen Beziehung. Ehemänner haben deswegen im Weltdurchschnitt ein längeres und gesünderes Leben als unverheiratete Männer.

Der Vergleich

Vergleichen wir beide Beschreibungen, so schrieb ich über die Folgen unverantwortlicher Sexualität bei der Frau zwei Sätze. Beim Mann dagegen fünf Absätze. Warum? Warum, wo die Frau im Grunde häufig viel mehr als der Mann unter den Folgen der Unsicherheit, der Enttäuschung, der Trennung und der Einsamkeit leidet?

Ich tat es deshalb, weil die heutige Form der Sexualität von Männern für Männer „ent-deckt" wurde. Nichts daran ist weiblich!

Der heimliche Traum der Frau ist traute, innigste Zweisamkeit mit einem Mann.

Der heimliche Traum des Mannes ist traute, innigste Sexualität – mit vielen Frauen.

Und genau dies hat er heute verwirklichen können – auf Kosten der Frauen.

Der moderne Mann richtete einen weltweiten Harem ein, in dem allerdings die Frauen für sich selbst sorgen müssen. Frauen sind heute so animus-bestimmt, so männlich ausgerichtet, dass sie am liebsten genauso promiskuitiv wie Männer leben wollen.

Dem Mann ist damit etwas „Geniales" gelungen: Er erreichte es, seine geheimsten Wünsche fast über die ganze Welt zu verbreiten und die Frauen so zu beeinflussen, dass sie ganz zu seinen Diensten sind, gleichzeitig aber – in jeder Hinsicht! – ganz auf ihre Kosten leben! Und er schaffte es außerdem, ihnen klarzumachen, dass dies Freiheit sei. Er suggerierte ihnen gleichermaßen: „Schau, wie gut es dir geht. Du bist nicht in die engen Mauern eines Harems mit seinen vergitterten Fenstern und seinen hässlichen Aufpassern eingesperrt. Du musst dich auch nicht mit einem dicken Pascha abgeben. Auch bist du nicht dazu verurteilt, den ganzen Sinn und Zweck deines Lebens auf die drei Ks zu beschränken, nämlich Kinder, Küche und Kirche. Nein, dir liegt die ganze Welt zu Füßen, du kannst dir zu jeder Zeit den neuen Mann wählen, den du willst."

Das Problem, um das der Mann sich nicht kümmert, ist aber, dass die Frau in ihrem Innersten gar nicht jederzeit einen neuen Mann wählen will. Sie will vielmehr sich einmal entscheiden und dabei bleiben können. Sie möchte nicht so leben, wie der Mann sich das vorstellt, sondern wie es ihrem Wesen entspricht.

Männer und Frauen

Da Gott wusste, wie unterschiedlich Männer und Frauen im Allgemeinen und besonders in ihrer Sexualität sind, schuf Er die Jungfräulichkeit. Aber auch sie hat der Mann des *Kali Yuga* ausschließlich zu seinen „Gunsten" und zum Nachteil der Frau missbraucht. Die Jungfräulichkeit wurde von den Männern ausgenutzt, um Frauen in der scheußlichsten Weise auszubeuten. Sie nahmen ihnen die Jungfräulichkeit außerhalb der Ehe und erklärten sie anschließend als vogelfrei. Dieses „vogelfrei" ist in diesem Zusammenhang besonders interessant. Der heutige Mensch strebt vor allem an, frei und ungebunden wie ein Vogel sein zu können. In erster Linie bedeutet aber „vogelfrei", dass jemand keinen Schutz, keine Rechte und keine Sicherheit mehr hat. Interessant ist nun, dass der Mann heute von der sexuellen Freiheit und Freizügigkeit spricht, einer Freiheit, die dem Vogelfrei-Sein sehr ähnlich ist, weil Frauen weder wirklichen Schutz noch in vielen Fällen ausreichend Hilfe erhalten. Wie viele Frauen leben mit ihren Kindern am Rande des Existenzminimums. Während es ihren getrennten beziehungsweise geschiedenen Männern ausgezeichnet geht.

Ich sagte: Der Mann nahm der Frau die Jungfräulichkeit und missachtete sie deshalb. Und warum? Weil der Gottlose Mann Frauen immer verachtet. Ein Mann, der Gott nicht sucht, geschweige denn verwirklicht hat, lebt ohne innere Ausrichtung. Dies zerfrisst ihn. Dies schwächt ihn. Er erlebt sich deshalb der Frau, die ihm nahe ist, und der Frau im Allgemeinen als vollkommen unterlegen. Und warum? **Weil der Mann ohne Ausrichtung auf Gott der Frau immer unterlegen ist, weil er sich leicht im Denken, im vielen Denken verliert, was ihn, ähnlich dem vielen Reden, enorm schwächt.**

Deswegen bekämpft er die Frau umso mehr, je mehr er von Gott entfernt ist beziehungsweise sich von Ihm entfernt.

„Es gibt doch ganz viele religiöse Richtungen, durch die Frauen massiv unterdrückt werden!", wendest du ein. Meine Antwort ist: **Die an Gott gebundene Religion ist durch Liebe bestimmt. Und Liebe erhebt, achtet, schützt, nährt. Liebe unterdrückt nicht, verletzt nicht, entehrt nicht, versklavt nicht.** Wo Frauen all dies erdulden müssen, ist nicht Gott der Weisende, sondern es sind seine Gegenspieler, nämlich die Kräfte der Finsternis.

Die *Shastras*, die Heiligen Schriften, lehren, dass Frauen nicht verletzt und nicht beleidigt werden dürfen.

Deshalb schützte Krishna die Frauen im Allgemeinen, als er Draupadi, die Königin der Pandavas, vor der Schmach bewahrte, welche die dämonischen Kauravas ihr in Duryodhanas Versammlungshalle zufügen wollten, indem sie sie öffentlich entkleiden wollten. Krishna, den Draupadi um Hilfe gerufen hatte, verhinderte dies, indem er ihren Sari un-endlich lang werden ließ, sodass noch so lange an ihm gezogen werden konnte, Draupadi aber stets vollständig bekleidet blieb.

Die heutigen Frauen müssen wieder die Stärke und die Selbstachtung erlangen, die Draupadi hatte. Aus dieser Stärke und Selbstachtung heraus können sie glücklich ihr Leben gestalten.

Von dieser Stärke und Selbstachtung der Frau muss der weise Therapeut wissen.

Die Liebe sagt nämlich der Frau: Achte auf deine Jungfräulichkeit, denn sie will dich viel lehren. Erstens, dass die Sexualität mit einem Mann dein ganzes Leben verändern wird. Zweitens, dass die Sexualität deinen Körper verändert.

Denke an das, was der geniale Therapeut Milton Erickson einmal sagte:

„Ein Mann kann mit einer Frau sexuelle Beziehungen auf einer rein biologischen Ebene haben. Die Samenzellen werden gebildet, und ist die Erzeugung der Samenzellen einmal vollendet, so hat der männliche Körper keine Verwendung mehr dafür. (...) So ist der Samenerguss, biologisch gesehen, eine rein lokale Erscheinung, die sehr rasch, nämlich innerhalb von Sekunden erfolgen kann. Damit ist der sexuelle Akt für den Mann vorbei.

Rein biologisch gesprochen wird die Frau hingegen, als Folge dieses einen Geschlechtsaktes, schwanger. Dies dauert neun Monate. Sie erzeugt Milch, das dauert weitere (...) Monate. Dann muss sie für das Kind sorgen, es füttern, hüten, erziehen. Für die Frau ist in unserer Kultur ein einzelner Geschlechtsakt erst nach ungefähr achtzehn Jahren vollendet. Für einen Mann dauert er nur – achtzehn Sekunden.

Wie funktioniert nun aber ein Frauenkörper? Es ist wenigen Leuten klar, wie völlig ein Frauenkörper in einer sexuellen Beziehung aufgeht. Wenn eine Frau ein normales, aktives Sexualleben beginnt, steigt der Kalziumgehalt ihrer Knochen. Ihre Füße werden ungefähr um eine Viertel-Schuhnummer länger, der Jochbogen hebt sich ein bisschen. Die Kieferweite ändert sich, das Kinn wird ein wenig schwerer, die Nase ein Geringes länger, auch die Haare können sich wandeln, die Brüste verändern sich in Größe oder Festigkeit oder in beiden. Hüften und der Venusberg machen ebenfalls eine Veränderung durch, ebenso die Form der Wirbelsäule.

Somit verändert sich das Mädchen physiologisch und physisch in nur zwei Wochen feurigen Liebeslebens. Ihr Körper muss vorbereitet werden, um während neun langer Monate ein weiteres Wesen zu beherbergen. Noch Monate und Jahre danach ist ihr Körper auf das Kind eingestellt. Jede weitere Schwangerschaft bewirkt diese großen physischen und physiologischen Veränderungen.

Die Schnauzhaare eine Mannes werden mit dem Geschlechtsverkehr nicht länger, seine Kalziumproduktion ändert sich nicht, und seine Füße werden auch nicht größer. Sein Schwerpunkt verlagert sich keinen Deut. Es ist bei ihm eine örtlich beschränkte Angelegenheit.

Für die Frau hingegen, wie wir gesehen haben, bedeuten Geschlechtsverkehr und Schwangerschaft eine biologische und physiologische Umwälzung, die sie als ganzes körperliches Wesen erfasst." (Aus: Haley, *Die Psychotherapie Milton H. Ericksons,* S. 111; Absätze durch mich)

Bedenke als Frau, dass der Mann visuell ausgerichtet ist. Die Schwangerschaft, das Stillen und das aufopfernde Dasein für dein(e) Kind(er) kann deinen Körper altern lassen. Weißt du, ob dieser Mann, der sich – wenn überhaupt!!! – nur mit Müh und Not für dich entschieden hat, dann noch für dich da ist?

Und wie weit sorgt er überhaupt für dich und hat vor, für die Kinder zu sorgen?

Denn bedenke eins: Wenn er geht, ist die Wahrscheinlichkeit nahezu 100%, dass du allein mit den Kindern bleibst, häufig ohne Stütze und ohne Schutz. Er dagegen ungebunden und „vogelfrei" ein neues Leben beginnen kann.

Diese Risiken geht eine Frau ein, die sich sexuell mit einem Mann einlässt. Dies sollte sie stets bedenken und sich rechtzeitig schützen.

Freiheit ist, das Richtige zu tun

Es stellt sich hier die Frage, warum ich im vorletzten Absatz „vogelfrei" in Anführungszeichen gesetzt habe. Die Antwort ist: Weil hier die Karma-Lehre zum Tragen kommt. Eine Kultur ohne das Wissen um Karma und Wiedergeburt ist im Grunde dem Untergang geweiht. Wie wahr dieser Satz ist, sieht man daran, dass die Welt sich heute in einem so furchtbaren Zustand befindet und dass ich sie nur deshalb retten kann, weil ich die alten Lehren von Karma und Wiedergeburt über die ganze Welt verbreite.

Ich setzte das Wort deshalb in Anführungszeichen, weil Männer, die ihre Frau und ihre Kinder verlassen und sich darüber hinaus nicht um sie kümmern, sich selbst vogelfrei machen. Das heißt, das Karma und

die Wiedergeburt werden sie selbst, diesmal als Frauen, genau das erleben lassen, was sie in der früheren Inkarnation Frauen angetan haben.

Deshalb sage ich auch, dass das Leben der beste Lehrer ist. Wer etwas am eigenen Leibe erfährt, **weiß unmittelbar**, was richtig und was falsch ist.

Dieses Wissen durch Erleben ist dann besonders wertvoll, wenn die seelischen, geistigen oder psychologischen Lehrer versagen.

Dies ist heute leider oft der Fall. Welcher Psychologe wagt es schon, sich gegen die gängige, irrige Meinung zu stellen, Sexualität, noch dazu freie Sexualität, sei ein unschätzbares Gut, das keiner wieder einschränken sollte?

Da kommt zum Beispiel ein verheirateter Mann und schildert in einer psychotherapeutischen Praxis, er habe ein Problem damit, dass er eine andere Frau begehre. Und wie reagiert der offensichtlich ahnungslose Psychotherapeut? Er stellt als Erstes fest, dies sei doch kein Problem, es sei vielmehr vollkommen in Ordnung. Sogleich vergleicht er dann in seiner Unwissenheit das sexuelle Verlangen mit dem Appetit, indem er meint, man habe doch auch nicht Lust, täglich das gleiche Gericht zu essen. Und um seiner schon an Wahnsinn grenzenden Ignoranz noch die Krone aufzusetzen, erstellt er einen Plan, wie sein Patient diese Frau erobern kann und wie er am besten seine Ehefrau davon überzeugt, wie gut dies für alle sei.

Hat der Patient Schwierigkeiten, die begehrte Frau kennen zu lernen, kann er eine Agentur damit beauftragen. Man kann es kaum glauben, es gibt aber heutzutage Agenturen, die ihre Hauptaufgabe darin sehen, Verheiratete zusammenzubringen und ihnen Alibis für ihre Ehepartner zu verschaffen!

Zerbricht die Ehe an diesen fast grenzenlosen Torheiten, die der Therapeut mit zu verantworten hat, dann hat er zunächst auch noch Vorteile davon. Er kann weiter an diesem Patienten verdienen und hat außerdem spannende Stunden, denn jemand, der in Scheidung lebt, hat in den meisten Fällen ein recht bewegtes Leben.

Damit gerät der Therapeut auf die Ebene des Film-Konsumenten, für den die Filme am spannendsten sind, in denen es die größten Verwicklungen gibt. Und in denen er möglicherweise auch noch genaueste Anleitungen zu Schand-, Gräuel- oder regelrechten Straftaten bekommt!

Leider denken sehr viele Therapeuten so, und nicht wenige von ihnen verteidigen diese Filme und deren Buchvorlagen als völlig harmlos und ungefährlich!

Deshalb ist zuerst die Einstellung eines Therapeuten wichtig. Ebenso sein Charakter. Daher handelt dieses Buch zuerst von der Philosophie und kommt erst anschließend zur Psychologie und deren Anwendung.

Viele Menschen setzen sich heute für die Welt, für deren Tiere und Pflanzen ein. Dies ist auch sehr gut. Tun sie aber genauso viel für ihre Partner und Kinder?

Würden sie nicht noch mehr erreichen, frage ich, wenn sie sich für diese ebenso engagierten? Die Heilung der Welt liegt nicht nur darin, dass wir gerade noch verhindern, dass der letzte Weißkopfadler ausgerottet wird. Die Heilung der Welt besteht darin, dass die Menschen selbst geheilt werden. Das wissen sie. Deswegen suchen sie Therapeuten auf. Aber leider wissen es die meisten Therapeuten nicht, sondern leben und lehren nach dem Motto: Mach, was du willst, dann wirst du glücklich.

Wieder sehen wir, wie wichtig es ist, dass nur hervorragend Ausgebildete und spirituell Ausgerichtete, am besten Erleuchtete Therapeuten werden. Alle anderen sind früher oder später eine Gefahr für das ganze Volk. Und warum? Weil die Volksgesundheit in der Familie liegt. Wer die Familie zerstört, zerstört ein Volk. Die Sklavenhändler und -besitzer in den USA zum Beispiel zerschlugen immer wieder die Familien ihrer armen Sklaven, um die Entstehung von Familienbanden und damit eine innere Stärke zu verhindern. Die geschundene schwarze Bevölkerung hat in den USA heute noch unter anderem auch darunter zu leiden.

Ihr empört euch über die Sklavenhändler und -besitzer. Geschieht heute aber nicht das Gleiche? Nur in einem viel größeren Rahmen? Wo sind die festen Beziehungen? Wo die intakten Familien?

Heute ist das Geld heilig – und die Sexualität. Dafür werden die Frauen, die Familien, die Ehen, die Männer geopfert. Selbst das Glück.

Ich bin aber gekommen, euch den Schlüssel für das Schatzkästchen der Glückseligkeit zurückzugeben, den ihr seit Jesus Christus beziehungsweise seit Krishna verloren habt.

Dieser Schlüssel besteht in dem Wissen, dass du Sat-Chit-Ananda, Sein-Bewusstsein-Glückseligkeit bist. Du bist viel, viel mehr, als das kleine Glück dir weismachen will, das du an jeder Straßenecke suchst. Du bist allumfassendes Bewusstsein. Und wisse: Sein plus Bewusstsein ergibt Glückseligkeit!

Denn *Sat* bedeutet „Es ist da" und übersteigt die Zeit, das heißt die Vergangenheit, Gegenwart und Zukunft.

Chit bedeutet „Du kannst es erfassen". Indem du es erfasst, erfährst du *Ananda*, Glückseligkeit. Und du erfasst es, weil du das Allumfassende Bewusstsein bist.

Mache dich deshalb nicht klein. Heiße alle Schmerzen, alle Probleme, alle Widrigkeiten willkommen, denn sie lehren dich nicht nur Reinheit, Demut und Hingabe, sondern sie lassen dich erstarken. So erstarken, dass du endlich das große Glück aushalten kannst.

Glück muss ausgehalten werden

Und an dieser Stelle muss ich dir einen entscheidenden Sachverhalt mitteilen: Nach Krishnas Tod kamen viele Seelen auf die Erde, die noch wenig Entwicklung gemacht hatten. Sie wussten nicht viel über sich und die Welt. Deshalb zerstörten sie so viel.

Es ist nun die Zeit gekommen, in der diese Seelen einen neuen, großen Entwicklungsschritt schaffen werden, durch den sie so sehr erstarken, dass sie sich nicht nur öffnen, sondern das allumfassende Glück aushalten können.

Krishna sagt in der Gita: „Kein Schwacher wird je Brahman erreichen." Das heißt, du musst stark sein, um das Glück aushalten zu können.

Dazu ein Beispiel. Ein Mann kam vor einigen Jahren zu mir, der unbedingt einen Beweis meiner Göttlichkeit haben wollte. Er bat so lange darum und war so entschieden und beständig in seinem Bitten, dass ich ihm eines Tages *Ananda*, Glückseligkeit übertrug. Dies war der Beweis, auf den er so sehr gehofft hatte. Sofort als er die Glückseligkeit spürte, wusste er, dass ich Gott bin, denn nur Gott als *Anandaswarupa*, als die verkörperte Glückseligkeit, kann diese übertragen.

Der Mann war überglücklich und fühlte, wie er gleichsam im siebten Himmel schwebte. Die Glückseligkeit war aber noch so schwer für ihn zu ertragen, dass er mich bereits am darauf folgenden Tag bat, sie ihm wieder wegzunehmen!

Ich segnete ihn anschließend immer wieder mit Leiden, das ihn sehr erstarken ließ, weswegen er heute viel mehr Glück als damals aushalten und deshalb sehen kann, dass sein Leben gesegnet ist.

Dies ist das entscheidende Wissen für alle, die mit Menschen arbeiten: Die meisten suchen nicht das Glück – das wahre Glück. Dies kann man zum Beispiel daran erkennen, dass viele Menschen zu Therapeuten gehen und bei ihnen bleiben, von denen sie nach dem ersten Eindruck wissen, dass sie ihnen nicht wirklich helfen können. Sie bleiben aber, weil sie sich ihnen verwandt fühlen. Sie spüren genau, dass ihre Therapeuten genauso wenig auf das Wesentliche ausgerichtet, genauso schwankend und deshalb genauso desillusioniert wie sie selbst sind. Sie spüren, dass ihre Therapeuten ihre Einstellung der Welt und dem Glück gegenüber teilen (vgl. das Kapitel „Die Basis-Aufstellung", S. 203 ff.).

Ich aber sage: Die Welt ist Freude und das Glück groß. Mache dich groß, und dein Glück wird es auch! Bedenke aber auch, dass du Glück nicht durch Glück, sondern durch das Bewältigen von Schwierigkeiten, durch Tapferkeit, durch Verzicht und durch Dienen erreichst.

Alles im Leben hat seinen Wert, seinen Preis. Deshalb gilt auch: Je größer die Leistung, desto größer das Glück.

Dädalos und Ikaros

Der Wunsch des Menschen, fliegen zu können, ist auch ein Ausdruck seiner Suche nach Glück und nach der Weite des Jenseits. Der Mensch wollte seit jeher fliegen. Die Fähigkeit zu fliegen war aber von anfänglichen Rückschlägen gekennzeichnet. Der Mythos erzählt bereits von Dädalos und Ikaros. Er erzählt von tiefster Weisheit und Karma.

Dädalos war ein berühmter Künstler. All die Anerkennung, die er erhielt, blähte aber sein Ego so sehr auf, dass er aus Konkurrenz und Neid seinen Neffen Talos ermordete.

Wegen dieser schrecklichen Tat musste Dädalos aus Athen fliehen und gelangte zum König Minos, wo ihn sein Karma einholte: Minos beauftragte Dädalos, ein Labyrinth zu bauen, in das er ihn aber dann zusammen mit seinem Sohn Ikaros einsperren ließ.

Um entkommen zu können, fertigte Dädalos sich und seinem Sohn große Flügel aus Wachs und Federn. Dädalos warnte seinen Sohn vor der Sonne. Ikaros aber hörte nicht auf seinen Vater, flog zu nah an die Sonne, die das Wachs seiner Flügel schmelzen ließ, und stürzte ins Meer.

Was bedeutet dieser Mythos? Der Schlüssel liegt im Namen „Dädalos". Dädalos war Ikaros' *dad* (Englisch: Vater), aber auch *dead* (Englisch: tot). Und wann wird der Vater zum toten Vater? Dann, wenn er seinem Sohn weder Liebe noch tragfähige Ideale, das heißt letztlich: Wenn er ihm nicht die Ausrichtung auf das wahre Selbst geben kann. Und Dädalos war ein

Mörder. Wer jemand anderen tötet, tötet sich selbst und verliert damit sein eigenes Selbst, weil spirituelle und moralische Werte der Preis, nein, die Krönung aller Anstrengungen sind, die ein Mensch viele Leben lang leistet. Wer eine solche Schandtat wie einen Mord begeht, ist deshalb weit, weit, weit vom Erringen dieses Preises entfernt.

Dädalos war so im Griff seines Ego, dass er sich nicht auf den einzigen, entscheidenden Vater, nämlich Gott beziehungsweise *Dharma*, die Göttliche Ordnung, bezog, sondern der irrigen Ansicht war, sein Glück könne er dadurch sichern oder gar ausbauen, dass er seinen Neffen tötete. Damit verlor er die Zugehörigkeit zur Familie. Dädalos wurde durch diese schreckliche Tat zum Tod für seinen Sohn, da dieser keinen Vater mehr hatte, nach dem er sich ausrichten, dem er folgen beziehungsweise den er idealisieren konnte. Der weise Prahlada, der große Probleme mit seinem bösen Vater hatte, sagte ihm: *„Allein der Vater, der seinen Sohn zu Gott führt, verdient die Verehrung, die seinem Status entspricht!"*

Dädalos aber, der tote Vater, floh zum König Minos, der genauso wenig wie er das Gute kannte und suchte. Wer nämlich Böses tut, wird mit Bösen konfrontiert, wird Bösem begegnen. Dädalos wurde deshalb selbst in das Labyrinth eingesperrt, das er für den menschenfressenden Minotaurus gebaut hatte. König Minos seinerseits war weit von der Wahrheit und vom Glück entfernt, deshalb hielt er sich den Minotaurus. Und genau hier landet Dädalos. Um zu entkommen, baut er sich und seinem Sohn Flügel.

Doch Ikaros stürzt ab, weil er nicht auf seinen Vater hört.

Dass er nicht hört, ist aber nicht seine, sondern Dädalos' Schuld – er hatte seinem Sohn vermittelt, dass er zu allem fähig sei.

Ikaros wollte aber, wie so viele Söhne, die Wahrheit finden.

Und **das Symbol** für Wahrheit ist die Sonne. Ikaros zog es vor, durch die Nähe zur Sonne abzustürzen, statt durch die Nähe zu seinem Vater im Unglück zu bleiben. Ikaros flog in die Sonne, weil er das Licht auch dann noch suchte, wenn es sein Leben kostete. Ikaros heißt deshalb *I-Karos*. (Englisch/Griechisch: Ich suche den rechten Augenblick, um der Wahrheit, um Gott ganz nah zu sein.) Ikaros stürzte zwar ins Meer, das Licht blieb aber in seinem Herzen.

Dädalos dagegen lebte noch lange, und erst nach mehreren Leben konnte er sich dem Licht zuwenden.

Die Luftfahrt ist von diesem Mythos lange bestimmt worden. Immer wieder versuchten die Menschen, zu fliegen. Immer wieder stürzten sie ab.

70

Bis eines Tages das Können so groß war, dass es gelang. Heute ist das Fliegen etwas Alltägliches geworden, das den Sensationscharakter fast gänzlich verloren hat.

Genauso wird es auch mit der Psychologie sein. Sie tastet sich langsam vor und setzt zur Zeit noch mehr auf Tod und Wiedergeburt als auf wahre Freude und unendliches Leben.

Um das zu erreichen, müssen Dädalos und Ikaros glücklich zusammenkommen. Dädalos muss der weise Vater sein, Ikaros der Sohn, der **über** seinen Vater zum Wahren, zum Glück findet.

Diese Verbindung besteht darin, dass die Welt, wie zum Beispiel der Rigveda sagt, in ihrer Ordnung und Schönheit als eine Quelle der Freude gesehen wird, du aber trotzdem alles dafür einsetzt, um nicht wiedergeboren zu werden.

Für den „Kantischen" Geist ist dies ein schier unmögliches Unterfangen. Für den auf Gott Ausgerichteten eine Zwangsläufigkeit. Denn dieser stellt, weil er jenseits der Dualität ist, keinen Gegensatz zwischen Gott und der Welt fest. Er liebt die Welt, geht aber einfach wie die fleißige Biene zu der Blume, die den meisten Nektar hat. Die Biene sagt damit nicht, dass die anderen Blumen schlecht seien. Sie wählt nur diejenige mit der größten Süße aus – und freut sich daran.

Und das ist das ganze Problem: Wer Gott nicht erreicht hat, denkt viel und spricht noch mehr. Er sucht sich wie Dädalos ein großes Publikum. Der Adler, der in die Sonne fliegt und in ihr aufgeht – symbolisch gesprochen –, spricht nicht. Er spricht auch deshalb nicht, weil er einerseits fühlt, dass er durch die umfassende Freude kaum noch ein Einzelner ist, sondern sich allumfassend fühlt. Und er spricht nicht, weil er wahr-nimmt, dass jedes Wort, jeder Satz sein Gefühl, seinen Zustand nicht beschreibt, sondern nur einschränkt.

Platon, der Erleuchtete, wusste genau, warum er immer wieder betonte, der letzte Grund sei nicht beschreibbar. Die letzte Erkenntnis, das letzte Wissen ist allein durch *Unio*, durch Verbindung, durch Einswerdung zu erreichen, das heißt erfahrbar.

Über diese *homoiosis Theo*, diese Angleichung an Gott, kannst du aber nur reden, wenn du nicht mehr in der *Unio* bist. Aber bist du nicht mehr in der Verbindung, redest du über etwas, das du in dem Moment nicht mehr erfährst. Mit anderen Worten: Das Reden über den letzten Grund schließt denselben aus!

Idee und Körper

Platon zum Beispiel unterschied zwischen einer Welt der Ideen und einer Welt des Werdens. Die Welt der Ideen war diejenige, in der wir die Wahrheit, das wahre Schöne und Gute finden. An der Welt der Ideen, sagt er, haben wir mit dem *nous*, mit dem Geist, mit der inneren Schau teil.

Die Welt des Werdens – das heißt der Dinge und damit der ständigen Veränderung, da alles in der Welt einem ständigen Wandel unterworfen ist – gewährt uns, eben wegen dieses ewigen Wandels, keine bleibende Wahrheit. An ihr, am Veränderlichen, haben wir mit dem Teil unseres Seins Gemeinschaft, der ihr ähnlich ist. Und dies ist der Körper.

Im Gegensatz zum Geist, den Platon als ebenso ewig wie die Ideen denkt, ist der Körper von Geburt und Tod, von Krankheit und Leid bestimmt. Deshalb, so sagen sowohl Sokrates als auch Platon, ist es das Beste, so zu leben, dass man nicht mehr geboren wird. Und dieses erreicht der Mensch dadurch, dass er sich nicht mit dem Körper, sondern mit dem Geist identifiziert. Das heißt zu erkennen, dass du nicht der ewig bedrohte Körper, sondern der ewige Geist bist, der jenseits von Krankheit, Alter und Tod ist. Erkennst du dies nicht, wirst du unweigerlich wiedergeboren, denn die Geburt in einen Körper bedeutet nichts anderes als die Aufgabe, die Welt in ihrer Göttlichen Schönheit, aber auch in ihrer trügerischen Vergänglichkeit zu sehen.

Siehst du Gott in der Welt, berauschst du dich an Seiner verschwenderischen Schönheit, wird Er dich segnen und sicher in die „Welt der Ideen" leiten. Und dein Tod wird der sanfte Tod des Weisen sein, der glücklich ist, in die helle Welt der Ideen zu gelangen. So wie der König Parikshit, der Enkel der Pandava-Brüder, mit dem Namen Krishnas auf den Lippen und mit erfülltem Herzen in die Welt der Götter überwechselte und für immer dort blieb.

Und so rate ich allen Therapeuten, genauestens das Höhlengleichnis zu studieren, das Platon in der *Politeia* verwendet, um den Weg zur Erleuchtung zu verdeutlichen (S. 514a ff.).

Interessant an diesem Gleichnis ist aber auch, was dem blühen könnte, der den Unwissenden in der Höhle die Wahrheit verkündet: Falls es nämlich einem gelänge, so schreibt Platon, sich von den Ketten, die ihn an die Höhle binden, zu befreien, herauszutreten und das Licht der Sonne, der absoluten Wahrheit, zu erblicken und anschließend in die Höhle zurückzukommen, um diese seinen ehemaligen Mitgefangenen zu verkünden, so müsste er sich in Acht nehmen, von diesen nicht erschlagen zu werden. Denn sie würden ihm nicht glauben, sondern ihn zuerst auslachen und dann sogar umzubringen versuchen.

Und warum? Weil Menschen, besonders auf einer tieferen Bewusstseinsstufe, häufig nach dem Motto leben: **Lieber ein vertrautes Elend als ein unbekanntes Glück!** Und wehe, du versuchst, ihnen ihr Unglück wegzunehmen!

Wer das Gute kennt, tut es auch!

Und damit kommen wir zu Sokrates' entscheidendem Satz: **Wer das Gute kennt, tut es auch.** Dieser Satz ist die Quintessenz, die höchstgeistige Zusammenfassung aller Ethik. Er besagt, dass nur der Böses tut, der das Richtige, das Gute nicht kennt. Dieser Satz lässt einen Umkehrschluss zu: Wer das Gute nicht kennt, läuft Gefahr, Böses zu tun. Das heißt: **Identifizierst du dich mit deinem Körper und der Welt, bist du äußerst gefährdet. Warum? Weil das Ego sich mit dem Körper identifiziert und das Ego die Quelle aller Probleme ist. Siehe Dädalos.**

Der Geist ist milde, sanft und gebend. Das Ego dagegen ist herrschsüchtig, kämpferisch bis zur Gnadenlosigkeit und nicht selten gemein.

Und wo gibt es die schlimmsten Kämpfe? Häufig unter Therapeuten – besonders aber in den so genannten psychologisch-spirituellen Kreisen. Hier hat sich das Ego mit den mächtigsten psychologischen Lehren gespickt und kämpft mit allen Mitteln gegen Andersdenkende in den und außerhalb der eigenen Reihen.

Aber Vorsicht! Manche Menschen übertreiben schnell!

Wenn ich mich kritisch Therapieansätzen gegenüber äußere, die zwangsläufig in eine Sackgasse führen, bedeutet dies natürlich **nicht**, dass ich Therapie grundsätzlich ablehne.

Solch eine Einstellung spräche völlig gegen meine Wirklichkeit und meine Arbeit. Ich bin derjenige, der dem Erleuchteten das innere Licht schenkt. Und der Erleuchtete ist, wie ich nicht müde werde zu wiederholen, **der** Therapeut. Keiner kann bessere Therapie geben als der Erleuchtete. Wie sollte ich da Therapie ablehnen? Dies können nur Menschen behaupten, die mich nicht kennen und die mich niemals besucht haben, denn mein ganzer *Ashram* (Aufenthaltsort eines Heiligen) ist ein riesiges Therapiezentrum, wo ich häufig die schwersten Fälle behandle, die ich zu mir rufe, damit sie woanders nicht zu viel Unheil anrichten.

Mit anderen Worten: Die Therapie, die eine falsche Ausrichtung hat, lehne ich ab, denn sie schadet auf Dauer mehr, als dass sie nützt.

Therapie dagegen, die auf das Gute, Wahre und Schöne ausgerichtet ist, unterstütze ich, denn sie bietet für viele Menschen die entscheidende Hilfe, die besonders in dieser Zeit dringend benötigt wird.

Die Wahrheit

Die Welt braucht heute wieder einen Arjuna, jenen Göttlichen Kämpfer, der Krishnas Schwager und Freund war und dem Krishna die Gita, das Buch der letzten Wahrheit, diktierte. Die Welt braucht erneut Zugang zu den letzten Wahrheiten. Dann kann das Goldene Zeitalter kommen. Bis dahin wird es noch viele Kämpfe geben. Und die Identifikation mit dem Körper, mit dem Ego, wird die Grundlage vieler Kämpfe sein. Denn die vielen Egos werden unbedingt ihre über Jahrhunderte erworbene Machtposition bewahren wollen. „Be-wahren" ist dafür das falsche Verb. „Bewahren" bedeutet, in der Wahrheit bleiben. Das Ego kann nicht in der Wahrheit bleiben. Genauso wenig wie der Körper. Das Ego und der Körper sind schwankend. Der Geist und die Wahrheit sind dagegen eins und feststehend. Und diese Wahrheit lässt sich tatsächlich zu dem einen Satz komprimieren: Wer das Gute kennt, tut es auch! Das heißt: Wer seine Patienten zu diesem Guten führt, gibt gute Therapie.

Der Avatar, der auf die Erde gekommene Gott, wird die Wahrheit aber allumfassend und unwiderstehlich sein lassen. Keiner wird sich dagegen verwahren können. Die Schlacht des Lichts gegen die Finsternis wird auf der ganzen Welt geschlagen werden. Und Gott wird siegen, wie Er immer gesiegt hat. Denn die Wahrheit wird immer bewahrt bleiben.

Deshalb ist die Wahrheit das Entscheidende für die Psychotherapie. Nichts ist wichtiger, nichts ist heilsamer, nichts ist Segen bringender als die Wahrheit.

Und weißt du, was die Wahrheit bezüglich der Therapie ist? Dass jemand deshalb seelisch krank wird, weil er sich von ihr abgeschnitten fühlt. Die Ferne von Gott macht ihn krank.

„Aber, einen Moment", wendest du hier ein, „wie viele halten sich bei dir in deinem Ashram auf und sind trotzdem krank! Sie müssten bei dir dann doch gesund sein!" Die Antwort hierauf ist: Die physische Nähe zu Gott ist nicht der seelischen gleichzusetzen. Wie viele Menschen beten von morgens bis abends, kommen aber keinen Schritt weiter, weil sie nichts von dem umsetzen, was ich lehre.

Wie eifrig haben die Dämonen Ravana und Kamsa gebetet. Und was haben sie bewirkt? Dass Gott sich einmal als Rama und das andere Mal als Krishna inkarnierte, um sie zu vernichten.

Was, glaubst du, nützt es, den Rosenkranz zu beten, nicht aber seinem in Not geratenen Nachbarn zu helfen? Gar nichts. Es ist viel besser, du hilfst deinem Nächsten und denkst dabei hin und wieder an Gott, als dass du ständig betest, dabei aber überhaupt nicht deine Mitmenschen beachtest. Wie, glaubst du, empfände es ein König, wenn du ihm ständig beteuertest, du verehrtest ihn so sehr, gleichzeitig aber seine Untertanen schädigtest? Wäre er ein guter König, würde er dich ergreifen und in den Kerker werfen lassen, damit du Zeit hättest, über dein Tun nachzudenken.

Und was ist der Kerker für den Menschen? Die Krankheit. Denn so wie der Körper die Einschränkung der Seele ist, so ist die Krankheit die Einschränkung für den Körper. Diese Einschränkung ist, richtig betrachtet und behandelt, keine Strafe, sondern *die* Chance. Durch die Krankheit bekommt der Körper eine Ausrichtung, so wie die Seele durch den Körper festgelegt wird. Durch eine Krankheit kann der Körper nicht mehr uneingeschränkt frei beweglich sein, sondern ist auf ein bestimmtes Verhalten eingeengt. Das heißt: **Durch die Krankheit weist Gott den Weg.**

Und warum ist das so? Weil dich die Krankheit etwas Entscheidendes lehrt: Nur wenn du das Richtige tust, wenn du dich an die Weisungen deines – guten! – Arztes hältst, wirst du gesund! Dies ist der ganze Sinn des Lebens: Nur wer sich an das Richtige hält, wird glücklich.

Durch eine Krankheit kannst du feststellen, dass dein Körper womöglich etwas ablehnen kann, was gerade seine Rettung bedeuten würde. So ist zum Beispiel denkbar, dass er den Wunsch hat, nicht operiert zu werden. Er möchte nicht, dass ihm irgendwelche Schnitte zugefügt werden. Dies ist nur allzu verständlich. Trotzdem könnte eine Operation, **obwohl der Körper sie nicht will, seine Rettung sein. Und genau hier hast du die Möglichkeit, die Wahrheit zu erkennen: Nur die richtig geleitete Seele kann entscheiden, was für den Körper gut ist. Der Körper kann es in vielen Fällen dagegen überhaupt nicht. Der Körper benötigt vielmehr in bestimmten Situationen einen guten Arzt, um heilen zu können. Einen Arzt, der aber das Richtige, die Wahrheit kennt und deshalb nicht selten etwas verordnet, was dem Körper gut tut, obwohl dieser es gar nicht will. Die Wahrheit ist jedoch der größte Schutz und die beste Heilung.**

Die Wahrheit schützt

Bereits an obigem Satz kann man eine Grundeigenschaft von *Sathya* erkennen: Die Wahrheit ist der größte Schutz. Nichts schützt besser als die Wahrheit. Denn wer die Wahrheit sagt, kommt von *Sathya* automatisch zu *Dharma*, von der Wahrheit zur Rechtschaffenheit. Und was steht in den Veden? *Dharma* schützt denjenigen, der sich daran hält.

An dieser Stelle wirst du einwenden, dass viele Menschen ihr Hab und Gut, sogar ihr Leben verloren haben, **gerade weil sie die Wahrheit sagten.** Dabei erinnerst du an den König der Pandavas, Dharmaraja, oder an Ramakrishna Paramahamsas Vater, die nicht gewillt waren zu lügen und deshalb alles verloren, und natürlich an Sokrates, der deshalb sterben musste, weil er die Wahrheit sagte.

Mit diesen Beispielen hast du Recht – und doch nicht.

Es ist nun so, dass Sokrates nicht ein einfacher Mensch war. Er wusste genau im Voraus, was geschehen würde und was er zu leisten hatte. Sokrates war gekommen, um der Welt ein bleibendes ethisches Fundament zu geben. Viele Sophisten, die stets neue Theorien aufstellten, welche die Wahrheit unterhöhlten, hatten am Ende nicht zu ihren Gedanken, Worten und Werken gestanden, sondern waren bei der ersten Bedrohung Hals über Kopf aus Athen geflohen. Sokrates wollte nicht ein ähnliches Bild hinterlassen. Er wollte vielmehr zeigen, dass die Wahrheit das allerhöchste und allerschönste Gut ist. Außerdem war er so in der Wahrheit verankert, dass er gar nicht anders gekonnt hätte, als zu ihr zu stehen. Und was geschah? Er gab mit einem in die Ewigkeit getauchten Lächeln seinen Körper auf und vertiefte sich ganz im Gottesbewusstsein. Was verlor er damit? Nichts! Was gewann er? Alles!

Mit Ramakrishnas Vater verhielt es sich ähnlich. Er verlor Hab und Gut, weil er unbedingt bei der Wahrheit bleiben wollte. Er bekam aber als Sohn einen Gott-Menschen und innerlich das ewige Glück und tief verwurzelte Zufriedenheit. Welch ein günstiger Tausch, nicht wahr?!

Bei Dharmaraja war Gottes Eingreifen noch offensichtlicher: Gott inkarnierte sich als Krishna, half den Pandavas, wo immer sie Seine Hilfe benötigten, unterstützte sie in der Schlacht gegen die Kauravas, die, obwohl zahlenmäßig weit überlegen, vernichtend geschlagen wurden.

Durch Krishnas Gnade bekam Dharmaraja sein Königreich zurück und wurde zu dem in Tugend strahlenden König, der heute noch als vorbildlich gilt.

Für diese und für viele, viele mehr hat es sich offensichtlich be-währt, bei der Wahrheit zu bleiben.

Und was sagte Dharmaraja? **„Zur Wahrheit zu stehen, auch wenn man alles riskiert, beweist Größe!"**

Aber es geht um noch etwas anderes: Ich sage immer wieder, die Zufriedenheit sei ein sehr, sehr hohes Gut. Die Zufriedenheit ist das Salz des Lebens und das Lächeln des Weisen. Keiner erlangt aber Zufriedenheit, der nicht *Shanti*, seine innere Ruhe gefunden hat. Lüge und *Shanti* schließen sich jedoch aus wie Feuer und Wasser. Denn die Lüge hat nicht allein als Weggenossen die Angst, entdeckt zu werden, sondern auch die Anspannung, sich immer neue Lügen ausdenken zu müssen – was zu noch mehr Angst führt!

Die Wahrheit ist ungeteilt und einfach, die Lüge dagegen ist immer vielfältig und kompliziert. Wer lügt, muss sich dieses und jenes ausdenken. Wird er dabei ertappt, muss er sich noch mehr Ausflüchte einfallen lassen. Er fällt damit aus der einen Ruhe in die vielfältige Unsicherheit beziehungsweise Angst, seine Lügengebilde könnten durchschaut werden.

Wie anders verhält es sich dagegen mit der Wahrheit! Wer wollte die Wahrheit durchschauen? Was gibt es da zu durchschauen? Nichts. Die Wahrheit ist immer einfach: Entweder etwas ist so. Oder nicht. Da gibt es keine „Ergänzung", noch etwas, „was einem gerade einfällt", nicht „etwas, das entfallen war" und all diese Ausflüchte mehr.

Die Wahrheit und die Rechtschaffenheit schützen dich, weil du in deiner Ruhe bleiben kannst. Du gerätst nicht unter Druck, dir immer Neues auszudenken und außerdem alles Ausgedachte und Behauptete dir auch noch merken zu müssen.

Lügen ist anstrengend, weil du dir viel zusammenreimen und dies auch noch behalten musst.

Trotzdem kommt es vor, dass Menschen der Wahrheit wegen viel verlieren. Dies geschieht aber aus zwei Gründen: Einmal, weil sie nicht um Schutz beten, und zweitens, weil sie einen hohen Lohn erhalten sollen. Sokrates und Jesus Christus wurden nämlich mit dem ewigen Leben belohnt. Was wäre aus beiden geworden, hätten sie sich mit einer Lüge aus ihrer schwierigen Lage gerettet? Sie hätten etwas bekommen, was sie auf keinen Fall wollten: Den Verlust ihrer Mitte, ihrer Ruhe, ihres Glücks und ihrer Würde.

Der Avatar Rama ging für vierzehn Jahre in den Urwald ins Exil, weil er verhindern wollte, dass sein Vater seinetwegen wortbrüchig wurde.

Ebenso waren Sokrates und Jesus derart in der Wahrheit gegründet, dass sie diese gar nicht hätten aufgeben können. Für sie bestand überhaupt nicht die Alternative zwischen Wahrheit und Unwahrheit. Für sie gab es nur die Wahrheit. Sie waren viel zu innig mit ihrer unendlichen Liebe verbunden, als dass sie die Wahrheit hätten aufgeben können.

Mit anderen Worten: Sie gaben überhaupt nichts auf, als sie sich für die Wahrheit entschieden. Rama, Krishna, Sokrates, Jesus waren so fest mit ihr verbunden, waren so eins mit ihr, dass sie sich selbst aufgegeben hätten, wenn sie nicht in der Wahrheit geblieben wären.

Sokrates hätte mit Leichtigkeit die Wirkung des Schierlingsbechers aufheben können. Wie häufig hatte er während seines Lebens gezeigt, dass er weder von Kälte noch von Müdigkeit noch von Alkohol auch nur im Geringsten beeinflusst wurde. Sokrates stand, ebenso wie Jesus Christus, weit über der Dualität, deswegen konnte ihm nichts Weltliches etwas anhaben.

Das heißt: Sowohl Sokrates als auch Jesus erlitten nicht die Konsequenzen eines früheren Karmas, sondern gingen aus einer freien Entscheidung heraus den Weg, den sie gewählt hatten, zu Ende, um der Welt ein bleibendes Beispiel zu geben.

Hat es sich nicht gelohnt, dass sie die Wahrheit sprachen? Jedes Leben geht einmal zu Ende. Wie könnte man sein Leben besser beenden, als der Welt wie ein Leuchtturm der Wahrheit in Erinnerung zu bleiben?

Die Sophisten, die Gegner von Sokrates und der Wahrheit, behaupteten dagegen, die Wahrheit sei gar nicht zu erkennen. Es hinge vom Standpunkt und von der Rhetorik ab, was wahr sei. Protagoras meinte gar: „Der Mensch ist das Maß aller Dinge, der seienden, dass sie sind, der nicht seienden, dass sie nicht sind!" Außerdem behauptete er, die Götter seien nicht erkennbar.

Sokrates und Platon widersprachen dem aufs Entschiedenste. **Sie lehrten, es gebe einen letzten Grund, der die Wahrheit garantiere. Jeder, der dieses erkenne, wisse sogleich, was wahr und was nicht wahr, was gut und was schlecht sei.**

Psychologie und Wahrheit

Fragst du dich nicht, warum ich all dies in einem Buch über Psychotherapie schreibe? Wozu all dieses „alte Wissen", wo die Psychologie als Wissenschaft so jung sei? Außerdem habe es erst einmal nichts mit Psychologie zu tun!

Dazu ist zu sagen, dass Charakterbildung das Allerwichtigste für jeden Menschen und natürlich besonders für einen Therapeuten ist. Daher kommt als Erstes das richtige Wissen und erst danach das Handwerkszeug für eine gute Therapie.

Außerdem gibt es kein altes Wissen. Die Wahrheit ist zeitlos. Rama, der Avatar, der vor 15.000 Jahren auf die Erde kam, lehrte das Gleiche wie Krishna vor 5.000, wie Sokrates vor 2.400, Jesus Christus vor 2.000 Jahren und ich heute. Zwischen all den Lehren gibt es keinen Unterschied. Keiner dieser Lehren haftet Zeit an. Sie sind zeitlos und untrüglich.

Das Falsche hat aber eine Zeit: Die Zeit, in der es behauptet, und den Zeitpunkt, zu dem seine Unwahrheit belegt wurde.

Der Satz des Protagoras hatte Zeit von da an, wo er aufgestellt wurde, bis dahin, wo Sokrates ihn widerlegte.

Und genau hier setzen wir an, wenn wir über Therapie sprechen: Viele Therapeuten vertreten bewusst oder unbewusst, deutlich oder zwischen den Zeilen genau dies, dass der Mensch das Maß aller Dinge sei – und dass es eines Gottes nicht bedürfe.

Dies erinnert an jene Zeiten, in denen Ärzte behaupteten, Aderlässe seien die allerbeste Heilmethode, die sie deshalb zuweilen so lange praktizierten, bis ihre armen Patienten nicht an ihrer Krankheit, sondern an dem großen Blutverlust starben. Wer aber Gott ausklammert, bedingt, wie Krishna Arjuna in der Gita lehrt, durch das Gesetz des Karma seine Wiedergeburt.

Karma

Hier sind wir nun an einem entscheidenden Punkt angelangt.

Was bedeutet Karma? Die wörtliche Übersetzung des Sanskrit-Wortes Karma ist Handeln. Es bedeutet, dass alles Handeln Konsequenzen hat. Du kannst nichts, aber auch gar nichts tun, was keine Folgen hätte. Gute oder schlechte.

Das ganz einfache Gesetz des Karma lautet: **Tust du Gutes, werden die Folgen positiv, tust du Schlechtes, werden die Folgen negativ für dich sein.** Das ist die ganze Wahrheit, die du niemals ignorieren solltest, denn über Jahrtausende negierte das Abendland dieses Gesetz beziehungsweise kümmerte sich nicht um Karma, obwohl Jesus Christus es ebenfalls gelehrt hatte. Und die Folgen dieser Nichtbeachtung waren und sind katastrophal.

Wie gesagt, die Welt wird erst heilen, wenn die Lehren von Karma und Wiedergeburt über die ganze Erde verbreitet sein werden. Ohne dieses Wissen gibt es keine Heilung, keine Wahrheit, keine Rechtschaffenheit, keine Ruhe und kein Goldenes Zeitalter.

Denn dieses Wissen macht **drei entscheidende Wahrheiten deutlich:**

Erstens bist du durch dein Handeln der Schmied deines Schicksals. In der Vergangenheit, in der Gegenwart und in der Zukunft.

Dein Handeln in früheren Leben bestimmt dein jetziges.

Dein Handeln heute bestimmt deine Zukunft.

Die Pandavas hatten, als sie geboren wurden, ein schlechteres Karma als die Kauravas. Die Pandavas verhielten sich aber so vorbildlich, dass der Herr Selbst kam, sie zu schützen, sie zu lehren, sie zum Sieg zu führen.

Die Kauravas dagegen verbrauchten das Guthaben an positivem Karma und wurden alle getötet.

Zweitens bestimmt Gott, wann, wo und in welcher Weise sich die Konsequenzen deines Handelns auswirken. Der große Satz der Wahrheit lautet: **Ohne Gott gibt es keine Welt. Ohne Gott gibt es keine Konsequenzen!** Das heißt: Gott wird so wirken, dass der freie Wille des Menschen nicht angetastet wird, er aber gleichzeitig durch die Konsequenzen seiner Handlungen, sprich durch Erfahrung lernt.

Die dritte Wahrheit besagt, dass Gott und alle Kreaturen aufs Engste miteinander verbunden sind!

Wegen dieser weitest reichenden Bedeutung von Karma und Wiedergeburt sollte diese Lehre zum selbstverständlichen Werkzeug eines jeden Therapeuten werden. Ohne dieses Wissen ist sein Tun nicht nur auf Dauer erfolglos, sondern gefährlich.

Was nützt es jemandem, wenn er durch die Therapie ein starkes Ego bekommt, das ihm dazu verhilft, sich viel negatives Karma aufzuladen, das ihn in diesem und in späteren Leben leiden lassen wird? Natürlich gar nichts! Er wäre besser damit gefahren, wenn er nur in diesem Leben gelitten hätte. Das wäre mehr als ausreichend gewesen!

Wozu aber außerdem noch Bedingungen schaffen, die dich auch in späterer Zeit leiden lassen werden?

Mit anderen Worten: **Ein Therapeut, der in seiner Therapie nicht das Wissen von Karma und Wiedergeburt vermittelt, schadet seinen Patienten und als Folge davon auch sich selbst. Besser, er würde gar keine Therapie geben, als dass er seinen Patienten nicht die entscheidende Richtschnur, das grundlegende Gesetz von Freud und Leid vermittelte.**

Da haben seine Patienten Probleme, sind vielleicht sogar krank, und was tut ein Therapeut, der sie diese grundlegenden Wahrheiten nicht lehrt? Er verpasst **die** Gelegenheit, in der seine Patienten wegen ihrer Probleme beziehungsweise wegen ihrer Krankheit so offen sind, dass sie die Möglichkeit haben, Neues anzunehmen oder sich gar dafür zu begeistern.

Oder anders gesagt: Wozu Therapie, wozu die Aufwendung von Zeit und Geld, wenn das Ergebnis nicht in mehr Wissen über Gott, Karma und Wiedergeburt, also um **die** Angelpunkte des Selbst besteht?

Lernen Patienten in ihrer Therapie nicht diese Essenzen allen Lebens kennen, dann könnte man zynisch sagen, Therapie verhelfe ihnen dazu, das Falsche nicht mehr verspannt und von Ängsten geplagt, sondern entspannt und gelassen zu tun. Wozu sollte dies nützen? Ist es nicht vielmehr so, dass sie deshalb verspannt und ängstlich sind, weil sie das Richtige suchen und **spüren**, dass sie es nicht erkennen und deshalb beim Falschen landen? Ist es nicht so, dass die heutige Welt von immer mehr Unverfrorenheit, Rücksichtslosigkeit und Brutalität bestimmt wird? Wäre das möglich, wenn die Menschen wüssten, was sie sich damit einhandeln? Sind die Therapeuten hier nicht den fehlgeleiteten Priestern ähnlich, welche die Gläubigen nichts von den entscheidenden Wahrheiten lehrten, sondern meinten, selbst die schlimmsten Taten seien mit etwas Beten oder gar mit großzügigen Geldspenden wieder gutzumachen? Was hat dieser Irrglaube bewirkt? Unzählige Kämpfe bis hin zu zwei Weltkriegen. Unzählige Tote und unendlich viel Leid.

Therapeuten müssen deshalb sehr, sehr, sehr genau wissen, was sie tun und was sie lehren. Ein kleiner Fehler am Anfang kann leicht zu einer Katastrophe am Schluss führen. Stell dir immer eine Schere vor. Bei der Schraube sind beide Klingen ganz nah beisammen, und der Winkel ihres Auseinandergehens scheint nicht so groß zu sein. An den Spitzen können sie aber weit voneinander entfernt sein.

Glaubst du, Therapeuten **und ihre Patienten** würden so leichtfertig zum Beispiel mit Trennungen umgehen, wenn sie wüssten, welche Konsequenzen diese haben?

Wie viele Therapeuten ermuntern ihre Patienten, immer wieder neue Beziehungen einzugehen. Und gehen diese schief, dann machen sie ihnen klar, das sei doch gar nicht so schlimm, sie fänden gewiss einen neuen Partner. Was soll das aber heißen: „Sie fänden einen neuen Partner"? Wie ist es denn, wenn du deinen Seelenpartner, den Menschen verloren hast, mit dem du über viele Leben mit viel Mühe eine innige Nähe aufgebaut hast? Wie willst du ihn wiederfinden, wenn du ihn leichtfertig verloren hast?

Der Erleuchtete würde unbedingt von den Bedingungen des Glücks sprechen, denn er kennt die tiefer liegenden Zusammenhänge. Er sieht auch, **welche Menschen unbedingt einen gemeinsamen Weg gehen müssen und auf keinen Fall auseinander gehen dürfen.** Er schafft sich damit positives Karma, das sein Handeln segnen wird.

Nishkaama Karma

Krishna sagt in der Gita, der Mensch, der *Moksha*, endgültige Befreiung aus dem Kreislauf von Geburt und Tod, erlangen wolle, müsse noch einen Schritt weitergehen. Er dürfe weder an den positiven noch an den negativen Früchten seines Handelns hängen. Dies ist ein weiterer großer Schritt zur Vollkommenheit hin.

Der erste besteht darin zu erkennen, dass jedes Handeln dem Gesetz des Karma unterworfen ist. Der zweite ist, *positiv* handeln zu wollen, um Gutes ernten zu können. Der dritte ist, gar nicht mehr auf die Früchte des Handelns zu blicken, sondern alles dem Herrn darzureichen, wodurch man Gott als den Handelnden ansieht und nicht mehr sich selbst.

Dies darf aber weder zur Passivität noch zur Gleichgültigkeit noch zur Verantwortungslosigkeit führen.

Das Darreichungsgebet, das der Therapeut vor Beginn seiner Arbeit sprechen sollte, lautet:

Geliebter Herr,

ich reiche Dir meine Arbeit dar.
Der Darreichende bist Du, Herr.
Das Dargereichte bist Du, Herr.

Dargereicht von Dir, Herr,
in das heilige Feuer, das Du bist, Herr.

Der allein erreicht Dich, Herr,
der in allem mit Dir eins ist.

Ich bin das alles durchdringende
Kosmische Bewusstsein,
das in allen Lebewesen erscheint und
sich in deren Ein- und Ausatmen manifestiert.

Geliebter Herr, segne meine Patienten und mich.
Bitte arbeite Du durch mich.
Und nimm die Konsequenzen meines Handelns
auf Dich.

Amen.

Wer so betet, ist gesegnet. Und weißt du, warum? Weil er die Gnade hat zu wissen, dass er all sein Tun mit allen Konsequenzen Gott überreichen kann. Gott nimmt sein Handeln und dessen Konsequenzen an. Damit bist du frei.

Ist dies nicht wunderbar? Du handelst, und doch handelst du nicht, weil Gott die Konsequenzen deines Handelns auf sich nimmt.

Und warum ist das möglich? Weil du mit dem Gebet dokumentierst, dass du dich mit Gott eins fühlst. Du siehst nicht mehr dich als den Handelnden, sondern Gott. Dein Ego bestimmt nicht mehr dein Tun, vielmehr bist du in Gott gebettet und ziehst dich damit, **obwohl du in der Welt bist, aus ihr zurück.**

Dieses Handeln, ohne auf die Früchte des Handelns zu sehen, nennt man *Nishkaama Karma.*

Und weißt du, was dieses Gebet, diese Einstellung noch bewirkt? Dass die Patienten über ihren Therapeuten zwangsläufig ebenfalls mit Gott verbunden werden.

Es gibt deshalb mit Hilfe dieses Gebets nicht mehr die Trennung zwischen Therapeuten und Patienten, sondern primär Gott, mit Dem alle verbunden sind und Der für alle sorgt.

Wer so denkt, bekommt *Moksha*, die endgültige Befreiung, weil er sich in seinem Tun nicht von Gott trennt, sondern sich vielmehr eng mit Ihm verbindet. Wer so handelt, erreicht Gott und wird nicht wiedergeboren.

Das heißt, ein Therapeut, der sich so verhält, kennt das wahre Ziel des Lebens und kann es deshalb seinen Patienten nennen und vermitteln.

Denn der Satz über das richtige Handeln ist die Essenz des allergrößten Wissens: *Nishkaama Karma* ist nämlich die Essenz der Gita, die Krishna Arjuna lehrte.

Die Gita ist die Essenz der Upanishaden. Upanishaden bedeutet wörtlich „nahebei sitzen". Die Upanishaden wurden nämlich vom Lehrer den nahebei sitzenden Schülern gelehrt. Und als was wurden sie gelehrt? Als die Essenz der Veden. Der Veden, die als der Atem Gottes gelten.

Der Satz vom *Nishkaama Karma* fasst also das gesamte Wissen zusammen, das Gott den Menschen gab! Gibt es etwas Umfassenderes?

Nishkaama Karma bedingt eine weitere wichtige Konsequenz. Dadurch, dass der Therapeut Gott und nicht sich selbst als den Handelnden ansieht, kann er tief gehende Verwicklungen mit seinen Patienten vermeiden.

Denkt er: ‚Ich tue meine Pflicht, Gott aber arbeitet durch mich, und Er ist es, Der heilt‘, vermeidet er automatisch eine „Heiler-Kranker-Kollusion". Das heißt, er vermittelt seinem Patienten nicht, er könne alles, er mache alles, er sei gar der „Gott in Weiß"!

Der Therapeut macht vielmehr deutlich, dass er seine Zeit, sein Können und seinen Einsatz gibt, dass aber nicht er, sondern Gott heilt.

Wird der Patient nicht gesund, so ist dies eine Angelegenheit zwischen ihm und Gott!

Natürlich kann diese Haltung als unglaubliches Desinteresse beziehungsweise gar als Rücksichtslosigkeit missverstanden werden. Dies meine ich selbstverständlich nicht. Und ich spreche hier zudem ausschließlich von dem Therapeuten, der eine wirklich enge Beziehung zu Gott und ein hervorragendes fachliches Können hat.

Deshalb spreche ich hier von dem Loslassen, das von wahrer Liebe und tiefem Wissen bestimmt ist und das sich deshalb in heilender Empathie und echtem Bemühen ausdrückt. Ein Mensch, der so handelt, sieht die eigene Verantwortung zwar klar, trotzdem ist er aber in dem Bewusstsein tätig, dass nicht er, sondern Gott der wahre Handelnde ist. Dieses Wissen ist die Quintessenz der Gita, das Herz von Krishnas Lehre, und macht deshalb wirklich und umfassend frei.

THERAPEUT UND PATIENT

Patienten kommen zu Therapeuten, um Hilfe zu bekommen. Die Hilfe besteht darin, dass der Therapeut seelische Prozesse bei seinen Patienten in Gang setzt. Er arbeitet dabei mit seiner Psyche und kann auf diese Weise viel Positives erreichen, so wie **er sich** kennen gelernt, wie er seine Wahrheit, seinen inneren Frieden, seine Liebe gefunden hat.

Auf dem Weg dahin stehen ihm einige Hindernisse im Weg. Ein besonders wichtiges und weit reichendes Hindernis ist das Ego.

Das Ego

Was ist das Ego? Innere Kraft. Deshalb ist das Ego von so großer Bedeutung. Ist dein Ego schwach, bist du es auch. Diesen Zustand nennen die Veden *Tamas*. *Tamas* ist der unterste Gemütszustand. Er ist gekennzeichnet durch Antriebsschwäche, Unbeweglichkeit, Trägheit und Unklarheit. Der *Tamasische* Mensch hält deshalb die unwirkliche Welt für wirklich und die wirkliche Welt für irreal. Eine logische Folge davon ist, dass er große Probleme mit der Wahrheit hat und dazu neigt, die Lüge für wahr und die Wahrheit für Lüge zu halten.

Die Liebe des *Tamasischen* Menschen besteht darin, dass er an seinen Kindern, an seinen Nachkommen, an seinem Besitz hängt. Damit ist seine Liebe auf einen sehr engen Kreis beschränkt. Diese Menschen haben deshalb viele Ängste.

Die zu *Tamas* gehörige Farbe ist Schwarz. Kein Wunder, dass diese Menschen sogar Horrorfilme ansehen, um Energie zu bekommen. Viele heutige Jugendliche sind *Tamasisch*. Sie essen schale, lauwarme, auch aufgewärmte Speisen, nehmen Drogen, verschleudern ihr Leben und ziehen sich schwarz an.

Hat so ein Mensch, durch welche Geschicke auch immer, Erfolg, erstarkt sein Ego. Er nimmt nun mehr und mehr in die Hand, wird aktiv, lässt sich nicht mehr durch Passivität das Leben wegnehmen, *sondern gestaltet es selbst. Diesen Zustand nennt man* **Rajas**. *Rajasische* Menschen sind aggressiv, machtbewusst, aktiv, unruhig.

Durch ihre starken Gefühle ist ihr Unterscheidungsvermögen häufig blockiert. So ist impulsives Handeln typisch für den *Rajasischen* Menschen. Wegen dieser Impulsivität und der damit verbundenen Hast sind diese Menschen allen möglichen Problemen ausgesetzt und laufen Gefahr, am Ende ihr Leben zu vergeuden. Deshalb sage ich: *Haste makes waste, waste makes worry. So do not be in a hurry!* Das heißt: Hast führt zur Verschwendung, Verschwendung zu Sorgen. Deshalb hetze dich nicht!

Der *Rajasische* Mensch liebt Personen, die für ihn interessant, das heißt, die für ihn nützlich sind und von denen er sich die Befriedigung seiner Wünsche erhofft. Er liebt deshalb Menschen mit Macht und Einfluss und hofft, von ihnen Vergünstigungen zu bekommen. Er liebt Promiskuität und Verwicklungen.

Rajasische Menschen leiden daher ständig unter der Angst, ihre „interessanten" Kontakte zu verlieren. Sie essen gerne heiß, scharf gewürzt und reichlich. Wer zum Beispiel Fleisch oder Fisch isst, kommt zwangsläufig in *Rajasische* Gemütszustände. Die Farbe, die zu *Rajas* gehört, ist Rot. Die Farbe der Liebe und Leidenschaft: Beides wichtige Themen für den *Rajasischen* Menschen.

Der dritte Zustand ist **Sathwa**. Der *Sathwische* Mensch ist ausgewogen. Er kann sowohl in der Ruhe als auch aktiv sein. Er lässt sich weder von äußeren noch von inneren Zwängen bestimmen. Der *Sathwische* Mensch ist frei, weil er nicht von **Stimmungen**, von mächtigen Wünschen **bestimmt** wird, sondern auf das wahre Selbst ausgerichtet ist und hier seine **Bestimmung** erkennt und erlebt. Durch Klarheit und Gelassenheit kann er das Ziel des Lebens erreichen. Er hat erkannt, dass der Eine Gott in allen Lebewesen ist, und er hält deshalb ein Leben, das nicht von Liebe allen gegenüber geprägt ist, für wertlos. Durch seine universelle Liebe drückt er die Wahrheit hinsichtlich der Allgegenwart Gottes aus. Deshalb sind Menschen, die diese *Sathwische* Liebe haben, furchtlos wie Löwen.

Der *Sathwische* Mensch isst leicht verdauliche vegetarische Kost. Weder scharf noch schal, weder zu heiß noch lau. Er isst natürlich weder Fisch noch Fleisch. Er raucht nicht, trinkt keinen Alkohol – und ist gerade deshalb glücklich.

Er liebt die Gesellschaft von guten, liebevollen, friedlichen Menschen.

Die Farbe, die zu *Sathwa* gehört, ist Weiß.

Und wie gelangt ein Mensch vom *Rajasischen* Zustand zum *Sathwischen*? **Dadurch, dass er die durch das Ego erworbene Stärke behält, das Ego aber aufgibt.**

„Und wie ist das möglich?", fragst du zu Recht. Durch das Leben. Das Leben führt dich so lange in Probleme, bis du erstarkst und somit erkennst, dass der *Rajasische* Gemütszustand nicht gut für dich ist. Außerdem kommst du dahin, dass du dich selbst in den unterschiedlichen Situationen beobachtest, den Namen Gottes wiederholst und dich somit langsam veränderst.

Du musst dir das Ego wie einen Motor vorstellen. Zum Beispiel einen Motor, der ein Rohr in die Erde treibt. Das Rohr dringt immer tiefer in die Erde ein. Hört der Motor nun plötzlich auf, steht da ein Rohr, von dem keiner weiß, wofür es gut ist. Arbeitet der Motor aber weiter, treibt er das Rohr immer tiefer und trifft dieses auf eine Wasserader, dann quillt plötzlich aus dem Rohr, das zuvor keinen ersichtlichen Zweck hatte, Wasser heraus. Auf einmal sieht jeder den Nutzen des Rohres, denn jeder weiß, wozu ein Brunnen dient.

Stell dir nun vor, der Motor würde noch weiter arbeiten. Was würde dann geschehen? Das Rohr würde die Wasserader durchbohren, und der Brunnen würde versiegen.

Genau so musst du dir die Funktion des Ego vorstellen. Fehlt es, kann ein entscheidender Prozess nicht durchlaufen werden. Das heißt, das Rohr und die Wasserader haben überhaupt keine Chance zusammenzukommen. Beendet das Ego seine Tätigkeit, bevor das Rohr die Wasserader, die Quelle, getroffen hat, dann war die ganze Arbeit zunächst umsonst.

Trifft das Rohr aber die Wasserader und sprudelt Wasser aus dem Rohr, dann muss der Motor sogleich stillstehen.

Genau dies ist die Aufgabe des Ego. Es ist der Motor, der dich erstarken, dich aktiv werden lässt, wodurch du deine Quelle erreichen kannst. Hast du sie aber erreicht, muss die Tätigkeit des Motors sogleich aufhören, sonst versiegt die neu erschlossene Quelle, und alles war umsonst.

Stell dir nun vor, dieses ganze Geschehen fände in der Wüste statt: Menschen mit ihren Herden wurden in eine abgelegene Gegend verschlagen. Sie haben nur noch ganz wenig Wasser. Da finden sie aber ein Rohr, das schon ein Stück in den Boden getrieben wurde, und einen Motor, der es tiefer schlagen kann. Stell dir nun vor, wie diese Menschen mit dem Treibstoff, den sie mit sich führen, den Motor aktivieren, damit er das Rohr so lange in die Erde schlägt, bis es auf Wasser stößt. Alle wissen, dass ihr Leben davon abhängt, dass sie auf Wasser stoßen. Viele sitzen da und beten, das Rohr möge auf Wasser treffen. Männer und Frauen sind versammelt und bangen um ihre Kinder, um ihre Partner und die Tiere. Stell dir nun vor, dass ein Mann den Motor betätigt. Er wartet den Motor so gewissenhaft, dass er nicht zu heiß wird und damit kaputtgeht. Er achtet darauf, dass die Rohrstücke gut zusammengesetzt werden, damit sie nicht knicken oder gar brechen. Nun verliebt dieser Mann sich aber so stark in seine Tätigkeit und in die Bedeutung, die er plötzlich für die anderen hat, dass er gar nicht aufhören will zu bohren.

Stell dir nun vor, in dieser Gruppe Menschen befindet sich ein Weiser. Was meinst du, wird er tun? Genau! Sobald er vermutet, dass das Rohr die Quelle bald erreicht, wird er dem Mann sagen, er müsse nun vorsichtiger bohren. Ist dieser aber so sehr in sein Tun verliebt, dass er nicht auf ihn hört, wird der Weise eindringlicher werden. Aber angenommen, der Mann denkt nicht daran, auf ihn zu hören, dann wird der Weise die anderen Männer auffordern, ihn zu überwältigen, um die Menschen und Tiere vor dem sicheren Verdursten zu retten.

Stell dir nun vor, dieser Mann würde beginnen, wild um sich zu schießen. Was bliebe den anderen übrig, als selbst Gebrauch von der Schusswaffe zu machen?

Die Tatsache, dass ihm seine Tätigkeit mehr bedeutete als der Zweck, als das Ziel dieser Tätigkeit und das Wohl seiner Mitmenschen und Mitkreaturen, würde den Mann dann das Leben kosten.

Genau so verhält es sich mit dem Ego. Das Ego leistet der seelischen Entwicklung große Dienste. Irgendwann verliebt sich das Ego aber so sehr in sein Handeln, in seine Macht, dass es die Seele zum Verdursten bringen kann. Dies ist der Augenblick, in dem die Göttliche Ordnung vorhergesehen hat, dass äußere Umstände eingreifen und das Ego zerstören.

Hat ein Mensch sich mit seinem Ego identifiziert, denkt er, er sei das Handeln, er sei die Macht – besonders die äußere. Die besonderen Fähigkeiten seines Ego seien sein Leben. Denkt er so, befürchtet er zwangsläufig, die Zerstörung seines Ego komme der Zerstörung seiner selbst gleich.

Die Auswirkungen von *Tamas* und *Rajas* in der Therapie

So sind die Menschen bestrebt, ihr Ego, mit dem sie sich identifiziert haben, mit allen Mitteln zu verteidigen. Sie werden sich deshalb besonders mit den niederen *Gunas*, den Gemütszuständen *Tamas* und *Rajas*, verwickeln. Denn wo Verwicklung ist, da bekommt das Ego zwangsläufig Macht.

In der Therapie ist es nun so, dass viele Patienten *Tamasisch* sind. Sie sind antriebsschwach. Sie haben Probleme damit, ihr Leben aktiv zu gestalten, sie haben Probleme mit den drei Hauptformen von Energie: Energie als allgemeine Aktivität, Energie als Geld und Energie als Sexualität.

Und was suchen diese Menschen? Einen Therapeuten, der Energie, Kraft und Elan hat. Eine bestimmte Aktivität, die ihn auf andere zugehen lässt, werden sie gar als Erotik wahrnehmen.

Und was bedeutet dies?

Die Patienten wollen vom Therapeuten Energie. Sie wollen deshalb am liebsten **bedient werden**. Sie werden nicht wenige Schlupflöcher suchen und finden, um in ihrem alten Verhaltensmuster zu bleiben, das heißt, andere für sich arbeiten zu lassen und so wenig zu tun wie irgend möglich. Deshalb halten sie in Wahrheit auch nichts von Veränderung, denn die Veränderung kostet Energie. Aber die aufzubringen sind sie nicht bereit – und genau dies ist ihr Widerstand (vgl. v. Stepski-Doliwa, *Theorie und Technik der analytischen Körpertherapie*, S. 42).

Interessant ist hierbei der Grundwiderspruch, in den sie sich häufig verstricken: Aktiv um **selbst** aktiv zu werden, wollen sie nicht sein. Aber aktiv zu werden, um **andere** aktiv werden zu lassen, dazu sind sie gerne bereit. Denn dies ist die Macht des *Tamasischen* Menschen: Er lässt andere aktiv werden. Es ist die Macht des Opfers: Durch Passivität, durch angebliches Nicht-Können, durch Krankheit, durch scheinbare Unfähigkeit andere zum Handeln zu zwingen. Der *Tamasische* Mensch ist deshalb **verliebt in seinen Pessimismus – und was klingt ganz ähnlich wie Pessimismus und passt wie ein Zwilling dazu? Passivität. Pessimismus und Passivität passen zusammen wie zwei Wassertropfen.**

Und hier beginnt die Gefahr für den Therapeuten. In dem Beispiel mit der Bohrung verliebte sich der Mann in seine Aktivität. So wie der *Tamasische* Mensch in seine Passivität verliebt ist, so ist es der *Rajasische* in seine Aktivität. Dies macht zwar seine Stärke, aber ebenso auch seine Schwäche aus.

Seine Stärke besteht darin, wie wir bereits sahen, dass er aktiv wird, aktiv ist und aktiv bleibt. Er ist ein Gestalter seines Lebens.

Hier geraten aber zwei gegensätzliche Seelenzustände aneinander. Der eine möchte **passiv** sein und es **bleiben.** Der andere möchte **aktiv** sein und es **bleiben!** Damit sind alle möglichen Verwicklungen bereits vorbestimmt.

Der *Tamasische* und der *Rajasische* Mensch gehen eine wunderbare Symbiose ein. Der eine sagt: **Ich kann nicht, bitte hilf mir.** Der andere sagt: **Ich kann, ich werde dir helfen!** Und was bedeutet dies? Dass im Grunde beide daran interessiert sind, dass der Status quo beibehalten wird!

Dies ist ein weiterer Grund dafür, dass so viele Therapien so lange dauern und so wenig bewirken: Es treffen hier Menschen mit zwei grundsätzlich verschiedenen Seelenzuständen aufeinander, die beide ihren Zustand gutheißen und nicht aufgeben wollen. Und weil die Grundmuster der Menschen nicht thematisiert werden, bringen die meisten Therapien im Grunde auch nicht viel, wenn überhaupt (siehe weiter unten die Basis-Aufstellung!).

Das Erstaunliche ist nun aber: **Wer beeinflusst hier eigentlich wen?** Im Grunde müsste es doch so sein, dass der Therapeut den Patienten beeinflusst. Keiner würde diese Frage zum Beispiel bezüglich der Beziehung eines Chirurgen zu seinem Patienten stellen, den er soeben mit Erfolg operierte. Denn hier ist die Beziehung klar. Deswegen ist hierbei die Manipulation nicht so leicht möglich.

In der Beziehung Therapeut und Patient ist dies aber die große Frage. Und meine Antwort lautet (wie du bereits vermutest!): **In den meisten Fällen beeinflusst eindeutig der Patient den Therapeuten mehr als dieser ihn!**

Und woran erkennst du das? An der Aktivität des Therapeuten! Wie viele Therapien gibt es, in denen der Therapeut eindeutig zur Aktivität aufgefordert wird. In der Psychoanalyse muss er deuten, in der Bioenergetik muss er Übungen vorschlagen, in der Phyllis-Krystal-Arbeit und dem Katathymen Bilderleben muss er sowohl eine Übung vorschlagen, als auch die Visualisierung leiten, im Psychodrama muss er gestalten und führen, ebenso in der Gestaltarbeit – um nur einige zu nennen.

Durch diese Aktivität des Therapeuten bekommt der Patient **automatisch** Macht. Er kann es sich in all den beschriebenen Fällen leisten, das Angebotene anzunehmen **oder nicht.** Nimmt er es nicht an, muss der Therapeut etwas Neues bieten. Nimmt er es an, kann der Patient ihn ganz leicht zu mehr verleiten.

Besonders Therapeuten, die noch nicht so sicher sind, die ihren Wert noch nicht kennen – und welcher Therapeut kennt schon seinen wirklichen Wert?! –, sind ganz leicht von ihren Patienten dazu zu bringen, immer mehr zu bieten. Wer hier wen bestimmt beziehungsweise therapiert, ist damit offensichtlich.

Bei alledem lernt der Patient sehr, sehr schnell, wie er seinen Therapeuten aktiv werden und aktiv sein lassen kann. Manchmal reicht ein kleines Stöhnen, ein unglücklicher Blick, und schon verhält der Therapeut sich so, wie sein Patient es von ihm erwartet. Und warum tut er dies? Weil der Patient das Ego des Therapeuten enorm aufwertet. **Der *Rajasische* Mensch definiert sich durch Aktivität.** Alles, was ihn aktiv werden lässt, gibt ihm das Gefühl, gut, lebendig, besonders zu sein. Deshalb kann er sich im Grunde gar nicht von jemandem distanzieren, der ihn genau an diesem seinem wunden Punkt packt – und nicht mehr loslässt.

Aus dem bisher Gesagten ergibt sich Folgendes: **Therapeuten müssen sich fragen, warum ihre Therapien überhaupt funktionieren. Sie glauben, dies liege an ihrer besonders guten Technik. In den meisten Fällen stimmt das aber überhaupt nicht. Denn sogar Techniken, die sich grundsätzlich widersprechen, helfen. Und warum? Weil die Patienten dadurch, dass sie erleben, wie sie ihren Therapeuten nach Belieben manipulieren können, ihren Selbstwert beziehungsweise ihren Ego-Wert aufbauen. Dies ist das Hauptergebnis der meisten Therapien.**

Viele Therapeuten wollen sich dies nicht eingestehen – was nur zu verständlich ist –, denn dann müssten sie sich einiges ansehen, was sie narzisstisch kränken würde. Sie müssten sich fragen, welcher Wert ihrer Technik wirklich zugeschrieben werden kann, wenn sie so wenig Anteil an der Besserung ihrer Patienten hat.

Außerdem müssten sie sich fragen, was sie alles übersehen, wenn ihre Patienten sie so bestimmen können. Und schließlich – dies ist der wichtigste Punkt – müssten sie sich fragen, ob sie, solange sie noch im *Rajasischen* Zustand verhaftet sind, überhaupt gute Therapie geben können.

Die ehrliche Antwort auf diese Frage wäre für sehr viele Therapeuten vernichtend und würde zur Schließung von unzähligen Praxen führen.

Tamas und *Rajas* sind *die* Seelenzustände dieses Zeitalters. ***Tamas* und *Rajas* verstehen sich deshalb so gut, weil die Menschen, die diese Zustände leben, blind sind – und weil sie sich gegenseitig aufwerten. „Ja, und was ist daran negativ?", fragst du. Schlecht daran ist, dass jemand, der, weil Therapeut, unabhängig führen sollte, weder genau** weiß, wohin die Reise geht, noch was er tun, noch was er unbedingt unterlassen muss, und dass er eine Bestätigung von jemandem braucht, der eigentlich gekommen ist, um von ihm bestätigt zu werden.

Die Farbe Schwarz

Wichtig sind auch Farben. In Farben steckt viel Kraft. Sie drücken deutlich die Passivität beziehungsweise die Aktivität eines Menschen aus. Du solltest dich deshalb mit Farben umgeben und ankleiden, die dich froh machen und dich zum Leuchten bringen. Eine Farbe solltest du aber meiden, dies ist die Farbe Schwarz. Trägst du sie sehr viel oder gar ausschließlich, nimmt sie dir deine Energie. Sie ist dann ein Zeichen dafür, dass du passiv bist, dass du nicht lebst. Viele lieben und leben heute nicht. Deswegen ist die Farbe Schwarz so in Mode. Die Farbe Schwarz (*Tamas*) ist im Grunde keine Farbe. Sie ist in Wahrheit die Abwesenheit von Farbe. So wie Weiß (*Sathwa*) die Gesamtheit des Farbspektrums darstellt, also alle Farben beinhaltet, so ist Schwarz das Nichtvorhandensein von Farbe. Deshalb reflektiert Weiß, weil es farblich ganz gesättigt ist. Schwarz dagegen schluckt das Licht. Schwarz schluckt Energie. Aus diesem Grund gilt Schwarz für viele Völker als die Farbe der Trauer. Wer trauert, hat weniger Energie, weil sie an den Schmerz und seine Verarbeitung gebunden ist.

Viele tragen heute Schwarz, weil sie in Wahrheit trauern. Sie trauern um den Verlust ihrer Liebe, um den Verlust ihrer Lebendigkeit, um den Verlust des Farbspektrums, das heißt um den Verlust der ganzen farbigen Palette ihrer Gefühle.

Wer so viele verschiedene oberflächliche Beziehungen eingeht wie einige Menschen heute, wer so vielen Menschen so nahe kommt und sie so nahe kommen lässt – und dies auf eine im Grunde so unverbindliche Weise –, der hat seine Liebe verloren. Denn nur derjenige, der seiner Liebe verlustig ging, kann so leben – ohne wirklich zu lieben.

Hüte dich deshalb vor Menschen, die sich viel schwarz kleiden. Sie schlucken Energie – und werden auch die deinige schlucken. Nur Unwissende suchen den Kontakt mit Menschen, die Schwarz lieben. Sie haben nicht die bunten, wachen Augen der Liebe. Sie sind in ihrer Liebesfähigkeit so geschwächt, dass ihnen bereits „ganz schwarz vor Augen ist" – den inneren und den äußeren!

Hier darfst du natürlich – wie immer! – nicht übertreiben. Es geht nicht darum, dass du nicht Schwarz zu festlichen Anlässen tragen solltest. Ein Smoking ist nun einmal schwarz. Manch ein elegantes Abendkleid auch.

Die Regel ist deshalb ganz einfach: Schwarz gehört zum Farbspektrum dazu, es ist **ein** Aspekt der Farbenvielfalt. Eben **ein** Aspekt, nicht aber alles!

Die Lehre der Mitte

Wir kommen hier zur alten **Mesotes-Lehre**, die von Sokrates zu Platon und über diesen dann zu Aristoteles gelangte. Die Mesotes-Lehre besagt, **dass das Gegenteil von etwas Schlechtem ebenfalls schlecht ist.** Der Gegensatz von Tollkühnheit ist Feigheit. Beides sind keine Tugenden. **Die entsprechende Tugend besteht deshalb in der Tapferkeit, die zwar von beiden Eigenschaften etwas beinhaltet, von der Tollkühnheit und Feigheit aber grundsätzlich verschieden ist. Die Tapferkeit ist deshalb das die beiden Extreme verbindende Dritte. Sie liegt aber nicht auf der gleichen Ebene, sondern darüber.** Wenn wir uns nun Feigheit, Tapferkeit und Tollkühnheit als die Eckpunkte eines Dreiecks vorstellen, so bildet die Tapferkeit die Spitze, die beiden anderen, die keine Tugenden sind, bilden dagegen die Basis des Dreiecks, weswegen sie auf der gleichen Ebene liegen.

Die Tapferkeit ihrerseits verbindet zwar die Tollkühnheit und die Feigheit, sie ist aber gleichzeitig grundsätzlich von ihnen verschieden, weil sie sich auf einer anderen Seinsebene befindet.

Genauso verhält es sich mit *Tamas*, *Rajas* und *Sathwa*. *Tamas* und *Rajas* befinden sich auf der gleichen Ebene, stellen aber Gegensätze dar. Und was geschieht mit Gegensätzen? Sie ziehen sich an – und stoßen sich gleichzeitig ab. Durch diese Anziehung und das gleichzeitige Abstoßen wird überhaupt erst die Notwendigkeit eines verbindenden Dritten erlebt und erkannt. Und dieses verbindende Dritte ist *Sathwa*, denn es verwickelt sich nicht.

Tamas und *Rajas* können dagegen auf Dauer nicht zusammenkommen. Sie können sich auch nicht wirklich gegenseitig helfen. **Alles, was sie sich geben können, ist temporäre Bestätigung durch Verwicklung**. Das ist zunächst viel, aber auch sehr gefährlich. Denn wo Verwicklung ist, da lauern die Fallstricke und die großen Katastrophen an jeder Ecke, in jedem Moment und in jeder therapeutischen Sitzung.

93

Verführung

Tamas und *Rajas* kommen zusammen, um jeweils den andern auszubeuten. Der *Tamasische* Mensch möchte, dass der *Rajasische* für ihn tätig wird. Der *Rajasische* möchte, dass der *Tamasische* ihm Grund zum Handeln gibt. So etwas mag unter bestimmten Umständen in einer Ehe mehr schlecht als recht funktionieren. In der Therapie tut sich hier aber ein Grundwiderspruch auf: Der Patient kommt angeblich in die Therapie, um sich zu verändern. Der Therapeut ist angeblich für ihn da, um ihm bei dieser Veränderung zu helfen. In Wahrheit möchte aber der eine, dass der andere für ihn handelt, und der andere seinerseits möchte, dass der Patient ihn handeln, ihn unbedingt die Oberhand bekommen und behalten lässt.

So verführt jeder den andern, etwas ganz anderes zu tun, als er „offiziell" zu wollen vorgibt. Und was für eine Beziehung ist dies, wenn ihre Definition in Wahrheit eine ganz andere ist, als die Beteiligten vorgeben, als sie andere wissen lassen?

Es ist die Beziehung von Verführer und Verführtem.

Und genau hier kommen wir an die Ursache dafür, dass so viele Beziehungen zwischen Therapeuten und Patienten sexuell werden: Sexualität verbindet Gegensätze, ist doch das Wesen von Sexualität der Austausch von Yin und Yang. Sexualität gleicht angestaute Energien aus. Außerdem liebt die Sexualität das Verborgene, das Verbotene, das Heimliche, die Täuschung. Denn **Sexualität** ist – auf einer bestimmten Ebene – **die** Täuschung schlechthin. Sexualität wird von den Beteiligten als starkes, mitreißendes Gefühl erlebt, das **sie** wünschen. In Wahrheit ist Sexualität die Tätigkeit, welche die **Natur** wünscht, damit die Fortpflanzung gewährleistet und das Fortbestehen der Art gesichert ist. Deshalb hat die Natur, das heißt Gott, starke Gefühle an die Sexualität gebunden. Ohne sie gäbe es schon lange kein Leben mehr auf Erden, und dieser wunderbare Ort der Gottes-Verwirklichung wäre leer.

Dies bedeutet aber weder, dass Sexualität abzulehnen, noch dass das Erleben tiefer sexueller Gefühle töricht sei. Warum sollen zwei Eheleute sich nicht körperlich begegnen und diesen Austausch bis tief ins Herz gehen lassen?

Ich spreche hier aber bewusst von Eheleuten, denn bei ihnen sind die Verhältnisse klar. Hier haben sich zwei Menschen füreinander entschieden, haben einen Raum geschaffen, wo sie zusammen leben und gemeinsam ihre Kinder aufziehen können. Darüber hinaus sind Ehe und Familie eine sehr wichtige Lebensschule.

Ganz etwas anderes ist die Beziehung von Therapeuten und Patienten. Sie kommen zusammen, damit der eine dem anderen hilft. Der Patient bezahlt dem Therapeuten außerdem sein Wissen und seine Zeit. Sexualität hat hier nichts zu suchen. Sexualität ist hier nichts anderes als der Ausdruck dafür, dass alles unklar, schief und im Grunde unheilvoll ist.

Schwierig ist nun, **dass fast alle Beziehungen zwischen Therapeuten und Patienten sexuell stark gefärbt sind.** Diese Färbung geht von sexuellen Fantasien bis hin zum Ausleben der Sexualität. Außerdem sind die meisten Therapeuten, und besonders die Begründer von Therapiemethoden, naiv, blind und wissen zum Teil so wenig über sich selbst, dass sie gar nicht merken, wann und wie sehr sie etwa versteckt verführerisch sind.

Freud zum Beispiel interessierte sich fast ausschließlich für Sexualität. Eigentlich reduzierte er alles auf die Libido – ohne diese im Übrigen jemals genau zu definieren! Wo der Gott-Verwirklichte überall Gott sieht, sah Freud nur noch Sexuelles. Sein Schüler Jung hat stark danach gelebt. Reich, der Begründer der Bioenergetik, sah nur noch Körper, und Fritz Perls, der die Gestalttherapie begründete, war ähnlich unklar.

Sie haben alle das eine gemeinsam, dass sie den Körper überbewerten beziehungsweise sich mit dem Körper identifizieren.

Die alten Weisen Indiens wussten dagegen, dass derjenige, der sich mit seinem Körper identifizierte, im Grunde verloren war, dass er die wunderbare Bestimmung dieser Inkarnation als Mensch verpasste. Denn du bist nicht dein beschränkter, vergänglicher Körper, sondern der allmächtige, ewige Gott.

Man stelle sich nun vor, was geschieht, wenn man einem Therapeuten und seinen Patienten suggeriert, sie seien nichts als ihr Körper! Und um den Wahnsinn komplett zu machen, baut man, wie zum Beispiel bei der Bioenergetik, die Therapie so auf, dass sich die Patienten fast nackt vor den Augen des Therapeuten Körperübungen unterziehen und dazu auch noch stöhnen!

Natürlich gibt es genug Therapeuten, die klar und integer mit Körperarbeit umgehen und damit vielen helfen. Diese Methode beinhaltet aber enorme Risiken, die diejenigen, die sie lehren und verbreiten, an keiner Stelle adäquat ansprechen, geschweige denn, dass sie ihnen vorbeugten.

Denn was da tagtäglich an Inkorrektheiten, an Verführung, an Missbrauch, an *Tamas* und *Rajas* stattfindet, macht wieder einmal deutlich, welch verheerende Folgen es hat, wenn sich jemand mit seinem Körper identifiziert.

95

Oder noch einmal anders gesagt: Auch wenn ein Therapeut sich seinen Patienten gegenüber korrekt verhält, **so schädigt er sie durch den verrückten Satz „Du bist dein Körper" derart, dass selbst die beste Therapie dies nicht ausgleichen kann.**

Und als wäre dies alles nicht bereits schwierig genug, werden auch noch männliche Therapeuten ermuntert, allein fast völlig entkleideten Patientinnen Sitzungen zu geben. Dies muss scheitern, und der „Erfinder" dieser Tollerei muss sich fragen, was er sich dabei gedacht hat, was er damit erreichen wollte. Und ob er sich die *Rajasischen* und *Tamasischen* Verwicklungen, die diese Therapieform sehr leicht mit sich bringt, bewusst gemacht hat.

Was ist hier das richtige Verhalten?

Kein männlicher Therapeut sollte jemals allein mit einer Patientin in einer abgeschiedenen Praxis arbeiten. Wenn ein Therapeut weiblichen Patienten Einzelstunden gibt, dann muss er eine gute Ehe führen, im eigenen Heim arbeiten, und seine Frau muss jederzeit Zugang zu seiner Praxis haben. Außerdem muss allen klar sein, dass er verheiratet ist, dass er treu ist, dass er weiß, zu welchen verheerenden Konsequenzen Sexualität in einer unklaren Situation führt.

Und Sexualität zwischen Therapeuten und Patienten ist immer nicht nur unklar, sondern stets auch zerstörerisch.

Das weiß der *Sathwische* Therapeut. Deshalb ist er auch nicht gefährdet. Denn er weiß, was er zu verlieren hat. Zunächst einmal die innere Ruhe, die ihm eines der höchsten Güter ist, und dann das Glück.

Der *Rajasische* Therapeut, der sich darüber hinaus auch noch mit seinem Körper identifiziert, sollte im Grunde gar keine Therapie geben, denn *Rajas* öffnet der Verwicklung Tor und Tür. Arbeitet er dennoch, weil er hervorragend ausgebildet ist und eine klare spirituelle Ausrichtung, am besten einen exzellenten spirituellen Lehrer hat, so sollte er Einzelstunden mit Patientinnen vermeiden. Auf keinen Fall aber darf er sie irgendwelche Körperübungen in Unterwäsche beziehungsweise halbnackt ausführen lassen. Besonders problematisch ist dies auch in gemischten Gruppen, denn dies führt oft geradewegs zur Promiskuität.

Was ich bezüglich des Arbeitens mit entkleideten Patientinnen sagte, gilt auch für Masseure, die es fördern oder akzeptieren, dass ihre Patienten, vor allem die weiblichen, sich ganz entkleiden. Masseure sollten ihrer eigenen und der Würde ihrer Patientinnen wegen immer darauf bestehen, dass diese entweder Unterwäsche oder einen Bikini tragen. Im Grunde sollten aber Männer Männer und Frauen Frauen massieren.

Jeder Therapeut sollte deshalb stets den Maßstab vor Augen haben, dass kein Weiser, kein Erleuchteter über die Grenze der Scham und damit der Würde geht. Denn nichts ist für einen Menschen, für eine Familie, für eine Gesellschaft zerstörerischer, als wenn die Schamgrenzen fallen.

Das Fallen der Schamgrenzen hat nicht, wie heute fälschlicherweise behauptet wird, mit Freiheit zu tun, sondern dokumentiert nur, wie sehr die Würdelosigkeit um sich greift, die in Form von Erpressung, Missbrauch und Vergewaltigung unzählige Menschen mit sich in den Abgrund reißt.

Und damit kommen wir zu einem weiteren wichtigen Punkt.

Natürlich ist ein Therapeut, der sich mit einer Patientin in eine so intime Situation begibt, völlig unklar und damit unverantwortlich. Er hat auch die Hauptlast des Karma zu tragen, denn er ist derjenige, der führen, der helfen, der zum Licht geleiten sollte. Verführt er – im doppelten Sinne –, anstatt zu weisen (der Weise weist!), dann macht er sich schuldig.

Daran ist nicht zu rütteln, und die Konsequenzen, denen er entgegengeht, machen dies auch deutlich.

Der Patient hat aber auch einen Teil Verantwortung.

Viele Frauen setzen bewusst/unbewusst ihre sexuellen Reize ein, um Macht über Männer zu bekommen. Dabei benutzen sie die Sexualität nur als Mittel für ihre Egobestätigung beziehungsweise zur Manipulation, wobei ihr Ziel darin besteht, Macht zu bekommen.

Diese Haltung muss deshalb vom Therapeuten zwar taktvoll, aber klar angesprochen, gedeutet, durchgearbeitet – zum Beispiel durch eine Aufstellung – und damit gelöst werden.

Lässt der Therapeut dagegen dieses Spiel kommentarlos zu oder fällt er gar darauf herein, ist er weit davon entfernt, die Qualifikation zu haben, die er **unbedingt** für diesen Beruf benötigt, denn sonst ließe er sich niemals auf diesen Wahn, auf solch ein Spiel mit dem Feuer ein. Ein Therapeut, der sich mit einer seiner Patientinnen sexuell einlässt, verhält sich wie das Männchen der Gottesanbeterin. Diese Heuschrecke frisst das sie begattende Männchen während der Paarung auf. Das Männchen liefert ihr das notwendige Eiweiß, das sie für die Schaffung der Nachkommen benötigt.

Ein Therapeut, der Sexualität mit einer Patientin hat, achtet weder sich noch seine Patientin. Außerdem sieht er nicht, dass sein Gegen-

über ebenfalls weder sich noch ihn achtet, sondern vielmehr Macht über den Therapeuten bekommen will.

Bedenke stets, dass dir keiner etwas Gutes tut, tun kann, wenn er dich in eine Situation bringt, in der du *Dharma*, **die Göttliche Ordnung, die Rechtschaffenheit, verlässt.**

Denn verlässt du *Dharma*, **verlierst du bald darauf** *Sathya*, **die Wahrheit. Verlierst du die Wahrheit, verlierst du** *Shanti*, **den inneren und äußeren Frieden. Verlierst du diese, kannst du nicht lieben. Verlierst du** *Prema*, **die Liebe, verlierst du** *Ahimsa*, **die Gewaltlosigkeit.**

Die heutige Welt ist genau von dieser unheilvollen Folge bestimmt.

Deshalb sind Therapeuten so sehr gefährdet.

Hüte dich daher vor Verwicklungen. Verlasse unter keinen Umständen den Pfad der Göttlichen Ordnung. Glaube ja nicht selbst und mache noch weniger irgendjemandem weis, Sexualität sei eine leicht zu handhabende Energie. **Sexualität ist eine der Urenergien dieser Welt. Sie ist deine Göttin, wenn du sie achtest und dich nach der in ihr wohnenden Göttlichen Ordnung richtest, das heißt, niemals Sexualität lebst ohne Verpflichtung, ohne Liebe, ohne klare Verhältnisse.** Gehst du so mit Sexualität um, segnet sie dich und deinen Stand. Tust du es nicht, wird sie dich früher oder später niederreißen. Und wenn du dann immer noch nicht die Göttliche Ordnung in ihr achtest, wird sie dich sogar umbringen. Glaube mir, du wärest bei weitem nicht der Erste!

Dies alles ist von so großer Bedeutung, weil alles durch Wünsche, durch Neigung, durch die Befriedigung der Sinne Gewonnene auch wieder verloren geht.

Wer sich bindet, wird Verlust erfahren. Dieser Satz gilt ohne Ausnahme. Denn alles in der Welt hat einen Anfang und ein Ende. Alles. Immer!

Überlege deshalb stets, bevor du dich in irgendein Wagnis begibst, ob es sich lohnt.

Denke immer daran: Nur *Dharma*, *Sathya* und *Prema* – nur Rechtschaffenheit, Wahrheit und Liebe – vermitteln dir dauerhaftes Glück. Suche deshalb nichts anderes.

Gib dich mit nichts weniger zufrieden!

Therapeuten und Therapeutinnen

Ich sprach bisher mit Absicht von dem Verhältnis zwischen **männlichem Therapeuten und weiblicher Patientin.** Ich tat es deshalb, weil hier die Anziehung, die Verführung und die Gefahr der Verwicklung besonders groß sind. **Der Mann reagiert häufig sexuell auf eine Frau, die ihn um Hilfe bittet, die von ihm abhängig ist und ihm das Gefühl gibt, sie brauche ihn. Der Mann liebt die Frau, die ihm vermittelt, dass er stark ist. Stärke ist das Wichtigste, was ein Mann durch eine Frau sucht und zu finden hofft.**

Männliche Therapeuten sind daher besonders gefährdet. Sie sind es deshalb, weil Männer sich stärker als Frauen von äußeren Reizen verführen lassen und häufig viel ausgeprägter Sklaven ihrer Sexualität sind.

Für **weibliche Therapeuten** kann die private, ja intime Situation der Einzelstunde mit einem Mann auch sehr gefährlich sein. Deshalb gelten für sie die gleichen Regeln wie für männliche Therapeuten.

Je unzufriedener, unglücklicher und unklarer sie nämlich sind, desto leichter sind sie von ihren männlichen Patienten zu beeindrucken. Diese Beeindruckung kann bis zum klaren Wunsch nach einer Beziehung gehen.

Therapeutinnen erliegen ihrem Wunsch nach Nähe, Verständnis, Stütze und Schutz.

Haben sie einen Patienten, der sehr verführerisch ist, und sind sie selbst sich ihrer verführerischen Anteile nicht bewusst, so kann es leicht geschehen, dass sie sich durch ihren Patienten so aufgewertet, so „gemeint", so verstanden fühlen, dass sie sich einbilden, den Mann ihres Lebens gefunden zu haben.

Die Führer

Was ist das große Problem des *Kali Yuga*, dieses zu Ende gehenden Zeitalters? Dass alle Unterschiede nivelliert, dass der Geist dem Körper untergeordnet, dass Moral und Ethik für Geld und Sexualität leichtfertig aufgegeben werden.

Es ist ein großer Fehler, einer der tragischen Aspekte dieses Zeitalters, dass es in den verschiedenen Staaten keine wahren Führungskräfte mehr gibt. Die Könige, die besonders im 20. und in den vorherigen Jahrhunderten die

Länder regierten, waren in fast allen Fällen des Namens „König" überhaupt nicht würdig. Die meisten waren Gauner, Strauchdiebe, Lustmolche und Mörder.

Heute sind einige wenige Herrscherhäuser noch – oder wieder! – ein Vorbild für ihre Untertanen – wie zum Beispiel der Spanische König Juan Carlos oder das Nepalesische Königshaus.

Viele aber sind so weit von der Wahrheit entfernt, sind so blind, dass sie sich gar nicht schämen, in der Öffentlichkeit mit ihren niederen Bedürfnissen oder gar Gräueltaten zu prahlen beziehungsweise die verschiedenen Jahrestage ihrer Gräueltaten zu feiern.

In diesen Herrscherhäusern leben junge Seelen, die sich so verhalten, als hätten sie gerade ihre Tierinkarnation hinter sich, und nun meinen, Herrscher zu sein bedeute, sich so zu benehmen wie ein Schakal, ein Wolf, ein Fuchs oder ein sonstiges Raubtier – auch wenn dies für ihre Untertanen in den meisten Fällen überhaupt nicht sichtbar ist. Besonders da die zum Teil völlig unverantwortliche Presse nur das veröffentlicht, was Auflage und damit Geld bringt.

Diese unwissenden Herrscher wundern sich, dass ihr Leben ihnen anstatt Freude immer wieder großes Unglück bereitet.

Der Satz ist: **Wer sich an** *Dharma* **hält, wird von ihm geschützt.** Wer sich nicht an *Dharma* hält, landet in den gefährlichen Fängen von *Maya*, der Welt, dem Schein. **Und wer sich an** *Maya*, **an den Schein hält, dessen Leben verläuft am Anfang einfach, um dann immer schwerer zu werden. Das Leben, das sich an** *Dharma* **hält, ist am Anfang schwer, um immer, immer leichter zu werden!**

Aber nicht nur die Führer, die sich nicht an die Göttliche Ordnung halten, sind verloren. Eine Welt ohne vorbildliche Führer ist es ebenfalls! Und verloren ist sie aus zweierlei Gründen: Einmal, weil **nur** der ethische, der auf Gott ausgerichtete Führer – auf welchem Gebiet er sich auch betätigen möge, also sowohl der König als auch der Leiter eines Kleinstbetriebs – **auf Dauer** Erfolg hat. Und zweitens: Sind die Herrscher schlecht, ist es das Volk auch!

Das heißt: Die Welt benötigt **dringend** weise, heilige Herrscher. Dann wird sie genesen. Solange diese zum Teil äußerst unredlichen Menschen an der Macht sind, die sich weltweit nicht scheuen, mehr oder **weniger** unverhohlen ihre Untertanen zu belügen, zu betrügen, zu bestehlen und sogar zu ermorden, wird alles drunter und drüber gehen.

Ergänzung und Klarheit

Die Frau ist die Verkörperung des Gefühls. Der Mann die Verkörperung der Ratio. Der Mann benötigt auf einer bestimmten Entwicklungsstufe unbedingt die Frau, um seelische Ausgeglichenheit zu finden.

Ebenso braucht die Frau in bestimmten Inkarnationen den Mann, um ihre geistige Ausrichtung zu erlangen.

Dies ist kein Ausgleich, der auf Machtkampf beruht, sondern der aus Verstehen, aus Anerkennung, aus Liebe erwächst.

Wegen der Schwäche so vieler, welche die Macht innehaben – und hier sind leider auch die Führer der verschiedenen Kirchen zu nennen, die ebenfalls nur an ihre Macht denken –, wegen der Ziellosigkeit, wegen der fehlenden Ausrichtung so vieler Verantwortlicher auf Gott artet in diesem Zeitalter Macht so häufig in Machtmissbrauch aus. Jeder kämpft gegen jeden, weil die Oberen es so vorleben.

Viele streben heute nur die Früchte der Macht an, scheuen aber die Verantwortung, die Macht immer mit sich bringt. Die Macht wird angestrebt, die Bürde aber, die mit ihr verbunden ist, wird nicht willkommen geheißen.

Deshalb wurden das Chaos und das Elend der heutigen Welt von Menschen geschaffen, die mächtige Stellungen erlangten, die aber die Verantwortung, die mit diesen Stellungen verbunden war, nicht tragen wollten.

Keiner hat aber das Recht, eine Machtposition innezuhaben, der nicht bereit ist, die Verantwortung zu tragen, die mit ihr verbunden ist.

Nur wenn Macht und Verantwortung, Macht und Fürsorge, Macht und Verzicht miteinander verbunden sind, werden wieder Glück und Frieden in der Welt herrschen.

Deshalb sollten Männer und Frauen nicht gegeneinander kämpfen, sondern sollten sehen, dass sie die zwei Hälften einer Einheit sind. Warum sollte die eine Hälfte eines goldenen Balles gegen die andere kämpfen?

Leider ist es aber tatsächlich so, dass eine Hälfte der Welt gegen die andere kämpft – oder genauer: Jeder gegen jeden!

Kein Wunder, dass Mann und Frau sich genauso verhalten. So kämpfen auch die Regierenden gegen die, die sie mit Liebe, Fürsorge und Opferbereitschaft regieren sollten. Und weil sich die Regierten betrogen fühlen, kämpfen sie ihrerseits gegen ihre so genannte Führungselite.

Und so sind leider alle tatsächlich gleich. Sie sind alle gleichermaßen im Griff des Negativen und Zerstörerischen und haben das Ziel ihres Lebens, nämlich Gott, völlig aus den Augen verloren.

Ist Gott aber als der entscheidende Brennpunkt aus den Augen verloren, verliert sich zuerst der Einzelne, dann die Familie, dann die Gemeinschaft, dann der Staat und schließlich die ganze Welt.

Was bedeutet all dies für die Therapeuten? Da alle vom Negativen, vom Verrat von klein an umgeben sind, merken sie gar nicht mehr, wie sie selbst verraten und wie sie es zulassen, verraten zu werden. Die heutige Gesellschaft meint mangels besseren Wissens, dass alle gleich sind, und findet, wie oben beschrieben, die Gleichheit im Verfehlen der Kardinaltugenden – Wahrheit, Rechtschaffenheit, Liebe, Frieden, Gewaltlosigkeit –, nicht aber in der Selbstverwirklichung durch die innere Nähe zum Absoluten.

Nur so ist es zu erklären, dass Therapeuten es zulassen, dass ihre Patienten den unterschiedlichen Status nivellieren.

Wie käme aber zum Beispiel ein Bauer oder ein Handwerker dazu, eine Königstochter zu heiraten? Dies ist heute selbstverständlich geworden und wird als große Errungenschaft gepriesen. Ich liebe die Bauern, ich liebe die Handwerker, und ich habe sie als die großen Erneuerer der Gesellschaft geschaffen.

Doch die heutigen Bauern verdienen in den meisten Fällen diese Bezeichnung überhaupt nicht. Mit Ausnahme der meisten Biobauern sind viele Landwirte auf ein so niederes Niveau gesunken, dass sie nichts mehr erneuern, sondern alles nur verderben, vergiften, verraten. Anstatt Menschen und Tiere zu ehren, quälen sie die Tiere zum Teil in unbeschreiblicher Weise, verpesten mit Chemikalien die Felder und damit die Pflanzen und verkaufen am Ende Produkte, die eher Todes- als Lebensmittel genannt werden müssten.

Dies wird heute alles aus reinem Profitdenken stillschweigend von der Mehrheit geduldet. Und von der ebenfalls korrupten Führungsriege finanziert. Kein Wunder, dass bei dieser Unklarheit auf allen Ebenen und in allen Schichten jeder mit jedem gemeinsame Sache macht. Warum sollte da nicht auch jeder jeden ehelichen können?

Diese Verbindungen beruhen aber nicht auf einer gemeinsamen Basis von Ethik und weit reichenden Idealen, sondern entspringen häufig einer umfassenden Orientierungslosigkeit. Mit anderen Worten: Es ist alles erlaubt und möglich, weil keiner mehr weiß – oder sich traut zu

wissen! –, was richtig oder falsch ist, was Segen hat und was nicht, was der Göttlichen Ordnung entspricht und was nicht und was folglich früher oder später zu Ent-Täuschungen, Schmerzen oder gar Katastrophen führen wird.

Die Ordnung der Verschiedenheit

Jeder sollte in *seiner* Schicht bleiben. Jeder sollte sich mit den Menschen verbinden, mit denen er in dieser Inkarnation auf *einer Stufe* steht und mit denen er das gleiche Vaterland teilt.

Und warum sollten die verschiedenen Schichten nicht untereinander heiraten? Weil jede Schicht ihre Verhaltensweisen, ihre Regeln, ihre Ethik und ihre Aufgaben hat. So werden Menschen aus den verschiedenen Schichten zum Erfüllen ganz unterschiedlicher Ziele erzogen. Das Ziel bestimmt aber den Menschen. Und haben Menschen, weil sie aus unterschiedlichen Gesellschaften, Ländern oder Rassen stammen, unterschiedliche Ausrichtungen, werden sie sich sehr schwer tun, ein glückliches gemeinsames familiäres Leben zu finden. Oder anders gesagt: Diese Gemeinsamkeit wird heute deshalb nicht primär gesucht, weil anstatt der Stabilität des Ähnlichen der Reiz des Unterschiedlichen angestrebt wird.

Jede Vermischung macht aber deutlich, dass alles unklar, unrichtig, unheilig und damit unbefriedigend geworden ist.

Und genau das ist das entscheidende Argument: **Alles, was nicht in *Dharma*, was nicht in der Göttlichen Ordnung ist, ist nicht heilig und deshalb auf Dauer unbefriedigend und wird untergehen, denn Sieg ist der unvermeidliche Begleiter der Göttlichen Ordnung, der Rechtschaffenheit.**

Maitri, Freundschaft, sollte nur mit Menschen der gleichen Generation, des gleichen Status, der gleichen Kultur und des gleichen Wohlstandes geführt werden. Denn sonst ergibt sich ein Gefälle, das der „Schwächere" unentwegt auszugleichen versucht – womit er sich möglicherweise noch mehr schwächt.

Karuna, Mitgefühl, sollte denen gegenüber gezeigt werden, die eine niedere Stellung haben.

Muditha, Anerkennung, sollte denen gezollt werden, die besser gestellt sind.

Nie solltest du denen gegenüber, denen es besser geht, Neid empfinden, sondern dich daran freuen, dass es ihnen so gut geht. *Muditha* bedeutet deshalb auch Freiheit von Neid.

Suchst du außerdem die Gemeinschaft mit den Guten und hältst dich fern von denen, die Böses tun, dann erreichst du mit Sicherheit die Selbst-Verwirklichung.

Es gibt keine Ausnahme von dieser Regel. Ich weiß dies genau, denn ich schuf sie. Zweifle deshalb nie daran, es wird dich sonst um dein Glück bringen.

„Aber halt!", sagst du. „In *Sai Baba spricht über die Welt und Gott* gibt es die Geschichte von ‚Aramina oder Die Liebe'. Und hier gelingt es der Zigeunerin Aramina, das Herz des Kronprinzen ihres Landes zu erreichen, ihn zu heiraten und Königin zu werden."

Stimmt vollkommen. Wie gut du aufpasst. Aber in eben dieser Geschichte steht als zweiter Satz, dass im *Kali Yuga* die Göttliche Ordnung in vielen Bereichen ihre Gültigkeit verloren hat. Das hat viele Nachteile. Einer der Vorteile besteht aber darin, „dass das Chaos unzählige Möglichkeiten in sich birgt".

Die Möglichkeit, dass Menschen aus völlig verschiedenen Schichten oder Kulturkreisen zusammenkommen, birgt, wie gesagt, viele Gefahren, hat aber den großen Vorteil, dass etwas ganz Neues alte, verkrustete Verhältnisse aufbricht.

Das gilt fürs *Kali Yuga*.

Für das Goldene Zeitalter gilt dies aber nicht mehr. Denn dies entsteht gerade dadurch, dass die Göttliche Ordnung wieder Gültigkeit hat und dass durch diese Klarheit die Menschen – vor allem vor bösen Überraschungen! – geschützt sind.

Und so müssen sich einige Therapeuten fragen, nach welchen klaren Maßstäben sie leben und wodurch sie ihre Kraft, Maßstab zu sein, beziehen.

Wenn jemand sich aber von der Wahrheit entfernt, muss er sich fragen – und fragen lassen: Warum gibt er Therapie?

Das Problem im *Kali Yuga* ist, wie gesagt, dass alles möglich ist. Deshalb können heutzutage selbst Schuhverkäuferinnen, Taxifahrer, ja sogar Bettler sich plötzlich als Therapeuten verstehen, unter der Rubrik „Lebensberatung" in Zeitungen annoncieren und sich dann auf ihre Mitmenschen stürzen.

Natürlich kann der Erleuchtete auch als einfacher Mensch leben – wie zum Beispiel Ahmed in der Geschichte „Don Juan oder wie man alte Bindungen löst" in *Sai Baba spricht über die Welt und Gott,* der als kleiner Geschäftsmann tätig war. Er war aber in Wahrheit so erleuchtet, dass er mit wenigen Gesprächen Don Juans Leben völlig veränderte. Ahmed konnte Don Juan deshalb helfen, weil er genau wusste, was er tat und worin das Ziel bestand.

Außerdem wusste er genau, dass es niemandem jemals gut tut, Standes-, Wesens- oder Seinsgrenzen zu überspringen. Auch der Sprung auf eine höhere soziale Stufe ist nicht so einfach, wie viele glauben, und hat manch einen später in den Abgrund gerissen!

Denn es geht um die vier: Freundschaft, Mitgefühl, Anerkennung und Gemeinschaft mit den Guten.

Deshalb stehen die Therapeuten, die ich meine, auf einer ganz anderen Stufe als ihre Patienten. Sie **wissen**, dass ihre seelische Entwicklung und der sich daraus ergebende Status sie **grundsätzlich** von ihren Patienten trennt. Diese Trennung ist nicht ohne Schaden aufzuheben. Wer dies tut, ist kein Therapeut, sondern selbst Patient.

Klare Therapeuten können freundschaftlichen Kontakt zu Patienten nur haben, wenn diese ihre Patientenmentalität, also das *Tamasische* Haben-Wollen, aufgegeben haben. Ist dies nicht der Fall, kommt der Fall, das heißt die Ent-Täuschung!

Denn viele Patienten verübeln es unbewusst dem Therapeuten, dass es diesem besser als ihnen geht, dass sie ihn um Hilfe bitten und ihn sogar bezahlen müssen. Sie warten deshalb nur auf eine günstige Gelegenheit, um dem Therapeuten zu beweisen, dass er gar nicht besser und weiter entwickelt als sie ist. Gelingt es ihnen, ihren Therapeuten zu „entdecken", zu „entlarven", zu verführen, verlieren sie in der Regel ihren Therapeuten beziehungsweise ihre Therapeutin, gewinnen aber scheinbar an „Selbstwert". Der Patient kann sich nämlich auf die eigene Schulter klopfen und behaupten, er habe seinen Therapeuten „geschafft". So absonderlich dies klingt, der Patient hat in gewisser Hinsicht Recht. Denn er wird die kleinste Schwäche, die kleinste Unklarheit des Therapeuten nach dem Motto: „Das kann er doch nicht denken, sagen, tun!" in seinen Augen zu einem wirklich großen Fehler machen.

So „entzaubert" er den Therapeuten und baut Egobewusstsein auf. Damit hat er es „geschafft", seinen Therapeuten beziehungsweise seine Therapeutin auf seine Ebene herabzuziehen. Er hat ihn beziehungsweise sie entzaubert. Er hat bewiesen, dass sie nicht „besser", nicht weiter, nicht selbst-bewusster als er sind.

Stellst du aber fest, dass die anderen, die du viel höher eingeschätzt hast, gar nicht weiter als du selbst sind, dass sie sogar „mit all ihren Fehlern" deine Gemeinschaft, deine Nähe suchen, dann hebst du damit alle grundsätzlichen Unterschiede auf, und plötzlich sind alle gleich.

Dies muss zwangsläufig zu großen Problemen führen.

Der Respekt

Was geschieht aber, wenn eine Prinzessin einen einfachen Mann heiratet? Ihre Untertanen werden sich bewusst/unbewusst sagen: „Wieso sind wir Untertanen? Wer ist hier unten, und wer ist oben? Wenn die Prinzessin einen von uns heiratet, dann ist sie auch eine von uns!"

Unterschiede dürfen aber nicht verwischt werden!

Denke daran, was geschah, als König Drupada seine Tochter vermählen wollte und trotz sorgfältigster Suche nicht den passenden Gatten fand.

Er veranstaltete ein großes Fest und verkündete, dass derjenige, der beim Bogenschießen gewinnen würde, sie ehelichen sollte. Zu diesem Fest kamen auch die Pandava-Brüder – als Brahmanen verkleidet, weil sie wegen der üblen Machenschaften ihrer Vettern, der Kauravas, in der Verbannung leben mussten. Keinem der Könige und Prinzen gelang es, das Ziel mit seinem Pfeil zu treffen.

Da trat Arjuna hervor. Strahlend und siegesbewusst – und traf.

Draupadi, Drupadas Tochter, hängte ihm eine Blumengirlande um den Hals und nahm seine Hand als Zeichen der Vermählung. Die Anwesenden waren aber empört, denn es schickte sich nicht, dass ein Brahmane, dem es nicht zustand, am Bogenschießen teilzunehmen, zum Sieger erklärt wurde.

Krishna, der Avatar (die Gottesinkarnation), der bei der Veranstaltung anwesend war, wusste, wer Arjuna war, nämlich einer der edelsten Prinzen seiner Zeit, was sich auch in seinem Namen ausdrückte, denn er besagt Reinheit und Heiligkeit. Deshalb hieß Krishna die Wahl Draupadis gut und leitete und schützte sie und die Pandavas bei allen Widrigkeiten.

Genau wie Rama war auch Krishna ein großer Verfechter des *Dharma* und achtete genau auf Rangfolge, Ehrerbietung und Respekt.

Damit kommen wir hier zu einem entscheidenden Begriff: **Respekt.**

Auch dieser Begriff ist heute, um es vorsichtig auszudrücken, „unmodern" geworden!

Respekt ist aufs Engste mit Dienen verbunden. Respektiere ich jemanden, dann fühle ich mich vom Innersten her geneigt, ihm zu dienen.

Heute will aber keiner mehr dienen. Alle wollen nur Herren beziehungsweise Herr-scher sein. Allerdings solche Herren, die es nicht ertragen können, wenn ihnen von Herzen gedient wird. Nur der Weise, der Erleuchtete, der wahre König kann es von seinem Herzen her annehmen, wenn ihm als Anerkennung seiner Würde gedient wird.

In der richtigen Reihenfolge kommt aber zunächst der Respekt, dann das Dienen.

Und woher kommt das Wort „Respekt"? Vom Lateinischen Verb *respicere,* zurückschauen. Und was heißt das? Derjenige, der Respekt hat, schaut zurück, dahinter, darüber. Und wohin schaut er also? Durch das ehrwürdige Verhalten der Respektsperson wird der Betrachter dahin geführt, das Göttliche in jener zu sehen. Der Betrachter schaut gleichsam von der Respektsperson durch ihr Respekt gebietendes Verhalten auf Gott zurück. Das Respekt gebietende Verhalten verweist den Betrachter auf Gott, **denn wahren Respekt kann nur der erwecken, der Gottes Wesen widerspiegelt: Liebe, Fürsorge, Opferbereitschaft, Achtung, Rechtschaffenheit, Können und Bescheidenheit.** Dies waren sowohl Ramas als auch Krishnas Eigenschaften. Krishna konnte als Wagenlenker die niedrigsten Aufgaben erfüllen, er strahlte trotzdem stets im größten Glanz. Keiner konnte Ihn erleben und keinen Respekt Ihm gegenüber empfinden.

Draupadi war ebenfalls so von Rechtschaffenheit durchdrungen, dass jeder ihr sogleich mit Respekt begegnete.

Das ist die Gottgewollte Ordnung. Deshalb bedeutete es seine Vernichtung, als einer der Kauravas-Brüder Draupadi beleidigte und zu erniedrigen versuchte. Krishna eilte ihr zu Hilfe, und das *Dharma* wurde auf dem Schlachtfeld von Kurukshetra wiederhergestellt.

Dharma ist das Leben der Welt. *Dharma* ist der Atem Gottes. Deshalb inkarniert sich der Herr von Zeit zu Zeit, um das *Dharma* zu schützen, zu verteidigen oder wiederherzustellen.

Und der Herr kommt, um denen Freude zu bereiten, die an Ihn glauben.

Damit schließt sich der Kreis! Durch die Liebe zu Gott und Seine Fürsorge für den Gläubigen bekommt dieser Würde, die sich im Respekt der anderen ihm gegenüber äußert.

So schaut man über den Status einer wirklichen Respektsperson direkt auf Den, Der jeden Status gibt.

Deshalb kann eine Prinzessin sich nur dann mit einem Mann aus dem Volke vermählen, wenn dieser seine Mitbürger an Tugenden weit überragt. **Die Goldene Regel lautet nämlich: Je höher der Status, desto höher müssen die Tugenden, muss die Opferbereitschaft, muss die Liebe sein.**

Die Prinzessin sollte nicht deshalb geehrt werden, weil sie reich und mächtig ist. Sie sollte vielmehr ihrer besonderen Geburt in dieser Inkarnation dadurch gerecht werden, dass sie ein besonderes Vorbild an Tugend – *Sathya* (Wahrheit), *Dharma* (Rechtschaffenheit), *Prema* (Liebe), *Shanti* (Frieden) und *Ahimsa* (Gewaltlosigkeit) – ist. Ihren wahren Status bekommt sie aber vornehmlich durch ihren Vater, den König, und der sollte erleuchtet sein.

Deshalb waren in früheren Jahrtausenden vor dem *Kali Yuga* die Könige die wahren Weisen und Therapeuten. Sie sahen auf einen Blick, was ihre Untertanen benötigten, und konnten ihnen dies präzise geben. Außerdem liebten sie ihre Untertanen und sorgten für sie wie für ihre Kinder. Nein, besser, denn zuerst kamen für so einen König seine Untertanen, dann seine Familie und am Schluss er selbst!

Heute ist der Respekt außer Mode. Er wird wieder kommen, wenn die Erleuchteten, die Tugendhaften, eben die Liebevollen an der Macht sind. Sie werden der Menschheit Heilung bringen.

Und genau diese sollten der Maßstab für die Therapeuten sein. Der Therapeut sollte ein König auf seelischem Gebiet sein.

Handle deshalb nie, besonders in kritischen Situationen nicht, ohne dich zu fragen: Was würde jetzt Gott tun, wie würde sich Jesus, wie Sokrates, Franz von Assisi oder Gandhi verhalten?

Rücke keinen Millimeter von dem höchsten Ziel ab. Halte dich an die Kardinaltugenden. **Denn wer sich an diese Tugenden hält, wird von ihnen beschützt, dafür verbürgt sich Gott Selbst!**

Und weißt du, warum du dich an die Kardinaltugenden Wahrheit, Recht-schaffenheit, Liebe, Frieden und Gewaltlosigkeit halten sollst? **Weil du dadurch das Entscheidende *für dich* findest: Nämlich Respekt *dir selbst* gegenüber.** Das Hauptproblem, mit dem sich so viele Menschen herumschlagen, ist, dass sie sich selbst nicht respektieren. Sie halten gar nichts von sich. Sie meinen vielmehr, sie seien zumindest überflüssig, wenn nicht gar schädlich.

Denke immer daran, dass Respekt von „Rückschau" kommt. **Schau du deshalb immer zurück. Schaue von dir zu Gott oder auf die Gott-Menschen, die ich oben erwähnte. Du bist deren direkter Nachkomme und deshalb wichtig, auserwählt, Göttlich.**

Die Gefahr für den Therapeuten

Diese „Rückschau" ist deshalb für den Therapeuten so wichtig, weil seine Tätigkeit mit vielen Gefahren verbunden ist. Er setzt sich den zum Teil sehr negativen Gefühlen seiner Patienten aus, deren Wut und Hass, deren Wünschen nach Vernichtung – der eigenen oder der des Therapeuten oder der von beiden.

Ebenso wird der Therapeut mit Wünschen nach Symbiose, Nähe, nach Sexualität konfrontiert. Diese Energien auszuhalten ist sehr schwer. Schützt sich ein Therapeut nicht dadurch, dass er sich eng an Gott anbindet, können diese Energien ihm schaden. Zuweilen können sie ihm sogar sehr großen Schaden zufügen beziehungsweise ihn sogar vernichten. Die Rate der Suchtkranken, der körperlich und seelisch Kranken unter Ärzten und Therapeuten ist sehr groß. Viele halten diesem Druck nicht stand und nehmen sich direkt oder durch Unfälle das Leben.

Der Therapeut setzt sich damit Gefahren aus, die seinen Geist, seine Psyche, seinen Körper und damit seinen Partner, seine Kinder, seine Freunde mit viel Unruhe erfüllen können.

Deshalb sind das bereits genannte Gebet zu Anfang und die Wiederholung des Namens Gottes während der Therapie von entscheidender Bedeutung, weil diese den allerbesten Schutz darstellen.

Entscheidend ist aber auch, dass der Therapeut dem auf ihm lastenden Druck der erwähnten Energien und der Verantwortung, die er für seine Patienten und deren Familien hat, nicht damit zu begegnen versucht, dass er sein Ego aufbläht. Dass er zum Beispiel seine Erfolge nicht dazu hernimmt, sich zu sagen, wie „toll" er sei, da dieses „toll" früher oder später wie gesagt vom „toll" als „wunderbar" ins „toll" als „verrückt" umschlägt.

Lass dich deshalb als Therapeut ja nicht dadurch in die Energien deiner Patienten verstricken, dass du ihnen bewusst/unbewusst vermittelst, wie „toll" du bist.

Leider geschieht dies sehr häufig, denn die Versuchung, es zu tun, ist enorm. Zum einen, weil du glaubst, dich „wunderbar" zu geben sei das beste Aushängeschild, soll es doch deinen Patienten zeigen, wie gut es dir geht – was du als beste Visitenkarte deiner Fähigkeiten als Therapeut wertest.

Und zweitens meinst du, durch die Zurschaustellung deines „Dich-Wunderbar-Fühlens" würdest du fröhliche, positive Gefühle auch bei deinen Patienten wecken.

Natürlich ist dies nahe liegend. Du musst dich aber davor hüten, dich als denjenigen anzupreisen, der alles kann, alles im Griff hat, den keine Probleme mehr drücken. Besonders, wenn dies nicht der Wahrheit entspricht.

Bedenke stets, dass die Wahrheit der beste Schutz ist.

Nichts sagen

In der Wahrheit zu sein bedeutet aber nicht, alles mitteilen zu müssen. Die Wahrheit des Therapeuten besteht nicht darin, dass er seinen Patienten erzählt, welche Ängste ihn selbst plagen, wie klein er sich zuweilen fühlt, welche Probleme er gar mit seinem Partner und seinen Kindern hat.

Hier schwanken manche Therapeuten von einem Extrem ins andere. Besonders die Therapeuten verschiedener Richtungen können sich diametral verschieden verhalten. Die einen sitzen da mit roten Augen, geschwollener, tropfender Nase, erwähnen aber nicht, dass sie Schnupfen haben. Ihre Patienten nehmen sowohl wahr, dass sie krank sind, als auch, dass sie dazu nichts sagen. Und weißt du, was hier geschieht? Die Patienten behandeln ihren verschlossenen Therapeuten an dieser Stelle, als wäre er der Patient! Sie sagen sich: ‚Der Arme, da geht es ihm offensichtlich nicht gut. Seine Methode schreibt ihm aber vor, nichts zu sagen. Deswegen sitzt er da, leidet und schweigt sich aus. Er tut mir richtig Leid. Er glaubt aber, das sei das richtige Verhalten, so werde ich es respektieren!'

Hier verhält sich der Therapeut jedoch keineswegs richtig, denn er stellt sich mit seinem Schweigen über seinen im Moment leidenden Körper und über die Gefühle seiner Patienten. Er vermittelt diesen **nonverbal**: ‚Ich muss, im Gegensatz zu dir, nicht über meine Probleme sprechen. Ich bekomme sie auch so in den Griff!' Diese Haltung schafft ein sinnloses Gefälle zwischen Therapeut und Patient und behindert die Therapie ungemein.

Zu viel reden

Das andere Extrem bilden Therapeuten, die ihre Patienten nicht nur als Freunde, sondern gar als ihre Vertrauten oder, noch schlimmer!, als Vater und Mutter behandeln. Sie berichten unverblümt von ihren Problemen, ihren Sorgen, ihren Leiden. Sie glauben, sie täten sich oder besonders ihren Patienten einen Gefallen. Ich kann nur sagen: Bei weitem gefehlt!

Das Setting zwischen Therapeut und Patient fordert eine klare Zurückhaltung des Therapeuten. Es ist **nicht seine, sondern die Stunde des Patienten.** Dies sollte er respektieren.

Und wie sollte er sich verhalten?

Genau hier haben wir ein gutes Beispiel, warum ich sage, dass nur der Erleuchtete Therapie geben sollte. Er weiß nämlich, **was richtig und was zu viel ist.** Denn dies **hängt von den sechs Ws ab: Wem, was, wie, wann, wo, warum.**

Wem kann der Therapeut etwas sagen, **wem** sollte er etwas mitteilen, aber **wem** gegenüber muss er unbedingt schweigen?

Der Therapeut sollte zum Beispiel einem bestimmten Patienten nur ganz, ganz wenig von sich erzählen. Nicht einmal, dass er Schnupfen hat – denn dieser bemerkt es weder, noch interessiert es ihn.

Ein anderer Patient dagegen erlebt es als Affront, als herausfordernde Beleidigung, wenn der Therapeut mit keinem Wort seine Befindlichkeit kommentiert, die dieser Patient so deutlich spürt. Als ebenso unpassend erlebt er es, wenn sein Therapeut ihm nicht klar – wenn auch kurz – auf die Frage, ob er verheiratet sei und Kinder habe, antwortet.

Um auf das Beispiel mit dem Schnupfen zurückzukommen, muss sich der Therapeut darüber klar sein, **was** er sagt. Über sich kann er in einem klar umrissenen Rahmen erzählen, dass er zum Beispiel erkältet ist und dass ihn der Schnupfen plagt. Er sollte aber tunlichst verschweigen, dass er heute angespannt ist, weil er mit seinem Partner gestritten oder Probleme mit seinen Kindern hat.

Darüber hinaus ist es entscheidend, **wie** er von seinem Schnupfen berichtet. Erzählt er lang und breit, ohne sich darum zu kümmern, wie viel sein Patient hören will, ist es etwas ganz anderes, als wenn er genau spürt, **was** seinen Patienten interessiert und **wann** es genug ist.

Damit kommen wir zum **Wann**. Es kann sein, dass der Patient so mit sich beschäftigt ist, dass er zunächst erzählen möchte, was ihn betrifft. Hier würde der Therapeut mit dem Bericht über sein Befinden nur stören. Hat der Patient aber gesagt, was ihn beschäftigt, dann kann es gut möglich sein, dass er sich nun mehr dem Therapeuten zuwendet und auch damit Kontakt aufnehmen möchte, dass er ihn fragt, wie es ihm gehe. Natürlich kann dies allerdings auch – wie alles in der Therapie – ein Ablenken von den eigenen Problemen sein.

Es kann aber ebenfalls ein Abschmettern eines liebevollen Wunsches des Patienten nach Kontakt sein, wenn der Therapeut auf dessen Fragen nicht oder nur ausweichend eingeht.

Das Nächste ist das **Wo**. Es kann sein, dass bei der Begrüßung oder der Verabschiedung außerhalb des Therapieraumes ein ganz anderer Kontakt zwischen beiden stattfindet. Gerade wenn der Therapeut sein Augenmerk auf die Unterschiede des Verhaltens an verschiedenen Orten richtet, kann er zum Beispiel herausfinden, wie differenziert sein Patient ist oder wie sehr er spaltet. Das heißt, dass der Patient ihn möglicherweise im Therapieraum als Autorität oder gar als Feind, außerhalb aber als gleichgestellten Kumpel sieht.

Und **warum** spaltet er? **Warum** erlebt er den Therapeuten als autoritär beziehungsweise als Feind in der Therapie? Und **warum** nicht auch außerhalb?

Diese Fragen sind so bedeutsam, weil sie den Therapeuten möglicherweise zu völlig neuen Antworten führen, die ihm entscheidende Impulse für seine Arbeit geben. Außerdem geben sie ihm die Möglichkeit herauszufinden, wie differenziert dieser Patient mit sich und anderen umgeht. Denn die genannten Fragen beschränken sich nicht auf das Verhältnis von Therapeuten und Patienten, sondern bestimmen jegliche Form von zwischenmenschlicher Beziehung – so wie jede Technik in der einen oder anderen Form auch im Alltag nützlich sein muss, um nicht verstaubt und künstlich zu sein.

112

Entscheidend ist natürlich immer, dass keine Technik angewendet wird, um Überlegenheit und Macht zu bekommen, sondern um Klärung, Verständigung und Nähe zu erlangen.

Bei diesen Gedanken kommen wir zu einem sehr wichtigen Punkt: **All dies kann der Therapeut in keiner noch so differenzierten Ausbildung lernen. Allein seine eigene Entwicklung, sein Kontakt zu seinen Gefühlen kann ihm den Weg weisen, wie er sich zu verhalten, wie er sich auf die verschiedenen „Ws" einzustellen hat.**

Weiß er in einer Situation nicht so recht, was er tun, was er sagen, wie er sich verhalten soll, ist es immer das Beste, wenn er seinen Patienten darauf anspricht. So kann er ihn zum Beispiel fragen: „Interessiert dich das? Ist dir das zu ausführlich? Kannst du damit etwas anfangen?"

Demut

Dazu benötigt er aber unbedingt eine Eigenschaft, die zum Therapeuten genauso gehören sollte wie die Feuchtigkeit zum Wasser, die Hitze zum Feuer, nämlich **Demut.**

Woran erkennst du den Erleuchteten? Vornehmlich an seiner Demut und Bescheidenheit!

Demut verstehe ich als (Lateinisch-Deutsch) Dei-Mut, als den Mut Gottes, den Göttlichen Mut. Der Demütige hat nämlich den Mut, seinem Ego zu begegnen, seine Schwächen wirklich zu sehen und zur Wahrheit zu stehen. Dies ist eine große Leistung, denn die meisten Menschen meinen bewusst/unbewusst, sie müssten etwas anderes zeigen, als sie zu sein glauben.

Bedenke stets, dass du drei Menschen bist: Der, der du zu sein *glaubst*, der, den andere in dir *sehen*, und der, der du wirklich *bist*. Einmal der Körper, dann der Geist und schließlich der Atman – gemäß dem, womit du dich identifizierst. Denn du wirst, was du denkst!

Solange du nicht mit der Quelle in Kontakt gekommen bist, bist du immer wieder versucht, dem Schein zu verfallen und eine Maske als Tarnung zu tragen. Dies ist zwangsläufig, denn du glaubst, solange du nicht weißt, wer du bist, du müsstest den anderen etwas vorgaukeln, um vor ihnen bestehen zu können.

Der Weise dagegen lehnt sich zurück und denkt sich, dass Gott durch ihn arbeitet und dass ihm nichts Besseres geschehen kann, als dass er auf

Fehler hingewiesen wird, denn so lernt er immer neue Seiten von sich – und anderen – kennen. Von anderen, weil das, was sie in ihm sehen, auch etwas über sie aussagt.

Der Erleuchtete diskutiert und rechtet deshalb nicht. Der Erleuchtete versucht nicht, *seine* Meinung durchzusetzen. Der Erleuchtete strebt nicht dahin, ein bestimmtes Bild von sich zu schaffen.

Er lässt vielmehr zu, dass kommt, was kommen soll, denn er weiß, dass er nur dann etwas bewirken kann, wenn er mit dem Strom des Lebens geht.

Und genau dies ist die Quelle seiner Demut, seiner Göttlichen Bescheidenheit.

Der Erleuchtete erkennt nämlich durch seine Nähe, durch seine Verbundenheit mit dem Ursprung, dass er nichts erzwingen kann. Dass gewaltsame Veränderungen nie von Dauer sind. Und weil sie nicht von Dauer sind, benötigen und verschwenden gewaltsame Veränderungen viel Energie.

Der Erleuchtete geht synchron mit der Natur. Und diese bewegt sich langsam. Doch unaufhaltsam!

Und was ist die unendliche Stärke der Natur? Dass sie nichts Eigenes will, sondern ganz demütig Gottes Plan verwirklicht. Die Natur setzt sich nie in Szene. Die Natur plustert sich nicht auf. Die Natur tut, was zu tun ist, so vollkommen, dass ihr Tun stets von Schönheit begleitet ist.

Schau über das Meer. Schau von einem Berggipfel. Schau über ein Tal, und du erfährst unmittelbar die unendliche Kraft der Demut.

Der demütige Therapeut sieht sich als Diener Gottes. Deswegen bedeutet Demut auch „dienstwillig". Der Demütige sieht sich als Werkzeug und verrichtet deshalb gerne seinen Dienst. **Der Therapeut, den ich meine, ist erleuchtet und demütig, weil er aus seinem Wesen heraus gerne tut, was er tun soll. Deshalb ist er wirklich frei. Er kämpft nicht gegen Gegebenheiten, geschweige denn gegen *Dharma*, gegen die Göttliche Ordnung.**

Der Erleuchtete ist deshalb demütig, weil er nicht für sich, sondern ausschließlich für Ihn handelt.

So strebt er nicht nach Ruhm, nach Anerkennung oder Lob. Er tut, was zu tun ist, weil er weiß, dass Gott genauso handelt. Nirgendwo stellt sich Gott neben Seine Werke und weist auf Seine Schaffenskraft hin. Er ist so zurückhaltend, dass die Atheisten glauben können, es gebe Ihn überhaupt nicht.

Und genau hier sehen wir die übergreifende Bedeutung der Demut für den Therapeuten: Sie bedingt, dass er sich so zurücknimmt, dass seine Patienten annehmen können, *sie* **machten die Prozesse.** *Sie* suchten und fänden den Weg. Ihr Therapeut habe ihnen nur einige interessante Hinweise gegeben!

Alles läuft reibungsloser ab, weil keine Zurschaustellung stattfindet. Da ist niemand, der sich auf die Schulter klopft und stolz darauf ist, wie hervorragend er sei.

Und warum tut dies überhaupt jemand? Warum schlägt sich jemand auf die Schulter, um sich zu loben? Er tut es, weil er in der Tiefe seines Herzens überhaupt nicht glaubt, lobenswert zu sein!

Nur wer nicht an sich glaubt, betont, wie gut er sei.

Aber Vorsicht: Dies bedeutet nicht, dass jemand, der klar seinen Wert kennt, nicht im rechten Moment dazu stehen dürfte. Dies hat nichts mit Angabe zu tun, sondern mit einfachem Anerkennen, was ist. Denn falsche Bescheidenheit ist auch eine Form von „Sich-verschämt-auf-die-Schulter-Klopfen" und hat deshalb nichts mit wahrem Selbstwert zu tun.

Außerdem ist es manchmal wichtig, dass der Therapeut deutlich macht, dass er zu sich stehen kann, um seinen Patienten damit zu ermuntern, auch zu sich zu stehen.

Falsche Bescheidenheit führt ebenso wenig wie Angeberei zu etwas Sinnvollem, denn weder werten sie denjenigen auf, der sie sucht, noch erreichen sie die anderen.

Angeberei ist deshalb so sinnlos und für einen Therapeuten kontraproduktiv beziehungsweise gefährlich, weil seine Patienten **sogleich von ihrem Unbewussten her spüren,** dass diese Haltung nicht stimmt.

Die Demut dagegen ist so stark, weil jemand sich hier gar keine Gedanken über seine Wirkung auf andere macht. **Er kümmert sich vielmehr um** *Sathya***, Wahrheit, um** *Shanta***, Ausgeglichenheit, um** *Sama***, Gleichmut, und um** *Dama***, Selbstbeherrschung, und möchte diesen Werten gerecht werden.** Er schielt deshalb nicht aus den Augenwinkeln, um zu sehen, wie er wirkt, sondern blickt mit konzentriertem Blick darauf, was diese vier ihm vorgeben, und hält sich daran.

Deshalb ist sein Handeln so stark: Richtest du dich aus deinem Wissen und Können heraus an *Vidya* beziehungsweise an *Brahmavidya,* an die wahre

115

Bildung, an das absolute Wissen, und hältst dich fest daran, dann ist dein Handeln immer gesegnet und deine Wirkung entsprechend.

Richtest du dich dagegen nach den Menschen um dich herum, ist dein Handeln unendlich schwach, denn einmal erwartet jeder etwas anderes von dir, und dann wissen die meisten weder, was sie erwarten, noch warum. Geschweige denn, dass sie wüssten, was du bereits geleistet hast, was du leisten kannst beziehungsweise was du noch zu leisten hast, um deine Aufgabe zu erfüllen.

Scheinheiligkeit

Aber Vorsicht! Manche, die einen spirituellen Weg gehen und noch nicht an der Quelle angelangt sind, müssen hier gut aufpassen. Denn was ist der größte und gefährlichste Begleiter des spirituell Suchenden? Das Ego! Je weiter du nach oben, je näher du zur Sonne kommst, desto größer wird die Gefahr, dass dein Ego dich abstürzen lässt. Dies ist der Grund, warum du unbedingt einen guten Führer haben solltest, der dir den Weg weist und dich vor dem vernichtenden Zugriff deines Ego bewahrt.

Weißt du weder, wer du wirklich bist, noch was andere von dir benötigen, dann zeigst du dich so, **wie du glaubst, dass du sein solltest. Damit ist die Gefahr groß, dass du nicht demütig, sondern schein-heilig bist.**

Das Wort „schein-heilig" sagt bereits alles: Du gibst dich zum Schein als heilig, bist es aber nicht. Der Scheinheilige lebt daher stark seine Verstrickung mit *Maya*, mit dem Schein, nicht aber seine Verbindung mit dem wahren Selbst. Er drückt vielmehr nur aus, dass er gerne in seiner Entwicklung weiter wäre, als er ist. Dass er gerne jemand anderes wäre, als er ist. Ist er aber nicht. Und genau diese Tatsache nimmt er nicht an.

Außerdem ist er häufig so sehr mit seinem Schein beschäftigt, dass er gar nicht sieht beziehungsweise sehen will, wie er wirklich ist.

Deshalb schließen sich Scheinheiligkeit und Demut stets aus. Schein-Heiligkeit ist eine Folge von *Maya*, von Schein. De-Mut bezieht seine Kraft aus der Nähe, aus der Verbundenheit mit der Quelle, mit *Deum*, und verweist deshalb stets auf das Sein und ist untrüglich.

Viele reagieren heute – wie ich finde – zu Recht gereizt auf das Wort Gott und das Dokumentieren von Glauben beziehungsweise Spiritualität, weil zu vieles aus Gründen der Scheinheiligkeit und nicht aus wahrem Glauben heraus gedacht, gesagt und getan wird.

Demut, Zurückhaltung, Wahrhaftigkeit und echte Vorsicht – was im Grunde alles in *Sathya* enthalten ist – sind daher die besten Begleiter für alle und so natürlich auch für den Therapeuten. **Denn nur die Wahrheit verbindet.**

Der Schein dagegen trennt umso mehr, je vehementer er vertreten wird.

Anerkennung fordern und fördern

Der demütige, der wirklich gute Therapeut weiß deshalb aber auch, **wann er Anerkennung von seinen Patienten fordern muss.** Er erkennt sogleich, wann ein Patient ihm Anerkennung, Achtung, Würdigung nicht gibt. Dieses Nicht-Geben des Patienten vermittelt dem Therapeuten eine wichtige Botschaft – zum Beispiel, dass der Patient mit ihm im Kampf oder nur mit sich beschäftigt ist oder dass andere ihn einfach nicht interessieren.

Hier unterscheidet sich die Demut deutlich von der falschen Bescheidenheit und der Schein-Heiligkeit.

Der Wissende und deshalb **Demütige** *erkennt*, was sich hinter einem Verhalten verbirgt, und greift es auf, spricht es an und findet eine Lösung. Er fordert deshalb nicht etwas für sich, sondern fördert dadurch die Entwicklung seiner Patienten, dass er die Wahrheit ans Tageslicht bringt und genau weiß, warum er was, wann, wo, wem gegenüber wie anspricht.

Der **Schein-Heilige** *meint* dagegen, bescheiden sein zu *müssen*. Er lässt es deshalb kommentarlos zu, dass ein Patient ihn unterbricht, ihn von oben herab behandelt, unaufmerksam ist oder sogar herumlümmelt. Der Schein-Heilige meint, sich dies gefallen lassen zu müssen, denn dies beweise seine „große" Entwicklung, seine „enorme" innere Freiheit, seinen „großen Mangel an Ego", sein „Unberührt-Sein" – wobei diese Formulierungen alle bereits die Scheinheiligkeit ausdrücken!

Der wirklich Demütige dagegen kann es sich bewusst leisten, dass ihm Ego unterstellt wird, dass ihm vorgehalten wird, wie wichtig er sich nimmt.

Er kann es gelassen hinnehmen, wenn ihm vorgehalten wird, es sei ein Zeichen für die Größe seines Ego, dass ihn überhaupt noch etwas stört. Nur das Ego störe sich an anderen.

Ganz falsch!, sage ich. **Wer andere nicht wertschätzt, schätzt auch sich selbst nicht!** Übergeht ein Therapeut das Verhalten seiner Patienten, gerät er sehr schnell in eine Kollusion, in einen unbewussten Pakt von Therapeuten- versus Patienten-Ego. Dies ist immer ein äußerst gefährliches Gemisch, das außerdem die fatale Eigenschaft hat, stets zum allerfalschesten Zeitpunkt zu explodieren.

Der demütige Therapeut spricht deshalb nicht aus einer Betroffenheit, sondern aus der von ihm erreichten inneren Ruhe heraus an, was er wahrnimmt. Er sagt deshalb schlicht, freundlich und ohne Vorwurf: „Ist dir bewusst, dass du mich übergehst?" Sieht der Patient nicht, was er getan hat, so wird der Therapeut es ihm einfach schildern. Ohne Vorwurf, ohne Anklage. Einfach als Hinweis. Sieht der Patient es immer noch nicht oder will es nicht sehen und wirft dem Therapeuten gar „Empfindlichkeit" vor, so lässt dieser sich wiederum nicht aus der Ruhe bringen, sondern fragt ihn zum Beispiel: „Wie fändest du es, wenn wir gemeinsam in der U-Bahn führen, eng nebeneinander stünden und ich dir mit schweren Stiefeln auf deinen nur durch einen leichten Schuh geschützten Fuß träte? Was dächtest du von mir, wenn du vor Schmerz aufschriest, ich dir aber völlig verwundert ob deiner ‚Gefühlswallung' sagte: ‚Ich erlebe dich als sehr empfindlich und dein Verhalten als völlig übertrieben!' Du wärst empört. Und dies zu Recht."

Physisches ist aber deutlicher, besser mit Händen zu greifen als Psychisches. So werden körperliche Verwundungen im Allgemeinen viel ernster als seelische genommen. Dabei heilen die körperlichen Verletzungen in der Regel schnell, die psychischen manchmal ein Leben lang nicht.

Ein kluger Therapeut weist deshalb seinen Patienten darauf hin, wenn dieser die Gefühle anderer wenig achtet. Wie abstrus die Gefühle und Empfindungen anderer auch sein mögen, sie sind zunächst deren **Realität und müssen deshalb geachtet werden.**

Vielen Patienten ist so ein Beispiel, obwohl recht plastisch, zu abstrakt.

In dieser Situation ist eine Aufstellung von großem Nutzen. Stellt der Patient, um den es geht, jemanden aus der Gruppe als Repräsentanten für sich und jemand anderen für den Therapeuten auf und bittet die beiden zu sagen, was sie an den jeweiligen Plätzen spüren, so erfährt er zum Teil erstaunlich schnell, was diese in ihren Rollen erleben.

Hat er sich die Situation eine Weile angesehen, kann er sowohl seine als auch die Rolle des Therapeuten einnehmen, und im Nu ist ihm das klar, was tausend Worte ihn nicht erleben lassen könnten.

Das Gesetz lautet – wie für das Leben, so auch für die Therapie: Erleben ist unendlich lehrreicher als hören!

Es kann nun leicht geschehen, dass durch diese Aufstellung etwas sehr Interessantes zum Vorschein kommt: Dass der Patient, der sich so wenig um die Gefühle des anderen kümmert, in Wahrheit ein Schein-Heiliger ist, der sich engagiert gibt und außerhalb der Therapie seine Rücksichtslosigkeit ausgezeichnet verstecken kann. Dass er aber, sobald ihm etwas nicht passt, seine Maske der Scheinheiligkeit abwirft und sein wahres Gesicht dadurch zeigt, dass er dem anderen in scharfem Ton Empfindlichkeit, mangelndes Verständnis oder gar Grobheit vorwirft.

Da er sich seiner so sicher ist, da er sich als untadelig erlebt, kommen dem Scheinheiligen bei diesen Begebenheiten niemals auch nur die geringsten Zweifel bezüglich der Korrektheit oder Angemessenheit seiner Reaktion.

Er macht es sich gewöhnlich einfach: Er ist gut und der andere schlecht!

Genau dieses Muster gilt es in der Therapie liebevoll aufzuzeigen. Einfach und leicht durch ein Spiel. Oder wie bereits erwähnt durch einen Rollentausch.

Der **Rollentausch,** auf den ich noch ausführlicher eingehen werde, ist deshalb so hilfreich, weil die meisten Menschen nicht wissen, wie und wer sie sind. Aus diesem Grund können sie zwangsläufig auch keine Wahr-Nehmung von dem haben, wie sie auf andere wirken.

Deshalb ist es sehr hilfreich, wenn der Patient die Rolle des Therapeuten spielt, ein anderer dagegen in seine Rolle schlüpft. Fühlt der Patient sich nämlich so unmittelbar **gespielt** und **gespiegelt** (man beachte, wie ähnlich die beiden Verben sind!), hat er Gelegenheit zu sehen und **zu spüren,** wie er auf andere wirkt.

So ein Rollentausch ist, wie gesagt, ganz einfach. Entscheidend dabei ist die Klarheit des Therapeuten und der Gruppe.

Die Gruppe kann, wie häufig, von großem Nutzen sein, denn die einzelnen Beiträge können demjenigen, um den es geht, vieles vermitteln beziehungsweise aufzeigen, was ihm möglicherweise vollkommen neu ist.

Dies alles führt durch ein einfaches Spiel (ich werde weiter unten noch näher darauf eingehen) zu einer Klärung der Situation, ohne dass irgendjemand verletzt oder bloßgestellt wird. Vielmehr lernt jemand spielerisch Seiten von sich kennen, die ihm so bisher nicht bewusst waren. Dass das spielerisch geschieht, ist das Entscheidende. Denn Spiel ist das wahre Wesen des Lebens.

Jeder sollte spielerisch durchs Leben gehen. Spielerisch, aber doch so ernsthaft und so engagiert, wie es Kinder tun.

Die Grenze

Platon meinte, der letzte Grund sei die Grenze, die allumfassende Bestimmung, das Maß von allem.

Die Grenze bestimmt nämlich, wo etwas beginnt und wo es aufhört. Die Grenze markiert Zusammengehöriges und Getrenntes.

Die Grenze ist deshalb ein entscheidendes Maß. So zeigt die Grenze, wo zum Beispiel Deutschland aufhört und Österreich beginnt.

Die Grenze ist damit nicht nur das Trennende, sondern auch das Verbindende. Denn an der Grenze enden Deutschland beziehungsweise Österreich nicht nur, sondern sind auch miteinander verbunden.

Grenzen sind in der zwischenmenschlichen Kommunikation – und nicht nur dort – von entscheidender Bedeutung.

Kinder zum Beispiel, die ohne klare Grenzen aufwachsen, werden krank, schädigen sich und die Gesellschaft, in der sie leben, und können in ihrer Maßlosigkeit, in ihrer „grenzenlosen" Missachtung der Grenzen anderer so weit gehen, dass sie sich und andere in der vielfältigsten Weise unglücklich machen.

Grenzen sind so wichtig im Leben wie das sprichwörtliche Salz in der Suppe. Die Zutaten der Suppe können noch so vorzüglich und die Zubereitung mag noch so kunst- und liebevoll gewesen sein, ohne Salz kommt all dies kaum zur Geltung.

Genauso entscheidend wie das Salz in der Küche sind Grenzen im Leben. Eltern können sich noch so sehr um ihre Kinder bemühen, setzen sie ihnen nicht zur rechten Zeit mit dem rechten Maß die richtigen Grenzen, kann alles umsonst gewesen sein.

Genau das Gleiche gilt für den Therapeuten. Die meisten Patienten haben Probleme, weil sie unklar mit Grenzen umgehen – mit ihren eigenen und denen anderer!

Deshalb muss der Therapeut immer wieder deutlich machen, wo Grenzüberschreitungen stattfinden, wo die Grenzen anderer berührt, übertreten beziehungsweise nicht geachtet wurden. Dies führt stets zu wichtigen Interaktionen und damit zu Kontakt.

Die Regel ist einfach: Wer seine Grenzen anzeigt, gibt Kontakt. Ebenso derjenige, der die Grenzen anderer achtet.

Zeigt dagegen jemand nicht auf, wo seine Grenze ist, sagt er nicht, was er will und was er nicht will, entsteht kein Kontakt, und wenn doch, so ist er entweder nicht von Dauer oder konfliktgeladen.

Klar mit Grenzen umzugehen ist deshalb die entscheidende Fähigkeit, die Menschen benötigen, um mit anderen eine Beziehung aufzubauen.

Therapie ist nichts anderes als eine besondere Form der Beziehung. Die Besonderheit besteht darin, dass Therapeut und Patient zwar in eine Interaktion miteinander treten, der Therapeut aber zu Gunsten des Patienten seine Interessen zurückstellt. Der Therapeut schaut nicht darauf, dass er auf seine Kosten kommt, sondern richtet sein Augenmerk darauf, dass der Patient so viel wie möglich über sich und seine Form der Kommunikation, das heißt auch über seine Art und Weise, Grenzen zu ziehen, erfährt.

Der Therapeut vermittelt ihm deshalb anhand der gemeinsamen Interaktion, dass die meisten zwischenmenschlichen Probleme durch mangelhafte beziehungsweise schlechte Kommunikation entstehen und dass es ein entscheidender Teil der Kommunikation ist, seine Grenzen ernst zu nehmen, sie deutlich zu sagen, zu ihnen zu stehen und genauso sorgfältig mit den Grenzen anderer umzugehen (vgl. auch das Kapitel „Kommunikation", S. 385 ff.).

Du erkennst denjenigen, der mit seinen Grenzen gut umgeht, auch daran, dass er so klug ist, wissen zu wollen, wo und wie beschaffen die Grenzen anderer sind.

Im Deutschen heißt es: „Der kluge Mann baut vor!" Dies bedeutet in diesem Zusammenhang: Der Kluge will zuallererst wissen, wo und wie die Grenzen seines Gegenübers sind, denn er lebt nach dem Motto: „Kenne ich deine Grenzen, kenne ich dich. Kenne ich deine und meine Grenzen, weiß ich, was wir voneinander zu erwarten haben." **Denn wo die Grenzen klar sind, ist die Beziehung klar. Ist die Beziehung klar, ist der Weg zum Glück klar.**

Um klar mit Grenzen umgehen zu können, musst du aber auch stark sein. Nur der Starke ist mutig. Nur der Mutige kann auch De-Mut entwickeln.

Schwäche und Manipulation

Fühlst du dich dagegen schwach, dann traust du dich nicht, deinem Gegenüber zu sagen, was du brauchst, was du erwartest, was du dir wünschst und was du nicht willst. Bist du nicht stark und stehst nicht zu dir, dann ist die

Wahrscheinlichkeit sehr groß, dass du dir die Macht des Opfers zu Nutze machst. Das Opfer manipuliert seine Umwelt durch Schwäche. Jeder möchte einem Hilfsbedürftigen helfen.

Selbst der Gesetzgeber greift hier ein, denn er bestraft dich wegen unterlassener Hilfeleistung, wenn du jemandem nicht hilfst, der in Not ist.

Das heißt, die Schwäche des einen macht die anderen mobil. Die Schwäche des einen bedingt, dass die anderen sich um ihn kümmern, ohne dass er sagen muss, was er will. Dies ist das Fatale (Lateinisch *fatum* = Schicksal) an der Schwäche. Und zwar gilt das Wort hier in doppelter Hinsicht: Fatal in der Bedeutung von „negativ" und von „schicksalhaft".

Negativ, weil das, was jemand mittels seines Opferseins bewirkt, ihn in seiner Haltung bestätigt. Er erlebt immer wieder, dass sich das Opfersein „lohnt", da andere ihm ständig helfen. Also bleibt er dabei. Der Preis ist aber Negativität beziehungsweise Pessimismus. Denn das Opfer hat als Grundhaltung die Meinung, die Welt sei schlecht, denn die schlechte Welt bedinge, dass es Opfer sei. Dies führt über das Karma zwangsläufig zum zweiten Bedeutungsaspekt des Begriffs „fatal".

Das Opfer, das nicht sagt, was es will, die anderen aber durch seine Schwäche zum Handeln zwingt und dazu auch noch gerne jammert, lädt sich zwangsläufig negatives Karma auf, wodurch es eines Tages selbst – und dies ist der erste Schritt zur Heilung! – in die missliche Lage kommt, von jemandem durch dessen Schwäche manipuliert zu werden.

Ich meine mit dieser Beschreibung selbstverständlich nicht die wahren Opfer, also diejenigen, die durch ein schweres Schicksal gehen und das Beste aus ihrem Leben machen, ohne andere auszunutzen oder gar auszubeuten.

Denn im Gegensatz zu dem oben genannten Opfer lädt sich der leidende Mensch, der rücksichtsvoll mit sich und anderen umgeht, positives Karma auf!

Manipulation dagegen ist stets das Beeinflussen eines anderen, ohne dass dieser so recht weiß, wie ihm geschieht beziehungsweise was der andere mit ihm macht. Darüber hinaus kann er in den meisten Fällen weder entscheiden noch sagen, ob er das will oder nicht, was der Manipulierende mit ihm unternimmt.

Manipulation arbeitet daher immer, indem sie die Wahrheit zumindest umgeht, wenn nicht klar vermeidet – so weit vermeidet, dass es bis zur Unwahrheit und Lüge reicht.

Manipulation und Wahrheit

Vermeide deshalb so weit wie möglich die Manipulation. Du verschaffst dir mit ihr unerlaubte, erschwindelte Macht über dein Gegenüber – was auf die Dauer immer auf dich zurückfällt. Außerdem schwächt **dich** die Manipulation. Sie beraubt dich nämlich der Verantwortung, klar sagen zu müssen, was du willst. Du wirst damit nicht gefordert zu sagen, **warum du etwas willst, es so und nicht anders willst – und dazu stehen zu müssen.**

Alles im Leben hat seinen Preis. Dies ist das Wunderbare am Leben und spiegelt die tiefe Gerechtigkeit wider, die das Leben bestimmt.

Die Gerechtigkeit besteht darin, dass der bekommt, der gibt, und dass dem genommen wird, der nimmt. Deswegen suche keine billigen Lösungen, die dich schwächen, und vermeide keine Schwierigkeiten, die dich stärken!

Das Opfer beziehungsweise derjenige, der manipuliert, erlebt sich immer als schwach und hilflos. Deshalb meint er, nur durch Manipulation, durch Tricks das bekommen zu können, was er will.

Wer dagegen sagt, was er will, gibt seinem Gegenüber die Chance der Entscheidung, denn dieses kann bejahen, aber auch ablehnen. Hier wird beiden die Möglichkeit der Entscheidung gegeben. Dies fordert Klarheit, Offenheit und Mut. Und was macht das deutlich? Dass, wer mit *Sathya* geht, wer sich an die Wahrheit hält, gewinnt. Denn ist das Gegenüber mit dem einverstanden, was der andere möchte, dann hat dieser die Genugtuung, dass seinen Wünschen entsprochen wird. Ist es dagegen nicht einverstanden, kann sich der andere zumindest darüber freuen, dass er offen zu sich und dem gestanden hat, was er will – was seinen Selbstwert stärkt.

Das Leiden als Chance

Hier kommen wir zu einem weiteren Satz, der für jeden Therapeuten lebenswichtig ist. Er lautet: **Hast du die richtige Einstellung, ist im Leben alles gut. Denn dann verstehst und weißt du, dass die Freude die Grundlage für das heutige Glück, Leiden dagegen die Basis für zukünftiges Glück ist.**

Das Leiden ist die große Lehrmeisterin, die dich Demut und Ehrfurcht, Offenheit und Stärke lehrt.

Deshalb sollte ein Therapeut klug mit seinem Leiden und dem Leiden anderer umgehen.

Wer Leiden einfach nur beheben will, ist weit davon entfernt, die größeren Zusammenhänge des Lebens zu verstehen – geschweige denn zu kennen.

Unzählige Menschen werden durch das Leiden geführt, geläutert und vor Schlimmerem bewahrt.

Dies muss der kluge Therapeut verstehen und sich entsprechend verhalten. Sonst ist er unversehens selbst mit dem Karma seiner Patienten verbunden und wird eines Tages leiden, um zu verstehen.

Betrachten wir nochmals das Beispiel von Marta und ihrem Therapeuten, der sie ermunterte, ihrer Ego-Verwirklichung wegen Mann und Kinder zu verlassen. Dieser Therapeut wird eines Tages – ganz von seinem Karma abhängig in diesem oder in einem zukünftigen Leben – in die Rolle des verlassenen Partners kommen, damit er am eigenen Leibe erlebt, wie es ist, seine Lieben, seine Hoffnungen, seinen Lebenssinn zu verlieren.

Hüte dich hier, spirituell zu urteilen. Leidet jemand, weil er von Herzen geliebt hat, dann sage niemals: „Wenn ihm das passiert, wird es schon seinen Grund haben. Was weiß ich, was er seiner Frau in einem früheren Leben angetan hat. Sicherlich bekommt er jetzt das zurück, was er ihr damals zugefügt hat!"

Sage auch nie: „Kein Wunder, dass er leidet beziehungsweise verlassen wurde. Er liebt ja einen Menschen und nicht Gott! Wie kann er nur!" So ein Satz würde nur aussagen, wie viel Ego du hast.

Hüte dich vor solchen Sätzen. Kein Weiser würde sie denken, geschweige denn äußern, denn sie verschließen das Herz für dein Mitgefühl, das jemand gerade in einer solchen Situation so dringend benötigt.

Gefordert ist hier deshalb nicht dein Urteilen beziehungsweise Ver-Urteilen, sondern dein Verständnis, deine Liebe und dein Nachempfinden.

Hier hat sich jemand auf die Liebe und die Göttliche Ordnung verlassen. Er hat gemeint, wenn er liebt, wenn er Opfer auf sich nimmt und treu und fürsorglich ist, dann kann er mit der Zuverlässigkeit und dem Anstand seines Partners rechnen.

Martas Therapeut hätte ihr deshalb, um von ihr und von sich negatives Karma abzuwenden, immer wieder vor Augen halten müssen, was es bedeutet, eine Familie zu zerstören. Die Zerstörung einer Familie kommt nämlich einem Mord gleich. Denn hier wird nicht allein der Partner möglicherweise seines Lebenssinns beraubt. Vielmehr werden die Kinder um die Geborgenheit einer intakten Familie gebracht – ein Schaden, der sich über viele Leben auswirken kann. Durch den Verlust der Geborgenheit entwickeln Kinder ein Fehlverhalten, das ihr Leben und ihre Beziehungen zu anderen Menschen bestimmen wird. Das schlechte Beispiel des einen Elternteils vermittelt ihnen zu allem Überfluss auch noch, dass krasser, brutaler Egoismus ein gangbarer Weg sei. Dies ist das Schlimmste, was Kinder lernen können. Dieser Schritt kann zu allem Möglichen bis hin zu den schwersten Verbrechen führen. Das kannst du daran ersehen, wie sehr die heutige Welt von Rücksichtslosigkeit, Brutalität, Gewalt beziehungsweise Mord und Totschlag gekennzeichnet ist.

Dies ist kein Zufall, denn die heutigen Familien befinden sich in einem desolaten Zustand. Und ist die Familie zerstört, ist es die Gesellschaft ebenfalls.

Ein vernünftiger Therapeut, der auch nur das Geringste von den größeren Zusammenhängen des Lebens weiß, wird deshalb einer solchen Patientin vorsichtig, aber unmissverständlich klarmachen, wie gefährlich es ist, was sie tut – beziehungsweise was sie getan hat.

Wer sie dagegen darin bestärkt, wer ihr vermittelt, dies sei ganz in Ordnung, man müsse nun nur mehr daran arbeiten, den Schmerz der Trennung aufzulösen, ist kein Therapeut, sondern gemeingefährlich.

Das Leiden sollte hier nämlich auf keinen Fall gemildert werden. Willst du zum Beispiel einem Kleinkind dabei helfen, sich aus dem Fenster des zwölften Stocks zu lehnen? Wer dies tut, ist wahnsinnig. Ebenso wahnsinnig wie derjenige, der seiner Sinne und damit seiner Ego-Verwirklichung wegen Partner und Kinder verlässt, denn die Sinne, die er nicht unter Kontrolle hat, schaffen diese Wahn-Vorstellung, indem sie ihm Unglück als Glück vorgaukeln.

Dieser Wahn sollte deshalb unbedingt aufgedeckt werden. Von diesem Wahn beziehungsweise von der Vormachtstellung der Sinne sollte er befreit werden. Das ist sein Recht als Patient – und die Aufgabe des Therapeuten!

Genau dazu müsste der gute Therapeut das Leiden seiner Patienten nutzen.

Denn der Weise weiß, dass die Aufgabe des Leidens darin besteht, dich zu lehren, was richtig und was falsch, was für dich gut und was schädlich ist.

Deshalb ist das Leiden die Basis für das Glück von morgen. Denn es lehrt dich – falls du es verstehst oder jemanden hast, der dir hilft, es richtig zu interpretieren –, **gut zu handeln**. Und was ist das heutige Glück? Die Folge der gestrigen guten Taten. Und was ist dein gutes Handeln heute? Die Basis für dein morgiges Glück!

Dies ist das Gesetz des Karma, dem alles unterworfen ist und in das Gott nur in Extremfällen eingreift, es ansonsten aber schützt und stützt, weil es die Grundlage des ganzen Universums ist und selbst die Planeten und die Sonne sich danach richten.

Im Gegensatz zu dem Unwissenden, der es sich offensichtlich leicht macht und lieber unter dem Leiden stöhnt und klagt, anstatt sich darum zu kümmern, was es ihm sagen will, nimmt der Weise das Leiden dankbar an, denn er weiß, dass es immer eine Chance gibt. Deshalb überlegt sich der Kluge, was er durch das Leiden lernen kann, was es ihm sagen, wohin es ihn führen will.

So sträubt sich der Weise nicht gegen das Leiden, sondern geht mit ihm mit, bis er einen zufrieden stellenden Grund dafür gefunden hat.

Dieses Verhalten bedingt, dass der Weise sowohl stark als auch geschmeidig ist.

Denn jeder, der sein Leiden wirklich annimmt, wird beziehungsweise bleibt geschmeidig und wird bald von diesem Leiden befreit.

Denn das Leiden lehrt dich eine der wichtigsten Tugenden: *Kshama*, **das geduldige Ertragen.** Erträgst du Leiden geduldig, so erstarkst du nicht nur, sondern dein Geduldpotenzial wächst mehr und mehr. Geduld und Unterscheidungsvermögen sind die beiden großen Gaben, die einen Menschen auszeichnen und zu den großen Wahrheiten des Lebens führen – deshalb spreche ich in diesem Buch so viel von Geduld.

Der Weise weiß dies, deshalb sucht er nach **der Bedeutung des Leidens und der Geduld.** Er ist somit immer offen für das Neue, für das Unerwartete. Und genau diese Haltung, verbunden mit der Wiederholung des Namens Gottes und dem Wunsch, den letzten Grund zu kennen, führt ihn von der Weisheit zur Erleuchtung. **Und was ist der Unterschied zwischen Weisheit und Erleuchtung? Der Weise versteht die tieferen Zusammenhänge des Lebens. Der Erleuchtete erfasst sie dagegen, weil er die Liebe Gottes unmittelbar erfährt.** Der Erleuchtete ist deshalb stets gelassen, glücklich und zufrieden, weil er genau **spürt**, wie liebe-voll Gott für ihn sorgt. Deshalb sorgt er sich nicht mehr und kann immer glücklich sein.

Dies ist auch der tiefere Grund dafür, dass der Erleuchtete demütig ist. Er erlebt unmittelbar, dass nicht er, sondern Gott alles für ihn tut, dass Gott tatsächlich für alles sorgt, dass Gott stets das Allerbeste für ihn will.

„Ich habe aber nicht das Gefühl, dass alle immer das Allerbeste bekommen!", wendest du ein.

Glück

Die Wahrheit ist: **DU bist die GRENZE deines Glücks.** Keiner außer dir. Das Glück ist allumfassend. Empfindest du es nicht als allumfassend, dann schränkst DU es ein.

Das Glück ist wie ein Ozean. Es fließt überall hin. Kommt es irgendwo nicht hin, dann deshalb, weil dieser Ort zum Beispiel zu hoch gelegen ist. Du kannst nicht auf einen Fünftausender steigen und gleichzeitig den Ozean um deine Füße spülen lassen.

Du kannst immer nur das eine oder das andere.

Viele Menschen und leider auch die meisten Therapeuten haben weder in diesem Leben eine tiefe Erfahrung von Glück gehabt, noch wissen sie, dass sie es nicht haben wollen, noch, warum dem so ist (vgl. das Kapitel „Die Basis-Aufstellung", S. 203 ff.).

Dies sind die entscheidenden Wahrheiten. Und hier liegt der Grund für viele Missverständnisse in Therapien beziehungsweise für deren Scheitern.

Viele Menschen haben nämlich völlig falsche Vorstellungen von sich beziehungsweise vom Glück.

Sie glauben, dass sie es suchen, dabei können sie es gar nicht suchen und noch weniger finden, weil sie das Glück ganz häufig mit Leidenschaft verwechseln und darüber hinaus das Glück nicht aushalten können. Einmal, weil sie denken, es nicht wert zu sein, und andererseits, weil sie nicht die Ruhe des *Atman*, des Absoluten, sondern die Wechselfälle des Lebens suchen. **Das Gesetz des Lebens lautet: Jeder findet, was er sucht, jeder bekommt, worum er bittet.** Die Tragik besteht darin, dass die meisten Menschen sich nicht im Geringsten bewusst sind, was sie wirklich suchen, was sie tatsächlich anstreben!

Glaube mir: Du findest stets, was du suchst. Glaubst du, du hast das Falsche gefunden, so überprüfe als Erstes, was du gesucht hast, und du wirst herausfinden, **dass du genau das gefunden hast, was du suchtest.**

Bewusst und unbewusst

Viele Menschen suchen die Leidenschaft. Dabei beschränkt sich die Leidenschaft, die sie suchen, wahrlich nicht nur auf Partnerschaften, sondern sie bezieht sich auch auf die Art und Weise, wie die Menschen mit ihrem Leben umgehen. Der leidenschaftliche Mensch wird von seinen Sinnen bestimmt beziehungsweise beherrscht.

Bestimmen dich aber deine Sinne, sind Anhaftung, Enttäuschung, Eifersucht, Gier, Zorn oder gar Hass die zwangsläufigen Folgen. Suchst du dein Glück im Vergänglichen – welcher Art auch immer –, wirst du früher oder später enttäuscht werden, denn, wie gesagt, **alles, was entsteht, wird eines Tages auch vergehen.**

Daher auch die tiefere Bedeutung von Leidenschaft: Die Anhaftung an die Welt, an Menschen, an Umstände, an Gewohnheiten, an Gefühle, Einstellungen, Vorlieben und sonstige äußere Bedingungen im weitesten Sinne schafft Leiden.

Viele **meinen**, dies sei das Glück. Finden sie dann aber die Leidenschaft und **nicht** das Glück, fragen sie sich **leider** nicht, was sie tatsächlich **suchten**, sondern sind verärgert – und leiden! Sie bekommen damit genauestens das, was sie suchten. Leider ist ihnen dies in den meisten Fällen nicht nur nicht bewusst, sondern sie wollen es auch nicht wissen! Und warum nicht? Mit der Antwort dreht sich das Ganze im Kreise – wie so vieles in *Maya*, in der Außenwelt, im Schein: Weil sie in Wahrheit genau das gefunden haben, was sie suchten!

Der Weise übernimmt Verantwortung und denkt deshalb: Was ich finde, habe ich auch gesucht. Der Weise **weiß**, und hierin war Freud weise, dass der Mensch das Produkt seiner **unbewussten** oder besser gesagt seiner **wahren** Überzeugungen ist. **Das Unbewusste ist deshalb so stark, weil es nicht lügen kann. Das Unbewusste hält sich immer an die Wahrheit.**

Das Unbewusste ist nämlich nicht, wie Freud annahm, eine Bündelung mehr oder minder starker Wünsche und Triebe. Das Unbewusste reicht von den niedrigsten Wünschen bis hin zu Gott. **Es ist die durchgängige Wahrheit, die das Unbewusste einerseits an Gott anbindet und andererseits Gott mittels der Wahrheit im Unbewussten sein lässt. Dieses Unbewusste wird deshalb am besten Überbewusstes genannt.**

Was ist nun der größte Unterschied zwischen dem Bewussten und dem Unbewussten? Dass dieses sich nicht „in die Tasche lügen" kann. Das Unbewusste strebt immer nach der Verwirklichung der Wahrheit, sodass unbewusste Wünsche immer verwirklicht werden, sei dies auf der Ebene der Triebe oder auf der Ebene der *Unio mystica*, der Verwirklichung Gottes.

Das **Bewusste** dagegen, besonders wenn es durch Verstand, Ego und Identifikation mit dem Körper fehlgeleitet ist, bemüht sich vielfach, anderen zu gefallen, ohne herauszufinden, herausfinden zu können und zu wollen, was es wirklich will.

Da du dich über mehrere Leben an die Leidenschaft gebunden hast, führt sie dich zur Wiedergeburt. Denn Gewohnheiten, seien sie noch so schädlich, haben die Eigenschaft, festzusitzen.

Die verschiedenen Leben stellen eine groß angelegte Schule dar, in der du von der Leidenschaft zur Unendlichkeit des Göttlichen Glücks geführt wirst.

Dieser Prozess geht über mehrere Leben, denn du bist nicht so schnell bereit, die Leidenschaft, obwohl sie dich leiden lässt, loszulassen. Kannst du dir vorstellen, wie viel solch eine Einstellung, solch ein Wunsch nach Erfüllung dieses Bedürfnisses, erreichen kann, wenn dies selbst die Wiedergeburt bedingt? Ja, genau, unendlich viel!

Leidenschaft und Leiden

Leidenschaft führt zum Leiden. Weißt du eigentlich, warum?

Wenn du aus der Adlerperspektive des Erleuchteten blickst, bekommst du die Antwort – und erfährst gleichzeitig, wie liebevoll alles eingerichtet wird.

Wer Leidenschaft sucht, findet früher oder später immer das Leiden. Einmal, weil er das Falsche suchte. Er meinte, Leidenschaft sei das Glück, dabei ist Leidenschaft eine Machenschaft, die das Leiden schafft. Mit anderen Worten: Das Leiden kommt nicht „zu dir geflogen", sondern du suchst es, und du schaffst es durch dein Verhalten.

Was ist aber das Gute, das Heilende daran? Dass dich das Leiden erstarken lässt.

Und hier kommen wir zur Wahrheit, die hinter all dem Schein liegt: Du suchst nur deshalb die Leidenschaft, weil du noch zu schwach bist, das Glück auszuhalten.

Denn das Gesetz ist ganz einfach: Wer die Leidenschaft sucht, ist schwach und muss durch das Leiden, das er schließlich findet, erstarken. Wer das

Glück oder gar die Glückseligkeit sucht, ist stark genug, sie auszuhalten. **Er ist damit bereits durch so viel Leiden gegangen, dass er dieses nicht mehr sucht und so viel Kraft entwickelt hat, dass er das Glück aushalten kann.**

Genau dies sagt Krishna in der Gita: Kein Schwacher wird je Brahman, Gott, erreichen. Das heißt, kein Schwacher wird je die Glückseligkeit erlangen, weil er sie gar nicht aushalten könnte.

Krishna offenbarte sich damals Arjuna in all seiner Göttlichen Pracht, und Arjuna konnte diesen Anblick höchster Glückseligkeit nur deshalb aushalten, weil er so stark war. Viele heute Lebende würden auf der Stelle tot umfallen, weil die Macht des unendlichen Glücks sie niederwerfen würde.

Da der Erleuchtete um diese Sachverhalte weiß und die tieferen Zusammenhänge erfasst hat, heißt er sowohl Glück als auch Leid willkommen, denn er erkennt das Walten einer tiefen Weisheit in beiden.

Deswegen forscht der kluge Therapeut stets nach dem Grund für das Leiden seiner Patienten und versucht unbedingt, diese erleben und spüren zu lassen, dass sie zunächst nicht das suchen, was sie vorgeben zu suchen. Häufig suchen sie, wie gesagt, nicht das Glück, sondern die Leidenschaft, das heißt einen mehr oder minder großen Mangel an Glück.

Eine Methode, dies für den Patienten, besonders in Einzelstunden, erlebbar zu machen, besteht darin, ihn die folgenden Sätze vervollständigen zu lassen:

Glück ist für mich ...

Bin ich glücklich, dann ...

Zu seiner großen Verwunderung wird er plötzlich Sätze wie: „Glück ist für mich furchtbar, Glück ist für mich schrecklich. Glück ist für mich Einsamkeit und Tod. Wenn ich glücklich bin, will mich niemand! Wenn ich glücklich bin, sterbe ich ...!" vervollständigen.

Er wird dadurch mit Erstaunen bemerken, dass in ihm noch eine ganz andere Instanz wirkt, als er immer dachte. Und er wird dadurch – einmal mehr oder sogar zum ersten Mal – feststellen, dass seine bewussten und seine unbewussten Wünsche und Ziele völlig unterschiedlich sein können – und dass es die unbewussten sind, die ihn bestimmen.

Aufschreiben

Wir kommen hier zu einem entscheidenden Punkt: Die meisten Patienten – wie überhaupt viele, viele Menschen – wollen so wenig zum Glück, dass sie alles tun, um es zu verhindern.

Kannst du dir jetzt vorstellen, wie weit ein Therapeut von der Wahrheit und von dem entfernt ist, was er seinen Patienten geben müsste, der einfach und unbesehen ihre Wünsche nach Ego-Verwirklichung, Trennung und sonstigen Taten, die zum Unglück führen, unterstützt?

Da so viele Menschen primär das Unglück und nicht das Glück suchen, muss die erste Aufgabe des Therapeuten darin bestehen, **festzuhalten, wo sein Patient im Moment steht und wohin er will.** Das heißt auch herauszufinden, wie sehr er die Leidenschaft sucht, wieweit ihm dies bewusst ist und ob er es überhaupt wissen will.

Will er es nicht wissen, muss der Therapeut als erstes Ziel dies immer vor Augen haben: **Dass der Patient ihm in Wahrheit eine unlösbare Doppelbotschaft aufzuzwängen versucht.** Einerseits ist es das Ziel der menschlichen Inkarnation, ihr wahres Selbst zu verwirklichen und so Glückseligkeit zu finden. Deshalb ist das wahre Ziel guter Therapie auch kein anderes, als dem Patienten zu helfen, das Göttliche in sich zu finden.

Gleichzeitig erstrebt der oben genannte Patient nicht das Glück, sondern Leidenschaft und damit das Unglück. Wie kann diese paradoxe Situation gelöst werden?

Dies ist eine weit reichende Frage, welche die Therapie stets begleitet. Leider kümmern sich viele Therapeuten nicht darum. Deshalb wird solch eine Therapie – sofern man dies überhaupt Therapie nennen kann – endlos andauern, ohne zu einem wirklichen Erfolg zu führen.

Damit wird der Patient betrogen, denn dieser verschwendet seine Zeit und sein Geld nicht nur für nichts, sondern häufig sogar dafür, dass er das Falsche, den Weg zum Nicht-Glück, gewiesen bekommt.

Der weise Therapeut bittet deshalb seinen Patienten als Erstes aufzuschreiben, welche Probleme er hat und was er erreichen will, das heißt, was sein ZIEL ist.

Denn hast du keine tragfähigen Ideale und kein klares Ziel, wirst du auf Dauer keinen Erfolg haben, sondern allein Unklarheit, Unzufriedenheit, Unglück, Angst, Depression und Armut erreichen. Klare Ziele, tragfähige

Ideale, gute Struktur, großer Einsatz und Erfolg sind deshalb ebenso miteinander verbunden wie Chaos, Desinteresse, Probleme und Sorgen aller Art.

So lässt der gute Therapeut seinen Patienten nach dem oben beschriebenen Muster Sätze vervollständigen, in denen das angegebene Ziel genannt wird. Möchte er zum Beispiel eine glückliche Beziehung, dann lautet der Satz:

Wenn ich eine glückliche Beziehung habe, dann ...

Hier kann ihm bereits am Anfang deutlich werden, ob er tatsächlich das sucht, was er zu suchen glaubt. All dies muss der Patient aufschreiben, denn Menschen vergessen in der Regel besonders gerne das Unangenehme. Und unangenehm ist es einem Menschen, eines Tages rückblickend zu sehen, wie weit er eine Zeit lang vom Glück entfernt beziehungsweise wie wenig er einzusetzen bereit war, um es zu erreichen.

Selbstwert

Entscheidend ist nun, dass sowohl der Therapeut als auch der Patient **aufschreiben, was dieser erreichen will. Denn auch hier findet das statt, was leider so typisch für viele Menschen ist und den Hauptgrund für ihr Unglücklichsein darstellt: Sie schätzen nicht, was sie haben!**

Ihr ganzes Augenmerk ist auf das gerichtet, was sie **nicht** haben. Dies sehen sie – und man könnte fast sagen: **Dies schätzen sie.**

Was sie aber haben, achten sie nicht.

Können sie dagegen schätzen, was sie haben, so führt dies zur Zufriedenheit. Deshalb messe ich der Zufriedenheit eine so große Bedeutung bei, denn wie das Deutsche Wort bereits ausdrückt, führt die Zu-Friedenheit zum Frieden, zu *Shanti*. Und *Shanti* führt immer zu *Ananda*, zu dem großen Glück, das in dir liegt.

Ein erster Schritt zur Zufriedenheit besteht darin, dass der Therapeut den Patienten aufzeigt, was sie bereits geleistet haben, indem sie ihre bewussten und unbewussten Einstellungen zuerst in Frage stellten und anschließend ändern konnten.

Es verhält sich leider so, dass unzählige Menschen nichts von sich halten. Dies kannst du ganz leicht an folgender Tatsache erkennen: **Je negativer jemand über Menschen und Dinge denkt, desto schlechter denkt er von sich.**

Versucht jemand, andere durch sein Denken, seine Worte und Taten zu erniedrigen, dann denkt er naturgemäß schlecht von sich. Denn nur jemand, der schlecht von sich denkt, denkt schlecht von anderen. Dies kann zu einem wahren Martyrium werden. Nicht nur für die Betroffenen, sondern auch für den, der schlecht denkt. Wegen seines schlechten Selbstwertgefühls **vergleicht er sich ständig mit anderen – und er leidet entsprechend.**

Dabei ist Vergleich das falsche Wort. Denn um zu vergleichen, muss man beides sehen. Derjenige, der schlecht von sich denkt, sieht aber im Grunde nur den anderen. Und er wünscht sich, im anderen all die schlechten Eigenschaften zu sehen, die er ständig in sich zu erkennen glaubt.

Das größte Problem des schlecht über sich Denkenden ist, dass er alles, was ihn betrifft, als minderwertig, nicht der Rede wert erachtet.

Bei anderen sieht er dagegen fast nur Eigenschaften, die er gerne hätte.

Deshalb sucht er ständig deren Fehler: Sie sollen das Minderwertigkeitsgefühl ausgleichen, das dadurch entstanden ist, dass er primär auf andere und nicht auf sich ausgerichtet ist.

Er möchte so gerne wie die anderen sein, weil er auf keinen Fall er selbst sein will. Dies ist sein Hauptproblem. Dies macht ihn blind vor Neid. Blind für seine tatsächlichen Güter. Selbst die Eigenschaften, durch die er anderen weit überlegen ist, sieht er nicht. Er ist immer mit anderen beschäftigt, weil er von sich nichts wissen will. Dies ist seine wahre Tragik.

Und dies ist die Gemütslage vieler Menschen, die sich einer Psychotherapie unterziehen: Sie halten so wenig von sich, dass es ihnen am liebsten wäre, der Therapeut wechselte sie sogleich aus.

Hierin liegt auch einer der Gründe dafür, dass viele Patienten zwar Einzelstunden nehmen, nicht aber in eine Gruppe wollen: Sie finden es unerträglich, so nah mit so vielen Menschen konfrontiert zu werden, denen es angeblich allen so viel besser als ihnen geht.

So sind Überraschung und Erleichterung stets groß, wenn sie feststellen, dass es den anderen keineswegs besser geht, sondern dass deren Probleme bisweilen sogar größer sind.

Das Grundproblem bleibt aber bestehen: **Sie sehen nicht, was sie haben.** Sie ignorieren, welche Fortschritte sie erzielt haben. Ihr geringer Selbstwert macht sie ihren Fähigkeiten gegenüber regelrecht blind – deshalb liegt Zu-Frieden-Sein noch in weiter Ferne.

Nach einiger Zeit – spätestens nach drei Monaten – muss das Notierte mit dem Erreichten verglichen werden. Dies ist eine hervorragende Kontrolle des Patienten – und des Therapeuten. Und außerdem eine gute Methode, langsam Selbstwert aufzubauen.

Der Patient kann nämlich sehen, was er erreicht hat – und ob beziehungsweise wieweit er zur Kenntnis nimmt, was er erreicht hat!

Der Therapeut seinerseits kann durch den Vergleich mit den Notizen seine Arbeitsweise überprüfen. Er kann sehen, wie effizient, wie lösungsorientiert er arbeitet.

Darüber hinaus sollte der Patient sich angewöhnen, jeden noch so kleinen Erfolg aufzuschreiben und immer wieder zu lesen, denn auch dies baut Selbstwert auf.

Der Stein der Weisen

Viele Menschen werten sogleich ab, was sie erreichen, und zwar **weil gerade das Erreichte mit ihnen in Kontakt kommt!** Solange ihre Wünsche fern und unerreichbar scheinen, sind sie im höchsten Maße erstrebenswert.

Erreichen sie ihr Ziel aber, so ist es auf einmal wertlos. Plötzlich ist das einst so Wunderbare zum Uninteressanten, ja, zum Verachtenswerten geworden.

Im Deutschen gibt es eine Redewendung, die diesen Sachverhalt gut widerspiegelt: „Dies ist nicht weit her." Das heißt, das Nahe ist das Wertlose, das Ferne dagegen das Kostbare.

Wer so denkt, geht durch die Welt, als habe er den „Anti-Stein der Weisen" in Händen!

Den Stein der Weisen suchten im Mittelalter nicht allein die Alchimisten, sondern Menschen aus allen Gesellschaftsschichten (sogar ein Medici beteiligte sich an der Suche). Sie dachten, dieser Stein habe die Fähigkeit, wie König Midas im Mythos alles, was von ihm berührt wird, in Gold zu verwandeln. Lange Zeit waren die Menschen so sehr von der Existenz dieses Steins überzeugt, dass sie alles daransetzten, ihn zu finden.

Schade, dass sie den falschen Stein am falschen Ort suchten!

Denn den Stein der Weisen gibt es tatsächlich: Er liegt in dir und ist dein Selbst. Hast du dein Selbst erreicht, wird tatsächlich alles zu

Gold, was mit dir in Berührung kommt. Denn das von dir gefundene Selbst lässt alles im Licht des Absoluten erstrahlen. Dann ist alles Licht, alles Gold, alles tatsächlich wunder- und wert-voll.

Dies ist wahre Ein-Sicht. Wahre Sicht in das Eine Höchste Selbst.

Der Anti-Stein der Weisen ist leider genau das Gegenteil davon. Derjenige, der ihn besitzt, denkt auf einer bewussten/unbewussten Ebene, alles, was mit ihm in Berührung komme, sei minderwertig. Er ist ja davon überzeugt, nur Schlechtes könne ihn erreichen. Gutes müsse ihn fliehen – wie er sich am liebsten selbst flieht. Deshalb sieht ein solcher Mensch nie, was er erreicht, was er hat, was er bekommt, was er leistet. Er schreckt damit seine Mitmenschen immer wieder ab, denn sein negatives Denken und Handeln machen ihn unangenehm und anstrengend für seine Umwelt.

Und dadurch erreicht er am Ende doch noch, was er „wollte": Die Menschen meiden ihn, also – so kann er folgern – ist er tatsächlich schlecht!

Denkt er nun wirklich so? Zunächst besteht die Antwort darin, dass dies ein wirklich ver-rücktes Denken ist. Denn so einfach gibt sich der „Anti-Weise" nicht mit seiner Negativität zufrieden.

Jeder handelt, weil er sich davon etwas verspricht. Keiner erhofft sich Schaden von seinem Handeln.

Pessimismus und Macht

Der negativ Denkende sieht nämlich aus einem ganz bestimmten Grund das Schlechte in anderen. Zwar erreicht er dadurch keinen besseren Selbstwert, **dafür aber Macht**. Deshalb vergisst oder übersieht derjenige, der schlecht von sich denkt, so gerne, was er in der Therapie erreicht hat, weil er damit einen „wunderbaren" Machtkampf mit dem Therapeuten austragen kann, der ihm einige Genugtuung bereitet. Er denkt: ‚Mich ärgert, dass es dem Therapeuten besser geht als mir. Natürlich muss es ihm besser als mir gehen, wie sollte er mir sonst helfen können. Ja, ja, das ist richtig. Aber es ärgert mich trotzdem. Außerdem ärgert mich, dass ich von ihm abhängig bin!'

Diesen Gedanken setzt er sich aber nicht gerne aus. Er leugnet deshalb jegliche Entwicklung, und am liebsten jammert er, wie schlecht es ihm geht.

Zeigt der Therapeut ihm nicht auf, was er erreicht hat, hat der schlecht von sich Denkende diese Schlacht bereits für sich entschieden.

Er denkt dann: ‚Ich brauche Hilfe, das weiß ich. Ich gehe deshalb zu einem Therapeuten, und das ist ein großer Schritt für mich. Und ich begebe mich zu einem Therapeuten, weil ich in ihm einen Menschen suche, dem es zwangsläufig besser als mir geht. Und warum geht es ihm besser? Weil er weiter als ich ist. Er ist klar. Er ist durchtherapiert. Er durchschaut alles! Aber leider kann er mir nicht helfen!'

Dies ist eine eindeutige Entthronung und Entmachtung des Therapeuten, indem der Patient ihn zuerst lobt – er sei klar, er sei durchtherapiert –, um ihn anschließend durch „Enttäuschung" stürzen zu können.

Ich setze die Enttäuschung hier in Anführungszeichen, weil die Enttäuschung vom Patienten gewollt ist. Die Überhöhung hatte das Ziel, dass der andere den überhöhten Ansprüchen nicht gerecht werden kann, dass er deshalb enttäuscht und der Patient sich „nieder-geschlagen" und hoffnungslos zurückziehen kann.

Seine Einstellung in beiden Beispielen führt den Patienten dahin, dass er alles daransetzt, Fehler beim Therapeuten zu finden.

Beim ersten Beispiel, um einen Machkampf austragen zu können. Beim zweiten Beispiel, um ihn zu entthronen.

Derjenige, der schlecht von sich denkt, hat aber gar nicht die Absicht, sich zurückzuziehen.

Er möchte bei dem Therapeuten bleiben und seine „Enttäuschung" genießen.

Denn diese Enttäuschung sagt ihm: ‚Selbst der Therapeut ist nicht besser als ich. Nein, er ist so schlecht, dass ich, ich Nichts, ihm all seine Fehler aufzeigen kann. Ich mag ein Nichts sein, welch ein ‚Gar-Nichts' ist aber dieser Therapeut, wenn ich beweisen kann, dass ich ihm überlegen bin!'

Durch seine Negativität, das heißt dadurch, dass er so klar die Fehler der anderen sieht, bekommt der negativ Denkende Macht. Er kann sich mit Hilfe der Fehler der anderen bestätigen, wie klug er, der Schlechte und damit Dumme, im Grunde doch ist, wenn er so viel schlauer als die anderen, viel schlauer selbst als sein Therapeut ist.

Sein Therapeut tut deshalb gut daran, immer festzustellen, was erreicht wurde, und stets dem nachzugehen, was sein Patient übersieht und warum er es übersieht.

Ein Therapeut, der sich mit dem Ist-Zustand zufrieden gibt, läuft Gefahr, viel zu übersehen und entsprechend schnell zu scheitern.

Das große Thema von Opfer und Aggressor hat Alfred Adler eingehend untersucht. Er stellte fest, dass viele Menschen ihr Minderwertigkeitsgefühl durch Macht zu kompensieren versuchen. Leider erkannte Freud die Bedeutung von Adlers Arbeit nicht, weswegen dieser seinen Platz in der psychoanalytischen Gesellschaft verlor und seine Gedanken nur wenig, wenn überhaupt, in die Psychologie von Freud und C. G. Jung aufgenommen wurden.

Dies ist sehr bedauerlich, denn Adlers Entdeckungen stellen eine hervorragende Grundlage für die Arbeit am „Machtwiderstand" dar und sind ebenfalls als eine ausgezeichnete psychoanalytische Erklärung der Transaktionsanalyse von Eric Berne zu verstehen.

Ein kluger Therapeut beschäftigt sich deshalb eingehend sowohl mit der Individualpsychologie von Adler als auch mit der Transaktionsanalyse, auf die ich nochmals zu sprechen komme – er weiß aber auch, dass der Wille zur Macht nicht alles, dass das Minderwertigkeitsgefühl nicht der wichtigste Antrieb im Menschen ist.

Richtig und falsch

Diese Gedanken führen uns nun zu einer weiteren grundsätzlichen Feststellung: Die Psychologie hat den Vorteil, dass sie viel versteht, dass sie viel erklärt, dass sie wenig bewertet – wenn überhaupt.

Dies bedingt aber auch den Nachteil, dass alle Unterschiede nivelliert werden.

Es gibt dann nicht mehr richtig und falsch, gut und böse, schwarz und weiß, sondern alles ist auf einmal grau und lau.

Dies entspricht nicht meiner Einstellung. Liebe ist die Essenz des Lebens. Liebe bedeutet aber auch Ja und Nein, Grenze und Abgrenzung, Kontakt und Distanz.

So gibt es rechtes und schlechtes Handeln. Positive und negative Einstellungen. Gute und böse Menschen.

Der Therapeut muss zum Beispiel in einer Gruppe die Teilnehmer vor jemandem schützen, der sie verletzen könnte. Und hat jemand deutliche Züge eines schlechten Charakters, muss der Therapeut sich überlegen, wie dieser sich auf die Gruppe auswirken und ob er die anderen vor diesem einen Teilnehmer adäquat schützen kann.

Kann er diesen Schutz nicht sicher gewährleisten, muss er den Störenfried zuerst warnen und, wenn er sich nicht ändert, bitten, aus der Gruppe zu gehen.

Auch dies kann ein erleuchteter Therapeut am besten, denn anderen kann es leicht passieren, dass sie jemanden nur deshalb aus der Gruppe werfen, weil *sie* nicht mit ihm zurechtkommen.

Außerdem ist der hervorragende Therapeut am besten geeignet, durch ausgezeichnete Therapie aus einem „schlechten" Menschen einen guten zu machen. Denn was ist der Unterschied zwischen einem guten und einem schlechten Menschen? Es ist die Zeit. Die Zeit gibt allen die klare Möglichkeit, zum Guten zu gelangen.

„Was sind nun gute und was schlechte Menschen? Kannst du mir dies erklären? Es klingt ein wenig allgemein, wenn es so in den Raum gestellt wird", wendest du ein.

Rama stellt einen klaren Maßstab auf. Rama kam vor 15.000 Jahren, um *Sathya*, die Wahrheit, und *Dharma*, die Rechtschaffenheit, zu retten.

Lies dir die folgenden Zeilen aufmerksam durch. Gib dich nicht einer leichtfertigen Bewertung hin. Bedenke vielmehr, dass diese Unterscheidung zwischen guten und schlechten Menschen von Rama kommt, dem Avatar, dem auf die Erde herabgekommenen Gott. Sein Urteil hat ewige Gültigkeit. Dies sollten alle Psychologen, alle Psychiater, alle Therapeuten bedenken.

Gute und schlechte Menschen

Eines Tages fragte Bharata seinen Bruder Rama: *„‚Ich möchte gern wissen, was gute und schlechte Menschen voneinander unterscheidet.'"* (Sathya Sai Baba, *Die Geschichte von Rama, Bd. 2*, S. 200–202)

„Rama freute sich, darauf zu antworten, und sagte: ‚Bruder! Die Qualitäten, welche die Guten auszeichnen, sind endlos in ihrer Zahl, wie die Veden und Puranas sagen. Der Unterschied, der die Guten von den Schlechten trennt, ist so groß wie der zwischen dem Sandelholzbaum und der Axt. Beachte dies: Auch wenn die Axt den Sandelholzbaum fällt, schenkt der Baum der Axt den Duft, den er besitzt. Die Axt tötet ihn, aber der Baum tut seinem Henker nur Gutes. Deshalb wird Sandelholz von allen gewürdigt. Die Götter lieben es, Sandelpaste auf ihrer Stirn zu tragen. (...)

Böse Menschen verursachen in dieser Weise guten Menschen Kummer. Aber die Guten wünschen und tun den Bösen immer Gutes, wie sehr ihnen diese auch schaden mögen. Und was ist ihr Ziel? Sie erreichen mit Sicherheit den Himmel, das heißt, sie sind in ständiger Glückseligkeit.

Die schlechten Menschen andererseits werden ständig mit Sorgen und Unzufriedenheit zu kämpfen haben. Das heißt, sie werden höllischem Schmerz ausgesetzt; obwohl sie dem Beobachter glücklich erscheinen mögen, werden sie innerlich von der Scham und dem Hass gequält, den sie hervorrufen.

Ich werde dir die Kennzeichen der guten Menschen nennen. Höre: Sie werden nicht von sinnlichen Vergnügungen in Bann geschlagen. Sie besitzen die besten Tugenden und Verhaltensweisen. Sie sind über das Glück anderer glücklich; sie sind traurig, wenn andere traurig sind. Sie sehen auf alle mit gleicher Zuneigung. Sie haben keine Feinde, aber es macht ihnen nichts aus, wenn ihnen doch jemand Feind ist. Sie sind mit Weisheit begabt, mit Wissen über die objektive Welt und einem tiefen Sinn für das Loslassen. Ihre Herzen sind zart; sie haben Mitleid mit den Schwachen und Hilflosen. (...) Sie haben Freude daran, mir zu dienen. Sie beachten weder Ruhm noch Schande, weder Ehre noch Unehre. Es ist ihnen immer daran gelegen, anderen zu dienen; sie geben niemals dem Drang der Selbstsucht nach (...). Ihre Handlungen sind durchsichtig und klar; ihre Herzen sind immer kühl und gelassen. Sie sehnen sich nach Gelegenheiten, entsagen zu können; sie sind in jedem Augenblick voller Freude. Lob und Tadel sind für sie dasselbe.

Bruder! Wer immer diese Eigenschaften in sich hat, der ist von meinem Wesen. Er ist ich, ich bin er. Nimm das als Wahrheit.

Nun werde ich dir von den Eigenschaften der schlechten Menschen erzählen. Höre! Du solltest mit allen Mitteln ihre Gesellschaft meiden.

Kummer wird dich überkommen, wenn du dich in ihre Gesellschaft begibst. Ihre Herzen empfinden Schmerz, wenn es anderen wohl ergeht. Sie haben so viel Vergnügen daran, anderen Anstoß zum Ärgernis zu geben, wie wenn ihnen selbst ein großes Glück ins Haus steht. Die sechs Feinde der guten Menschen – Lust, Zorn, Habgier, Begierde, Stolz und Hass – werden von ihnen gepflegt, und sie gehorchen ihnen immer auf den leisesten Wink. Gemäß den Befehlen dieser sechs Feinde leben und handeln sie. Erbarmen und Nächstenliebe gibt es nicht in ihrem Gebaren. Sie beginnen mit anderen Streit ohne jeden Grund und ohne herausgefordert zu werden. Sie entwickeln Feindschaft sogar denen gegenüber, die ihnen Gutes tun. Ihre

Handlungen sind falsch; ihre Äußerungen sind falsch; ihr Umgang mit Geben und Nehmen ist falsch. (...) Schlechte Menschen genießen es, dem Ansehen anderer zu schaden.'" (ebenda)

Dies sind starke Worte eines leuchtenden Avatars und strahlenden Königs. Es sind Worte, die dich leiten, nicht aber verschrecken sollen. Worte, die dir aufzeigen sollen, wie schnell du durch dein negatives Denken in schlechte Gesellschaft geraten kannst, die dich um dein letztes Restchen Glück bringen kann.

Glaube nie, niemals, du seist schlecht. Nimm vielmehr Ramas Worte, um dich nach dem Positiven, dem Licht, dem Segen-Bringenden auszurichten. Suche dir notfalls einen guten Therapeuten, der dir hilft, dich von deinem negativen Denken zu befreien. Tu etwas, denn deine Bestimmung ist das, was Rama von den Guten sagt: „Sie sind in jedem Augenblick voller Freude"! Dies ist deine Bestimmung. Dieses Ziel musst du unbedingt erreichen. Gib dich deshalb auf keinen Fall mit weniger zufrieden!

Gut und böse

Auch für den Therapeuten haben Ramas Worte große Bedeutung. Der Therapeut lebt nämlich in einem ständigen Dilemma. Denn als guter Therapeut muss er immer hinterfragen, in Frage stellen, sogar als fragwürdig hinstellen, was er hört, sieht und wie sein Patient sich verhält. Er darf nie etwas als selbst-verständlich hinnehmen, weil sein Patient gerade auch deshalb Therapie nimmt, weil er sein Selbst **nicht** versteht. Der Therapeut muss deshalb immer auf der Hut, auf alles gefasst sein. Er muss mit allem rechnen.

Gleichzeitig darf er aber nicht negativ denken. Denn wenn er negativ denkt, schreibt er sich und seine Patienten fest.

Diesen scheinbaren Widerspruch kann er durch seine Liebe und seine Neugierde lösen. Die Liebe lässt ihn alles annehmen, was er sieht und hört. Die Neugierde lässt ihn ständig nach dem tieferen Sinn eines Verhaltens suchen.

Alles hat einen Sinn. Bedenke: Für den wirklich Wissenden gibt es nicht mehr Gut und Böse, sondern allein die eine Einheit des Absoluten, die in der Welt lediglich als zweierlei Kräfte erscheint.

Wobei die Unwissenheit beziehungsweise das so genannte Böse und das sich daraus ergebende Leiden dich zu zweierlei Zielen führt: Zur

Bewusstwerdung und zur Stärke, die dir die Fähigkeit gibt, die Glückseligkeit auszuhalten.

Alles ist eingebettet im Absoluten Guten: Das so genannte Böse wie das Gute.

Hier staunst du, denn ich spreche vom „so genannten" Bösen. Du fragst aber: „Gibt es das grundsätzlich Böse?" Die Antwort ist einfach und klar: **Nein! Es gibt nichts grundsätzlich Böses. Alles Böse ist nicht grundsätzlich böse, sondern nur deshalb böse, weil es zu wenig Gutes hat. Die Betonung liegt aber auf *zu wenig!***

Grundsätzlich gibt es nur das Gute. Deshalb siegt das Gute immer. Und das Böse geht immer zu Grunde. Immer. Es gibt keine Ausnahme von dieser Regel, denn der Herr hat sich der Menschheit gegenüber verpflichtet, sie immer dann zu erretten, wenn das Böse sie bedroht. Deshalb kommt Er als Avatar, als inkarnierter Gott, auf die Erde, zerstört das Böse, stärkt das Gute und schützt die unwandelbaren Werte wie *Sathya, Dharma, Prema, Shanti* und *Ahimsa* (Wahrheit, Rechtschaffenheit, Liebe, Frieden und Gewaltlosigkeit). Dies ist unzählige Male so geschehen. Und wird immer wieder geschehen.

Was sage ich aber stets? Kümmere dich nicht um die Vergangenheit, denn sie ist nicht mehr!

Kümmere dich auch nicht um die Zukunft, denn sie ist noch nicht. Kümmere dich vielmehr um das Jetzt, denn dies allein ist.

Kümmere dich um das Jetzt, denn jetzt ist der Avatar auf Erden. Nütze Seine Göttliche Energie, und streife damit das Böse ab, und lass das Gute mehr und mehr in dir wachsen.

Das Böse ist nämlich in Wahrheit nicht. Der Erleuchtete, der Gottverwirklichte sieht kein Böses mehr. Er sieht stattdessen, wie Gott alles nur Denkbare einsetzt, um die Menschen zu führen.

So schrecklich eine Tat auf einer Ebene ist, so segensreich ist sie auf einer anderen.

Die Dämonen dieses nun zu Ende gegangenen Jahrhunderts (oder gar Jahrtausends!) haben Schreckliches getan. Dies ist unbestreitbar.

Von einer höheren Warte betrachtet, haben sie auch Gutes geleistet: Sie haben bedingt, dass Gott sich inkarnierte, sie haben die Menschheit in die tiefsten Niederungen geführt. Durch diese Erfahrungen lernten Millionen, dass sie den Pfad der Dunkelheit verlassen mussten, und damit entwickelte sich das Bewusstsein.

Außerdem erfüllten sie das Karma. Keiner kommt zu Schaden, der nicht vorher geschadet hat. Tust du heute Schlechtes, wird dir morgen Schlechtes getan. **Die Welt wird vom wahren Talions-Gesetz regiert: Wie du den anderen, so dir.**

Dies ist die entscheidende Veränderung des Satzes: Wie du mir, so ich dir!

Darüber hinaus werden diese Dämonen ihren Weg gehen. Sie werden so viele Inkarnationen durchleben, bis auch sie **so** vom Guten durchdrungen sind, dass sie ausschließlich Gutes sehen, hören und tun können.

Sie gingen somit in die tiefste Finsternis, um ein Licht der Welt zu werden.

Und was heißt all dies? Sei glücklich, denn das Böse gibt es in Wahrheit nicht.

Es gibt nur Entwicklung. Das heißt, **deine** notwendigen Schritte zum Glück!

(Dies ist der Spruch für den 21. Juni in dem Buch *Sai Baba spricht zum Westen*, für den die Menschen bisher noch nicht reif waren, weswegen ich damals den Text für den 3. März nochmals diktierte. Ab heute kann dieser Text stattdessen dort erscheinen.)

Mitgefühl

Wie ich bereits weiter oben sagte, darfst du diese Wahrheit aber niemals dafür verwenden, dein Herz zu verschließen.

Manche Menschen, die auf dem spirituellen Weg unklar dahingehen, schütten zuweilen das Kind, nein, ihr Herz mit dem Bade aus. Sie nützen die spirituellen Lehren, um andere zu ver-urteilen, sie abzuwerten und ihr Herz zu verschließen.

Sie verfehlen damit ihr Ziel völlig. Dieses Verhalten ist so, als werde ein Seiltänzer im Zirkus angekündigt, der auf einem hoch oben gespannten Seil seine Kunststücke vorführen soll.

Statt sich dahin zu begeben, schlägt er im Sand der Manege zwei Kapriolen und verlässt das Zelt.

Anstatt sich hoch hinauf (zur Sonne und zum Licht) zu begeben, wälzt er sich im Staub der Welt (in der Herzlosigkeit).

Er verfehlt das Ziel, weil der Sinn und Zweck der Welt in nichts anderem besteht, als dass jeder sein Herz findet und mit einem offenen Herzen sich, seinen Mitmenschen und Gott begegnet.

Mutter Teresa sprach zwar nicht von Karma, sie half aber, wo immer sie konnte. Sie dachte nicht über Verantwortung und Wiedergeburt nach, sondern folgte ihrem Mitgefühl. Dies gab ihr die Kraft, die Welt tief zu verändern.

Sie fand mit ihrem offenen Herzen **Gott, ihre Mitmenschen und sich selbst.**

Dies ist die richtige Reihenfolge, die auch die Pandavas lebten.

Bei den Kauravas, die am Ende auf allen Ebenen scheiterten, war die Reihenfolge dagegen umgekehrt: Ich, Welt, Gott. Wer so lebt, scheitert früher oder später immer, denn er stellt die Göttliche Ordnung auf den Kopf, wodurch an erster Stelle nicht Gott, sondern das Ego steht. Ego und Erfolg, Ego und innere Ruhe, Ego und Liebe schließen sich aber aus.

Heilung geschieht durch Liebe. Krankheit entsteht aus Mangel an Liebe. Machtansprüche entstehen aus Mangel an Liebe. Kampf entsteht aus Mangel an Liebe. Neid entsteht aus Mangel an Liebe. Scheidungen entstehen aus Mangel an Liebe.

Die Welt stand und steht am Abgrund durch Mangel an Liebe.

Aber nicht ein Urteilen oder gar Verurteilen kann helfen beziehungsweise heilen. Heilen kann allein die Liebe.

Die psychotherapeutische Liebe versteht, spiegelt, fühlt mit.

Hat ein Therapeut verstanden, wie seine Patienten ihre Fortschritte nicht sehen möchten, weil sie dadurch die Macht behalten und über die Macht ihren Selbstwert beziehungsweise ihren Ego-Wert erhöhen möchten, dann bewertet er dies nicht. Er zeigt ihnen vielmehr im richtigen Augenblick auf, was sie tun und welche Vorteile sie davon haben.

Der Therapeut bleibt aber hier nicht stehen, sondern geht so weit in die Vergangenheit, in die Kindheit zurück, bis er **den Grund für das Verhalten gefunden hat.** Dann verändert sich das Verhalten häufig von selbst, denn Wissen und Mitgefühl können schier Unglaubliches bewirken.

Die Patienten erleben durch das Mitgefühl des Therapeuten vielleicht zum ersten Mal in diesem Leben, dass ihr Schicksal jemanden berührt, dass sie jemandem wichtig sind, dass ihr Fühlen und Leiden jemandem nicht egal ist, dass es nicht wegerklärt, bagatellisiert, übergangen wird.

Die Patienten erleben vielmehr, wie ihr Therapeut ein Herz für sie hat und dies darüber hinaus auch noch dadurch zeigt, dass er ihnen mitteilt, wie es ihn berührt, wenn er von ihrem Leiden hört.

Mitgefühl heilt, weil Patienten, weil jeder dadurch unmittelbar spürt, dass er wahr-, dass er ernst genommen wird, dass er *jemandem wichtig ist.*

Und wieder ist der hervorragende Therapeut gefragt, eben der Weise, denn es gibt Menschen, die sind so verletzt, dass ihnen zu viel Liebe und zu viel Nachempfinden regelrecht wehtun. Und dieses Zuviel kann für einen anderen ein Minimum sein! Für den narzisstisch Gestörten zum Beispiel kann dieses Minimum bereits unerträglich sein, weswegen er die Therapie abbricht.

Nicht zu viel und nicht zu wenig, sondern **das Richtige heilt.** Und das Richtige, nur das Richtige ist wahre Liebe! Deshalb heilt die Liebe so vieles so schnell.

Derjenige, der zum Beispiel schlecht von sich denkt, tut es deshalb, weil ihm immer wieder vermittelt wurde, er sei unwichtig, lästig, schlecht. Dies hat ihn verletzt. Und aus dieser tiefen, ständigen Verletzung erwächst der schlechte Selbstwert und damit das schlechte Denken als Überlebensmechanismus.

Und genau hier heilt die Liebe des Therapeuten, die aus Verstehen, Nachempfinden und Annehmen besteht. Sie heilt deshalb, weil sie das gibt, was dieser Mensch immer schon gesucht hat: **So angenommen und geliebt zu werden, wie er ist.**

Therapie als reine Technik heilt deshalb nicht.

Einige Leben vor seiner Inkarnation als Begründer der Psychoanalyse hatte Freud viel gelitten. Er hatte sich der Liebe hingegeben und der Wahrheitsfindung verschrieben. Seine Liebe wurde ihm zerstört, seine Wahrheitssuche ad absurdum geführt. Er starb deshalb in der damaligen Inkarnation mit dem ungestillten Wunsch, unbedingt der Wahrheit auf den Grund gehen zu können. Da er sich in jenem Leben sehr mit Religion und Theologie beschäftigt hatte und zum Teil an der Kirche und ihren Vertretern gescheitert war, wollte er unbedingt eine übergreifende, heilende, wissenschaftlich begründbare Wahrheit finden, die nicht von jedem dahergelaufenen Priester über Bord geworfen oder gar pervertiert werden konnte. Dies bestimmte seine darauf folgenden Inkarnationen.

In seinem Leben als Sigmund Freud entwickelte er die Psychoanalyse als eine Technik, psychische Leiden zu behandeln. Heilen konnte er aber durch sein gutes Herz, das er gerade in jenem Leben entdeckt hatte, als er an der Theologie, an der Kirche und an der unredlichen Macht der Mächtigen beinahe zerbrochen wäre.

Nimm dir deshalb ein Beispiel an Freud: Versuche weder allein durch deine „Intuition" noch durch deine „Spiritualität" zu heilen, noch verlasse dich allein auf die erlernte Technik. Technik allein ist so, als glaubtest du, du könntest deshalb bereits Schach spielen, weil du die Figuren bewegen kannst. Therapie ohne Mitgefühl ist, als wolle jemand lesen, ohne das Buch aufzuschlagen.

Doch Mitgefühl, so segensreich diese Fähigkeit ist, ist noch keine Therapie. Mitgefühl ohne Technik ist stumpf. Technik ohne Mitgefühl blind und deshalb zu scharf!

Denke immer daran, dass die Mitte der Ort der Kraft ist. Die Mitte des Therapeuten besteht darin, dass sein Wissen zusammen mit seinem Verstand die **faktischen** Zusammenhänge herstellt. **Das Mitgefühl stellt dazu den Kontakt von Herz zu Herz her. Das führt zur inneren Schau.**

Dies ist wie der Kontakt von einer brennenden Kerze zu einer anderen. Die brennende Kerze gibt das Feuer weiter, ohne selbst dadurch an Licht zu verlieren.

Mitgefühl ist die Quelle der Freude. Hätte es in Deutschland mehr Mitgefühl gegeben, wären die vielen schrecklichen Kriege nicht möglich gewesen. Gäbe es heute mehr Mitgefühl, könnte die ganze Welt glücklicher sein. Mitgefühl ist das wichtigste Heilmittel nicht nur in Deutschland, sondern in der ganzen Welt.

Übe dich daher im Mitgefühl. Empfinde die Menschen nach, und nicht nur du wirst aufblühen. Die ganze Welt wird einen großen Entwicklungssprung machen. Einen großen Sprung zum Goldenen Zeitalter hin, da Mitgefühl zum Goldenen Zeitalter gehört wie die Luft zum Atmen, das Wasser zum Leben, der Gott zum Erlangen des wahren Glücks.

Das Mitgefühl ist die große Straße, die direkt zu Gott führt. Denn Mitgefühl bringt dich deinen Mitmenschen nahe. Mitgefühl bringt deine Mitmenschen zu dir. Und was ist Gott anderes als dein Gegenüber? Was ist Gott anderes als die Liebe, die alle und alles verbindet und im Licht erblühen lässt?

Mitgefühl ist die Brücke, über welche die Herzen sich verbinden.

Weil aber dies in dem heutigen Zeitalter falsch verstanden wird, sage ich ergänzend dazu: **Die Herzen nah. Die Körper fern.**

Denn das Mitgefühl lässt auf Dauer Nähe entstehen.

Durch körperliche Nähe entsteht aber in den meisten Fällen auf Dauer Distanz.

Das Gebet, das Mitgefühl für die Welt und die Essenz der Veden ausdrückt, lautet:

> **Loka samastha sukhino bhavanthu.**

> Mögen alle Menschen in der ganzen Welt glücklich sein.

(Die Melodie zu diesem Mantra ist als Kassette zu beziehen bei der *Sathya Sai Vereinigung,* Dietzenbach.)

Der Witz

Ein großer Schaffer, aber auch Verhinderer von Nähe ist der Witz.

Mit einem einzigen Witz kannst du große Distanz in Nähe beziehungsweise große Nähe in Distanz verwandeln.

Deshalb passt es gut, wenn ich hier ein wenig über den Witz **erzähle** – Witze erzählt man, davon spricht man nicht!

Ich betone in diesem Buch so sehr, dass der Therapeut sehr, sehr klar sein muss. Dies trifft natürlich auch auf den Umgang mit Witzen zu. Denn nur der Weise kann perfekt mit dem zweischneidigen Schwert des Witzes umgehen. Wie heißt der alte Deutsche Spruch: *„Der Scherz ist ein Versuch, Ungleiches gleichzustellen. Mit Höherem scherze nicht, er wird's dir nicht vergeben. Mit Niederem scherze nicht, er wird sich dir erheben!"*

Dieser Spruch drückt gleich mehrere wichtige Wahrheiten aus. Gleichzeitig formuliert er eine große Angst.

Die Wahrheit ist: **Der Scherz ist eine nicht zu unterschätzende Waffe.** Durch einen Scherz kann jemand eine Situation im Nu umgestalten, denn der gelungene Scherz führt zum Lachen. Und das Lachen löst. Deshalb suchen alle das Lachen, weil sie dieses tief gehende Lösen erleben wollen.

Das Lachen löst Verspannungen und schafft damit Gesundheit. Menschen, die viel lachen, sind eindeutig gesünder als Menschen, die wenig oder gar nicht lachen. Außerdem leben Menschen, die lachen, länger. **Das Lachen ist damit** *der* **Jungbrunnen.**

Hat nun jemand die Fähigkeit, eine Situation durch einen Witz oder eine witzige Bemerkung zu entspannen oder auf den Punkt zu bringen, hat er nicht nur die Lacher, sondern auch die Herzen auf seiner Seite. Allerdings nur unter einer entscheidenden Bedingung: Sofern der Witz vom Herzen und nicht allein vom Kopf geleitet wird.

Der Witz, der vom Herzen kommt, nährt. Der Witz, der allein vom Kopf kommt, spaltet. Der Ironiker – und natürlich besonders der Zyniker – macht seine Witze auf Kosten anderer. Diese Witze werden vom Kopf her bestimmt. Deshalb trifft der obige Spruch zu: Der höher Gestellte wird es nicht vergeben, dass er bloßgestellt wurde. Er wird den Versuch des Zynikers nicht ungestraft durchgehen lassen, dass dieser durch seine Geistesschärfe das Autoritätsgefälle aufzuheben oder durch seinen Zynismus ihn gar bloßzustellen versucht.

Der niedriger Gestellte wird sich erheben. Er wird, weil verletzt, zu kämpfen beginnen. Der Ironiker und noch mehr der Zyniker wird sich plötzlich einem Kämpfer gegenübergestellt sehen, der bis dahin sein Untergebener war. Der verletzende Witz hat jemanden zum Kämpfer gemacht, der vorher eine ganz andere Position innehatte. Der Witz hat ihn verletzt, er hat ihn in seinem Innersten getroffen und damit bedroht. Der Verletzte reagiert deshalb wie das in die Ecke getriebene beziehungsweise verwundete Tier, das deshalb erbittert kämpft, weil es nichts mehr zu verlieren hat.

Wer Witze macht, sollte deshalb stets die goldene Regel berücksichtigen: **Der Witz ist eine unglaublich gefährliche Waffe, die im Handumdrehen aus einem Freund einen Feind machen kann.**

Genauso kann sie aber aus einem Feind einen Freund machen. Wodurch? Durch eine der größten Errungenschaften des Menschseins: Durch die glückliche Verbindung von Herz und Geist! Wer im rechten Augenblick die richtigen Worte findet und sie mit Herzlichkeit ausdrückt, dem steht die Welt offen. **Hat jemand dabei auch noch Charme, das heißt, ist er mit den natürlichen und spontanen Gefühlen seines Selbstwertes verbunden, liegt ihm die Welt zu Füßen. Wer dies hat, besitzt eine unglaubliche positive Macht.**

Die Macht nämlich, die den Erleuchteten auszeichnet. Er kann mit Witzen so umgehen, wie ich es beschreibe und fordere. Er kann eine Situation entschärfen, lockern und blitzschnell Freude aufkommen lassen.

147

Ein Therapeut muss spiegeln. Er muss Patienten zum Beispiel auch darauf hinweisen, wenn er sieht, dass ihr Verhalten zu Problemen führt. Dies kann sie schmerzen. Wenn der Therapeut hier im richtigen Moment durch einen herzlichen Witz dem Patienten zu verstehen gibt, dass er ihn erstens versteht und er, der Patient, zweitens alles nicht so schwer nehmen muss, dann hat der Therapeut die goldene Brücke gebaut, die der Patient, wie alle anderen Menschen auch!, so sehr braucht.

Und was ist die Macht des Erleuchteten? Dass er Schweres leicht macht. Dass er Wichtiges bewirken kann, es aber nicht schwer werden lässt. Dies ist der entscheidende Maßstab.

Nun verhält es sich aber so, dass Menschen, die in ihrer Kindheit sehr verletzt wurden, glauben, alle Witze seien ironisch oder gar zynisch und gingen deshalb auf ihre Kosten. Sie werden sich mit Sicherheit früher oder später beim Therapeuten beschweren. Sie werden empfinden, dass sie lächerlich gemacht, dass sie sogar bloßgestellt werden, damit der Therapeut seinen Witz machen kann.

Hier muss der Therapeut sehr vorsichtig sein. Er muss sich oder gegebenenfalls die Gruppe fragen, ob in dem Witz tatsächlich etwas Verletzendes mitschwang, ob er mehr vom Kopf als vom Herzen bestimmt war. Ist dem so, muss er sich entschuldigen.

Ist dem nicht so – weil der kluge Therapeut sich nämlich **vorher** überlegt hat, was sein Witz bewirken wird –, dann muss er dem nachgehen, warum der Patient sich bei einem Witz so fühlt, was er damit verbindet, welches Erlebnis aus seiner Vergangenheit ihn so reagieren lässt. Mit anderen Worten: Was seine Übertragung im Moment ausdrückt.

Aber nochmals: Vorsicht! Kein Therapeut hat das Recht, seinen Patienten nur deshalb nach dessen Ideen oder gar Übertragungen zu fragen, weil er sich nicht dafür entschuldigen möchte, dass sein Witz misslang und deshalb verletzte.

Deshalb heißt die goldene Regel: Keiner sollte Witze machen, der nicht klar abschätzen kann, was er sagt, und der sich für einen Fehler nicht von Herzen entschuldigen kann.

Kann ein Therapeut dies aber, dann ist der Witz, wie gesagt, ein sehr schönes Instrument, das – im Gegensatz zu obigem Satz – nicht trennt, sondern wunderbar verbindet. Ja, der gelungene, der herzliche Witz ist ein Wunder-Werk, etwas unglaublich Schöpferisches, Göttliches, das aus der verfahrensten Situation ein für alle schönes Ereignis schaffen kann.

Der herzliche Witz ist außerdem die beste Methode, Humor zu entwickeln. Der gelungene Witz schafft nämlich zwei Dinge auf einmal: Er macht deutlich, dass jemand sich nicht so ernst nehmen muss und dass Lachen häufig die bessere Lösung und das Leben in Wahrheit leicht ist. Deswegen strahlt der Erleuchtete eine für ihn typische Freude und Leichtigkeit aus. Deshalb wird Buddha so häufig lächelnd dargestellt.

Hier ein Beispiel: Ein Mann verwickelte sich in immer neue Widersprüche.

Er wollte aber nicht wahrhaben, dass er dies tat, weil er sich im Grunde nicht eingestehen wollte, dass sein Selbstwert nicht so groß war, wie er gerne vorgab. Er lebte eine Maske – an der er festhielt, obwohl die anderen Gruppenteilnehmer ihn durchschauten. Deshalb sagte der Therapeut, als die Situation sich mehr und mehr verkomplizierte: „Ein Mann wie ein Baum ... sie nannten ihn Bonsai!" Alle lachten, denn jeder wusste, wie klein die Japanischen Bonsai-Bäume sind. Er, um den es ging, musste auch lachen, denn er spürte, dass ihn keiner auslachte, sondern der Witz dazu geeignet war, die Situation aufzulockern und aufzulösen.

Eine andere gute therapeutische Methode, Humor zu entwickeln, besteht darin, dass der Therapeut an passender Stelle einen Witz erzählt, ein Wortspiel macht oder eine lustige Geschichte berichtet. Die wahre Kunst im Leben ist nämlich, sehr Ernstes, sehr tief Gehendes so leicht wiederzugeben, dass es gut anzunehmen ist und trotzdem nichts von seiner Tiefe verliert.

Kleine Spiele mit Worten, Klängen und Bedeutungen machen schnell deutlich, wo jemand steht, wie aktiv das spielende, spielerische Kind in ihm noch ist.

Das Leben ist ein Spiel, deshalb sollte die Therapie neben allem anderen auch eine Spielschule sein. Um dies zu entwickeln, sind Witze und humorvolle Bemerkungen wunderbar geeignet.

Weil es darum geht, das Leben zu spielen, im Leben zu spielen, mit dem Leben zu spielen – es aber nicht „aufs Spiel zu setzen"! –, sind Witze ideale „Probedeutungen".

So macht zum Beispiel zu Beginn einer möglichen Psychoanalyse der Analytiker Probedeutungen, um festzustellen, wie belastbar ein Patient ist. Anhand der Reaktionen auf die Probedeutungen, die zum Beispiel so weit gehen können, dass er fragt: „Reagieren Sie immer so narzisstisch?", kann er sehen, wie belastbar der Patient ist.

Ein geschmeidiger Therapeut arbeitet deshalb viel mit dem Witz. Freud schrieb nicht umsonst das Werk *Der Witz und seine Beziehung zum Unbewussten* und verwendete seinen geistreichen Witz sogar gegen die Nazis, die ihm enorm zusetzten.

Der Witz ist ein wunderbares Messinstrument. Er macht nicht nur deutlich, wie die Befindlichkeit desjenigen ist, der den Witz hört. Er zeigt vielmehr auch, wo derjenige ist, der ihn äußert. Deshalb können verknöcherte Menschen häufig keine Witze machen, denn die Witze kommen bei ihnen oft nicht vom Herzen und nicht aus der Leichtigkeit. Wer verknöchert ist, läuft deshalb ständig Gefahr, dass er vom herzlichen Witz in die stichelnde Ironie oder den beißenden Zynismus gerät – natürlich nicht die besten Voraussetzungen für ein gutes Arbeitsbündnis, das heißt eine gute Beziehung zwischen Therapeut und Patient.

Der Humor

Der Witz drückt nicht selten Geistesschärfe aus. Wie viele wunderbare Witze und witzige Antworten sind von Menschen aus allen Jahrhunderten überliefert worden. In Europa reicht die Geschichte bis in die Zeit der Griechen zurück. Und diese waren als Komödiendichter berühmt geworden. So verwundert es nicht, dass sie die großen Vorbilder für die Römer und für viele, viele Kulturepochen danach wurden.

Es gibt nun einen grundlegenden Unterschied zwischen Witz und Humor.

Witz drückt nicht selten Geistesstärke, Humor dagegen Seelenstärke aus. Humor ist deshalb ein wichtiges Ziel, das ein Mensch erreichen sollte.

Und was ist Humor? Humor ist die Fähigkeit, über sich, seine Situation, seine Einstellungen, seine Gedanken und – besonders! – über seine Fehler zu lachen. Aber auch über Lustiges ganz allgemein zu lachen.

So beweist der Mann, der auf seine Glatze angesprochen wird und mit den Worten antwortet: „Früher waren es mehr Wellen, jetzt ist es mehr Strand!", einen wunderbaren Humor, der selbst sogar witzig ist.

So ist Humor die Fähigkeit, das Leben leicht zu nehmen, ohne leichtfertig zu sein, und deshalb die wichtige Eigenschaft, Witziges beziehungsweise Komisches zu erkennen und entsprechend durch Lachen zu reagieren – sofern es niemanden verletzt.

Und genau das sollte das Ziel von Therapie sein. Menschen sollten in der Therapie durch die **wohlwollenden Witze** der anderen erleben, dass es möglich ist, zu lachen, ohne den Betroffenen zu verletzen.

Humor, also die Fähigkeit, über sich und sonstiges Lustiges zu lachen – und vielleicht auch alles nicht so ernst zu nehmen –, entsteht am besten, wenn Menschen erleben, dass sie gemocht, geachtet und so angenommen werden, wie sie sind. Und dies heißt, dass alles, oder zumindest fast alles, von einer liebevollen lustigen Seite gesehen werden kann.

Therapie sollte den Patienten unbedingt diese wichtige Verhaltensweise vermitteln. Ein Mensch ohne Humor hat noch einen langen Weg vor sich. Oder kannst du dir einen Erleuchteten, einen Weisen vorstellen, der stets ernst und streng in die Welt sieht?

„Platon wurde aber bereits im Altertum wegen seines Ernstes verspottet", wirfst du ein und hast Recht.

Ja, es stimmt, Platon war sehr ernst und hat sogar das Lachen in seiner Akademie untersagt.

Solange Sokrates noch lebte, der den Witz, die Anekdote und die Wortspiele liebte und auch gerne lachte – man könnte sogar sagen, er habe immer ein feines, liebevolles Lächeln um den Mund gehabt –, solange Sokrates lebte, lachte Platon. Nach seiner Hinrichtung blieb Platon ernst. Diese Ernsthaftigkeit war seine Trauer um seinen geliebten, wunderbaren Lehrer. Und so gesehen eine große Leistung.

Platons berühmter Schüler Aristoteles hatte eine andere Einstellung zum Lachen, zum Witz und zum Humor. Er fand das Lachen wichtig, was er zum Beispiel auch deutlich in dem zweiten Buch der *Poetik* unterstrich. Er unterschied aber ebenfalls zwischen dem verletzenden Witz, der auf Kosten anderer ging, und dem, der eher humorig die Situationskomik unterstrich.

So kann ich dir nur raten, so locker wie nur möglich mit den Witzen umzugehen, die dich betreffen – du solltest dich aber nicht verleugnen.

Überfordere andererseits dein Gegenüber nicht mit zu „spitzen, zu scharfen" Witzen. Sei liebevoll und vermittle deinem Gesprächspartner stets, dass du ihn so, wie er ist, anerkennst und wertschätzt. Dann lebst du in perfekter „Arbeitsteilung" mit ihm: Der eine liefert den Witz, und der andere nimmt ihn durch seinen Humor an. Und was ergibt sich daraus? Wunderbares, fröhliches, liebevolles, entspannendes Lachen!

Was willst du mehr aus zwei, drei Sätzen? Nicht wahr, da schmunzelt auch der nicht Erleuchtete!

Die Situationskomik

Das Leben ist ein Spiel. Das Leben ist ein Traum. Das Leben ist eine Herausforderung. Das Leben an sich ist ein Kunstwerk. Deshalb ist es nur folgerichtig, dass immer wieder beabsichtigt und unbeabsichtigt wunderbar komische Situationen entstehen. Die Situationskomik ist ein Geschenk des Lebens an den Menschen. Sie sollte deshalb stets mit Liebe und Achtung und natürlich mit Frohsinn und Leichtigkeit aufgenommen werden. Wer Situationskomik nicht genießen kann, kann sein Leben nicht genießen.

In jeder Therapie ergeben sich immer wieder urkomische Momente, die der Therapeut unbedingt aufgreifen, zumindest aber geschehen lassen muss.

Wie wichtig es ist, dass ein Therapeut die Situationskomik einbezieht, können wir an einem Beispiel sehen, wo dies nicht geschah: In einer Gruppenarbeit stellte sich heraus, dass ein Patient die Stütze beziehungsweise die Kraft seines Vaters nie erlebt hatte. Sein Vater hatte aber seinerseits auch nicht die Kraft seines Vaters, also des Großvaters des Patienten, und dieser die seines Vaters, also des Urgroßvaters, bekommen. Die Therapeutin stellte nun diese ganzen Väter hinter den Patienten, damit er die Kraft seiner männlichen Ahnen spüre.

In diesem Moment, als alle hinter ihm standen, krähte draußen ein Hahn. Eine wunderbare männliche Ausdrucksform! Alle lachten. Dies verstand eine Hilfstherapeutin nicht, sondern meinte, es müsse hier ernsthaft und gesammelt zugehen, stürzte zum Fenster und schloss es. Schlimmeres hätte sie nicht tun können. Denn sie sperrte damit das Männliche aus und degradierte den Hahn zum Gockel nach der bekannten Deutschen Redewendung: „Der benimmt sich wie ein Gockel!" Damit bekam die Aufstellung etwas extrem Schweres, und das Männliche, das doch hier als Stütze aufgestellt werden sollte, wurde mit einem schnellen Handgriff von einer Frau ausgesperrt!

Dabei war das Problem dieses Patienten gerade gewesen, dass in seiner Familie die Männer schwach, die Frauen aber stark waren. Und genau in dem Augenblick, als dieses geändert werden sollte, handelte beziehungsweise agierte eine Hilfstherapeutin in der Gegenübertragung so, als wäre sie eine Familienangehörige des Patienten, und sperrte das Männliche aus.

Da auch die Leiterin der Gruppe dies nicht erkannte, agierte sie mit.

Schade, denn eine im Grunde kleine Situationskomik, die eine wunderbare Wirkung hätte haben können, wurde durch preußische Disziplinvorstellungen getötet.

So wurde das, was hatte entstehen sollen, vernichtet, wo doch der Hahn dazu einen wunderbaren Beitrag geleistet hatte.

Die Regel ist deshalb: Sei geschmeidig. Gehe mit dem Fluss. Kannst du es nicht, dann arbeite noch an dir und nicht mit anderen Menschen.

Verwechsle nicht Ernsthaftigkeit mit Schwere. Ernsthaftigkeit bewirkt Veränderung zum Positiven. Schwere verändert nichts beziehungsweise allenfalls zum Negativen. Sei leicht und sei es deshalb, weil du kein Leichtgewicht bist.

VERSCHIEDENE THERAPIEMETHODEN

Es gibt heute unzählige Therapieformen, die in der einen oder anderen Weise oder sogar in vielerlei Hinsicht nützlich sind.

Das Anliegen, das ich mit diesem Buch aber verfolge, ist nicht, dir zu zeigen, wie du besser leben kannst, sondern wie du die Glückseligkeit selbst erreichst.

Deshalb beschreibe ich jetzt zunächst Therapieformen, die ich zwar als eine gute Ergänzung ansehe, die aber für sich genommen nicht in der Lage sind, das Ziel zu erreichen, das ich anstrebe.

Die Verhaltenstherapie

Die Verhaltenstherapie ist stark auf das Praktische ausgerichtet. Es wird nicht lange herumgerätselt, wie die Seele beschaffen sein mag, wie sich Traumata auswirken könnten und was die wahre Bestimmung des Menschen sei. Es wird vielmehr postuliert, die Seele sei ein schwarzer Kasten, die berühmte *Blackbox,* in die man nicht hineinsehen könne.

Was man aber wahrnimmt, sind Reaktionen.

Wenn ich also jemanden mit einem Reiz konfrontiere, sehe ich, wie er reagiert. Diese Reaktion will die Verhaltenstherapie nun beeinflussen.

Innerhalb der Verhaltenstherapie werden deshalb viele verschiedene Techniken entwickelt, um die Reaktion, die **konditionierten Reflexe**, zu erreichen, die angestrebt werden.

Viele sind dabei sehr direkt. Hat ein Patient zum Beispiel Angst vor großen Plätzen, so geht der Therapeut mit ihm auf große Plätze.

Hat er Angst, U-Bahn zu fahren, fährt er mit ihm U-Bahn – und dies so lange, bis sich die Ängste verlieren.

Nässt ein Kind nachts ins Bett, wird eine so genannte Klingeldecke unter das Kind gelegt, die dann reagiert, wenn das Kind ins Bett macht.

Durch das plötzliche Klingeln erschrickt das Kind und hört auf, ins Bett zu machen.

Diese Technik ist natürlich nicht dafür geeignet, dass du dir deiner Göttlichkeit bewusst wirst. Aber genau das lehre ich unter anderem als Therapiemethode. Die Verhaltenstherapie ist in ihrem Wesen materialistisch ausgerichtet. Größere seelische, geschweige denn metaphysische Zusammenhänge sind ihr fern. So ist sie nicht in der Lage, aus einem seelischen Konflikt eine Chance zu mehr Erkenntnis zu entwickeln. Das ist in manchen Fällen bedauerlich, in der Behandlung eines bettnässenden Kindes aber kann es tragisch sein, denn dieses Kind drückt mit seinem Verhalten eine Not aus, die in der Verhaltenstherapie in keinster Weise thematisiert, geschweige denn verstanden wird. Denn würde sie verstanden, würde der Therapeut sich fragen, welches Verhalten der Eltern das Bettnässen des Kindes hervorruft.

Trotzdem weist die Verhaltenstherapie Erfolge auf. Und so arbeiten einige Psychoanalytiker mit Verhaltenstherapeuten zusammen, weil sie feststellen, dass manche Probleme durch die Verhaltenstherapie schneller als durch eine langwierige Analyse zu lösen sind.

Sie befinden sich damit in der Tradition von Sigmund Freud, der es guthieß, dass seine Tochter Anna, die ihre Lehranalyse bei ihm absolviert hatte, sich wegen ihres Lampenfiebers mit Erfolg verhaltenstherapeutisch behandeln ließ.

Die Reinkarnationstherapie

Von der Verhaltenstherapie ist es ein weiter Sprung bis zur Reinkarnationstherapie, stellen beide doch die gegensätzlichen Pole dar, zwischen denen sich alle Therapieformen einordnen lassen.

Ist die Verhaltenstherapie zu „terre à terre", so ist die Reinkarnationstherapie zu realitätsfern.

Die Regel ist ganz einfach: Du kommst wegen und mit deinem Karma in dieses Leben, in diese jetzige Inkarnation. Das heißt: Dein Karma bestimmt deine Eltern, deine Geschwister, dein Umfeld, deine Schule, deine Lehrer, deine Arbeit, deine Karriere, deinen Partner, deine Kinder.

Das bedeutet weiter, dass deine guten und schlechten Taten in früheren Inkarnationen, das heißt, was du bereits kannst und was du noch zu lernen hast, dein heutiges Leben bestimmen. Also bearbeitest du in gewisser Hinsicht auch deine früheren Leben, wenn du in diesem deine Probleme oder gar Traumata auflöst.

Das Problem dabei ist, dass der Mensch sich, solange er auf einer bestimmten Entwicklungsstufe steht, nicht an seine früheren Leben erinnert und **auch nicht erinnern sollte**, weil es eine zu große Last für ihn wäre.

Wie viele Menschen vergessen zig Jahre und unendlich viele Begebenheiten ihres jetzigen Lebens, weil sie zu belastend für sie sind. Warum solltest du dich dann mit noch mehr beladen?

Löse die Probleme, die du – tatsächlich bedingt durch deine Handlungen in früheren Leben – **jetzt** hast. Damit erreichst du bereits sehr, sehr viel.

Sieh dir auch an, welches Karma dir durch deine Familienmitglieder aufgetragen wird. Erkennst und **löst** du deine Verwicklungen mit ihnen, kannst du ebenfalls unglaublich viel über dein Leben lernen. Und führt ein hervorragender Therapeut die Basis-Aufstellung, die ich später beschreiben werde, mit dir durch, dann kannst du dir so viel über deine unbewussten Einstellungen klarmachen, dass du eine große Entwicklung und Veränderung erleben wirst.

Bedenke auch, dass Reinkarnationstherapie bedeuten kann, dass dein Widerstand dich von den klar umrissenen Problemen in diesem Leben zu einer unsicheren Lösung in früheren ver-führt.

Es gibt aber Situationen und Probleme, die tatsächlich direkt in frühere Leben weisen und sich nur durch das Bewusstmachen dessen, was damals geschah, lösen lassen.

Der umfassend ausgebildete und entwickelte Therapeut kann in diesen Fällen mit sehr einfachen Techniken seinen Patienten in jene Leben zurückführen, in denen das Problem entstand, es mit ihm lösen und ihn sicher zurückbegleiten.

Außerdem kann er das Gesehene beziehungsweise Erlebte durch seine kompetente psychoanalytische Deutung in einen sinnvollen Zusammenhang mit den Problemen im jetzigen Leben bringen. Was viele Reinkarnationstherapeuten gar nicht können oder – noch schlimmer! – nicht wollen.

Ohne analytische Aufarbeitung können das damals Erlebte und die jetzt dazu ausgelösten Gefühle nicht integriert werden, weswegen in manchen Fällen mehr Schaden als Nutzen entsteht.

Der Nutzen besteht immer in einem Mehr an Erkenntnis – ohne dass eine neuerliche Traumatisierung diesen Nutzen zunichte macht.

Deshalb müssen Reinkarnationstherapeuten sich fragen, warum sie mit ihren Patienten in frühere Leben gehen wollen, bevor all das geklärt ist, was in diesem Leben zur Bearbeitung ansteht. Sie müssen sich der Frage stellen, warum sie jemanden mit den – nicht selten verzerrten oder verdrehten – Erfahrungen aus früheren Leben konfrontieren, wo diejenigen aus diesem Leben, zum Beispiel in Bezug auf Eltern, Großeltern oder Urgroßeltern, noch keineswegs gelöst sind.

Man könnte fragen, warum jemandem, der bereits jetzt schon Schwierigkeiten hat, seine Last zu tragen, nun statt einer Lösung **noch ein Sack zusätzlich** auf die Schultern gepackt wird!

Zusammenfassend möchte ich deshalb sagen: Reinkarnationstherapie ist eine ausgezeichnete Methode, um Probleme zu lösen, die offensichtlich aus einem oder mehreren früheren Leben stammen und sich selbst mit hervorragenden Techniken **in diesem** Leben nicht lösen lassen.

Werden die Probleme dieses Lebens aber nicht thematisiert, sondern wird ohne Klärung der Situation in dieser Inkarnation in frühere gegangen, ist dies ein großer Fehler, der in den schlimmsten Fällen eine Psychose auslösen kann – womit dann der Reinkarnationstherapeut, weil häufig viel zu mangelhaft ausgebildet, unter Umständen gar nicht umgehen kann.

Und weil ich für Klarheit und Einfachheit bin, die nicht so leicht zu erreichen und zu gewährleisten sind, wenn man in frühere Leben geht, spreche ich in diesem Buch nicht über Traumdeutung, denn ein Teil aller Träume weist in frühere Leben. Womit ich unterstreichen möchte, wie wichtig eine *gute* Analyse von Träumen ist.

Die Astrologie

Die Astrologie unternimmt den Versuch, von der Konstellation (vom Lateinischen *stella* = Stern) der Planeten das Schicksal einer Einzelperson, eines Paares, einer Familie, einer Gemeinschaft oder gar der Welt abzulesen.

In früheren Zeitaltern war es selbstverständlich, dass wichtige Unternehmungen nur nach vorherigem Studium der Konstellation, nach dem – günstigen! – Stand der Planeten begangen wurden.

Immer wieder konsultierte der Vater Ramas, der weise König Dasharatha, die Astrologen seiner Zeit, um zu erfahren, ob ein Vorhaben *unter einem guten Stern stand*.

Aber genau hier kommen wir zu einem entscheidenden Punkt: Dasharatha fragte nicht irgendjemanden, sondern erleuchtete Seher, die wegen ihrer yogischen Kräfte in die Zukunft sehen konnten.

Und genau an diesen Fähigkeiten fehlt es der Mehrzahl der Astrologen heute!

Da stürzen sich mehr oder weniger Ahnungslose auf ebenso ahnungslose Kunden und erzählen ihnen etwas von deren Bestimmung durch ihr Geburtshoroskop, wodurch diese sich völlig, dazu auch noch **negativ,** festgelegt fühlen.

Schlimmeres kann man Menschen nicht antun! Denn jede negative Aussage ist eine Programmierung. Und kommt sie noch dazu von einem angeblichen Fachmann, wirkt sie umso stärker.

Deshalb sollten sich Menschen, die mit Astrologie arbeiten, als Erstes einmal gründlich selbst erkennen. Aber nicht anhand eines Horoskops, sondern mit Hilfe einer ausgezeichneten Psychotherapie, die zum Beispiel ihren Machtanspruch thematisiert. Denn jeder, der mit einem – angeblichen – Blick in die Zukunft herumhantiert, muss sich zuerst darüber im Klaren sein, ob seine Motive auch lauter sind. Und dies erreicht er in den meisten Fällen am besten durch eine Therapie bei einem Therapeuten, der in seiner eigenen Entwicklung seinen Machtanspruch angesehen, durchgearbeitet und integriert hat.

Hat jemand dies nicht erreicht, sollte er auf gar keinen Fall mit Horoskopen arbeiten, denn die Gefahr, dass er bei weitem mehr schadet als nützt, ist enorm.

Und bedenke: Der Schaden ist immer auf beiden Seiten, denn wegen des Karmas wird der schlechte Astrologe – ebenso wie der schlechte Therapeut, Arzt oder sonstige Fachmann – eines Tages genau das Gleiche erleiden, was er seinem Patienten zufügt. Denn jeder erntet, was er sät, mag dies Tage, Wochen, Monate, Jahre oder Jahrhunderte später erfolgen. Es gibt keine Handlung ohne Konsequenz, ebenso wie es kein Leben ohne Anfang und Ende gibt.

Ein grundsätzlicher Fehler in der Interpretation von Horoskopen besteht – wie gesagt – darin, dass Menschen festgelegt werden.

Da wird ihnen gesagt, sie hätten diese oder jene – **negativen!** – Eigenschaften. Und da sie durch den Zeitpunkt der Geburt bestimmt werden, sind diese Merkmale auch mehr oder weniger unabänderlich.

Sehr viele inkompetente Astrologen interpretieren ihre Berechnungen, ohne sich auch nur im Geringsten bewusst zu sein, wie negativ sie denken und wie negativ sie ihre armen Kunden beeinflussen. Und das Tragische daran ist, dass sie durch ihre negative Programmierung am Schluss auch

158

noch Recht bekommen: Sie beeinflussen einen Menschen so negativ, dass er auch so unheilvoll handelt und ihm schließlich das widerfährt, was der unfähige Astrologe prophezeit hat! **Nur: Hätte der Rat Suchende ihn nicht befragt, wäre er nicht negativ programmiert worden, wäre ihm aller Wahrscheinlichkeit nach nichts geschehen!**

So fatal können sich negative Gedanken auswirken! (Vergleiche dagegen das positive Programmieren in Joseph Murphys Buch *Die Macht Ihres Unterbewusstseins!*)

Deshalb wird der weise Astrologe niemals Negatives besonders betonen! Niemals!

Er wird vielmehr ein besonderes Augenmerk auf die positiven Eigenschaften und Konstellationen richten. Er verwendet damit eine wichtige Erkenntnis der Verhaltenstherapie: Dass man am besten positiv und nicht negativ konditioniert! Außerdem wird er berücksichtigen, was sein Klient bereits transformiert beziehungsweise entwickelt hat.

So wird der weise Astrologe seinem Klienten sagen, welche positiven Fähigkeiten er weiter ausbauen muss. Wo seine Gestirnkonstellation ihn besonders begünstigt und welche Auf-Gaben er hat. Was er also leisten muss, um sich mehr und mehr zu verwirklichen, beziehungsweise was er verändern muss. Und dass nicht so günstige Konstellationen Aufgaben darstellen, die im Leben zu einer Bereicherung der Persönlichkeit transformiert werden können und sollen.

Wird Astrologie so betrieben, ist sie sehr hilfreich und kann Menschen eine ganz neue Sicht ihrer selbst und ihres Schicksals geben.

Darüber hinaus bietet die Astrologie eine sehr gute Möglichkeit zur Diagnose, die den meisten psychologischen diagnostischen Methoden weit überlegen ist und deshalb für den Therapeuten von großem Nutzen sein kann.

Hypnose

Die Hypnose ist die therapeutische Methode, aus der sich die Psychoanalyse entwickelt hat.

Freud wendete sie anfänglich als psychologische Technik an, stellte dann aber fest, dass sie den Fortgang der Behandlung behinderte, weswegen er sie aufgab und die Psychoanalyse entwickelte.

Dies stellte einen Meilenstein in der Behandlung psychischer Probleme dar.

Die gesamte Psychologie wäre heute nicht dort, wo sie ist, hätte Freud diesen Schritt nicht gemacht.

Auf der anderen Seite hat zum Beispiel Milton Erickson gezeigt, was ein kluger Therapeut durch die Hypnose erreichen kann.

An dieser Stelle kommen wir an den entscheidenden Punkt, der all die Therapien bestimmt, die ich hier bespreche: Sie haben alle große Vorteile, aber ebenso große Einschränkungen, die besonders darin bestehen, dass zwar Bestimmtes erfolgreich behandelt, Entscheidendes aber entweder gar nicht oder nur in sehr unzureichendem Maße thematisiert wird.

Die Hypnose zeigt sehr gute Wirkung, zum Beispiel bei der Behandlung von Ängsten, von Süchten, von Anspannungen aller Art ebenso wie von psychosomatischen Krankheiten.

Sie wirkt in diesen Fällen nicht nur entspannend und erleichternd, sondern auch lösend und heilend.

Was die Hypnose aber überhaupt nicht thematisiert, ist, *woher* die Probleme stammen. Was geschah in der Kindheit, was geschah in früheren Generationen? Welches Schicksal lebt dieser Mensch? Welches Karma bestimmt ihn?

Wegen dieser offenen Fragen ist die Hypnose ein wunderbares Mittel **zur Ergänzung** einer umfassenderen Blickrichtung, in deren Rahmen sie ausgesprochen segensreich eingesetzt werden kann.

Katathymes Bilderleben

Hanscarl Leuner hat aus der Fähigkeit des Menschen, in Bildern zu leben, eine wunderbare Technik entwickelt, durch die Menschen in Kontakt mit der Kraft der Bilder kommen. Diese Kraft der Bilder wirkt sich stark auf ihre Emotionalität, auf ihre Stimmungen und Affekte aus.

Da Bilder nun mal diese enorme Kraft haben, sollte niemand je unterschätzen, was er denkt, was er sieht und was er sagt, denn all das wird sein Schicksal formen.

Das Katathyme Bilderleben eröffnet Menschen häufig einen Zugang zu Bereichen ihrer Seele, die sie bis dahin überhaupt nicht kannten, geschweige denn dass sie um deren Kraft beziehungsweise Bedeutung gewusst hätten.

Obwohl – oder gerade weil – diese Methode so kraftvoll ist, erleben viele Patienten sie als eine wunderbare Möglichkeit, sich Konfliktsituationen angstfreier vor Augen zu halten und deren Lösung voranzutreiben, wenn sie diese in Form von Bildern betrachten. Dadurch lassen sich viele Konflikte gut bearbeiten beziehungsweise lösen.

Das Katathyme Bilderleben ist auch deshalb eine sehr gute therapeutische Methode, weil durch die anschließende sehr behutsame, analytisch fundierte Deutung des Gesehenen nicht allein eine Integration der Bilder in das Leben, sondern auch eine große Bereicherung des Patienten stattfindet.

Die Gefahr besteht aber darin, dass manche Therapeuten sich samt ihren Patienten in den Bildern verlieren und damit vergessen, den roten Faden zu größerer Bewusstheit aufzunehmen.

Wird diese Methode nicht dazu verwendet, die tief gehenden familiären Verstrickungen zu ergründen und zu lösen, wird die Chance zu einer großen Bereicherung der Psyche verschenkt. Denn Bilder haben eine schier unendliche Kraft. Bilder stellen nämlich eine ideale Methode dar, dein Bewusstsein beziehungsweise dein Überbewusstsein zu programmieren. Deshalb geht eine gute, aber auch eine schlechte Lösung bei einer Familienaufstellung so tief und hat eine Wirkung, die fast ans Magische heranreicht. Magisch wie alles, was sich aus der Macht des Überbewusstseins speist.

NLP

Das Neurolinguistische Programmieren ist eine Therapieform, die zwischen der Verhaltenstherapie und dem Katathymen Bilderleben einzuordnen ist. Mit Letzterem hat es das Arbeiten mit Bildern, mit Ersterem das Programmieren gemeinsam.

Das NLP hat viele sehr interessante Ansätze entwickelt, wie zum Beispiel eine genaue Betrachtung von Kommunikation. Es befasst sich damit, wie Sätze aufgebaut sind, wohin sich etwa die Augen bei welchen Gedanken beziehungsweise Gefühlen bewegen – im Kapitel über Kommunikation werde ich nochmals darauf zurückkommen.

Ebenso wird auf erlernte Reaktionsmuster genau geachtet. Die Verhaltenstherapie spricht von „konditioniertem Reflex“, das NLP von „Ankern“.

Das NLP hat große Vorzüge, da es tatsächlich in der Lage ist, alte Programmierungen zu lösen, das heißt, die Wurzeln von Problemen anzugehen und aufzulösen.

Diese Methode ist deshalb für bestimmte psychosomatische Probleme viel interessanter als manch andere Therapie, die viel Zeit und Geld in Anspruch nimmt, im Endeffekt aber wenig, wenn überhaupt, löst.

Die Blickrichtung ist beim NLP aber nicht wie beim Katathymen Bilderleben auf eine analytische Aufarbeitung, sondern, ähnlich der Verhaltenstherapie, auf eine eher technische Veränderung des konditionierten Reflexes ausgerichtet.

Dies ist schade, denn NLP leistet, eingebettet in eine weiter gehende Methode, sehr, sehr viel. Es erfährt durch die Eingliederung in einen Systemischen beziehungsweise Analytischen Ansatz keinesfalls eine Einschränkung oder gar Einbuße, sondern eine weit gehende Bereicherung.

Die Transaktionstherapie

Eric Bernes Buch *Games People Play* (*Spiele der Erwachsenen*) ist in jeder Hinsicht wegweisend für die Transaktionsanalyse. Er zeigt in diesem Buch auf, wie Menschen miteinander spielen, und wurde damit weltberühmt.

Dieses Spielen ist nicht so zu verstehen, wie Kinder spielen, sondern vielmehr so, wie die Katze mit der Maus spielt.

Eric Berne zeigt nämlich auf, wie Menschen andere beeinflussen, manipulieren, Druck auf sie ausüben, Macht bekommen und erhalten.

Sein Modell von **Kind-, Erwachsenen- und Eltern-Ich** beziehungsweise der Rollen von Opfer, Verfolger und Retter ist sehr, sehr nützlich, um zum Beispiel zu erkennen, wie zwei Menschen – besonders natürlich Partner – miteinander umgehen.

Für jeden Therapeuten ist es deshalb unerlässlich, sich **theoretisch und praktisch** mit der Transaktionsanalyse auseinander zu setzen. Denn die Regeln, die sie lehrt, muss er früher oder später ohnehin lernen, will er tatsächlich erfolgreich sein, da sich die meisten Menschen in vielen Fällen nach den Regeln verhalten, die diese Therapiemethode aufzeigt.

Deshalb kann es für eine Einzelstunde oder eine Gruppensitzung von entscheidender Bedeutung sein, dass der Therapeut erkennt, welches Spiel sein Patient beziehungsweise seine Patienten gerade miteinander oder gar mit ihm spielen. Denn erst wenn er es erkennt beziehungsweise durchschaut, wird er auch befähigt, damit erfolgreich zu arbeiten.

So sind viele Therapien deshalb nicht erfolgreich, weil der Therapeut das Machtspiel, das jemand gerade anwendet, weder erkennt noch analysiert, geschweige denn auflöst.

Das Entscheidende dabei ist, dass die meisten Menschen sich in der überwiegenden Zahl der Fälle überhaupt nicht bewusst sind, dass sie ein Spiel spielen. Folglich können sie ihre Handlungsweise auch nicht durchschauen, da ihr Verhalten mit ihren frühkindlichen Erfahrungen zusammenhängt, die sie mit ihren Eltern beziehungsweise Elternfiguren gemacht haben. Erfahrungen, mit denen ihnen unbewusst vermittelt wurde, wie sie sich in ihrer Familienkonstellation zu verhalten hatten, um zu überleben oder das zu bekommen, was sie wollten.

Seine Kompetenz befähigt den guten Therapeuten dazu, denjenigen, der im Machtspiel der Überlegene ist, liebevoll darauf hinzuweisen, **dass** und **wie** er spielt. Das kann die entscheidende Hilfe für mehr Ruhe in der Beziehung sein.

Das wichtigste Wort ist dabei fast wie nebenbei gefallen: **Liebevoll.**

Denn nur wenn der Patient liebevoll auf etwas hingewiesen wird, kann ihm auch mit Erfolg etwas bewusst gemacht werden.

Hat der Patient dagegen das Gefühl, dass er bewertet, dass er gar abgelehnt wird, weil er Übles mit seinem Gegenüber treibt, dann wird er mit Sicherheit die Hinweise des Therapeuten nicht annehmen, sondern die Information vielmehr dazu nutzen, sein Ego aufzublähen. Denn er wird nun bei jedem möglichen Hinweis auf sein Verhalten mit Ablehnung und Wut reagieren – Gefühle, die zu einem großen Teil einer therapeutischen Intervention gelten, die wegen mangelndem Gespür ihre Aufgabe verfehlte.

Deshalb darf die Transaktionsanalyse niemals bei dem Aufzeigen von Spielen und Problemen stehen bleiben, sondern muss zu einem positiven Gesamtbild des Menschen vorstoßen.

Denn hat ein Therapeut dieses positive Bild selbst, wird er seinem Patienten eine Ausrichtung geben können, die nicht bei der Deutung unbewusster Spiele stehen bleibt, sondern ihn durch positives Programmieren stärkt und ihm weiterhilft.

Und genau dies sucht jeder Patient – und auch jeder gute Therapeut!

Primärtherapie

Über die Primärtherapie beschreibt Arthur Janov etwas, das jeder Therapie überhaupt erst die Tiefe gibt, die eine entscheidende Veränderung bewirkt.

Der Titel seines ersten Buches wurde mit *Der Urschrei* ins Deutsche übersetzt. Und genau darum geht es: Dass Menschen durch die Therapie die Möglichkeit erhalten, all jene traumatischen Situationen, die ihre Kindheit oder gar ihr ganzes Leben begleitet haben, auszudrücken.

Der Urschreitherapie geht es dabei auch – ähnlich dem **Rebirthing** –, wie der Name leicht vermuten lässt, um den Urschrei, den ersten Schrei, den ein Kind unmittelbar nach der Geburt von sich gibt.

Da viele Geburten kompliziert verlaufen, leiden Kinder sehr unter dieser belastenden Erfahrung, die nicht selten ihr ganzes Leben negativ bestimmt. Diese Menschen haben dann stets Angst vor Veränderungen, vor Neuem, vor Unbekanntem. Sie sind unsicher und entscheidungsgehemmt.

Der „Urschrei" kann hier viel lösen und durch dieses Lösen dem Patienten ganz neue Quellen von Kraft und Zuversicht eröffnen. Dies ist ein unschätzbarer Beitrag dieser Therapieform.

Es wurde aber immer stiller um sie, weil manchmal die Primärtherapie im Lösen von Schmerz stecken blieb, ohne neue, heilsame Wege aufzuzeigen.

Wird dies aber getan, wird **das Lösen von tiefstem Schmerz** in eine positive Ausrichtung mit einbezogen, dann wird die Primärtherapie zum Wegweiser – wie ein blockierter Schmerz, der gelöst wurde, Patienten eine ganz neue Lebenserfahrung vermitteln kann.

Diese Therapiemethode stellt, wie alle hier beschriebenen Techniken, eine ausgezeichnete Ergänzung zu anderen dar.

Eutonie und andere Therapiemethoden

Bei der Eutonie handelt es sich um eine Technik des bewussten Spürens, die Gerda Alexander erarbeitete, um sich selbst zu heilen, denn sie litt unter großen gesundheitlichen Problemen. Da sie mit ihrer Vorgehensweise erfolgreich war, machte sie daraus eine Therapiemethode, die vielen geholfen hat.

Sie ist wie die **Musik- oder die Tanztherapie** eine ausgezeichnete Methode, um das Körperbewusstsein zu schulen und Verspannungen zu lösen. Dieses bewusste Umgehen mit dem Körper kann besonders Menschen mit

Behinderungen ein ganz neues Lebensgefühl geben, weswegen diese Therapieform besonders bei Haltungsschäden und mehr oder weniger starken Schmerzen von großem Wert ist.

Die Eutonie, die Musik- und die Tanztherapie sind ähnlich wie die **Alexandertechnik**, welche die Wirbelsäule neu ausrichtet, oder das **Rolfing**, das den gesamten Körper mittels zehn weitest gehend festgelegter, tief gehender Massagen lockert und entspannt, Techniken, die sich in erster Linie mit dem Wohlbefinden des Körpers befassen.

Sie sind ebenso wie die **Feldenkrais-Methode** nicht primär auf das Lösen von Gefühlen ausgerichtet, sondern nehmen sie wahr, sofern sie durch die „**Leibarbeit**", wie Graf Dürckheim sagen würde, „hochkommen".

Die **Atemtherapie** gehört auch in diesen Zusammenhang, denn auch ihr Augenmerk ist nicht primär auf das Arbeiten mit Gefühlen, sondern auf den Körper, nämlich den Atem, ausgerichtet.

Die Arbeit mit dem Atem ist von großer Bedeutung. Deshalb hat sie auch eine jahrtausendealte Tradition. Zum Beispiel gibt es viele Yoga-Übungen, die sich nur mit dem Atem beschäftigen. Dies ist gut und wichtig und hilft unzähligen Menschen sehr. Besonders da die Lebenserwartung von der Schnelligkeit beziehungsweise Langsamkeit des Atmungsprozesses abhängt. Elefanten und Menschen atmen 12- bis 13-mal in der Minute ein und aus. Bei dieser Atmungsfrequenz können sie 100 Jahre leben.

Kaninchen dagegen atmen 40- bis 50-mal in der Minute und haben deshalb eine Lebenserwartung von fünf bis sechs Jahren.

Doch zurück zu diesen Therapiemethoden: Ich finde es bedauerlich, dass bei all den nach der **Eutonie** genannten Therapietechniken häufig **so wenig, um nicht zu sagen gar nicht mit den ausgelösten Gefühlen gearbeitet wird.** Wie viele Chancen werden da vertan, wie viele Möglichkeiten, neue Horizonte zumindest zu erblicken, verstreichen ungenutzt. Dies ist umso beklagenswerter, als viele Patienten damit eine wichtige Gelegenheit verpassen, zu erfahren, was die tiefere seelische Bedeutung dessen ist, was sie durch die Arbeit an Körper, Atmung und Bewegung erlebten.

Über das **Autogene Training,** das eine reine Entspannungstechnik ist und über Selbsthypnose (Johann Heinrich Schultz entwickelte das Autogene Training aus der Hypnose) zur Gelassenheit führen soll, kommen wir zu ganz anderen Therapiemethoden, da diese **Substanzen** bei der Behandlung verwenden – nämlich zur **Bachblütentherapie und zur Homöopathie.**

165

Edward Bach entwickelte eine Therapiemethode mit 38 verschiedenen wild wachsenden Blüten, denen er bestimmte Eigenschaften zuschrieb. So ist zum Beispiel die eine Pflanze zum Lösen von Verlassenheitsgefühlen, eine andere gegen Schock, eine weitere gegen innere Unruhe und so weiter geeignet.

Diese Blütenextrakte wirken tatsächlich und helfen vielen Menschen. Es muss aber auch gesagt werden, dass sie keine tiefen Gefühle, keine Traumata oder Partnerschaftsprobleme lösen können, wiewohl sie zum Teil sehr stark und sehr tief wirken.

Die Homöopathie

Samuel Hahnemann war ein genialer Arzt, der gewissenhaft und aufopfernd der Menschheit einen Schatz an wunderbarem Heilwissen gegeben hat. Er setzte konsequent den weisen Satz *„similia similibus curantur"* – „Ähnliches muss mit Ähnlichem geheilt werden" in die Praxis um. Daher der Name Homöopathie, denn *homoios* bedeutet im Griechischen ähnlich.

Hahnemann entdeckte nicht nur dies, sondern auch das Potenzieren, das heißt die Technik, wodurch Mittel immer weiter verfeinert werden.

In solch einem potenzierten Mittel wird die Verdünnung so stark, dass dann nahezu nichts mehr von der Anfangssubstanz enthalten ist, weswegen manch ein Materialist die Ansicht vertritt, diese Arzneien seien Lug und Trug.

Das ist natürlich Unsinn. Vielmehr verhält es sich so, dass ein Mittel, je höher es potenziert wird, je weniger also von seiner Anfangssubstanz nachweisbar ist, desto stärker und tiefer gehend wirkt.

Neben dieser bereits sehr erstaunlichen Entdeckung machte Hahnemann gleich zwei weitere: Erstens, dass bestimmte Mittel dann angezeigt sind, wenn sich ganz bestimmte Symptome bei dem Patienten zeigen. Und zweitens, dass die Symptome nicht nur körperlicher, sondern auch seelischer Natur sind.

Das ist eine wunderbare Entdeckung, die unzähligen Menschen – und Tieren! – selbst bei den schwersten Erkrankungen geholfen hat. Und das ist auch deshalb so, weil durch die Homöopathie nicht nur Symptome, sondern **die Ursache(n) einer Krankheit behandelt werden.** Dies ist ebenfalls ein Segen für die Menschheit.

Schwierig ist nur, dass viele Homöopathen davon ausgehen, dass sie Psychotherapeuten sind oder, noch schlimmer, denken, Psychotherapie sei überhaupt nicht notwendig: Psychotherapie sei verschwendete Zeit und Geld, es würde reichen, die richtigen Globuli, das richtige homöopathische Mittel zu verabreichen.

Diese Einstellung zeugt von einer maßlosen Selbst- beziehungsweise Ego-Überschätzung, die für manch einen Patienten katastrophal enden kann. Zum Beispiel dann, wenn er Zeichen einer beginnenden Psychose aufweist, der Homöopath dies aber wegen seiner Unkenntnis in Bezug auf psychische Krankheiten übersieht.

Manche Homöopathen gehen in der völligen Überschätzung ihrer Fähigkeiten sogar so weit, dass sie meinen, sie könnten mit Homöopathie Psychotherapie oder gar Paartherapie geben. Ich sehe hierin eine große Verantwortungslosigkeit und genau das Gegenteil dessen, was ich unter der Arbeit des weisen Therapeuten verstehe. Denn dieser kennt seine Grenzen und achtet damit sich und seine Patienten.

Der größenwahnsinnige Heiler, der meint, mit seinen Mitteln alles behandeln zu können, stellt genau das Gegenteil dazu dar. Weiß der Weise, wo seine Grenzen sind und dass er sie unbedingt einhalten muss, so überschätzt sich der verantwortungslose Heiler derart, dass er meint, für ihn gebe es keine Grenzen – zumindest keine psychischen!

Homöopathen sollten deshalb immer mit kompetenten Therapeuten zusammenarbeiten – und diese mit fähigen Ärzten und Homöopathen.

Das Ziel des Goldenen Zeitalters, das ich bringe, liegt in der Zusammenarbeit, die dadurch erst möglich ist, dass jemand seine Grenzen anerkennt und die Möglichkeiten beziehungsweise Fähigkeiten des anderen sieht und wertschätzt.

Ego-Überschätzung ist infolgedessen das typische Kennzeichen des *Kali Yuga*, des schlechtesten aller Zeitalter. Es ist typisch für diese Zeit, dass jeder davon überzeugt ist, er sei besser als alle anderen.

Die Homöopathen, die ich empfehle, arbeiten deshalb eng mit Vertretern anderer Berufsgruppen zusammen. Sie sehen den Wert bestimmter Ärzte, Physio- und Psychotherapeuten. Gerade weil sie in der Lage sind, anderen gegenüber demütig zu sein, sind sie fähige Heiler. **Bescheidenheit ist die Tugend derjenigen, die auf Dauer fähig und erfolgreich sind.** Außerdem wissen sie, dass alle Krankheiten in Wahrheit psychosomatischer Natur sind und deshalb in vielen Fällen die Psychotherapie der Medizin

167

vorangehen muss. Denn wird sich ein Patient in einer Basis-Aufstellung seiner unbewussten Einstellung zu Gesundheit und Krankheit bewusst, kann allein durch diese Bewusstmachung und die damit verbundenen Gefühle eine tief gehende Heilung eintreten.

Arbeiten daher kluge Homöopathen mit kompetenten Psychotherapeuten zusammen, dann haben die Patienten den größten Nutzen davon, denn es besteht kein Gegeneinander – was Patienten in den meisten Fällen bereits zur Genüge kennen –, sondern ein schöpferisches Miteinander, das allen hilft.

Homöopathen, Allopathen

Und hier kommen wir zum Grundsätzlichen: Die Menschen lieben nichts mehr, als was sie beherrschen! Das große Problem der Psychologie, der Heilberufe, nein, der meisten Fachgebiete allgemein im *Kali Yuga* ist, dass jeder nur das Eigene kennt, akzeptiert und vertritt.

Einer kann zum Beispiel nur Bioenergetische Analyse. Das macht er von morgens bis abends mit all seinen Patienten. Ob ihnen dies gut tut, ob es ihnen schadet – darüber denkt er gar nicht nach. Das hat er gelernt, er ist davon überzeugt, dass er es kann, also ist es auch für andere gut!

Der andere kann Systemische Familienaufstellungen und/oder Festhalte-therapie oder Psychoanalyse oder Gestalttherapie beziehungsweise Trans-aktionsanalyse. Also wendet er dies an. Wieder ist da keine Frage, ob in der einen Situation oder der anderen das eine oder andere besser wäre. Kein Gedanke. Man kann es. Man hat es gelernt. Man wendet es an. Man denkt nicht darüber nach! Fertig!

Wie kurzsichtig.

Und genauso verhält es sich mit dem Verhältnis der Ärzte untereinander oder – noch schlimmer! – dem Verhältnis der Allopathen zu den Homöopa-then. Da gibt es keinen Gedanken der Anerkennung und damit der Er-Gänzung. Nichts. Gar nichts.

Das sieht man besonders deutlich auf dem Gebiet der Impfung. Da sind die einen entschiedene Gegner, die anderen ebenso entschiedene Befürworter. Und was ergibt sich daraus? Beide sammeln ausschließlich Argumente für ihre Position. Ob dies sinnvoll oder gar positiv für ihre Patienten ist, ist ihnen zum Teil völlig egal. Ihre Meinung muss gestärkt und gut vertreten und überallhin verbreitet werden. Ob dies tatsächlich von Nutzen ist, ist ihnen bei weitem nicht so wichtig.

Und so kümmern sich die einen nicht um mögliche Impfschäden, sondern spielen sie einfach herunter – vorausgesetzt, sie lassen überhaupt diesen Gedanken an sich heran.

Und die anderen denken nur an die Impfschäden und daran, was die Homöopathie sie lehrt – und übersehen dabei völlig, wie viele Menschen die verschiedenen Impfungen vor unendlichem Leid bewahrt oder ihnen gar das Leben gerettet haben. Das interessiert sie nicht. Es interessiert sie ebenfalls nicht, dass ihre teuren Behandlungsmethoden für viele Menschen, wenn überhaupt für sie verfügbar, so doch nicht zu bezahlen wären. Wogegen die Impfungen einfach und billig sind. Natürlich verbunden mit den klaren Risiken, die alles hat, was viel bewirkt.

Die Homöopathen scheint dies aber nicht zu kümmern. Sie haben ihre Theorien. Die rezitieren sie gebetsmühlenartig herunter, denn für sie scheint die Reinheit ihrer heiligen Lehre an erster Stelle zu stehen.

Doch die Allopathen stehen den Homöopathen in nichts nach. Auch sie gehen mit einer Einseitigkeit, mit einer Borniertheit an die Menschen heran, dass für einen ergänzenden Gedanken kein Raum mehr bleibt.

So ist jeder mit sich und seiner Lehre beschäftigt, und man kann sich des Eindrucks nicht erwehren, dass auch ihnen ihre Lehre wichtiger als das Wohl ihrer Patienten ist.

Selbstverständlich sind die Impfungen ein großer Segen für die Menschheit. Man denke nur an Impfungen gegen Polio, Diphtherie, Wundstarrkrampf und Hepatitis – dass andere es weniger sind, wie beispielsweise gegen Masern bei Kleinkindern, ist ebenfalls unbestritten. Dass Impfungen natürlich Nebenwirkungen haben, die aber zum Beispiel die Homöopathie sehr gut – bereits vor der Impfung – behandeln könnte, wenn sie sich herabließe, eine allopathische Behandlungsmethode zu ergänzen, ist auch bekannt.

„Meine Therapiemethode ist die richtige!"

Genauso verhält es sich mit den verschiedenen Psychotherapie-Methoden. Jeder kennt, wie gesagt, primär seine – und hält von den anderen, die er nicht kennt!, wenig oder gar nichts und lehnt sie deshalb auch ab!

So laborieren alle vor sich hin. Schauen kaum, wenn überhaupt, über ihren kleinen Tellerrand hinaus und glauben, die Welt beziehungsweise die menschliche Psyche sei so eng dimensioniert, wie sie es sich vorstellen. Außerdem sind sie so betriebsblind, dass sie sich gar nicht darum kümmern, warum ihre Methode auf manchen Gebieten immer wieder versagt, beziehungsweise überhaupt nicht so effizient ist, wie sie es so gerne anderen gegenüber vertreten.

Viele interessiert dies in keinster Weise: Sie verwenden **ihre** Methode, also ist sie richtig! Und so geben sie es ihren Schülern weiter, die entweder von Anfang an bereits ebenso blind sind, oder es auf Dauer werden! Und dies gerade bei Therapeuten, die an die tiefsten Wurzeln des Menschseins gelangen sollten!

Kein Wunder also, wenn die Psychologie immer noch so einen schlechten Ruf hat: Sie hat erst dann einen besseren verdient, wenn sie nicht mehr so eng ist, wie das Urteil es ihr bescheinigt.

Psychopharmaka

Die Behandlung mit Psychopharmaka wird von vielen befürwortet, von mindestens genauso vielen aber auch hinterfragt.

In der Behandlung von Psychosen haben sich Psychopharmaka durchaus bewährt, und sie bewirken nicht selten, dass Menschen, die früher einen langen Leidensweg in psychiatrischen Krankenhäusern und Anstalten vor sich hatten, heute in kurzer Zeit wieder entlassen werden können.

Psychopharmaka haben also eine enorme Wirkung. Dies ist der Segen – und gleichzeitig auch das Problem.

Denn erstens gibt es kein Psychopharmakon ohne Nebenwirkungen, zweitens gibt es viel Missbrauch, und drittens kann die Behandlung eines psychischen Problems auf der körperlichen Ebene nur eine vorübergehende Lösung sein.

Psychosen zum Beispiel haben sehr tief gehende Wurzeln. Sie können in die frühe Kindheit, in die Generation der Eltern, Großeltern oder gar Urgroßeltern reichen. Wird dies nicht aufgedeckt, wird die Wurzel nicht gefunden und ausgerissen, geschieht das Gleiche, was passiert, wenn etwa eine Distel abgeschnitten wird: Sie wächst wieder nach – und nicht selten noch kräftiger als vorher.

Deswegen muss sich ein Patient, dem Psychopharmaka verabreicht werden, unbedingt auch einer Psychotherapie unterziehen. Es darf nicht sein, was leider so häufig geschieht, dass jemand über Jahre, Jahrzehnte, manchmal bis zu seinem Tod mit Psychopharmaka versorgt wird. Dies ist sträflich, denn es bringt einen Menschen nicht nur um einen unglaublich wichtigen Entwicklungsschritt, sondern auch um seine Gesundheit.

Tiefe psychische Konflikte müssen geklärt werden. **Es ist die Bestimmung des Menschen, gesund und glücklich zu sein.** Leider sind so wenige Helfer in der Lage, ihren Patienten adäquat weiterzuhelfen. Schlechte Therapeuten sind also keine Alternative zu Psychopharmaka, weswegen die Psychiater, die sie verschreiben, nicht zu Unrecht meinen: „Was wird aus unseren Patienten, wenn sie die Mittel absetzen? Sollen sie einen Rückfall erleiden, nur weil wir sie wieder einmal in eine Psychotherapie vermitteln, die nichts fruchtet?"

Auch hier, wie oben, gibt es nur die eine Lösung: Dass die verschiedenen Fachgebiete ohne Neid, ohne Konkurrenz, ohne Besserwisserei zusammenarbeiten und nur eines vor Augen haben: Das Wohl des Patienten!

Die psychoanalytische(n) Methode(n)

Die psychoanalytische Methode hat zweifellos die umfassendste psychologische Theorie geschaffen. Außerdem sind die Psychoanalytiker auch heute noch diejenigen, die gewissenhaft an einer zusammenhängenden Theorie interessiert sind.

Darüber hinaus arbeiten sie in den meisten Fällen sehr verantwortungsbewusst mit den verschiedenen Techniken, sind vorsichtig und stützend in ihren Interventionen und können deshalb den Patienten in vielen Fällen eine ganz neue Erfahrung vermitteln. Die Patienten erleben dadurch, dass sie im Mittelpunkt des Interesses stehen, dass sie ihre Zeit haben und dass da jemand ist, der sich wirklich mit ihnen auseinander setzt und sie ernst nimmt.

Die Errungenschaften von Freud, Jung, Adler, Fenichel, Ferenczi, Hartmann, Kernberg, Kohut, Miller, Rank, Reich, Searles, Winnicott, um nur einige wenige zu nennen, sind nicht allein aus der Therapie, sondern aus dem ganzen Gedankengut der Menschheit nicht mehr wegzudenken.

Die Analytiker haben mit ihren wissenschaftlichen Arbeiten ein Bild des Es, des Ich und des Über-Ich gezeichnet, das sehr viel erklärt und das viele Therapeuten auch dann verwenden, wenn sie sich im Grunde von der Psychoanalyse lossagen wollen.

So sind Begriffe – und ihre Bedeutung! – wie Übertragung, Gegenübertragung, Widerstand, Deutung, Traumdeutung, Animus, Anima, Archetypen, Triebe und Triebschicksale, Ich-Psychologie, Narzissmus von so großer Bedeutung und Tragweite, dass keiner, der sich mit psychischen Prozessen beschäftigt, sie weglassen oder kritisieren kann, ohne deutliche Gründe dafür anzugeben.

Die Psychoanalyse ist die einzige Richtung, die für sich mit einigem Recht beanspruchen kann, Psychologie als Wissenschaft zu betreiben.

Ich weiß, dass dieser Anspruch von der Verhaltenstherapie erhoben wird. Ihre Theorie verkürzt das Metaphysische, das jedem Menschen, nein, jeder Seele eigen ist, aber so sehr, dass sie nicht geeignet ist, die großen Wahrheiten des Lebens zu erfassen.

Die Psychoanalyse weist hier eine ganz andere Dimension auf.

Verfolgt man aber ihre Literatur, so kann man feststellen, dass vom Enthusiasmus, der die erste, zweite und auch dritte Generation von Analytikern beflügelte, wenig übrig geblieben ist.

Waren die Pioniere richtig begeistert von ihrer Arbeit als Psychoanalytiker und wechselte zum Beispiel E. Erikson gerne vom Künstler zum Therapeuten, so verblasst diese Begeisterung mehr und mehr.

Und warum? Der Zusammenhang des Wortes „Begeisterung" mit dem Begriff „Geist" weist auf die Ursache hin: Geist ist eng mit Gott verbunden.

Eine Theorie, mag sie noch so differenziert sein, verliert aber immer mehr ihre Kraft, wenn das Göttliche sie nicht erhellt.

Die heutige psychoanalytische Theorie verflacht, weil sie sich noch nicht zutraut, den entscheidenden Sprung zu machen: Den Sprung zum Einen ohne einen Zweiten. Dann erhielte sie eine Kraft und eine Dimension, die selbst die Anfangsbegeisterung weit übertreffen würden.

Vollzieht die Psychoanalyse diesen Schritt, dann wird sie tatsächlich zu der großen Wissenschaft, die Freud schaffen wollte. Außerdem füllt sich damit der noch etwas blutleere Begriff der Libido mit Leben: Die Libido ist dann die unendliche Liebe des „*summum bonum subsistens*", des höchsten, alles begründenden Guten, wie der Heilige Thomas von Aquin den letzten Grund nennt.

Dieser letzte Grund würde der gesamten analytischen Theorie einerseits die Weite und andererseits die Konsistenz vermitteln, die ihr bisher noch fehlen.

Und zitiere ich den einen großen Vater der katholischen Kirche, so muss ich den anderen nicht minder berühmten kirchlichen Denker ebenfalls zitieren. „Unruhig ist mein Herz, bis es nicht ruht in dir, oh Gott!", sagte der Heilige Augustinus.

Das heißt, durch eine ganz neue metaphysische Ausrichtung erhält die Psychoanalyse die innere Ruhe, die Kraft von *Shanti*, die sie bisher nicht hat, nicht haben kann, da ihr bis jetzt das Wissen von *Maya*, der Täuschung, noch wichtiger ist als das Wissen um *Nirmaya*, um Denjenigen, der frei von Täuschung ist.

Die Psychoanalyse wird aber mit der Zeit mehr und mehr das Wissen der westlichen und östlichen Metaphysik integrieren und sich so endgültig vom Wissenschaftsbegriff Kants und dem von ihm begründeten Deutschen Idealismus befreien.

Sie wird damit eine Stärke entwickeln, die der Arbeit und Bedeutung der oben genannten Wissenschaftler endlich entsprechen wird.

Und ein Weiteres wird sie leisten müssen: Sie muss effizienter werden.

Viele Analysen dauern viel zu lange und erreichen viel zu wenig. Manche bewirken leider nur, dass die Widerstände durch zu viel Deuten und zu wenig Erleben zunehmen beziehungsweise sich verfestigen.

So können in Deutschland einige Analytiker nur deshalb überleben, weil die Kassen die Sitzungen zahlen, die sie geben. Dies bedingt zwangsläufig eine Wettbewerbsverzerrung, da andere Therapiemethoden, die nicht von der Kasse anerkannt werden, sehr viel mehr leisten müssen, um mit einer Psychoanalyse konkurrieren zu können, die den Patienten – zumindest eine Zeit lang – von ihrer Versicherung bezahlt wird.

Die Psychoanalyse muss sich erneuern. Und sie wird sich erneuern, denn es bricht eine ganz neue Zeit an, die alles verändern wird.

Die Gesprächspsychotherapie

Carl Rogers entwickelte in Anlehnung an die Gedanken von Otto Rank eine Therapiemethode, welche die Gefühle der Klienten in den Mittelpunkt des therapeutischen Interesses stellte. Otto Rank war zunächst ein Mitglied von Freuds psychoanalytischem Kreis. Als er aber das Buch *Das Trauma der Geburt* veröffentlichte, entstand zwischen ihm und Freud eine Kluft, die nicht mehr zu überwinden war und schließlich zum Bruch führte.

Rank hatte etwas Entscheidendes entdeckt, Freud war aber nicht in der Lage, sein Augenmerk auf die Spanne vom Kleinkind zurück bis hin zum prä- beziehungsweise perinatalen – zum vor- und nachgeburtlichen – Geschehen zu wenden. Er war vielmehr von Ranks Aussagen über das Trauma der Geburt so betroffen, dass er leider anstatt mit Offenheit mit Abwehr reagierte.

Die Erfahrung mit Freud führte Rank dahin, die Überzeugung zu formulieren, die Therapie habe eher für den Patienten da zu sein, als dem Auffinden und Begründen der Theorien des Therapeuten zu dienen. Dieser Satz, der eine offensichtlich gegen Freud gerichtete Kritik ausdrückte, hatte große Konsequenzen.

Er ist im Grunde der Kern der so genannten **nicht-direktiven** oder auch **klientenzentrierten** beziehungsweise **Gesprächspsychotherapie** von Carl Rogers.

Carl Rogers wollte in seiner Form der Therapie keine vorgefassten Meinungen erproben, sondern richtete sein Augenmerk primär darauf, wie seine Patienten auf seine Interventionen reagierten. Durch genaue Aufzeichnungen und Überprüfungen arbeitete er heraus, welche Reaktionen des Therapeuten auf den Patienten am heilsamsten wirkten. Er bemühte sich dabei um große Genauigkeit und Überprüfbarkeit.

Carl Rogers hat mit seiner behutsamen, nicht invasiven und auf das Gegenüber bezogenen Methode viel erreicht und viel bewirkt. Viele haben seine Methode gelernt und angewendet und dadurch dem Gesprächsstil eine ganz neue, besonders vorsichtige und achtsamere Form gegeben.

Die Probleme der Gesprächspsychotherapie bestehen aber darin, dass erstens Therapeuten diese Technik anwenden, die kaum andere Methoden gelernt haben, die zum Teil kaum etwas und manchmal gar nichts von psychoanalytischen Zusammenhängen wissen. Zweitens werden immer wieder Gefühle thematisiert, bestätigt und nachempfunden, ohne dass eine befriedigende *Lösung* der Probleme gesucht und gefunden wird.

Leider wenden Unzählige Carl Rogers' Form der psychologischen Gesprächsführung an, ohne seine geniale Ausrichtung auf die Lösung des Problems zu besitzen. Im Gegensatz zu ihm gehen sie von Gefühl zu Gefühl, von Wiederholung zu Wiederholung, ohne ein klares Ziel zu haben. Dies kann jedoch zu einem unendlichen Prozess werden, der immer weiterläuft, ohne dass sich jemals etwas Entscheidendes ändert.

Mit anderen Worten: Die Gesprächspsychotherapie ist eine wunderbare Methode, denn sie lehrt den Therapeuten, seinem Patienten mit Herzlichkeit, Anteilnahme durch Nachempfinden seiner Gefühle und großer Achtsamkeit und Achtung zu begegnen. Eine Haltung, von der ein Therapeut niemals zu viel haben kann.

Sie allein – obwohl sie von so entscheidender Bedeutung ist – führt jedoch noch nicht zur Heilung.

Es ist für einen Hund zunächst wunderbar, wenn er einen Knochen ablecken kann. Um aber darauf beißen zu können, benötigt er starke Zähne. Genau diese fehlen der Gesprächspsychotherapie, die sich häufig im Wald der Gefühle verliert, ohne die Kraft und das Wissen zu haben, aus dem Wald die Bäume zu schlagen, die notwendigerweise fallen müssen, soll ein Weg oder gar eine Lichtung entstehen.

Dieser Mangel an starken und scharfen Zähnen hat wiederum den Vorteil, dass in den meisten Fällen nicht so viel Schaden angerichtet werden kann wie bei anderen, stärker einwirkenden Therapiemethoden, beispielsweise bei der Bioenergetik oder der Systemischen Familientherapie.

Das vorsichtige Nachempfinden ist eine ausgezeichnete Eigenschaft der Gesprächstherapie, die ein wichtiger Baustein einer jeden Therapiemethode sein sollte.

Auf der anderen Seite investieren Patienten viel Energie, viel Zeit und viel Geld in ihre Therapie, deshalb haben sie ein Recht darauf, dass sie von ihrem Therapeuten so schnell und so sicher wie irgend möglich zur Lösung ihrer Probleme geführt werden und sich nicht Stunde um Stunde im Kreise der Gefühle drehen müssen.

Die Bioenergetik

Ein Mitstreiter Freuds war Wilhelm Reich. Ein Mensch mit viel Herz und noch mehr Intuition. Er stellte eine erstaunliche Entsprechung fest: Dass sich nämlich die seelische Entwicklung eines Menschen in seinem Körper abzeichne. Er glaubte an eine Kosmische Energie, die er Orgon nannte und von der er annahm, dass sie durch seelische Probleme, sprich Neurosen, blockiert werde.

Er und seine Schüler entwickelten eine sehr gute Diagnostik, die anhand des Körperbaus und der darin befindlichen Blockaden zeigen kann, was ein Mensch in seiner Kindheit erlebte, welche Probleme er hat und welche Verletzungen zum Beispiel am besten und schnellsten gelöst werden können.

Diese auf den Körper bezogene Therapieform hat natürlich den großen Vorteil, dass sie **unmittelbar wirkt** und entsprechend erlebbar ist. Spürt jemand mit seinem Körper, wo er wie blockiert ist, erhält er dadurch ein direktes Gefühl und damit eine direkte Erfahrung von dem, was in ihm ist, was ihn bedrückt, was ihn daran hindert, offen zu leben. Für viele Menschen ist diese Therapieform von großem Nutzen – ähnlich wie die Atemtherapie –, denn heute tendieren viele in hohem Maße dazu, ihren Körper zu unterdrücken, zu übergehen oder gar abzutöten. Diese negative Haltung dem Körper gegenüber ist selbstverständlich der Nährboden für unzählige Probleme. Deshalb ist hier eine stark auf den Körper ausgerichtete Therapie – auch in Form von Massagen – sehr hilfreich.

Fast allen Körpertherapien wohnt aber ein kaum zu überschätzendes Problem inne. Natürlich ist der Körper ein wunderbares, äußerst wertvolles und außerdem unersetzliches Instrument, um in der Welt sein und Erfahrungen machen zu können.

Viele Körpertherapeuten lassen sich aber von der gefährlichen Theorie, welche die Grundlage der Bioenergetik bildet, fehlleiten. Sie meinen nämlich **nicht, sie hätten** einen Körper, sondern sie **seien** ihr Körper.

Was sagen die Veden dazu? Der größte Fehler, den ein Mensch machen kann, ist, sich mit seinem Körper zu identifizieren! Und sie haben Recht.

Sagst du, beziehungsweise denkst du, du seist dein Körper, dann kann die Körpertherapie **niemals** den Schaden, den diese Einstellung anrichtet, wieder gutmachen.

Du wirst, was du denkst. Das ist ein weiterer entscheidender Satz der Veden. Denkst du, du seist Gott, wirst du Gott. Denkst du, du seist dein Körper, wirst du dein Körper. Im ersten Fall wirst du unendlich gut, unendlich glücklich, unendlich machtvoll im positivsten Sinne.

Im zweiten Fall wirst du, wie dein Körper, unendlich anfällig, unendlich beschränkt, unendlich klein, unendlich endlich. Das eine Mal erreichst du durch die Identität mit Gott das ewige Leben. Das andere Mal ist dein sicheres Ziel der Tod beziehungsweise die Wiedergeburt.

Machst du dir bewusst, welch entsetzliche Konsequenzen in diesem kleinen, unwissenden Satz stecken, so wirst du niemals eine Therapie wählen, die dir solch einen Un-Sinn erzählt. Und was hilft es dir, wenn dein Körper sich durch diese Therapie zwar öffnet, wenn aber dafür am Ende als Ziel deines Lebens, deines Verweilens auf Erden, der Tod steht?

„Aber jeder muss doch einmal sterben, ob mit oder ohne Körpertherapie!",
wendest du zu Recht ein. Es gibt aber einen grundsätzlichen Unterschied:
Hat sich jemand mit seinem Körper identifiziert, stirbt er erstens schlecht,
denn es fällt ihm schwer, das aufzugeben, was angeblich sein Wichtigstes
ist. Zweitens wird er wiedergeboren und stirbt noch einmal.

Dagegen nutzt derjenige, der den Körper als Gefährt zum Selbst betrachtet
und Dieses erlangt, seine Zeit, die ihm zwischen Geburt und Tod gegeben
wurde, um mit dem Lächeln des Weisen seinen Körper aufzugeben.

Deswegen stimmt der obige Satz, wenn auch verkürzt, denn derjenige, der
sich mit seinem Körper identifiziert, leidet viel und wird wiedergeboren.

Derjenige, der sich mit dem Selbst identifiziert, erlebt das Ablegen seines
Körpers als Übergang von einem großen Leben zu *Sat-Chit-Ananda* – zur
Glückseligkeit.

Doch zurück zur Körpertherapie:

Ein weiteres Problem der Bioenergetik besteht darin, dass ihre Übungen so
stark sind, dass sie bei der Mehrzahl der Menschen Gefühle, tiefe Gefühle
auslösen.

Dies ist natürlich durchaus etwas, was sich sowohl der Therapeut als auch
seine Patienten wünschen. Denn endlich spürt sich der Patient!

Das Problem besteht nun nicht darin, dass die Patienten etwas spüren, denn
dies kann tatsächlich sehr hilfreich sein. Problematisch wird es dann, wenn
Therapeuten wahllos und ohne sicheres Konzept Übungen mit ihren Patienten durchführen – mit dem ausschließlichen Ziel, dass endlich ein Gefühl
„hochkommt".

Viele Patienten erfahren dann die intensivsten Gefühle, können aber weder
den Grund für die Emotionen, die sie erleben, verstehen, noch ihre Bedeutung einordnen.

Für manche Menschen ist es eine gute Erfahrung, wenn sie, etwa durch das
Schlagen auf Matratzen, an ihre ihnen mehr oder minder unbewusste Wut
kommen.

Manch einer hat dadurch das Gefühl, sich ganz neue Kräfte zu erschließen,
denn verdrängte Wut bindet natürlich viel Energie.

Probleme entstehen auch hier, wenn diese sehr tief gehenden Techniken
angewendet werden, ohne dass reflektiert wird, was mit ihnen bewirkt
wird.

Selbstverständlich muss die unbewusste Wut heraus. Denn bleibt sie in der Psyche gebunden, beziehungsweise manifestiert sie sich im Körper, wie W. Reich sagt, dann kann jemand noch so lange meditieren, er wird seine Anspannung so leicht nicht lösen können.

Ganz im Gegenteil: Er wird eher scheinheilig als heilig werden.

Da ist eine Wutarbeit von großem Nutzen: Sie vermittelt dem Patienten, dass er tatsächlich noch ein zu lösendes Problem hat und dass er offensichtlich nicht so gut, geschweige denn heilig ist, wie er es sich gerne vorstellt.

Problematisch wird dies aber dann, wenn in der Wutarbeit die Lösung von Konflikten gesucht wird. Denn dies ist einfach nicht möglich. Wutarbeit löst keine Konflikte – schon gar nicht dauerhaft. **Wutarbeit ist eine gute und für den Augenblick auch durchaus kathartische Methode, die aber auf Dauer mehr Probleme schafft, als sie löst.**

Lernt jemand außerdem, dass das Ausdrücken von Wut eine gute Form der Auseinandersetzung ist, so hat dies sogar weit reichende negative Folgen.

Er lernt dabei nämlich, dass er dann ehrlich und authentisch ist, wenn er sich ärgert. Außerdem vermittelt ihm der Ärger, den er so gut auszudrücken gelernt hat, dass **er** stark und wichtig ist.

Wer ist aber dieser „Er"? Es ist nicht sein Selbst, sondern sein Ego. Die Regel lautet aber: **Je mehr Ego, desto weniger Beziehung.** Je mehr ein Mensch lernt, in der Wut seine angeblich „wahren" Gefühle zu äußern, desto weniger wird er beziehungsfähig sein, denn seine häufigen Wutausbrüche, die ihm von Therapiestunde zu Therapiestunde mehr Freude bereiten, werden seine Beziehung mehr und mehr belasten. Er wird aber nicht auf seinen Partner hören, der ihm sagt, dass er immer egoistischer wird. Er wird ihm vielmehr antworten, dass er endlich in der Lage sei, seine Gefühle zu spüren und zu leben. Er sei sein Körper, er sei seine Gefühle, er werde nie wieder dahin kommen, diese nicht ernst zu nehmen und nicht zu leben. Außerdem brauche er das!

Glück erreichst du aber nur durch Opfer und Verzicht – und durch Einsicht. Nämlich indem du weißt, wann du was opfern und wann du worauf verzichten musst.

Viele gehen in Therapie, weil sie das nicht wissen beziehungsweise **nicht wissen wollen** und weil deshalb ihr Leben auch nicht erfolgreich, geschweige denn glücklich verläuft. Was sie aber in einer reinen Körpertherapie bekommen, ist genau das Falsche, denn wenn du dich mit deinem

Körper identifizierst, kannst du keine höhere, über dem Körper liegende Instanz erkennen.

Bist du dein Körper, musst du all das leben, was dieser will beziehungsweise dir vorschreibt. Kein Wunder, dass allen Gefühlswallungen Tür und Tor geöffnet werden. Kein Wunder, dass die Promiskuität solche Blüten treibt und dass so viele Therapeuten mit ihren Patientinnen vielfältig geartete Beziehungen eingehen. Warum auch nicht? Wenn der Körper der Patientin und der des Therapeuten danach verlangen, warum nicht?

Genau genommen kann bei diesem unglaublichen Satz überhaupt keine Ethik mehr bestehen. Denn jede Ethik ist nur dadurch eine Ethik, das heißt allgemein gültig und richtig, weil sie sich auf das unumstößliche Absolute bezieht, das alles begründet und allem seinen tieferen Sinn verleiht.

Aber der Körper? Was kann der arme Körper denn begründen, beweisen, belegen? Gar nichts! Denn das Endliche, der Körper, kann das Unendliche, die Wahrheit, nicht fassen. Deshalb kann der Satz „Du bist dein Körper" auch gar keine Bedeutung beziehungsweise Begründung haben, denn jeder andere Satz, der sich auf etwas Höheres bezieht, hebt ihn auf. Sagt jemand nämlich: „Du bist nicht dein Körper, du bist Gott. Gott ist das Absolute, deshalb ist **dieser** Satz absolut richtig", so kann der kleine „Körper-Satz" gar nichts dagegensetzen, denn das Absolute ist alles – der Körper dagegen nur deshalb Körper, weil es dieses Absolute gibt. Er setzt somit, um überhaupt Körper sein zu können, das voraus, was er leugnet.

Trotz dieser großen theoretischen Unklarheit geht es in der Körpertherapie besser zu, als der obige Satz vermuten ließe. Zwar haben mehrere Therapeuten in vielfältiger Weise unklare Beziehungen mit ihren Patienten. Viele Körpertherapeuten halten sich aber an einen hohen moralischen Standard. Sie sind engagiert, herzlich und bemüht.

Entscheidend ist aber, dass sie diese Tugenden aus einer anderen Quelle ziehen als aus der unsinnigen Aussage „Du bist dein Körper".

Körpertherapie kann sehr hilfreich und nützlich sein. Durch sie können Menschen unmittelbar, eben am eigenen Leibe, erleben, was sie beschäftigt, was sie blockiert, was sie alles mit sich herumtragen, ohne dass sie sich dessen bewusst sind. Und durch die ausgezeichnete Diagnostik, welche die Bioenergetik bietet, kann der Therapeut schnell erkennen, wo die Wurzeln der Probleme zu suchen sind.

Selbst die Wutarbeit heiße ich gut, wenn sie Gott dargereicht wird, klar umrissen ist und mit Patienten durchgeführt wird, die eine große Wuthemmung haben. Aber Wutarbeiten undifferenziert mit einer ganzen Gruppe zu machen, die bereits ihre Wut mehr als genug lebt, lehne ich kategorisch ab.

Körperarbeit ist eine sehr tief gehende Methode, sie sollte deshalb so angewendet werden, wie ein Chirurg sein Skalpell verwendet: Präzise in einem ganz klar umrissenen Gebiet. Nicht aber nach dem Motto: „Versuchen wir's mal, es wird sich schon was ergeben!"

Vor allem sollte jedoch der dumme Satz geändert werden. Es heißt nicht „Du bist dein Körper", sondern: **Dein Körper ist dein Gefährt, das zeigt, welches Karma dich in diesem Leben bestimmt.**

Arbeitest du mit diesem Satz und gehst behutsam und **klar** in deiner Körperarbeit vor, bringt sie Segen.

Gestalttherapie

Fritz Perls kam, angeregt vom Psychodrama, auf den genialen Gedanken, den inneren Dialog nach außen zu bringen. Er entwickelte dabei eine Technik, bei der mit Hilfe von zwei Kissen oder Stühlen mit allem und allen kommuniziert werden kann, womit ein Dialog gesucht wird.

Möchtest du wissen, wie deine Gefühlswelt zu einem bestimmten Thema steht, und bist dir nicht klar, was du genau empfindest und wie du dir Klarheit verschaffen kannst, so legst du zwei Kissen auf den Boden oder stellst zwei Stühle einander gegenüber. Die eine Sitzgelegenheit bist du, die andere stellt deine Gefühle oder, wie heute viele sagen, dein inneres Kind (vgl. Chopich et Paul, *Aussöhnung mit dem inneren Kind*) dar. Du setzt dich auf den Sitz, der dich symbolisiert, und fragst den Sitz vor dir, also in diesem Beispiel dein inneres Kind, was es dir sagen will, was es zu diesem oder jenem empfindet. Dann setzt du dich auf den Sitz dir gegenüber und sprichst einfach aus, was dir in den Sinn kommt.

Diese Übung ist immer hilfreich – auch dann, wenn dir nichts einfällt. Denn sie macht unmittelbar deutlich, wie offen beziehungsweise verschlossen jemand ist. Die Gefühle sind nämlich immer vorhanden. Das Hauptproblem besteht aber darin, dass viele sie nicht wahrnehmen dürfen. Arbeitet ein erfahrener Therapeut genau an dieser Blockade, kann sich selbst aus einer zunächst stummen, sprich nicht so glatt laufenden Übung viel Wichtiges ergeben.

Deshalb ist diese Technik in vielen Therapiesitzungen von unschätzbarem Wert – besonders wenn ein Patient an Problemen arbeiten will, die er mit seinem Partner hat. Immer wieder stellt sich hierbei die Frage: Was ist in der Beziehung wirklich geschehen? Was hat tatsächlich der eine und was der andere gesagt?

Gestalttherapie ist deshalb eine hervorragende Hilfe in jeder Paartherapie.

Eine Gestaltarbeit bringt hier fast immer viel Klärendes, denn nicht selten sagt der Patient, während er auf dem Kissen seines Partners sitzt, Dinge, die bis dahin nicht zur Sprache gekommen waren und ein ganz neues Licht auf das angesprochene Problem werfen.

Darüber hinaus hat die Gestaltarbeit ebenso wie die Körpertherapie den Vorteil, dass Einsichten unmittelbar erlebt werden.

So klagt ein Patient zum Beispiel immer wieder in der Therapie, wie wenig sein Partner für ihn da sei. Um herauszufinden, was sich tatsächlich ereignet hat, schlägt der Therapeut eine Gestaltarbeit vor. Kaum sitzt der Patient auf dem Kissen seines Partners, sagt er an dessen Stelle: „Du sagst mir, ich würde nicht mit dir sprechen, geschweige denn dir zuhören. Das verletzt mich sehr, denn ich sage dir immer wieder, dass ich nicht zwischen Tür und Angel reden möchte, dass ich finde, du wirfst mir einige Sätze wie nebenbei hin und lässt mich dann stehen. Ich mag dieses Nebenbei nicht. Das nimmt mir **meinen** Raum, verstehst du das?"

Kaum ist dies gesagt und der Patient sitzt wieder auf seinem Platz, kann ein guter Therapeut aus der nun folgenden Reaktion des Patienten Entscheidendes entnehmen. Denn entweder geht der Patient staunend auf das soeben Gehörte ein, oder er redet beziehungsweise diskutiert drauflos und macht damit seine Form der Kommunikation deutlich. Der gute Therapeut zeigt ihm deshalb, wie wenig er auf das eingeht, was sein Partner ihm sagt. Mit anderen Worten: Mit einer ganz einfachen und kurzen Übung wird deutlich, wie der Patient tatsächlich mit seinem Partner spricht, wie viel beziehungsweise wie wenig er auf ihn eingeht, wie sehr er mit sich und wie wenig er mit seinem Gegenüber beschäftigt ist.

Wie gesagt, die Gestalttherapie ist eine hervorragende Methode, schnell wichtige Aspekte erkennen zu lassen. Fritz Perls ging in seinem Pioniergeist zuweilen etwas forsch vor, zwang Patienten in heikle Situationen, war unklar mit Frauen und betonte zu sehr die Selbstverantwortung, wenn er sinngemäß die Auffassung vertrat: Du bist für dich und ich bin für mich verantwortlich. Dieser Satz ist allerdings hervorragend für das Arbeiten mit solchen Menschen geeignet, die versuchen, über das Opfersein Macht zu bekommen. Da sie ihre Macht dadurch aufbauen, dass sie anderen stets zunächst die Verantwortung („Was meinst du?", „Wie siehst du das?") und dann die Schuld („Da du das getan hast, bleibt mir nichts anderes übrig, als ...!") geben, hilft dieser Grundsatz, ihre Verantwortlichkeit aufzuzeigen.

Aber erstens sind nicht alle Patienten Opfer, und zweitens birgt der Satz, jeder sei für sich verantwortlich, eine Riesenwurzel für den größten Egoismus-Baum. Wenn jeder für sich verantwortlich ist, sind der Willkür Tor und Tür geöffnet. Jeder geht, so weit er irgend kann – und je später der andere sich meldet, beschwert oder gar seinen Unmut ausdrückt, desto länger hat man das tun können, was man tun wollte, **ohne auf den anderen Rücksicht zu nehmen**.

Der „Selbstverantwortungs-Satz" birgt deshalb auch viel Härte: Er bürdet dem anderen auch den Teil Verantwortung auf, für den er nicht zuständig ist, sondern der durch **die Rücksicht, die Fürsorge und die Liebe** erfüllt und erfühlt wird. **Deshalb ist Selbstverantwortung immer dann richtig – wenn sie dich selbst betrifft, denn dies spornt dich an: DU musst sagen, was du willst beziehungsweise nicht willst.**

In Beziehung zu anderen sollten aber deine Klugheit und deine Liebe vorherrschen – was genau genommen das Gleiche ist, denn wahre Liebe ist immer klug!

Du musst, deiner Liebe wegen, dir stets überlegen, was der andere leisten kann und was nicht, wo du ihn überrumpelst, übervorteilst, übergehst. Denn genau dieses geschieht ganz schnell, wenn du dich strikt an den Selbstverantwortungs-Satz hältst – und bewusst/unbewusst kalkulierst, dass du dich so verhältst, dass der andere nichts entgegenhalten kann, obwohl dein Handeln gegen seinen Willen geht.

Genauso bedrängend für den Patienten war Fritz Perls „heißer Stuhl" – sowohl in der Einzelsituation als auch in der Gruppe. In der Einzelarbeit vor einer Gruppe saß der Patient vor Perls, der ihn mit seinen Sätzen und Fragen regelrecht bombardierte. Er erreichte dadurch sehr viel, denn die Patienten konnten zum Teil selbst tief gehende Traumata erkennen und lösen.

Auf der anderen Seite lebte Fritz Perls mit dieser Methode, wie Alexander Lowen und Bert Hellinger, die Seite des despotischen Herrschers, der stark in all denjenigen wirkt, die noch die Energie von absoluten Herrschern, Despoten und Tyrannen erlebten.

Dies ist eine Energie, welche die Demokratie auflöst.

Die Fähigkeit, diese Macho-Energie zu erkennen und häufig auch aufzulösen, ist eine der großen Leistungen der Demokratie. Sie gibt den Menschen Selbstwertgefühl und vermittelt ihnen, dass alle die gleiche Stimme haben. Dies ist für Gruppentherapien von entscheidender Bedeutung. Denn die Kraft einer Gruppe entfaltet sich besonders, wenn der Einzelne in seinem Wert und seiner Bedeutung klar gesehen und gewürdigt wird, gleichzeitig aber der Therapeut die Leitung und die Verantwortung innehat. Hier entsteht viel Gutes und Neues.

Bei manchen Leitern muss sich aber noch mehr Klarheit entwickeln, denn sie haben die Härte gegen die Weichheit getauscht, was nichts anderes ist, als die Härte zu verschieben. Ein weicher Leiter überlässt zwangsläufig zu viel der Gruppe, was darin kulminieren kann, dass er dort nicht schützend eingreift, wo jemand von der Gruppe bedrängt oder gar angegriffen wird. Handelt hier ein Therapeut nach dem Satz „Jeder ist für sich verantwortlich", wird er jenem in Bedrängnis geratenen Patienten einen sehr schlechten Dienst erweisen, denn dieser wird wieder einmal erleben, dass keiner für ihn da ist, wenn er es braucht.

Deshalb ist Fritz Perls „heißer Stuhl" auch nicht ungefährlich. Eine Variante des „heißen Stuhls" besteht nämlich darin, dass jeweils einer aus der Gruppe auf ihm sitzt und jeder aus der Gruppe sagen kann, was er Negatives in dem jeweiligen Teilnehmer sieht beziehungsweise erlebt.

Erstens muss auch hier der Therapeut schützend eingreifen, damit jemand während dieser Übung nicht die äußerst schmerzhafte Quittung offener Rechnungen bekommt. Darüber hinaus ist diese Übung nicht vollständig und verschenkt eine wichtige Chance. Denn die meisten Menschen, die in Therapie kommen, kennen leider Kritik viel besser als Lob. Deshalb darf der „heiße Stuhl" nicht so angewendet werden, dass der Patient wieder einmal kritisiert wird und zur Abwehr sagt: „Ich danke dir, dass du mir das gesagt hast, ich bin aber nicht auf der Welt, um so zu sein, wie du mich haben willst!" Dieser Satz drückt, genau besehen, eine gehörige Portion Verachtung aus. Hier zeigt nämlich jemand die kalte Schulter, zwar ganz freundlich, aber doch unmissverständlich. Letztlich bedeutet dieser Satz nichts anderes als: „Du kannst mir sagen, was du willst – **es** ist mir egal, denn **du** bist mir egal!"

Ich halte es deshalb für viel wirkungsvoller, wenn nicht mehr als maximal sieben bis acht Mitglieder aus der Gruppe Feedback geben. Das heißt, sie sagen jeweils drei negative und drei positive Aspekte. Zum Beispiel: „Ich mag an dir nicht, wie du dich klein machst, gleichzeitig aber immer wieder über andere hinweggehst und auch nicht zuhörst.

Ich schätze aber an dir deine Ehrlichkeit, deinen Mut und deine Entschlossenheit, wie du dein Leben in die Hand nimmst und deine Pläne und deine Probleme anpackst. Das beeindruckt mich sehr!"

Anschließend bedankt sich der im Zentrum Sitzende für das Feedback.

Das Entscheidende an dieser Übung ist nämlich, dass es unzähligen Menschen viel schwerer fällt, Positives anzunehmen statt Negatives. Dies hat mit der narzisstischen Wunde zu tun. Menschen, die sich in ihrer Kindheit von ihren Eltern nicht verstanden, nicht gesehen, nicht wertgeschätzt gefühlt haben, sehnen sich ein Leben lang nach Anerkennung. Erhalten sie diese dann endlich, womöglich sogar in besonderem Maße, können sie sie nicht aushalten, fühlen sich innerlich überflutet und müssen sie abwehren.

Hier muss der Therapeut eingreifen. Er muss den Patienten auf dem „heißen Stuhl" stützen und schützen – vor der Gruppe und vor seinen eigenen inneren Instanzen, die ihn bedrängen.

Sieht er zum Beispiel, dass das Lob denjenigen auf dem „heißen Stuhl" sehr bewegt, reicht es in vielen Fällen bereits aus, wenn er etwa sagt: „Nun lebt man ein Leben lang mit dem Wunsch, gesehen, anerkannt und wertgeschätzt zu werden. Und erreicht man das schließlich, dann stellt man fest, dass es gar nicht so leicht auszuhalten ist."

In der Therapie sind Sätze mit dem unpersönlichen Pronomen „man" verpönt, weil sie die Selbstverantwortung und den Bezug zu sich selbst untergraben. Das ist vollkommen richtig. In der Deutung sind sie aber zuweilen von unschätzbarem Wert, besonders beim Umgang mit einer narzisstischen Wunde, weil sie die Psyche durch das allgemeine „man" entspannen.

Sehr gut bewähren sich in solchen Augenblicken liebevolle Witze. Zum Beispiel könnte der Therapeut die Situation ganz nebenbei ansprechen: „Was waren Karl Valentins letzte Worte? ,Ein Leben lang Angst vor dem Tod, und nun das!'" Die Aussage dieses Satzes wird sogleich von allen erfasst, und Lachen ist die Folge. Damit wird seelische Energie abgeführt, die Atmosphäre entspannt sich sogleich, und der Patient kann aufatmen und sich gelöst bedanken. Ohne viel Aufhebens fühlt er sich verstanden und geschützt.

Psychodrama

Jakob Levy Moreno war der geborene Schauspieler und Regisseur. Es war für ihn deshalb nur folgerichtig, nicht über Schwierigkeiten zu reden, sondern sie zu spielen. Er entwickelte damit eine wunderbare Methode, die ganz schnell Konflikte deutlich macht und in der Aktion zu einer Lösung führt.

Werden seelische Probleme auf der Bühne dargestellt, so werden sie unmittelbar erlebt, besonders auch weil Moreno stets darauf achtete, dass alles in der Präsensform gespielt wurde. Spielte zum Beispiel jemand eine Szene aus seiner Kindheit, so sollte er nicht sagen: „Ich war damals vier", sondern: „Ich bin vier und spreche gerade mit meiner Mutter." Dieses Achten darauf, dass alles in der Gegenwartsform stattfindet, drückt eine große Weisheit aus. Denn die psychischen Probleme, die jemand hat, mögen zwar in der Vergangenheit entstanden sein, da sie den Patienten immer noch beschäftigen, sind sie aber **nicht vergangen. Sie sind daher gegenwärtig und müssen deshalb auch als gegenwärtige Schwierigkeiten behandelt werden.**

Moreno war sehr kreativ und konnte sehr genau beobachten. Er entwickelte deshalb viele Hilfsfiguren, die den psychodramatischen Prozess sehr unterstützen. Den Patienten nannte er den Protagonisten, die Figuren, die er aufstellte, bezeichnete er als „Hilfs-Ich", und die Instanzen, die den Patienten unterstützen sollten, nannte er „Double" oder „Doppelgänger".

Das Psychodrama ist eine hervorragende Methode, um Menschen unmittelbar spüren zu lassen, wie eine Situation von ihnen erlebt wird und wie eine mögliche Lösung aussehen könnte. Darüber hinaus stammt der Rollentausch, den ich weiter oben bereits ansprach, aus dem Psychodrama. Der Patient spielt nicht allein seine Rolle, sondern begibt sich auch in die Rollen der verschiedenen anderen Figuren, die aufgestellt wurden, um seine Konfliktsituation zu spielen. Durch diesen Rollentausch erlebt er unmittelbar, wie sich der andere fühlt. Auch dies ist eine geniale Entdeckung, denn die Menschen, die Probleme haben, sind so mit sich beschäftigt, dass sie sich häufig schwer tun, sich in andere hineinzuversetzen. Durch den Rollentausch und die mögliche Unterstützung der Doppelgänger, die ihre Empfindungen sagen, kann der Patient hautnah erleben, was alles die Konfliktsituation bedingt, wie sich die einzelnen Mitspieler fühlen und was beziehungsweise **wie viel** sie anders machen können.

Durch die Lebendigkeit der Darstellung ist das Psychodrama eine äußerst ansprechende Therapiemethode, die Gruppenteilnehmer mitreißt, tiefe Lösungen ermöglicht und gleichzeitig viel Leichtigkeit und Freude entstehen lässt.

Das Aktive dieser Methode kann aber auch ihr Problem darstellen. Es gibt heute viele Therapeuten, die Psychodrama anwenden, ohne anschließend noch kritische Punkte anzusprechen oder gegebenenfalls psychoanalytisch aufzuarbeiten. Dadurch kann diese schöne Methode im Aktionismus stecken bleiben, der auf Dauer niemandem hilft, sondern eher schadet, da die tieferen Konflikte nicht erfasst und gelöst werden.

Außerdem interessiert sich das Psychodrama nicht für die Familiendiagnostik. Obwohl es sich eigentlich um eine sehr gute Methode handelt, Konflikte zu lösen, schärft sie nicht den Blick, um familiäre Probleme zu erfassen und familiendynamisch zu klären. Deshalb bewirkt das Psychodrama in vielen Fällen mehr die Lösung *eines* Problems, als dass es eine Gesamtlösung anstrebt. Diese war der Systemischen Familientherapie vorbehalten.

Die Systemische Familientherapie

Bert Hellinger entwickelte diese Therapieform, welche ebenfalls die Familiensituation in das Zentrum der Aufmerksamkeit rückte. Aber anders als in der Systemischen Familientherapie von Ch. Fulweiler, G. Bateson, J. Haley, H. Stierlin und anderen, die ganze Familien therapierten, arbeitet Bert Hellinger nicht mit der Familie selbst, sondern lässt die einzelnen Mitglieder von Gruppenteilnehmern repräsentieren. So kam er in Hinblick auf die Therapie zu einem entscheidenden Punkt. Er wendete seinen Blick nämlich von einzelnen Problemen zu Gunsten einer Gesamtschau ab, die das Familiengeschehen als Ganzes sieht, berücksichtigt und in seiner Kraft und Bedeutung würdigt. Mit der Systemischen Familientherapie entstand damit nicht allein ein geniales diagnostisches Verfahren, das blitzschnell erkennen lässt, wo das Problem wirklich liegt beziehungsweise wo sich seine Wurzeln befinden.

Diese Therapieform wendete auch den Blick vom Lösen einzelner Probleme weg und hin zu einer gesamtfamiliären Lösung. Damit hat Bert Hellinger Aspekte des NLP aufgenommen und äußerst geschickt in seine die ganze Familie erfassende Therapiemethode integriert.

So kümmert er sich nicht allein darum, wodurch ein Problem bei einem Patienten selbst entsteht, sondern er hat erkannt, dass der Einzelne in seiner leiblichen Inkarnation stark von der Familie, in die er hineingeboren wurde, bestimmt wird.

Wird die Bedeutung der Familie nicht gesehen und deren Leistung nicht anerkannt, gibt es keine wahre, keine bleibende Lösung des Problems. Bert Hellinger interessiert sich deshalb besonders sowohl für die schnellen als auch für die bleibenden Lösungen. Er sucht, was wirklich wirkt. Was bleibt. Und nicht, was eine höchstens momentane Erleichterung bringt, in Kürze aber wieder zu einem ähnlichen oder gar zu demselben Problem führt, weil eben nicht die Wurzel, sondern nur ein nicht besonders bedeutender Zweig erfasst wurde.

Er erreicht dies durch Familienaufstellungen. Das bedeutet, der Patient soll gesammelt und konzentriert seine Familie aufstellen, und zwar insofern, als er aus der Gruppe für jedes Familienmitglied einen Teilnehmer auswählt, der ihm für die Rolle besonders geeignet erscheint. Also einen Stellvertreter für den Vater, einen für die Mutter, einen für den Bruder, einen für die Schwester, einen für sich selbst und so fort. Hat er dies getan, bittet ihn der Therapeut, sich zu setzen, und fragt anschließend, was die einzelnen aufgestellten Personen erleben. So, wie sie aufgestellt sind, bilden sie eine einmalige Familienkonstellation und spüren deshalb genau, wie derjenige sich fühlt, den sie gerade darstellen. Die Genauigkeit, mit der die Mitspieler ihre Rollen erfassen und erleben, überrascht immer wieder alle Beteiligten.

Dies kann so weit gehen, dass eine Person in der Aufstellung die körperlichen Schmerzen spürt, unter denen das Familienmitglied leidet oder litt, das sie darstellt. Beziehungsweise die gleiche Sprache spricht, die gleichen Kraftausdrücke verwendet oder sich genauso zurückgenommen, depressiv, affektiert, wütend oder hoffnungslos erlebt.

Allein bei dieser Schilderung wird deutlich, wie effizient diese Methode ist. Die Perspektive ist nicht mehr, wie beim Psychodrama, ausschließlich die des Patienten, sondern jeder, der an dem Problem beteiligt ist, bekommt **seine** Stimme und **seinen** Platz.

Es ist nun so, dass Bert Hellinger die einzelnen Familienmitglieder so stellt, dass sie sich wohl fühlen. Er vertritt nämlich die richtige Überzeugung, dass **jeder seinen Platz hat. Der erste Sohn zum Beispiel an erster Stelle neben dem Vater, der zweite an zweiter Stelle und so fort.** Steht dagegen ein Späterer auf dem Platz eines Früheren, also zum Beispiel der zweite Sohn an der Stelle des ersten, so führt dies unweigerlich zu Konflikten.

Bert Hellinger geht deshalb einen Schritt weiter als die meisten Therapeuten: Er betrachtet nicht allein, wie der Patient sich fühlt, sondern **arbeitet heraus, wie es der ganzen Familie geht.** Und häufig bleibt er nicht einmal bei der Generation der Großeltern stehen, sondern geht bis hin zu derjenigen der Urgroßeltern – und wenn es sein muss, auch darüber hinaus.

Er versucht somit ein umfassendes Bild zu bekommen und das Problem an seiner tiefsten Wurzel zu fassen.

Aus diesem Wissen um die Ordnung der Familien stellt er in einem Familiensystem so lange die einzelnen Mitglieder um, bis alle zufrieden sind, alle sich gewürdigt fühlen und Ruhe und Harmonie entstehen.

Während all der Zeit sitzt der Patient, um den es geht, auf seinem Platz und sieht zu. Erst wenn die endgültige Stellung gefunden ist, stellt er sich an die Stelle desjenigen, den er für sich aufgestellt hatte.

Diese Methode klärt und löst viel. Sie ist deshalb sehr zu empfehlen.

So wichtig diese Therapiemethode auch ist, so gibt es doch einiges, womit ich nicht einverstanden bin. Viele Aussagen Bert Hellingers, an denen er nicht rütteln lassen will, sind nämlich nicht nur grundfalsch, sondern höchst gefährlich und lassen deshalb seine ansonsten hervorragende Therapiemethode zu einem unter Umständen äußerst bedrohlichen Werkzeug werden.

Wenn Bert Hellinger zum Beispiel über Gott spricht, dann mit der einschränkenden Wendung: „Gott – wenn es ihn gibt ...“ (Gunthard Weber [Hrsg.], *Zweierlei Glück*, S. 171)

Wer aber Gott nicht denken, geschweige denn erfahren kann, der ist als Therapeut fehl am Platz. So begabt er auch sein mag. Und warum ist er fehl am Platz? Weil er als Therapeut eine Autorität braucht. Die bekommt er durch seine **Verbundenheit mit dem Göttlichen. Dann wirkt er, ohne zu handeln.** Bert Hellinger schätzt den Taoismus, strebt deshalb auch das oben genannte Prinzip – wirken, ohne zu handeln – an, kann es aber nicht leben, weil er weder Gott noch dessen allumfassende Liebe in die Therapie einbindet. Deshalb wirkt er durch eine sehr autoritäre Haltung, die besonders solche Menschen anzieht, die selbst durch eine autoritäre Erziehung sehr verunsichert sind. Und was tun sie? Sie schlucken Bert Hellingers

188

Absolutheitsanspruch, geben ihn – als Ärzte und Therapeuten – an ihre Patienten weiter und richten zum Teil nicht unerheblichen Schaden an.

Ich habe am Anfang ausführlich erläutert, warum nur derjenige zur Therapie befähigt ist, der erleuchtet ist. Denn der begabte oder gar geniale Therapeut, sofern er nicht erleuchtet ist, kann ebenfalls unglaublich viel Schaden anrichten – auch wenn er daneben viel Gutes tut.

Ich bin gekommen, um die Lehren der Veden über die ganze Welt zu verbreiten. Deshalb ist es meine Aufgabe, die Unklaren oder gar Fehlgeleiteten daran zu hindern, das Gegenteil dessen zu tun, was ich als den Kern meiner Lehre, nein, meines Wesens erachte. Ich bin *Premasvarupa*, die verkörperte Liebe. Ich bin der herabgestiegene Gott, der alles weiß, alles lenkt, alle schützt. Ich bin der Urgrund der Wahrheit und der Göttlichen Ordnung. Deshalb widerspreche ich aufs Intensivste, wenn ein hoch begabter Therapeut derart Falsches behauptet wie: Nicht die Liebe, sondern die Sexualität sei die wichtigste Kraft in der Welt, sie komme vor der Liebe, sie sei größer als die Liebe (*Anerkennen, was ist*, S. 146). Das ist falsch, falsch und nochmals falsch. Wer dies sagt, hat noch nicht einmal den kleinsten Funken der Göttlichen Essenz erfasst, die ich verkörpere. Die Sexualität ist, wie ich immer wiederhole, eine wichtige Energie – allein schon deshalb, weil sie unzählige Seelen an sich bindet oder gar verwickelt und Nachkommen entstehen lässt. Eine wirklich Göttliche Kraft wird sie aber allein durch die Liebe. Die Liebe ist das Wesen von allem. Nichts existiert ohne die allumfassende Liebe Gottes. Weil dies nicht gesehen wurde, weil Gott wusste, dass die negativen Tendenzen sich mehr und mehr verbreiten würden, weil Er sah, dass die Sexualität und der mit ihr verbundene Egoismus die ganze Welt in ihren zerstörerischen Griff bekommen würden, inkarnierte sich der Herr und ist auf Erden, um die Welt vor der sicheren Zerstörung zu retten.

Diese Zerstörung leiten besonders diejenigen ein, die ohne jeglichen Selbstzweifel meinen, der Menschheit dadurch helfen zu können, dass sie ihre Zweifel an allem Heiligen, Reinen, Unwandelbaren – mit anderen Worten: An der Göttlichen Liebe – in alle Welt verbreiten können. Sexualität ist niemals die stärkste Kraft in der Welt. Wäre sie es, wäre die Welt schon lange untergegangen.

Bert Hellinger hält zwangsläufig genauso wenig von der Treue wie von der Liebe. Für ihn ist die partnerschaftliche Treue eine unerlaubte Einschränkung der persönlichen Freiheit und der individuellen Entfaltungsmöglichkeit. Er sagt: „*Bei der Treue ist zu beachten: Treu sein ist häufig die*

189

Forderung eines Kindes an die Mutter, dass sie bleibt. Die Angst, die hinter einer solchen Forderung steht, ist die des Kindes, dass es von der Mutter verlassen wird. Wenn diese Forderung an einen Partner gestellt wird, zerstört es die Beziehung. " (*Anerkennen, was ist*, S. 125-6)

Welch eine Fehleinschätzung! Zunächst wird die Treue auf die Mutter-Kind-Beziehung bezogen, und dann wird geschlossen, dass solch kindliche, um nicht zu sagen infantile! Ansprüche eine Partnerschaft zerstören!

Genau dies ist das Problem des *Kali Yuga*, dieses Zeitalters, das ich beenden werde: Licht und Schatten, Richtig und Falsch, Gut und Böse stehen so unglaublich nah beieinander, dass viele den Unterschied gar nicht mehr erkennen können. Viele nehmen zum Beispiel das Positive einer therapeutischen Methode wie der Familienaufstellung wahr und akzeptieren deshalb auch alle anderen Äußerungen des Entwicklers dieser Methode als richtig.

Dies ist die Tragik, denn sie handeln sich mit dem Guten viel Negatives ein, weil sie nicht differenzieren.

Betrachten wir zum Beispiel Bert Hellingers Ansichten über das Verhältnis von Eltern und Kindern. Er vertritt die irrige Meinung, nur die Eltern würden in dieser Beziehung geben, die Kinder dagegen würden nur nehmen. Wie kommt er darauf? Warum stellt er die Welt auf den Kopf? Weil er keine positiven Erfahrungen mit Kindern und Gott gemacht hat! Hätte er sie, dann wüsste er, dass der Unterschied zwischen Eltern und Kindern nur der ist, dass Kinder etwas ganz anderes geben als die Eltern. Aber dass sie ebenfalls und sogar sehr viel geben. So viel, dass die meisten Eltern, die ein Kind verlieren, dies viel weniger verwinden, als Kinder, die einen Elternteil verlieren. Das Besondere der Kinder ist die Nähe, die sie zu Gott haben.

Die Psychoanalyse spricht vom kindlichen, vom natürlichen Narzissmus und von den Größenfantasien des Kindes. Da Gott in der Psychoanalyse ebenfalls keinen Platz hat, endet diese Feststellung häufig in einer mehr oder minder negativen Theorie. Das Kind habe Größenvorstellungen, die von den Eltern zwar empfindsam behandelt, aber doch frustriert werden müssten. Woher diese Größenfantasien kommen und was damit wirklich zu tun sei, dies sagen die meisten Therapeuten nicht, weil sie es nicht wissen – und zu einem großen Teil leider auch nicht wissen wollen.

Das Kind gelangt von der Weite Gottes in den Mutterleib. Deshalb bietet der Mutterleib alle Voraussetzungen, um diesen Übergang von der vollkommenen Glückseligkeit in die Enge des Körpers so geschmeidig wie möglich zu gestalten. Aus diesem Grund stimmt es auch nicht, wenn die Psychoanalyse behauptet, der Mensch sehne sich ein Leben lang in die Vollkommenheit des Mutterleibs zurück. Dies ist zu kurz gedacht! Die Seele sehnt sich ihr Leben lang zu Gott und der dort erlebten Glückseligkeit zurück. Dies ist die Wahrheit. Deshalb lebt das Kleinkind in Größenvorstellungen, weil es diese im Jenseits erlebt hat! Im Jenseits gibt es keine Einschränkungen, die durch den Körper gegeben sind. Im Jenseits ist alles un-eingeschränkt, vollkommen und dauerhaft glücklich. All dies ist in der Welt nicht der Fall – besonders für das Neugeborene und das Kleinkind nicht.

Deshalb konnte die Psychoanalyse auch die Praktiken in den Krankenhäusern nur sehr unvollständig ändern, weil sie den Ärzten nicht die richtigen Antworten gab: Das Kind erlebt die Welt als ein unglaubliches Wegfallen der Nähe zu Gott und weint deshalb bei jeder Kleinigkeit so bitterlich, nicht primär, weil es gerade Hunger hat oder ihm kalt ist, sondern weil es so sehr Gottes Nähe vermisst. Deshalb ist die Nähe zur Mutter so wichtig. Nämlich als **zweitbeste** Lösung.

Und noch besser, als dem Kind, um es nach der Geburt zu beruhigen, die Geräusche der Aorta vorzuspielen (Hajime Murooka), ist es, wenn die Mutter ihm bereits während der Schwangerschaft heilige Texte vorliest und heilige Lieder vorsingt beziehungsweise vorspielt. Hat sie dies während der Schwangerschaft getan und führt es nach der Geburt fort, so findet ihr Kind Ruhe und ein Glück, das es durch nichts anderes bekommt. (Vgl. auch in *Sai Baba spricht über die Welt und Gott* die Geschichte „Es wirkt".)

Denn für den Säugling ist die Nähe zu Gott das, was er wirklich sucht. Deshalb ist das Aufgeben des primären Narzissmus, wie Freud dieses Stadium nannte, ein sehr, sehr großer Schritt, da das Kind damit einsehen muss, dass es erst durch die Welt, durch sein Leben gehen muss, bevor es endlich wieder zu Gott gelangt.

Aus diesem Grund ist es so wichtig, dass das Konfrontieren des Kindes mit den Regeln der Welt, das heißt das Frustrieren des Kindes, so behutsam wie irgend möglich geschieht. Und so ist es für das Kind ebenfalls heilsam, wenn es die Mutter oder den Vater idealisieren kann. Dies ist deshalb heilsam, weil es das Göttliche in der kindlichen Seele aktiviert. Das Kind wird durch die Idealisierung an Gott erinnert, Der das Idealisierbare selbst ist.

Kinder sind süß, Kinder sind schön. Und warum sind sie es? Weil sie unverdorben, weil sie heil sind. Dies stellt aber nur den einen Teil der Antwort dar. Der andere besteht in der uneingeschränkten Liebe, die Kinder haben.

Diese Liebe ist nicht nur für ihre Eltern, sondern für viele Erwachsene mit einem offenen Herzen wie Nektar.

Aus all dem geht hervor, wie viel Kinder ihren Eltern geben können. Sie haben den Glanz und die Klarheit an und in sich, den derjenige stets hat, der Gott nahe ist beziehungsweise war. Darüber hinaus reicht nichts anderes in der Welt an den Segen und das Glück heran, die Kinder ausdrücken!

Deshalb hängen Eltern so sehr an ihren Kindern und sehnen sich immer noch nach weiteren. Warum? Weil auch sie zum Göttlichen hinstreben und ebenso wie ihre Kinder, wenn auch häufig nur unbewusst, spüren, dass sie durch diese, besonders durch das große Wunder der Geburt, unmittelbar mit Gott in Berührung kommen. Dem Gott, Der alles schuf.

Kinder vermitteln ihren Eltern diesen engen Kontakt zu Gott und lassen sie, zumindest unbewusst, erinnern, woher sie kommen, wohin sie gehen, warum sie auf der Welt sind. Wegen dieser Nähe zu Gott geben Kinder ihren Eltern und vielen Erwachsenen so viel – und deshalb kann ein Elternteil nur dadurch den Verlust eines Kindes verschmerzen, dass er diesen Verlust durch die eigene Nähe zu Gott heilt.

Wer aber all dies nicht weiß und nicht sieht, der kommt zu der Aussage, dass nur die Eltern geben, die Kinder dagegen nur nehmen.

Bert Hellinger und die Frauen

So komme ich zu einer weiteren wichtigen Frage: Wo bleiben die Frauen bei Bert Hellinger? Sie finden nicht den Platz, der ihnen gebührt. Der Platz der Frau ist der Platz des Herzens und der Achtung. Diesen Platz findet die Frau bei Bert Hellinger nicht. Er sieht die Frau genauso wenig, wie er das Kind sieht.

Er kann sich deshalb zu der folgenden erstaunlichen, um nicht zu sagen absurden Äußerung hinreißen lassen: *„Was die Eltern am Anfang machen, zählt mehr, als was sie später machen. Das Wesentliche, das von den Eltern kommt, kommt durch die Zeugung und durch die Geburt. Alles, was dann folgt, ist Zugabe und kann von jemand anderem übernommen werden."* (*Zweierlei Glück*, S. 63)

An diesem Satz ist leider alles falsch: Zeugung und Geburt zeichnen keinen Menschen und keine guten Eltern aus. Jedes Tier kann das.

Falsch ist auch, dass auch jemand anderes problemlos ein Kind aufziehen könnte. Hier widerspricht sich Bert Hellinger selbst, denn er betont aus gutem Grund, wie wichtig die leiblichen Eltern sind und wie schwierig zum Beispiel die Position von Adoptiveltern ist.

So sage ich, dass zum Beispiel nur eine Königin einen König erzieht (vgl. *Sai Baba spricht über die Welt und Gott*, S. 324 ff.). Jede Mutter schafft damit den geistigen und seelischen Horizont ihrer Kinder.

Natürlich leistet die Frau unendlich viel bei der Schwangerschaft – die Bert Hellinger nicht erwähnt! – und bei der Geburt, bei der sie nicht selten ihre Gesundheit oder gar ihr Leben riskiert.

Die Geburt ist aber primär eine physische Leistung – sie besteht also mehr in Quantität als in Qualität. Ebenso wie ein Sportler Großes leistet, sein ganzes Können, seine ganze Kraft, seinen ganzen Einsatz bringt, all dies aber doch in erster Linie etwas Quantitatives ist, obwohl er ohne entsprechende seelische beziehungsweise charakterliche Eigenschaften nie diese Höchstleistungen erreichen könnte.

Die große, qualitative Leistung der Frau beginnt dagegen, nachdem sie geboren hat. Dadurch, *dass* und *wie* sie für ihr Kind da ist, leistet sie zum Teil wahrlich Göttliches. Kaum ein Mann leistet das, was Frauen tagein, tagaus leisten: Immer präsent, immer liebevoll, immer verfügbar für das Kind da zu sein. Und dies sind zwei sehr schwierige Aufgaben: Einmal ist Kindererziehung das Schwierigste und Verantwortungsvollste, was es auf der Erde zu tun gibt. **Deshalb sage ich: Die Frauen sind die Schöpferinnen der Zukunft, denn sie schaffen mit den Kindern die Gesellschaft von morgen.**

Darüber hinaus ist ihre Aufgabe eine wirkliche Auf-Gabe, denn sie wissen, dass ihre Kinder sie eines Tages verlassen und ihre eigenen Familien gründen werden. Die Nähe, die Vertrautheit, der innige Kontakt werden dann für immer verloren sein. Kinder verlangen deshalb der Mutter eine unglaubliche Leistung ab: Sie fordern von ihr zuerst die vollkommene Symbiose, um dann die totale Loslösung zu leben.

Die Frau leistet hier so unendlich viel, dass es deutlich wird, warum ich sage, dass Kinder ihre Eltern, besonders aber ihre Mutter, als Gott sehen sollen. Denn die Kinder haben besonders von der Mutter nicht nur ihren Körper, sondern all die physische und seelische Nahrung bekommen, welche die Grundlage für ihr ganzes Leben sein wird.

Der kluge Erik Erikson, der in innigem Kontakt mit dem Schöpferischen in sich stand, unterstrich die Bedeutung des Urvertrauens. Das Ur-Vertrauen entsteht bei dem Kind dadurch, dass besonders die Mutter immer für es da ist, dass das Kind sich auf die Mutter verlassen kann, dass das Kind die Integrität und die Liebe seiner Mutter spürt und erlebt (Erikson, *Kindheit und Gesellschaft*).

Dieses Ur-Vertrauen ist die Wurzel des Selbstwertes – und damit wird deutlich gemacht, wie wichtig, wie Göttlich die Mutter ist.

Die Frauen sind aber auch deshalb Göttlich, weil sie in der Beziehung mit dem Mann viel mehr investieren und riskieren als dieser. Für Frauen haben zwischenmenschliche Beziehungen eine so große Bedeutung wie für den Mann seine geschäftlichen Kontakte. So wichtig Letztere zweifelsfrei sind, so reicht doch der geschäftliche Austausch selten so tief und wird kaum je so unbedingt erlebt, wie Frauen ihre Beziehungen, besonders die zu ihrer Familie, erleben.

Außerdem müssen Frauen auch noch das mittragen, was ihren Männern in der Außenwelt widerfährt. So mußte die gute Xanthippe Sokrates' Tod verkraften, der sie sehr berührte, denn sie war keineswegs jene böse Frau, wie so viele Berichte sie darstellten, sondern vielmehr eine liebevolle Partnerin und Mutter.

Beziehungen – offener, herzlicher Austausch und Kontakt – sind für die Frau so wichtig wie die Luft zum Atmen. Dies ist für eine Frau aber in einem Zeitalter wie dem jetzigen, das ohne Ethik und Moral ist, sehr, sehr bedrohlich. Da Kontakte für die Frau so tief gehen, besteht ihre größte Angst auch darin, diesen Kontakt zu verlieren, sprich: Verlassen zu werden.

Dieses kranke Zeitalter ist aber von Trennungen bestimmt. Und unklare Therapeuten unterstützen dies. Sie propagieren die Meinung, Beziehungen seien an eine gewisse Zeit gebunden. Wenn sie zu Ende seien, müssten die Partner sich trennen. Wenn man außerdem, wie Bert Hellinger es tut, die Sexualität über die Liebe stellt, dann ist für Treue kein wahrer Platz, wodurch die Begrenzung der Partnerschaft festgelegt und die ständige Unsicherheit beziehungsweise die Trennung vorprogrammiert ist.

Dies ist nicht nur falsch, es ist auch gemein. Und im *Kali Yuga* wurden unzählige Gemeinheiten an Frauen begangen – fast immer von Männern oder von Frauen, die vom Animus bestimmt waren.

Bedenken wir Folgendes: Die Frau riskiert in der Liebe, in der seelischen und in der körperlichen, ungleich mehr als der Mann. Ihre Gefühle gehen häufig tiefer, und ihr Körper leidet durch die Liebe viel mehr. Er wird durch jede Schwangerschaft bis aufs Äußerste belastet, die Haut und die Muskeln werden extrem gedehnt. Das Stillen und das Tragen der Kinder strapaziert sie zum Teil ungemein. All dies leistet die Frau für das Geschenk der Liebe: Für das gemeinsame Kind!

Deswegen sage ich: Du kannst jede Schuld im Leben zurückzahlen. Doch das, was du deiner Mutter schuldest, kannst du nicht zurückzahlen.

Aber obwohl sie all dies leistet, sagt ihr nach ein paar Kindern und ein paar Jahren der Mann vielleicht: „Es war sehr schön mit dir, du warst sehr nett. Nun habe ich aber eine andere, eine Jüngere, und gehe. Du kannst ruhig die Kinder behalten. Ich werde dir – vielleicht! – etwas Geld geben. Du kannst ja deinen Unterhalt selbst verdienen. Tschüss!"

Das ist die Gemeinheit des *Kali Yuga*, eine Gemeinheit, die zigtausendfach passiert und von Therapeuten, Regisseuren, Politikern und Lehrern auch noch gutgeheißen wird. Was hier geschieht, ist der Untergang der Liebe zu Gunsten der Leidenschaft, der Sexualität und des Egoismus, der in völliger Verkennung der Sachverhalte und Tatsachen „Selbstverwirklichung" genannt wird.

Zu dieser „Selbstverwirklichung", die keine **Selbst-Verwirklichung**, sondern eine reine **Ego-Verwirklichung** ist, sage ich: **Aus einem Haus, auf dessen Boden die Tränen einer Frau fallen, flieht zuerst** *Shanti*, **der Frieden, und dann der Wohlstand!**

Eine Frau, die so viele Opfer gebracht hat, zu verlassen, zeugt von einem derartigen Ausmaß an Herzlosigkeit und Undankbarkeit, dass sich dies **immer** negativ auf den auswirken wird, der so handelt. **Aber auch auf den, der es gutheißt oder gar lehrt!**

Wer die Treue in der Ehe und die lebenslange Gemeinschaft von Eheleuten nicht lehrt, sondern Paaren beziehungsweise einzelnen Menschen nahe legt, sich leichtfertig zu trennen, lädt sich viel Schuld auf (vgl. *Sai Baba spricht über Beziehungen*).

Andere Therapeuten, die auf einer spirituell-psychologischen Welle von so genannten „New-Age"-Gedanken schwimmen, sind häufig sogar noch schlimmer als Bert Hellinger, weil sie für das Geld, das sie nehmen, herzlich wenig leisten, stattdessen aber viel Schaden anrichten und vielen Menschen viel Unglück bringen, ohne ihnen auch nur im Geringsten zu helfen. Sie haben noch viel, sehr viel zu lernen. Mindestens aber so viel, dass sie höchstens Schüler, aber keine Lehrer, geschweige denn Therapeuten sein können und sollen.

Bei Bert Hellinger ist natürlich die Verbindung von tiefem Wissen und großer Unklarheit ebenfalls sehr gefährlich. Viele glauben ihm selbst die größten Irrlehren, weil sie anderes, das von ihm stammt, als gut und wichtig erlebt haben. Leider ist der Mensch nun einmal sehr schnell vom Falschen zu überzeugen. Aber nur sehr schwer für das Richtige zu begeistern!

Aber zurück zu den Frauen, zu den Göttinnen der Schöpfung. Die Frau ist auch deshalb eine Göttin, weil sie sich mit dem Unendlichen beschäftigt – und mit dem ewig Vergänglichen. Auch dies kann kaum ein Mann: Täglich das Gleiche tun und immer wieder sehen, wie es vergeht. Wie schnell ist eine Küche unordentlich, wie schnell die mühsam gewaschene und gebügelte Wäsche wieder dreckig und zerknüllt. Wie schnell ist das liebevoll zubereitete Essen verzehrt – und was übrig bleibt, sind nur verklebte Töpfe und schmutziges Geschirr.

Dies immer und immer wieder zu leisten, jeden Tag gleichsam in den Sand zu schreiben, ist eine unglaublich große Leistung, die jeder Mensch zu würdigen lernen muss. Denn: **Eine Gesellschaft, welche die Leistung der Frauen nicht sieht, die deren selbstloses Dienen weder sieht noch würdigt, geschweige denn lobend hervorhebt, geht unweigerlich unter.**

Deshalb sage ich: **Die Frau ist das Herz der Familie. Und weil die Familie das Herz der Gesellschaft ist, ist die Frau das Herz der Gesellschaft, nein, der ganzen Welt. Wird der Wert der Frau nicht gesehen, so wird die Welt herzlos und als Folge dessen von unzähligen Problemen erschüttert.**

Darum sollte ein Therapeut die Leistung der Frau unbedingt sehen, hervorheben, würdigen und zum Ausdruck bringen. Nur wenn Therapeuten dies sehen und Ehemänner es dadurch umsetzen, dass sie ihre Frau viel anerkennen und loben, heilt die Welt, weil die Frauen dadurch heilen, dass ihr Selbstwert steigt.

Das Ziel von Therapie

Wie wir sahen, können die verschiedensten Therapiemethoden Erfolge aufweisen. Viele Therapeuten sind sich daher sicher, dass sie Menschen helfen, dass sie zumindest ihren Selbstwert stärken, indem sie ihnen zur „Selbstverwirklichung" verhelfen. Tun sie es aber auch wirklich?

Ich bin in vielen Fällen ganz anderer Ansicht.

Wie ich bereits ausgeführt habe, kann für mich der Erfolg einer Therapie nicht darin bestehen, einem Menschen bei der „Verwirklichung" zu helfen, wenn dabei in keiner Weise klar ist, was da verwirklicht werden soll.

Therapie hat unter anderem immer etwas mit Erziehung zu tun. Das Ziel von Erziehung ist aber **nicht**, dass jemand in besonderem Maße „erfolgreich" ist, besonders viel Geld verdient oder berühmt wird.

Das Ziel von Erziehung ist Charakter, und zwar ein guter Charakter.

Alles andere ist verschwendete Zeit, denn allein ein guter Charakter führt auf Dauer zum Glück, da ausschließlich der gute Charakter gutes Handeln bewirkt, das seinerseits nach den Gesetzen des Karma zum Glück führt. Weder Geld noch Ansehen, geschweige denn Leidenschaft, die leider von vielen Therapeuten so sehr gefördert wird, führen zu dauerhaftem Glück. Nein, sie führen auf Dauer nur zum Elend, denn sie sind das genaue Gegenteil von Glauben, Disziplin, Entschlossenheit, Mut und Durchhaltevermögen, die die Grundbausteine jedes wahren Erfolges darstellen. Nur durch Glauben, Disziplin, Entschlossenheit, Mut und Durchhaltevermögen verschaffst du dir Zugang zum wahren, zum beständigen Glück, das die Wesenseigenschaft des Absoluten darstellten.

Nur das Gute verschafft sich den Zugang zum Glück, denn das wahre, das beständige Glück ist die Wesenseigenschaft des Absoluten. **Daher rührt die Beständigkeit des Glücks, das auf *Dharma*, auf Rechtschaffenheit, aufbaut.**

Vielen Menschen geht es heute aber nicht um *Dharma*, sondern primär um *Dhana*, Reichtum, den zu erreichen ihnen fast jedes Mittel recht ist. Es geht ihnen eben nicht um *Hari*, Gott, sondern um *Siri*, Geld.

Reichtum ist aber nicht das Glückseligkeit verschaffende Absolute, sondern vergleichbar dem Goldenen Kalb, das außer einer blinkenden Illusion nichts zu bieten hat.

Und wie wenig, **besonders unethisch erworbener,** Reichtum bietet, zeigt die Tatsache, dass unzählige reiche Menschen weder glücklich noch zufrieden sind, geschweige denn innere Ruhe besitzen – und genau dies ist wahrer Reichtum!

Suchen und Finden

Damit kommen wir zu der wichtigen Wahrheit, die ich deshalb nochmals betone: **Du wirst das, was du denkst. Du findest das, was du suchst. Deshalb achte genau auf dein Denken! Denkst du dich als Staub, wirst du Staub! Denkst du dich (und die anderen!) als Gott, wirst du Gott.**

Es ist entscheidend, dass ein Therapeut positiv über sich und seine Patienten denkt, denn negative Gedanken machen krank. Positive Gedanken in Form von hilfreichen Affirmationen, von Visualisierungen oder von Gebeten können dagegen wahre Wunder bewirken.

Denke immer, dass jeder Mensch ein Wunder ist. Konzentriere dich deshalb auf das, was er kann, denn dies ist stets wichtiger als das, was er nicht kann!

Viele Menschen heute spüren, dass ihr Denken sie krank macht. Viele, die dies erkennen und ihr Leben positiver gestalten wollen, begeben sich in Psychotherapie. Die meisten, die in Therapie gehen, wollen aber eine Problemlösung. Denkt der Therapeut genauso wie sie, so haben sich zwei gefunden! Gehörst du auch dazu?

Ich frage dies, denn du kannst leicht an dir selbst erkennen, ob du ebenfalls nach der Lösung von Problemen **suchst** oder ob du eine **grundsätzliche** Lösung **finden** möchtest.

Dies ist der entscheidende Unterschied: **Viele wollen SUCHEN.**

Andere dagegen wollen FINDEN.

Diese beiden Verben machen Welten aus: Denn suchen bezieht sich auf den Weg, finden dagegen auf das Ziel!

Hier gelangen wir zu einem weiteren Satz, der für einen Therapeuten von nicht geringer Tragweite ist: **Die meisten Menschen in diesem Zeitalter wollen suchen und nicht finden. Sie wollen Probleme und keine Lösungen!**

Ein Therapeut, der dies nicht weiß, kann stundenlang mit seinen Patienten arbeiten, er wird nichts Vernünftiges, nichts Bleibendes erreichen.

Ja, noch schlimmer: Er kann die wunderbarsten Problem-Lösungen gefunden und mit seinen Patienten erarbeitet haben, und diese können sogar das Gefühl haben, er habe ihnen wirklich geholfen. In Wahrheit hat er ihnen aber geschadet.

Viele, die dieses Buch lesen, werden sich denken: ‚Wer soll denn überhaupt noch Therapie geben, wenn dies nur der Erleuchtete tun soll – oder zumindest jemand, der wirklich etwas weiß, weil er gründlich ausgebildet ist?' Diese Frage ist vollkommen berechtigt und von großer Bedeutung: Es ist nämlich – wie schon gesagt – **sehr leicht, Menschen vom Falschen zu überzeugen. Es ist aber sehr, sehr schwer, sie für das Richtige zu begeistern.**

Diesen Satz sollte ein Therapeut immer vor Augen haben – und trotzdem nicht verzweifeln!

Therapeuten müssen eine klare Ausrichtung haben. Und die besteht darin, dass sie **nicht versuchen,** *einzelne* **Probleme, also im Grunde Wirkungen zu verändern, sondern an das** *grundsätzliche Problem,* **also an die Ursache, zu kommen.**

Die meisten Menschen wollen nämlich ihre Probleme gar nicht loslassen.

Und warum nicht? Weil das Loslassen der Probleme und das Finden einer grundsätzlichen Lösung das Sich-Abwenden vom Ego und die Hinwendung zum Selbst bedeutet.

Deshalb ist die Behandlung von Problemen oft so trügerisch: Sie führt häufig zur **Symptombehandlung** und damit zur **Ego-Verwirklichung,** weil sie die Widerstände fördert.

Die **Behandlung der wahren Ursachen,** das heißt das *grundsätzliche* **Lösen** von Problemen, führt dagegen zur **Selbst-Verwirklichung.** Dies ist der entscheidende Unterschied – worauf ich in der Abhandlung über die Basis-Aufstellung noch näher eingehen werde.

Der Unterschied zwischen Ego- und Selbst-Verwirklichung drückt sich im Unterschied zwischen der Suche nach momentaner und grundsätzlicher Lösung aus: Zwischen der Suche nach Leiden-schaft und der Suche nach Glück.

Das Hauptproblem besteht, wie ich weiter oben bereits ausführte, nun darin, **dass die meisten Menschen in diesem Zeitalter die Leidenschaft dem Glück vorziehen – und die Therapeuten darauf hereinfallen, weil sie häufig selbst nichts anderes suchen und kennen!**

Das ist das ganze Problem! Und worin besteht es? Dass es im Grunde nicht existiert! Nun staunst du, nicht wahr? Da schreibe ich so entscheidende

Sätze, die den Unterschied zwischen Glück und Leidenschaft, das heißt Unglück, deutlich machen sollen, und am Schluss sage ich, diese ganzen Probleme existierten nicht!

Welch ein Widerspruch! Du hast vollkommen Recht: Welch ein Widerspruch! Ich meine dies aber etwas anders als du. Der Widerspruch besteht nämlich auf mehreren Ebenen: Einmal darin, dass jemand in die Therapie kommt, weil er leidet, und weil er damit ausdrückt, dass er dieses Leiden beenden will. Und zweitens, dass er infolgedessen offensichtlich nicht das Leiden, sondern das Glück sucht. Und schließlich, dass das Lösen der Probleme, die ihn in die Therapie führen, ihm zwangsläufig helfen wird, sein Glück zu finden.

Von einer höheren Ebene aus betrachtet, existiert all dies nicht.

Die Wahrheit ist nämlich: **Menschen, die Probleme haben, haben die Probleme, weil sie diese nicht nur haben, sondern auch lieb haben. Die Probleme fallen nicht vom Himmel, sondern die Seelen fallen vom Himmel der Probleme – nämlich der Bindung an diese Probleme wegen!**

Das ist die wirkliche Wahrheit: Dass Seelen deshalb wiedergeboren werden, weil sie starke Bindungen an die Welt haben, die sie **unbedingt leben** wollen.

Es ist nicht so, dass Menschen plötzlich von Problemen überfallen werden, mit denen sie dann leben müssen.

Menschen, die Probleme haben, wollten und wollen sie auch!

Aber **halt!** Dieser Satz bedeutet nicht, **niemals,** dass du das Recht hast, über problembeladene, leidende Menschen dahingehend zu urteilen: Selbst schuld! Keiner darf dies, denn alle – außer den Avataren, den Gottesinkarnationen, und den Bodhisattvas, den befreiten Seelen, die freiwillig auf die Erde zurückkommen, um der Menschheit zu helfen – sind hier, weil sie an etwas gebunden sind. So auch diejenigen, die urteilen.

Das heißt, sie sind hier, weil sie die Probleme lieben. Denn das Gesetz der Welt, das Wesen der Welt ist: Lernen durch die unendliche Abfolge von Freud und Leid. Und wie leben viele diese Abfolge? Durch die Leidenschaft und damit durch die Bindung an die Dualität!

Wer die Leidenschaft sucht, ist noch weit vom Ziel entfernt. Leiden-schaft schafft Leiden, schafft Unruhe, schafft Probleme, schafft Bindungen, schafft Wiedergeburt.

Keiner, der das wahre Ziel kennt, sucht sie. Nur diejenigen, welche die größeren Zusammenhänge nicht kennen, begeben sich auf diesen dornigen Weg, um am Ende, wie Casanova, zu sagen: *„Sono deluso."* – „Ich bin enttäuscht."

Und was heißt Leiden-schaft wirklich? Schaffen von, schaffen durch Leiden. Und was schaffst du? Du schaffst dir Einsicht. Es dauert, aber früher oder später gelangst du immer zur Ein-Sicht. Denn du bist auf Erden, damit du der Ein-Sicht, der Sicht des Einen, des Absoluten, teilhaftig wirst. Die Leidenschaft führt dich über Versuch und Irrtum genau dahin. Dies ist ihre Aufgabe. Dies ist die Aufgabe der Welt.

Der gute Therapeut sollte die Einheit von Gedanken, Worten und Werken verwirklicht haben und deshalb das finden, was er tatsächlich sucht.

Hat er dies gefunden, weiß er, dass die Losung vieler problembeladener Menschen lautet: **Nimm mir die schlimmsten Folgeerscheinungen meiner Probleme, aber bitte nimm mir nicht die Probleme selbst!**

Diese Losung beinhaltet aber keine Lösung. Denn Probleme sind wie die Hydra: Schlägst du ihr einen Kopf ab, wachsen drei nach. Löst du ein Problem, entstehen drei neue. Und warum ist das so? Weil es starke leidenschaftliche Gefühle erzeugt! **Es gibt ein starkes Gefühl der Kraft und sogar der Überlegenheit, wenn du ein großes Problem gelöst hast.**

Genauso entsteht bei Paaren ein tiefes Gefühl der Verbundenheit, wenn sie einen großen Streit beilegen konnten. Sie fühlen sich plötzlich *so* glücklich, *so* nah, *so* verbunden. In Wahrheit ist aber durch genau diese Gefühle der nächste Streit vorprogrammiert: Jeder von beiden strebt unbewusst genau diese Art der Lösung eines Problems an, weil es so schöne Gefühle macht. Deshalb suchen sie und finden sie das nächste Problem. Der nächste Streit kommt deshalb bestimmt! Und irgendwann finden sie auch hier zu einer Lösung und dem damit verbundenen „schönen" Gefühl. Diese Sucht nach Leidenschaft ist auch der tiefere Grund dafür, dass Paare, die im leidenschaftlichen Streit auseinander gehen, so unversöhnlich sind: Sie nehmen dem jeweils anderen übel, dass er das Maß des Streits übertrieben, dass er, wegen eines besonders großen Wunsches nach Leidenschaft, den Bogen überspannt hat. Er hat die geheimen, die unbewussten Regeln der Beziehung überzogen, missachtet, deswegen ist er schuldig und wird nicht selten unnachsichtig verfolgt.

Und woran erinnert uns das? An die narzisstische Wunde. Der narzisstisch Verletzte kann sich in einer blinden Wut verlieren, die keine Grenzen kennt. Die vor nichts Halt macht. Die selbst vor der Blutrache nicht zurückschreckt. So schrecklich dies auch klingen mag, es ist die Wahrheit: Menschen, die in Blutrache verstrickt sind, suchen genau diesen absoluten negativen Höhepunkt der Leidenschaft, denn diese absurden Gefühle wirken bei ihnen wie eine Droge.

Plötzlich ist alles extrem intensiv: Die Angst, die Trauer, der Hass, die Zusammengehörigkeit, die Trennung, die Freude am – möglicherweise nur noch sehr kurzen, da sehr bedrohten – Leben. Wegen dieser extrem intensiven Gefühle leben Menschen in der Blutrache. Und kommen sie dabei um, so wollen sie unbedingt in diese Verhältnisse wiedergeboren werden. Und dies so lange, bis ihr unstillbarer Hunger nach extremer Leidenschaft dadurch gestillt wird, dass sie erleben, dass am Ende das Leiden die Freude bei weitem überwiegt, dass ihr Leben zu einem Jammertal wird. Deshalb müssen sie so lange leiden, deshalb muss der Schmerz so groß werden, damit sie endlich durch unmittelbares Erleben umdenken und dadurch lernen, sich nach dem wahren Glück zu sehnen, weil es ihnen tatsächlich sehr viel mehr gibt.

Dieser Prozess des Umdenkens verläuft in der Therapie in verschiedenen Schritten: Als Erstes muss der Therapeut selbst von der Suche nach Problemlösungen Abstand genommen haben und dazu gelangt sein, die wahre Ursache zu finden. Das heißt: **Er muss vom „Suchen-Denken" zum „Finden-Denken" gekommen sein. Wer sucht, sucht Probleme. Wer findet, findet Lösungen.**

Zweitens muss er den Patienten fragen, was für ihn eine gute Lösung wäre. Dabei muss der Therapeut genau aufpassen, ob der Patient eine umfassende Lösung anstrebt oder nur die Beseitigung eines Problems. Hier muss der Therapeut klar und beständig sein. Er muss so lange nach einer wahren Lösung fragen, bis der Patient ein klares Ziel benennt.

Die nächste Frage ist, ob er dieses wirklich anstrebt.

Und dies erkennen sowohl der Therapeut als auch der Patient am besten durch die Basis-Aufstellung.

DIE BASIS-AUFSTELLUNG

Wie wir weiter oben sahen, besteht eine gute Methode darin, den Patienten Sätze vervollständigen zu lassen, etwa in der Art: „Wenn ich glücklich bin, dann ...", „Unglück ist für mich ..."

Häufig führt das Vervollständigen der Sätze aber nicht zu der erhofften Einsicht. Was dann?

Dies ist nun eine sehr heikle Situation, wenn sie sich in einer Einzelstunde ereignet. Natürlich könnte der Therapeut vorschlagen – wie wir bereits sahen und ich später nochmals ausführen werde –, die Übung mit der Methode der Gestaltarbeit unter Zuhilfenahme von zwei Kissen beziehungsweise Stühlen weiterzuführen. Es besteht aber die Gefahr, dass wieder nicht das Ergebnis herauskommt, das der Therapeut vermutet beziehungsweise spürt.

Deshalb sollte diese Übung am besten im Rahmen einer Gruppe durchgeführt werden.

Es gibt unendlich viele Varianten. Zum Beispiel können als Ergänzung alle inneren Instanzen, die Phyllis Krystal (vgl. *Die inneren Fesseln sprengen*) verwendet, in die Arbeit integriert werden.

Der Einfachheit halber beschränke ich mich hier nur auf die gängigsten, nämlich: **Erfolg, Misserfolg, Glück, Unglück, Gesundheit, Krankheit, Gott und der Patient selbst.** Auf die Bedeutung der ersten sechs muss nicht extra hingewiesen werden, denn es geht um das Aufdecken der unbewussten Lebenseinstellung. Gott wird aufgestellt, weil er **das** Symbol des Selbst ist.

Und der Patient wird aufgestellt, damit deutlich wird, wie er zu allen aufgestellten Instanzen steht.

Das Aufstellen im Allgemeinen

In einigen Punkten bin ich der Ansicht, dass Familienaufstellungen grundsätzlich anders gemacht werden sollten, als es bisher geschieht.

Auch die Entscheidung, wann eine Aufstellung überhaupt gemacht werden sollte, bedarf klarer Kriterien.

Es übersteigt aber bei weitem den Rahmen dieses Buches, all diese Ansätze, die ich wichtig finde, zu erläutern.

„Und warum?", fragst du vielleicht. Weil Therapie von einem hervorragenden Lehrer gelernt werden muss, der lebendig erklärt, der Fragen beantwortet und der Fehler sogleich korrigieren kann.

Stichpunktartig möchte ich deshalb nur so viel sagen:

Zur Aufstellung zähle ich auch die Basis-Aufstellung, denn sie zeigt auf, wie du **unbewusst** dein Leben gestaltest und was du **wirklich** anstrebst. Sie verweist außerdem auf die ebenfalls unbewussten Familien-Programme und ermöglicht es zu sehen, woher sie kommen.

Aufstellungen sollten lebendig sein. Das heißt, in Form des Psychodramas sollten die Teilnehmer die Möglichkeit haben, Gefühle auszutauschen, Konflikte zu lösen, Vergebungen auszusprechen.

Deswegen empfehle ich, dass alle, die bei einer Aufstellung mitwirken, sagen können, was sie empfinden, den Platz einnehmen können, der ihrem Gefühl entspricht, und ansprechen, mit wem sie glauben, etwas zu klären zu haben.

All dies kann selbstverständlich im glatten Chaos enden, wenn der Therapeut nicht klar leitet und nicht weiß, worin das Ziel der Aufstellung besteht.

Das Aufstellen des Selbst

Eine entscheidende Instanz ist ohne Frage Gott. Ohne Gott kann es keine endgültige Lösung geben.

Bert Hellinger sagt: „Gott – wenn es ihn gibt"! Ich verstehe dies als: „Gott – *sofern* es ihn gibt"! Und sage deshalb: Es heißt **nicht** Gott, so fern, sondern: **Gott, so nah Er ist!**

Ebenso heißt es nicht: *God is nowhere* – Gott ist nirgendwo, sondern *God is now here* – **Gott ist nun da!**

Du wirst natürlich mittlerweile gemerkt haben, dass mir Gott beziehungsweise das Selbst sehr wichtig sind! (Ich sage dies schmunzelnd!)

Vielleicht habe ich auch vermitteln können, dass ich dafür einen sehr triftigen Grund habe.

So wie die Arbeit von Phyllis Krystal ohne *High C(onsciousness)*, das heißt ohne das Höchste Selbst, nicht zu denken ist, so sollten die meisten Aufstellungen nicht ohne Gott durchgeführt werden, denn erst das Höchste Selbst zeigt den Weg aus unzähligen Problemen und Verwicklungen und ermöglicht eine tief gehende Lösung.

Jeder Therapeut ist natürlich der Ansicht, seine Therapieform sei, wenn schon nicht die beste, so doch mehr als ausreichend. Ich behaupte dagegen, dass ohne die Klärung, den Kontakt, die Ausrichtung auf diese entscheidende innere Instanz auf Dauer nicht viel geklärt werden kann.

Und ich gehe noch einen Schritt weiter: Ohne das Aufstellen dieser acht Instanzen – Erfolg, Misserfolg, Glück, Unglück, Gesundheit, Krankheit, Gott und des Patienten selbst – können Therapien in vielen Fällen ewig dauern, ohne eine grundlegende Veränderung zu bewirken.

Ich will es zunächst allgemein ausdrücken: Die Bestimmung des Menschen ist das Auffinden seines inneren, höchsten Selbst. Solange er dieses nicht gefunden hat, wird er immer wieder die unterschiedlichsten Probleme entwickeln. Dies ist ein Gesetz, von dem es keine Ausnahme gibt.

Alle, die eine Therapie beginnen, haben keinen tiefer gehenden Kontakt zu ihrem Höchsten Selbst. Ein erleuchteter Yogi bedarf keiner Therapie.

Das heißt, alle, die zu einer Therapie kommen, suchen auf die eine oder andere Weise Klarheit. Dies mag ihnen noch so unbewusst sein, dennoch ist es der Fall. Sie suchen auch dann, wenn sie sich vollständig in ihrer misslichen Situation eingerichtet haben.

So ist es zum Beispiel denkbar, dass eine junge Ehefrau in Therapie kommt, die von ihrem Mann getrennt lebt und glaubt, es gehe ihr jetzt viel besser als vorher.

Natürlich geht es ihr besser, denn vor der Trennung litt sie wegen der Streitereien mit ihrem Mann, die sie als äußerst bedrohlich erlebte.

Kann man aber wirklich behaupten, einem Kranken gehe es deshalb bereits gut, weil er nicht mehr in Lebensgefahr schwebt? Ist er nicht doch weiterhin auf Medikamente, vor allem aber auf Fürsorge angewiesen?

Ganz genau, denn jetzt geht es darum, ihn gänzlich gesund zu pflegen und so zu Kräften kommen zu lassen, dass er seinen Alltag wieder gut bewältigen kann.

Das Gleiche gilt für den psychischen Bereich.

Jede Krisenintervention ist nicht mehr als ein Notpflaster, solange ein Mensch nicht seine unbewusste Ausrichtung erkennt.

All sein Kontakt zu seinem Selbst beziehungsweise zu Gott kommt einer Illusion gleich, wenn er sich weder bewusst macht, wie negativ er in Wahrheit ausgerichtet ist, noch wie wenig das Positive bei ihm eine Chance hat, gelebt zu werden.

Das Aufstellen der acht Instanzen

Viele Patienten stellen nun die oben genannten acht Figuren so auf, **wie sie es sich vorstellen beziehungsweise wie sie es gerne hätten.**

So wählen sie natürlich jemand Nettes für sich aus, stellen Glück, Erfolg und Gesundheit ganz in ihre Nähe und Gott entweder als Stütze in ihren Rücken oder als Ausrichtung vor sich.

Unglück, Misserfolg und Krankheit dagegen werden irgendwohin in den Raum verbannt. Möglichst noch mit dem Rücken zu ihnen gewandt.

Wenn sie mit dem Aufstellen fertig sind, sehen sie sich alles noch einmal mit Genugtuung an, und nachdem sie festgestellt haben, dass es für sie so zutrifft, setzen sie sich dahin, von wo aus sie alles Weitere gut beobachten können.

Und nun geschieht das Erstaunliche: Wie auch immer jemand etwas aufgestellt haben mag, in einer offenen und differenzierten Gruppe kommt die Wahrheit immer ans Tageslicht.

Und die Wahrheit besteht gewöhnlich darin, dass die einzelnen aufgestellten Personen sich häufig ganz anders fühlen, als der Patient glaubt.

Bemerkenswert ist dabei häufig auch der Wandel in den Aufgestellten selbst. Wenn jemand als Glück, als Erfolg, als Gesundheit oder gar als Gott aufgestellt wird, freut er sich zunächst.

Umgekehrt machen diejenigen lange Gesichter, die das Unglück, den Misserfolg und die Krankheit darstellen sollen.

Doch stehen sie erst einmal an ihren Plätzen, ändern sich die Gesichter zum Teil grundlegend: Das Glück, der Erfolg und die Gesundheit schauen eher missmutig in die Runde. Und Gott hat das Gefühl, hier noch gar keinen Platz zu haben.

Unglück, Misserfolg und Krankheit dagegen leben richtiggehend auf. Waren sie eher unglücklich, als sie aufgestellt wurden, so strahlen sie nun, freuen sich über ihre Rolle, über ihre Bedeutung, ihren Einfluss und die Nähe zur Hauptperson!

Derjenige, für den all dies geschieht, reagiert gewöhnlich sehr erstaunt. Mit großen Augen verfolgt er das Treiben – und es fällt ihm manchmal schwer, seine Beobachtungen mit dem Bild, das er bisher von sich hatte, zu vereinbaren.

Die Skepsis

Wie sollen Therapeuten mit dieser Situation weiter arbeiten?

Als Erstes sollte der Therapeut unbedingt sicherstellen, dass der Aufstellende tatsächlich glaubt, was er sieht. Es nützt wenig, wenn die halbe Gruppe sich um die Auflösung einer Situation bemüht, während der, um den es geht, als Einziger nicht wahrhaben will, was die Situation ihm zeigt.

Wenn ein Patient noch keine Erfahrung mit Aufstellungen hat, hat es sich bewährt, dass er erst einmal in anderen Aufstellungen eine Rolle übernimmt. So kann er erleben und spüren, wie echt seine Gefühle in der jeweiligen Position sind und wie sie sich von einer Rolle zur nächsten zum Teil grundsätzlich verändern.

Hat er dies einige Male erlebt, wird er nun aus eigener Erfahrung wissen, dass es stimmt, was die jeweiligen Personen über ihre Rollen sagen.

Aufstellungen haben immer etwas Erstaunliches. Fast jeder, der neu in eine Gruppe kommt, fragt sich, ob dies alles stimmt, was da „gespielt" beziehungsweise erlebt wird.

Hier gilt stets die alte Regel: Erfahrung ist mehr wert als tausend Worte. So sollte ein Therapeut, der sein Handwerk versteht, sich auch nicht auf langwierige Mutmaßungen oder gar Diskussionen einlassen.

Aber Vorsicht: Jeder Patient hat ein Recht auf seine Zweifel, seine Fragen, seine Skepsis. Die Therapie sollte doch die Aufgabe haben, ihn zu einem mündigen Menschen heranreifen zu lassen. Deshalb muss ein Therapeut stets die Fragen, die Einwände beziehungsweise die Kritik seiner Patienten ernst nehmen.

Einmal der Achtung wegen, die jeder Therapeut seinen Patienten gegenüber haben muss, und zweitens weil Fragen, die nicht adäquat beantwortet wurden, nicht verschwinden. Was vielmehr verschwindet, ist die Glaubwürdigkeit des Therapeuten in den Augen des Patienten.

Deshalb sollte der Therapeut auf den zweifelnden Patienten mit aller Ernsthaftigkeit und Achtung eingehen. Er sollte ihm Anerkennung dafür aussprechen, dass er den Mut hat, vor einer ihm möglicherweise nicht näher bekannten Gruppe seine Zweifel auszusprechen. Diese Anerkennung sollte kein Kunstgriff sein, sondern ein Akt aufrichtiger Würdigung dessen, was ist, denn ihm gebührt in der Tat Anerkennung für seine mutige Haltung.

Als Nächstes ist es klug, wenn der Therapeut zum Ausdruck bringt, dass er die Zweifel des Patienten versteht. Denn wenn etwas von außen zunächst nicht nachvollziehbar ist, so ist es nur recht und billig, wenn jemand seine Skepsis ausdrückt.

Der Therapeut sollte sich wie gesagt nur nicht zum Argumentieren verleiten lassen. Er könnte etwa Folgendes sagen: „Ich verstehe deine Zweifel beziehungsweise deine Verwunderung über das, was hier geschieht, nur zu gut. Ich staune selbst jedes Mal aufs Neue. Deshalb sieh zu, ob du auch einmal aufgestellt wirst, dann erlebst du unmittelbar, wie du dich vorher, in der Rolle und danach fühlst. Und du kannst erleben, ob es alles ‚fauler Zauber' oder wirklich wahr ist, was die einzelnen Aufgestellten spüren und erleben."

Bei den meisten sind die Zweifel verflogen, wenn sie einmal eine Rolle spielen konnten. Sie spüren dann sogleich, wie unterschiedlich ihr Erleben vor und in der Rolle ist. Dies ist viel, viel mehr wert als tausend Worte, die den anderen oft doch nicht erreichen.

„Und wenn jemand diese Zweifel *während* der Aufstellung äußert?"

Eine wichtige Frage. Die Antwort hängt wieder einmal von der Situation ab. Manche Therapeuten legen größten Wert auf vollkommene Sammlung, Stille und Konzentration. In diesem Falle ist die Wahrscheinlichkeit nicht sehr groß, dass jemand eine solche Frage während der Arbeit stellt. Diese Ernsthaftigkeit hat viele Vorteile. Durch sie wird unter anderem auch deutlich, dass es hier um eine ernste Angelegenheit geht und nicht um irgendein Spiel, das im Grunde nicht der Rede wert ist.

Manche Therapeuten lieben dagegen die Leichtigkeit. Wieder andere eine Mischung aus beidem. Sie sind der Ansicht, viele Patienten machten sich das Leben bereits schwer genug und müssten nicht noch unnötig einer Schwere ausgesetzt werden, die für die Klärung der Situation, so glauben sie, nicht unbedingt notwendig ist.

Wieder einmal verweise ich auf meinen erleuchteten Therapeuten! Denn der Therapeut sollte fühlen und sagen können, was in einer bestimmten

Gruppensituation das Richtige ist. Deshalb entscheidet der Therapeut, wann ein Patient eine Aufstellung etwas leichter nehmen kann und wann Ernsthaftigkeit unbedingt geboten ist.

So kann ich auf deine obige Frage nur ganz allgemein antworten: Der gute Therapeut muss abhängig von der Situation entscheiden, ob er auf die Skepsis eines Patienten unmittelbar oder erst nach Beendigung der Aufstellung eingeht.

Die Auflösung

Aufstellungen wirken häufig leicht, spielerisch, einfach. Und nicht selten staunen viele über die unerwartete Lösung.

So wirken sie. Ich kann aber sagen, dass es kaum therapeutische Arbeiten gibt, für die ich häufiger um Hilfe gebeten werde als bei Aufstellungen.

Denn es kann sehr leicht passieren, dass durch die Aufstellungen die Verwicklungen zunächst eher größer als geringer werden.

Das ist dann der Augenblick, in dem die Therapeuten mich ungeduldig bitten, doch endlich einzugreifen.

Damit kommen wir zu einem entscheidenden Punkt. Natürlich helfe ich gern, denn es ist meine wichtigste Aufgabe zu helfen.

Aufstellungen sind aber kein Kinderspiel. Das gleiche Thema kann bei einem erfahrenen Therapeuten zu einer tief greifenden Veränderung führen, bei einem nicht so erfahrenen aber zu einer mehr oder weniger großen Katastrophe.

Aufstellungen und deren Lösungen hängen deshalb in sehr hohem Maße von der Fähigkeit des Therapeuten ab. Er muss entscheiden, wann ein Rollentausch sinnvoll ist. Er muss sagen, wann der richtige Zeitpunkt gekommen ist, um zurückzutauschen. Er muss spüren, ob es der Lösung dienlich ist, wenn noch weitere Figuren aufgestellt werden.

Außerdem muss er aufpassen, dass er selbst nicht zu aktiv wird und durch seinen Tatendrang den Prozess stört oder gar verhindert.

Die Lösung einer Aufstellung ist ein sehr, sehr feingliedriges, zartes Gebilde, vergleichbar einer Blume. Du kannst sie anfassen, du kannst sie auch zu deinem Gesicht führen, sie staunend betrachten und ihren Duft genießen. Berührst du ihre Blütenblätter aber unachtsam, kann sie im Nu unansehnlich und verwelkt aussehen.

Ähnlich verhält es sich mit jeder Aufstellung: Passt du einmal nicht auf, wertest oder deutest eine Äußerung einmal falsch, schon geht der Prozess in eine Richtung, die sich schnell als Sackgasse erweisen kann.

Deshalb sind Können, Erfahrung, Vorsicht und Kontakt zur inneren Stimme oder einem sicheren Gefühl von entscheidender Bedeutung.

„Aber was kann der Therapeut nun *praktisch* tun?", fragst du zu Recht.

Meine sibyllinische Antwort lautet: Wenn er weiß, was er tut, kann er sehr viel in Bewegung bringen oder gar lösen.

Bitte entschuldige, dass ich so wenig konkret werde. Ich habe hier eine große Verantwortung. Viele werden diese Zeilen lesen, weil sie von weit reichender Bedeutung sind. Und sie werden das, was sie lesen **und wie sie es verstehen,** in die Tat umzusetzen versuchen. Die Not ist nicht nur bei vielen Patienten, sondern auch bei vielen Therapeuten groß.

Ich weiß, wie sehr sie suchen, wie sehr sie sich bemühen.

Also bitte, behandle all dies, was ich hier schreibe, mit der größten Vorsicht. Stürze dich und deine Patienten nicht in unkalkulierbare Abenteuer. Sondern achte darauf, ob du tatsächlich verstehst, was ich meine, und ob du es dir von deinem guten Herzen her zutrauen kannst, es in deiner Praxis umzusetzen. Oder ob du nicht zuvor eine Fortbildung bei einem hervorragenden Therapeuten machen solltest.

Doch zurück zum Finden der Lösung. Diese besteht darin, dass der Therapeut herauszufinden versucht, warum der Aufstellende eine andere Vorstellung von seiner Situation hat, als bei der Arbeit herauskommt beziehungsweise sichtbar wird.

Hier ist der Rollentausch stets eine große Hilfe. Wenn der Patient zum Beispiel in die Rolle des Unglücks wechselt und das Unglück seinen Platz einnimmt, dann könnte beispielsweise herauskommen, dass er das Unglück gar nicht als Unglück sieht. Viele behandeln das Unglück so, als sei es das Glück und ihr bester Freund, weswegen sie es auch nicht aufgeben wollen.

Dies ist zudem die Erklärung dafür, dass Menschen glauben, sie suchten das Glück. **Sie verwechseln so sehr das Unglück mit dem Glück, den Misserfolg mit dem Erfolg, die Krankheit mit der Gesundheit,** dass sie von ganzem Herzen behaupten können, sie suchten doch dieses und verabscheuten jenes.

Durch den Rollentausch erfahren sie deshalb häufig zum ersten Mal, dass die Realität ganz anders aussieht und dass sie bisher eine große Illusion lebten.

Es gibt nun Menschen, die sind so erschüttert von dieser Einsicht, dass sie noch gar nicht in der Lage sind, irgendetwas zu lösen.

Wieder ist der Therapeut gefragt. Er muss entscheiden, ob sie sich vor einer Lösung drücken wollen, weil sie nicht bereit sind, ihr altes Motto **„Lieber ein vertrautes Elend als ein unbekanntes Glück"** aufzugeben.

Es kann aber auch sein, dass sie gerade dadurch nichts verändern würden, wenn sie an dieser Stelle sofort etwas lösten, ohne zunächst mit der neuen Erkenntnis etwas innezuhalten.

Veränderung beginnt durch Staunen

Der entscheidende Schritt ist nämlich in vielen Fällen, dass jemand zunächst einmal staunt und auch ein wenig dabei bleibt.

Das Staunen während und nach einer solchen Aufstellung ist nicht selten mit Scham verbunden, weil der Patient sich und anderen nur ungern eingestehen möchte, dass er so blind war, sich so falsch wahrnahm, die Sachverhalte so anders einschätzte, als sie sich nun offenbaren.

Hier muss der Therapeut unbedingt klärend eingreifen. Lässt er nämlich dieses Gefühl der Peinlichkeit zu, vermittelt er damit dem Patienten, dass es tatsächlich ablehnenswert ist, was er über sich erfährt.

Der Therapeut sollte ihm deshalb zum Beispiel sagen, dass alle Menschen in der einen oder anderen Weise blind sind – andernfalls wären sie nicht wiedergeboren worden! Sodann muss er ihm seine Anerkennung dafür ausdrücken, dass er bereit ist, sich anzuschauen. Dies ist keine Selbstverständlichkeit! Wie viele Menschen fristen lieber ein schreckliches Dasein, zerstören sich und ihre Umwelt, denken aber nicht im Entferntesten daran, sich etwas anzusehen, **was sie selbst betrifft**. Geschweige denn, dass sie etwas verändern wollten und würden.

Sich anzuschauen bedeutet deshalb, dass jemand wahrnimmt, wie er ist, und nicht in die Zukunft flieht. Wer sich nicht annimmt, wie er jetzt ist, lebt in einer mehr oder weniger **möglichen Zukunft**, in der er vielleicht einmal so sein wird, wie er es sich heute wünscht.

Von einer besseren Zukunft zu träumen, anstatt das Hier und Jetzt anzusehen ist aber Widerstand und muss deshalb unbedingt thematisiert werden!

Daher hat jeder Mensch, der bereit ist, sich anzusehen und sich seine geheimsten Muster bewusst zu machen, Anerkennung und Lob verdient.

Dies sollte der Therapeut nicht vergessen und es bei jeder passenden Gelegenheit auch aussprechen. Denkt er sich nur still seinen Teil, sagt aber nichts, so drückt dies zwar aus, dass er ein guter Mensch ist, sein Patient hat aber wenig davon!

Also loben! Dies klingt möglicherweise sehr banal, ich sage es aber trotzdem: **Richtig gelobt, das heißt im richtigen Augenblick mit den richtigen Worten und dem richtigen Gefühl gelobt, ist die halbe Therapie. Denn es ist auch das halbe Leben!**

Menschen brauchen Lob. Besonders natürlich dann, wenn sie darüber staunen müssen, wie wenig sie sich kennen.

Unkenntnis nagt zwangsläufig am Selbstwert. **Deshalb muss der Therapeut dem entgegensteuern, indem er lobt.**

Das Loben hat zur Folge, dass der Patient weiter bei seinem Staunen bleiben kann. Denn nichts zerstört das Staunen so schnell wie mangelnder Selbstwert und die daraus resultierenden Gefühle der Selbsterniedrigung oder gar Verachtung.

Das Lob löst diese Gefühle auf oder neutralisiert sie zumindest, wodurch der Staunende weiterhin in diesem wunderbaren Zustand verweilen kann.

Das Staunen ist eine große Kraft, die dich für ganz neue Energien öffnet.

Das Staunen schenkten die Götter den Menschen, damit sie adäquat auf die Schönheit des Universums reagieren können. Deshalb ist das Staunen Göttlich, und jeder sollte es so lange genießen, wie er irgend kann.

Das Staunen hat noch eine weitere wunderbare Eigenschaft: Dadurch, dass jemand staunt – und dies heißt hier, dass er über sich selbst staunt –, nimmt er sich an. Durch das Staunen denkt er sich: ‚Ich wusste gar nicht, dass ich so bin. Ich staune, was alles in mir ist. Wie gut, dass ich es kennen lerne. Das werde ich mir eine Weile anschauen!'

Wer so denkt, wird mit Sicherheit seine Gefühle nicht als unangenehm, als verboten, als schlecht ablehnen. Er wird sie sich ansehen und damit – eben durch das Wunderbare des Staunens – einen großen Schritt tun.

Nun wendest du ein, dass ich sonst doch immer wieder betone, der **Erleuchtete frohlocke nicht über Lob und sei nicht niedergeschlagen von Tadel.**

Die Antwort ist einfach: Du kannst nur etwas aufgeben, was du hast. Wenn es dir dagegen weit gehend unbekannt ist, gelobt zu werden und dich entsprechend freuen zu dürfen, dann kannst du es auch nicht aufgeben.

Du kannst es in diesem Fall auch deshalb nicht, weil deine seelischen Verletzungen viel zu groß sind.

Durch das Lob dafür, dass du es wagst, dich mit all deinen Schattierungen anzusehen, kannst du einen Schritt der Heilung gehen.

Und bist du wirklich ausgeheilt und außerdem seelisch gut genährt worden, kannst du dich nach neuen Zielen umsehen.

Wie schön, wenn dich deine Schritte, die dich zu einem neuen Ziel führen, dahin bringen, immer weiser zu werden, mehr und mehr in dir zu ruhen und somit immer unabhängiger von Lob und Tadel zu werden!

Geduld

Es ist also sehr wichtig, dass der Therapeut diesen Prozess des Staunens unbedingt unterstützt und nicht unterbricht. Er würde damit bei seinem Patienten eine gute Gelegenheit zur Selbsterkenntnis und eine Chance, sich selbst anzunehmen, verhindern, von denen keiner weiß, wann und ob sie so wiederkommen.

Überspitzt könnte ich jetzt sagen: Geduld ist die zweite Hälfte der Therapie! Dies steht hier nicht fett gedruckt, denn es ist mehr ein Bonmot als eine unumstößliche Wahrheit. Wenn nämlich Loben die eine Hälfte ist und Geduld die andere, dann bleibt für Wissen, für Takt, für Liebe nicht mehr viel übrig!

Das stimmt natürlich. Trotzdem ist das Bonmot treffend, denn die meisten Menschen verlieren unendlich viel und verpassen den Rest (wieder ein Bonmot!!!), weil sie nicht warten können.

Und noch etwas, und dies ist nun keine Übertreibung: **Die meisten Menschen haben Probleme, weil sie keine Geduld haben!**

Und zudem: Geduld und Ziel, Geduld und Erfolg, Geduld und Glück sind aufs Engste miteinander verbunden.

Deshalb sollte der gute Therapeut sehr, sehr vorsichtig sein. Wegen seines Könnens läuft er Gefahr, sich „vor den Karren der Ungeduld" seiner Patienten spannen zu lassen. Und Ungeduld ist in der Therapie nichts anderes als Widerstand (vgl. v. Stepski-Doliwa, *Theorie und Technik der analytischen Körpertherapie*, S. 64).

Viele Probleme gäbe es nicht, viele Verletzungen entstünden nicht, wenn die Menschen mehr Geduld hätten. Deshalb ist Geduld eine der wichtigsten Tugenden des Menschen. Und die wichtigste Voraussetzung zum Erlangen von Erkenntnis.

Zu wissen, wann man handeln und wann man unbedingt warten muss, ist Weisheit. Und was weiß der Weise noch? Dass nichts ohne die Gnade Gottes gelingen kann. Dass aber deshalb keiner die Hände in den Schoß legen und sich der irrigen Vorstellung hingeben sollte, der Herr richte schon alles. Tätigsein ist die Bestimmung des Menschen. Deswegen ist Handeln für den Menschen unbedingt notwendig. Und zu handeln beziehungsweise Gutes tun zu können, ohne auf die Früchte zu sehen, ist Gnade.

Denkst du an dieser Stelle: „Das schaffe ich nie!", sage ich dir: Mach dich nicht klein. Denke vielmehr, dass der Mensch mit unendlichen Möglichkeiten ausgestattet ist – **auch du!** Staune und habe etwas Geduld.

Handelst du und hast trotzdem Geduld, dann beginnst du ernsthaft damit, nicht auf die Früchte deines Tuns zu blicken.

Bedenke, wenn du ungeduldig wirst, Folgendes: **Es sind die Wünsche, die dich ungeduldig werden lassen. Entscheide dich, wenn du die Wahl hast, stets für die Geduld und nicht für den Wunsch.** Denn der Wunsch bindet dich. Und was dich bindet, enttäuscht dich eines Tages.

Die Geduld dagegen macht dich frei. Und wer frei von Wünschen ist, kann nicht enttäuscht werden.

Dies ist in der Tat wunderbar: Zu staunen und sich gleichzeitig in Geduld zu üben.

Und wohin führt dies? Zu der Frage, die du vorhin vielleicht auf den Lippen hattest, aber nicht aussprachst, nämlich *wie* man sich die Gnade Gottes verdient. **Durch Geduld, durch das Aufgeben von Wünschen und das Staunen über die Schönheit der Welt.**

Dharmaraja, der König der Pandavas, hatte durch den gemeinen Betrug der Kauravas und seinen Mangel an Unterscheidungsvermögen sein gesamtes, riesiges Königreich verloren. Nun saß er in den Bergen und betrachtete seine Umgebung. Er war so fasziniert von deren Schönheit, dass er den Verlust all seines Hab und Gutes und all seiner Annehmlichkeiten überhaupt nicht verspürte. Das war Gnade, mit der er von Krishna auch später reichlich beschenkt wurde.

Anschauen, Geduld und Staunen sind also sehr segensreich. Deswegen ist es so wichtig, dass jemand, der die Basis-Aufstellung gemacht hat, sich Zeit nimmt, das Gesehene, Gehörte und Erlebte auf sich wirken zu lassen.

Eine wichtige Frage ist nun: Wie lange?

Marie v. Ebner-Eschenbach hat den wunderbaren Spruch geprägt: *Nicht was wir erleben, sondern wie wir empfinden, was wir erleben, macht unser Schicksal aus.*

Wenn also ein Patient zum Nachspüren ein, zwei Tage benötigt, braucht ein anderer zwei, drei Monate, und ein dritter ist möglicherweise selbst nach drei Monaten noch nicht so weit.

Hier muss der Therapeut gut spüren, beurteilen und entscheiden können.

Natürlich kann die Basis-Aufstellung wiederholt werden. Sie kann aber dadurch leicht an Dynamik verlieren. Außerdem kann es sich negativ auf den Selbstwert der Aufstellenden auswirken, wenn sie zum Beispiel miterleben, wie andere klar und entschieden die Übung zu Ende führen, sie selbst aber nicht zur entscheidenden Einsicht gelangen.

Hier müssen wir eine wichtige Tatsache berücksichtigen. Jemand kann seine Situation aufstellen, wie er **denkt, dass es richtig sei.** Stimmt die Aufstellung aber nicht mit seiner unbewussten Energie überein, dann werden die aufgestellten Personen sich dennoch nach dieser unbewussten Energie richten, denn sie wird es sein, die sie spüren und die ihr Fühlen bestimmt.

Mit anderen Worten: Ist jemand in seinem Innersten noch nicht entschieden, werden selbst die beste Gruppe und der erfahrenste Therapeut keine Lösung erarbeiten können. Die Regel lautet hier wie sonst auch: Jeder ist seines Glückes Schmied. Keiner kann einen anderen zu seinem Glück zwingen – und sollte dies auch **auf keinen Fall versuchen.** Selbst die Engel und die Götter setzen sich nur in Notfällen über den freien Willen des Menschen hinweg. Mehr sollten sich also weder Therapeuten noch Gruppenteilnehmer herausnehmen.

Denn Therapie sollte immer zu mehr und niemals zu weniger Selbstverantwortung führen.

Deshalb muss der Therapeut warten und außerdem erkennen können, wann der richtige Moment für die Lösung gekommen ist.

Dazu ist zweierlei von großem Wert: Erstens, dass der Therapeut herzlich und offen darüber spricht, warum er meint, dass der rechte Augenblick noch nicht gekommen sei.

Stimmt die Beurteilung des Therapeuten, so wird eine Gruppe, die bereits halbwegs gut spüren kann, ihm beipflichten. Auch der Patient, um den es geht, wird dies – nach einiger Zeit des Nachspürens – ebenfalls als stimmig wahrnehmen.

Es gibt nun aber Fälle, in denen sich die Wahrnehmungen nicht decken. Was sollte der Therapeut dann tun?

Ganz klar bei seiner Beurteilung der Situation bleiben, diese dem Patienten noch einmal erklären – und fertig?

Wenn ein Patient meint, er schätze seine Lage richtig ein, die anderen aber irrten sich, dann wird er sich von seiner Sicht durch eine weitere Erklärung mit an Sicherheit grenzender Wahrscheinlichkeit nicht abbringen lassen.

Ebenso wenig ist es dann aber möglich, das so stehen zu lassen und mit einem andern Patienten der Gruppe weiterzuarbeiten. Denn der eine, um den es ging, wird sich abgeschnitten fühlen. Die Gruppe wird mit den im Raum befindlichen ungelösten Energien beschäftigt sein. Alles denkbar schlechte Voraussetzungen, um mit jemand anderem gut und tief arbeiten zu können.

Eine wichtige Richtschnur für den Therapeuten sollte deshalb der Satz sein: *Das Leben ist der beste Lehrer.*

Dies ist ein so wichtiger Satz, dass ich hier ein Beispiel von Rama erwähne. Mir ist bewusst, dass es in diesem Zusammenhang etwas groß, um nicht zu sagen: Großartig wirkt. Ich verwende aber die Kraft, die in dieser Geschichte liegt, um dich wachzurütteln! Das Hauptproblem des Menschen besteht nämlich darin, dass **jeder glaubt, er habe Recht!** Da kann jemand noch so sehr im festen Griff der Unwissenheit sein, er glaubt fest daran, er wisse alles! Hieran kannst du die unbeschreibliche Macht von *Maya* erkennen: Sie verschleiert die Wahrheit, die dem einen Gott eigen ist, so sehr, dass jeder der Ansicht ist, selbst der unwichtigste Zipfel der Dualität, den er zu fassen bekommt, sei die größte Wahrheit.

Und so glauben auch unzählige Therapeuten, sie wüssten alles, beziehungsweise das, was sie wüssten, sei mit Sicherheit richtig und wichtig.

Und ihre Patienten stehen ihnen in dieser großen Sicherheit bezüglich der eigenen Meinung nicht im Geringsten nach!

Für den Kampf von Ego gegen Ego ist somit das Schlachtfeld bereitet!

Liest du nun die Geschichte von Rama, so kannst du das soeben Gesagte genau bestätigt finden. **Die Bösewichte jener Zeit, die unvorstellbar schreckliche Taten begingen, waren dennoch davon überzeugt, im Recht zu sein und recht zu handeln!**

Ravana war zum Beispiel ein hingebungsvoller Anhänger des Gottes Shiva. Das hinderte ihn aber nicht im Geringsten daran, dem Avatar Rama die Frau zu stehlen und diese Inkarnation Gottes töten zu wollen. Darüber hinaus war er der festen Überzeugung, er habe auch noch ein **Recht**, diese Verbrechen zu begehen. Deswegen war er ein Dämon: Weil er so Schreckliches vorhatte und trotzdem der festen Überzeugung war, dies sei sein gutes Recht!

Also Vorsicht: Wenn Menschen, die in der Lage waren, derart Schreckliches zu planen und durchzuführen, der festen Überzeugung waren, sie hätten Recht, wie wird es dann erst vielen Patienten – und Therapeuten und allen anderen! – ergehen, die allen Grund haben, anzunehmen, dass sie in keiner Weise so verwerflich sind wie jene Dämonen, die zu besiegen es eines Avatars bedurfte?

Durch den Kampf mit dem Avatar lernten jene aber, dass sie sowohl ihre Möglichkeiten als auch ihr Verhalten als auch ihre Kräfte, vor allem aber die des Avatars, völlig falsch eingeschätzt hatten. Das, was alle Worte nicht bewirken konnten, hatte sie das Leben eindeutig gelehrt. Durch ihr Erleben lernten sie all das, was sie vorher nie hatten wahrhaben wollen.

Wenn diese Dämonen nicht in der Lage waren, **zu sehen, was** sie taten, wo sie so viel und noch dazu für alle anderen – außer ihnen! – offensichtlich Falsches taten, ist es nur nahe liegend, wenn die meisten Menschen, die weit davon entfernt sind, so maßlos zu sein, dies auch nicht können. So auch diejenigen, die gerade deshalb in Therapie kommen, weil einiges in ihrem Leben nicht so läuft, wie sie es sich wünschen. Daher werden sie gerade in einer so grundlegenden Situation wie einer Aufstellung verständlicherweise nicht immer in der Lage sein, zu erkennen, wie sie sich verhalten, was sie **wirklich** anstreben und ob sie schon bereit sind, ihre alten Muster aufzulösen.

Hier ist Geduld angesagt. Diesmal beim Therapeuten! Er sollte verstehen, dass sein Patient nicht anders kann. Dass dieser **meint**, etwas zu verstehen, etwas tun, etwas leisten zu können, was ihm in der Art, wie er glaubt, überhaupt nicht zur Verfügung steht.

Der Therapeut sollte ihm dann verdeutlichen, dass er es anders sieht, dass er ihn anders einschätzt. Und er sollte sich vergewissern, ob es überhaupt bei ihm ankommt, dass der Therapeut anderer Ansicht ist als er. Außerdem sollte der Therapeut berücksichtigen, was ich weiter vorne sagte: Dass Menschen große Schwierigkeiten haben, sich zu verändern, sich verändern zu wollen, wenn man ihnen etwas erklärt.

Dies ist nun ein wichtiger Moment! Geht der Patient mir nichts, dir nichts über die Bedenken und Empfindungen des Therapeuten hinweg, verschiebt sich damit das Thema grundlegend! Es geht dann nicht mehr um die Aufstellung, sondern um die Beziehung zwischen Therapeut und Patient.

Die Beziehung zwischen Therapeut und Patient

Viele Therapeuten, die mit aktiven Therapien wie Familienaufstellungen, Psychodrama, Gestalttherapie oder Bioenergetik, um nur einige zu nennen, arbeiten, sind von einer Gefahr besonders bedroht: Dem Zu-viel-Machen. Die „Griffigkeit" dieser Methoden verleitet zum Aktionismus. In der Therapie aber gilt der alte, weise Grundsatz besonders: **Niemals zu viel!**

Manche Therapeuten sind jedoch so sehr in das Tun verliebt, dass sie bei einer Situation wie der oben beschriebenen einfach „im Programm fortfahren" und eine Aufstellung machen ließen.

Dies wäre aber ein großer Kunstfehler!

Denn wie die Analytiker, so sollte auch jeder gute Therapeut den Grundsatz beherzigen: **Widerstandsanalyse geht vor Inhaltsanalyse!**

Geht ein Patient nicht auf die Einwände seines Therapeuten ein, so ist die Arbeit zum Scheitern verurteilt. Denn wofür beginnt jemand eine Therapie? Um das Du in seinem Leben zu finden!

Geht der Therapeut nicht darauf ein, dass er übergangen wurde, muss er sich fragen, ob **er** es sich denn auch wirklich wert ist, dass er geachtet wird. **Wie sollten seine Patienten aber Selbstachtung lernen, wenn der Therapeut sich selbst nicht achtet?**

Er muss diesem Thema nachgehen und herausfinden, welcher Art der Widerstand ist, den das Verhalten des Patienten ausdrückt. Erst wenn die Widerstandsanalyse dies geklärt hat, kann zur Inhaltsanalyse in Form einer Aufstellung übergegangen werden.

Wie wichtig dieser Schritt ist, möchte ich anhand eines Beispiels erläutern: Agnes war neu in die Therapiegruppe gekommen. Sie und die Therapeutin hatten eine gute Beziehung zueinander.

Sie war gekommen, um eine Familienaufstellung zu machen. Als die Therapeutin aber nicht sogleich diesen Wunsch erfüllte, wurde sie recht ärgerlich.

Genau hier hakte die Therapeutin ein. Sie fragte, ob es vielleicht Parallelen in ihrem Leben gebe. Ob es Situationen gebe, in denen sie sich nicht allzu sehr darum kümmere, wie es anderen mit ihren sehr festen Vorstellungen ergehe. Situationen, in denen sie sich gar nicht fragen würde, ob ihre Mitmenschen eine andere Meinung hätten oder sich gar brüskiert fühlten.

Agnes schwieg, denn sie war überrascht. Genau dies war ihr Thema gewesen, weswegen sie in die Therapie gekommen war! Sie hatte immer wieder das Gefühl, ihr Mann verstehe sie nicht. Was zum Teil auch stimmte.

Wenn er ihr aber zu vermitteln versuchte, dass sie häufig Entscheidungen traf, bei denen sie ihn völlig überging, hatte sie stets empört reagiert.

Dass er in diesem Punkt etwas Richtiges ansprach, wäre ihr nie in den Sinn gekommen. Und hätte sie sogleich ihren Plan mit der Familienaufstellung in die Tat umsetzen können, wäre diese wichtige Chance der Bewusstwerdung verloren gegangen.

Deshalb sollte der Therapeut einerseits anerkennen, dass jemand klar entschieden ist, an sich zu arbeiten. Auf der anderen Seite sollte er stets klare Pläne, klare Vorstellungen, klare Zeitplanungen der Patienten hinterfragen. Er sollte daran denken, dass der planende Verstand seinem Wesen nach unlogisch ist. Und warum? Weil die Logik, die der Verstand so liebt, sich selbst nicht mehr hinterfragen kann und außerdem das Unbewusste nicht berücksichtigt. Die Logik ist wie ein Gefährt. Legst du einen Sack auf ein Förderband, so kommt am anderen Ende auch ein Sack an. Das Förderband entscheidet nicht, ob dies wirklich ein Sack oder doch eher ein Baumstamm ist. Die Logik ist wie das Förderband, sie hinterfragt ihre Voraussetzungen nicht.

Deswegen lautet die Regel für den guten Therapeuten: Je rationaler sich jemand gibt, desto irrationaler ist er im Grunde. Je mehr jemand auf einer Ebene plant, desto chaotischer ist er auf einer anderen – nach dem Gesetz der Archetypen von C. G. Jung.

Dies ist auch der Grund dafür, dass Menschen, die penibel alles ordnen, kategorisieren, abheften, sich im zwischenmenschlichen Kontakt nicht selten unklar bis chaotisch verhalten: In Wahrheit ist ihre extreme Rationalität beziehungsweise ihr zwanghaftes Planen ein kontraphobisches Verhalten. Das heißt, sie wissen in ihrem Unbewussten, dass etwas sehr Unklares, Chaotisches in ihnen ist, das ihnen Angst macht. Und eben dieses versuchen sie durch besondere Rationalität und penibles Planen in den Griff zu bekommen. In einer lebendigen Beziehung gelingt dies in der Regel aber nicht. Der Partner und die Kinder spüren diesen unerlösten Teil und reagieren entsprechend darauf. Weswegen er zwangsläufig immer wieder zum Thema wird.

So löblich und lebenswichtig Ordnung ist, so sinnlos ist das Unterfangen, lebendige Beziehungen in ein starres Korsett pressen zu wollen – noch dazu, um ein unbewusstes Problem dadurch zu meistern.

Hier ein Beispiel. Sascha versuchte alles in seinem Leben zu planen und damit in den Griff zu bekommen. Er hatte immer einen ordentlichen Schreibtisch, führte eine genaue Terminplanung und strukturierte seine Aufgaben bis ins Kleinste.

Es gab in seinem Leben jedoch keinen Raum für Gefühle, für Spontaneität, für Unvorhergesehenes, für Zwischenmenschliches und für Gott. Außerdem hatte Sascha überhaupt keine Geduld. Es musste immer alles im Eiltempo erledigt werden.

So plante er alles ganz genau – und hatte am Ende doch keinen Erfolg, und das Chaos war durch seine schlechten menschlichen Kontakte überall zu sehen.

Ein Therapeut, der dies nicht analysiert, der nicht bewusst macht, dass hier jemand mit Beziehung ähnlich umzugehen versucht wie mit seinem Schreibtisch, verpasst eine entscheidende Aufgabe, wodurch die Therapie entweder scheitert oder sich ewig und mit wenig Erfolg hinzieht.

Ebenso kann es sich aber mit der Aufstellungsarbeit verhalten: Arbeitet ein Therapeut immer wieder mit Aufstellungen, ohne sich das psychologische Umfeld anzusehen, aus dem der Wunsch nach einer Aufstellung erwächst, dann muss er sich fragen, ob er weiß, was er tut, beziehungsweise ob er möglicherweise in der „Gegenübertragung" agiert. Das heißt, dass er mit dem Patienten einen unbewussten Pakt eingegangen ist, nicht an den Themen zu arbeiten, die besonders brisant sind.

Er wird aber mit Sicherheit etwas Grundsätzliches feststellen: **Die besten, die größten therapeutischen Lösungen helfen nichts, wenn die Beziehung zwischen Therapeut und Patient nicht geklärt ist.** Ganz im

Gegenteil! Der Patient verwendet dann die angeblichen Ergebnisse der Aufstellung, um zu verheimlichen, dass er nichts verändert, dass die angeblichen Errungenschaften der Therapie nichts als Illusion sind.

Deshalb ist auch nicht zu empfehlen, was viele Therapeuten tun: Sie bieten immer wieder neue Gruppen mit völlig neuen Teilnehmern an. Hier entsteht, weil es keine Kontinuität gibt, keine Möglichkeit der Klärung und der Überprüfung und keine Chance, dass sich allmählich eine tragfähige Beziehung zwischen Therapeut und Patient entwickelt. Deshalb: Ohne Kontinuität keine Klärung. Ohne Klärung keine Beziehung. Ohne Beziehung keine Heilung!

Da das Verhältnis von Therapeut und Patient von so grundlegender Bedeutung ist, werde ich später sowohl bei der Arbeit von Pauline als auch bei der von Marcel nochmals darauf eingehen. Denn beides sind erfolgreich verlaufene Therapien, bei denen die Aufstellungen nur deshalb zu einem positiven Ergebnis führten, weil zuerst die Beziehung von Therapeut und Patient geklärt wurde.

Man kann des Guten natürlich immer auch zu viel tun! Das Gegenteil zum Nicht-Analysieren des Patienten-Therapeuten-Verhältnisses liegt im anderen Extrem, dass sich nämlich die gesamte Therapie allein darum dreht, ohne weiterführende Sachthemen zu behandeln.

Das heißt: Ewig die Beziehung zwischen Patient und Therapeut zu analysieren führt durchaus zu einem Ergebnis, ist aber sehr umständlich, und Entscheidendes kann nicht bearbeitet werden, weil die Therapie möglicherweise nicht von der Widerstands- zur Inhaltsanalyse gelangt.

Selbstverständlich konstelliert sich auch viel Inhaltliches in der Übertragung, die der Patient auf den Therapeuten hat. Psychoanalytische Aufarbeitung ist aber eines, die Klärung durch eine Aufstellung dagegen etwas grundsätzlich anderes.

So ist es immer dann hilfreich, die Beziehung zwischen Patient und Therapeut aufzustellen, wenn das deutlich werden soll, was in einer „unendlichen Analyse" der Patient-Therapeut-Beziehung unterzugehen droht.

Die Psychoanalyse hat, wie gesagt, ihre enormen Vorzüge. Werden die unbewussten Grundeinstellungen aber nicht bewusst, nützt auf Dauer die beste Analyse nichts, sondern stellt ein Agieren in der Gegenübertragung dar, „was zu einer Zunahme der Widerstände führt" (v. Stepski-Doliwa, *Theorie und Technik der analytischen Körpertherapie,* S. 30).

Der Versuch

Gut, der Patient hat also seine Beziehung zum Therapeuten angesprochen oder gar geklärt. Trotzdem bleiben beide unterschiedlicher Auffassung. Was tun?

Es ist in vielen Fällen nicht hilfreich, hier die Arbeit abzubrechen. Wie ich bereits in *Sai Baba spricht zum Westen* am 14. Juli sagte, bin ich nicht für Revolution, sondern für Evolution. So bin ich auch nicht für die schnellen, „übers Knie gebrochenen" Lösungen. Wie das Bild zeigt, geht dabei nämlich etwas zu Bruch.

Das heißt, will ein Patient unbedingt seine Lösungsübung machen und kann er tatsächlich versichern, dass er sie wirklich will, dann soll er sie auch machen.

Denn mein Leitspruch ist: *Ich gebe euch, was ihr wollt, damit ihr wollen könnt, was ich euch zu geben habe!*

Will jemand unbedingt, dann soll er auch bekommen. Es sei denn, der Therapeut hat das klare Bild, dass es aus einem gewichtigen Grund für irgendjemanden unzuträglich sei.

Stellt der Patient nun auf und kann die Übung nicht zu Ende bringen, hat er eine Erfahrung mehr.

Damit es tatsächlich eine brauchbare Erfahrung wird, ist es wichtig, dass der Therapeut weder wertet, noch versucht, sich selbst insofern aufzuwerten, dass er betont, er habe es ja gewusst.

Er muss dies *vorher* – vorsichtig, aber doch klar – deutlich gemacht haben. Jetzt wird weder sein Verstand, geschweige denn sein Ego benötigt, sondern sein Herz und seine Stütze. Er muss deshalb dem Patienten vermitteln, der entscheidende Erfolg bestehe darin, dass er nun etwas wisse, was ihm vorher offensichtlich unbewusst gewesen sei.

Und was gibt es Wichtigeres im Leben, und so auch in der Therapie, als dass das, was unbewusst ist, bewusst wird?

Sagt der Therapeut all dies mit Herz, hat sich der Versuch für den Patienten allemal gelohnt.

Die Lösung

Wie verläuft aber die Aufstellung, wenn der Patient sowohl die Entscheidung als auch die Kraft zur Lösung seiner Problematik hat?

Es liegt dann häufig am Therapeuten, durch Rollentausch und durch das Aufstellen der richtigen Familienmitglieder die weiterführende Lösung für diese Problematik zu finden.

Was heißt das?

Es ist von großer Bedeutung, dass derjenige, der aufgestellt hat, sieht, erkennt und erlebt, *wie* **er mit den anderen sieben Instanzen Erfolg, Misserfolg, Glück, Unglück, Gesundheit, Krankheit und Gott umgeht.**

Viele, die einen spirituellen Weg gehen, sind zum Beispiel häufig sehr überrascht, wenn herauskommt, dass sie sich in Wahrheit gar nicht so sehr um ihr wahres Selbst und die anderen Instanzen kümmern, sondern vornehmlich mit sich selbst, mit ihren Eltern, mit Misserfolg, Unglück und Krankheit beschäftigt sind.

Dabei muss der Therapeut immer wieder den Patienten beobachten und ihn unter Umständen fragen, ob er all das noch nachvollziehen kann, was da geschieht.

Wenn er es nicht glauben kann, wechselt der Therapeut ihn ein, das heißt, der Patient schaut nicht mehr von außen zu, sondern steht nun an seinem Platz in der Runde.

Hier entsteht wieder ein kritischer Moment. Denn es ist für einen Therapeuten eine der schwierigsten Entscheidungen zu beurteilen, wann der günstigste Zeitpunkt gekommen ist, den Patienten einzuwechseln: Wechselt er ihn zu früh ein, kann dies den Prozess unterbrechen. Wechselt er ihn zu spät ein, verpasst er möglicherweise wichtige Entwicklungsschritte.

Um den richtigen Zeitpunkt zu treffen, helfen nur viel Erfahrung und eine klare innere Führung.

Ist geklärt, dass der Patient dem Prozess weiter mit großer innerer Beteiligung entweder außerhalb der Aufstellung oder in ihr folgt, dann geht es darum, herauszufinden, wer hinter dem Unglück, dem Misserfolg beziehungsweise der Krankheit steht.

Es ist an dieser Stelle ratsam, die Eltern aufstellen zu lassen. (Ist jemand bei den Großeltern oder anderen Personen aufgewachsen, dann diese ebenfalls.)

Kaum stehen sie, wird möglicherweise deutlich, wer dem Patienten seine negative Lebenseinstellung vermittelt hat.

Nun erhebt sich die Frage, von wem wiederum diese Elternfigur ihre Haltung bekam. Wenn derjenige gefunden wurde, muss herausgefunden werden, wer hinter diesem steht.

Es ist in den meisten Fällen nicht ratsam, das Problem weiter als bis zu den Ururgroßeltern zurückzuverfolgen. Aber bis dahin zu gehen, kann von großer Wichtigkeit sein.

Nun erhebt sich die Frage, wie hier eine Lösung zu finden ist.

Die Lösung besteht in der Antwort auf die Fragen: Gibt es eine Schuld in der Familie? Gibt es ein Geheimnis, gibt es einen Missbrauch oder gar einen Mord? War ein Familienangehöriger Metzger oder Schlachter? Diese Berufe sind für ein ganzes Familiensystem äußerst destruktiv, und werden sie nicht thematisiert, gibt es keinen Frieden und kein Glück.

Zum Missbrauch ist Folgendes zu sagen: Das ungeschriebene Gesetz lautet, dass ein Mann weder mit der Frau seines Bruders noch mit der Frau seines Sohnes noch mit seiner Tochter sexuell in Kontakt kommen soll.

Wer dies tut, zerstört eine Familie und verliert deshalb die Zugehörigkeit zu ihr und muss den Kreis verlassen.

Das Gleiche gilt – ich brauche es wohl nicht besonders zu betonen – selbstverständlich auch bei Mord. Wobei der Missbrauch eines Mädchens oder der Ehebruch mit einem der oben erwähnten Familienmitgliedern nicht selten einem Mord gleichkommt.

Unter Mord im Sinne einer Familienaufstellung rangiert auch, wenn jemand zum Beispiel Nazi war und damit einverstanden, dass Andersdenkende, Ausländer, Juden, Sinti und Roma deportiert und ermordet wurden.

Wirft die Person, die missbraucht wurde, den Schuldigen aus dem Raum, ist es nicht selten wichtig, dass sie ihm noch ihre Gefühle, zum Beispiel ihren Schmerz oder ihre Wut, ausdrückt. Dann bringt sie die jeweilige Person mit den Worten aus dem Raum: „Du hast mich missbraucht. Du hast mir Entsetzliches angetan. Deshalb hast du die Zugehörigkeit zur Familie verloren. Ich werfe dich nun hinaus!"

Wenn derjenige, welcher dem Patienten so geschadet hat, den Raum verlässt, löst sich manchmal bereits der entscheidende Knoten. Es entsteht in der aufgestellten Familie und natürlich in der Gruppe viel Mitgefühl, welches sehr heilsam wirkt.

Ich muss hier aber noch anmerken, dass dies häufig nicht der letzte Schritt zur guten Lösung ist, sondern nur ein entscheidender Schritt dahin. Denn in vielen Fällen benötigt die Psyche des verletzten Patienten noch eine Entschuldigung und eine Vergebung, die zu einem späteren Zeitpunkt, das heißt in einer nachfolgenden Aufstellung stattfinden kann.

Ist die Person, die dieses Unheil in die Familie brachte, hinausgeworfen worden, stellt sich erneut die obige Frage, ob der Therapeut die Arbeit hier beenden oder sie weiterführen sollte.

Es kann nämlich sein, dass bei den Beteiligten so viele Gefühle ausgelöst worden sind, dass sie im Augenblick zu mehr Arbeit nicht in der Lage sind. Spürt ein Therapeut dies, sollte er die Aufstellung hier zu einem guten Abschluss bringen.

Ein Weg dahin besteht darin, den Patienten zu fragen, ob er von einem der Aufgestellten, von mehreren oder von der ganzen Gruppe gestützt werden will – und wie er sich diese Stütze vorstellt.

Eine andere Möglichkeit ist, die Kosmischen Eltern aufzustellen (vgl. auch S. 349 ff.). Die Kosmischen Eltern sind die idealen Eltern – so wie jeder sie sich vorstellt. (Vgl. Krystal, *Die inneren Fesseln sprengen*, S. 77 ff.)

Die Kosmischen Eltern haben eine wunderbare positive Wirkung. Kaum werden sie aufgestellt, bewirken sie viel Heilung.

So ist es auch sehr wirkungsvoll, wenn eine Patientin, die mit dem Thema Missbrauch beschäftigt ist, Heilung durch die Kosmischen Eltern, möglicherweise zuerst durch die Kosmische Mutter, erfährt.

Jeder Missbrauch wirft unweigerlich die Frage auf, wie es trotz der Anwesenheit von Mutter, Großmutter oder Tante überhaupt dazu kommen konnte.

Die Patientin, die in ihrer Kindheit oder Adoleszenz so verletzt wurde, fragt sich natürlich bewusst oder unbewusst, warum niemand sie schützte.

Ist dies im Moment, weil zu belastend, nicht zu klären, dann geben hier die Kosmischen Eltern einen wunderbaren Halt, der in tiefe Heilung übergehen kann.

Aber nicht nur bei einem so extremen Thema wie Missbrauch – der leider in diesem zu Ende gehenden Zeitalter viel, viel häufiger vorkommt, als die Mehrheit wahrhaben will! –, sondern auch wenn jemand in seiner Identität schwach ist, sind die Kosmischen Eltern von großer Hilfe.

Hat ein Patient zum Beispiel Probleme damit, sich als Mann zu fühlen, sich zu akzeptieren beziehungsweise sich zu identifizieren, dann ist es sehr hilfreich, in der Aufstellung hinter dem Patienten seinen Vater, Großvater, Urgroßvater und dahinter den Kosmischen Vater aufzustellen.

Eine solche Aufstellung hat eine große Kraft. Besonders auch deshalb, weil der Patient gewöhnlich durch die Stütze, die er bekommt, seine Beziehung zu seinem Vater und möglicherweise auch zu seinem Großvater zu klären beginnt.

Hier schließt sich schnell eine Kettenreaktion an, so dass einer nach dem anderen mit seinem Vater klärt: Der Sohn mit dem Vater, der Vater mit dem Großvater, der Großvater mit dem Urgroßvater. Durch die Kraft oder den Segen des Kosmischen Vaters entsteht hier eine Energie und Heilung, die große Veränderungen bewirkt (vgl. weiter unten).

Die Identifikation mit dem Angreifer

An dieser Stelle ist noch etwas Wichtiges zu sagen: **Nur das Positive löst. Das Negative löst nicht, sondern bindet.**

So kann es sein, dass bei einer nachfolgenden Aufstellung der Vater, der wegen Missbrauchs hinausgeschickt worden war, wieder da ist und erst dann Ruhe einkehrt, wenn die Beziehung geklärt ist – zum Beispiel durch einen Rollentausch. Das bedeutet, dass die Patientin durch die bisherige Arbeit weit genug gewachsen ist, um sich in seine Rolle begeben und spüren zu können, wie es ihm geht.

Hierbei muss der Therapeut aber genauestens aufpassen, dass es nicht dadurch zur Schönfärberei kommt, dass der Elternteil auf Kosten der Patientin oder gar ihres Partners geschont wird. Denn eine wichtige Erkenntnis der Familientherapie besteht darin, dass Menschen dazu neigen, ihre Eltern auf Kosten ihres Partners beziehungsweise ihrer Kinder zu schonen.

Deshalb ist wieder einmal Geduld angesagt – das heißt, dass der Patientin so viel Zeit gelassen wird, bis sie die Wahrheit nicht mehr verdrängen muss.

Nicht selten kehrt dadurch Ruhe in die Familienkonstellation ein, dass der oder die Betroffene sieht, wie viel er/sie mit dem Täter trotz allem gemein hat.

Wichtig ist hier nämlich Anna Freuds Erkenntnis der Identifikation mit dem Angreifer.

Das hilflose Kind nimmt unbewusst Anteile seines Peinigers, seines Aggressors an, um psychisch und physisch überleben zu können.

Nicht selten ist es diese Identifikation, die dem Opfer neben den anderen Problemen viel zu schaffen macht.

Nicht genug damit, dass es so verletzt wurde, nun hat es zusätzlich sogar noch Wesenszüge von seinem Peiniger übernommen! Dies macht ihm nicht selten sehr zu schaffen.

Deshalb greift die Therapie, die bei der Wut bleibt, immer zu kurz.

Die Lösung besteht darin, dass der Verletzte seine Wut zwar durchaus deutlich ausdrücken kann. **Dass der Prozess aber hier nicht stehen bleibt.**

Hat eine Frau lange genug – was „lange genug" ist, entscheidet sie am besten zusammen mit dem Therapeuten und der Gruppe – ihre Wut ausgedrückt, kann ein Rollentausch der erste Schritt zu einer Veränderung der Beziehung darstellen.

Dadurch, dass sie die Rolle ihres Aggressors annimmt, drückt sie den Mut aus, sich ansehen zu wollen, was für ein Mensch dieser war und was sie mit ihm gemeinsam hat. Dies ist ein großer Schritt, der vom Therapeuten unbedingt gewürdigt werden muss.

Als Nächstes schließt sich eine Klärung an, die fast immer zu einem entscheidenden Ergebnis führt: Entweder entschuldigt sich der Schuldige für das, was er getan hat, oder er muss den Raum wieder verlassen.

Die Entschuldigung

Sowohl die Bitte um Entschuldigung als auch die Vergebung erzeugen eine kaum zu überschätzende Kraft, die unendlich viel lösen kann.

Es gibt Therapeuten, die Entschuldigungen ablehnen. Sie sind der Auffassung, der Schuldige entledige sich durch die Entschuldigung auf Kosten des Geschädigten seiner Schuld.

Ich sehe das anders. Der Schuldige trägt eine Schuld. Durch die von Herzen kommende Entschuldigung übernimmt er Verantwortung für diese Schuld. Damit bekennt er öffentlich, dass er mit seiner Handlung jemand anderem geschadet hat. Indem er dies ausdrückt, gibt er dem Geschädigten sehr viel, denn endlich wird die Realität von dessen Verletzung anerkannt. Und das bewirkt Heilung.

Kann er außerdem von Herzen sagen: „Entschuldige bitte, es war sehr falsch, was ich dir angetan habe, und ich sehe, wie sehr ich dich verletzt habe! Das tut mir sehr Leid!", dann ist dies in den meisten Fällen ein großer Schritt zur Heilung.

Wichtig ist hier, dass der Therapeut spürt, ob die Entschuldigung wirklich von Herzen kommt.

Manche Täter haben die unheilvolle Fähigkeit, zwar „Entschuldigung" zu sagen, ohne dass dies aber von Herzen kommt. Eine solche Entschuldigung hat natürlich überhaupt keine heilende Kraft. Ganz im Gegenteil: Der Verletzte hat nun außer der Verletzung auch noch das Problem, sich zu fragen, ob er undankbar beziehungsweise maßlos ist.

Denn entschuldigt sich jemand, und der andere kann es überhaupt nicht von Herzen annehmen, dann fragt er sich nicht selten, ob es nicht *an ihm* liegt, **dass** er es nicht annehmen kann. So bedarf es bei unklaren Entschuldigungen einiger Überwindung, zu sagen, dass sie einen nicht so richtig erreichen und man sie nicht von Herzen annehmen kann.

Hier sollte der Therapeut klärend eingreifen, darauf hinweisen, **dass es sich nicht um eine aufrichtige Entschuldigung handelt, und aufzeigen, woher dies kommt.**

In der Regel wird sich herausstellen, dass der Täter selbst Opfer gewesen ist. Er kann deshalb seinem Opfer keine Entschuldigung, geschweige denn Mitgefühl entgegenbringen, weil er selbst von jemandem genau diese Gefühle erwartet.

Mit anderen Worten: Er muss mit jemandem erst seine eigene Geschichte klären, dann kann er seine Schuld annehmen und sich entschuldigen.

Dies führt häufig zu einer tief gehenden Lösung, weil das Opfer unmittelbar erleben kann, dass auch sein Peiniger, dieser möglicherweise übermächtige und destruktive Mensch, selbst einmal wehrlos und tief verletzt war.

Alice Miller weist immer wieder darauf hin, dass Leiden verbindet.

Das Leiden und die Anteilnahme sind die großen Heiler.

Das Leiden reduziert Menschen nämlich auf das absolut Wesentliche: Auf das Herz. Der Verletzte braucht nicht mehr als Liebe, Anteilnahme und tief empfundenes Mitgefühl. Und am besten fühlt der mit, der selbst kennt, was der andere durchleidet.

Mitgefühl entsteht aber immer nur bei einem wirklichen Anerkennen der eigenen Fehler. Deswegen klafft zwischen Schuldgefühlen und Schuld ein himmelweiter Unterschied.

Derjenige, der Schuldgefühle mit sich trägt, ist in Wahrheit nur mit sich beschäftigt. Er überlegt sich in erster Linie, wie er bei all dem, was er getan hat, gut davonkommt. Der Geschädigte ist ihm dabei weitgehend gleichgültig. Wichtig ist ihm, dass er am Ende nicht auch ein Geschädigter ist, oder – noch schlimmer! – sein vornehmliches Interesse besteht darin, wie er endlich seine unangenehmen Gefühle los wird.

Deswegen lösen Schuldgefühle nichts. Menschen können ein Leben lang Schuldgefühle haben, trotzdem kommt ihnen nicht in den Sinn, sich zu fragen, wie es wohl dem Geschädigten gehen mag, geschweige denn sich zu entschuldigen.

Es liegt also auf der Hand, dass sie bei sich keine Schuld für das Unglück des anderen empfinden, schlimmstenfalls machen sie sogar noch andere dafür verantwortlich.

Dass es aber jemanden gibt, der durch sie leidet, ist für sie, wie gesagt, wenn überhaupt, so zumindest nicht von vorrangigem Interesse!

Das Vergeben

Ganz anders verhält sich jemand, der sich schuldig fühlt. Durch das Empfinden der Schuld möchte er sich zwangsläufig ent-schuldigen. Er erlebt sein Handeln als unrecht, er hat Mitgefühl mit dem anderen und möchte deshalb seinen Fehler korrigieren.

Drückt er seine Betroffenheit dem Geschädigten von Herzen aus, bewirkt dies doppelte Heilung: Einmal für den Geschädigten, denn dieser fühlt sich endlich gesehen, und dann auch für sich selbst.

Darüber hinaus kann er die große Kraft der Vergebung spüren.

Die Kraft der Vergebung ist die Kraft des Weisen. Der Weise erkennt, dass alle Fehler machen. Dass alle in der einen oder anderen Form, in dem einen oder anderen Leben verletzt haben beziehungsweise verletzen.

Und kennt er seine früheren Leben, dann weiß er, wie viel auch er damals nicht gesehen hat und daher andere verletzte.

Der Weise sagt deshalb: „Ich nehme deine Entschuldigung von Herzen an, denn ich spüre deine Betroffenheit über deinen Fehler. Außerdem kenne ich meine Betroffenheit über meine.

Wir sind alle auf dem Weg. Wie schnell können wir da etwas tun, was jemanden verletzt. Deshalb vergebe ich dir gerne – wie ich auch mir vergebe."

Hier kommen wir zu einem wichtigen seelischen Gesetz: **Wie ich dir, so ich mir.**

Wer anderen nicht vergeben kann, vergibt sich selbst in Wahrheit auch nicht. Wer zu anderen hartherzig ist, ist es zu sich nicht weniger.

Deswegen ist es für Menschen, die liebevoll erzogen wurden, selbstverständlich, sich für ihre Fehler zu entschuldigen – und sie sind verwundert, wenn andere dies nicht tun.

Rama war auch hier vorbildlich: Jeden, der zu Ihm kam und bei Ihm Schutz suchte, nahm Er auf. Selbst die Entschuldigung Seines großen Widersachers Ravana nahm Er sofort an.

Da war kein Aufrechnen, da war kein Denken an Ausgleich. Ramas großes Herz spürte die Ernsthaftigkeit des anderen – und reagierte sofort darauf!

Der Segen

Diese Erinnerung an Rama bietet einen idealen Übergang vom Vergeben zum Segen. Bert Hellinger arbeitet sehr viel damit und hat völlig Recht, den Segen, besonders den der Eltern, hervorzuheben.

Es ist interessant, wie wichtig vielen Menschen gerade der Segen ihrer Eltern ist. Sie können sich noch so sehr über sie geärgert haben. Ihr Denken mag das Geschehene noch so unbarmherzig aufrechnen. Das kindliche Herz aber will vergeben, will lieben und geliebt werden. Und als Ausdruck dieser Liebe wünscht es sich den elterlichen Segen.

In vielen Aufstellungen geben die Eltern den Segen aber nicht – oder nicht von ganzem Herzen –, wenn Wichtiges noch nicht geklärt ist. Sind da noch starke Vorwürfe, tiefe Verletzungen, weit reichende Unklarheiten, dann können die Eltern den Segen entweder nicht geben, oder die Kinder können ihn nicht empfangen – oder beides. Manchmal spüren auch die Gruppe und der Therapeut, dass etwas Grundlegendes nicht stimmt.

Dann muss dies erst noch geklärt werden.

Der Segen der Eltern oder Gottes Segen als Symbol des Höchsten Selbst haben eine weit reichende Wirkung. Eine Wirkung, die Menschen tief verändert.

Erhält ein Gruppenteilnehmer in einer Aufstellung den Segen seiner Eltern und den Gottes, entstehen zuweilen ein Glanz und ein Frieden, die sehr berühren.

Die Berührung entsteht auch dadurch, dass durch diesen tief gehenden Segen eine Heilung entsteht, die auf alle Anwesenden in der einen oder anderen Weise übergeht.

Im Sinne der alten Vedischen Tradition sage ich, dass sowohl die Eltern als auch die Lehrer Gott sind. Dies verhält sich auch deshalb so, weil keiner einen Menschen mehr prägt als seine Eltern und Lehrer.

In früheren Zeiten unternahmen Kinder nichts ohne den Segen der Eltern. Sie wussten, dass die Liebe ihrer Eltern ihnen die Welt öffnete.

Die Welt ist heute auch deshalb in einem so desolaten Zustand, weil die Eltern nicht mehr wahrhaben wollen, dass sie die entscheidenden Schöpfer des Schicksals ihrer Kinder sind. Was sie entscheiden, wie sie sich verhalten, wie sie zueinander stehen, prägt die Kinder in einer Weise, die ihr gesamtes Leben bestimmen wird.

Und was hat die Einstellung der heutigen Eltern bewirkt? Dass die Kinder ihre Eltern nicht mehr verehren und ihnen nicht für all das viele danken, was sie von ihnen bekommen haben.

Genauso wie der Dank der Kinder an die Eltern ist der Segen der Eltern für die Kinder von einer Bedeutung, die nicht hoch genug bewertet werden kann. Deshalb brauchen Kinder diesen Segen.

Und bekommen sie ihn nicht **direkt** von ihren Eltern, so suchen sie ihn überall. Bis sie ihn zum Beispiel in einer Therapie finden.

Leider sehen viele Eltern nicht, welche entscheidende Rolle sie im Leben ihrer Kinder spielen. Eine nicht zu überschätzende Rolle spielt auch, welches Beispiel sie durch ihr Verhalten ihren Kindern geben.

Manche Eltern sind leider so verblendet, so negativ, so von sich – in negativem Sinne – überzeugt, dass sie ernsthaft die Ansicht vertreten, es sei das Beste für ihre Kinder, wenn sie sich scheiden ließen. Einige gehen so weit, dass sie dem Ehepartner, der **ihnen** vorhält, es sei weder richtig noch ein gutes Vorbild für die Kinder, wenn man sich betrinke, viel rauche und außereheliche Beziehungen eingehe, vorwerfen, er habe mit diesen Beschuldigungen die Ehe zerstört.

Da selbst einige Therapeuten all dies gutheißen, fühlen sich viele im Recht, auch wenn sie noch so sehr gegen *Dharma*, die Göttliche Ordnung, verstoßen.

Und da es für die Kinder das Beste ist, wenn die Eltern glücklich sind, ist es auch richtig – meinen sie! –, wenn jeder das tut, wozu er gerade Lust hat. Und wenn es zur Scheidung führt, dann sollte es eben so sein.

So einfach ist das! Man tut, was man will – und meint, dadurch glücklich zu werden.

Aber Vorsicht! Den Segen Gottes, das heißt den Segen, der in wahrem Glück und Zufriedenheit besteht, bekommst du nicht dadurch, dass du einfach tust, was dir in den Sinn kommt. Nichts bekommt man im Leben ohne Opfer und Verzicht, ohne Verantwortung und Disziplin, ohne Fleiß und Durchhaltevermögen.

Auch derjenige, der nach materiellem Reichtum strebt, erreicht diesen im Übrigen nur durch großen Einsatz. Arm kann man dagegen bleiben, ohne etwas dazu tun zu müssen!

Lebe keine Illusionen. Lass dich nicht von dem völlig fehlgeleiteten Zeitgeist anstecken.

Denke an den armen Casanova. Er lebte vor bald 300 Jahren genau das, was heute als große Errungenschaft propagiert wird.

Casanova meinte, der Mensch habe drei Triebe: Hunger, Sexualität und Hass. Das Einzige, was den Menschen vom Tier unterscheide, sei seine Fähigkeit zu allumfassender Lust.

Welch ein Menschenbild! Und wie endete Casanova?

Er wurde ein großer Betrüger, der mehrere Länder verlassen musste, weil er wegen seiner Verbrechen verfolgt wurde. Er verdingte sich sogar als Spitzel und endete als kranker, unglücklicher Misanthrop.

Du musst die schrecklichen Erfahrungen Casanovas und all seiner Leidensgenossen nicht wiederholen. Sieh dir vielmehr ihre Einstellung und ihr Leben an und beurteile selbst, wohin sie führen.

Essen, Sexualität, Hass und Lust als Maßstäbe des Lebens, das ist die Ideologie, die heute viele vertreten. Und wohin führt sie das?

Schade um die vergeudete Chance.

Hol du dir deshalb den Segen. Erwirb ihn dir durch Unterscheidungsvermögen, Liebe und Vergebung, und lass diese die Leitlinien deines Handelns sein. Lass die wunderbare Lotosknospe in deinem Herzen erblühen, und dein Leben wird eine wunderbare Pracht sein.

Prachtvoll und strahlend durch all den Segen, den du von deinen Eltern, von deinem Höchsten Selbst und von deiner Bestimmung bekommst.

Du wirst dann jenes Glanzes teilhaftig, nach dem unglückliche Menschen vergeblich an der falschen Plätzen suchen.

Diesen Unterschied bewirkt der Segen!

Die Aufstellung mit den acht inneren Instanzen – ein Praxisbeispiel

Hier nun ein Beispiel: Pauline kam in eine Gruppe, weil sie verschiedene Probleme mit ihrem Mann Marcel hatte, dessen Therapie ich noch ausführlich beschreiben werde. Es verlief bei ihr so wie bei vielen: Sie kam in die Gruppe, um ihre Familie aufzustellen, weil sie sich davon eine Klärung, wenn nicht gar Heilung ihrer Probleme mit ihrem Mann erhoffte.

Dies war aber zunächst nicht möglich, denn sie war so im Kampf gegenüber der Therapeutin und der Gruppe, dass zunächst dieser Widerstand gedeutet werden musste.

Nachdem all dies geklärt war, stellte sie die Basis-Aufstellung auf, um sich ihrer unbewussten Lebenseinstellung bewusst zu werden. Sie stellte Glück, Erfolg, Gesundheit und Gott im Kreis um sich. Und Unglück, Misserfolg und Krankheit recht weit entfernt und außerdem in ganz verschiedene Richtungen verteilt. Nachdem sie alle aufgestellt hatte, sah sie sich diese Konstellation noch einen Augenblick an und war damit zufrieden.

Die aufgestellten Personen dagegen wurden von Moment zu Moment unruhiger. Sie wollten alle nicht an dem Platz stehen, wohin sie gestellt worden waren. Dies bemerkte die Therapeutin, deswegen fragte sie in die Runde, wer sagen wolle, wie es ihm ginge. Alle äußerten das gleiche Gefühl: Es ging ihnen überhaupt nicht gut dort, wo sie nun standen. Sie wollten ganz woanders stehen. So forderte die Therapeutin sie auf, dahin zu gehen, wo sie ihrem Gefühl nach hingehörten. Das Bild kehrte sich nun beinahe vollständig um: Glück, Erfolg, Gesundheit und Gott gingen von Pauline weg, um in einiger Entfernung stehen zu bleiben – ungefähr da, wo Unglück, Misserfolg und Krankheit gestanden hatten. Denn diese waren ganz nah zu Pauline gekommen und hatten einen engen Kontakt zu ihr aufgenommen.

Pauline fragte erstaunt: „Und warum geht Gott auch weg? Ich habe doch eine gute Beziehung zu Ihm!" Die Therapeutin bat die aufgestellte Stellvertreterin von Pauline, Gott direkt zu fragen. Nachdem sie dies getan hatte, antwortete Gott: „Nicht ich gehe weg, sondern du drängst mich in den Hintergrund, weil ich dir in Wahrheit viel weniger wichtig bin als all deine negativen Programme, mit denen du dich ständig beschäftigst!"

Nun entstand etwas sehr Bezeichnendes: Die aufgestellte Pauline fühlte sich mit Unglück, Misserfolg und Krankheit sehr wohl und empfand ihre Nähe offensichtlich als ganz angenehm und vertraut.

Die echte Pauline dagegen war erschüttert. Sie konnte es nicht glauben, welch falsches Bild sie von sich haben sollte.

Während sie das Bild der vier ansah und auf sich wirken ließ, wie nah und vertraut die aufgestellte Pauline mit den dreien stand, dachte sie über ihre alten Gewohnheiten nach – und stellte fest, wie wenig sie mit Erfolg zu tun hatten!

Hatte Marcel am Ende Recht, wenn er immer wieder ihr die Schuld für alle Probleme gab? Nach dem, was in dieser Aufstellung herauskam, sah es sehr danach aus!

Ich werde aber, wie gesagt, auch eingehend Teile von Marcels Therapie beschreiben, um zu verdeutlichen, dass Paare stets auf vielen verschiedenen Ebenen gut zusammenpassen. Paare haben nämlich fast immer die gleichen unbewussten Muster. Hat der eine Partner eine Basis-Aufstellung wie Pauline, so kann die Therapeutin sicher sein, dass der andere, in diesem Fall Marcel, eine ganz ähnliche hat. Und so war es auch!

Für Pauline war es sehr wichtig, dass die Therapeutin ihre Ängste ansprach und sie beruhigte: „Partner haben für das Gelingen oder Scheitern ihrer Beziehung grob gerechnet jeweils 50% Verantwortung. Dies kann selbstverständlich um einiges variieren, aber als grober Anhaltspunkt stimmt es in vielen Fällen."

Dies beruhigte Pauline ein wenig. Aber nicht sehr. Denn es ging darum – und du musst dich nicht wundern, das Gleiche bei Marcel wiederzufinden –, dass sie *unbewusst* annahm, niemals 50% Verantwortung für die Probleme in ihrer Ehe zu haben. Sie ging, ähnlich wie er!, davon aus, dass sie 10%, er aber 90% „Schuld" habe.

Als die Therapeutin dies herausgearbeitet hatte, sagte das aufgestellte Glück: „Schade, ich wäre gerne in deiner Nähe. Du schaust mich aber nicht einmal an. Du bist so innig mit deinem Unglück verbunden, dass ich gar keine Chance habe."

Und das Unglück ergänzte: „Ja, ich möchte auch nicht, dass Pauline dich ansieht, denn wir sind seit vielen Jahren eng befreundet. Außerdem habe ich eine sehr wichtige Schutzfunktion. Ich habe Pauline nicht selten vor manch größerem Unheil bewahrt. Zudem gingen viele Menschen nachsichtig mit ihr um, weil sie sahen, wie viel sie durch mich bereits gelitten hat."

Pauline sah, wie das Unglück der aufgestellten Pauline noch näher kam, und begann zu weinen.

Da sagte der Misserfolg: „Ich sehe das genauso wie das Unglück. Wir sind ihre wahren Freunde. Wir stehen seit langem bei und zu ihr! Wir sind wirklich für sie da!" – „Ja, ja, dem kann ich nur beipflichten", sagte die Krankheit und umarmte die aufgestellte Pauline, „ich liebe sie – und sie spürt das auch!"

Pauline selbst konnte es kaum glauben, was sie sah! Sie hätte es nie für möglich gehalten, dass sie eine derart negative Lebenseinstellung hatte! Und das, was die Krankheit äußerte, stimmte leider auch, denn sie war häufig krank. Bisher waren es, Gottlob, keine schweren Krankheiten gewesen, aber immer wieder fühlte sie sich schlecht. Der Arzt sprach von Gastritis, Rückenbeschwerden, von Überanstrengung. Dies waren verschiedene Bezeichnungen für die immer gleiche Situation: Sie fühlte sich nicht wohl, nicht leistungsfähig, hatte Schmerzen. War unglücklich.

Nun war der Moment gekommen, dass Pauline einwechselte. Kaum stand sie an ihrem Platz in der Aufstellung, staunte sie: „Ich hatte immer noch die leise Hoffnung, es stimme nicht. Alles sei ‚frei erfunden', einfach ‚eine gute und interessante Inszenierung'. Ich spüre aber, dass alles stimmt. Genau so, wie ich mich hier fühle, geht es mir ganz häufig. Ich hätte nie gedacht, dass dies mit meiner Einstellung zu tun hat. Ich schob die Ursache(n) stets auf anderes und andere. Natürlich war ich der Ansicht, mein Mann Marcel sei für vieles verantwortlich. Und dann sah ich einen Grund in der vielen Arbeit und auch in der falschen Ernährung. So ernährte ich mich eine Zeit lang nur von Rohkost. Das half eine Weile. Aber auch nicht lange!"

„Ernährung ist wichtig", warf die Therapeutin ein. „Wie ernährt ihr euch, du, Marcel und die Kinder? Achtet ihr auf vegetarische Ernährung? Denn wer sich nicht vegetarisch oder besser gesagt: *Sathwisch* ernährt, bei dem fruchtet die Therapie auf Dauer nicht. Doch Ernährung ist nur ein Teil. Ein sehr wichtiger zwar, aber eben nur ein Teil. Der andere besteht im Aufdecken der unbewussten Einstellungen. Ist dir nicht klar, dass du das Unglück suchst und das Glück von dir weist, wirst du stets die Probleme bei anderen, eben im Außen, und nicht im Innen, nicht in dir suchen."

Pauline stand staunend da und nickte. Die Therapeutin hatte aber das Gefühl, ihr noch etwas erklären zu sollen, deswegen fuhr sie fort: „Der Ursprung der meisten Beziehungsprobleme liegt ganz woanders, als viele glauben. Jemand ist nicht unglücklich mit seinem Partner, weil dieser nicht für ihn da ist, ihm nicht zuhört, ihn nicht versteht oder stützt.

Die meisten Probleme entstehen deshalb, weil jemand ein unbewusstes Programm hat wie du, Pauline, und sich deshalb einen Partner aussucht, der genau dieses Programm erfüllt! Hättest du ein Glücksprogramm, dann wärst du mit Marcel glücklich. Und hätte er seinerseits ein Glücksprogramm, dann wäre er ebenfalls glücklich mit dir. Es sind eure jeweiligen Programme, die euch unglücklich machen."

Pauline staunte und fragte: „Bedeutet dies, dass man mit jedem Menschen glücklich sein könnte, vorausgesetzt man ändert sein Programm?" – „Es bedeutet", sagte die Therapeutin, „dass dein Unbewusstes deinen Partner gemäß seinem Programm aussucht. Änderst du dein Programm, verändert sich dein ganzes Leben. So auch deine Beziehung. Und weil dies ein so wichtiger Punkt ist, möchte ich ihn an einem Beispiel erläutern", fuhr die Therapeutin fort.

„Es war einmal ein reicher Mann, dem ging es nicht gut. Er hatte diese und jene Krankheit, und er ging zu diesem und jenem Arzt beziehungsweise Heiler, aber keiner konnte ihm helfen. Da kam ein Weiser des Wegs. Der reiche Mann fragte ihn sogleich, ob er seine Krankheit heilen könne. ‚Natürlich', antwortete der Weise, ‚ich kann dir helfen. Du musst, um gesund zu werden, viel mehr rosa sehen!' – ‚Das ist alles?', fragte der Mann. – Ja, das ist alles.' Der Mann bedankte sich, und der Weise zog bald weiter.

Nach einem Jahr kam der Weise wieder zu dem großen Anwesen, in dem der reiche Mann lebte. Er traute seinen Augen nicht, denn alles war rosa gestrichen: Die Wände, die Türen, die Fensterrahmen, das Auto. Selbst die Kleider der Bediensteten waren rosa! Kaum erkannte der Mann den Weisen, begrüßte er ihn überschwänglich. Ja, ja, es stimmte, was ihm geraten habe, sagte er. Seitdem er mehr rosa sehe, gehe es ihm viel besser. ‚Das freut mich!', antwortete der Weise und fuhr fort: ‚Warum hast du aber alles rosa gestrichen? Wieso hast du dir nicht für einen Bruchteil des Geldes eine rosarote Brille gekauft?'

Diese Geschichte ist so wichtig", fuhr die Therapeutin fort, „denn sie verdeutlicht, dass es unsere – **unbewusste!** – Sichtweise ist, die unser Leben bestimmt, und ist sie negativ, macht sie uns krank. Gibt uns jemand den richtigen Rat zur Gesundung, so machen wir daraus – unserem unbewussten Programm entsprechend! – wieder ein großes Problem. Wir streichen, um im Bild zu bleiben, alles, am liebsten auch noch die Bäume, rosa, anstatt es uns einfach zu machen und schlicht eine rosarote Brille zu kaufen. Wie sollen wir aber auf eine so einfache und außerdem auch noch so beglückende Idee kommen, wenn das Glück nicht bei uns ist?

Beim Weisen war das Glück, deswegen kannte er die Lösung der Probleme, und darüber hinaus wusste er auch, wie man das Ziel einfach und geschmeidig erreicht."

Pauline staunte, denn es wurde ihr deutlich, dass es für sie bisher keine einfachen Lösungen in ihrem Leben gegeben hatte.

Deshalb bat die Therapeutin sie, ihre Eltern aufzustellen, denn von diesen hatte sie wahrscheinlich dieses unbewusste negative Muster übernommen.

Danach ließ sie auch die Großeltern und die Urgroßeltern aufstellen. Das heißt, sie ging so lange zurück, bis sie die Ursache für dieses negative Lebensprogramm fand und lösen konnte.

Und was geschah, als dies gelöst war? Das Bild veränderte sich grundlegend: Unglück, Misserfolg und Krankheit gingen immer weiter weg von Pauline, die sie würdigte und verabschiedete. Glück, Erfolg, Gesundheit und Gott dagegen kamen immer näher.

Und als sie sogar in der Lage war, Gott um Seinen Segen zu bitten, spürte sie, wie etwas grundsätzlich Neues entstand und wie sie eine Freude und Leichtigkeit erlebte, die sie bisher so nie gekannt hatte.

DER MYTHOS VON ÖDIPUS

Wir sehen, wie wichtig die unbewussten Einstellungen sind, die von Generation zu Generation weitergegeben werden. Du wirst staunen, aber so ist es auch dem Mythos von Ödipus und seiner Deutung ergangen.

Und selbst Freud, der den Mythos als ein wichtiges Erklärungsmodell für die frühkindliche Entwicklung verwendete, blieb – wie wir sehen werden – nicht von den unbewussten negativen Einstellungen seiner Zeit verschont.

Wie schwierig die Beziehung der Eltern zu ihren Kindern im *Kali Yuga* ist, möchte ich anhand dieses Mythos zeigen, der in der Psychologie, vor allem aber in der Psychoanalyse, eine sehr große Bedeutung bekam – und zum Teil auch heute noch hat.

Freud und die Amerikaner

Freud prägte den Begriff „Ödipuskomplex", um damit die ambivalenten Gefühle des Kindes seinen Eltern gegenüber zu beschreiben. Das heißt, die erotischen Gefühle, die das Kind dem andersgeschlechtlichen, und die Konkurrenz, die es dem gleichgeschlechtlichen Elternteil gegenüber empfindet.

Freud war ein sehr gebildeter Mann, der den Mythos genau kannte. Trotzdem unterliefen ihm zwei gravierende Fehler: Erstens deutete er die Rolle der Eltern im Mythos zu wenig, zweitens – und dies wiegt noch schwerer – kümmerte er sich im Grunde überhaupt nicht um die Qualität der Übersetzung seiner Bücher ins Englische. Beides hat mit dem Ödipuskomplex zu tun!

Freud konnte fließend Englisch, trotzdem autorisierte er eine Übersetzung seiner Schriften, die völlig unzulänglich war. Viele, viele Missverständnisse, die heute Freud gegenüber bestehen, kommen daher, denn viele Begriffe, die Freud positiv beziehungsweise umfassender verstand, wurden sehr negativ, einengend oder einfach falsch ins Englische übersetzt. So wurde zum Beispiel im Englischen das Ich mit *ego*, das Über-Ich mit *superego*, die Seele zum Teil mit *mind* und vieles Ähnliche mehr wiederge-

238

geben, was Freuds Aussagen nicht selten völlig verfälschte – mit entsprechend negativen Folgen, was die Freud-Rezeption betraf und immer noch betrifft.

Mit anderen Worten: Freud kümmerte sich genauso wenig darum, was aus seinen Schriften wurde, wie die Eltern von Ödipus um ihr Kind! Sie kümmerten sich nur um sich selbst. Um die weiter reichenden Folgen für ihr Kind kümmerten sie sich nicht.

Und dies ist erstaunlich! Wie viel hat Freud eingesetzt, damit seine Ansichten nicht verwässert und nicht verfälscht wurden. Mit wie vielen hat er gestritten – bis hin zu einem Bruch. Gleichzeitig kümmerte er sich aber überhaupt nicht darum, wie seine Schriften ins Englische übertragen wurden. Er konnte sich nicht – genauso wenig wie Ödipus' Eltern – vorstellen, dass alles ganz anders kommen würde.

Freud hatte den Amerikanern gegenüber ein eher ambivalentes Verhältnis. Er war befremdet von ihrer geringen Allgemeinbildung und der Enge und Oberflächlichkeit ihrer Anschauungen. Für ihn war das Denken der Antike, das Wissen über die Griechen und die Römer, zu einem so wichtigen Teil seines Lebens, nein, seiner Persönlichkeit geworden, dass er sich ein Leben ohne diese Schätze der Abendländischen, das heißt *seiner* Kultur, nicht vorstellen konnte. So wäre er eher in Wien geblieben, als dass er sich von seiner Sammlung alter Griechischer und Römischer Statuen getrennt hätte. Und erst als die Nazis ihm erlaubten, diese mitzunehmen, emigrierte er nach England.

Weiterhin war Freud der Gedanke der Amerikanischen Psychoanalytischen Gesellschaft völlig fremd, dass nur Mediziner Psychoanalyse betreiben dürften. Er fand dies schrecklich engstirnig – genauso engstirnig wie in Europa das Denken, die Psychoanalyse sei nichts anderes als – jüdischer! – Lug und Trug.

Zu der Zeit hatte die Amerikanische Psychoanalytische Bewegung aber überhaupt keine Bedeutung in der Welt. Also interessierte sich Freud nicht sonderlich dafür. Was dort geschah, war ihm fremd, war weit weg und schien nicht besonders ins Gewicht zu fallen.

Die Psychoanalyse war Freuds Kind. Was die Englische Übersetzung betrifft, gab Freud seine Werke genauso sorglos ab, wie Ödipus von seinen Eltern abgegeben wurde.

Als aber unter den Nazis die gesamte psychoanalytische Bewegung in Europa zerstört wurde, rückte plötzlich der Amerikanische Zweig an die erste Stelle.

239

Bedenke stets: Ein kleiner Fehler am Anfang führt zu einem großen am Schluss. Durch die gravierenden Übersetzungsfehler entstand in Amerika ein so einseitiges, ein so negatives, positivistisches Bild von Freud – welches anschließend über die ganze Welt verbreitet wurde –, dass von der Tiefe seiner Gedanken zum Teil überhaupt nichts mehr übrig blieb. Denn von der Tiefe eines Gedankens kann nicht viel übrig bleiben, wenn, wie gesagt, das Deutsche „Ich" ins Englische mit „*ego*" übersetzt wird. Leider gab es aber unzählige dieser Fehler!

Freud hatte sich, wie die Eltern von Ödipus, nicht genug um sein Kind, sein Werk in der Englischen Übersetzung, gekümmert. So kam es auf ihn zurück!

Der Mythos

Doch nun zum Mythos:

Dieser Mythos ist wunderbar geeignet, den desolaten Zustand der Ideale und damit der Familien im *Kali Yuga* zu veranschaulichen – vor allem, da der Mythos selbst fast so alt wie dieses Zeitalter ist.

Ödipus stammt von dem Geschlecht Kadmos' ab, des Begründers von Theben, dessen Tochter, Semele, ein Verhältnis mit Zeus gehabt haben soll – dem höchsten der Griechischen Götter.

Ödipus' Vater, Laios, war bereits mit Iokaste verheiratet, als er nach Korinth gerufen wurde, um des Königs Pelops Sohn, Chrysippos, im Wagenlenken zu unterrichten. Laios verliebt sich aber in den Jungen und entführt ihn.

Daraufhin wird er von Pelops verflucht, dass er, sollte er jemals einen Sohn bekommen, durch dessen Hand sterben solle.

Pelops steht unter dem Schutz des Gottes Apollo, der in diesem Mythos immer wieder in Delphi zu Rate gezogen wird.

Als Iokaste einen Sohn zur Welt bringt, erinnern sich die beiden an den Fluch beziehungsweise den Spruch des Delphischen Orakels, wonach ihr Sohn Ödipus seinen Vater töten und seine Mutter ehelichen werde.

Daraufhin durchbohren Laios und Iokaste Ödipus' Füße, binden sie zusammen und schicken einen Diener mit ihm fort, damit dieser ihn aussetze. Doch der Mann, den sie mit diesem Kindesmord beauftragen, bringt es nicht übers Herz, dieses kleine Wesen dem Tod preiszugeben, sondern übergibt Ödipus einem Hirten. Über diesen gelangt Ödipus zu dem kinderlosen Königspaar nach Korinth, das ihn wie einen eigenen Sohn aufzieht.

Der König und die Königin von Korinth erzählen Ödipus nicht, dass sie nicht seine leiblichen Eltern sind. Er hört jedoch eines Tages von einem Mann bei einem Gelage, seine Eltern seien nicht seine leiblichen Eltern. Als er sie darauf anspricht, beruhigen sie ihn aber mit der Unwahrheit und versichern ihm, sie seien es doch.

Ödipus befragt daraufhin das Delphische Orakel nach seinem Schicksal und erhält die lapidare Antwort: Er werde seinen Vater töten und seine Mutter ehelichen. Von dieser Aussage völlig verstört, verlässt er Korinth, um diejenigen, die er für seine Eltern hält, nicht in Gefahr zu bringen. Auf der Reise trifft er einen Mann, der ein ähnlich cholerisches Naturell besitzt wie er selbst. Er gerät mit diesem Mann und seinem Gefolge in ein Handgemenge und erschlägt sie alle. Dieser Mann aber war Laios, sein leiblicher Vater!

Nun kommt Ödipus nach Theben. Hier herrschte eine schreckliche Sphinx, welche die Stadt in Angst und Schrecken versetzt, weil sie täglich einen jungen Mann als Opfer fordert.

Kreon, der momentane Herrscher Thebens, gibt nach dem Verlust seines Sohnes durch die Sphinx das Versprechen, dass derjenige, der sie besiegt, Herrscher von Theben und außerdem Iokaste zur Frau erhalten werde.

Die Sphinx stellt Ödipus ein Rätsel. Löst er es, ist Theben befreit. Löst er es nicht, bringt sie ihn, wie bereits viele vor ihm, um.

Das Rätsel lautet: „Was geht am Morgen auf vier, am Mittag auf zwei und am Abend auf drei Beinen und ist am schwächsten, wenn es auf allen vieren geht?" – „Der Mensch!", antwortet Ödipus. Denn als Kleinkind krabbelt er auf allen vieren, geht in der Mitte seines Lebens auf zwei Beinen und stützt sich am Abend seines Lebens auf einen Stock.

Ödipus löste das Rätsel. Theben ist befreit, und er erhält als Dank und Anerkennung die verwitwete Königin, nämlich seine leibliche Mutter, zur Frau.

Nach einigen Jahren, in denen Mutter und Sohn glücklich zusammenlebten, kommt eine große Plage über Theben.

Als Ödipus einen Grund dafür sucht, sagt man ihm, dass der Tod des ehemaligen Königs, seines leiblichen Vaters, noch nicht gerächt sei. Ödipus macht sich also auf die Suche nach dem Mörder und findet durch den Seher Teiresias die Wahrheit heraus: Er selbst ist derjenige, den er sucht!

241

Als außerdem herauskommt, dass er seine Mutter ehelichte, nimmt Iokaste sich das Leben, und er blendet sich.

Ödipus irrt noch lange als Blinder herum und sucht die Wahrheit. Seine Tochter Antigone führt ihn, und so gelangt er in den heiligen Hain des Kolonos. Hier hätte er die Gelegenheit, den Streit zwischen seinen beiden Söhnen zu schlichten. Er verflucht sie jedoch, weswegen beide untergehen.

Was sagt dieser Mythos?

Als Erstes dies: Die mangelnde Tugend und die Herzlosigkeit von Eltern bedeuten für alle Beteiligten eine Katastrophe. Dies ist die wahre Aussage dieses Mythos. Außerdem wird deutlich, dass Herzlosigkeit immer mit Unwissenheit einhergeht.

Was stand groß im Tempel von Delphi? Die alte Vedische Weisheit: **Erkenne dich selbst.** Und was taten Laios und Iokaste? Nichts dergleichen. Sie lebten einfach ihre Angst und ihre maßlose Brutalität. Sie waren böse Menschen, vergleichbar mit Kamsa, dem Bruder von Krishnas Mutter, der aus Angst, Krishna könne ihm etwas antun, alle Geschwister Krishnas tötete.

Nur böse Menschen können Derartiges tun.

Und töten Eltern ihre eigenen Kinder, ist dies noch verwerflicher.

Das ist im Grunde die ganze Wahrheit des Mythos: **Wenn die Eltern böse sind, gibt es für die Kinder kaum eine Chance, der Katastrophe zu entrinnen. Das Gleiche gilt, wenn die Eltern nicht in der Wahrheit sind.**

Der arme Ödipus hatte das Unglück, dass er sowohl böse leibliche Eltern als auch unwahrhaftige Adoptiveltern hatte. Hätten Letztere ihn nicht allein mit Liebe, sondern ebenso mit Wahrheit erzogen, hätte das Schicksal abgewendet werden können.

Es fehlte auch noch etwas Entscheidendes: Weder die Eltern noch die Adoptiveltern bezogen Gott in ihr Leben ein.

Keiner der Beteiligten bat Gott um Hilfe. Keiner vertraute darauf, dass Gott immer hilft, wenn jemand vertrauensvoll etwas in Seine Hände legt. Der Mythos von Ödipus zeigt dagegen, dass die Bösen und die, die nicht in der Wahrheit leben, nach dem Gesetz des Karma bald mit dem konfrontiert werden, was sie tun.

Ödipus' Eltern bekamen durch ihren Sohn die Strafe, die sie verdienten. Laios war verheiratet, trotzdem entführte er Pelops' Sohn. Anstatt seine Schuld anzuerkennen, sich zu ent-schuldigen oder gar zu fragen, wie er seine Tat wieder gutmachen könne, beging er sogleich eine noch schlimmere Tat: Er beauftragte einen Diener mit dem Mord an seinem Sohn.

Der Mythos veranschaulicht mit deutlichen Bildern, dass ein Vater, der selbst noch ein Junge ist – deshalb lässt er sich mit einem Jungen ein –, für seinen Sohn eine Katastrophe darstellt. Und dass eine Frau, die mit einem Jungen zusammen ist, weder für ihren Sohn noch für sich selbst besser ist, wie ich weiter unten ausführen werde.

Kinder benötigen erwachsene, ethische, verantwortungsbewusste, liebevolle Eltern, die positive Gottesbilder als Ideale haben.

Sokrates und Platon hatten völlig Recht, wenn sie sagten, Homer sei ein großer Dichter, aber eine noch größere Gefahr für die Menschheit.

Ein Poet, der die Götter derart schlecht darstellt, der ihnen jegliche Schandtat zuschreibt, ist das Gefährlichste, was sich ein Volk nur vorstellen kann.

Weder der Göttliche Sokrates noch die so ethischen Denker Platon, Aristoteles und viele, viele andere konnten das aufheben, was Homer gleichsam in die Seelen der Menschen schrieb.

Ihr könnt euch nicht vorstellen, wie anders die Geschichte des Abendlandes verlaufen wäre, hätte Homer die Götter nicht so verunglimpft. Er war einer der großen Schaffer des *Kali Yuga*!

So wird der Mythos zu einer Aneinanderreihung von bösen Taten: Zeus, der Ehebruch mit Semele, Laios, der Ehebruch mit einem ihm anvertrauten Jüngling begeht, Laios und Iokaste, die ihrem Sohn die Füße durchbohren und ihn anschließend töten lassen wollen; weiterhin das Königspaar von Korinth, das Ödipus nicht die Wahrheit über seine Herkunft verrät, und schließlich Ödipus selbst, in guter Tradition der Väter dieser Familie, der den Streit zwischen seinen Söhnen nicht schlichtet, sondern bis zum schrecklichsten Ende anheizt. Und was tut nun Zeus? Er errettet ihn!

Dies ist das Ende aller Ethik beziehungsweise die Struktur, nach der im *Kali Yuga* gehandelt wird.

Warum nahmen Laios und Iokaste nicht den Spruch „Erkenne dich selbst" ernst? Warum fragten sie nicht, was sie in dieser Inkarnation unbedingt noch zu lernen hätten?

Große Könige in der Zeit vor dem Niedergang durch das *Kali Yuga* nutzten zum Beispiel ihre Zeit, um umfassende Milde zu entwickeln und die endgültige Befreiung zu erlangen (vgl. zum Beispiel die Geschichte des großen Königs Parikshit in Sathya Sai Baba, *Erfüllung in Gott, Bhagavata Vahini*).

Ödipus' Eltern stellten sich keine dieser Fragen – zum Leidwesen aller!

Hätten Laios und Iokaste jedoch Gott gebeten, sie zu weisen, hätten sie Ihn um Vergebung ihrer Fehler gebeten, die sie in diesem – und/oder in früheren – Leben begangen hatten, hätten sie Ihn weiterhin gefragt, was sie ihrem Sohn geben müssten, damit dieses schreckliche Schicksal abgewendet werden könnte, hätten sie dies getan, Gott hätte ihnen geholfen, und sie hätten die Antworten erhalten, die ihnen ein Leben in Glück und Frieden beschert hätten.

Aber genauso wenig, wie sich Ödipus' Eltern um Gott kümmerten, genauso wenig interessieren sich die meisten Interpreten dieses Mythos für die Rolle der Eltern.

Anstatt der Rolle der beiden Elternpaare nachzugehen, wurde in der Auslegung des Mythos immer wieder Ödipus' – natürlich karmisch bedingte! – Schuld betrachtet. So auch zum Beispiel im Drama des Sophokles. Freud warf als Erster in grundlegender Weise die Frage nach der Hilflosigkeit des Kindes auf.

Ich möchte nun noch einen Schritt weiter gehen, indem ich die rhetorische Frage stelle: Was kann ein Kind tun, dessen leibliche Eltern ihm mit Hass begegnen und dessen Adoptiveltern ihm seine wahre Herkunft verschweigen? Seine Adoptiveltern tragen ebenso wie seine leiblichen Eltern Schuld an der anschließenden Katastrophe, wenn auch eine sehr viel geringere. Hätten sie ihm gesagt, wer er wirklich war, wäre Ödipus nicht auf die Suche gegangen und hätte keine falschen Schlüsse gezogen.

Denn bemerkenswert an diesem Mythos ist Folgendes: **Der einzige Anständige ist – zunächst – Ödipus selbst**. Er versucht – wie jedes Kind! – alles, um gut zu sein. Dies ist **ein** Grund, warum er am Schluss auch gerettet wird. Den anderen sahen wir bereits, und der liegt in der männlichen Solidarität, die in dieser Zeit besonders aufkeimte und bis heute anhält.

Männliche Solidarität, die sich nicht an Ethik beziehungsweise an die Göttliche Ordnung hält, geht stets auf Kosten der Frau. Und warum? Die Antwort hierauf gibt uns der Mythos: Der nicht auf Gott ausgerichtete Mann ist kein Mann, sondern ein Junge. Ein Junge kann keine Frau heiraten, denn tut er es, stellt er keine Mann-Frau-, sondern eine Mutter-Sohn-Beziehung her, welche – auch hier ist der Mythos überaus deutlich! – die Frau das Leben kostet.

Und welche Chance hat ein Sohn, dessen Vater seine Mutter mit einem Jüngling betrügt und ihn ermorden will? Keine.

So ist es ebenfalls interessant, dass immer wieder von *Laios' Mörder* gesprochen wird. Es war ein Handgemenge: Sowohl Laios als auch Ödipus waren wütend und kämpften mit aller Kraft. Laios hätte Ödipus ohne jeden Skrupel getötet. Warum war es dann bei Ödipus keine Notwehr oder faire Verteidigung, sondern Mord?

Weil der Sohn eines Vaters, der selbst noch ein Kind ist, keine Chance hat. Er wird niemals einen positiven Kontakt zu seinem Vater und damit zu sich als Mann finden können und deshalb schließlich bei der Mutter landen.

Der Mythos beschreibt deshalb genau das, was immer wieder bei Familienaufstellungen herauskommt: Die Sünden der Eltern lasten auf den Kindern in doppelter Weise. Sie finden nicht zu einer positiven Identifikation und werden außerdem auch noch als die Schuldigen angesehen – um am Ende wirklich schuldig zu werden!

Und wie kann dies gelöst werden? Die Antwort auf diese Frage gibt der Mythos, indem er sagt, Ödipus habe sich geblendet. Das heißt, er wendet den Blick nach innen. Er beendet die Suche nach Lösungen in der Welt.

Denn was kann jemand schon erreichen, dem ein derart schweres Schicksal vorhergesagt wird, dass er nämlich seinen Vater töten und seine Mutter ehelichen werde? Nichts.

Aus Liebe zu seinen vermeintlichen Eltern verlässt er schweren Herzens Korinth. Und was hilft es ihm? Nichts!

Und warum nicht? Der Schlüssel zu dieser Antwort liegt in seiner Beziehung zu seinem wahren Selbst. Ödipus ehrte dieses Höchste Selbst nicht. Genauso wenig, wie es seine Eltern taten. Das war das wirkliche Problem. Hätte einer der Beteiligten, entweder seine leiblichen oder seine Adoptiveltern, *Dharma* und *Sathya*, *Prema*, *Shanti* und *Ahimsa* (Rechtschaffenheit, Wahrheit, Liebe, Frieden und Gewaltlosigkeit) geehrt, sie hätten Ödipus einen Weg weisen können.

Dies erkennt der einsame Ödipus erst, als er erblindet, das heißt, als er seinen Blick von der Welt zum Selbst wendet.

Die Eltern-Kind-Beziehung

Die Beziehung von Eltern und Kindern ist immer eine sehr sensible. Wie viel Unrecht tun Eltern häufig ihren Kindern an – und trotzdem begegnen diese ihnen immer noch mit Liebe! Was ist dem armen Ödipus angetan worden, und trotzdem war er entschlossen, seine vermeintlichen Eltern zu schützen!

Seine leiblichen Eltern dagegen waren bereit, ihn zu foltern und zu ermorden! Die Beziehung zwischen Eltern und Kindern ist kritisch und muss es auch sein, weil jede Generation *ihre Inhalte* hat, die zum Teil sehr verschieden von denen der Elterngeneration sein können. Das liegt im Wesen der Evolution. Und was bedeutet Evolution? Dass sich das ent-wickelt, was eingewickelt, was angelegt ist. Dadurch, dass es etwas „Eingewickeltes" gibt, kann es auch ein Ent-wickeln, eine Entwicklung zum Ursprung, zum wahren Selbst hin, geben. Dies ist das Geheimnis von Leben und Wachstum.

Denn was drückt der Mythos aus? Ödipus konnte den Delphischen Spruch nur deshalb erfüllen, **weil seine Eltern ihn erfüllten!**

Hätten seine Eltern ihn nicht gefoltert und zur Ermordung weggegeben, sondern einen anderen, positiven Weg gesucht, wäre alles anders gekommen. Denke an die vielen hoffnungslosen Situationen, in welche die Pandavas immer wieder gerieten, aus denen sie aber jedes Mal von Krishna errettet werden konnten, weil sie sich an *Dharma* und *Sathya* hielten.

Laios und Iokaste hielten sich dagegen nicht an die Göttliche Ordnung und an die Wahrheit.

Laios – als König und verheirateter Mann – hätte niemals einen ihm anvertrauten Jüngling verführen und entführen dürfen. Darüber hinaus hätte er, als er von dem Fluch erfuhr, niemals ein solches Unrecht an seinem eigenen Sohn, also dem zukünftigen König, begehen dürfen. Er hätte sich vielmehr fragen sollen – was die Inschrift „Erkenne dich selbst" nahe legt! –, was **er** zu lernen, was **er** zu leisten habe. Was **er** dem Schicksal schuldig sei.

Außerdem hätte er als König und damit als oberster Richter wissen müssen, dass keiner für ein Unrecht bestraft werden darf, das er nicht begangen hat!

Angenommen, Ödipus hätte etwas Unrechtes begangen, dann hätte das liebende Herz der Mutter unbedingt um Gnade bitten müssen.

Ödipus hatte sich aber nichts zu Schulden kommen lassen. Deshalb war gar keine Gnade nötig, sondern nur Recht! Aber auch das verwehrte ihm nicht nur sein Vater, sondern auch seine Mutter.

Der Delphische Spruch, Ödipus werde seinen Vater erschlagen und seine Mutter ehelichen, bedeutet deshalb: „Ihr seid so schlecht als Herrscher und als Eltern, dass ihr an euren Taten zu Grunde gehen werdet. Es geht nicht um euer Kind Ödipus. Ödipus als Kind ist nur ein Symbol für die Früchte des Handelns. Es geht deshalb um die **wahren Kinder des Menschen: Seine Taten. Sie werden ihn richten.** Und da ihr Böses tut, wird Böses auf euch kommen! Das ist die Wahrheit."

Hätte sich das Königspaar um die oben beschriebenen fünf Kardinaltugenden *Dharma, Sathya, Prema, Shanti* und *Ahimsa* bemüht, wäre es niemals zu dieser Katastrophe gekommen.

Blindheit als Seuche

Dass Blindheit eine Krankheit, eine Seuche ist, zeigt der Verlauf der Geschichte. Was geschieht nämlich einige Zeit, nachdem Ödipus Iokaste geheiratet hat? Es kommt eine Seuche über Theben, wodurch die Felder, die Tiere und die Menschen unfruchtbar werden. Und was soll die Seuche bewirken? Dass Laios' Mörder gefunden wird, denn dessen Tod ist nicht gerächt!

Es wird hingegen überhaupt nicht erwähnt, dass eine Frau mit ihrem Sohn verheiratet ist. Das wahre Problem wird nicht angesprochen, sondern eines, das so nicht stattfand.

Das heißt: Die Gesellschaft von an die Macht gekommenen Jungen ist für die Frauen höchst gefährlich. Sie führt sie zuerst zur Unfruchtbarkeit und dann zum Tod. Wie gesagt: Iokaste stirbt, nicht Ödipus.

Und als Ödipus' Söhne sich wegen Ödipus' mangelnder Liebe und mangelnder Fähigkeit, sie positiv zu führen, bekriegen, geht ganz Theben zu Grunde.

Der Mythos thematisiert diese große Problematik und riesige Gefahr für die Frauen überhaupt nicht. Stattdessen spricht er von der großen Schuld des Sohnes dem Vater gegenüber!

Hier hat Homer und in seinem Gefolge Sophokles die Grundregeln des Patriarchats niedergelegt. Diese sind – wie der Mythos nur zu deutlich beleuchtet – eine Katastrophe für die Kinder, für die Frauen und am Ende auch für die Männer. Denn Jungen, welche die Aufgaben, die Positionen, die Macht, die Verantwortung innehaben, die eigentlich weit entwickelten Männern gebühren, sind höchst gefährlich.

Dies muss aufhören. Deshalb ist das Bild, dass Ödipus' gute Tochter Antigone ihn an der Hand führt, wegweisend. Der Mann muss nach innen gehen, seine wahre Identität finden und sich dabei nicht allein von seinem Denken, sondern auch von seinem Fühlen, von seiner Intuition, eben von seiner Anima führen lassen. Wertschätzt der Mann die Frau, hat sie einen positiven Einfluss auf ihn, dann hat die Gesellschaft eine Zukunft. Kämpft er dagegen gegen sie und ist nicht mit seinem Vater identifiziert, sondern ein Jüngling, der von seinen Trieben bestimmt wird wie Laios, so ist die Gesellschaft, ebenso wie Theben, dem Untergang geweiht.

Denn was geschieht, wenn der Sohn sich seines Vaters erwehren muss? Wenn er vor seinem Vater flieht? Er landet bei der Mutter! Und was passiert dann? Er wird sowohl für sich als auch für seine Frau und für seine Kinder – also auch für seine Mutter! – unheilvoll. Dies versinnbildlicht die Seuche: Ein Vater, der ein von seinen Trieben bestimmter Jüngling ist, der seinem Sohn weder Liebe noch tragfähige Ideale vermittelt, ist unheilvoll – für sich, seinen Sohn, seine Schwiegertochter und seine Enkel.

Was bedeutet es weiter, dass Ödipus Iokaste heiratet? Ein Mann, der einen schlechten, bösen Vater und eine Mutter hatte, von der er in einer falschen, inzestuösen Weise geliebt wurde, wird dieses Problem mit seiner Frau so weiterleben, als sei sie seine Mutter. Er wird sie deshalb nicht wirklich lieben, sondern bekämpfen, weil er versuchen wird, in ihr seine Mutter zu bekämpfen und zu besiegen. Und dies wird unheilvoll wie eine Seuche sein.

Außerdem besteht die Seuche auch darin, dass ihm sein negatives Verhalten in einer Partnerschaft, also sein „Verhaltensprogramm" in Beziehungen, unbewusst ist.

Und weil ihm dies unbewusst ist, wird seine Frau keine Chance der Bewusstmachung, der Klärung oder der Befriedung der Situation haben.

Sie kann da nichts ausrichten und kommt, wie in Iokastes Fall, nicht selten in diesem Konflikt um!

Ein Mann muss sich deshalb seine beziehungsweise die Rolle seiner Eltern in Bezug zu seinen Großeltern und anderen Verwandten bewusst machen und die Konflikte lösen.

Erst wenn das *gesamte* Familiensystem befriedet ist, können seine Frau, seine Kinder und natürlich auch er selbst Frieden, Glück und wahre Freiheit finden.

Adoptiveltern

Da diese Probleme, wie wir an Ödipus' Geschichte sehen, mit seiner Herkunftsfamilie zusammenhängen, sind sie nicht mit den Adoptiveltern allein zu klären. Der Mythos macht es überaus deutlich, dass Ödipus' Schicksal in Theben, also bei seinen leiblichen Eltern, und nicht in Korinth beginnt und sich erfüllt.

Die Adoptiveltern sind aber ebenfalls für Ödipus' tragisches Schicksal **verantwortlich: Sie sagten ihm nicht die Wahrheit über seine Herkunft!**

Einmal, weil sie von ihrem Besitzanspruch fehlgeleitet waren, und außerdem, weil sie nicht wahrhaben wollten, dass dieses Kind von anderen Eltern kam, und sie nicht wissen wollten, von welchen. Wo sie lebten, wie sie dachten und fühlten!

Ein Kind will aber immer wissen, woher es kommt!

„Und warum?" fragst du. Weil die wichtigste Frage des Menschen ist: Wo komme ich her? Weißt du dies, weißt du bereits viel darüber, wohin du gehst!

Adoptiveltern leisten sehr viel, wenn sie ein Kind annehmen, um ihm eine bessere Zukunft zu ermöglichen, als es zum Beispiel in einem Heim oder bei destruktiven Eltern hätte. Dies steht außer Frage und muss immer, so auch in der Therapie, hervorgehoben und gewürdigt werden.

Adoptiveltern verhalten sich aber ebenfalls unheilvoll, wenn sie nicht sehen, nicht sehen wollen, was ihr Kind braucht. Dann bedingen sie möglicherweise ein tragisches Schicksal mit, wie dies das Korinthische Königspaar bei Ödipus tat.

Es hat selbstverständlich mit dem Karma eines Menschen zu tun, dass er bei diesen und nicht bei anderen Eltern geboren wurde. Jeder Mensch möchte auf die eine oder andere Weise sein Karma, sprich die Konsequenzen seines Handelns, kennen lernen. Denn sein Karma heute ist sein Schicksal morgen. So möchte jeder wissen, welche seine wahren Eltern sind, denn sie sind der Grund für seinen Körper, und der Körper wiederum ist manifester Ausdruck seines Karma.

Deshalb dürfen Adoptiveltern niemals einem Kind verschweigen, dass sie nicht seine leiblichen Eltern sind – sie sollten es ihm aber auch nicht jeden Tag sagen oder es dies gar spüren lassen.

Sie müssen aber vor seinem – und ihrem! – Schicksal zurücktreten. Das heißt, sie müssen sich und somit auch ihrem Kind eingestehen, dass ihr Karma bedingte, dass sie *nicht* seine leiblichen Eltern sind und dass es frei ist, diese aufzusuchen.

Tun sie dies, begleiten sie ihr angenommenes Kind außerdem liebevoll und vermitteln ihm tragfähige Ideale, dann leisten sie sehr, sehr viel und sollten deshalb – auch in einer Therapie – in ihrer Leistung von Herzen anerkannt werden.

Erkenne dich selbst

Und noch mehr können wir aus diesem Mythos lernen: Sind die Eltern so negativ wie die des Ödipus, ist die Katastrophe vorbestimmt. Wir erkennen damit einen weiteren Grund für den Selbstmord der Mutter: Die Frau ist diejenige, die durch die Erziehung der Kinder die Gesellschaft von morgen schafft. Die Frau ist deshalb das Herz der Gesellschaft, weil sie durch ihre Liebe und ihre seelische Stütze ihrem Mann zur Seite steht und durch ihre einfühlsame und verständnisvolle Fürsorge ihre Kinder erblühen lässt. Ist sie böse, führt dies deshalb zur Katastrophe.

Das heißt, waren die Eltern so schlecht wie die von Ödipus, dann gibt es nur eine Lösung: Gehe nach innen und erfülle die Aufforderung der Veden beziehungsweise des Delphischen Orakels. **Erkenne dich selbst!**

Das heißt: War deine Kindheit noch so schmerzlich, waren die Umstände noch so schlecht, verzage nicht. Nichts ist umsonst. Weder im positiven noch im negativen Sinne. Weder ist irgendetwas vergeblich, noch bekommst du etwas geschenkt.

Sieh dir einmal mit einem wissenden und einem liebenden Auge – deshalb hast du ja zwei! – die Mühen an, die viele arme Tiere auf sich nehmen. Und wofür? **Für die Gnade der menschlichen Geburt!** Nimm deshalb deine Leiden nicht so schwer. Löse deine Probleme mit deinen Eltern. Lerne durch Ödipus, und verschiebe deine Probleme, die du mit ihnen hast, nicht auf deinen Partner und deine Kinder. Tust du dies, wird mit Sicherheit eine Seuche ausbrechen. Heile deine Blindheit. Löse deine negativen Gefühle. Erkenne, dass alles seinen Sinn hat. Nur durch dieses so schwere Schicksal erkannte Ödipus so viel und kann für viele ein wichtiger Wegweiser sein!

Ödipus ist als Wegweiser heute wichtiger denn je. Die Lieblosigkeit den Kindern, den Tieren und der Natur beziehungsweise der Welt insgesamt gegenüber ist so groß geworden, dass Ödipus' Schicksal nicht ernst genug genommen werden kann.

Wie wichtig sind auch die Arbeiten von Alice Miller, die das Drama des Kindseins thematisierte. Wie viel Gutes hat sie damit bewirkt.

Es gibt aber Therapeuten, die auf der einen Seite ebenfalls viel Gutes tun, auf der anderen aber keine so entschiedenen Anwälte des Kindes sind wie die oben genannte Analytikerin. Sie vertreten teilweise vielmehr die schwarze Pädagogik in vielfältiger Form: Zum Beispiel dann, wenn sie sagen, die Eltern müssten den Kindern immer überlegen sein, und deshalb dürften sie sich bei ihnen nie entschuldigen!

Dies ist ein sehr gefährliches, sehr negatives Machtdenken. Die Wahrheit ist, dass Eltern ihren Kindern nicht durch Missachtung, sondern durch Liebe und durch tragfähige Ideale überlegen sein sollen.

Die Bitte um Entschuldigung gehört ebenso zur Liebe wie das Mitgefühl und das Nachempfinden – alles Eigenschaften, die manche Therapeuten, wie wir bereits sahen, ebenfalls ablehnen. Wie schade!

Dies ist schade. Da sind Laios und Iokaste gestorben, und viele, viele kamen durch die Sphinx um, und trotzdem werden immer noch so schreckliche Thesen vertreten! (Interessant, wie ähnlich sich die Worte Thesen und Theben sind! Der einzige Unterschied ist das „S" wie *Sathya*, Wahrheit! Ohne die Wahrheit führen die Thesen direkt nach Theben, und das war im Mythos gleichbedeutend mit Katastrophe, denn hier begann und vollendete sich Ödipus' negatives Karma.)

Die Sphinx

Durch Therapeuten, die wegen ihrer Unklarheit so unheilvoll Wahres mit Falschem mischen, werden wir an die Sphinx erinnert. Die Sphinx ist ein Wesen, das den Oberkörper einer Frau mit vollen Brüsten und den Leib und die Füße eines Löwen hat.

Was bedeutet das? Einmal zeigt das Bild, dass eine Frau, die den Unterleib eines Löwen hat, höchst gefährlich ist. Sie ist dann nämlich von ihren tierischen Trieben so sehr bestimmt, dass sie über Leichen gehen kann. Genau dies könnte Iokaste! Außerdem nützt es einem Kind wenig, wenn es von einer Mutter gestillt wird, mag sie noch so große Brüste haben, wenn diese in erster Linie vom Tierischen, nein, vom Raubtierhaften bestimmt ist. Diese Mutter nährt ihre Kinder nicht wirklich, sondern sie wird sie irgendwann auffressen – was wiederum so zu verstehen ist, dass die falschen Einstellungen, welche die Kinder von der Mutter lernen, sie irgendwann zu Fall bringen werden.

Hinzu kommt, dass die Sphinx verdeutlicht, wie weit weg diese Frau von ihrer wahren Bestimmung ist: Anstatt sich als Mensch dem Höchsten Selbst anzugleichen, hat sie sich so sehr dem Tierischen genähert, dass dieses bereits zur Hälfte Besitz von ihr ergriffen hat.

Deshalb ist die Sphinx auch ein gutes Symbol für viele heutige Therapeuten: Sie mögen auf der einen Ebene noch so volle Brüste haben, sie mögen noch so viel geben, auf einer anderen haben sie den Körper eines Löwen, das heißt, sie nehmen in vielen Fällen genauso viel, wenn nicht noch mehr (!), als sie geben, indem sie dem Tierischen eine so große Bedeutung beimessen.

Therapeuten, welche die Überzeugung vertreten, Eltern müssten immer ihren Kindern überlegen sein, Eltern würden immer geben, Kinder immer nehmen, oder Ehen seien auf Zeit angelegt, Treue sei ebenfalls nicht so wichtig, oder die behaupten, du seist dein Körper und jeder sei für sich allein verantwortlich, oder Fehlverhalten könne man, ohne es zu verstehen, wegtrainieren oder wegbehandeln – alle, die derartig Falsches behaupten, schaden der Gesellschaft.

Diese Therapeuten fressen irgendwann all ihre Kinder auf – so wie die Sphinx. Wie klug war ihr Rätsel über die verschiedenen Lebensalter des Menschen! Welch tiefes Wissen drückte sie damit aus! Und wofür? Was hat es den Menschen gebracht? Hat die Sphinx Ödipus vor der Katastrophe bewahrt? Hat sie ihm gesagt, dass er dabei war, seine Mutter zu ehelichen und dass das gegen die Göttlichen Gesetze ist? Hat sie Thebens Kinder geschont? Die Antwort ist: Nein!

Achte deshalb als Therapeut aufs Genaueste darauf, ja keine Sphinx zu sein. Wie nah sind sich die verschiedenen Aspekte der Sphinx! Hast du je daran gedacht, dass sie ein Symbol für dich als Therapeut ist? Hast du je bedacht, dass du durch falsche Vorstellungen, falsche Urteile und die daraus folgenden falschen Empfehlungen genauso viel schaden kannst wie der Löwe in der Sphinx?

Die Sphinx führt uns hier zu einem sehr wichtigen Gedanken. Du lebst ebenfalls den negativen, den löwenartigen Aspekt der Sphinx, wenn du bei deinen Patienten stets – und möglicherweise auch ausschließlich! – das *offensichtliche* Problem ansprichst.

Der arme Ödipus hatte natürlich ein offensichtliches Problem mit seinen Füßen, die seine Eltern hatten durchbohren lassen. Das heißt, seine Eltern hatten es ihm durch ihren Mangel an Liebe, Fürsorge und einer inneren, innigen Beziehung zu Gott sehr schwer gemacht, seinen Weg der Selbstfindung zu gehen – so schwer eben wie jemandem, dem die Füße durchbohrt wurden.

Und warum wunderte sich Iokaste nicht über die Füße ihres Mannes? Weil eine Frau, die ihr Herz so verschlossen hat wie Iokaste, weder sieht, wo beziehungsweise wie ihr Mann, noch wo und wie ihre Kinder im Leben stehen.

Manche Therapeuten sehen dagegen ausschließlich die durchbohrten Füße, das heißt das körperliche Problem. Sie bleiben deshalb bei dem Symptom stehen – wie wirken sich durchbohrte Füße zum Beispiel auf den Gang aus? – und kommen, zum Schaden des Patienten (und des Therapeuten!), nicht zur Ursache: Wer durchbohrte sie, warum? Die Therapie wird auf diese Weise nicht viel nutzen.

Der gute Therapeut dagegen fragt: Warum waren Ödipus' Eltern so schlecht? Welche Familienschuld übernahm Ödipus? Für welche(s) Familienmitglied(er) stand er? Welches Lebensprogramm bestimmte ihn? Was hatte dies alles mit dem jeweiligen Karma der Beteiligten zu tun?

Er fragt nach den Verwicklungen, nach den Problemen und den Verletzungen. Und er fragt nach der Liebe beziehungsweise nach dem, was das Fließen der Liebe verhindert.

Der gute, der wirklich nährende Therapeut weiß nämlich um die tief greifende Macht der Liebe. Er kennt die verschiedenen Aspekte der Liebe:

Denn Liebe zu praktizieren ist *Dharma*, Rechtschaffenheit.

Liebe zu denken ist *Sathya*, Wahrheit.

Liebe zu spüren ist *Shanti*, Frieden.

Liebe zu verstehen ist *Ahimsa*, Gewaltlosigkeit.

Für diese Kardinaltugenden ist die Liebe die verbindende Kraft.

So fülle dich mit dieser Liebe, heile dich und deine Herkunfts- beziehungsweise deine Gegenwartsfamilie, und erreiche das Höchste Ziel.

DAS DRAMA DES NARZISSMUS

Das Problem im *Kali Yuga* besteht in einem erschreckenden Zuwachs an Narzissmus. Die heutigen Menschen sind nur mit sich beschäftigt. Dieser Prozess dauert seit Tausenden von Jahren beziehungsweise seit Krishnas Tod vor 5.000 Jahren an, denn damals begann dieses Zeitalter. Seitdem leben die Menschen nach dem erstaunlichen Motto: „Jeder denkt an sich. Nur ich nicht: Ich denke an mich!" Dieses Bonmot hat große Tiefe. Viele Menschen denken, sie seien besser als andere, weil sie nur bei den anderen die Fehler sehen.

Dies ist ein weiterer Grund dafür, dass der Mensch auf Erden ist. Nur die Erfahrung, nur das Erleben über den Körper lehrt ihn, was er nicht wahrhaben will: Dass er sich häufig falsch einschätzt, **dass er häufig nicht im Geringsten merkt, wie falsch er sich sieht.** Und warum tut er dies? Weil er vergessen hat, weil er nicht wahrhaben will, dass er Gott ist. Dadurch, dass er sich so gering einschätzt, will er die Fehler nur bei den anderen sehen. Wüsste er, wer er ist, würde er seine Fehler korrigieren, anstatt sich über andere zu ärgern.

Du musst wissen, dass du Gott bist, dann kannst du heilen – dich und andere. Wer nicht aufs Innigste mit der Quelle verbunden ist, verfügt überhaupt nicht über die Kraft, die Krankheit durch tief greifende Ausrichtung auf das Positive in Gesundheit verwandelt. Nur wenn du mit der Quelle verbunden bist, strahlst du das Licht aus, das heilt.

Der Ursprung des Narzissmus

Was hat es nun mit dem Narzissmus auf sich?

Die Seele kommt aus der unendlichen Weite des Jenseits in die Enge des Mutterleibs. Hier fühlt sie sich umso geborgener, je klarer und liebevoller die Mutter ist und je mehr sie sich auf das Kind freut. Fast wie im Jenseits wird dem Kind im Mutterleib beinahe jeder Wunsch erfüllt.

Dann kommt die Geburt. Plötzlich ist alles anders. Der Säugling ist von der Mutter getrennt. Er bekommt nicht mehr automatisch Wärme, Nahrung, Geborgenheit, Nähe. Als Antwort auf diese Veränderung schreit er.

Was der Säugling aus dem Jenseits mitbringt, ist die Unendlichkeit. Das Jenseits kennt keine Grenzen. Es ist Ewigkeit, Vollkommenheit, Licht und Liebe. Die Welt dagegen ist ständigem Wandel und Wechsel unterworfen. Der Säugling rebelliert. Er will das nicht. Er will nicht auf die Welt. Der Mutterleib war schon Einschränkung genug. Aber das, was dann folgt, ist für das Kind sehr schwer zu ertragen.

Viele Eltern verzweifeln an ihrem Kind, weil sie es nicht verstehen. Sie wurden selbst damals, als sie riesige Veränderungen durchlebten, nicht verstanden, und so können sie nun ihr Kind, das ebenfalls diese enorme Leistung vollbringen muss, nicht verstehen und nicht nachempfinden.

Die Leistung des Kindes besteht darin, dass es die Weite des Jenseits in die Enge der Welt integrieren muss.

Die Psychologen sprechen hier vom *Größenselbst,* das – nicht integriert – in die Grandiosität beziehungsweise in die Depression führt.

Was sie aber nicht mehr thematisieren, ist die Veränderung vom Höchsten Selbst zum Größenselbst hin. Diesen Weg geht das Kind – und jeder Mensch geht ihn eines Tages wieder zurück.

Das heißt: Aus der unendlichen Weite des Höchsten Selbst schränkt sich die Seele zuerst auf das Größenselbst und dann auf das depressive beziehungsweise grandiose Selbst ein.

Damit ist der Narzissmus eigentlich immer eine Suche nach Gott. Positiver beziehungsweise negativer Narzissmus drückt aus, dass der Übergang vom Höchsten Selbst zum gut funktionierenden Ich geglückt beziehungsweise nicht so geglückt ist.

Heinz Kohut spricht von zwei Faktoren, die ein glückliches Integrieren des Größenselbst gewährleisten: Der eine Faktor ist die Fähigkeit zumindest eines Elternteils, nachzuempfinden, der andere besteht darin, dass zumindest ein Elternteil idealisierbar ist.

Genau dies sind die Göttlichen Eigenschaften der Liebe: Sie empfindet nach, und sie erzeugt Bewunderung. Denn die Göttliche Liebe ist uneingeschränkt, bedingungslos, sie wird nicht von egoistischen Interessen eingeengt und geschwächt. Sie ist deshalb die ideale Ausrichtung für die Seele, die sich in einer neuen Umgebung zurechtfinden muss.

Die Empathie, das Nachempfinden, bewirkt, dass sich die Seele des Kleinkindes geborgen fühlt, denn dieses Nachempfundenwerden hilft ihr, den Verlust der Weite zu verschmerzen.

Deshalb ist der so genannte narzisstische Prozess so bedeutsam: Die Seele muss in der Enge des Körpers eine Weite finden, die sie im Jenseits als unendliches Gottesgeschenk erlebte.

Eine Mutter kann ihr Kind aber nur dann wirklich verstehen, wenn sie das **weiß**.

Viele Kinder haben es da zum Teil sehr schwer, denn ihre Eltern sind überhaupt nicht für sie da: Weder als nachempfindende noch als idealisierbare noch als liebende.

Und was noch schlimmer ist: Sie sind häufig nicht einmal physisch anwesend, da sie entweder mit Arbeit, mit Hausbau, mit Freizeitbeschäftigung, mit Fernsehen oder mit einem anderen Partner beschäftigt sind.

Sie leben die narzisstische Spaltung auf ihre Weise: Sie tun das, wovon sie sich den größten Nutzen, die größte Entspannung, die größte Freude beziehungsweise die größte „Selbstverwirklichung" versprechen. Da sie ihre eigenen Gefühle schon lange verloren haben, berührt es sie nicht, dass sie die Gefühle, das so genannte innere Kind, ihrer Kinder zerstören. Sie zerstören aber nicht nur sich selbst und ihre Kinder, sondern auch die Gesellschaft. Denn zerstörte Familien schaffen zerstörte Gesellschaften. Zerstörte Gesellschaften schaffen eine zerstörte Welt.

Die Reihe *Sai Baba spricht ...* als Heilung

Hast du dich jemals gefragt, warum die Bände der Reihe *Sai Baba spricht ...* ausgerechnet in Deutscher Sprache erscheinen? Weil mein Schreiber Deutscher ist? Das wirst du doch nicht ernsthaft glauben. Es wäre für mich ein Leichtes gewesen, ihn perfekt jede andere Sprache lernen zu lassen. Wenn ich die Welt erschaffen, erhalten und sie zusammen mit dem unendlich großen Universum schützend in meiner Hand halten kann, wird es für mich doch kein Hindernis geben, meinen Plan zu verwirklichen.

Nein, ich diktiere in Deutscher Sprache, weil viele – auch sehr viele Deutschstämmige Juden – darum baten, Deutschland möge heilen.

In Deutscher Sprache wurden unzählige katastrophale Texte geschrieben, die unendliches Leid über die ganze Welt brachten. Dies ändere ich mit diesen Büchern. Sie sollen das alte negative Karma langsam löschen und neues, positives aufbauen. Gott möchte ein Gottesfürchtiges Deutschland, denn dieses Land hat der Welt neben allen Schrecken auch unendlich viel gegeben – Bach, Beethoven, Goethe und Schiller und meine geliebten Einstein und Dietrich Bonhoeffer. Was kennzeichnet den Deutschen? Sein Fleiß, seine Rechtschaffenheit, seine Wahrheitsliebe, seine Genauigkeit, sein soziales Denken, sein Gemüt und sein Suchen. All diese positiven Eigenschaften drücken sich auch in der Deutschen Sprache aus, die sehr präzise und daher besonders geeignet ist, meine psychologischen, philosophischen, metaphysischen und spirituellen Gedanken auszudrücken.

Mozart mit seiner harmonischen, seiner Göttlichen Musik gehörte ebenfalls zum Deutschen Sprachgebiet. Er war Österreicher, komponierte eine wunderbare Musik, war aber als Mensch nicht ganz einfach. Mozart weist uns einen wichtigen Weg. Denn in Österreich leben viele, die – ebenso wie in Deutschland und der Schweiz – noch Entscheidendes über Herzensbildung lernen müssen. Diese drei Staaten sind aber sehr effizient, haben eine florierende Wirtschaft und können ausgezeichnet planen. Die Menschen dort werden ihre Herzen bald weit öffnen und immer mehr Gottes Gnade erfahren.

Heilung der Sucht

Diese so perfektionistischen Länder haben eine große narzisstische Wunde.

Perfektionismus und Narzissmus führen schnell zu Sucht. Perfektionismus selbst kann eine Sucht sein: Eine Sucht beziehungsweise eine Suche, die aus einer Wunde kommt.

So suchen Menschen mit dieser Wunde die Nähe, die Wärme, die Geborgenheit der Liebe, die sie in ihrer Kindheit nicht erfahren haben. Das ist die Antwort auf die Frage, warum jemand süchtig wird. Deshalb gibt es so viele Süchtige auf der Welt, weil ihre Eltern selbst-süchtig waren – leider täuscht hier das Deutsche Wort. Sie waren nicht süchtig nach dem Selbst, gar nach dem Höchsten Selbst – denn diese ist von allen Süchten die allerbeste und segensreichste –, sondern sie waren in ihren Herzen so verletzt, dass sie sich nur um sich, um ihr Ego, kümmerten. Für andere, selbst für ihre Kinder, bestand kein Platz!

Das heißt im Einzelnen: Menschen mit einer Suchtproblematik haben immer eine tiefe narzisstische Wunde. Sie wurden weder verstanden noch nachempfunden, noch wurden ihnen tragfähige Ideale vermittelt. Sie wurden gleichsam ohne helfende Unterstützung ins Leben geworfen und konnten sehen, wie sie zurechtkamen. Das Leben ist für sie zu einem Trauma geworden – einem Trauma, das ihnen ständig Schmerzen bereitet. Und was tun Menschen, die ständig Schmerzen haben? Sie nehmen **Schmerzmittel**. Ein Schmerzmittel ist **Alkohol**, ein weiteres **Tabak**, und natürlich gehören auch **Drogen** dazu, denn bekanntlich werden Opiate in der Medizin zur Schmerzbekämpfung verwendet. **Weitere Suchtmittel** sind aber auch **Zucker** beziehungsweise **Essen allgemein bei der Eßsucht. Der Hang zur Negativität, zum Leiden, zum Unglück – ja, auch zur Krankheit!** Unzählige sind derart in ihr Unglück verliebt, dass sie dadurch seelisch und körperlich krank werden. Denn ist das Denken krank, wird es der Körper ebenfalls!

Viele wissen überhaupt nicht, was Glück ist. Diese Unwissenheit allein stellt noch kein Unglück dar. **Tragisch wird es nur, wenn die Menschen gar nicht wissen *wollen*, was wirkliches Glück ist**, sondern wie Suchtkranke an ihrem Unglück festhalten. Dabei ist es die Bestimmung des Menschen, nein, jedes Lebewesens auf Erden, glücklich zu sein.

Auch Tiere suchen das Glück. Alle. Nur der Mensch kann sich von seinem Denken so fehlleiten lassen, dass er wie ein Suchtkranker das Unglück anstelle des Glücks sucht.

Und was folgt daraus? Etwa, dass man die armen Suchtkranken bemitleiden muss – und das war's? Natürlich nicht. Es nützt keinem Kranken, wenn er nur bemitleidet wird. Er braucht unbedingt auch kompetente fachliche Hilfe.

Diese besteht zum Beispiel darin, dass die tiefen narzisstischen Wunden der Kindheit geheilt werden.

Die Anonymen Alkoholiker zeigen eine große Weisheit, denn sie beschränken sich auf das klar Machbare und auf eine solide spirituelle Ausrichtung. Die Behandlung einer narzisstischen Wunde, besonders wenn sie tief ist, ist kein Kinderspiel, sondern bedarf einer Fachkraft, die ihr Gebiet gut beherrscht und viel Erfahrung hat.

Findet ein Alkoholiker aber eine solche Fachkraft, dann kann sein Leben eine entscheidende Wende erfahren. Jetzt kann der Patient endlich erleben, dass er ein Recht auf seine Verletzung hat, dass er verstanden, nachempfunden und von jemandem geleitet wird, auf den er sich auch menschlich verlassen kann. Solch ein Heiler, der Gott in seine Behandlung integriert hat, ist natürlich auch idealisierbar. **Nachempfinden verbunden mit fachlichem Können, Idealisierbarkeit und Spiritualität führt zur Heilung.**

Und wieder komme ich zu dem ausschlaggebenden Punkt, dass der Heiler ein heiler Mensch sein muss. Es mag zwar grundsätzlich zutreffen, dass Gleiches sich am besten mit Gleichem versteht. Es ist aber ein gefährlicher Irrglaube, zu meinen, der verwundete, der kranke Heiler verstünde seinen Patienten am besten. Lebt der Heiler unentwegt die beiden Aspekte des Archetyps Heiler–Kranker, dann wird ihn seine Arbeit bald aufreiben. Der gute Therapeut kennt daher die beiden Seiten seines Archetyps, hat sie aber dadurch befriedet, dass er sie auf eine andere Ebene, nämlich die des in sich ruhenden, glücklichen und gesunden Heilers, geführt und sich dadurch verwandelt hat. Denn der Heiler soll aus seinem unmittelbaren Wissen um Gesundheit heilen und nicht aus seinem Wissen von Krankheit. Wer nur Krankheit kennt und sieht, landet und *bleibt* bei der Krankheit. Wer krank ist, sucht auf die eine oder andere Weise Verständnis. Der Therapeut soll aber gar nicht erst den Wunsch haben, von seinem Patienten verstanden zu werden.

Der Patient soll sich verstanden und nachempfunden fühlen. Er soll fühlen, dass ihm eine authentische Person gegenübersitzt. **Und wodurch wird jemand authentisch? Dadurch, dass er die Einheit von Gedanken, Worten und Werken lebt.** Wer dies erreicht, hat das Ziel erreicht – und ist dadurch gesund, denn dieser Status ist die Aufhebung des Archetyps und damit **der Maßstab für Gesundheit, Normalität und für positive Macht.**

Franz von Assisi bekam zum Beispiel deshalb so viel positive Macht, weil er seine Erkenntnis, alle Lebewesen zu lieben und ihnen zu dienen, in die Tat umsetzte. Er dachte so, er sprach so, und er handelte so. Deshalb war sein Handeln so unglaublich kraftvoll – unglaublich für den, der die Einheit von Gedanken, Worten und Werken nicht kennt.

Alkoholkranke – und alle anderen Sucht- und sonstwie Kranken – haben zwangsläufig ein Problem mit der Einheit von Gedanken, Worten und Werken. Sie haben ja auch häufig ein Problem mit der Wahrheit – wobei man der Vollständigkeit halber sagen muss, dass alle Menschen, die nicht nach der Einheit von Gedanken, Worten und Werken leben, damit ein Problem haben. Denn entweder sagen sie etwas anderes, als sie denken oder tun, oder sie denken etwas anderes, als sie sagen, und tun wieder etwas anderes. Es gibt unzählige Möglichkeiten, nicht in der Wahrheit zu sein. Wie sollen diese Menschen aber heilen können, wenn ihr Therapeut genauso wenig wie sie in der Wahrheit lebt? Ist er nicht in der Wahrheit, werden sie ihre Kindheitsverletzungen nicht heilen können.

Und genau dies ist ein entscheidender Maßstab für die Kompetenz eines Therapeuten: Kann er die narzisstische Wunde heilen, oder endet die Therapie nach dem Motto „Dem war sowieso nicht zu helfen!"'?

Wenn ein Therapeut das Gefühl hat, einem Patienten nicht helfen zu können, dann sollte er dies liebevoll, aber unmissverständlich sagen und die Behandlung erst gar nicht beginnen. Das hätte mehr Sinn. Wer dies dagegen erst am Ende sagt, sollte sich stets fragen, ob ihm nicht mehr an seinen eigenen Interessen als an denen seines Patienten gelegen war.

Denn die Regel ist: Jeder ist heilbar – nur nicht von jedem!

Und zwangsläufig können diejenigen am schlechtesten heilen, die Therapie deshalb geben, weil sie diese selbst brauchen! Davon gibt es aber mehr als genug – auch unter den so genannten Koryphäen! Wie viele von ihnen leben nur von ihrem Ruf, der die Menschen wie eine Hypnose ihre Selbstheilungskräfte aktivieren lässt, wodurch *sie selbst* das erreichen, was der so berühmte Therapeut nie erreicht hätte!

Alkoholiker können wieder recht gut leben, wenn sie sich an das Gebot halten, keinen einzigen Schluck Alkohol mehr zu trinken. Dies ist schon sehr, sehr viel, denn es rettet ihnen das Leben. Was aber häufig übersehen wird, ist, dass sie auf andere Formen der Sucht ausweichen, zum Beispiel aufs Rauchen oder Essen oder auf maßloses körperliches Verlangen. Mit anderen Worten: **Die Suchtmittel wechseln – die Verletzung bleibt!**

So ist es kein Wunder, dass sie weiter suchen. Sie suchen nach Liebe, nach Heilung, und – was entscheidend ist! – sie suchen auch nach einem Grund, *warum* sie so wenig Zuwendung und Geborgenheit bekamen.

Bert Hellinger vertritt bezüglich der Sucht den sehr hilfreichen Ansatz, die Rolle der Mutter müsse betrachtet werden. Er ist der Ansicht, die Mutter des Süchtigen habe ihm stets bewusst/unbewusst vermittelt: „Nimm nicht von deinem Vater, denn das ist schlecht. Nimm deshalb nur von mir!"

Dies ist eine sehr gute Antwort auf die Frage nach dem Warum einer Sucht.

Interessant ist in diesem Zusammenhang, dass Bert Hellinger Warum-Fragen für destruktiv hält. Ich finde dies auch deshalb erstaunlich, weil er ein Therapeut ist, der auf viele Warums gute Antworten hat.

Ein Therapeut, der auf nicht wenige Fragen gute Antworten hat, auf genauso viele aber nicht antwortet, muss sich vor Augen führen, dass er durch dieses Verhalten seine Patienten leicht abhängig macht. Sie warten nämlich immer noch auf die Antworten zu den anderen Fragen, die sie berechtigterweise haben. „Warum berechtigt?", fragst du. Weil sie in Therapie kommen, um auf Fragen Antworten zu bekommen, die sie bisher nicht beantwortet bekamen.

So bin ich der Ansicht, dass Warum-Fragen nur dann nachteilig für die Therapie sind, wenn der Therapeut keine befriedigende Antwort hat. Ich teile damit die Auffassung des Deutschen Philosophen Martin Heidegger, der meinte, es gebe keine dummen Fragen, sondern nur dumme Antworten.

Auf der anderen Seite muss sich der Therapeut selbst immer einige entscheidende **Warum-Fragen** stellen: *Warum* fragt der Patient dies, jetzt, in diesem Zusammenhang, mit diesen Worten und mit dieser Stimmlage?

Dies sind Fragen, die jede Therapie ständig begleiten sollten. Selbstverständlich auch dann, wenn es um die Beantwortung von Warum-Fragen geht.

Wichtig in diesem Zusammenhang sind die Fragen, die hinter jedem Warum stehen: **Warum geschieht mir das? Was ist der Grund für dies alles um mich herum? Was ist der Sinn des Lebens?** Wer diese Fragen nicht hinter allen Wiesos und Warums erkennt, der gibt der Therapie nicht die entscheidende Wendung.

Deshalb sind für den Suchtkranken folgende Fragen von großer Bedeutung: Warum bin ich suchtkrank? Wie kam es dazu? Was sagt mir das? Wie kann ich es lösen beziehungsweise gesund werden? Wie gehe ich mit Verantwortung um? Habe ich klar umrissene (Lebens-) Ziele?

Diese Fragen beschäftigen bewusst/unbewusst den Suchtkranken – also auch den Therapeuten. Deswegen werde ich nach einer kleinen Überleitung darauf zurückkommen.

Schnelle Veränderungen

Ich bin nicht für die schnellen Veränderungen, und zwar deshalb nicht, weil sie nicht von Dauer sind. Der große Heilige Ramakrishna Paramahamsa brachte seine Jünger dadurch zur Erleuchtung, dass er ihr drittes Auge mit seinem Fuß berührte. Dies öffnete ihr Bewusstsein für das Höchste Selbst, und sie konnten das erkennen, was anderen in den meisten Fällen verborgen bleibt.

Wie aber hatte Ramakrishna selbst seine Erleuchtung erlangt? Er wurde vom Höchsten Selbst über einen langen Weg durch unzählige Täler und

Höhen bis zu dem höchsten Gipfel seiner Selbst geführt. Es dauerte lange. Und weil es lange dauerte, war es von Dauer. Wie heißt der kluge Deutsche Spruch? *Was lange währt, wird schließlich gut!* Die Veränderungen von Ramakrishnas Schülern waren zum Teil nicht von Dauer. Unzählige Male lief ihm zum Beispiel sein Lieblingsschüler Vivekananda weg. Immer wieder musste er ihn zurückholen und überzeugen.

Wegen dieser Eigenart der menschlichen Seele halte ich mich an die allmähliche, dafür aber dauerhafte Veränderung. **Der Mensch denkt nun mal so, dass alles, was er leicht, billig und ohne große Mühe bekommt, nicht viel wert ist. Entsprechend achtlos geht er damit um.**

Was er sich aber *im Schweiße seines Angesichts* erarbeitet hat, das schätzt er, das achtet er, das möchte er auch behalten. Und er achtet es umso mehr, je mehr er dafür leisten musste.

Therapeuten sollten sich deshalb nicht von den schnellen Lösungen blenden lassen. Die heutige Zeit ist im Ganzen sehr krank beziehungsweise, um es mit dem Fachterminus auszudrücken, *neurotisch!* Heute muss alles schnell gehen. Je schneller jemand arbeitet, umso besser. Je schneller ein Auto fährt, desto teurer ist es. Je schneller eine Firma ein Haus baut, umso lohnender für alle. Das Wesen des Menschen besteht aber in *Shanti*, in Ruhe, in Frieden. Das Wesen des Menschen ist Muße – nicht aber Müßiggang! Nur in der Ruhe und der Muße kann zum Beispiel ein Kind entstehen und aufwachsen. Man kann die neun Monate Schwangerschaft nicht abkürzen.

Genauso verhält es sich mit der psychischen Entwicklung.

Eile ist fast immer Hasten, und Hasten ist fast immer Widerstand.

Und hier kommen wir erneut zur Ungeduld, die – wie wir bereits sahen – ebenfalls einen Widerstand ausdrückt.

Patienten wollen sich angeblich so schnell verändern, ihre Probleme ganz schnell loswerden, weil sie – zumindest in dieser Inkarnation – noch nie erlebt haben, dass sie anerkannt werden, so wie sie sind. Lässt sich der Therapeut auf die Eile des Patienten ein, dann *agiert er in der Gegenübertragung*. Das heißt, er verhält sich entweder wie eine Elternfigur seines Patienten, denn offensichtlich wurde dieser von seinen Eltern nicht so akzeptiert, wie er war, sondern ständig angehalten, sich zu verändern.

Oder er lebt sein eigenes Verletztsein aus und kann deshalb der Ungeduld seines Patienten nicht mit Ruhe und Klarheit begegnen, weil er seine eigene Unvollkommenheit nicht aushält beziehungsweise unter Erfolgszwang steht. Beides sind keine besonders guten Voraussetzungen, um einem leidenden Menschen zu helfen, stellen aber entscheidende Hinweise dar, die deutlich machen, dass dieser Therapeut in seiner Anbindung an Gott noch nicht sehr gefestigt ist, dafür aber umso fester an seinem Narzissmus hängt!

Und welche Vermutung liegt nun nahe? Ein Therapeut, welcher der Ungeduld seines Patienten nachgibt, der also unter Erfolgszwang steht, hat in den meisten Fällen selbst irgendeine Suchtproblematik! Die innere Unruhe, der Leistungszwang und die mangelnde Nähe zu Gott lassen ihn eine andere Lösung *suchen*, die seine innere Leere ausfüllen soll.

Nehmen wir an, der Therapeut sei selbst alkoholkrank. Er sei deshalb zu den Anonymen Alkoholikern gegangen und habe seitdem aufgehört, Alkohol zu trinken. Zwar trinkt er nicht mehr, die Wunde blieb aber unbehandelt. Und was tut er nun? Eine weit verbreitete „Lösung" ist zum Beispiel das Trinken von Kaffee. Und warum trinken Menschen Kaffee? Natürlich *ein Mal*, um wach zu werden. Dagegen ist nichts zu sagen. Aber die anderen Male? Um den inneren Druck nicht zu spüren!

Wie das funktioniert, fragst du? Ganz einfach: Jemand hat viel Druck. Das belastet ihn. Besonders natürlich, wenn er ein Therapeut ist. Denn der Therapeut sollte in sich ruhen – zumindest etwas mehr als seine Patienten. Nun spürt ein Therapeut diesen unangenehmen und möglicherweise auch noch ständigen Druck. Was tut da die Psyche? Sie verlagert ihn nach außen. Also trinkt der Therapeut zum Beispiel Kaffee. Dadurch wird er wahrscheinlich noch nervöser. Aber mit einem gewaltigen Vorteil: Er kann sich nun einreden, der Druck komme durch den Kaffee und nicht mehr von ihm selbst: **Eine Abhängigkeit ist geboren.**

Mit anderen Worten: Der arme Therapeut hat von einer Abhängigkeit zur nächsten gewechselt. War es vorher der Alkohol, ist es nun der Kaffee. Wie gesagt: **Die Suchtmittel wechseln – die Verletzung bleibt!**

Freiheit von der Sucht

Deshalb ist mein Therapieziel für einen Suchtkranken, dass er einen guten Therapeuten findet, der in der Lage ist, mit ihm zusammen die Wunde so zu heilen, dass er anschließend wieder Alkohol trinken *könnte*.

„Er soll wieder Alkohol trinken können?", fragst du sehr erstaunt. Eine gute Frage!

Ich lehne das Trinken von alkoholischen Getränken ab, weil das früher oder später immer zur Sucht und damit zu Abhängigkeit führt.

Wie sagte ich in *Sai Baba spricht zum Westen?* „Erst gehört die Flasche dir, dann du der Flasche, und schließlich bist du eine Flasche." (27.1.)

Ich halte es aber für unbedingt notwendig, dass dem Alkoholkranken eine grundsätzliche Loslösung von der Sucht gelingt. Nicht zu trinken bedeutet noch nicht, dass jemand von der Alkoholsucht erlöst ist. Er trinkt nur nicht mehr. Trinkt er aber einen einzigen Schluck, läuft er Gefahr, wieder der Sucht zu verfallen. Er bleibt damit ein Opfer der Sucht – zwar nicht manifest, aber latent. Ein Quartalssäufer beispielsweise scheint in seinen trockenen Phasen kein Suchtkranker zu sein. In der so genannten „nassen Phase" wird jedoch sogleich deutlich, wie sehr die Sucht ihn gefangen hält.

Besonders deutlich wird dies natürlich bei der **Eßsucht**, denn der Betroffene muss essen, das heißt, er **muss** lernen, positiv mit Lebensmitteln umzugehen.

Hierzu passt die schöne Geschichte von den zwei Mönchen, die zu einem Flussufer kommen. Am Ufer bittet eine schöne junge Frau, sie mit hinüberzunehmen, weil sie Angst habe, die Strömung könne sie mitreißen. Einer der Mönche nimmt sie auf seine Schultern und bringt sie sicher ans andere Ufer. Sie verabschieden sich und gehen weiter ihres Weges. Da fragt nach einer Weile der andere Mönch: „War das richtig, dass du als Mönch diese schöne Frau auf deine Schultern nahmst? Darf ein Mönch das?" – „Ein Mönch darf, muss immer einem Menschen helfen", antwortete der gefragte Mönch. „Der Unterschied zwischen dir und mir", fuhr er fort, „besteht darin, dass ich die Frau am anderen Ufer absetzte, du sie dagegen immer noch mit dir herumträgst!"

Diese Geschichte verdeutlicht genau, was ich sagen will: Wer seine Sucht zur Zeit nicht lebt, hat sie deshalb noch nicht unbedingt besiegt. Frei von ihr ist er erst, wenn er sich ihren Verlockungen aussetzen kann, ohne ihr zu verfallen – weil sie ihn einfach nicht mehr interessiert.

Der Raucher, der sich eine Zigarette anzündet und sie ausmacht, weil sie ihm nicht mehr schmeckt, und der, von seinem Willen und seiner Psyche her, auch nicht mehr rauchen möchte, **weil er es nicht mehr braucht**, ist von der Sucht frei.

Er hat tatsächlich den Fluss der Sucht überquert und ist am Ufer der Befreiung angelangt. Genau wie der Mönch, der die unmittelbare Nähe zu jener schönen Frau erlebte, der sie ganz nah auf seinen Schultern und seinem Nacken trug, während sie sich in ihrer Unbefangenheit an seinem

Kopf und seiner Stirn festhielt. Wie viel Nähe war da! Und was tat dieser Mönch? Er setzte sie am Ufer ab. Der andere dagegen lebte die Sucht. Er war gefangen. Er war neidisch auf die Nähe, die der eine Mönch – seiner Fantasie nach! – genossen hatte. Wo aber war diese Nähe, wenn er sie so endgültig beim Erreichen des Ufers absetzen und nicht mehr daran denken konnte? Hatte sie wirklich bestanden? Wo bleibt Nähe, die jemand anbietet, die aber nicht angenommen wird? Nähe schafft Bindungen. War der Mönch jedoch gebunden, wenn er die Frau so offensichtlich auch von seinem Inneren her am Ufer absetzte?

Der andere Mönch dagegen war in vielerlei Hinsicht gebunden. Er war gebunden an seinen Neid, seine Eifersucht, an seine Sinne und an die vielen Wünsche und Verstrickungen, die diese schaffen.

So war der eifersüchtige Mönch zwangsläufig noch mit etwas anderem außer der Frau beschäftigt: Nämlich damit, wie gelöst sein Weggefährte durchs Leben und dessen Versuchungen ging. Es war der Neid des Süchtigen dem Nicht- oder Nicht-mehr-Süchtigen gegenüber. Dieser konnte seine Freiheit leben. Der andere konnte dagegen diese Freiheit nur beneiden, weil die Sucht ihn noch fest in ihren Fängen hielt. Es ging deshalb nicht um die Frau, sondern um die Sucht.

Nicht das Suchtmittel, sondern die Sucht selbst ist das Thema!

Damit kommen wir zu einem weiteren entscheidenden Punkt. Es geht fast nie um das „Objekt der Begierde", sondern um die Begierde selbst. Es geht nicht um das Glas Wein, Bier oder Schnaps, um Tabak oder Drogen, um Zucker oder den Wunsch nach Problemen und Unglück, **sondern um die Sucht danach** Es ging im obigen Beispiel auch nicht um die Frau, sondern um die Leidenschaft.

Viele Menschen, besonders Männer, lassen sich von ihren sexuellen Wünschen gefangen nehmen. Frauen sind da ein wenig freier, denn sie sind nicht so sexuell ausgerichtet wie Männer – außer wenn sie männlich identifiziert sind, was heute im Zuge der Umdeutung aller Werte immer häufiger vorkommt.

Viele Frauen haben dafür eine Sucht nach Kontakt und Beziehung. Kaum ist eine Partnerschaft beendet, und war sie noch so wenig erfüllend, gehen sie schon die nächste ein, um sich ja nicht einsam zu fühlen. Viele leben nämlich nach dem erstaunlichen Motto: Lieber zu zweit einsam als all-ein!

Bedauerlicherweise haben viele Frauen so wenig Selbstwertgefühl, dass sie sich aufgewertet fühlen, wenn Männer sie begehren – und mögen diese Männer noch so unpassend für sie sein. Sie haben entweder aus Angst vor Ablehnung nicht die Möglichkeit, so zu sich zu stehen, dass sie Nein sagen können, oder sie genießen das Spiel mit der Macht über den Mann, das heißt das Spiel mit dem Feuer. Und dieses gefährliche Spiel lautet: „Ich mache dich mit all meinen Reizen auf mich aufmerksam oder gar abhängig. Aber du kriegst mich nicht! Nie und nimmer! Doch abhängig bleibst du!"

Dieses Verhalten drückt ebenfalls eine Sucht aus: **Die Sucht nach Macht und Anerkennung.**

Viele Frauen sind sich dieser Sucht nicht bewusst, sondern begründen ihr Gefühl der Überlegenheit dem Mann gegenüber mit ihrer größeren sexuellen Unabhängigkeit, was ebenfalls nicht gut ist. Es ist nur zu verständlich, dass Frauen nicht gut mit der Macht umgehen können, die Männer ihnen dadurch geben, dass sie so stark, manchmal sogar unglaublich stark auf weibliche Reize reagieren.

Frauen sollten sich aber stets in dem Augenblick, in dem dieses egogebundene Überlegenheitsgefühl sie überfällt, vor Augen führen, dass sie ebenso wie die Männer gebunden sind, wenn auch nicht, wie diese, durch sexuelle Wünsche, sondern durch ihren Wunsch nach Beziehung.

Für viele Männer ist der Wunsch von Frauen nach Nähe, nach Zärtlichkeiten, nach Kontakt und *nicht* nach Sexualität genauso erstaunlich, wie es der männliche Wunsch nach Sexualität für Frauen ist. Und was resultiert in den meisten Fällen aus diesem jeweiligen Erstaunen (und Sich-besser-Wähnen!)? **Kämpfe von Ego gegen Ego!**

Wobei sich die Frauen sagen lassen müssen, dass sie sich häufig für besser als die Männer halten, weil sie Nähe höher als Sexualität einstufen.

Selbst wenn sie Recht hätten, schwächt sie ihr Überlegenheitsgefühl ungemein. Viele Ehen gehen auseinander, weil die Frau die Sexualität mit ihrem Mann nur gönnerhaft lebt. Sie baut damit nicht nur, wie wir sahen, ein Wertungsgefälle auf, sondern entfacht auch noch einen Machtkampf, nach dem Motto: „Gut, wenn du es unbedingt brauchst, gewähre ich es dir, vorausgesetzt, du bist ganz brav. Und was brav ist, bestimme ich!"

Diese Haltung führt zum Ende vieler Beziehungen. Die Männer reagieren auf diese Falle damit, dass sie zu einer anderen Frau gehen, die ihnen zunächst vermittelt, sie fände ihre Sexualität ganz in Ordnung. Bis eines Tages auch hier andere Töne anklingen. Dies geht so lange ... ja, so lange, wie ...? Ja, so lange, bis der Mann erkennt, dass er ein Sklave seiner Sexualität ist.

Die Frau hat Unrecht, zu glauben, sie sei dem Mann überlegen. Sie hat aber Recht, wenn sie ihm vermittelt, dass er sich selbst schwächt, wenn er ein Sklave seiner Triebe ist.

Einer, der ständig an Sexualität denkt, ist genauso wenig frei, beziehungsweise er ist genauso süchtig wie einer, der ständig an Alkohol oder andere Drogen denkt. Frei ist der allein, der *ungezwungen* genießen kann. Wo Zwang, welcher Art auch immer, besteht, gibt es keine Freiheit.

Dies musst du aber *cum granum salis,* wie die Römer sagten, verstehen. Das heißt, du musst differenzieren. Ich spreche hier von innerem und nicht von äußerem Zwang. Jemand, der innerlich frei ist, ist kaum – wenn überhaupt noch – äußeren Zwängen unterworfen.

Ein Avatar, eine Gottesinkarnation, hat zum Beispiel keine inneren Zwänge. Nichts bestimmt Ihn. Da gibt es kein Ziehen, keinen Wunsch, kein Begehren. Wer wollte Ihn da noch bestimmen oder gar zwingen? Er ist frei in Sich und daher auch vollkommen frei im Äußeren. Er hat nichts, was Ihn im Inneren bestimmt – außer Seiner Liebe. Deswegen sind Seine Worte Gesetz und Seine Taten Schöpfung.

Prüfe dich, ob du dies unglaublich findest. Je weniger unglaublich du es findest, desto näher bist du deiner wahren Bestimmung. Denn auch du bist Gott. Auch dein Wort ist Gesetz – du musst es nur endlich wissen, dich programmieren, es erfahren und leben!

Lösen der Sucht

Deshalb ist meine Lösung für jede Form von Suchtproblem beziehungsweise von narzisstischer Verletzung, dass Menschen sich Gott zuwenden. Wohlgemerkt, *nicht*, um einer äußeren, höheren Macht zu gehorchen, sondern um das zu finden, was **die Sucht sucht, nämlich die innere Bestimmung.** Gott, das heißt der Sinn deines Lebens, ist in dir. **Du bist dieser Sinn. Aber du weißt es nicht**, denn du meinst, du seist dein Ego – und scheiterst deswegen. Du bist aber nicht dein Ego – genauso wenig, wie du dein Krückstock bist. Du bist nichts Enges, Begrenztes – deshalb bist du auch nicht der Körper. Du bist vielmehr die unendliche Weite der Glückseligkeit. Dies ist das Ziel deines Suchens und deiner Sucht. Sie ist der Grund deiner vielen Warums und Wiesos. Deswegen sind diese die entscheidenden Fragen, die in sich – richtig beantwortet – alle Lösungen beinhalten.

Eine Antwort besteht auch in der oben bereits angesprochenen Ebene der Beziehung zwischen Vater und Mutter. Die Ebene, die Bert Hellinger anspricht, wenn er meint, die Sucht sei entstanden, weil die Mutter dem Kind vermittelte: **„Nimm nicht von deinem bösen Vater, sondern nur von mir!"**

Bert Hellinger hat, wie gesagt, Recht, dass solch eine Haltung verheerende Folgen hat. Dem Kind wird dadurch von klein auf vorgelebt, dass Männer und Frauen gegeneinander kämpfen – und dass angeblich ein Elternteil gut und ein anderer böse ist.

Das Kind liebt aber beide Eltern und teilt deswegen seine Psyche in einen „guten" Teil, der den angeblich guten, und einen „schlechten", der den „schlechten" Elternteil liebt.

Das Kind hat von Natur, das heißt von seiner himmlischen Herkunft her, ein großes Herz. Deshalb wird es den „bösen" beziehungsweise angeprangerten Elternteil mehr als den „guten" lieben.

Dies ist eine weitere Möglichkeit, die von Anna Freud beschriebene Identifikation mit dem Aggressor zu erklären, die ich bereits erwähnte. Das Kind hat großes Mitgefühl mit dem Elternteil, der eindeutig schwächer ist – und der Aggressor ist immer schwach. Er ist ein Angstbeißer. Außerdem sieht sich das Kind wegen seiner Liebe als den Verantwortlichen.

Das Kind denkt so: Würde es diesen Elternteil noch mehr lieben, dann wäre dieser besser. Der Mangel an Liebe dieses Elternteils ist für das Kind ein offensichtlicher Beweis dafür, dass es nicht gut genug ist, dass es nicht genug liebt. **Aus diesem Selbstvorwurf des Kindes entsteht die Sucht. Die Sucht ist deshalb eine verzweifelte Suche nach Liebe und nach der Möglichkeit, noch mehr Liebe zu geben.** Das Kind kann seine Liebe aber nicht geben, weil der angreifende Elternteil dies verhindert, verwehrt. Das ungeliebte Kind will lieben, lieben, lieben. Und da es keine Möglichkeit findet, zu lieben, weil es entweder auf Unverständnis, auf Ablehnung, auf Macht oder auf Aggressionen stößt, kreist diese unerfüllte, diese ziellose Liebe in ihm. Das ungeliebte Kind fühlt sich wie ein Ertrinkender. Es ertrinkt an der eigenen ungelebten Liebe. **Deshalb hängt der Suchtkranke so stark an seiner Sucht – die Sucht ist für ihn die Lösung, die er so sehr gesucht hat, die „Lösung", endlich seine Liebe zu leben.**

Wer seine Liebe leben kann, ist glücklich. Warum sind viele Verliebte so glücklich? Weil sie durch die Intensität der Gefühle unbewusst an die Tiefe der Kosmischen Liebe erinnert werden. Sie sind es aber auch aus zwei weiteren Gründen: Sie sind glücklich, jemanden gefunden zu haben, der die Liebe *in ihnen* aktiviert. Und sie sind glücklich, weil sie *jemanden lieben können*. Die Liebe will nicht geliebt werden. Wer geliebt werden will, ist das Ego – und alles, was sich daraus ergibt, wie Macht, Stolz, Geltungsbedürfnis.

Die Liebe dagegen will nicht geliebt werden, sie will lieben. Dies ist ihr Wesen. Deshalb kann sie nicht anders.

Die Liebe ist die wahre Bestimmung des Menschen. Im Grunde besteht der Mensch aus nichts anderem als aus Liebe. Alles andere ist nur „Verpackung"! Deshalb hängt der Süchtige so an seiner Droge. Der eine an seinem „Stoff", der andere an seiner Flasche, der Dritte an seiner Zigarette, der Vierte an der Sexualität, der Fünfte an seinem Zucker und der Sechste an seiner Negativität beziehungsweise *seinem* Unglück. Sie *scheinen* an Materiellem zu hängen – deswegen werden sie verkannt. In Wahrheit hängen sie alle, der Patient und der Therapeut, der ihn nicht versteht (!), an der Liebe. Im Gegensatz zum Therapeuten, der ihn versteht, wissen die anderen nicht, woran sie tatsächlich hängen. Nur wer sein „unabänderliches" Hängen an der Liebe erkannt hat, kann heilen, denn er weiß, dass alle Krankheit nichts anderes als die Suche nach einem Weg ist, die unendliche Liebe, die in jedem ist, zu leben.

Es gibt eben keine Vielheit. Es gibt auch nicht den Alkoholiker und seine Flasche. Vom Herzen betrachtet, also von der Instanz, die wirklich sieht, gibt es nur die Liebe – und die will strömen.

Die Liebe ist eine unendliche Kraft. Deshalb muss die Kindererziehung durch Liebe, durch Verstehen, durch Nachempfinden und durch das Vermitteln der allgemein gültigen Kosmischen Gesetze so sein, dass das Kind die Liebe leben und fließen lassen kann, die es im Jenseits so sehr genossen hat. Wird ein Mensch so erzogen, wird er nicht krank.

Liebe als Sucht

An dieser Stelle kehren wir zu Ramakrishna Paramahamsa zurück. Er entwickelte diese unendliche Liebe. Um das negative Karma seiner Jünger zu übernehmen, starb er an Krebs. Er reinigte mit seinen Haaren die Toiletten der so genannten Unberührbaren (so genannten, denn Unberührbare gibt es nicht!), und er aß aus einem Napf mit einem Hund.

Warum tat er das? Um zu zeigen, ...? Nein, nicht um etwas zu zeigen. Wer die Liebe erreicht hat, die Ramakrishna erreichte, handelt nicht, um auf

269

sich zu verweisen. Ramakrishna tat es, weil seine unendliche Liebe ihn dahin führte. Ja, auch er war ein Sklave. Er war ein Sklave seiner Liebe. Und damit unendlich frei.

Hier kommen wir zu einem weiteren entscheidenden Gesichtspunkt der Sucht. Die Sucht versklavt. Warum dies der Fall ist, haben wir gerade gesehen. Der Mensch möchte unbedingt ein Sklave werden. Er möchte ein Sklave der unendlichen Liebe sein. Deshalb versklavt er sich in so vielfältiger Weise: Durch einen Liebespartner, durch eine Sucht, durch eine Arbeit, durch einen Trieb, durch ein Ding.

Die Beziehung von Liebe und Sklaverei können wir wunderbar an kleinen Kindern studieren. Ihre Liebe versklavt sie manchmal vollständig. Da schließt ein Kind zum Beispiel einen Teddybären in sein Herz. Und was passiert? Es geht nicht mehr aus dem Haus, es kann nicht einschlafen, wenn sein Teddy nicht dabei ist. Und geht er verloren, so bricht eine Welt zusammen. Das ist die Sklaverei der großen Liebe. Nur wer liebt, ist abhängig. Deshalb hängen die Kinder so an ihren Eltern, weil sie wirklich lieben.

Deshalb tut Gott auch so viel für die Welt und die Menschen, kommt sogar in menschlicher Gestalt auf die Erde und ist tagtäglich um das Wohl aller bemüht, weil Seine Liebe ihm gar keine andere Wahl lässt.

Gott, Der Herr über alles ist, Der mit einer Handbewegung den Himmel in Erde und die Erde in ein Nichts verwandeln könnte, Er wird bestimmt durch Seine Liebe! Er, Der alles bestimmt, wird selbst bestimmt! Im Grunde nicht zu fassen! Aber wahr – und gleichzeitig auch Vorbild. Denn Gott lässt sich von dem bestimmen, was die einzige und allerbeste Bestimmung ist: Die Bestimmung der unendlichen, der egolosen Liebe. Nichts ist segensreicher, nichts ist Glück bringender, nichts ist erfüllender als diese uneingeschränkte Liebe, die deshalb uneingeschränkt ist, weil sie alle und alles umfasst!

Ramakrishna Paramahamsa war einer der ganz großen Gurus. Was bedeutet Guru? **Gu-ru bedeutet: Derjenige, der die Dunkelheit vertreibt.**

Guru ist heute ein recht zweifelhafter Begriff, weil so viele, die alles andere als erleuchtet sind, sich diesen Begriff wie eine Krawattennadel ansteckten, ohne im Geringsten nach seinem Inhalt zu leben. Sie meinten, man brauche nur die „richtigen" Gewänder, ein paar „gute" Sprüche – und schon sei man ein Guru. Ein Guru ist nicht deshalb ein Guru, weil er wallende Gewänder trägt und salbungsvoll spricht. Ein Guru ist ein Guru, weil er durch die unendliche Liebe bestimmt wird. **Sie muss durch ihn arbeiten, sie muss**

bewirken, dass die Schüler des Gurus immer liebevoller, immer disziplinierter, immer glücklicher werden.

Selbstgewählte oder besser gesagt: Ego-erwählte Möchtegernlehrer, die ihre Schüler nichts Neues, Weiterweisendes lehren, sondern sie einfach beziehungsweise zigfach anstiften, ihre *Triebe* zu leben, sind keine Gurus, keine Ver-*Treiber*, sondern Be-*Treiber* der Dunkelheit. Falsche Gurus sind auch jene, die eine ultramoralische, freudlose bis hin zur misanthropen Spiritualität vertreten, die ebenfalls häufig genug deutlichen Suchtcharakter aufweist.

Wenn Lehrer nicht wissen, was sie lehren sollen, wenn sie nicht eine edle, freudige und freundliche Gesinnung haben und ein wahres Vorbild für ihre Schüler sind, geht die Gesellschaft einer Katastrophe entgegen. Hunderte, nein, Tausende von leicht beeinflussbaren Kindern gehen durch ihre Hände, die eines Tages das leben werden, was sie heute von ihren Lehrern lernen.

Wehe, wenn Lehrer nicht vom Wissen um die Wahrheit durchdrungen sind und durch ihre Ideale Schüler ein Leben lang leiten können.

Viele lehren heute aber nicht den Weg ins Licht, sondern den in die Dunkelheit.

Sie betreiben die Dunkelheit, um sich an ihr zu bereichern. Und wer bereichert sich auf Kosten anderer, noch dazu auf Kosten seiner Schüler? Einer, der von der Kosmischen Liebe überhaupt nichts weiß. Denn wüsste er auch nur das Geringste, wäre ihm bewusst, dass er eine große Sünde begeht, wenn er das Vertrauen und die Unwissenheit seiner Schüler missbraucht. Und was sind Sünden? Es sind Taten, mit denen wir anderen schaden, um kurzsichtig und kurzfristig einen Vorteil zu bekommen. Der Vorteil wiegt aber *nie* das Leiden auf – das Leiden der Betroffenen.

Hier darfst du nicht stutzen. Du darfst nicht annehmen, es gäbe hier Betroffene und Nichtbetroffene. Es gibt nur Betroffene. **Denn die Liebe ist EINE. Das ist das Wunder der Liebe, das ist das Wunder der Welt: Schadest du einem anderen, schadest du nie nur einem anderen, sondern immer auch dir.**

Angst, Furcht, *Nirbhaya* und *Abhaya*

Bevor ich am Ende dieser Ausführungen zur Sucht noch einen Vorschlag mache, wie man mit einer Suchtproblematik arbeiten kann, möchte ich noch auf die verschiedenen Formen der Angst eingehen.

Der Philosoph Sören Kierkegaard zum Beispiel unterschied zwischen Angst und Furcht. Unter **Angst** verstand er all jene Gefühle, die sich auf etwas beziehen, was nicht äußerlich real ist. Das heißt: Hat jemand panische Angst vor einem Kätzchen, vor der Dunkelheit, vor dem Fliegen, so entspricht diese Angst einer nicht realen Ursache.

Diese Angst ist also psychologischer Natur und kann leicht zu einer Sucht werden. Genauso wie Menschen ihre Negativität, ihr Unglück lieben, so lieben sie auch ihre Ängste. Ängste erzeugen starke Gefühle, und manche Menschen unternehmen alles, um diese Gefühle zu erleben – denke nur einmal an das Prickeln, das viele genießen, wenn sie durch die wilden Kurven einer Achterbahn rasen, die vielen Schrecken einer Geisterbahn erleben oder gar ihr Leben aufs Spiel setzen wie bei irgendwelchen mörderischen Rennen.

Wie viele Rennfahrer haben zum Beispiel mehrfach ihr Leben aufs Spiel gesetzt, hatten die schwersten Unfälle und konnten doch nicht von dieser Sucht lassen.

Ganz anders ist die **Furcht**. Furcht bezieht sich auf etwas Reales. Jemand hat Furcht vor einer realen Gefahr wie einem Löwen oder einem Auto, das auf der falschen Straßenseite entgegenkommt. Kluge Menschen haben außerdem Furcht davor, anderen zu schaden, denn sie wissen, dass es auf sie zurückkommt.

Das Sanskrit unterscheidet zwischen zwei weiteren Formen.

Nirbhaya bedeutet die Abwesenheit von Furcht. Es ist ans Körperbewusstsein gebunden und kann deshalb auch schädlich sein. *Nirbhaya* unterscheidet nicht zwischen Furcht und Angst. Hat jemand zum Beispiel eine Angst überwunden, so ist dies eine Errungenschaft, etwa wenn er keine Angst mehr vor dunklen Räumen, vor Rolltreppen oder anderem hat. Hat er dagegen keine Furcht mehr vor Löwen oder vor einem verrückten Autofahrer, kann dies für seinen Körper sehr gefährlich werden.

Hier wird deutlich, dass es der menschliche Geist ist, der sowohl die Angst als auch die Furcht erzeugt – und sie auch auflöst.

Nirbhaya bedeutet auch das Lösen der Angst, die durch eine Täuschung entsteht. Hält jemand ein Seil für eine Schlange, so hat er Angst, wenn es eine kleine, harmlose Schlange ist. Ist es dagegen eine große, gefährliche Schlange, hat er Furcht.

Sieht er aber, dass am Boden gar keine Schlange liegt, sondern ein Seil, so löst sich die Angst beziehungsweise die Furcht auf. Dies ist *Nirbhaya*.

Abhaya dagegen ist ganz anders. Es ist die völlige Angst- und Furchtlosigkeit, weil das Körperbewusstsein überwunden, weil die Dualität transzendiert wurde. Dieses Entwicklungsstadium hatten die Rishis, die Weisen, erreicht, welche die Veden von Gott direkt erhielten und zum Teil ganz allein im Urwald mit den wildesten Tieren zusammenlebten. Kein Tier tat ihnen etwas zu Leide, denn dadurch, dass die Rishis Gott verwirklicht hatten, waren sie mit allen verbunden – selbst mit den wildesten Tigern und Kobras. Diese Verbindung war so, dass die Tiere dies ebenfalls empfanden. Wäre die Verbindung einseitig gewesen, wären die Rishis noch auf der Stufe von *Nirbhaya* gewesen, so hätte es für sie sehr gefährlich werden können.

Da die Tiere aber diese Verbundenheit spürten, konnten die Rishis zu Recht völlig furchtlos sein, weil ihnen selbst dann keiner etwas hätte antun können, wenn er es gewollt hätte.

Dies ist der Göttliche Schutz, den die erlangen, die Gott verwirklichen. Für sie gibt es keine gefährlichen Situationen mehr, weil sie erstens die vollkommene Einheit erlangt haben und Diese sie zweitens auch noch schützt, wo immer sie sind.

Dieser Maßstab ist für Therapeuten und Patienten von großer Bedeutung. Es gibt nicht nur die Angst, die Furcht und die eher undifferenzierte Abwesenheit der Furcht. Es gibt die völlige Freiheit von jeglicher Furcht. Dies schafft vollkommene Ruhe, vollkommene Sicherheit, weil die Liebe ungehindert fließt.

Ein Mensch, der *Abhaya* erreicht hat, hat weder Angst noch Furcht. Er ist jenseits der Dualität und damit auch jenseits des dualen Denkens, deswegen könnte er keine Gefühle von Furcht, geschweige denn von Angst haben, selbst wenn er wollte. Selbstverständlich will er es auch nicht. Denn wer die Dualität überwunden hat, will nicht mehr zu ihr zurück.

Arbeit an der Sucht

Die Sucht hat viele Gesichter. Wie wir sahen, hängen Menschen suchtartig an sehr unterschiedlichen Dingen.

Menschen hängen an jemandem oder etwas und kommen von der Sucht, die sie entwickeln, nicht mehr los, weil tiefe Verletzungen, Entbehrungen beziehungsweise Verlassenheitsgefühle sie binden. Diese Gefühle können bis zur Angst vor dem Tod reichen.

Dass dies bei vielen Menschen der Fall ist, wird zum Beispiel an der Freude am Stierkampf deutlich. Der Stier symbolisiert den Tod, den es zu überwinden gilt. Daher die schreckliche Freude daran, ihn zu verletzen, ihn zu quälen, ihn zu töten.

Bei vielen Metzgern und Schlachtern und vielen Fleischessern ist dies ebenfalls der Fall. Durch das Töten (beziehungsweise Töten-Lassen) des Tieres bekommen sie ein Gefühl der Überlegenheit. Ihr Verhalten hat deutlich kontraphobischen Charakter mit folgendem Inhalt: „Weil ich dich töten (lassen) kann, habe ich Gewalt über den Tod. Er kann mir deshalb nichts anhaben!"

Deshalb gehört auch das Fleischessen zur Sucht, denn unbewusst denkt derjenige, der Fleisch isst, dass er all die Kraft erhält, die das getötete Tier besaß. Und dass er dadurch so stark wird, dass ihm der Tod nichts anhaben kann.

Außerdem ergibt sich hier die Sucht nach Macht, die eine der größten und gefährlichsten ist. Je mehr Menschen die Möglichkeit erhalten, ihre Sucht nach Macht leben und ausleben zu können, desto weniger meinen sie, Therapie zu benötigen – und umso schlimmere Menschen sind sie, die nicht selten den Tod vieler zu verantworten haben. Die Sucht nach unverantwortlicher Macht ist häufig die Sucht nach dem Tod – dem Tod anderer!

Der Therapeut sollte deshalb bei der Arbeit an der Sucht stets den Gedanken an den Tod präsent haben.

Er sollte dem Patienten, der an seiner Sucht arbeiten möchte, vorschlagen, das Glück, das Unglück, den Erfolg, den Misserfolg, die Gesundheit, die Krankheit, **die Sucht und die Freiheit**, sich selbst und Gott aufzustellen.

Die Freiheit ist ein guter Gegensatz zur Sucht, denn kein Süchtiger ist frei.

Häufig ist aber noch etwas ganz anderes zu bearbeiten: **Die Todessehnsucht!** „Ist dies nun ein ganz neuer Gedanke am Ende dieser Ausführungen zum Thema Sucht?", fragst du. Nein, denn jeder Mensch hat von seinem Selbst her eine Todessehnsucht. Er möchte so schnell wie möglich ins unendlich glückliche Jenseits zurück. Der Suchtkranke sucht, wie wir oben bereits sahen, dieses unendliche Glück. Er sucht es aber in der Außenwelt und nicht in sich, deswegen scheitert er. Und weil er scheitert, glaubt er, das ganze Leben sei nichts wert, er könne es deshalb wegwerfen.

Kaum sind deshalb in einer Basis-Aufstellung, in der es um Sucht geht, der Tod und das Leben aufgestellt, entwickelt sich eine ganz neue Dynamik, die sehr, sehr lehrreich ist: **Erstens erleben die Teilnehmer, dass der Tod** in Wahrheit der Freund des Menschen ist, und **zweitens**, dass er eng mit Gott verbunden ist und niemals auftaucht, geschweige denn handelt, wenn Gott dies nicht erlaubt! **Drittens** erlebt derjenige, der die Rolle des Todes spielt, dass dies eine besonders faszinierende Erfahrung ist, die ihn vieles ganz neu sehen und werten lässt.

Und **viertens** wird deutlich, dass viele meinen, das Leben nur mit einer Sucht „überstehen" zu können, weil sie sich keine große Mühe machen, die Schönheit des Lebens und den Segen der Schöpfung zu ergründen und zu er-leben!

Bei dieser Aufstellung mit der Sucht muss ebenfalls die Familie in Verbindung zur Sucht und zu der Frage gesehen werden: Woher kam diese so negative Lebenseinstellung? Das heißt, welches Familienmitglied löste die Sucht aus, welches förderte sie und welches verhindert eine Lösung – in doppeltem Sinne! Also: Wer verhinderte ein Loslassen beziehungsweise ein Klären?

Der Guru als Maßstab

Der Guru, von dem ich weiter oben sprach, ist nun genau das Gegenteil eines Machtmenschen beziehungsweise eines Suchtkranken. Ein wirklicher Guru ist derjenige, der den Weg bereits gegangen ist. Ramana Maharshi oder, wie bereits erwähnt, Ramakrishna beziehungsweise Sri Aurobindo waren wahre Gurus. Sie kannten den Weg. Und sie besaßen die Liebe, um ihre Schüler zu begleiten, an ihrer Seite zu sein, sie zu lehren, sie zu ermahnen und sie sicher durch schwieriges Gelände zu führen.

Dies ist der wahre Guru, der aus der Quelle getrunken hat und deshalb mit Wissen und Liebe zurückkommt. Er ist es, der die größten Krankheiten heilen kann. Von diesen großen Seelen gibt es selbst heute noch einige Hundert auf Erden. Diese wahren Gurus sucht jeder. Und das Wunder

275

besteht nicht allein darin, dass sie die Quelle erreicht haben und dass sie zurückkommen, sondern dass der Schüler seinen Guru dann findet, wenn seine – des Schülers! – Zeit reif ist. Und warum ist das so? Weil der Guru genau weiß, wann und wie er mit wem arbeiten kann und mit wem nicht.

Deshalb ist er ein so guter Therapeut: Er weiß, wem er helfen kann, wer nicht auf ihn hören wird, wer auf niemanden hört und wer noch eine Weile durch die Welt irren muss, um die Bescheidenheit zu erlangen, die er benötigt, um einen Guru ehren, verehren und auf ihn hören zu können.

Und warum kann er das? **Weil derjenige, der die Quelle erreicht hat, in alle Herzen blicken kann. Der eine sieht in die Herzen, der andere hört, was in ihnen vorgeht, ein Dritter hat ein sicheres Gefühl, wie es seinem Gegenüber geht – alles Anzeichen, dass jemand mit der Quelle in Berührung gekommen ist.**

So ist der Guru auch ein Maßstab für den guten Lehrer. Denn Lehrer können unendlich viel Positives beziehungsweise Negatives bewirken. Bildlich ausgedrückt, würde ich sagen: Bis hin „zur Erweckung der Toten". Denn ein Lehrer muss stets wissen, dass er aus einem psychisch toten, depressiven, hoffnungslosen Kind einen blühenden Menschen machen kann.

Umgekehrt kann ein schlechter Lehrer aus einem strahlenden Kind ein völlig desorientiertes, unglückliches Wesen werden lassen.

Mehr noch trifft das für den Therapeuten zu. Therapeut zu sein ist ein äußerst schwieriger Beruf, weil es von außen nur schwer abzuschätzen ist, was tatsächlich in der Seele eines Menschen vorgeht. Ist das Gesagte bei dem Patienten angekommen? Ist es so angekommen, wie es gemeint war? Oder hat er etwas ganz anderes verstanden? Würde der Patient sich trauen, es zu sagen, wenn er etwas anders verstanden hätte?

Ist hier ein Therapeut unaufmerksam, kann es bei frühgestörten Patienten sehr schnell um Leben oder Tod gehen.

So übersah ein Therapeut, der leider kein Guru war, dass eine Patientin sich sehr in ihn verliebt hatte. Außerdem maß er ihrer Aussage, sie habe „ein paar Glückspillen gekauft", keine besondere Aufmerksamkeit bei. Er vermutete, sie spiele auf die „Pille" als Verhütungsmittel an, und sie nehme sie weiter, weil sie hoffe, sie werde sich wieder mit ihrem Freund vertragen. Weit davon entfernt, erleuchtet zu sein, war dieser Therapeut leider auch weit davon entfernt, zuhören zu können.

276

Da er ihr nicht zuhörte, fühlte die Patientin sich nicht verstanden, und weil sie sich nicht verstanden fühlte, fühlte sie sich unwichtig. Und wenn sie ihrem Therapeuten, den sie so liebte, unwichtig war, könnte sie sich ebensogut das Leben nehmen, dachte sie. Welchen Sinn sollte ihr Leben da noch haben?

Sie verabschiedete sich viel sagend von ihrem Therapeuten, ging gleich nach Hause und schluckte das ganze Röhrchen Pillen.

Gottlob hatte ihre Schwester einen Nachschlüssel zu ihrer Wohnung und kam gerade an diesem Tag zu Besuch. So fand sie sie noch rechtzeitig auf dem Boden liegend und kreidebleich. Sie holte sogleich Hilfe und rettete ihr damit das Leben. So überlebte die Patientin – und der Therapeut konnte durch diese Erfahrung viel lernen.

Er hatte die tiefe narzisstische Wunde seiner Patientin völlig unterschätzt – so wie seine eigene? Er hatte offenbar weder seine eigene Verletzung geheilt, noch hatte er eine klare Ausrichtung auf sein wirkliches Selbst. Er war also weder ein Guru noch ein vollständig ausgebildeter Therapeut. Aber genau dies ist heute das Problem.

Freud und Jung hatten durchaus ihre blinden Flecken, sie waren aber Persönlichkeiten, die in der Lage waren, zu erkennen, wer für den therapeutischen Beruf geeignet war und wer nicht.

Heute werden die Ausbildungszeiten immer länger, die Prüfungen immer schwerer, die Lehranalysen nehmen auch immer mehr Zeit und Geld in Anspruch – und was kommt heraus? Zumindest kein Guru! Denn sowohl die Trainer als auch die Schüler sind hauptsächlich kopfgesteuert.

Das andere Extrem sind die Schnellausbildungen: Zwei Wochen, und man ist ein Therapeut, fünf Wochen, und man ist sogar schon Trainer!

„Aber", wendest du vielleicht ein, „was soll ein Guru in der Therapie oder gar in der Psychiatrie?" Meine Antwort ist: **Maßstäbe setzen.** Maßstäbe der Kompetenz und der Liebe. Beides fehlt in den meisten Therapien. **Wissen ohne Liebe ist schmerzhaft. Liebe ohne Wissen ist stumpf** – weil echte Liebe immer mit Wissen, sogar mit Allwissen verbunden ist.

Ein Guru setzt aber auch deshalb einen Maßstab, weil er aus dem Selbst schöpft. Aus dem Selbst erhält er die Selbstsicherheit, um mit seinem Patienten an Grenzen und über diese hinaus zu gehen. Nur dieser Kontakt mit dem Selbst vermittelt sowohl dem Therapeuten als auch dem Patienten, dass hier eine Instanz sogar in den unklarsten Situationen weiß, wohin die

Reise geht – auch dann, wenn weder der Therapeut noch der Patient weiß, wohin der Prozess sie gerade führt.

Kann hier der Therapeut hinter die Kulissen sehen oder gar die Quelle, das heißt das allwissende Selbst, befragen, bekommt er die Antworten, die alles erklären und den therapeutischen Prozess auf ein ganz neues Niveau bringen. Deshalb ist der Guru der Maßstab, denn er findet im Höchsten Selbst den Weg, der im Hier und Jetzt dringend benötigt wird – besonders wenn es um die schwierige Aufgabe der Heilung von Sucht geht.

Narziss und Narzissmus

Ein Therapeut, der nicht an diese Quelle kommt, kann sich leicht in seinem Narzissmus verlieren. Einmal, weil er immer wieder an unüberwindbare Grenzen stößt, was ihn natürlich sehr anstrengt. Und zweitens, weil er versucht sein wird, seine Defizite, die er mehr oder minder deutlich spürt, durch eine Haltung von Stolz, Distanz, Kühle und Überheblichkeit wettzumachen. Dass dies besonders in einem therapeutischen Setting nicht lange gut gehen kann, brauche ich nicht zu betonen.

Er mag noch so viel überhören, sich noch so gleichgültig geben – in seinem Herzen sieht es anders aus. Kein Mensch, der eine narzisstische Wunde hat – und wie gesagt, fast alle Therapeuten leiden beziehungsweise litten an ihr –, lebt gut damit. Die narzisstische Wunde ist eine große Geißel, die unzählige Menschen leiden lässt.

Und was geschah mit Narziss im Mythos? Auch er liebte das Falsche, war süchtig nach dem Falschen. Er war nicht süchtig nach der Wahrheit, der Weisheit und der Unendlichkeit, den Eigenschaften *Brahmans,* sondern er war unsterblich in seinen Körper verliebt.

Viele sagen, er sei in sich selbst verliebt gewesen. Das trifft aber nicht zu. Narziss gelang es nicht, den Weg zum Selbst zu finden. Er blieb vielmehr an der äußeren Erscheinung hängen. Er meinte, sein Antlitz sei die Quelle der größten Freude. Der arme Narziss hatte den Weg zum Selbst um Längen verfehlt. Er verliebte sich in seinen Körper und identifizierte sich mit ihm. Hätte er sich wenigstens in eine der Göttinnen verliebt, die damals, wie die Mythen sagen, so zahlreich herumliefen. Er hätte durch diese Liebe vom Ich zum Du gefunden. Man könnte Narziss mit einem Anhänger der Körpertherapie vergleichen – vielleicht war er der erste. Denn er war überzeugt, er sei sein Körper, und liebte ihn ab-göttisch (das heißt: Weg von Gott!).

Wozu sollte er aber ein Mensch sein, wenn er nichts außer seinem Körper sah? Wo blieben bei Narziss die unschätzbar großen Geschenke, die der Mensch hat, nämlich Geist, Unterscheidungsvermögen und Opferbereitschaft, und damit die Fähigkeit, andere in ihrem Sosein zu erfassen?

Da er diese Geschenke, dieses typisch Menschliche, weder sah noch annahm noch nutzte, geschweige denn wertschätzte, war er im Grunde auf der Stufe der Tiere verblieben. Der Mythos schuf dafür das Bild, er sei zu einem Hirsch geworden. Und was bedeutet Hirsch im Bayrischen? Dummkopf!

Narziss war ein armer Dummkopf, der so wenig Liebe, so wenig Verständnis, so wenig über ihn hinausgehende Ideale bekommen hatte, dass er nur seine körperliche Erscheinung lieben konnte, weil *ihn* keiner wirklich geliebt hatte. Und das hatte zwangsläufig fatale Folgen.

Denn seinen Körper in Form des Primärnarzissmus zu lieben ist in der Entwicklungsphase des Kleinkindes angemessen.

Bei einem Erwachsenen ist diese übermäßige Liebe zum eigenen Körper kein gesunder Selbsterhaltungtrieb, sondern die Verleugnung des Höheren, desjenigen, das über den Körper weit hinausgreift – und deshalb auch Halt gibt.

Hier möchte ich einen beinahe schon niederschmetternden Satz sagen: **Sich mit seinem Körper zu identifizieren ist einer der Wege, ihn zu verlieren** – ein gutes Beispiel ist ja Narziss selbst! Ist dir schon einmal aufgefallen, dass gerade die Sportler, die sich voll und ganz mit ihrer Leistung und ihrem Leib identifizieren, diejenigen sind, die sich am häufigsten verletzen?

Bei dieser unheilvollen Identifikation verbindest du deinen Körper aufs Engste mit dem Ego. Und was will das Ego? Immer mehr, immer schneller, immer größer, immer öfter! Das zerstört den Körper.

Viele Eltern spornen heutzutage ihre Kinder zu diesem sinnlosen Leistungs- und Konkurrenzdenken an – mit entsprechend negativen Folgen für die Kinder.

An dieser Stelle wird aber eine weitere Konsequenz elterlicher Liebe deutlich. Sie ist so stark, dass sie das ganze Umfeld in ihren Bann zieht. Unweigerlich. Unaufhaltsam.

Lieben Eltern ihr Kind, so wird es auch von der Umwelt geliebt. Lieben sie es nicht, reagiert die Umwelt ebenfalls mit Ablehnung. Dies kann so weit gehen, dass dieser Mensch sogar umkommt, weil die Umwelt ihn das ganze Ausmaß der Lieblosigkeit spüren beziehungsweise erleben lässt, welche die Eltern für ihn empfanden.

Und woher kommt das? Vom Wiederholungszwang der Psyche. Diese wiederholt Situationen im Äußeren so lange – und manchmal über so viele Leben! –, bis das Innen geheilt ist. Denn erhält das Innen nicht die notwendige Hilfe zur Heilung, kann der Wiederholungszwang bis zum Tod führen.

So erging es Peter im Zweiten Weltkrieg. Seine Eltern hatten ihn nie geliebt. Deshalb waren sie froh, als er in den Krieg eingezogen wurde! Sie gaben ihm zum Abschied, der sie nicht berührte, so schreckliche und äußerst gefährliche Gedanken mit auf den Weg wie: Er gehe ja in einen gerechten Krieg, die Polen müssten erleben, was eine Deutsche Harke (oder eher, was ein Deutsches Hakenkreuz!) sei.

Peter geriet an einen Oberst, der ihn von Anfang an nicht leiden konnte. Wegen seiner narzisstischen Wunde drückte Peter dem Oberst seinerseits deutlich aus, dass er ihn ebenfalls nicht leiden konnte – genauso wenig wie seine Eltern. Er hatte sich nun genau die Situation seiner Kindheit wieder geschaffen. Zum Beispiel hatte er als Vierjähriger eine schwere Lungenentzündung nur deshalb überlebt, weil seine Patentante ihn liebevoll gepflegt hatte. Sie war eine gute Sächsin mit einem großen Herz. Seine Eltern hatten ihn in ihrer Rohheit bereits aufgegeben.

Peter wiederholte unbewusst die Kindheitssituation mit all ihrer Verletzung und Bedrohung in seiner Beziehung zu diesem Oberst – nur dass er diesmal keinen liebevollen Menschen wie die Tante in der Nähe hatte. Oder doch? Ja, da war ein anderer einfacher Soldat wie er, der ihn gut verstand. Der warnte ihn und versuchte ihm klarzumachen, dass er am kürzeren Hebel sitze. Aber Peter war im Wiederholungszwang gefangen.

Damals als Kleinkind, als er wegen der Lieblosigkeit seiner Eltern beinahe gestorben wäre, half ihm seine Tante. Und sie konnte ihm auch deshalb helfen, weil er vollkommen hilflos war. Jetzt, in der Auseinandersetzung mit dem Oberst, war er leider nicht so machtlos wie damals. Er war so verblendet durch seine narzisstische Wunde und die andauernde Lieblosigkeit, die er zu Hause erlebt hatte, dass er nicht bemerkte, wie sich die Situation zuspitzte.

Peter kochte immer noch innerlich, dachte daran, wie er, ähnlich einem Michael Kohlhaas in der Erzählung von Heinrich von Kleist, sein Recht bekommen, wie er es „dem Oberst zeigen" könne, als dieser bereits den Stab über ihn gebrochen hatte.

Bei der ersten besonders gefährlichen Situation, die sich bot, schickte er ihn an die vorderste Front, wo der arme Peter auch sofort umkam.

Die beiden Weltkriege sind voll von Beispielen dieser Art. Manche Eltern gingen sogar so weit, selbst ihre 17- oder gar 16-jährigen Jungen in den Krieg zu schicken. Manche hatten nicht einmal Skrupel, 15- und 14-jährige Kinder in den Tod zu schicken.

Die Eltern hatten versteinerte Herzen, deswegen mussten ihre Kinder die damalige Inkarnation wieder aufgeben, bevor sie sie richtig begonnen hatten!

Von außen betrachtet sah es so aus, als hätten sie keine Chance gehabt.

Von innen betrachtet sieht es – Gottlob – anders aus! Diese guten Seelen lernten nämlich durch ihre schreckliche Erfahrung, wie – im wahrsten Sinne des Wortes – vernichtend es ist, wenn Menschen nicht in Liebe und Ethik zusammenleben.

Zum Zeitpunkt ihres Todes wurden ihnen unmittelbar die Kardinaltugenden bewusst: Liebe, rechtes Handeln, Friede, Wahrheit und Gewaltlosigkeit, und diese wurden ein unschätzbares Kapital für ihre nächste Inkarnation.

KARMA UND GLÜCK

Recht und Lernen

Die Welt stand zur Zeit der Weltkriege und steht heute noch an einem Abgrund und riss beziehungsweise reißt all die alten Strukturen mit in den Abgrund. Keiner starb damals und keiner stirbt heute umsonst. Denn all die Millionen damals und die Zigtausend im ehemaligen Jugoslawien machen deutlich, dass eine alte, zerstörerische Welt untergehen und eine neue Göttliche entstehen muss.

Jeder erlebt, was seinem Karma entspricht.

Weil sie dies nicht wissen oder nicht verstehen beziehungsweise nicht wahrhaben wollen, zweifeln so viele, die sich mit den Gräueltaten der beiden Weltkriege und des Krieges im ehemaligen Jugoslawien konfrontiert sehen, an Gott. Viele glauben sogar, ihre Zuflucht im Atheismus suchen zu müssen.

Was würden sie aber sagen, wenn all die Häscher, die Entsetzliches verübten, ungestraft davonkämen? Und was sagen viele, die miterleben, wie Schuldige von Gerichten entweder ganz freigesprochen werden oder eine lächerlich niedrige Strafe bekommen? Sie rufen nach der Kosmischen Ordnung und der Göttlichen Gerechtigkeit. Und warum tun sie dies? Weil sie diese aus früheren Leben beziehungsweise aus ihrem Verweilen im Jenseits kennen.

Das Talions-Recht, also Aug' um Aug', Zahn um Zahn, hat seine Gültigkeit. Der Mensch lernt primär durch Erleben, nicht durch gutes Zureden. Natürlich bin ich weder für die Todesstrafe noch dafür, dass Dieben die Hand abgehackt wird. Gott gab den Menschen das Leben, Er gab ihnen Hände und Füße, und deshalb haben Menschen kein Recht, sie anderen zu nehmen – auch dann nicht, wenn ein Richterspruch sie angeblich autorisiert!

Deswegen ist der Beruf des Henkers sehr gefährlich für den Henker selbst.

Und was ist der grundsätzliche Unterschied zwischen dem, was durch das Karma geschieht. und demjenigen, was Menschen urteilen, verhängen, vollstrecken? Die Liebe.

Gott, und damit das Karma, handelt nur aus Liebe. Gott unternimmt niemals etwas, um einer Seele zu schaden. Niemals. Sondern nur, um ihr zu helfen und sie zu lehren.

Die Richter in den USA dagegen, welche Todesstrafen verhängen, und die Gouverneure, die keine Begnadigungen verfügen, denken an ganz andere Dinge. Die Richter haben ihre Karriere im Auge und die Gouverneure ihre Wiederwahl. In den USA – auch als Folge der Wildwestzeit, die immer noch in unzähligen Filmen verherrlicht wird – befürworten weit über 70% der Bürger die Todesstrafe. Begnadigt ein Gouverneur also mehrmals zum Tode Verurteilte, so wird er nicht wiedergewählt. Seine Karriere ist damit beendet.

Steht die Todesstrafe hier in irgendeiner Weise im Zusammenhang mit dem Vorteil des Verurteilten? Nein, in keinster Weise, sondern nur in Verbindung mit den egoistischen Interessen der Machthabenden, die ihre Posten nicht verlieren wollen.

Hinzu kommt, dass gerade in den USA, wo so sehr auf Recht und Gesetz gepocht wird, ein zum Tode Verurteilter eine doppelte Strafe verbüßt. Zunächst sitzt er häufig bis zu zwanzig Jahre im Gefängnis, bis er schließlich hingerichtet wird. Und als wäre dies nicht bereits schrecklich genug, werden nicht selten völlig Unschuldige hingerichtet, weil sie zum Beispiel nicht das nötige Geld für eine gute Verteidigung aufbringen konnten.

So begehen die Machthungrigen schwere Sünden auf Kosten der ihnen vom Schicksal Anvertrauten. Arme Machthungrige, denn sie werden des Karma wegen eines Tages am eigenen Leibe erleben, wie es ist, ein Todeskandidat zu sein.

„Was hat all dies mit Narzissmus zu tun?", fragst du. Die Antwort ist: Sehr viel! Denn wer nur an seine Macht, an seine Karriere, an seine Gesetzestexte denkt, ohne das Herz mitsprechen zu lassen, der hat eine narzisstische Wunde.

Das versinnbildlicht der arme Narziss. Was geschah mit ihm? Er wurde aus lauter Liebe zu seinem Körper zu einem Hirsch, den dann die Jagdhunde der Göttin Diana rissen.

Dies ist ein zwar erschreckendes und auch abschreckendes, nichtsdestoweniger aber auch ein wunderbares Bild.

Findest du nicht zum Du, beschäftigst du dich nur mit dir, verlierst du dich. Peter ist in seiner Verletztheit ein gutes Beispiel dafür. Der Oberst war wirklich ein böser und damit gefährlicher Mann. Peter war aber so mit sich beschäftigt, dass er gar nicht wahrnahm, was auf ihn zukam.

Genauso geht es vielen Männern. Sie sind so mit ihrer Arbeit, mit ihren Plänen und mit ihren Gedanken beschäftigt, dass sie es überhaupt nicht merken, wenn sie ihre Partnerin übergehen, kränken, verletzen oder ihr überhaupt nicht zuhören. Sie reagieren möglicherweise erst, wenn für die Frau das Maß voll ist und sie kurz entschlossen den Mann, das Haus und manchmal sogar die Kinder verlässt.

Das Drama des Narzissten besteht darin, dass er durch seine Kindheitserfahrung so verletzt ist, dass er im Grunde nur mit sich beschäftigt ist, weswegen ein Du keinen Platz in seinem Leben hat. Weil er selbst so verhungert ist, lässt er dieses Du, das er so sucht, so verhungern, bis es ihn verlässt.

Der Mythos des Narziss ist deshalb sehr lehrreich, denn er macht deutlich, wie gefährlich es ist, sich mit seinem Körper zu identifizieren.

Gerechtigkeit und Karma

Doch zurück zum Karma.

Zunächst einmal ist Karma nötig, damit die Seelen lernen und um die Kosmische Gerechtigkeit herzustellen. Durch eigenes Erleben und Erleiden lernst du unmittelbar, was du jemandem angetan hast. Da helfen belehrende Worte nichts.

Wie viele sind zum Beispiel in Gefängnissen der USA hingerichtet worden, die vorher schon lange und ehrlich ihre Verbrechen bereut hatten.

Sie haben Jahre über Jahre gelitten. Sie sind an ihrer Todesangst schon mehrfach fast gestorben – waren sie in einem früheren Leben vielleicht ebenfalls gnadenlose Richter beziehungsweise Gouverneure oder Henker? Trotz all der Leiden in dieser Inkarnation wissen sie aber nicht, was es bedeutet, die geliebte Tochter, den geliebten Ehemann, den einzigen Sohn zu verlieren. Deswegen ist die Todesstrafe neben der ethischen Problematik auch sinnlos, weil sie dieses Wissen nicht vermittelt. Sie schafft höchstens Demut und stärkt die inneren Kräfte durch das über Jahrzehnte gehende unmenschliche Leiden beziehungsweise das Warten auf den Tod durch „Vollstreckung" – welch grässliches Wort!

Aber auch wenn jemand noch so lange in der Todeszelle gesessen hat – die entscheidende Erfahrung kann er nicht machen. Die macht er unmittelbar erst dann, wenn in einem späteren Leben seine Tochter, sein Mann oder seine Frau, sein Sohn oder ein anderer geliebter Mensch ermordet wird. Dann spürt er mit voller Wucht, was er anderen angetan hat. Dann tut er es nie wieder.

Sollte es dann überhaupt keine Strafen geben? Gott bewahre, dann gäbe es bald nur noch Chaos! Natürlich muss es Strafe geben. Sie muss aber angemessen sein!

Karma versteht man nur, wenn man Wiedergeburt versteht. Karma kann nicht wirksam werden, wenn es nur ein Leben gibt. Nur dadurch, dass du in einem späteren Leben das erlebst, was du jetzt anderen zufügst, lernst du.

„Viele glauben aber nicht an Wiedergeburt", sagst du zu Recht. Ja, das stimmt, und auch diese Denkweise hängt mit Narzissmus zusammen. Denn ohne das Wissen um Karma und Wiedergeburt wirst du Gott als grausam, unbarmherzig und lieblos ansehen und Ihn gar verurteilen. Damit ist Er für dich weder idealisierbar, noch kannst du dich Ihm in Liebe anvertrauen und auf Geborgenheit hoffen.

Somit negierst du Gott – und stellst dich gleichzeitig über Ihn. Und das ist ein typisches narzisstisches Problem.

Wieder kommen wir also zum mythischen Narziss zurück. Wie wir sahen, wurde Narziss von den Hunden gerissen. Das heißt: Wer sich mit seinem Körper identifiziert, wird von Trieben zuerst gejagt, dann überwältigt und schließlich gerissen.

Die Hunde sind hier ein Symbol für die Triebe, die sich wild auf den Körper stürzen.

Der Körper kommt hier zwangsläufig wieder ins Spiel, weil der Unwissende sich stets mit seinem Körper identifiziert – und somit den Tod erleidet.

Es gibt verschiedene Formen von Wissen:

Die niedrigste Form identifiziert sich mit dem Körper.

Die Höchste mit Gott.

Eine Form, die sich zwar noch nicht mit Gott identifiziert, aber bereits viel weiß, ist diejenige, die das Leben als eine unendliche Abfolge von Ursache und Wirkung ansieht. Deshalb ist das Rad des Schicksals, von dem der Buddhismus spricht, um den Menschen deutlich zu machen, dass jede Handlung Konsequenzen hat, ein so wichtiges Symbol.

Hast du dieses Prinzip verstanden, verstehst du ebenfalls, dass die Seele unzählige Inkarnationen durchlebt, bis sie Gott erreicht – hast du all dies erkannt, bist du auf dem Weg, ein *Jnani*, ein Weiser zu werden. Ein *Jnani* handelt so, dass er nicht mehr von den Konsequenzen seiner früheren Taten überrascht wird, sondern bewusst so im Einklang mit *Dharma* handelt, dass er nur mehr Glück und Segen als Konsequenzen erntet.

„Wer ist ein *Jnani*, wer ist weise?", fragst du.

Krishna zählt zwanzig Tugenden auf, die der Weise haben muss.

Erstens: Das Freisein von Stolz durch das Entwickeln tief gehender Bescheidenheit

Zweitens: Das Freisein von Eitelkeiten

Drittens: Gewaltlosigkeit gegenüber allen Wesen

Viertens: Geduld

Fünftens: Offenheit und Aufrichtigkeit

Sechstens: Verehrung dem Lehrer gegenüber

Siebtens: Innere und äußere Reinlichkeit

Achtens: Standhaftigkeit

Neuntens: Beherrschung der Sinne

Zehntens: Bindungslosigkeit

Elftens: Fehlen von Egoismus

Zwölftens: Das Bewusstsein über den Zyklus von Geburt und Tod

Dreizehntens: Der Wunsch nach Befreiung

Vierzehntens: Das Zurückziehen der Wünsche von Gegenständen

Fünfzehntens: Innere Ausgeglichenheit zwischen Freude und Schmerz

Sechzehntens: Hingabe

Siebzehntens: Alleinsein-Können

Achtzehntens: Fehlendes Interesse an der Gesellschaft anderer Menschen

Neunzehntens: Erkennen des Unterschiedes zwischen dem Wirklichen und Unwirklichen

Zwanzigstens: Den Blick fest auf das universelle Prinzip richten

(vgl. Sathya Sai Baba, *Mensch und göttliche Ordnung*, S. 171–177)

Und was sagt Krishna weiter (ebenda, S. 177)?

„Wenn ernsthafte Bemühungen unternommen werden, von den oben erwähnten zwanzig auch nur zwei oder drei zu erlangen, dann werden die restlichen ganz natürlich zu dem Sucher kommen. (...) Wenn man auf dem Pfad voranschreitet, dann erlangt man nicht nur zwanzig, sondern eine noch viel größere Anzahl von Tugenden. Die Zwanzig sind hier aufgeführt, da sie die Herausragenden sind, das ist alles. Sadhana [spirituelle Übung], das sich auf diese Tugenden gründet, bringt einen leicht ans Ziel."

Aggressionen und Ernährung

Um sich aber überhaupt ernsthaft bemühen zu können, ist die **Ernährung** entscheidend.

Wer nicht auf seine Ernährung achtet, kann auf Dauer nichts erreichen – nicht bei sich und auch nicht bei anderen. So auch nichts als Therapeut bei seinen Patienten – denn die Wirkung der Nahrung geht sehr, sehr tief.

Aggressionen sind heute auch deshalb so weit verbreitet, weil unzählige Menschen sich nicht nur falsch, sondern auch bösartig ernähren.

Sie kümmern sich überhaupt nicht darum, woher ihre Nahrung kommt, wie sie gewonnen wird und wer wie sehr unter ihrer Herstellung leidet. Sie glauben, dies ginge sie nichts an!

Und essen sie wieder einmal so einen schönen, saftigen Braten, so möchten sie nicht, dass ihr Genuss dadurch gestört wird, dass sie daran erinnert werden, was die armen Tiere leiden mussten, die nun verzehrt werden.

Wie kurzsichtig diese so genannten Genießer sind! Erstens ruiniert das Essen von Fleisch die Gesundheit. Da kann die überaus mächtige Fleischindustrie noch so vehement das Gegenteil behaupten, die Wahrheit ist: Fleisch zu essen ist nicht gesund. Ganz im Gegenteil, es schafft auf Dauer tierische Krankheiten: **Krebs, Arterienverkalkung, Herzinfarkt, Immunschwächen, Nieren- und Gallensteine, Allergien aller Art und nicht zu vergessen BSE!**

Nur wenige machen sich Gedanken darüber, wie sehr die Tiere, die Pflanzen und die Erde misshandelt werden, sei dies durch brutale Haltung, durch Pestizide, Antibiotika, Transporte und Schlachtung – und dass dies auf sie zurückkommen wird! Denn die Züchter, Schlachter und Konsumenten laden sich damit negatives Karma auf.

Mache doch einmal ein ganz einfaches Spiel:

Setze dich mit geschlossenen Augen hin. Atme zu deinem Herzen. Stell dir vor, dass die Luft, die du atmest, direkt von Gott in dein Herz fließt. So wird dein Herz immer heller und immer weiter. Sieh dir das Licht in deinem Herzen gut an.

Nun lass mit der Atmung das Wort **Liebe** in dein Herz fließen.

PAUSE

Wie geht es dir damit?

PAUSE

Nun lass das Wort **Gott** in dein Herz fließen.

PAUSE

Wie geht es dir damit?

PAUSE

Und jetzt das Wort **Gutes**.

PAUSE

Hast du dieses Wort gespürt, dann lass das Wort **Schlechtes** in dein Herz kommen.

PAUSE

Wie geht es dir damit?

PAUSE

Und nun das Wort **Geschächtetes**.

PAUSE

Und **Geschlachtetes**.

PAUSE

Spüre, was sich in deinem Herzen verändert. Sieh es dir genau an. Und ziehe deine Schlüsse daraus.

Das ist alles!

Das bedeutet: Fleisch zu essen ist nicht allein eine Sünde den Tieren, sondern auch *dir selbst* gegenüber. Fleisch schädigt dich ungemein.

Der menschliche Verdauungsapparat ist nicht darauf ausgerichtet, Fleisch zu verdauen. Dazu ist er viel zu lang. Der Darm der Raubtiere ist im Vergleich viel kürzer. Nur Vegetarier haben einen so langen Darm.

Das verzehrte Fleisch bleibt deshalb zu lange im Verdauungstrakt, verwest und erzeugt Leichengase. Diese schädigen die Zellen und damit die Nerven und das Gehirn

Der Verzehr von Fleisch und die damit verbundene falsche Ernährung bedingen die vielen Krankheiten des heutigen Menschen, sein häufiges Leiden, seine vielen Ängste, die zu einem hohen Maße die Ängste der Schlachttiere sind (!), und seinen frühen Tod.

Der heutige Mensch glaubt, er werde sehr alt. Zynisch könnte ich sagen: Wird er auch. Er wird sehr alt – und dies äußerst schnell (!), denn der Verzehr von Fleisch lässt ihn wegen der genannten Gase schneller altern. Aber außer dass er **schneller altert**, wird er tatsächlich nicht besonders alt.

Zur Zeit Krishnas, vor 5.000 Jahren, wurden die Menschen weit über 100.

In der Schlacht von Dharmakshetra, in der die Pandavas durch Krishnas Segen die Gottlosen Kauravas besiegten, waren viele Beteiligte nach heutigem Maßstab gemessen Greise zwischen 60 und 80 Jahren – und der große Krieger Bhishma war sogar 116! Sie standen aber in der Blüte ihres Lebens, denn keine tierischen Gase hatten ihren Organismus geschwächt.

Durch den Verzehr von Fleisch werden Menschen aggressiv. Das Töten eines Tieres ist ein Akt extremer Aggression. Einer Aggression, die jeder Fleischesser an den Schlachter delegiert, für die er aber nach dem Karma verantwortlich ist. Besonders das Schlachten von Kühen und Kälbern stellt eine große Sünde dar, denn Kühe haben durch ihre Milch und Kälber durch ihren Verzicht unzählige Menschenleben gerettet.

Das Essen von Fleisch bedeutet deshalb einerseits das Einverleiben der Aggression all derer, die für den Tod des Tieres verantwortlich sind, und andererseits der Ängste und des Leidens, die das Tier während der Aufzucht, des Transports und des Schlachtens durchlitten hat.

Hinzu kommen noch, wie gesagt, die unbeschreiblichen Mengen an Gift wie Antibiotika, Hormone und ähnlich Schreckliches mehr, die den armen

Tieren gegeben werden, damit sie schneller wachsen und die entsetzliche Enge der Massentierhaltung mehr schlecht als recht überleben.

Diese furchtbaren Mischungen aus allen möglichen Giften und das ebenso giftige Kraftfutter, in dem unter anderem Kadaver aus Zoos und Tierkliniken verarbeitet werden, haben eine weitere fatale Wirkung: Sie schwächen das Immunsystem, machen resistent gegen Antibiotika, verursachen Allergien und Krebs. Außerdem können sie, überdosiert wie sie verabreicht werden und im Fleisch vorhanden sind, zum Tode führen.

Fleisch ist deshalb ein extrem giftiger Cocktail der unterschiedlichsten negativen Energien, den sich nur äußerst Unwissende einverleiben – oder sehr Kranke, ähnlich den Drogenabhängigen, die sich immer wieder ihre Droge zuführen müssen, obwohl sie ihnen schadet.

Wer Fleisch isst, unterstützt nicht nur, dass Tiere zum Teil sehr schlecht behandelt, von ihren Angehörigen und Geliebten getrennt und geschlachtet werden. Er unterstützt auch die **Verrats-Beziehung, die zwischen dem Züchter und den Tieren besteht.**

Viele Züchter geben sich den Tieren gegenüber als deren Freund. Sie bieten sich sogar als Mutterersatz an, denn das Kalb sieht zum Beispiel nach der Geburt nicht seine Mutter, die Kuh, sondern nur den Bauern, der es abreibt und ihm zu fressen gibt. Also baut das Kalb eine Mutter-Kind-Beziehung zum Bauern auf.

Und was tut der Bauer dann? Er steckt das männliche, das so genannte Mastkalb, in eine so enge Box, dass es sich kaum noch bewegen kann. Trennt es von jedem Körperkontakt ab und verkauft es an den Metzger, wenn es das Schlachtgewicht erreicht hat.

Das Kalb war von Geburt an voller Vertrauen. Und wie wurde dieses Vertrauen erwidert? Durch Verrat! Die Liebe, die Offenheit, das Vertrauen des Tieres wurden missbraucht und verraten. Denn der Bauer, der Züchter, sah nicht die Seele des Tieres, sondern nur dessen Körper, mit dem er Geld verdienen will. Dies ist sehr verwerflich, denn Tiere haben eine Seele, haben Gefühle und lieben wie Menschen!

Deshalb nimmt derjenige all diese niederen menschlichen Verirrungen in sich auf, der das Fleisch dieses armen verratenen Tieres isst.

Denn Nahrung wirkt sich wie Psychopharmaka aus. Nahrung besteht, ebenso wie Psychopharmaka, aus bestimmten chemischen Stoffen, die das Denken, die Gefühle und den Charakter verändern!

Daher bekommt derjenige, der Fleisch isst, nicht nur die Ängste und die Qualen der Tiere mit, sondern auch die Niedertracht des Züchters, Transporteurs, des Schlachters und des Metzgers. All das wird sich der *ein-ver-leiben*, der diesen armen Körper isst.

Außerdem macht das Essen von Fleisch, wie gesagt, aggressiv. Sieh dir nur einmal den Wesensunterschied von Raubtieren und Pflanzenfressern wie Rindern, Pferden oder Schafen an. Wie friedlich sind diese und wie aggressiv jene!

Glaube mir, die Aggression, die heute in der Welt ist, entsteht zu einem sehr großen Teil aus dem unglaublich hohen Anteil an fleischlicher Nahrung.

Der Verzehr von Fleisch macht aggressiv – bis zur Besinnungslosigkeit! Und genau dies ist ein Kennzeichen des Narzissmus: Die besinnungslose Wut. Die Wut, die keine Grenzen kennt: Ein Kennzeichen des 20. und des beginnenden 21. Jahrhunderts. Auf allen Ebenen können wir das beobachten. Die Kriege verliefen und verlaufen so. Die Kämpfe in der Gesellschaft haben diese Züge, man denke nur an die besinnungslose Brutalität vieler Krimineller.

Und schließlich ist auch in diesem Zusammenhang die unendliche Aggression, Brutalität und Herzlosigkeit den Tieren gegenüber zu sehen.

„Und was heißt das?", fragst du. Das heißt, dass die narzisstische Wunde mit den allermeisten heutigen Therapien nicht zu heilen ist. Denn diese arbeiten entweder nicht mit einer tief gehenden spirituellen Ausrichtung – diese würde sie sogleich auf die Bedeutung von Ernährung aufmerksam machen –, oder sie schenken der Ernährung aus dem Grunde keine Aufmerksamkeit, weil sie nicht wissen, dass **du wirst, was du isst.**

Es verhält sich nämlich so, dass das Grobstoffliche deiner Nahrung als Schmier-, Putz- und Ballaststoffe dient und wieder ausgeschieden wird.

Die feineren Bestandteile ernähren deine Muskeln.

Die noch feineren deine Gehirnzellen.

Und die ganz feinen formen deinen Charakter!

Dies mag für dich überraschend oder auch unglaublich klingen, es ist aber die reine Wahrheit, die du ohne weiteres am Verhalten der heutigen, Fleisch essenden Menschheit erkennen kannst: Die Menschen verhalten sich wie Raubtiere, sie zerfressen und zerstören alles. Glaube mir, wäre ich nicht gekommen, hätten sie versucht, die ganze Welt aufzufressen – und was sie nicht hätten essen können, hätten sie vor lauter sinnloser Wut in die Luft gesprengt!

Fleischesser – als typische Drogenabhängige – lächeln über den Satz: Du wirst, was du isst.

Sie sagen: „Ich werde doch kein Schaf, weil ich eine Lammkeule esse!" Meine Antwort ist einfach: „Du bist bereits ein Schaf, sonst würdest du kein Fleisch essen!" Nur ein „Schaf", ein „falsches" Schaf, nämlich ein Dummkopf, setzt sich den Verwesungsgasen aus, die im Darm entstehen und große Spannung erzeugen. Deswegen sind viele Fleischesser so aktiv, so *Rajasisch*, manchmal schon hyperaktiv, treiben sehr viel Sport, bewegen sich viel und kämpfen gerne. Alles, um die Spannung loszuwerden, welche die Gase in ihnen erzeugen. Sie altern aber schnell und sterben früh.

Außerdem nehmen sie, wie gesagt, all die Ängste auf, welche die Tiere haben. Weitere Ängste entstehen durch das Unbewusste. Das Unbewusste weiß nämlich einerseits, dass der Verzehr von Fleisch das Anhäufen von negativem Karma bewirkt. Außerdem nimmt das Unbewusste das Verwesungsgift wahr und versucht den Menschen zu warnen. Dies erzeugt Ängste, die dem Fleischesser aber in den allermeisten Fällen nicht bewusst werden.

Kannst du dir nun vorstellen, wie Therapie einem zum Beispiel narzisstisch verletzten Menschen helfen kann, der täglich seine Portion Fleisch isst und der womöglich bei einem Therapeuten Hilfe sucht, der das Gleiche tut? Welch eine Verschwendung von Zeit und Geld! Und all das zahlt häufig auch noch eine Kasse, in der Menschen sitzen und über Bewilligungen und Beträge zum Erlangen von Gesundheit entscheiden, die genauso denken und sich genauso ernähren!

Welch ein Jammer! Wie soll solch einem Unterfangen Erfolg beschieden sein? Wie sollte ein Ertrinkender, der keinen festen Halt hat, einem anderen helfen können? Er sollte sich zuerst selbst retten und dann dem anderen helfen, damit nicht beide ertrinken.

Ich kann dir nur raten: Hüte dich vor Menschen, die Fleisch essen. Sie sind unberechenbar, gefährlich und brutal.

„Aber Hitler war doch Vegetarier", wendest du ein. Das stimmt. Doch war er im Grunde einerseits Kannibale, und zweitens hatte er durch seine schrecklichen Gedanken so viel Gift in sich, dass er nicht noch mehr ertragen hätte. Drittens solltest du nicht versuchen, mit dem Verhalten eines Menschen, der sich noch in einer so unglückseligen Inkarnation befindet, deine Fehleinstellungen zu rechtfertigen! Vergleichst du dich mit ihm, drohst du so zu werden wie er. Und dies alles, um deinen Fleischverzehr rechtfertigen zu können!

Nahrung und deren Zubereitung

Viele Menschen haben bereits Schwierigkeiten, die Verbindung von Ernährung und psychischem Befinden zu verstehen beziehungsweise für gesichert zu halten.

Noch schwieriger wird es, wenn es jetzt um eine weitere Beeinträchtigung oder gar Gefährdung von Nahrung geht: Nämlich durch diejenigen, die mit den **Nahrungsmitteln** oder viel besser gesagt den **Lebensmitteln** (sofern es sich eben nicht um Fleisch und Fisch handelt, denn sie sind nicht mehr am Leben) zu tun haben, wie zum Beispiel die Erzeuger, die Händler, die Köche.

Sind diese unrein, wird es das Essen ebenfalls sein.

„Was heißt in diesem Zusammenhang unrein?", fragst du zu Recht. Unrein bedeutet, dass das Essen eine negative Schwingung bekommt.

Was du denkst, zeichnet sich nicht nur sogleich in deinem Gesicht ab, sondern bestimmt auch **die Schwingung, in der und mit der du lebst.**

Denkst du negativ, bist du aggressiv, traurig oder depressiv, so übertragen sich all diese Gefühle auf das Essen, das du zubereitest.

Viele Menschen sind heute so gestört, weil sie zum einen Fleisch essen und zum anderen ihr Essen von Menschen zubereitet wird, die gravierende Probleme haben, die sie in allerlei Art und Weise an ihre Umwelt weitergeben – somit auch an das Essen, das sie zubereiten.

Menschen mit negativen Gefühlen wie Aggression, Neid, Hass, Eifersucht, Gier, Falschheit und Ähnlichem sollten kein Essen zubereiten. Sie haben es vielmehr dringend nötig, selbst eine Nahrung zu bekommen, die von Menschen zubereitet wurde, die liebevoll sind.

Du kannst dir nicht deutlich genug vor Augen führen, was ich dir hier sage. Du kannst die Kraft deiner Nahrungsmittel – oder, wie gesagt, noch deutlicher: Deiner Lebens-Mittel! – und derjenigen, die sie zubereiten, in ihrer Wirkung niemals überbewerten! Sie haben eine ungeheure Macht über dich! Und *du* gibst sie ihnen.

Deswegen sage ich: Es gibt keine schlimmere Geißel als die Unwissenheit. Sie schafft die meisten Leiden. Sie quält die Menschen – und die Tiere! – bis zum Tode!

Löse dich von dieser schrecklichen Despotin. Träume nicht von irgendeiner nur in der Fantasie existierenden Freiheit.

Wer sich so schlecht ernährt, wie ich es beschrieb, ist nirgendwo frei – weder als Patient noch als Therapeut. Das heißt, Therapeuten, die Fleisch essen, rauchen, Alkohol trinken oder gar Tabletten gebrauchen beziehungsweise missbrauchen, sollten sich zunächst selbst heilen, bevor sie sich anmaßen, anderen helfen zu wollen und zu können!

Sie sind weit, weit davon entfernt, gesund und wirklich fröhlich zu sein. Aber gerade zu einem frohen Menschen sollten diejenigen gehen, die verletzt wurden, die Hilfe suchen. Denn wahre Freude springt immer über.

Deshalb kann nur der heilen, kann nur der ein Heiler sein, der selbst heil ist. **Wer Fleisch isst, ist nicht heil. Denn keiner ist heil, der Leben zerstört.**

Wer Leben, noch dazu das von hoch entwickelten Säugetieren, zerstört, ist nicht nur unwissend, er ist auch krank. Er sollte daher selbst so lange in Behandlung gehen, bis er seine Lust auf und seine Sucht nach Fleisch kuriert hat.

Und maße dir nicht an, diese Zusammenhänge anders beurteilen zu können. Du kennst nicht die größeren Zusammenhänge, und, was noch schlimmer ist, du kümmerst dich häufig auch gar nicht darum.

Denke deshalb an Buddha, der *Ahimsa*, die Gewaltlosigkeit, als wichtigsten Verhaltensgrundsatz ansah.

Ich kann es nur eindringlich wiederholen: **Hüte dich vor einem Therapeuten, der Fleisch isst. Früher oder später wird er auch dich in der einen oder anderen Weise seine Aggression spüren lassen – zum Beispiel dadurch, dass er dich lieblos unterbricht, dass er sagt, es interessiere ihn nicht, was du meinst, dass er dich übergeht, vor anderen bloßstellt, dich lächerlich macht, dich herabsetzt.**

Bedenke: Respekt den Menschen gegenüber beginnt bei den Tieren!

Wer die Tiere nicht achtet, schützt und liebt, kann das Spontane, Reine, Kindliche im Menschen auch nicht achten – geschweige denn, dass er jemandem helfen könnte, das zu finden, was er – der Therapeut – ja offensichtlich selbst nicht achtet!

Wisse noch etwas: Wer sich schlecht ernährt, ist niemals frei. Ganz im Gegenteil: Er ist fast ausschließlich gebunden – gebunden an das Karma der Tiere, an das Karma der Menschen, die sie aufziehen, transportieren, töten, deren Fleisch verkaufen, zubereiten – Karma, das aus erschreckender Unwissenheit erwächst.

Erschreckend, weil du früher oder später mit absoluter Sicherheit daraus erwachen wirst. Plötzlich fallen dir die Schuppen von den Augen, und du siehst, **wie du genau in dem Maße, in dem du den Tieren schadest, dir selbst Schaden zufügst.**

Das Universum ist eine unendlich große Einheit. Und dieses Eine bist du. Deshalb kannst du keinem Tier ein Haar krümmen, ohne dass es sich in der einen oder anderen Form auch auf deinen Körper auswirkt.

Die psychische Auswirkung von Ernährung

Um psychisch gesund zu werden und *zu bleiben* (!), musst du auf die richtige *Sathwische*, das heißt ausgewogene, vegetarische Kost achten, die außerdem von liebevollen, ausgeglichenen Menschen zubereitet wird. Am besten sollten bei der Zubereitung heilige Lieder oder Mantren gesungen werden.

Suchst du therapeutische Hilfe, so muss der Therapeut fachlich hervorragend ausgebildet sein, sich *Sathwisch* ernähren, viel Geduld und ein weites Herz haben.

Diese Voraussetzungen sind untrennbar miteinander verbunden. Fehlt eine davon, geschieht das, was heute so häufig passiert: Die Therapie bringt auf Dauer nichts, beziehungsweise sie dauert zum Teil unendlich lang!

Und wie heißt es so schön im Volksmund? *Außer Spesen nichts gewesen!*

Damit du einerseits die Bedeutung von Nahrung sehen und deren Wirkung beobachten kannst, erzähle ich dir eine wahre Geschichte, die für dich vielleicht dramatisch klingt. Sie findet aber in dieser Form ständig statt und geht häufig viel dramatischer aus.

Anna ist eine liebevolle, kluge, ausgeglichene Frau. Sie ist seit langem mit Dirk verheiratet. Dirk und sie führen eine glückliche, harmonische Ehe. Auch die zwei Kinder sind gut geraten: Liebevoll, aufgeweckt, fröhlich und achtsam.

In Annas Leben gibt es also viel Segen. Sie ist klar auf ihren Mann und tragfähige Ideale ausgerichtet. Außerdem holte sie sich regelmäßig Rat bei ihrem hervorragenden spirituellen Lehrer.

Eines Tages fuhr sie für ein paar Tage zu ihren Eltern. Ihre Eltern achten auf Annas Wunsch, sich ausschließlich vegetarisch zu ernähren. Sie sind sehr auf ihre einzige Tochter ausgerichtet. So freuten sie sich wie immer auch diesmal schon lange vorher auf ihren Besuch.

Anna kam, wurde aufs Herzlichste von ihren Eltern empfangen, und alle drei hatten eine gute Zeit.

Natürlich hätten Annas Eltern auch gerne ihre Enkel gesehen. Diese waren aber auf einer Klassenfahrt und deshalb nicht dabei. So war Anna allein gekommen.

Am dritten Tag des Besuches bei ihren Eltern ging Anna einkaufen. Da sah sie in einer Passage ein schönes, neues, sehr elegantes Geschäft. Dieses Geschäft interessierte sie sogleich, und sie ging hinein. Kaum war sie eingetreten, traute sie ihren Augen nicht: Da stand Monika vor ihr, die sie noch aus ihrer Kindheit kannte.

Die Wiedersehensfreude war auf beiden Seiten groß.

Monika war so froh, Anna wiederzusehen, dass sie unbedingt mit ihr zum Mittagessen gehen wollte. Anna hatte keine allzu große Lust, ließ sich dann aber doch dazu überreden.

Das war der erste Fehler. Monika war nämlich keine gute Gesellschaft. Sie nahm es weder mit der Wahrheit noch mit der Rechtschaffenheit noch mit der Treue noch mit der Achtung den Tieren und der Umwelt gegenüber sehr genau.

Solche Menschen solltest du immer meiden, denn schlechte Gesellschaft ist das Gefährlichste, das du dir antun kannst. Nicht selten führt schlechte Gesellschaft geradewegs ins Verderben. Wohingegen gute Gesellschaft schon viele gerettet hat.

Anna ging also trotz ihrer Vorbehalte mit Monika essen. Und Monika, die sie unbedingt in ihr Lieblingslokal einladen wollte, führte sie zu einem Treffpunkt vieler Menschen, die genau so dachten wie Monika: *Carpe diem* – pflücke den Tag (vgl. *Sai Baba spricht über die Welt und Gott,* S. 137 ff.). Das heißt: Nimm mit, was du mitnehmen kannst – und dies auf allen Ebenen.

Monika zum Essen hierher zu begleiten war Annas zweiter Fehler.

Und hier beging sie sogleich den dritten Fehler: Sie aß Fisch.

Fisch zu essen ist ein großer Fehler, denn erstens stirbt dafür ein hoch entwickeltes Lebewesen, das die entscheidende Aufgabe hat, die Gewässer der Welt sauber zu halten.

Die Erde ist auch deshalb in einem so beklagenswerten Zustand, weil die Menschen so viele Fische töten, dass deren segensreiche Tätigkeit mehr und mehr abnimmt – und fischen sie diese nicht alle für den Verzehr, so töten sie den Rest dadurch, dass sie die Gewässer mit ihrem Unrat und ihren Giften so verseuchen, dass kein Fisch mehr darin leben kann.

Bedenke: Diese Gifte isst du mit, wenn du Fisch isst!

Der zweite Grund, warum du keinen Fisch essen solltest, ist, dass Fisch deine körperlichen, deine sexuellen Triebe aktiviert.

Anna aß in der Atmosphäre dieses Lokals in Monikas Gesellschaft Fisch. Und es geschah etwas für sie kaum zu Fassendes: Kurz nach dem Essen, als sie Monika gedankt und sich von ihr verabschiedet hatte, dachte sie nur noch an andere Männer. Am liebsten wäre sie mit einem attraktiven, jungen Mann irgendwohin eine Woche in den Urlaub gefahren!

Anna konnte sich diese Empfindungen nicht erklären, denn so hatte sie noch nie gedacht, geschweige denn danach gehandelt!

Am Abend wurden diese Gefühle noch heftiger, als ihre Eltern einen kleinen Empfang gaben, auf dem Anna einen Mann kennen lernte, mit dem sie am liebsten die nächsten Tage verbracht hätte.

Anna verstand sich und die Welt nicht mehr! ‚Wo kommen all die Gefühle her?‘, fragte sie sich. ‚Was hat all dies zu bedeuten?‘

Da all das, was mit ihr geschah, ihr äußerst unheimlich war, hielt sie sich an dem Abend an die spirituelle Regel: Kein Alkohol, kein Fleisch, kein Fisch! Und das war ihre Rettung!

Hätte sie nämlich die Grundregeln nicht beherzigt, hätte sie sich mit diesem Mann höchst unglücklich verwickelt.

So konnte sie noch alles abwenden und ohne Schuldgefühle drei Tage später nach Hause fahren.

Bis zur Abreise wollte sie aber noch etwas Entscheidendes für sich klären. Sie wollte unbedingt herausfinden, woher die Gefühle kamen, die sie so bestimmt hatten.

Zum Glück wusste sie – auch wenn sie sich bei jenem Restaurantbesuch nicht darum gekümmert hatte –, wie stark Gefühle übers Essen übertragen werden.

So ging sie nochmals zu Monika und fragte sie nach ihrem Privatleben. Und was kam heraus? Monika liebte „spontane Entscheidungen". Sie liebte es, mit einem neuen Bekannten für eine Woche irgendwohin zu fahren. Das fand sie toll – und toll, im Sinne von verrückt, war es auch!

Und weiter: Der Koch und die Bediensteten in dem Lokal dachten genau wie Monika, deshalb verstand sie sich so gut mit ihnen!

Anna staunte, denn sie hatte am eigenen Leib erlebt, was ihr spiritueller Lehrer immer wieder sagte: „Nimm dich in Acht vor den Energien, die *durch* und *über* das Essen übertragen werden. Sie können in fataler Weise dein Leben beeinflussen, bestimmen oder gar ruinieren!"

Anna erkannte, dass nur die klare spirituelle Haltung, die sie sich beim Empfang ihrer Eltern auferlegt hatte, sie vor schrecklichen Dummheiten bewahrt hatte, die sie in entsprechende Konsequenzen verwickelt hätten.

Sie dankte dem Herrn, dass Er sie nicht nur beschützt, sondern ihr aufgezeigt hatte, welche Kraft im Essen steckt und wie äußerst sorgsam man mit seiner Nahrung umgehen muss.

Programmierung durch Liebe

Hier kommen wir zu einer weiteren Bedeutung des Satzes: **Beginne den Tag mit Liebe. Begehe den Tag mit Liebe. Beende den Tag mit Liebe. Dies ist der Weg zu Gott.**

Liebst du dich, beginnst du, wo immer du auch sein magst, den Tag mit Liebe, weil du *mit dir* den Tag beginnst.

Du gehst mit dir durch den Tag, und du beendest ihn mit dir.

Das heißt, gehst du *bewusst* durch den Tag, gehst du bewusst durch dein Leben. Und gehst du bewusst durch dein Leben, dann gelangst du automatisch zur Liebe, denn dein Bewusstsein kann am Ende nichts anderes entdecken als die Liebe, weil sie das Ziel ist, die Essenz, das Wesen von allem.

So liebe dich! Das ist das Beste, das Größte, was du tun kannst.

Liebst du dich, liebst du Gott, da du Gott bist. Und liebst du Gott, liebst du alle, da Gott wirklich alles und jeden liebt.

Fange den Tag mit dir an. Beginne ihn damit, dass du gleich beim Aufwachen dir *bewusst* machst, wie liebenswert du bist, und danke Gott dafür – und schon ist alles gut. Schon hat der Tag seinen guten Lauf genommen, der dich von dir zu Gott und von Gott über die Welt zurück zu dir führt.

Liebe dich. Liebe dich immer mehr. Du bist es wert. Ich weiß dies, denn ich schuf dich.

Vergleiche in diesem Zusammenhang die hervorragenden Affirmationen von Joseph Murphy, auf die ich immer wieder in diesem Buch hinweise. Sie sind sehr wichtig, damit du Schritt für Schritt deine unbewusste Programmierung änderst. Was Murphy aber zu wenig berücksichtigt, ist – ich möchte es mit einem Bild ausdrücken – Ganeshas Maus! Der Indische Gott Ganesha, der einen Elefantenkopf hat und für das Gelingen aller Entscheidungen und Handlungen steht (siehe *Sai Baba spricht zum Westen*, 7.9.), reitet auf einer Maus, weil Er den Menschen von den Verwicklungen der Welt befreit und an Gott bindet. Deshalb wird dieser Gott auch mit einem Rüssel als Symbol für das Denken dargestellt. Das Denken gebiert unentwegt Wünsche. Frei wirst du deshalb, wenn du dein Denken auf Ganesha, um in dem Bild zu bleiben, also auf Gott, ausrichtest und Er dir hilft, die Maus klein zu halten. Die Maus ist das Symbol für die Wünsche, die sich genauso schnell wie Mäuse zu vermehren pflegen!

Wichtig ist deshalb, was Murphy ebenfalls betont, dass du dein Augenmerk *niemals* auf Negatives richtest. Niemals. **Sage deshalb niemals:** Ich kann das nicht, oder gar: Ich bin dumm, ich bin schlecht, ich bin ein Sünder. *Niemals!*

Unbewusste Programmierungen sind von weit reichender Bedeutung. Milton Erickson, Joseph Murphy und das NLP, die Verhaltenstherapie und viele andere haben das deutlich unterstrichen und zeigten auf, wie mit den Kräften des Unbewussten zu arbeiten sei.

Das Unbewusste greift jede Botschaft auf. Denkst du, du seist ein Versager, wirst du ein Versager. Denkst du, du seist erfolgreich, wirst du erfolgreich.

Unterschätze *niemals* die Kraft deines Unbewussten. Dein Unbewusstes, sprich dein Denken, macht deine unumschränkte Macht deutlich.

Das Unbewusste, nämlich das Denken, die innere Haltung und der Glaube machten aus manch einem Tellerwäscher einen Millionär – und aus einem Millionär einen Tellerwäscher. Erinnere dich an die Basis-Aufstellung weiter oben!

Du bist der Schöpfer deines Lebens – und zwar über dein Unbewusstes beziehungsweise Überbewusstes!

Denke deshalb immer positiv. Das heißt, denke stets an das, was du wirklich Positives hast. Lasse nicht locker, bis du einige positive Eigenschaften bei dir entdeckt hast. Jeder hat positive Eigenschaften. Auch du hast viele. Du musst sie nur entdecken.

Deshalb solltest du mittels positiver Affirmationen mit deinem Unbewussten arbeiten: Stelle dir eine Situation vor, in der du glücklich warst, in der du ein besonders schönes Gefühl hattest. Denke zum Beispiel daran, wie jemand dein Herz berührte, wie du dich glücklich, anerkannt, geliebt fühltest.

Nun verbinde dieses Gefühl mit deinen positiven Eigenschaften, und zähle eine nach der anderen auf.

Auf diese Weise bekommen sie eine positive Gefühlsqualität und erfreuen dein Herz.

Und was geschieht, wenn du dich von Herzen über dich freust? Du erfreust auch andere!

Dies ist das wunderbare Gesetz des Lebens und der Liebe: Wer sich freut, schenkt anderen ebenfalls Freude. Denn jeder sucht die Freude und flieht den schwarzen Griesgram.

Freust du dich, dann strahlst du diese Freude aus und erfreust andere mit derselben Freude, die dich beglückt. Dies ist gelebte Liebe.

Siehst du, so wichtig ist es, dass du dich liebst – du bereitest nicht nur dir, sondern auch anderen eine Freude damit! Was willst du mehr!

Dies ist der Segen des Lebens. Segen, der von dir ausgeht und die Welt verändert.

Denn nichts verändert mehr als die Liebe und die damit verbundene Freude. Diese Freude ist *Ananda*, Glückseligkeit, die auch deshalb so wertvoll ist, weil sie zu heiterer Gelassenheit führt, die deshalb Göttlich ist, weil sie dich, hast du sie einmal gewonnen, nie mehr verlässt.

Und weißt du, warum? Weil es keinen Grund gibt, nicht glücklich zu sein!

Alles ist für dich bereitet. Du bist da. Die Welt ist da. Gott ist da. All die Gesetze sind da, die dein Glück sichern. Was kann dich da noch daran hindern, dich zu freuen?

Freue, freue, freue dich, denn Gott ist auf deiner Seite. Er ist an deiner Seite. Und du – ob du es weißt oder nicht! – bist auf Seiner. Was willst du mehr?

Hier weht der Hauch der Unendlichkeit – und manifestiert sich im OM, dem unumschränkten Laut – ganz leise, aber un-umschränkt.

Gehe deshalb auch niemals zu einem griesgrämigen Therapeuten – mag er fachlich noch so kompetent sein. Was nützt es dir, wenn er bei aller fachlichen Qualität vom Wesen der Dinge, der Menschen, der Welt und von Gott nichts verstanden hat? Was soll er dir schon vermitteln können, wenn er das Entscheidende noch nicht gefunden beziehungsweise begriffen hat, nämlich sein strahlendes Glück? Ist er dann wirklich kompetent?

Ein Therapeut, der nicht fröhlich ist, der nicht viel und herzhaft lachen kann, kann dir auf Dauer nicht weiterhelfen. Außerdem kann er dir mit Sicherheit das Entscheidende nicht beibringen, das darüber hinaus auch noch das beste Mittel gegen die meisten Probleme und Störungen ist: **Humor.**

Gehe deshalb zu einem Therapeuten, der lachen kann – über sich, über dich und über die Welt. Lache mit ihm, und lerne dadurch, dass dein Leben ganz anders ist, als du durch deine Wunde wahrnimmst – eine Ansammlung von Bonmots, durch die jeder sagt: In Wahrheit liebe ich dich!

Deshalb ist das Leben leicht wie ein Vogel – und hinterlässt als die Spur deines Humors Krähenfüße an deinen Augen: Zeichen dafür, dass du leicht durchs Leben gehst, dass du, wie das Leben, immer wieder kurz mit den Augen zwinkerst. Einfach so. Einfach, weil es Spaß macht – weil es Spaß macht, mit Gott durchs Leben zu gehen. Unbeschwert wie ein Eichhörnchen, leicht wie ein Vogel, stark wie ein Panter. Fröhlich wie ein Herz, das in Liebe am Pulsschlag des Lebens schlägt und dessen Klang das humorvolle Lachen ist!

Dies ist eine weitere Bedeutung des Urlauts OM!

ALLGEMEINES ZUR THERAPIE

Du liest nun das, was ich schreibe, mit Interesse. Doch es fehlt dir der Glaube! Du denkst dir: ‚Das mit dem Glück, mit dem Humor, mit dem Öffnen des Herzens finde ich ganz spannend. Ob das aber wirklich funktioniert? Komme ich mit einer so einfachen Methode tatsächlich weiter? Gut: Ich nehme mir vor, den Tag mit Liebe zu beginnen, zu verbringen und zu beenden. Doch ehrlich gesagt, wo nehme ich die Liebe her?'

Seva

Das ist eine entscheidende Frage: Wo nimmst du die Liebe her? Du glaubst, du könntest dein Herz nicht so leicht öffnen? Gut, dann besteht der erste Schritt darin, dass du das tust, was ich dir geraten habe: **Sieh Positives an dir. Erkenne deine positiven Eigenschaften.** Damit tust du bereits etwas Wesentliches, nämlich **Gutes für dich und andere.** Denn siehst du dich in einem besseren Licht, wirst du automatisch auch die anderen in einem positiveren Licht sehen und damit sowohl dir als auch anderen viel geben.

Und hier kommen wir zu dem entscheidenden Punkt: **Liebe findest du stets, indem du gibst, indem du anderen Gutes tust.** Gott zum Beispiel gibt nur. Gott nimmt nie. Was sollte Er auch nehmen, wo Er doch alles hat? Gibst du, gleichst du dich Gott an. Gleichst du dich Gott an, gleichst du dich der unendlichen Liebe an. Damit hast du alles und kannst frei geben.

Seva, der unentgeltliche Dienst am Nächsten, ist der beste Weg, dein Herz zu öffnen und dadurch deine Liebe zu finden und sie fließen zu lassen. Deshalb hilft *Seva* als Dienst am Mitmenschen, deine Göttlichkeit erblühen zu lassen.

Seva erfreut dein Herz und gibt dir das Gefühl, ein erfülltes Herz und damit ein erfülltes Leben zu haben. Und dies deshalb, weil *Seva* der Gottesdienst ist, den du dem Gott im Herzen eines jeden darbringst. Dies ist die große Fähigkeit des Menschen, die allein ihm, den Heiligen und den Engeln gebührt. *Seva* ist auch deshalb so stark und beglückend, weil es dich direkt mit der Christus-Energie in Verbindung bringt. Denn der Dienst am Nächsten löst Egoismus und Selbst- beziehungsweise Ego-Sucht auf. Deshalb werden deine Liebe und dein Glück umso größer, je mehr du gibst.

Im Englischen gibt es den Begriff *eye opener,* das ist etwas, das deine Augen öffnet, dich etwas sehen, etwas verstehen lässt. *Seva* ist der *heart opener,* dasjenige, wodurch sich dein Herz öffnet. Du fragst nach dem Warum? **Weil das Ziel der menschlichen Existenz darin besteht, tätig zu sein, ohne auf die Früchte des Handelns zu sehen – das kann zum Beispiel kein Tier!**

Verstehst du, was ich damit sage, was ich dir damit nahe bringen will?

Seva ist die beste Methode, dich von dir ab- und den anderen zuzuwenden – und wer sind die anderen? Dein wahres Selbst. Denn sie sind du, und du bist sie!

Sieh Gott als Den Handelnden und dich allein als Sein Instrument – und der Segen ist dein.

Dadurch, dass du nicht auf die Früchte deines Handelns blickst, kommst du automatisch vom Ego zum Selbst. Das heißt, von der ständigen Veränderung, dem Wechselbad von Freud und Leid, von Hoffnung und Enttäuschung gelangst du zu bleibender Glückseligkeit. Welch ein Tausch, findest du nicht auch?! Besonders wenn du bedenkst, dass Dienst an der Menschheit, ohne auf die Früchte zu schauen, weltweiten Frieden, Glück und Wohlstand sichert.

„Und das kann jeder?", fragst du etwas unsicher.

Die Antwort ist: **Natürlich!** Denn es liegt in der Natur des Menschen, die oben erwähnten vier: **Einsicht, Frieden, Glück und Wohlstand** zu erreichen, denn diese stellen nicht nur deine Bestimmung dar, sie sind du, und du bist sie.

Deshalb ist der Dienst am Nächsten von so großer Bedeutung. *Seva* lässt dich erfahren, dass „all die anderen" in Wahrheit gar keine anderen sind. Sie suchen wie du das Eine Bleibende Glück. Sie leiden auf dem Weg wie du, sie hoffen wie du – und sie sind in Wahrheit das Höchste Selbst wie du.

Deshalb ist *Seva* so wichtig: Du dienst deinem Nächsten. Und was tust du wirklich? Du dienst dir, denn zwischen dir und den anderen **gibt es nur ein Trennendes: Die Zeit!**

Der eine ist hier auf dem Weg. Der andere dort. Und ist etwas Zeit vergangen, nimmt der eine den Platz des anderen ein – und er hätte ihn damit eingeholt, wäre dieser nicht auf den Platz eines Dritten vorgerückt!

303

Aller Unterschied ist nur durch die Zeit bedingt, denn jedes Lebewesen wird irgendwann Vollkommenheit erreichen.

Und was ist Zeit, wenn du am Selbst angelangt bist? Die Zeit ist dann verschwunden, weil sie sich in Ewigkeit verwandelt hat.

Spürst du den Hauch der Glückseligkeit, der Ewigkeit, der Leichtigkeit, der Wahrheit und der Zufriedenheit, während du dies liest?

Es liegt der Duft der Morgenröte in der Luft. Eine neue Zeit bricht an. *Deine* Zeit. Zeit, die deshalb dir gehört, weil du erlebst, dass du im Selbst nicht mehr zwischen Mein und Dein unterscheidest.

All dies ist entscheidend für die Therapie eines jeden Menschen. Und was tun die aller-, allermeisten Therapeuten heute? Entweder sie wissen nichts von *Seva*, oder sie reden nicht darüber – oder beides!

Was hilft aber eine Therapie, die am Ende weder dein Herz öffnet, noch dich zu deinem Nächsten führt, noch dich in Kontakt mit bleibender Freude und Glückseligkeit bringt?

Therapie wird erst dann wirklich von Nutzen für die Menschen sein, wenn die Therapeuten selbst den Gedanken von *Seva* verwirklichen. Sie müssen auch **Nishkaama Karma** – Handeln, ohne auf die Früchte zu sehen – betreiben, denn dies ist die beste innere Haltung, um alle nur erdenklichen Ego-Verwicklungen zu vermeiden. Gibst du dein Können, dein Herz und deine Zeit in dem Bewusstsein von *Nishkaama Karma*, und dein Patient verändert sich trotzdem nicht, dann bist du, was deine möglichen Fehler betrifft, wachsam, siehst aber in Gott den wahrhaft Handelnden und wartest deshalb in Ruhe ab. Du musst daher deinen Patienten nicht zu etwas zwingen, um *dir* etwas zu beweisen, sondern kannst geduldig abwarten, wann er seine Entwicklung machen kann.

Deswegen sage ich: *Doctors need more patience, not more patients!* Ärzte brauchen mehr Geduld, nicht mehr Patienten!

Wenn sie dagegen nur damit beschäftigt sind, „ihren Gewinn zu optimieren", wie dies im Fachjargon heißt, haben sie noch nicht viel vom Wesen der Welt und von ihrer eigenen Bestimmung verstanden. Was wollen sie dann aber weitergeben?

Erst wenn Menschen viel Liebe, Geduld und einen tief verwurzelten karitativen Gedanken haben, können sie sich herausnehmen, anderen helfen zu wollen – worunter ich, wohlgemerkt!, keine Menschen mit Helfersyndrom verstehe, die sich zu wertlos fühlen, um etwas annehmen zu können! Wer nichts wert ist, kann nicht in der Tiefe helfen. Denn die Tiefe besteht im Finden des Du. Deshalb spreche ich in diesem Buch so viel vom Narzissmus. Das Problem des narzisstisch Gestörten besteht darin, dass er sich von seinen Eltern nicht gesehen, nicht geliebt, im Grunde nicht wahrgenommen fühlte. Er bekam von seinen Eltern nicht das Gefühl, *gemeint zu sein*. Deshalb hat er Schwierigkeiten, ein Du zu finden.

Und diese Schwierigkeiten, das Du zu finden, drücken sich in vielfältiger Weise aus. Wir sprachen von den wechselnden Beziehungen, von dem Mangel an Treue, vom Egoismus, der so typisch für den narzisstisch Gestörten ist (vgl. v. Stepski-Doliwa, *Theorie und Technik der analytischen Körpertherapie*, S. 303 ff.).

Im Zusammenhang mit *Seva* ergibt sich deshalb das Thema des hilflosen Helfers.

Die hilflosen Helfer (Schmidbauer) stellen für sich und andere deshalb ein Problem dar, weil sie glauben zu geben, in Wahrheit aber nehmen. Sie denken zu geben, geben zu wollen, im Grunde geben sie aber nur, weil sie nicht nehmen können. Sie geben, weil sie nur über das Geben nehmen können.

So ist der hilflose Helfer derjenige, der sich in einem karitativen Beruf aufreibt, in der Tiefe seines Herzens aber unglücklich, unzufrieden, enttäuscht bleibt. Er hat in der Kindheit, vornehmlich in der oralen und analen Phase, gelernt, dass seine Bedürfnisse und sein Nein unwichtig sind und dass er höchstens dann etwas erhält, wenn er sich zunächst darum gekümmert hat, dass die anderen beziehungsweise die Mutter bereits hatte(n). Dieses Verhaltensmuster führt er als Erwachsener fort, verbunden mit all der Enttäuschung, all dem Mangel an wahrer Befriedigung und wahrer Freude, die seine Kindheit gekennzeichnet haben.

So muss auch der hilflose Helfer zuerst lernen, sich selbst zu helfen. Erst wenn er dies kann, wird er eine wahre Hilfe für andere sein.

Löst er dagegen die frühkindlichen Konflikte nicht, wird er zwar geben, es wird aber ein unbefriedigendes, unechtes, ein unehrliches Geben sein, weil der hilflose Helfer wegen seiner großen oralen Problematik den anderen gar nicht sehen kann und ihm deshalb auch nicht das geben kann, was dieser wirklich braucht.

Als Therapeut läuft der hilflose Helfer Gefahr, dass Patienten ihn auslaugen, dass er, nachdem er Therapie gegeben hat, das Gefühl hat, völlig leer zu sein.

Das Problem eines Therapeuten mit einem Helfersyndrom besteht nämlich darin, dass er sich nicht abgrenzen, seine Fehler schlecht eingestehen und sich noch weniger entschuldigen kann.

Fehler, Narzissmus und Differenzierung

Gerät er in eine solche Situation, dann weicht er aus, druckst herum, rechtfertigt sich, verschiebt, deutet, verdreht – und all dies so lange, bis er davon überzeugt ist, er hätte nichts falsch gemacht!

Problematisch ist nun nicht, dass ihm möglicherweise ein Fehler unterlaufen ist, sondern dass er diesen nicht zugeben kann.

Deshalb: Wirft dir jemand etwas vor, dann höre ihm zu. Wenn du ihm zuhörst, kannst du besonders gut erkennen, wie andere dich sehen.

Bei vielen Menschen geht es aber gleich um Leben und Tod, wenn sie kritisiert werden. So massiv wurden sie in ihrer Kindheit verletzt! Aus diesem Grund sind sie so sehr mit sich, mit ihren Fehlern und damit beschäftigt, dass keiner sie entdeckt, dass sie gar nicht in der Lage sind, auf jemand anderen zuzugehen. Sie sitzen in ihrem Iglu, sind umgeben von Massen kalten Schnees – ihren Fehlern – und beschäftigen sich ausschließlich mit diesen. Denn dieser Schnee, so absurd es klingen mag, schützt sie vor der noch größeren Kälte, die außerhalb des Iglus herrscht. Das heißt: Immer wieder die eigenen Fehler anzusehen ist weniger schmerzhaft, als sie von anderen vorgehalten zu bekommen. Denn die eigenen Fehler zu betrachten tut zwar weh. Sie von anderen vorgehalten zu bekommen ist darüber hinaus jedoch zusätzlich noch beschämend, erniedrigend und hat – so denken sie, weil sie es häufig genug erlebt haben – mit Liebesentzug zu tun. Das ist die Kälte außerhalb des Iglus.

Man erlebt aber nur deshalb das Innere eines Iglus als schützend und wärmend, weil es draußen so kalt ist.

Dieses Einigeln hat eine doppelte Bedeutung beziehungsweise Funktion. **Einmal** igelst du dich ein, weil du allen Grund dazu hast. Um dich ist die Kälte, nämlich schlechte Gesellschaft.

Hier kommen wir zu einem Punkt, den man nicht überbewerten kann: Alles psychologisch deuten zu wollen kann eine große Gefahr sein. Du denkst, weil du dich deinen Freunden und Bekannten gegenüber nicht öffnen kannst, du habest ein Problem mit Kontakt. Es könnte aber auch so sein, dass die Menschen, mit denen du Kontakt hast, dich verschließen, indem sie unsensibel oder unfreundlich sind, keine positiven Ideale haben, Verwicklungen lieben oder sogar gerne andere verletzen. Solche Menschen solltest du unbedingt meiden, denn sie werden dir auf Dauer schaden.

Prüfe also, ob es an **den Menschen** oder der Art der Beziehung liegt, **die du** zu ihnen hast, dass du dich verschließt.

Die andere Bedeutung von Einigeln ergibt sich dann, wenn du tatsächlich in guter, netter, fröhlicher Gesellschaft bist und dich trotzdem nicht öffnen kannst. Dann liegt das Problem offensichtlich an dir und nicht an den anderen.

Denn wer differenzieren, wer sich öffnen, wer lieben kann, wer in guten Kontakt kommt, braucht keine Iglus, muss sich nicht einigeln. Wer in Kontakt ist, kommt immer mehr in Kontakt. **Denn er hört anderen zu – besonders dann, wenn sie Kritisches über ihn sagen.** Denn sein guter Kontakt zu sich und zu den anderen bedingt, dass er ihnen aufgeschlossen begegnet und somit viel **über sich und die anderen lernt**.

Die Liebe des Therapeuten besteht darin, dass er Vorwürfe annehmen, dass er sich entschuldigen und – dies ist entscheidend! – dass **er differenzieren kann**.

So wie es Therapeuten gibt, die sich nicht entschuldigen können, sondern ihren Patienten regelrecht über den Mund fahren und sie sogar recht barsch zurechtweisen, so gibt es andere, die sich wie masochistische Eltern alles gefallen lassen.

Natürlich muss ein Therapeut seinem Patienten die Chance geben, endlich einmal die Wut loszuwerden, die möglicherweise seit seiner frühen Kindheit in ihm ist. Wut ist nämlich so, wie wenn du dir den Magen verdorben hast: Sie muss heraus, um nicht größeren Schaden anzurichten. Deshalb sollte der Therapeut diese Wut annehmen und fachmännisch kanalisieren – zum Beispiel, indem er seinem Patienten die Gelegenheit gibt, die Beziehung zu seinen Eltern zu klären.

Der Therapeut sollte aber nicht aus falsch verstandenen Heldentum oder dem Helfersyndrom heraus nachgebend alles schlucken.

Doch hier ist ein guter Rat, ein brauchbarer Maßstab kaum zu geben. Therapeuten können dies nur von jemandem lernen, der genau weiß, was er wann und wie zu tun hat. Denn es ist eine Millimeterarbeit! Was in dem einen Augenblick noch ein Annehmen des Ärgers sein kann, ist im nächsten möglicherweise bereits Ausdruck eines tief gehenden Masochismus.

Den Unterschied erkennt nur der erfahrene, der wissende Therapeut.

Aber obwohl – *oder gerade weil!* – der Unterschied so fein ist, hat er eine so große Bedeutung und sollte genauestens gewahrt werden. Wird dieser Unterschied nicht erkannt und dem Patienten in angemessener Weise vermittelt, kann die Therapie ewig dauern, aber trotzdem nichts lösen.

Die Macht der Wut

Dazu ein Beispiel: Ein analytisch unzureichend ausgebildeter junger Therapeut leitete eine Gruppe, in der sich ein Mann namens Roberto befand. Roberto war von starkem Hass erfüllt, den er mit viel Freundlichkeit gut verdecken konnte. Der Therapeut war so unerfahren, dass er diese Maske nicht durchschaute.

In einer Gruppensitzung unterlief ihm ein Fehler, indem er eine Frau überging, seinen Fehler aber nicht sah und sich nicht entschuldigte.

Für Roberto war dies die lang ersehnte Gelegenheit. Mit all seiner gut versteckten Wut stürzte er sich verbal auf den Therapeuten. Er machte ihm Stück für Stück deutlich, was er falsch gemacht hatte, wie unerfahren er sei, wie inkompetent, wie ungeschickt, wie unaufmerksam. Roberto legte all seine Gnadenlosigkeit an den Tag. Und hatte ein dankbares Opfer gefunden. Denn der Therapeut war der Ansicht, er müsse alle diese Vorwürfe über sich ergehen lassen, dies fordere die Abstinenzregel, also der Grundsatz, der dem Analytiker vorschreibt, sich zurückzuhalten.

Der Therapeut saß beschämt und gedemütigt mit hochrotem Kopf da. Ein Bild des Jammers. Er hatte alle Fäden aus der Hand gegeben. Und Roberto frohlockte.

Das ärgerte den Therapeuten dann doch derart, dass er seine Wut nicht mehr zurückhalten konnte. Er explodierte regelrecht und brüllte Roberto an. Das wiederum war nicht sehr analytisch – aber echt. Und erreichte zumindest eines: Die Gruppe fasste wieder Vertrauen zu ihm, denn sie erlebte, dass er nicht nur aus halbwegs Gelerntem bestand, sondern tatsächlich Gefühle hatte und zeigte.

Die Therapie von Roberto gelang dem Therapeuten nicht. Er ging von ihm weg zu einem erfahreneren Therapeuten, der ihm helfen konnte.

Wutausbrüche des Therapeuten sind selbstverständlich nicht das, was ich propagiere, da sie viel zu unberechenbar sind. Manchmal ist aber das echte Gefühl heilsam – auch wenn es Wut ist. Doch auch hier muss der Therapeut genau differenzieren. Er muss wissen, woher seine Wut kommt, das heißt, er sollte seine Gegenübertragung analysieren (vgl. v. Stepski-Doliwa, *Theorie und Technik der analytischen Körpertherapie*, S. 27 f.), und außerdem muss er abschätzen können, wie diese seine starken Gefühle von seinen Patienten erlebt werden. Dies erfordert viel Erfahrung und viel Klarheit.

Spiritualität und Wut

Ich meine es deshalb ernst, wenn ich sage, Wut sei eine der größten Gefahren für den Menschen. Ich meine es sogar so ernst, dass ich mich hier – und dies in besonderem Maße – auf die unbewusste Wut beziehe. Sie ist deshalb so gefährlich, weil die meisten Menschen überhaupt nicht wissen, auf welch einem Vulkan sie sitzen. Hast du schon einmal gesehen, mit welcher Wucht ein Vulkan ausbricht? Es gab viele Filme über den Ausbruch des Vulkans Mount St. Helena. Mit einer immensen Wucht stob der Rauch in den Himmel, und die Lava ergoss sich über Berg und Tal.

Mit der gleichen Wucht ergießen sich die Gefühle mancher Menschen auf ihre Umwelt. Diese Gefühle sind in der Regel der Situation völlig unangemessen. Und – ähnlich wie die Lava – äußerst zerstörerisch.

Bei solch einem Vulkanausbruch muss die Gegend evakuiert werden, damit keiner zu Schaden kommt.

Genau das Gleiche gilt für Therapie. Die Gegend, in welche die Wut sich ergießen könnte, muss evakuiert werden. Das heißt, der Therapeut muss es so einrichten, dass sein Patient im geschützten Rahmen der Therapie seine Wut ausdrücken kann, und dies so lange, bis er von ihr befreit ist – beziehungsweise eine neue Ebene von Gefühlen erreichen kann. Denn wohlgemerkt: Wut kann jeder ausdrücken. Haben Menschen einmal gelernt, was sie anstellen müssen, um Wut ausdrücken zu können, genießen sie es derart, dass sie regelrecht süchtig danach werden. Sie suchen dann sozusagen jede Gelegenheit, um ihre Wut auszudrücken. Denn das Ausdrücken von Wut gibt einem ein Gefühl von Macht, von Überlegenheit, von Stolz und steigert das Selbst- beziehungsweise das Ego-Gefühl. Kein Wunder also, dass dies höchst gefährlich ist.

Deshalb sollten nur Therapeuten, die genau wissen, was sie tun, an der Wut ihrer Patienten arbeiten. Die heutige Welt ist auch deshalb in einem so beklagenswerten Zustand, weil viele Therapeuten, die weit davon entfernt sind zu wissen, was sie tun, ihre Patienten bedenkenlos dazu auffordern, Wut auszudrücken. Und was geschieht dann? Diese Menschen drücken ihre Wut aus, wo immer sie können.

Wie schädlich diese Haltung ist, kann man zum Beispiel anhand schrecklicher und brutaler Spielfilme sehen. Hier wird – weil es sich so gut verkaufen lässt! – immer wieder gezeigt, dass man sich in Konfliktsituationen ärgern und diesen Ärger wütend herausschreien sollte. Wunderbar! Und was ergibt sich daraus? Kaputte Menschen in kaputten Beziehungen, in kaputten Familien, in kaputten Gemeinschaften – in einer desolaten Welt!

Im geschützten Raum der Therapie aber kann Wut, wie gesagt, sehr hilfreich sein, weil Menschen sich dadurch ihrer Gefühle bewusst werden und damit auch ein Stück eigene Realität kennen lernen und dafür Verantwortung übernehmen.

Drückt jemand in einer klar definierten therapeutischen Situation Wut aus, erlebt er, dass er nicht nur der Unterdrückte und Schwache ist, sondern auch viel Kraft hat. Denn das Unterdrücken von Wut schluckt manchmal so viel Kraft, dass Depression die Folge ist.

Und gehen wir von dem Kind aus, ist das nur zu verständlich, denn hat ein Kind keine Möglichkeit, seinen Eltern Nein zu sagen oder seine negativen Gefühle auszudrücken, fühlt es sich nicht verstanden oder gar unterdrückt, so reagiert es darauf mit Enttäuschung und Wut.

Diese Gefühle darf es wiederum nicht äußern, weswegen es mehr und mehr die Depression als Ausweg wählt und damit die Wut als unerlaubtes Gefühl verdrängt.

Diese Depression beziehungsweise verdrängte Wut schafft bei dem Betroffenen eine mehr oder weniger große Lethargie. Bei seiner Umwelt dagegen eine aggressive Atmosphäre, wodurch immer wieder Probleme und Auseinandersetzungen entstehen, die ihm seine unbewusste Wut spiegeln. Da ihm seine Wut aber so unbewusst ist, kann er zum Beispiel erst durch eine Therapie erkennen, warum seine Umwelt in dieser Weise auf ihn reagiert.

In der Therapie aber vornehmlich oder gar ausschließlich auf Wut einzugehen und diese ausdrücken zu lassen, kann eine völlige und zudem sehr gefährliche Vermeidung sein.

Denn das einzig Wichtige ist allein die Ursache. Und die löst sich nicht im Brüllen oder Schlagen auf die Matte oder ein Kissen.

Die Ursache löst sich nur durch Bewusstmachung.

Eine entscheidende Ursache der heute so verbreiteten Wut ist die narzisstische Wunde.

Ich will dies, weil es so wichtig ist, hier noch einmal erklären: Eltern verletzen, demütigen ihr Kind. Das Kind fühlt sich schlecht dabei. Das Kind spürt aber auch, dass das, was seine Eltern tun, nicht gerecht, nicht richtig ist. Dieses Spüren ist der Grund, warum ich sage (siehe weiter vorne die Basis-Aufstellung), dass in wichtigen Familienaufstellungen die Kosmischen Eltern aufgestellt werden müssen. Jeder Mensch hat diese idealen Eltern als innere Größen in sich. Jeder Mensch weiß durch die Erfahrungen seiner vielen Leben, wann Eltern sich richtig verhalten und wann nicht. Diesen inneren Maßstab stellen die Kosmischen Eltern dar.

Wird nun ein Kind durch seine Eltern ungerecht behandelt, fühlt es sich schlecht.

Und nun kommt das Entscheidende: Im Sich-schlecht-Fühlen weiß es, dass die Eltern nicht Recht haben. Und fühlt sich damit seinen Eltern überlegen.

Dadurch entsteht eine fatale Folge: Fühlt sich dieser Mensch später einmal schlecht, fühlt er sich überlegen. So sucht er unbewusst die Depression, um sich unbewusst überlegen fühlen zu können. Fühlt er sich sowohl minderwertig als auch überlegen, ist die Kritik an anderen und an sich selbst vorprogrammiert, wodurch alle möglichen Probleme entweder aus dem falschen Überlegenheits- oder aus dem Unterlegenheitsgefühl entstehen. Die häufig gewählte Form des Ausgleichs ist dann die Wut.

Fühlt sich jemand minderwertig, so rebelliert das Ego: „Das kann nicht sein. So schlecht bin ich nicht!" – und sucht den nächsten Streit. Denn der Streit und der damit verbundene Wutausbruch stärkt, wie gesagt, das Ego.

Mit anderen Worten: Depression führt zuerst zu Minderwertigkeitsgefühlen, dann zum Streit, vom Streit zur Wut und über die Wut zum Größenwahn.

Der bricht irgendwann natürlich zusammen, und der Teufelskreis beginnt von neuem.

Diesen Teufelskreis kannst du damit durchbrechen, dass du zum Beispiel eine Familienaufstellung durchführst und damit erkennst, was der Grund für deine Depression ist, beziehungsweise deine Beziehung zu deinen Eltern löst und befriedest. Denn der Frieden mit den Eltern bringt dich unendlich viel weiter als jeder noch so vulkanartige Wutausbruch.

311

Darüber hinaus musst du dich immer dann, wenn du dich besonders klein, unbedeutend oder gar wertlos fühlst, positiv programmieren, indem du dir zum Beispiel vorstellst, dass du Gott, dass du nicht verschieden von Gott bist. Dass alles für dich möglich ist, dass du der Gestalter deines Schicksals bist!

Dies, verbunden mit hervorragender Therapie, unterbricht den Teufelskreis aus Minderwertigkeit, Aggression, Größenwahn und dessen Zusammenbrechen. Außerdem verändert es mit der Zeit dein Muster, und du findest einen neuen Weg, der dich wegführt von der fatalen Verbindung von Depression, Wut und Egowert – hin zum **Selbstwert.**

Die Kraft der Zartheit

In nicht wenigen Fällen ist deshalb der Weg der Weichheit stärker als der Weg der Härte – vergleiche zum Beispiel die Geschichte „Die Kraft der Zartheit" in *Sai Baba spricht über Beziehungen*. Die Zartheit ist eine schier unermessliche Kraft, die sehr viel bewirken kann. Vorausgesetzt, derjenige, der sie anwendet, weiß, wo er steht, was er tut und wen er vor sich hat. Übersieht er einen dieser Faktoren, kann sein Handeln alles andere als mit Erfolg gesegnet sein.

Außerdem kann ein einziger Wutausbruch all das zerstören, was du in jahrelanger mühevoller Arbeit aufgebaut hast. Ich kann dich deshalb nicht eindringlich genug davor warnen, Wut als adäquates Mittel anzusehen, deine Gefühle auszudrücken und deine Interessen durchzusetzen, ohne dir die möglichen Konsequenzen deutlich vor Augen zu führen.

Bedenke: **Ganze Königreiche gingen wegen zu wenig Unterscheidungsvermögen und zu viel Wut verloren!**

Die Zartheit ist dagegen eine Verhaltensweise, die ein Therapeut unbedingt entwickeln sollte. Sie gehört zur Therapie wie das Wissen um das Unbewusste oder die Verdrängung, Verschiebung beziehungsweise Rationalisierung.

Um dies zu verdeutlichen, schildere ich einen Konflikt zwischen einer Patientin und ihrer Therapeutin. Ich betone in diesem Buch mehrmals die Bedeutung der Klärung von Problemen, da sie – ebenso wie der Widerstand, aus dem sie häufig stammen – die Therapie von Anfang an begleiten. Außerdem will ich damit unterstreichen, wie wichtig es ist, dass Patienten kontinuierlich zu einer Therapie beziehungsweise in eine Gruppe kommen, denn nur eine fortlaufende Therapie bringt Verhaltensweisen ans Tageslicht, die an einem Wochenende oder bei immer wechselnden Gruppen-zusammensetzungen niemals deutlich werden.

Eine länger dauernde Therapie bedeutet natürlich für den Therapeuten mehr Arbeit, denn er muss klarer und kompetenter sein, weil auch er, sollte er Probleme haben, diese vor einer fortlaufenden Gruppe nicht verbergen kann.

Nicht wechselnde, sondern fortlaufende Gruppen sind deshalb sowohl für die Patienten als auch für den Therapeuten die beste Form, an die verborge-nen Anteile, zum Beispiel den Schatten, zu gelangen.

Der Therapeut muss aber kompetent sein. Sonst sind den Verwicklungen Tor und Tür geöffnet.

Kompetent war die Therapeutin, von der nun die Rede ist. In einer Sitzung wurde sie von einer Patientin, Christa, angegriffen. Christa beschuldigte sie, sie sei in der letzten Sitzung lieblos mit ihr umgegangen.

Sofort baute die Therapeutin ihren inneren Kontakt mit ihrem Höchsten Selbst auf. Sie wiederholte den Namen Gottes und bat den Herrn, ihr Offenheit, Gelassenheit und Klarheit zu geben. Dann bat sie Christa zwar liebevoll, doch so ernst, dass die Patientin bei ihrer möglichen negativen Übertragung bleiben konnte, sie möge ihr doch schildern, was geschehen sei.

Nun schilderte Christa mehrere Situationen, die im Grunde nichts mit der letzten Stunde zu tun hatten, vielmehr aber ihre Beziehung zu ihren Eltern widerspiegelten.

Anstatt sie darauf hinzuweisen oder sich gar zu verteidigen, blieb die Therapeutin in ihrer Zartheit und schlug ihr eine Aufstellung mit der Patientin selbst, ihrer Therapeutin und ihren Eltern vor. Christa war dazu bereit und tat es sogleich.

Kaum standen die Personen, wurde deutlich, dass die Frau, die Christa für sich selbst aufgestellt hatte, gar nicht an der Therapeutin, sondern aus-schließlich an ihrer Mutter interessiert war.

So bestand die Aufgabe der Aufstellung darin, diese Beziehung zwischen Mutter und Tochter zu klären. Kaum war dies geschehen, entstand ein großer Frieden, der sich auch auf Christas Beziehung zu ihrer Therapeutin auswirkte, denn sie erlebte unmittelbar, besonders als sie selbst ihren Platz in der Aufstellung eingenommen hatte, dass ihre Gefühle der Therapeutin gegenüber in Wahrheit nicht sie, sondern ihre Mutter betrafen. Dies klärte die Atmosphäre, und Christa konnte sich durch ihr Erleben in der Aufstellung bewusst werden, wie sehr und wie häufig sie Gefühle, die in Wahrheit ihre Mutter betrafen, auf andere projizierte und auf deren Kosten auslebte. Wobei die Mutter bisher immer geschont worden war. Ihre Tochter dagegen bisher dafür gezahlt hatte.

Christa war durch dieses Erlebnis sehr berührt und betroffen und konnte im Verlauf der Therapie mehr und mehr ihr Verhalten ihrer Tochter gegenüber verändern, was viel Frieden in die Familie brachte.

Auswählen und Entlassen

Dieses Beispiel macht deutlich, wie schnell sich etwas durch direktes Erleben klärt und damit löst.

Es ist dabei wichtig, dass der Therapeut in kritischen Situationen Kontakt zu seinem Höchsten Selbst aufnimmt, um von dort direkte Führung zu erhalten. Denn nur das Höchste Selbst kann ihn vor Fehlern bewahren, die zum Beispiel durch Fehleinschätzungen der Situation entstehen. Der kluge Therapeut ist geschmeidig und kann deshalb mit der Kraft der Zartheit gehen, weil er sich vom Höchsten Selbst geführt weiß. Entsprechend segensreich sind die Lösungen, die er durch die „Anbindung nach Oben" findet.

Geht der Therapeut stets den Weg der Stärke, übergeht er nicht nur seine Patienten, sondern auch sich selbst. Es ergibt sich dadurch der Unterschied zwischen dem, was die Liebe, und dem, was die pure Kraft erreicht.

Das Beste ist hier deshalb das Spüren, das Erfahren, das Erleben. Die Techniken des Psychodramas bieten dabei zum Beispiel eine wunderbare Hilfe.

Hast du etwa das Gefühl, dass jemand dir misstraut, glaubt er dagegen, dass er dir traut, so hilft dir hier das Äußern deines Empfindens herzlich wenig.

Das Gleiche gilt natürlich, wenn zwei Gruppenteilnehmer sich nicht verstehen oder gar miteinander streiten oder wenn sie Antworten auf bestimmte Fragen suchen, die sie zum Beispiel deshalb nicht beantworten können, weil sie ihrem Gefühl oder ihrem Unterscheidungsvermögen nicht trauen. Dann ist es hilfreich, die Situation, das Problem oder die verschiedenen Möglichkeiten aufzustellen.

Worauf ich bei der Basis-Aufstellung nicht einging, weil mir der Inhalt wesentlich war, ist die Form. **Die Form hat eine ebenso große Bedeutung wie der Inhalt.** Deshalb beschreibe ich jetzt die Form:

Es ist gut, wenn der Patient die Teilnehmer, die er aufstellen möchte, wie folgt fragt: „Möchtest du bitte mich beziehungsweise meinen Vater, meine Mutter und so weiter spielen?" und der andere mit: „Ja, gerne!" oder auch mit „Nein, im Moment lieber nicht!" antwortet.

Dann stellt der Patient die Personen in der Mitte der Gruppe so auf, wie er glaubt, dass die einzelnen Personen – oder Probleme beziehungsweise Fragen – in Beziehung zueinander stehen. Also zum Beispiel: Nahe beieinander stehend. Sich ansehend. Weit auseinander. Oder gar mit dem Rücken zueinander. Was auch immer für ihn stimmig ist.

Hat er die Personen aufgestellt, setzt er sich wieder auf seinen Platz, und der Therapeut wartet einen Moment, bis die Aufgestellten sich in ihre Rollen eingefühlt haben.

Dies kann bei eingespielten Gruppen zuweilen sehr schnell gehen. Die jeweiligen Darsteller sagen dann genau, was sie fühlen, wo sie glauben wirklich zu stehen, das heißt, wie sie sich in der Beziehung zu den anderen fühlen.

Hier kann sich eine Klärung anschließen, an deren Ende der Gruppenteilnehmer den Platz desjenigen einnimmt, den er für sich aufgestellt hat. Er spürt dann häufig unmittelbar, was die Wahrheit ist. Entsprechend klärt sich sein Verhältnis zu dem aufgestellten Thema (oder jeder anderen Person), da er von außen beobachten und anschließend erleben kann, was tatsächlich zwischen ihm und den anderen stattfindet.

Ist alles geklärt und hat der Patient das Gefühl, hier aufhören zu wollen und zu können, muss er alle, die er aufstellte, auch entlassen. Er sagt den Beteiligten dann einzeln: „Ich danke dir, dass du mich, meinen Vater, meine Mutter, die Situation, das Problem, das Unglück, das Glück, Gott, die Lösung und so fort gespielt hast, und entlasse dich aus dieser Rolle." Dieser Satz ist von entscheidender Bedeutung, denn er beendet auch auf der feinstofflichen Ebene die Aufstellung und damit die Identifikation der Akteure mit den zu spielenden Personen!

Hat jemand trotz dieses Satzes Probleme, aus der Rolle zu kommen, sollte er die Augen schließen und langsam seine flache Hand vor dem Gesicht von der Stirn zum Hals führen und sich dabei vorstellen, dass er „das andere Gesicht" abstreift, sodass er aus der Rolle kommt.

Hilft dies auch noch nicht, muss daran gearbeitet und herausgefunden werden, was ihn so sehr an diese Rolle bindet.

Deshalb sollte kein Gruppenteilnehmer mehr als zwei-, dreimal ähnliche Rollen spielen.

Außerdem ist es wichtig, dass alle Gruppenteilnehmer hin und wieder aufgestellt werden.

Darauf muss ein Therapeut sehr genau achten, denn sonst schadet es dem Selbstwert derjenigen, die nie aufgestellt werden.

Die zwei Formen des Lernens

Gute Therapie spart Zeit.

Und warum spart sie Zeit? **Du hast immer zumindest zwei Möglichkeiten, zu lernen. Entweder durchs Leben, was manchmal schwieriger sein kann, oder durch gute Therapie.**

Darum ist es richtig, dass gute Therapie Zeit spart. Schlechte Therapie ist dagegen deshalb ein Umweg, weil sie dich nicht Zeit sparen lässt, vielmehr erlebst du durch eine weitere schlechte Erfahrung, wie es nicht geht – und verlierst dadurch zunächst einmal Zeit.

Du suchst aber nicht, wie es nicht geht, sondern wie es geht.

Sokrates zum Beispiel suchte in Wirklichkeit nicht zu ergründen, in wievielerlei Hinsicht eine Aussage falsch war. Ging er dem trotzdem nach, dann nicht, um zum Falschen, sondern um über den Umweg des Falschen zum Richtigen zu gelangen.

Gute Therapie kann dir einige unangenehme Erfahrungen im Leben draußen ersparen, weil du sie gleichsam im Labor machst.

Sie kann zum Beispiel Patienten die äußerst unangenehme Erfahrung einer gescheiterten Ehe ersparen, weil sie die Konflikte in der Therapie analysieren beziehungsweise herausarbeiten und die Lösung herausfinden.

Hierzu ein Beispiel, dessen Verlauf ich über die nächsten Kapitel beschreiben werde, um das theoretische und praktische Vorgehen einer erfolgreichen Therapie zu erklären.

Therapie ist ein lebendiger Prozess, in dem die Regel gilt: **Störungen gehen vor!** Ein Therapeut muss unbedingt geduldig und flexibel sein. Darum lasse dich nicht durch die vielen Unterbrechungen stören, sondern gehe mit dem Fluss und bedenke dabei, dass das, was ich aufschreibe, nur ein Teil von dem sein kann, was in der Interaktion zwischen Therapeut und Patient an Gefühlen, Gedanken, Überlegungen, Entscheidungen, Klärungen und Deutungen abläuft.

So kommen wir zu Marcels Arbeit. Er war, wie wir bereits weiter oben sahen, mit Pauline verheiratet, und sie hatten trotz Paulines Veränderung noch einige Probleme miteinander. Er gab Pauline dafür die Haupt-, wenn nicht die ganze Schuld – also: Die bereits oben erwähnten 90%!

Pauline erreichte es, mit Marcel eine Paarsitzung bei ihrer Therapeutin zu vereinbaren.

Kaum waren die beiden in ihrer Praxis, erkannte die sehr erfahrene Therapeutin, dass Paulines Arbeiten schon eine gewisse Ruhe in diese Beziehung gebracht hatten – außerdem hatte Paulines Veränderung bewirkt, dass Marcel überhaupt offen für eine Therapie war. Denn früher hatte er Therapie für sich kategorisch abgelehnt.

Marcel spürte die sehr gute Vertrauensbeziehung, die Pauline zu ihrer Therapeutin aufgebaut hatte. Dies machte ihn misstrauisch, und er befürchtete, dass die beiden Frauen sich gegen ihn verbündeten.

Die Therapeutin war weit entwickelt, deshalb auch klug. So bemühte sie sich besonders um Marcel, damit er sich gesehen, verstanden und nachempfunden fühlte. Sie versuchte mit anderen Worten ein so genanntes „positives Arbeitsbündnis" aufzubauen. Was ihr auch gelang.

So kamen sowohl Marcel als auch Pauline gerne zu ihr. Sie waren beide bereit, sich diese oder jene Verhaltensweise anzusehen.

Marcel öffnete sich immer mehr und rief sogar nach einigen gemeinsamen Sitzungen die Therapeutin an und bat sie um eine Einzelstunde.

Da die Therapeutin in weiser Voraussicht bereits angesprochen hatte, dass Einzelstunden und nicht nur Paarsitzungen immer wieder notwendig sein könnten, gab es keinen Vertrauenskonflikt mit Pauline.

Einige Analytiker treiben dagegen die Abstinenz so weit, dass sie nicht mehr mit einem Patienten arbeiten, der mit einem anderen Patienten dieses Analytikers eine Beziehung beginnt. Sie haben solche Angst vor Verwicklungen, dass sie glatt „das Kind mit dem Bade ausschütten". Klarheit ist natürlich gut. Extreme Standpunkte dagegen nie. Gerade die Arbeit mit beiden Partnern kann sehr nützlich sein – besonders wenn der Therapeut an möglichen, auch paranoiden, Ängsten arbeiten will.

Konflikte in der Einzelstunde

Die Therapeutin, von der die Rede ist, war sehr kompetent, deshalb fürchtete sie sich nicht vor Verwicklungen. Vielmehr war sie so klar, dass sie Verwicklungen geradezu provozierte, denn sie war der Meinung, nur der Therapeut, der *mit den* und *in die* Verwicklungen geht, findet heraus, was wirklich in einer Partnerschaft geschieht.

Marcel hatte also um eine Einzelstunde gebeten und kam nach einigen Tagen.

Und warum hatte er eine Einzelstunde haben wollen? Weil er vor Pauline nicht sagen wollte, dass er sich in eine andere Frau, in Gisèle, verliebt hatte. Genau hier begann die Verwicklung, die Analytiker so fürchten. Marcel nutzte die Therapie und bat um eine Einzelstunde, um der Therapeutin zu verdeutlichen: „Ich habe ein besonderes Vertrauensverhältnis zu Ihnen. Deswegen erzähle ich Ihnen einerseits etwas, was meine Frau nicht weiß. Und andererseits zeige ich Ihnen, dass tatsächlich Pauline der Grund für unsere Eheprobleme ist. Der positive Verlauf der Beziehung zu einer anderen Frau wird das beweisen."

Die Therapeutin erkannte sogleich, in welche Machenschaften beziehungsweise Komplizenschaften Marcel sie verwickeln wollte. Sie hütete sich aber zunächst, dies anzusprechen. Denn was wäre dann mit größter Wahrscheinlichkeit passiert? Marcel hätte die Bemerkungen seiner Therapeutin – nur zu gerne! – als moralisch empfunden und deshalb möglicherweise angenommen, die Therapeutin verurteile ihn. Er hätte sich verschlossen und noch entschiedener getan, was er wollte. Oder gar die Therapie abgebrochen.

Während der Sitzung stellte sich aber heraus, dass Marcel mit Gisèle noch gar keine Beziehung eingegangen war, sondern sie zunächst erst kennen gelernt und sich verliebt hatte. Die Tatsache, dass Marcel die Therapeutin so frühzeitig über seine Gefühle informierte, verstand diese als ein Zeichen eines sehr positiven Arbeitsbündnisses, was sie sehr zuversichtlich machte.

Weil sie auf keinen Fall auf einer verbalen Ebene bleiben wollte, da ihr hier die Verwicklungsmöglichkeiten viel zu groß waren, wählte sie nicht den Weg des Erklärens, sondern den des Erlebens.

Sie schlug Marcel deshalb eine Übung vor, die darin bestand, dass er ein Kissen für jeden Beteiligten auswählen sollte: Eins für seine Frau, eins für sich und eins für Gisèle. Außerdem sollte er sie so auf dem Boden anordnen, wie es seinem Gefühl nach der Beziehung entsprach, die er zu ihnen empfand.

Marcel legte also zuerst das Kissen für sich hin. Dazu wählte er das größte Kissen. Direkt neben sich platzierte er Gisèle, für die er ein besonders buntes Kissen wählte, und schließlich Pauline, für die er ein einfarbiges Kissen aussuchte.

Allein durch diese Anordnung wurde viel klar. Zumindest der Therapeutin! Denn Marcel fand nichts Besonderes an der Anordnung. Deshalb bat die Therapeutin ihn, er möge sich einmal auf das Kissen setzen, das er für sich hingelegt hatte. Als er darauf saß, schlug die Therapeutin ihm vor, ein wenig zu spüren, wie er sich da fühlte, und es ihr anschließend mitzuteilen.

Sogleich sagte er: „Ich fühle mich hier sehr gut! Irgendwie fühle ich mich als Herrscher. Alle sind auf mich ausgerichtet. Das tut mir gut!" – „Das machen Sie sehr gut!", lobte ihn die Therapeutin und bat ihn, sich auf das Kissen von Gisèle zu setzen. „Hier fühle ich mich komisch!", sagte Marcel, als er darauf saß. „Ich weiß nicht, was ich will. Ich weiß nicht, wohin ich gehöre. Ich weiß nicht, was ich suche! Ich weiß nicht, wie Marcel zu mir steht. Das tut mir weh!" – „Sehr gut!", ermutigte ihn die Therapeutin. „Vielleicht können Sie auch noch spüren, was diese Frau von Ihnen will."

„Von mir will ...", dachte Marcel laut, während er weiterhin auf Gisèles Kissen saß. Und fuhr dann fort. „Was ich von Marcel will? Das weiß ich nicht. Ich finde ihn interessant. Amüsant. Außerdem ist er gebunden. Das finde ich besonders attraktiv. Meine letzten Freunde waren es nicht, die sind mir viel zu nah gekommen." – „Und wenn er sich für dich scheiden ließe?", fragte die Therapeutin Gisèle. „Oh Gott!", antwortete Marcel auf ihrem Kissen. „Nur das nicht! Dann wird es wieder so eng und kompliziert!"

Marcel war sehr erstaunt. Nach einer kleinen Weile des Nachspürens bat ihn die Therapeutin, sich auf Paulines Kissen zu setzen. Er tat es widerwillig.

Kaum saß er darauf, wurde er traurig. Und das drückte er auch als Pauline aus: „Ich bin traurig. Ich spüre, wie ich Marcel nicht erreiche. Er ist irgendwo – und ich auch. Er wendet sich von mir ab. Das spüre ich. Ich spüre aber auch, dass ich ihn gerne erreichen würde, es mir aber nicht gelingt!" Bei diesen Worten verließ Marcel die Rolle und sagte: „Das reicht doch, oder?" – „Was ist?", fragte die Therapeutin. „Ich dachte, es sei alles gesagt!", meinte Marcel. – „Das dachten Sie?", fragte die Therapeutin zurück, und Marcel merkte, dass sie ihm nicht glaubte.

Marcel spürte, nein, dachte nach. Sein Gesicht verfinsterte sich. Er kratzte sich wieder und wieder am linken Daumen. Das tat er immer dann, wenn er im Grunde etwas nicht wollte, aber das Gefühl hatte, er müsse.

Die Therapeutin beobachtete sein Gesicht und seine Gestik ganz genau. Dann fragte sie: „Marcel, wie alt sind Sie im Moment?" – „Fünf", war die prompte Antwort.

Nun geriet die Therapeutin etwas unter Druck. Denn Marcel saß auf Paulines Kissen und nicht auf seinem. Genau genommen hätte sie ihn bitten müssen, auf seines zurückzuwechseln. Andererseits kannte sie den entscheidenden Satz: „Halte kein Pferdchen an, das läuft!" Das heißt, wenn der Prozess läuft, sollte man ihn laufen lassen.

Vom Höchsten Selbst erhielt sie aber die Information, dass ein Wechsel auf Marcels Kissen den Prozess nicht unterbrechen würde, vielmehr sehr förderlich sei. Also bat die Therapeutin Marcel, sich auf sein Kissen zu setzen.

Als er darauf saß, fragte sie: „Wo sind Sie jetzt?" – „Ich sehe meine Mutter vor mir", antwortete Marcel. „Meine Mutter hatte immer Recht. Meine Mutter hat immer so getan, als liebte sie mich. Und wehe, ich äußerte das Gefühl, es sei nicht so weit her mit ihrer Liebe. Auch das wusste sie besser – wie eben alles. Genauso wie Pauline." Die letzten Sätze sagte Marcel so, als dächte er nicht näher darüber nach. Die Therapeutin erkannte sogleich die Bedeutung dieser Sätze und schrieb sie auf. „Selbst als sie starb, wusste meine Mutter es besser", fuhr Marcel fort. „Sie schickte mich aus dem Zimmer. Kaum war ich draußen, starb sie. Auch das wusste sie besser. Sie kannte immer das Beste – um mich allein zu lassen!" Marcel war sehr betroffen. Er schwieg nach diesen Sätzen eine Weile, und die Therapeutin schwieg mit.

Marcel staunte. Aber ehrlich gesagt wusste er nicht, worüber er staunte: Über das, was er erlebt hatte, über die verblüffende Wirkungsweise dieser im Grunde einfachen Methode?

Nach einer Weile fragte die Therapeutin Marcel, wie er sich fühle. „Oh, ich habe mehrere Gefühle!", antwortete er. „Ich fühle mich erleichtert, froh, und gleichzeitig bin ich traurig und auch ärgerlich!" Beide schwiegen. Da sagte Marcel: „Ich ärgere mich über meine Mutter." – „Legen Sie doch ein Kissen für Ihre Mutter hin!"

Kaum hatte Marcel ein Kissen für die Mutter hingelegt, war er schon in tiefen Gefühlen. „Du warst nie für mich da!", sagte er ihr und fuhr fort: „Und du hattest immer Recht! Immer! Immer! Immer! Glaubst du eigent-

lich, du bist Gott persönlich? Glaubst du, Gott würde sich so davonschlei-
chen, wie du es getan hast? Dein Tod war doch eine Frechheit! So wie dein
Leben! Eine Frechheit, mich so abzuspeisen. Abzuspeisen!!!"

Marcel hielt hier inne. Die Therapeutin auch. Es fiel ihr nämlich auf, dass
Abspeisen hier nicht das richtige Wort war. Die Mutter hatte ihn primär
übergangen, aber nicht abgespeist. So fragte sie nach: „Was meinen Sie mit
‚abgespeist'?" – „Sie hat mich immer abgespeist. Sie hat mir immer das
Minimum gegeben!" Da die Therapeutin merkte, wie Marcel wieder in
Gefühle kam, forderte sie ihn auf, es der Mutter direkt zu sagen. „Ja,
abgespeist hast du mich. Das ist das richtige Wort. Denn was ich brauchte,
interessierte dich nicht. Dich interessierte nur das Minimum, das du mir
geben musstest. Das Mi – ni – mum! Das Miiii – niiii – muuum! Das
war's!"

Niemals zu viel! Niemals zu wenig!

Die Therapeutin hätte Marcel nun auffordern können, sich auf das Kissen
der Mutter zu setzen. Damit hätte sie jedoch einen Kunstfehler begangen.
Erstens hätte Marcel sich zu früh mit den Gefühlen der Mutter auseinander
setzen müssen, und zweitens wäre die Arbeit nicht so intensiv gewesen. Sie
hatte Recht.

Patienten brauchen ihre Zeit, um das, was sich in der Therapie ergibt,
integrieren zu können. Geschieht dies nicht, wird nicht Zeit gespart, sondern verschwendet.

**Ich vertrete nämlich die Ansicht, dass viel zu viele Einzelstunden
gemacht werden – ebenso wie viel zu viel geredet wird.**

Eile ist deshalb eine Form des Widerstandes, weil der Patient von dem
wegeilen will, was er im Augenblick sieht, sich bewusst machen und
verarbeiten muss. Eilt er von dieser Situation weg, rennt er de facto von
seiner Realität weg. Patienten müssen zunächst lernen, bei dem zu verweilen, wo sie sind – mit all ihren Problemen, all ihren Unklarheiten und ihren
ungelösten Gefühlen.

Wie sehr Eile mit Widerstand gekoppelt ist, kannst du daran ersehen, dass
viele Patienten, sobald sie Seiten von sich erkennen, mit denen sie sich
nicht so gerne identifizieren – wie zum Beispiel Marcel mit seiner Wut –,
sogleich die Frage stellen: „Und wie kann ich dies ändern?"

**Und worin besteht hier die wirkliche Veränderung? Darin, dass du dir
das ansiehst, was du Neues in und an dir entdeckst!**

Marcels Therapeutin wusste genau, was sie tat. Sie ließ sich weder von ihren Patienten noch von Situationen noch von der Aussicht auf Erfolg locken.

Es wäre ein Leichtes gewesen, Marcel in dieser Situation weiter das klären zu lassen, was ihn in Bezug auf seine Mutter bewegte. Die Therapeutin hielt sich aber an zwei entscheidende Grundsätze, an die sich ein guter Therapeut immer hält: **Niemals zu viel! Niemals zu wenig!** Diese beiden Grundsätze geben die Richtung an. Und sie machen deutlich, was auf einem wirklichen Therapeuten lastet, denn die Sätze sagen schlicht und einfach: **Immer das Richtige.** Dies kann der Therapeut nur leisten, wenn er an sein Höchstes Selbst angebunden ist und Dieses arbeiten lässt. Und dass das möglich ist, schafft er durch seine hervorragende Ausbildung, seine langjährige Erfahrung mit sich und dem Höchsten Selbst.

So ging Marcels Therapeutin in dieser Stunde nicht weiter, weil sie wusste, dass sie damit eine wichtige Chance, Klarheit zu schaffen, verlieren würde. Marcel musste zunächst Zeit für seine Gefühle seiner Mutter gegenüber bekommen. Er musste Zeit für seine Wut, seine Enttäuschung, seine Ablehnung haben. Zu schnelles Weggehen von diesen Gefühlen hätte bedeutet, dass Marcel von seinem Unbewussten her angenommen hätte, die Therapeutin akzeptiere seine so genannten negativen Gefühle nicht. Er würde aber daraus schließen, dass sie nicht allein seine Gefühle, sondern ihn selbst ablehnen würde. Die Vertrauensbeziehung zwischen den beiden litte dadurch sehr – häufig so sehr, dass die Therapie, wenn dies vom Therapeuten nicht angesprochen und durchgearbeitet wird, rettungslos verloren ist.

In vielen so genannten spirituellen Therapien ist dies der Fall. Anstatt fachmännisch zu arbeiten, ergehen sich wenig qualifizierte Therapeuten in moralischen Erklärungen, in wilden, sinnlosen Deutungen. Sie meinen, meine kritische Haltung der Wut gegenüber sei so zu verstehen, dass Patienten in der Therapie ebenfalls keine Wut haben dürften. Daran sieht man, wie wenig sie von ihrem Fach als Therapeuten und ebenso wenig von Spiritualität verstehen und für wie wenig differenziert sie mich halten.

Marcels Therapeutin dagegen kannte diese Zusammenhänge und konnte deshalb abwarten. Sie suchte keine einfachen Lösungen. Außerdem konnte sie Spannungen aushalten, denn sie wusste, worum es wirklich ging.

Darum suchte sie nicht in dieser einen Stunde gleich nach einer Lösung für Marcels Gefühle seiner Mutter gegenüber. Vielmehr entließ sie ihn am Ende der Stunde mit **dem doppelten Hinweis, er solle bewusst mit seinen negativen Gefühlen umgehen, und er solle nicht das, was seine Mutter**

beträfe, an Pauline weitergeben. Außerdem versprach sie ihm, sie werde nachsehen, ob sie noch einen Platz in einer Gruppe hätte, denn sie fände es wirkungsvoller, solche Situationen in einer Gruppe zu lösen.

Hier kommen wir zu einem grundsätzlichen Punkt:

Viele Therapeuten geben, wie gesagt, fast ausschließlich Einzelstunden. Sie meinen, dies sei die richtige Methode, um psychische Probleme zu lösen. Freud habe auch keine Therapiegruppen gegeben, so argumentieren sie. Wissen sie aber auch, ob Freud heute nicht Gruppen leiten würde – oder dies vielleicht sogar tut?

Außerdem sollte nach fast 100 Jahren nicht alles als unveränderbar angesehen werden, was Freud dachte, schrieb und tat. Freud war ein Pionier. Und seine Stärke bestand unter anderem auch darin, dass er seine eigenen Thesen immer wieder überdachte und dadurch immer wieder zu neuen Lösungen kam.

Phyllis Krystals Arbeit und Gruppentherapie

Gruppen bieten eine entscheidende Therapieform. Warum? Weil durch die hohe Energie einer Gruppe mehr in Bewegung kommt – und das obendrein viel schneller.

Phyllis Krystal bezieht sich genau auf diese Tatsache, wenn sie meint, dass sie in einer Gruppe eine Trennungsübung sogleich durchführen könne, bei einer Einzeltherapie der Patient sich dagegen zunächst 14 Tage lang zu Hause vorbereiten müsse.

Phyllis Krystal hat mit ihrer Methode sehr viel Gutes getan. Viele haben ihre „inneren Fesseln sprengen" und alte Bindungen lösen können. Dadurch erlangten unzählige Menschen eine Freiheit, die sie davor nicht kannten. Außerdem wurden sie durch das Lösen der Fesseln, die sie an andere banden, überhaupt erst beziehungsfähig.

Denn folgende Tatsache ist unbestreitbar: **Je mehr ein Mensch – besonders an Eltern, aber auch an andere Verwandte und frühere Partner – gebunden ist, desto weniger beziehungsfähig ist er.**

Phyllis Krystal wies als eine der Ersten auf die Problematik des inneren Gebundenseins hin und entdeckte vielfältige Wege, die inneren Fesseln zu sprengen.

Dazu ist viererlei zu sagen:

Manchen Menschen fällt es nicht so leicht, zu visualisieren. Sie haben deshalb entweder kaum oder gar nicht das Gefühl, dass sie durch geführte Meditationen etwas erleben, geschweige denn lösen können.

In Gruppen ist es für den Therapeuten außerdem nicht so leicht einzuschätzen, wo der Einzelne ist.

Kann jemand dagegen gut visualisieren, sind die Übungen sehr stark. Hinzu kommt, dass er sich durch seine Fantasie ganz neue innere Räume schaffen kann. Dies ist eine sehr große Bereicherung.

Besonders in Einzelstunden stellt dies eine unschätzbare Hilfe dar.

Leider betreiben viele Therapeuten die Phyllis-Krystal-Methode, die weit davon entfernt sind, den Maßstäben zu genügen, welche ich für einen guten Therapeuten aufstellte.

Phyllis Krystal ist eine hervorragend ausgebildete, äußerst kreative und seit vielen Jahren erfahrene Therapeutin. Sie weiß genau, was sie tun und was sie lassen muss. Wo es gefährlich wird. Wo sie ihren Patienten Zeit, Stütze, Zuwendung, Distanz, Klarheit in Form einer zielgerichteten Deutung geben muss.

Viele, die ihre Methode anwenden, wissen von alledem wenig. Manche gar nichts. Sie stochern im Dunkeln herum wie mit einer Stange im Nebel. Sie halten sich sklavisch an die Visualisierungstechniken, weil sie sonst keine andere Methode richtig können – und beherrschen diese damit ebenfalls nicht.

Die Inflation von angeblichen Phyllis-Krystal-Therapeuten, die sich auf diese Technik stürzen, ist sehr gefährlich.

Da besuchen manche zwei Wochenendseminare und glauben anschließend, für die Arbeit mit kranken Menschen gerüstet zu sein.

Mit diesem Wissen können sie sich auf ihre Hauskatze stürzen. Der wird es nicht schaden. Denn die geht, wenn es ihr zu viel wird. Bei einem Hund könnte es schon problematischer sein. Denn bei seiner Ausrichtung auf Herrchen und Frauchen würde er nach dieser Behandlung vielleicht nur noch mit eingezogenem Schwanz durch die Wohnung schleichen.

Doch Spaß beiseite: Die Phyllis-Krystal-Methode darf nicht deshalb unterschätzt werden, weil sie zunächst sehr einfach erscheint. Sie kann sehr in die Tiefe gehen und bei manchen Menschen psychische Konstellationen auslösen, die denjenigen in die Psychiatrie bringen, der nicht stabil ist. Also Vorsicht, Vorsicht, Vorsicht!

Wozu sollte ein Chirurg eine viele Jahre dauernde Ausbildung absolvieren, wenn ein kleiner Kurs über zwei Wochenenden bereits reichen würde? Warum? Ganz einfach: Weil zwei Wochenenden im Verhältnis zu dem, was er lernen beziehungsweise **können** muss, nichts sind!

Genauso verhält es sich mit der Psychotherapie. Sie besteht eben nicht darin, jemandem ein paar gute Ratschläge zu geben und diese Tätigkeit, weil man keine fundierte Ausbildung nachweisen kann, unter „Lebensberatung" laufen zu lassen.

Psychotherapie ist kein Gebiet, auf dem sich blutige Anfänger ohne jegliche Ausbildung, geschweige denn Begleitung und Kontrolle tummeln dürfen.

Psychotherapie ist eine der kompliziertesten Behandlungsmethoden, denn sie erfordert sehr, sehr viel Wissen, Klarheit und eigene Entwicklung. Der Maßstab für Psychotherapie – ich werde nicht müde, es zu wiederholen! – ist der Guru, also derjenige, der wirklich weiß.

Es zeugt von einer erschreckend negativen Haltung, die heute vielfach Psychischem gegenüber eingenommen wird, dass völlig unzulänglich ausgebildete Möchtegerntherapeuten die Möglichkeit haben, sich auf Menschen zu stürzen und Hilfen anzubieten. Sie sind so im Griff der Unwissenheit, dass sie meinen, sie hätten Lebenserfahrung genug, um anderen zu helfen.

Hierzu ein Beispiel. In einer schwierigen Lebenssituation traf ein junger Mann, John, einen älteren, George. Sie verstanden sich gut. So war es nahe liegend, dass George mit John über dessen Probleme sprach. John war bedrückt, weil er große Schwierigkeiten mit seiner Frau hatte. Sie durchlebten momentan eine tiefe Krise.

George fand Johns Geschichte sehr interessant, und da er ein Möchtegerntherapeut war, versuchte er ihm zu helfen, wo immer er konnte, hörte ihm zu, ging auf ihn ein, deutete dieses und jenes, hielt sich zurück, gab sich überlegen – und all dies, obwohl er von John keinen Therapieauftrag bekommen hatte. John suchte einen guten Freund oder einen ausgezeichneten Therapeuten, aber nicht jemanden, der wilde Analyse betrieb. Somit war von vornherein das Setting zwischen den beiden unklar und konnte nur zu immer größeren Problemen führen.

Durch diese Scheintherapie kam John in eine Vaterübertragung George gegenüber. Das heißt, John fühlte sich eher kritisiert als verstanden. Er erlebte George als besserwisserisch und moralisch. Genauso hatte er nämlich seinen Vater erlebt.

Weil in keinster Weise ausgebildet und damit vorbereitet, konnte George überhaupt nicht mit Johns Gefühlen umgehen.

Ganz im Gegenteil, er verschlimmerte dessen Lage noch, denn er nahm alles persönlich, anstatt Johns Vater- beziehungsweise Mutterproblematik zu bearbeiten.

Johns Ehe war deshalb in eine Krise gekommen, weil weder John noch seine Frau mit der großen Nähe umgehen konnten, die zwischen ihnen entstanden war. Außerdem hatten sie Hilfe bei miserablen Therapeuten gesucht, welche die Beziehung noch mehr belasteten.

John hatte ein großes Problem mit Nähe, mit Enttäuschung und mit Menschen, die ihm gewogen waren, ihm im Grunde aber nicht wirklich gut taten. Dies war seine alte Kindheitsgeschichte, die sich sowohl in der Ehe als auch in den Therapien als auch in der Freundschaft mit George wiederholte.

George seinerseits hatte die gleichen Probleme mit Nähe. Dies manifestierte sich darin, dass er sich stets zugewandt gab, in Wahrheit aber weder wirkliches Verständnis noch Empathie noch wirkliche Herzlichkeit, geschweige denn fachliches Können besaß. Außerdem gab er fast nie etwas von sich preis. John benötigte aber Verständnis, herzliches Nachempfinden und eine kompetente Aufarbeitung seiner Übertragung und Klärung seiner Konflikte.

Von alledem bekam er von George, wie gesagt, nichts.

Und weil George viel für ihn tat, ihn immer einlud, ihm half, wo immer er konnte, verstand er nicht, dass John in keinster Weise glücklich mit ihm war.

John kam mehrmals darauf zu sprechen, dass er das Gefühl hatte, George nicht zu erreichen, beziehungsweise dass er sich sogar ausgehorcht fühlte, weil er immer erzählte und George dazu schwieg – oder nur ab und zu eine Lebensweisheit von sich gab.

George verstrickte ihn durch sein Fehlverhalten so, dass John sich völlig ausgenutzt und ausgelaugt fühlte. Er war so ärgerlich und enttäuscht, dass er von einem Tag auf den anderen den Kontakt zu George abbrach. Da John unbedingt Hilfe bei seinen Eheproblemen benötigte, die er wieder einmal, diesmal von George, nicht bekommen hatte, ging wenige Zeit später seine Ehe in die Brüche.

Und was dachte George? ‚Wie egoistisch ist doch die Welt! Was habe ich John gegeben, wie habe ich mich um ihn bemüht! Kaum braucht er mich nicht mehr, bin ich abgeschrieben!'

So ist es, wenn jemand nicht professionell arbeiten kann: Er sieht nicht seine Fehler, sondern nur die der anderen, denn **eine der wichtigsten Funktionen einer Ausbildung ist, das innere und äußere Auge für die eigenen Fehler zu schulen.** Das ist der Unterschied zwischen dem Professionellen und dem Laien. **Der Fachmann erkennt seine Fehler.** Der Unwissende sieht nur Fehler von anderen!

Hier nehmen die so genannten „Spirituellen" eine besondere Position ein. Sie meinen, ihren Mangel an Wissen durch fleißiges Beten ausgleichen zu können. Beten ist wichtig und kann natürlich Berge versetzen.

Der richtige Weg ist aber, erst eine fundierte Ausbildung zu absolvieren, anschließend gute Supervision zu erhalten und erst dann selbstständig zu arbeiten und die Arbeit Gott darzureichen, damit Er sie leite. Jegliches andere Vorgehen grenzt an Scharlatanerie.

Einzeltherapie

Für viele Menschen sind Einzelstunden deshalb wichtig, weil sie sich hier in einer Form öffnen und zum Therapeuten eine positive Übertragung beziehungsweise ein Arbeitsbündnis aufbauen können, was ihnen in einer Gruppe möglicherweise erst einmal schwerer fällt.

Die Arbeit von Phyllis Krystal kann dir viele Anregungen geben und eine große Hilfe sein.

Ich möchte, neben der Gestaltarbeit, die ich weiter oben beschrieb, nun ein Beispiel einer Einzelstunde geben, die sich sowohl an die Arbeit von Phyllis Krystal als auch an das *Emotional Clearing* von Jörg Dao beziehungsweise an andere Elemente anlehnt.

Letztere Methode finde ich sehr gut – vorausgesetzt, sie wird in ein klares, psychoanalytisch fundiertes Setting eingebettet, und derjenige, der sie anwendet, besitzt die nötige Kompetenz.

Eine junge Frau kommt zu einem Therapeuten in Behandlung, weil sie Schwierigkeiten hat, den Mann fürs Leben zu finden.

Durch die Art und Weise, wie diese Frau ihre Problematik schildert, bekommt der Therapeut den Eindruck, hier liege ein frühkindliches Trauma vor.

Nachdem er sie um einige weitere Informationen gebeten und diese auch erhalten hat, schlägt er eine Visualisierung vor. Da sie diese gerne machen will, fordert der Therapeut sie auf, die Augen zu schließen und das Dreieck aus goldenem Licht zu visualisieren, wie Phyllis Krystal es lehrt. Das heißt, die Patientin stellt sich ein Dreieck vor, dessen Basis zwischen ihr und dem Therapeuten und dessen Spitze genau über der Mitte dieser Basis liegt (vgl. *Die inneren Fesseln sprengen*, S. 12).

An dieser Spitze des Dreiecks, die also über Therapeut und Patientin ist, soll sie sich das Höchste Selbst vorstellen. Und wenn sie Es sieht, soll sie dies mitteilen, damit der Therapeut in der Anleitung weiterfahren kann.

Wichtig ist, dass der Therapeut sich ebenfalls an das Höchste Selbst anschließt.

Der Therapeut kann nun, falls er das Gefühl hat, dies sei für sie von Nutzen, der Patientin vorschlagen, sich vorzustellen, vom Höchsten Selbst ströme Kosmische Energie zu ihr, Energie, wie Phyllis Krystal sagt, die goldgelb ist, wärmt, entspannt und heilt.

Nach einer Weile fordert der Therapeut die Patientin auf, sie solle das Höchste Selbst bitten, diese Übung zu leiten. Dies ist sehr wichtig, denn die Patientin hat nun das Gefühl, nicht allein in ihr Trauma gehen zu müssen, sondern auf Höchster Ebene begleitet zu werden.

Genau aus diesem Grund, nämlich um nicht allein einen schwierigen Weg gehen zu müssen, ist es vorteilhaft, wenn Patienten von ihren idealen Eltern begleitet werden. Dazu soll die Patientin sich nun vorstellen, rechts neben ihr erscheine ihr Kosmischer Vater. Dieser stellt, wie gesagt, den idealen Vater dar. Links erscheint die Kosmische Mutter als ideale Mutter.

Wichtig ist hier natürlich, was die Patientin sieht. Liegt ein schweres Trauma bezüglich des Vaters vor, hat sie häufig Schwierigkeiten, überhaupt einen Kosmischen Vater zu visualisieren oder positive Züge an ihm zu sehen. Das muss aber nicht sein. Allein, dass er aufgerufen, allein, dass er genannt wird, bringt seine heilende Energie ins Spiel, und das ist das Entscheidende.

Das Gleiche gilt für die Kosmische Mutter.

Sind nun beide Kosmischen Eltern – in welcher Gestalt auch immer – anwesend, bittet die Patientin die Kosmischen Eltern, sie mögen sie während dieser Sitzung begleiten. Dies ist sehr wichtig. Denn durch die Führung des Höchsten Selbst und die Begleitung der Kosmischen Eltern wagen sich Menschen viel eher an Situationen heran, die sie bis dahin nur geflohen haben.

Der nächste Schritt für die Patientin besteht darin, sich vorzustellen, dass sie einen Schritt in ihrem Leben zurückgeht.

Ist sie zum Beispiel siebenunddreißig, stellt sie sich vor, dass sie nun dreißig ist. Wenn sie irgendwelche Bilder sieht, kann sie diese schildern. Der Therapeut muss ihr daher mit offenem Herzen zuhören. Er muss empathisch sein. Er muss aber auch aufpassen, dass er sich nicht auf einen Nebenschauplatz führen lässt und womöglich auch noch dort verweilt. Das heißt, er muss stets das Ziel vor Augen haben. Das Ziel ist: Was geschah damals wirklich?

Also bittet er die Patientin, sich vorzustellen, sie sei nun zehn Jahre jünger, also zwanzig.

Das weitere Vorgehen hängt nun von der Intensität der Bilder und Gefühle ab, die deutlich machen, *dass* das Trauma beziehungsweise *wann* es stattfand.

Manchmal haben Patienten Schwierigkeiten, sich dem Trauma zu nähern. Eine große Hilfe hierbei ist, wenn sie ihre Gefühle laut aussprechen. Zum Beispiel folgendermaßen: „Da ist ein Raum, der ist ganz dunkel. Er macht mir große Angst. Da ist etwas Schreckliches." Hier fordert der Therapeut – gemäß der Arbeitsweise von Jörg Dao – die Patientin auf, mehrmals laut den Satz zu wiederholen: „Es ist so schrecklich dunkel!" Kommt die Patientin mehr und mehr in ihr Gefühl, fragt sie der Therapeut: „Schau genau hin! Was ist so schrecklich? Bitte deine Kosmischen Eltern, dich an die Hand zu nehmen. Lass dir die Situation von ihnen zeigen, oder gehe deinen Gefühlen nach. Schau deshalb genau hin! Was geschieht jetzt?"

Dadurch, dass Therapeuten Patienten dazu anhalten, ihre Gefühle immer wieder laut zu äußern und zu wiederholen, erhalten diese die Möglichkeit, sich immer mehr an ihr Trauma heranzuwagen.

So führt der Therapeut die Patientin von Jahrzehnt zu Jahrzehnt beziehungsweise von Jahr zu Jahr näher an das Trauma heran.

Sich zurücknehmen ist Takt

Gelangt die Patientin an das traumatische Erlebnis, muss der Therapeut für sie nachempfindend da sein. Er muss in ihrer Angst, in ihrem Verletztsein, in ihrer Empörung, in ihrer Wut für sie als Stütze spürbar sein.

Außerdem darf er der Versuchung auf keinen Fall nachgeben, eine schnelle Lösung anzustreben!

Kommt nun die Patientin an ihr Trauma, so lässt der Therapeut ihr ihre Zeit. Er ist dabei aber stets für sie gefühlsmäßig anwesend. So ist sie nicht allein.

Hat das Trauma mit einer negativen sexuellen Erfahrung zu tun, ist es für einen guten männlichen Therapeuten nun nicht leicht, eine Frau in diese Situation zu begleiten. Es geht hier unmittelbar um die Intimität einer Frau, die sie spontan vor einem fremden Mann schützen möchte – besonders, wenn sie hier verletzt, also ihre Intimsphäre möglicherweise sehr missachtet wurde. Ein guter Therapeut sollte deshalb sehr behutsam sein. Seine Behutsamkeit drückt sich beispielsweise auch darin aus, dass er sich zurücknimmt und der Patientin bei auftretenden Fragen den Weg zum Höchsten Selbst und den Kosmischen Eltern weist.

Fragt sie zum Beispiel, ob sie noch weitergehen soll, ob sie sich noch genauer ansehen soll, was wirklich geschah, so ist in dieser Frage möglicherweise eine Doppelbotschaft enthalten: „Bitte stütze mich. Ah, du stützt mich nicht wirklich, du willst nur noch mehr von mir und meiner Peinlichkeit erfahren, du Voyeur!" Diese Gefühle der Patientin treten zwangsläufig auf, denn es ist genau das, was sie erlebte: Jemand gab vor, sich für sie als Mensch zu interessieren. In Wahrheit interessierte er sich nur für die eigene Sexualität und für sie als Lustobjekt.

Um nicht in diese zwangsläufige Falle zu geraten, kann der Therapeut diese doppelten Gefühle ansprechen. Aber auch dies ist nicht so leicht getan wie geschrieben! Denn es muss der rechte Augenblick abgewartet werden. Die Patientin muss sich unbedingt verstanden, angenommen und sie darf sich auf keinen Fall bewertet, geschweige denn abgelehnt fühlen. Hat der erfahrene Therapeut das Gefühl, den laufenden Prozess nicht stören zu sollen, kann er mögliche Fragen für später, für die Nachbesprechung, aufheben.

Ansonsten kann er immer wieder auf das Höchste Selbst und die Kosmischen Eltern verweisen. Er kann zum Beispiel sagen: „Frage dein Höchstes

Selbst oder die Kosmischen Eltern, was du tun sollst. Ob du weitergehen oder hier verweilen sollst." Und das Höchste Selbst beziehungsweise die Kosmischen Eltern geben immer eine Antwort.

Erhält die Patientin einmal keine Antwort, muss der Therapeut dem nachgehen, denn es liegt dann eine Störung vor. In vielen Fällen möchte die Patientin – verständlicherweise! – keine Antwort hören, denn sie möchte sich zum Beispiel das, was sie so verletzt hat, nicht noch mehr anschauen müssen.

Die Lösung ist immer Bewusstmachung. Es gibt allerdings Therapeuten, die selbst solche Angst vor Konflikten, vor schwierigen Situationen, oder ein solches Bedürfnis nach Harmonie haben, dass sie nicht vollständig ins Trauma gehen und weder sich noch ihren Patienten die Zeit lassen, die notwendig ist, um tief gehende Wahrheiten beziehungsweise Realitäten anzusehen und anzunehmen.

Stattdessen streben sie eine schnelle Lösung an.

Lösungen sind natürlich wichtig, nein, entscheidend, es dürfen aber keine wichtigen Entwicklungsschritte übersprungen werden.

Der gute Therapeut weiß, welche Gefahr – und welche Chance in der Behandlung eines Traumas liegt. Er kennt nämlich das Ziel des Lebens, und dies besteht in Bewusstwerdung. Wer dies weiß, kann aus dem furchtbarsten Schrecken den größten Nutzen ziehen und baut dadurch Selbstwert auf!

Ein guter Therapeut weiß auch, dass keine schwierige Situation von ungefähr kommt. Ihm ist vielmehr bewusst, dass alles, was geschieht, mit dem Karma eines Menschen zu tun hat. **Er bringt dies aber niemals unbedacht ins Spiel. Keine Therapie gelingt, die aus mangelndem Können, anstatt im richtigen Augenblick nachzuempfinden, moralisch wird.**

Ein Mensch, der ein tiefes Trauma in der Therapie nochmals erlebt, leistet so viel, dass dies als Erstes gesehen und gewertet werden muss. Hierfür hat er Anerkennung und Wertschätzung verdient. Das ist das Primäre und Entscheidende. Jedes moralische Gerede von einer möglichen Schuld aus einem früheren Leben belegt nur die Unfähigkeit des Therapeuten, die Situation auszuhalten. Deswegen flüchtet er sich in eine Scheinüberlegenheit und damit ins Ego beziehungsweise in Stolz.

Eine solche Reaktion des Therapeuten ist für einen Patienten in der Situation, in der er vielleicht zum ersten Mal mit einem tief gehenden Trauma in Kontakt kommt, von großem Schaden.

Natürlich gehört zu einer guten oder gar ausgezeichneten Therapie, dass auch – zum richtigen Zeitpunkt – Ethik vermittelt wird. Ethik ist nichts anderes als das Wissen um die Göttliche Ordnung. Das Leben hat eine Ordnung. Deshalb hat auch das Glück eine Ordnung – ebenso wie der Weg dahin. Und so wie im äußeren Leben, so auch im inneren. Denn das Außen ist immer eine Widerspiegelung des Innen.

Deshalb darf Ethik nicht mit Moral verwechselt werden. Ethik gründet auf der Göttlichen Ordnung und ist daher zu allen Zeiten und unter allen Umständen gültig. Moral leitet sich vom Lateinischen *mores,* Sitten, ab, die einmal hilfreich, ein andermal aber nicht nützlich, sondern sogar gefährlich sein können.

Unerfahrene Therapeuten suchen häufig auch deshalb einen Ausweg in der Moral, weil sie spüren, dass sie mit ihrem Nachempfinden nicht weiterkommen. Deshalb reagieren sie nach dem Motto: *Wenn nicht Liebe, dann Hiebe!*

Wären sie besser ausgebildet, wüssten sie, dass sie aller Wahrscheinlichkeit nach einen Menschen mit einer mehr oder minder großen narzisstischen Wunde vor sich haben, der mit dem Nachempfinden des Therapeuten nicht umgehen kann. Dies ist kein böser Wille, für den er „Hiebe" verdient hätte, sondern eine Unfähigkeit.

Deshalb muss der Therapeut einerseits nachempfindend sein. Andererseits muss er auch zweierlei bedenken: Ist die narzisstische Wunde sehr groß, kann es sein, dass der Patient das Nachempfinden als Bedrohung erlebt. Dies auch deshalb, weil er zu Recht befürchtet, dass das Nachempfinden jetzt all die Wünsche nach Nachempfundenwerden in der Kindheit wachrufen kann und entsprechend schmerzt.

Auf der anderen Seite muss der Therapeut genau darauf achten, ob sich nicht eine negative Übertragung (vgl. v. Stepski-Doliwa, *Theorie und Technik der analytischen Körpertherapie*) von dem Patienten auf ihn einstellt. Diese ist möglicherweise sehr hilfreich, denn durch sie kann gewöhnlich die Rolle des Vaters oder der Mutter entschlüsselt werden.

Der Therapeut kann dies zum Beispiel dadurch thematisieren, dass er dem Patienten vorschlägt, er solle sich seinen Vater beziehungsweise seine Mutter visuell vorstellen. Welche Rolle spielten sie bei dem Trauma? Wo war die Mutter? Wo der Vater?

Schnelle Lösung, schnelle Heilung?

Nun kommen wir zu einem weiteren entscheidenden Punkt: Der Patient hat die gesamte traumatische Situation nochmals erlebt. Er ist in den Schmerz gegangen, hat Wut ausgedrückt, hat seiner Empörung Luft gemacht und sich mit all dem sehr erleichtert.

Was soll der Therapeut nun tun? Soll er jetzt bereits an Heilung denken?

Wieder ist hier die Kompetenz des Fachmannes gefragt. Nur der Fachmann, der Chirurg, der mit dem kleinsten Schnitt die größte Heilung erreicht, weiß, wann er was zu tun hat.

Denn es ist, wie gesagt, häufig wichtig, dass nicht so schnell von der Bewusstmachung des Traumas zur Heilung geschritten wird.

Nehmen wir an, dass die Patientin das Trauma, an dem sie gerade arbeitet, mit vier Jahren erlebt hat. Nehmen wir weiter an, sie sei nun, wie gesagt, siebenunddreißig, so hat sie dreiunddreißig Jahre mit diesem Schmerz, dieser Scham und dieser Pein gelebt. Kann dies alles in *einer* Sitzung aufgelöst werden?

Die Antwort ist Ja und Nein. In jeder Situation muss nämlich aufs Genaueste betrachtet und danach entschieden werden, wann zum Beispiel Heilung angestrebt werden soll und wann unbedingt Abwarten notwendig ist.

Deshalb muss ein guter Therapeut die Schmerzen seiner Patienten aushalten, er muss ganz für sie da sein können. Gleichzeitig aber auch so viel Distanz haben, ohne distanziert zu sein (!), dass er mit klarem Kopf entscheiden kann. Dann ist er in der Lage zu bestimmen, wann er einen Heilungsprozess beschleunigen und wann er abwarten muss.

Er weiß deshalb, ob und wann während der Sitzung, in der an einem tiefen Trauma gearbeitet wurde, bereits Heilung angestrebt werden kann und wann dies kontraproduktiv wäre. Und kontraproduktiv wäre es möglicherweise dann, wenn der Patient in sich noch nicht das Recht hat, seine so genannten negativen Gefühle, die er bezüglich des Traumas wiedererlebte, auszudrücken.

Ist dies der Fall, sollte der Therapeut seinen Patienten fragen, ob es für ihn in Ordnung sei, den Prozess hier stehen zu lassen und in einer folgenden Stunde, wenn er das Gefühl habe, dass es an der Zeit sei, weiterzuarbeiten und das Trauma zu heilen.

Umgang mit der inneren Stimme

Das Beste in dieser Situation ist natürlich, wenn der Therapeut ein klares Gespür hat, was zu tun ist, oder seine innere Stimme beziehungsweise sein sicheres Gefühl so entwickelt hat, dass er sich hundertprozentig auf sie verlassen kann.

In diesem Fall, der im Grunde die wichtigste Voraussetzung für eine wirklich kompetente Therapie ist, fragt der Therapeut seine innere Stimme oder sein Gefühl, was zu tun sei.

Und was tut er, wenn er eine Antwort bekommen hat?

Hier kommen wir zum nächsten Prüfstein eines guten Therapeuten: Er verwendet die Information, die er gleichsam von Höchster Stelle bekommt, **nicht sogleich und nicht direkt! Das zeichnet den Könner aus. Der Professionelle weiß, und weiß deshalb auch zu schweigen. Nur der Unwissende plappert pausenlos vor sich hin – weil er in Wahrheit nichts zu sagen hat.**

Der Wissende kennt die unglaubliche Macht der Worte. Deshalb schweigt er. Denn er weiß noch etwas: Wie beredt das Schweigen eines Wissenden ist!

Hat dieser Therapeut nun die Information erhalten, zum Beispiel an dieser Stelle aufzuhören oder an Heilung zu arbeiten, dann fragt er seinen Patienten, ob er nicht einmal das Höchste Selbst oder die Kosmischen Eltern fragen wolle, was sie ihm nun raten: Sollte er aufhören, noch mehr klären oder an diesem Punkt Heilung anstreben?

In vielen Fällen erhält der Patient die gleiche Antwort wie der Therapeut. Auch das teilt der Therapeut aber gewöhnlich nicht mit. Besonders **nicht** in der Form: „Das hat mir meine innere Stimme auch gesagt!" Wer so redet, hat seine innere Stimme bald nicht mehr – sofern er sie je hatte! Er sollte vielmehr sagen: „Ach, wie gut, dass deine Kosmischen Eltern dir diesen Rat gegeben haben!" Oder: „Den Eindruck hatte ich auch." Oder: „Ich halte dies für einen sehr guten Vorschlag!"

Der Umgang mit der inneren Stimme sollte stets von größter Diskretion bestimmt sein – fast so wie etwas äußerst Intimes, das man, weil so intim, nicht überall herumzeigt.

Deshalb ist das Schweigen von so großer Bedeutung: Erleben oder hören Patienten etwas anderes, als der Therapeut über seine innere Stimme hört oder ihm sein sicheres Gefühl vermittelt, so sollte er erst einmal nachspüren und nicht sogleich reagieren. Dies gibt ihm zum Beispiel auch die Möglichkeit, seine innere Stimme zu fragen, was er nun tun, wie er reagieren soll. Die Stimme beziehungsweise das Gefühl wird ihm einen Weg weisen, der zu einer guten Lösung führen wird. Dies vermeidet die Gefahr einer Diskussion nach dem Motto: „Ich habe gehört ...", „Nein, ich habe gehört!", „Ich habe gefühlt ...", „Nein, ich habe gefühlt!", die nur schadet, aber nichts nützt.

Zurückhaltung ist die Tugend des Weisen. Deshalb geht er mit der Zeit. Deshalb ist er im Fluss des Lebens. Deshalb bewirkt er so viel, obwohl er scheinbar so wenig tut.

Weisheit ist die große Kraft, die dadurch entsteht, dass du mit dem Wesen und nicht gegen das Wesen, das heißt, gegen die innersten Strebungen deines Gegenübers handelst.

Dies nennt man handeln, ohne zu tun.

Die Heilung

Zurück zur Einzelstunde. Die Patientin hat sich also ihr Trauma angesehen.

Die Heilung besteht nun darin, dass sie sich nochmals in die traumatisierende Situation begibt, wieder begleitet von ihren Kosmischen Eltern, die dieses Mal aber aktiv helfend eingreifen.

Es kann nun sein, dass die Patientin bei dem Vorschlag, sich von ihren Kosmischen Eltern begleiten zu lassen, die Frage aufwirft, wo diese damals waren, warum sie ihr nicht halfen, warum diese sie nicht bewahrten.

Werden diese Fragen gestellt, so müssen sie bearbeitet und beantwortet werden – was häufig zu sehr bewegenden Szenen führt.

Diese Klärung darf nicht eher beendet werden, bis eine stabile, positive Beziehung zwischen Kosmischen Eltern und der Patientin hergestellt ist.

Dann geht sie mit den Kosmischen Eltern an ihrer Seite in die erschreckende Situation – und wartet, was geschieht. Häufig geschieht hier sehr Erstaunliches. Sobald derjenige, der das Trauma bedingte, aktiv werden will, treten die Kosmischen Eltern in Erscheinung. Sie verhindern die Situation und schicken ihn zum Beispiel mit den Worten weg, er solle sich schämen.

335

Den Gefühlen und Bedürfnissen der Patientin entsprechend kann es aber auch sein, dass sie denjenigen, der das Trauma verursacht hat, regelrecht beschimpfen, angreifen oder gar schlagen.

Dies kann für die Patientin von großer heilender Kraft sein, denn sie erlebt hier einen Einsatz und ein Für-sie-Einstehen, die sie sich immer so sehr gewünscht, aber leider nicht bekommen hat.

Die Heilung besteht weiterhin darin, dass die Kosmischen Eltern den am Trauma Schuldigen auffordern, sich zu entschuldigen und dann zu gehen. Auch dies hat eine große Heilkraft.

Dann nehmen die Kosmischen Eltern zum Beispiel die Patientin in ihre Arme und versichern ihr, dass sie immer für sie da sind. Dass sie sich nur an sie erinnern muss, und schon bekomme sie all die Zuwendung, all das Verständnis, die Sicherheit und Geborgenheit, die sie jetzt erfahren hat. Für viele ist dies von sehr, sehr weit reichender Wirkung.

Manche Menschen, die so in Kontakt mit ihren Kosmischen Eltern und mit ihrem Höchsten Selbst kommen, fühlen sich tatsächlich nie mehr allein. Sie haben immer das Gefühl, jemanden an ihrer Seite zu haben, der für sie da ist, der sie beschützt, der sie berät, der wirklich an ihrem Glück und an ihrem Wohlergehen interessiert ist.

Am Ende der Übung schlägt der Therapeut der Patientin vor, sich beim Höchsten Selbst und den Kosmischen Eltern zu bedanken und ins Tagesbewusstsein zurückzukehren.

Danach können der Therapeut und die Patientin noch über diese Arbeit sprechen, und er kann ihr möglicherweise das eine oder andere mitfühlend erklären.

Liebe und Respekt

Die Reaktion der Patienten nach dieser Arbeit besteht häufig darin, dass sie feststellen: „Das, was ich erlebt habe, war schrecklich und demütigend. Es hat meinen Selbstwert und meinen Kontakt zur Liebe und zu Gott sehr beeinträchtigt. Durch das Durcharbeiten mit Hilfe von den Kosmischen Eltern und Gott habe ich aber einen Schatz erhalten, der mein Leben so bereichert, dass ich nie mehr darauf verzichten will.

Haben sich diese Erfahrungen gelohnt? Bei dem, was ich heute erlebe, kann ich diese Frage bejahen, obwohl ich mein Leiden niemandem wünsche!"

Das ist das Ziel einer sehr guten Einzelstunde: Dass jemand in Kontakt zu seinen Gefühlen kommt. Dass jemand ganz neue Wege entdeckt. Dass jemand sich plötzlich seinem Herzen ganz nahe fühlt und weiß, dass er, auch wenn er noch nicht am Ziel angekommen sein mag, so aber doch genau fühlt, dass er auf dem Weg zum Ziel ist. Und dass dieser Weg ihm bereits unendlich viel Freude bereitet.

Menschen, die eine solche Arbeit machen, die das Trauma nochmals durchleben und anschließend zum richtigen Zeitpunkt heilen, sind möglicherweise zum ersten Mal in diesem Leben in der Lage, eine positive Beziehung einzugehen, denn davor verhinderte dieses tiefe Trauma in der einen oder anderen Weise wirkliche Nähe in einer Partnerschaft.

Darüber hinaus ist eine solche Arbeit die beste Voraussetzung für eine Familienaufstellung in der Gruppe.

Nicht selten müssen die Arbeiten, die in Einzelstunden durchgeführt werden, nochmals mit Hilfe einer Familienaufstellung zu noch tieferen Wurzeln des Traumas geführt werden.

So haben viele Menschen mit großen Beziehungsproblemen das Trauma des **Verlassenwerdens zum Beispiel durch einen Krankenhausbesuch erlitten.**

Besonders in Deutschland wurden – und werden immer noch! – Kinder in Krankenhäusern von ihren Eltern getrennt. Dies ist für die Kinder ein furchtbares Trauma, das ihre späteren Freundschaften, besonders aber eine Partnerschaft bis zum Bruch belasten kann. Ohne Therapie sind viele dieser armen Opfer einer gefühllosen Medizin nicht beziehungsfähig. Sie fühlen sich so verlassen, sind so enttäuscht, dass ihr Vertrauen in andere Menschen und damit in Beziehungen tief gestört ist.

Solange sie sich dieses Trauma weder bewusst machen noch die negativen Gefühle äußern noch Heilung erfahren konnten, solange sie derart an Negatives gebunden sind, können sie keine positive Beziehung aufbauen.

Beziehungen einzugehen ist für diese Menschen gleichbedeutend mit Enttäuschung, Verlassenheit, Verletztwerden.

Bei nicht wenigen ist solch ein traumatisierender Krankenhausaufenthalt auch noch mit einem Missbrauch verbunden, der auf den verschiedensten Ebenen stattgefunden haben kann.

Ein Grund dafür, dass viele Kinder heute so desillusioniert beziehungsweise – als Kompensation – so übersexualisiert sind, liegt auch darin, dass sie in ihrer Kindheit so viel Negatives erlebt haben, das ein wenig Einfühlungsvermögen, ein wenig Zuwendung, ein wenig mehr Liebe gut hätten verhindern können.

Viele Frauen, das heißt Mädchen, gehen derartig früh völlig unklare Beziehungen ein, weil sie in der einen oder anderen Form missbraucht worden sind. Dieser Missbrauch lässt eine schmerzende Wunde zurück, und um dem Schmerz zu entkommen, gehen sie bereits in der Pubertät sexuelle Beziehungen ein.

Deshalb müssen Eltern, Lehrer und Ärzte bei der Behandlung von Kindern sehr darauf achten, ihren Willen, ihre Würde, ihre Intimität nicht zu verletzen.

Behandeln Eltern, Lehrer und Mediziner Kinder nicht mit Liebe und Respekt, können diese es schnell als Missbrauch erleben. Sie empfinden, dass die Erwachsenen ihre Macht und Überlegenheit missbrauchen. Dies schmerzt sie sehr, denn es vermittelt ihnen den bitteren Geschmack der Unterlegenheit – was zwangsläufig weit reichende Folgen für die Beziehungsfähigkeit der betroffenen Kinder hat.

Diese frühen Verletzungen erklären auch von der psychologischen Seite her die großen Beziehungsprobleme vieler Menschen heute.

Kein vierzehnjähriges Mädchen, das sicher im Schutz einer liebevollen Familie aufgewachsen ist, geht ohne jegliche äußere Sicherheit eine sexuelle Beziehung mit einem Jungen ein.

Sie lässt sich nur deshalb auf diese Partnerschaft ein, weil sie vor sich selbst, vor ihrem inneren Schmerz, beziehungsweise weil sie aus ihrer Familie fliehen will. Und was erlebt sie? Verletzungen und Enttäuschungen. So paradox dies klingen mag: Das ist ihr lieber. Lieber ein noch so brennender *manifester* Schmerz im Hier und Jetzt als ein *latenter* in der unbewussten Vergangenheit.

Das Problem des Kali Yuga besteht darin, dass die Menschen im Allgemeinen und so auch die Eltern, Lehrer, Ärzte und Therapeuten im Besonderen Macht haben und deren Früchte genießen wollen. Die Verantwortung, die Ethik, die Arbeit, die Opfer und den Verzicht, den positive Macht immer mit sich bringt, wollen sie aber nicht auf sich nehmen.

So findet der Missbrauch in den verschiedensten Formen, auf den verschiedensten Ebenen statt. Und warum? Weil weiter reichende Ideale vergessen, das heißt nicht gelehrt wurden und der „ultimative Kick!" – was immer darunter zu verstehen sei – an deren Stelle trat.

Liebe statt Sexualität

So muss sich ein Therapeut wie Bert Hellinger, der viel Gutes tut, von mir sagen lassen, dass er ebenfalls Missbrauch in den verschiedensten Formen Vorschub leistet, wenn er aus reiner Unkenntnis der größeren Zusammenhänge behauptet: *„Die Sexualität kommt vor der Liebe. Sie ist größer als die Liebe."* (*Anerkennen, was ist*, S. 146)

Wenn die Sexualität größer als die Liebe angesehen wird, dann ist der Niedergang des Menschen vorprogrammiert – was heute überall zu beobachten ist. Denn der Mensch wird erst zum Tier und dann zur Bestie, wenn er seine Sexualität als Höchstes ansieht, wenn er überhaupt etwas im Leben ohne die Ausrichtung auf etwas Transzendentes unternimmt. Und die Liebe ist dieses Transzendente.

Wer die körperliche Vereinigung von einem Mann, der mit seinem Vater identifiziert ist, und einer Frau, die mit ihrer Mutter identifiziert ist, als das Größte beschreibt, was er kennt, kennt einfach zu wenig, sonst würde er dies nicht behaupten.

Der wahre Guru weiß, dass das Größte weit, weit darüber liegt und die sexuelle Vereinigung – mögen da noch so viele Ahnen glückhaft damit verbunden sein – nichts als ein sehr, sehr entferntes Abbild von alledem ist.

Wer die Sexualität, wie Bert Hellinger, als das größte Ziel des Lebens beschreibt, hat weder das Leben noch dessen Ausrichtung, geschweige denn Gott verstanden. Er kann deshalb die Sexualität höher als die Liebe stellen und damit eine Geröll-Lawine an Gefahren lostreten.

Das Problem der heutigen Zeit besteht ja gerade darin, dass Sexualität und die mit ihr verbundenen Gefühle wie Wut, Eifersucht, Neid, Gier, Stolz und all die Kräfte, welche die Seele bedrohen, als das wahre, große Ziel hochgelobt werden.

Diese Vorstellung beweist aber nur, wie weit die heutige Menschheit von der Wahrheit entfernt ist.

Die alten Griechen wussten noch, dass die letzten Bausteine der Welt immateriell sind. Sie wussten, dass das Prinzip von Wasser selbst nicht nass, das Prinzip Materie nicht materiell ist.

Deswegen lehrte Sokrates die absolute Vorrangstellung der Liebe vor der Sexualität. Im Dialog *„Alkibiades"* bringt Platon mehrmals zum Ausdruck, wie wichtig Sokrates die Liebe und wie unwichtig ihm die Sexualität war.

Stattdessen wurde Sokrates immer wieder bereits im Altertum Pädophilie nachgesagt, weil keine jener kleinmütigen Seelen sich vorstellen konnte, dass er so nah mit seinen jungen und gut aussehenden Schülern sein konnte, ohne mit ihnen irgendeine Form von Sexualität leben zu müssen.

Warum sollte er? Was tut ein gesunder Mensch, der satt ist? Isst er? Nein!

Was tut ein Mensch, der in ständiger Glückseligkeit ist? Sie etwa dadurch schwächen, dass er sich über Sexualität mit anderen karmisch verwickelt – noch dazu mit verschiedenen jungen Männern? Natürlich nicht. Nur ein Verrückter tauscht Gold gegen Blei. Nur einer, der die wahren Zusammenhänge nicht kennt, bewertet die Sexualität so hoch.

Und hier hatten weder Freud, der die Libido, das heißt im Grunde die Sexualität als das Wichtigste ansah, noch Adler, der das Machstreben als das Höchste betrachtete, Recht. Hier stritten zwei, bis sie miteinander brachen, weil sie beide das Wahre, das Wirkliche, das Absolute Gute nicht kannten.

Beide formulierten in ihren Theorien die Hauptstützen jener blinden Zeit, in der sie lebten: **Den Trieb und die Macht. Beides sind aber Umwege**, die irgendwann, spätestens wenn ein Avatar ihnen den Weg zeigt, zum Ziel führen. Das Ziel ist aber weder Macht noch Trieb. Sondern Gott. Und Der ist Liebe!

Das Bewusste und das Unbewusste

Das Bewusste und das Unbewusste kannst du dir wie einen Kreis vorstellen. Das Bewusste geht nach unten ins Unbewusste über, also in das, was Freud das Es nannte.

Dieses führt aber wieder nach oben ins Überbewusste. Dieses Überbewusste ist der Sitz deiner Spiritualität und des Höchsten Selbst.

Dieses Überbewusste geht seinerseits nach unten ins Bewusste über.

Deshalb hat dein Leben dann Sinn, wenn du Gott in dein Denken, in deine Seele, in dein Leben mit hereinnimmst. Denn das Überbewusste ist der wahre Grund sowohl für dein Bewusstsein als auch für dein Unbewusstes.

Wer nur an Bewusstes und Unbewusstes, nicht aber an das Überbewusste denkt, verliert sich, das Ziel und damit sein Leben aus dem Blick, denn er hat den wahren Grund seiner selbst noch nicht in seine Betrachtung einbezogen. Und so stellt die Wiederholung des Namens Gottes eine Kontaktaufnahme mit diesem Überbewussten dar.

Was sagte Aristcteles? Gott sei Der alles bewegende Grund. Der, weil Grund, Selbst unbewegt ist.

Und so hilft der Therapeut, indem er nachempfindet, nicht aber mitgerissen wird.

Einzelstunden versus Gruppentherapie

Vor einer kleinen Weile verließen wir Marcel und seine Therapeutin. Es blieb aber die Frage offen, warum die Therapeutin Marcels Problematik nicht weiter in einer Einzelstunde, sondern in einer Gruppe bearbeiten wollte.

Wir kommen hier zunächst zu der Frage, ob an einem tiefen Trauma besser in einer Einzelstunde oder in der Gruppe gearbeitet werden kann.

Wie so vieles in der Therapie hängt dies von verschiedenen Faktoren ab.

Als Erstes müssen äußere Zwänge bedacht werden: Ergibt sich in einer Einzelsitzung ein so tief greifendes Thema wie ein schwer wiegendes Trauma, so kann es schon allein wegen der Intensität der Gefühle, die in diesem Augenblick den Patienten bestimmen, einfach nicht möglich sein, die Arbeit daran auf einen späteren Zeitpunkt zu verschieben.

So stellen bestimmte Sachzwänge die Koordinaten dar, nach denen sich ein guter Therapeut richten muss. Wacht einer seiner Patienten immer wieder in Panik auf, ist er nicht in der Lage, Nähe mit seinem Partner auszuhalten und kommt er völlig aufgewühlt in die Praxis, dann kann es mitunter nicht ganz leicht beziehungsweise völlig deplatziert sein, die Stunde damit zu verbringen, ihn auf eine kommende Gruppe zu vertrösten.

Noch dazu, wenn möglicherweise so bald keine stattfindet!

Der Therapeut muss deshalb handeln. Und eine Arbeit wie die oben beschriebene unter Zuhilfenahme des Höchsten Selbst beziehungsweise der Kosmischen Eltern bietet eine gute Vorbereitung auf eine Gruppe.

Es gibt nun aber Patienten und Patientinnen, die entweder das Gefühl haben, sie können nicht visualisieren, oder die dem Gesehenen nicht glauben, oder die nicht so recht wissen, wie sie an ihre Gefühle herankommen können.

Hier ist eine Gruppensitzung immer angezeigt.

Gruppentherapie ist im Grunde – außer mit Frühgestörten, für die eine Gruppe zu intensiv sein kann – für jeden Patienten eine hervorragende Gelegenheit, sich selbst kennen zu lernen und sein Leben nachhaltig zu verändern.

Jeder Teilnehmer einer Gruppe hat außerdem die Möglichkeit, **erstens** zu erleben, wie er auf andere wirkt, und **zweitens** kann er anhand der Arbeiten anderer allein schon durch das Zuschauen Anteile von sich selbst erkennen, annehmen und verändern. **Drittens** hat er durch die Reaktion der Gruppe beziehungsweise des Therapeuten die Chance, auf seine Schattenanteile aufmerksam gemacht zu werden. **Viertens** erlebt er, dass nicht er allein Probleme hat, sondern die anderen ebenfalls – und nicht selten sogar die gleichen.

Fünftens kommt er durch die Gruppe an die Gefühle, die seine Familiensituation bestimmten. Und **sechstens**: Nur in einer Gruppe kann er eine Aufstellung machen, die ihn an die tiefsten Ursachen seiner Schwierigkeiten führt.

Eine Gruppentherapie ist deshalb eine hervorragende Gelegenheit zur Bewusstwerdung und Heilung – **vor allem, wenn sie fortlaufend ist.**

All dies gilt aber nur unter einer entscheidenden Voraussetzung: **Der Therapeut muss eine Gruppe so leiten, dass alle Teilnehmer sich geschützt fühlen.**

Es ist für den positiven Verlauf einer Psychotherapie äußerst destruktiv, wenn ein Therapeut nicht darauf achtet, dass seine Patienten immer das Gefühl haben, dass sie in kritischen Situationen von ihm geschützt werden. **Dass er unparteiisch und gerecht ist.**

Kann ein Therapeut nicht eine solche übergeordnete Instanz darstellen, können sich seine Patienten nicht immer und unter allen Umständen auf sein Urteil und seine Fairness verlassen, dann ist er noch nicht so weit, eine Gruppe leiten zu können.

Klarer Standpunkt und Gerechtigkeit

Viele Therapeuten verwechseln dagegen Fairness und Objektivität mit Standpunktlosigkeit, nach dem Motto: Jeder hat Recht. Jeder hat seine Gefühle. Jeder hat seine Wünsche. Die kann man auch nicht wegdiskutieren. Also, klare Schlussfolgerung: Wenn jeder *seine* Gefühle hat, hat auch jeder Recht!

Wegen dieser erschreckenden Standpunktlosigkeit, wegen dieses wirren Liberalismus sind viele Psychologen und Psychiater mit schuld an dem Elend dieser Welt.

Die Wahrheit ist: Nur Gerechtigkeit erhebt ein Volk. Die Deutschen haben diesen Spruch geprägt, sich aber nicht daran gehalten. Deshalb haben sie den furchtbaren Zusammenbruch nach dem Krieg erlebt. Gerechtigkeit erhebt nur dann ein Volk, wenn sie für alle gilt!

Eine Gerechtigkeit, die nur für die Deutschstämmigen, nicht aber für die Juden gilt, ist keine Gerechtigkeit, sondern Willkür. Wer aber in Willkür lebt, kommt darin um.

Ein Therapeut muss deshalb stets genau abwägen, was der eine und was der andere und was ein dritter, vierter oder fünfter Patient benötigt. Er muss immer genau spüren und wissen, was gerecht ist.

Und gerecht ist nicht allein, dass jeder das Seine hat. Sondern **das Seine und das Richtige.**

Gerechtigkeit ist nicht, dass jemand in der Gruppe andere beleidigen kann, weil er meint, dies entspreche *seiner* Freiheit!

Gerechtigkeit ist vielmehr, dass keiner sich auf Kosten eines anderen ausleben darf. Das ist das Richtige, das ist *Dharma*.

Und noch etwas: Verletzt ein Patient oder ein Therapeut mit dem, was er sagt, einen Gruppenteilnehmer, dann darf der Therapeut nicht so lange herumfragen, bis er jemanden findet, der die Situation anders erlebte und ihn damit entschuldigt.

Ich lehne die irrige Behauptung ab, keiner könne etwas für seine Gefühle und Gedanken. Diese wahnwitzige Behauptung öffnet allem Destruktiven Tor und Tür.

Das Gesetz des Karma bedingt, dass alles, was jemand tut, auf ihn zurückkommt. Deswegen ist es sehr gefährlich, „Dies ist mein Gefühl!" laut herauszuposaunen oder – noch schlimmer! – auch noch danach zu handeln. Du kannst ja ein Gefühl haben, aber **bevor** du es aussprichst oder in die Tat umsetzt, musst du dich unbedingt fragen, ob es von Liebe getragen und von Ethik bestimmt ist.

Denn wisse: Ethik entspringt einem liebenden Herzen.

Das heißt nun aber natürlich nicht, dass du nichts ansprechen beziehungsweise klären kannst. Ganz im Gegenteil. Klären ist häufig viel wichtiger, als zu schweigen und negative Gedanken zu haben und zu behalten.

343

Denkst du negativ, wirst du krank. Negative Gedanken führen früher oder später immer zu Krankheiten – zu seelischen, körperlichen oder beidem.

Klärst du dagegen und öffnest dich liebevoll deinem Gegenüber, wirst du automatisch positiv – und deine Gedanken ebenso.

Liebe ist daher der beste Gesund- und Muntermacher!

Gruppenfähigkeit

Halte dich an die Liebe. Halte dich an die Tugend. Halte dich an die Ethik. Dies ist der einzige wirkliche Schutz, den du hast, denn nichts gibt dir einen besseren Schutz, als Gutes zu tun, zu sprechen und zu denken!

Langer Rede kurzer Sinn: Gehe nicht in die Gruppe eines Therapeuten, der nur nett sein will und der alles gut und schön findet, weil er noch niemals etwas tiefer über seine Standpunktlosigkeit nachgedacht hat. Denn wer keinen Standpunkt hat, wird dich aller Wahrscheinlichkeit nach dann nicht verteidigen, wenn du es dringend benötigst. Denn wie will jemand dich verteidigen, der alles richtig findet? Du brauchst ja gerade deshalb Stütze und Hilfe, weil du dich zu Unrecht angegriffen, verletzt, übergangen fühlst.

Außerdem ist eine Gruppe für Patienten anstrengend, weil sie, wie gesagt, die Situation der Kindheit wieder aufleben lässt und damit sehr schnell zum Teil sehr tief gehende Gefühle auslöst.

Und hier kommen wir zu einem wichtigen Punkt: Der Therapeut muss sich bei jedem Patienten fragen – obwohl die Gruppe für die meisten Patienten sehr hilfreich ist –, **ob dieser Patient schon gruppenfähig ist.**

Der Therapeut muss genau abwägen, ob jemand die Ich-Stärke besitzt, die für das Teilnehmen an einer Gruppe notwendig ist.

Hat ein Patient zum Beispiel eine Borderline-Störung, ist er also an der Grenze zwischen Neurose und Psychose, so sollte ein Therapeut es sich sehr, sehr gut überlegen, ob er ihn in eine Gruppe aufnimmt, denn jener kann leicht dekompensieren, und ist der Therapeut nicht in der Lage, damit umzugehen, so ist es nur noch ein Schritt bis in die Psychiatrie.

Also: Gruppe ist gut. Aber nur wenn der Therapeut kompetent ist und wenn die Patienten so stabil sind, dass sie es verkraften, so unmittelbar den Situationen, den Energien, den Schmerzen ihrer Kindheit und denen der anderen ausgesetzt zu werden.

Bei Marcel und seiner Therapeutin traf dies alles zu. Sie hatte genau beobachtet, wie er sich auf den verschiedenen Kissen verhielt, hatte ihn hier und da getestet, indem sie einige Sätze etwas provokant formulierte. Marcel hatte aus einer stabilen inneren Basis darauf reagiert. Außerdem hatte sie ihre innere Stimme gefragt, und die hatte ihr dazu geraten, Marcel in die Gruppe aufzunehmen.

Marcel kam also in die Gruppe und machte dort eine Familienaufstellung.

ALLGEMEINES ZUR FAMILIENAUFSTELLUNG

Therapie bedeutet Flexibilität. Kein Therapeut wird erfolgreich sein oder es auf Dauer bleiben, der nicht flexibel ist.

Dieses ganze Buch soll dich in deine Flexibilität führen, denn es ist mit dem Fluss und nicht mit der Struktur geschrieben.

Starre psychologische Bücher sind ein Widerspruch in sich. Denn Starrheit ist genau das, was die Therapie lösen sollte. Das Lösen beginnt aber bereits in der Theorie – also in den Büchern. (Auf die hervorragende Arbeit mit Familien von G. Bateson, J. Haley, P. Watzlawick, H. Stierlin und anderen werde ich im nächsten Band dieser Reihe, *Sai Baba spricht über Erziehung*, eingehen.)

Familienaufstellungen sind eine äußerst wirksame Form, schnell und für alle Beteiligten erlebbar die Konstellation, die Beziehungen und die Probleme eines Systems aufzuzeigen.

Bert Hellinger hat viel geleistet und viele Antworten auf entscheidende Fragen gegeben.

Diese Therapiemethode ist aber sehr auf ihn zugeschnitten. Nur er kann so unmittelbar geniale Lösungen aufstellen, welche die Beteiligten befriedigen.

Obwohl sie zum Teil sogar falsch sind. Seine Persönlichkeit bedingt es, dass das aufgestellte Bild trotzdem wirkt und gute Früchte bringt.

„Und was ist falsch?", fragst du. Darauf werde ich dir im Folgenden antworten.

Die Fehler

Der erste gravierende Fehler Bert Hellingers besteht darin, dass er Mann und Frau falsch aufstellt.

Er betont immer wieder, die Frau stünde links, der Mann rechts.

Diese Aufstellung passt zu seiner Auffassung von Beziehung. Weder misst er der Treue die Bedeutung bei, die ich gemäß der Kosmischen Gesetze fordere, noch teilt er meine Auffassung vom Ziel einer Therapie, dass – sofern es irgend möglich ist – eine endgültige (!) Trennung zu vermeiden sei.

Deshalb stellt er die Partner falsch auf.

Rechts neben der Frau steht der Mann **vor** dem **Altar. Also vor der Trauung.**

Nach dem Segen, nach der Verpflichtung, einander treu zu sein und in guten und schlechten Tagen zueinander zu stehen, dreht sich das Paar um, und der Mann steht nun links, die Frau rechts.

Wer dagegen als Lösung für eine Beziehung die Frau links und den Mann rechts aufstellt, macht deutlich, dass er die Zeit **vor** der Trauung meint.

Aber genau das vertrete ich nicht. Denn die Trauung bedeutet die Verbindlichkeit. Die Verbindlichkeit, die für eine Ehe entscheidend ist.

Bert Hellinger vermischt aber vieles – was seine Aussagen so gefährlich macht. Einerseits beschreibt er die Treue als ein *„hohes, wichtiges Gut"* (*Finden, was wirkt*, S. 36, obwohl er, wie wir sahen, in *Anerkennen, was ist*, S. 126, genau das Gegenteil sagt!), und auf der anderen Seite meint er wenige Seiten später: *„Die Trennung wird erleichtert, wenn das, was wertvoll war und schön, wie ein Geschenk genommen und behalten wird, und wenn man weiß, dass jede Beziehung, so wichtig sie auch war, ein Ende findet. Manchmal ist dieses Ende erst der Tod, doch* **oft** (Hervorhebung durch mich) *muss diese Trennung früher sein, weil die Beziehung an ihr Ziel gekommen ist und jetzt für Neues Platz zu machen hat."*

Diese Worte zeugen von einer Kälte, einer Härte und damit von einer Unwissenheit, die auf keinen Fall unwidersprochen bleiben darf.

Gehst du leichtfertig davon aus, dass du dann gehen kannst, wenn du nicht mehr zufrieden bist, so kommt dieses Ende sehr früh – zu früh. So wurde einer Frau, die entdeckte, dass ihr Mann sie seit Jahren betrog, geraten, sie solle ihm für das Schöne und Gute danken und sich trennen. Diese Frau war aber klüger als der Therapeut. Sie suchte weiter und fand eine Therapie, in der nach meinen Prinzipien gearbeitet wird. Sie fand nicht nur zu ihrem Mann zurück, sondern entdeckte sogar ein Glück, das ihr bis dahin unbekannt gewesen war!

Deshalb sage ich: Sei als Therapeut äußerst vorsichtig mit der Empfehlung zu einer Trennung. Wie wir sahen, überblicken selbst sehr bekannte Therapeuten nicht immer die entscheidenden Zusammenhänge. Bedenke vielmehr, dass Untreue und Trennung, wie ich zum Beispiel in *Sai Baba spricht über Beziehungen* ausführte, katastrophale Folge haben – außerdem kann jeder an dem schrecklichen Zustand der Welt ablesen, was geschieht, wenn durch Untreue der Partner die Familien auseinander fallen.

Dharmaraja, der älteste Bruder der Pandavas, erkannte auch daran, dass Menschen ihre Familien, ihre Partner und ihre Kinder verließen, dass Krishna gestorben war und das *Kali Yuga*, das dunkelste aller Zeitalter, begonnen hatte.

Daher zeugt es von Psychologismus, zu meinen, der Wunsch nach Treue sei ein infantiler Wunsch nach der Mutter (Bert Hellinger, *Anerkennen, was ist*).

Der Wunsch nach Treue ist vielmehr Ausdruck des Wissens um die Folgen von Verwicklungen. Es geht darum, die Reihe der Leben zu verkürzen und so schnell wie möglich die endgültige Befreiung zu erlangen.

Mit je mehr Partnern du dich in einem Leben verbindest, mit umso mehr musst du am Ende Bindungen lösen. Hast du mehrere Partner vor deinem Tod, kannst du diese Bindungen nimmermehr lösen – und eine Wiedergeburt ist dir gewiss.

Willst du das? Oder anders gefragt: Wie will jemand Psychotherapie geben, der diese entscheidenden, das Leben, den Tod und die Wiedergeburt unmittelbar betreffenden Zusammenhänge nicht benennt?

Ich, der ich die millionenfachen Verwicklungen sehe und das mühsame Lösen beobachte, kann dir nur sagen: Traue den einfachen Lösungen nicht.

Treue bedeutet Trauen. Wer nicht trauen, nicht vertrauen kann, kann sich nicht öffnen. Wer sich nicht öffnet, entwickelt nicht die entscheidenden Schwingungen, die ihn zu den höheren Sphären gelangen lassen.

Paarbeziehungen sind die Einübung für die Beziehung zu Gott. Das ist deren großer und tiefer Sinn. Und deren unschätzbare Hilfe!

Behandle deshalb deine Ehe äußerst vorsichtig. Denn so wie du deinen Partner behandelst, behandelst du in der Tiefe deines Herzens dich. Und so wie deine Beziehung zu dir ist, ist sie auch zu dem Höchsten Selbst.

Und so wie dein Partner dir nicht vetrauen kann, vertraust du dir auch nicht. Denn wer nicht treu sein kann, kann auch nicht ehrlich sein. Wer aber nicht ehrlich ist, dessen Selbstwert nimmt kontinuierlich ab.

Kannst du nicht ehrlich sein, vertrauen dir weder die anderen, noch traust du dir. Und vertraust du dir nicht, wirst du keinen bleibenden Erfolg haben.

Dies ist die tiefere Bedeutung von Selbst-Vertrauen, von Vertrauen in dein wahres Selbst, das seine Wurzeln in der Treue, im Trauen, im Vertrauen hat.

Dessen Früchte aber sind: Mut, Ehrlichkeit, Disziplin, Durchhaltevermögen, Vertrauen, Glaube, Treue und Opferbereitschaft, die alle zusammen unweigerlich zu innerem und damit früher oder später auch zu äußerem Erfolg führen.

Dies sind die unumstößlichen Wahrheiten, die im Schoße des Lebens eingebettet sind. Nimm sie in dein Herz, und sei dir und damit deinem Partner treu!

Die Aufstellung der Partner sollte deshalb genau umgekehrt sein, als Bert Hellinger es postuliert. **Der Mann steht links, die Frau rechts.**

Die Kosmischen Eltern

Da wir von der Göttlichen Bedeutung der Ehe sprechen, ist es nochmals wichtig, im Rahmen der Aufstellung zwei Worte zu den Kosmischen Eltern zu sagen, die wir bereits in der Basis-Aufstellung erwähnten und denen wir in der Beschreibung einer Einzelstunde begegnet sind. Ich hebe deren Bedeutung nochmals hervor, denn sie leisten dem Therapeuten bei der Lösung von Konflikten aller Art unschätzbare Dienste.

Die Kosmischen Eltern haben die Funktion, dir die Liebe, die Sicherheit und die Geborgenheit zu geben, wie du sie von idealen Eltern bekommen würdest.

Natürlich ist die Energie sehr stark, die dir bei einer Aufstellung von deinem Vater, deinem Großvater oder gar Urgroßvater gegeben wird. Dein Kosmischer Vater aber (vgl. hier ebenfalls die Basis-Aufstellung!) bringt etwas ganz Neues ein. Denn keiner deiner Vorfahren hat die Qualitäten des Kosmischen Vaters beziehungsweise der Kosmischen Mutter, nämlich die Vollkommenheit der Liebe, der Zuwendung und des Wissens, was gut für dich ist und was dir die essenzielle Ausrichtung auf das Göttliche vermittelt.

349

Kein leiblicher Vater, keine leibliche Mutter und kein sonstiger Ahne kann dies. Ganz im Gegenteil, sie verstellen dir nicht selten den Blick für das Wesentliche: **Dass es im Grunde nicht um deine weltliche Familie, sondern um deine Kosmische Zugehörigkeit geht.**

Aber Vorsicht: Wandere nicht vom Psychologismus zum „Spiritualismus", um es einmal so zu nennen.

In der therapeutischen Aufarbeitung muss erst die Welt betrachtet werden, dann der Kosmos. Erst müssen die Probleme in der Familie gelöst werden, dann kann die Ausrichtung „nach oben", zu dem „bestirnten Himmel über dir" erfolgen.

Hier passt Kants berühmter Satz gut: *„Zwei Dinge erfüllen das Gemüt mit immer neuer und zunehmender Bewunderung und Ehrfurcht, je öfter und anhaltender sich das Nachdenken damit beschäftigt: der bestirnte Himmel über mir und das moralische Gesetz in mir."*

Das heißt: Im Außen und im Innen findest du alles, um deine Existenz und deren Bedeutung zu erfassen. Bleibe daher beim Klaren, Fassbaren.

Deshalb muss erst dieses jetzige Leben bearbeitet werden, dann – wenn es ein wirklich wissender Therapeut für angezeigt hält – kann etwas Ungelöstes aus einem früheren Leben aufgearbeitet werden.

Die Kosmischen Eltern, die am Schluss einer Aufstellung oder dann hinzukommen, wenn tief gehende Stütze notwendig ist, bringen eine Energie in die Aufstellung, die keine weltliche Elternfigur schaffen kann. Es ist das feine Himmlische, das alles verändert, das sie so unersetzlich macht.

Gott

Und damit kommen wir zur allerwichtigsten Gestalt, die aufgestellt werden muss. Dies ist Gott. Nur durch Gott bekommt die Aufstellung ihre wahre Ausrichtung. Ohne Gott bleibt alles im Grunde unverbindlich, zufällig, richtungslos.

Gott dagegen ist die Größe, die alles verändert. Die außerdem allem seinen Sinn und seine Bedeutung gibt. Ohne Gott bleibt dagegen alles unvollständig – temporär, weil ohne wahren tieferen Sinn.

Das Aufstellen von Gott verändert deshalb in so grundlegender Weise, weil dadurch alles in tiefen Frieden gehüllt wird.

Natürlich muss dies nicht in jeder Aufstellung geschehen.

Aber in allen, die eine große Lösung und Verbindlichkeit ausdrücken.

Wer in einer Aufstellung erlebt hat, was Gottes Segen bewirkt, der weiß, wovon ich spreche.

Und hier begeht Bert Hellinger einen weiteren Fehler: Er denkt Gott nicht mit („*Gott – wenn es ihn gibt*", *Zweierlei Glück*, S. 171) beziehungsweise denkt negativ vom Himmel und von Gott („*Der Gott, der in deiner Familie eine solche Rolle spielt, tritt auf als Feind der Erde. Doch die einzige Wirklichkeit, die wir kennen, ist die Erde. Sie ist das Größte, das wir kennen. Und sie birgt das größte Geheimnis, nicht der Himmel.*" Und weiter: „*Jemand kann daher einer solchen Berufung nur entgehen, wenn er, um es drastisch zu sagen, diesem Gott flucht.*" – *Ordnungen der Liebe*, S. 297).

Weil er Gott nicht mit in das System integriert, gibt er den Eltern eine viel zu gewichtige Rolle.

Sie übernehmen im Grunde die Rolle Gottes. Sie segnen, sie sind nach Bert Hellingers Auffassung angeblich die, die ausschließlich geben. Die Kinder sind dagegen die, die nur nehmen. Deshalb müssen, wie ich bereits weiter oben ausführte, die Eltern sich nie bei den Kindern entschuldigen (*Familien-Stellen mit Kranken*, S. 248, vgl. auch *Ordnungen der Liebe*, S. 279).

Das alles ist etwas, was Gott zusteht. Nicht den Eltern.

Gott muss sich nicht entschuldigen, weil Er tatsächlich keine Fehler macht. Gott gibt wirklich nur und nimmt nicht. Und Gott segnet.

Eltern dagegen machen Fehler – außerdem nehmen sie zum Teil sehr viel von ihren Kindern. Was stimmt, ist, dass ihr Segen für Kinder sehr wichtig sein kann. Aber nicht als Alternative zum Göttlichen Segen, sondern nur als Ergänzung!

Kinder

Und wegen dieser falschen Bewertung stellt Bert Hellinger die Kinder auch falsch auf. Er stellt sie häufig den Eltern gegenüber. Damit werden die Eltern zu Gott.

Ich sage zwar, dass die Eltern Gott seien, weil sie in hohem Maße das Leben ihrer Kinder bestimmen – aber die Kinder sind ebenfalls Gott, denn alles ist Gott!

Ich sage aber nicht, dass die Eltern an Stelle von Gott stehen. Denn das bringt keinen Segen.

Deswegen sieht die richtige Aufstellung folgendermaßen aus:

Die Kinder kommen ab dem fünften bis neunten Lebensjahr – entsprechend dem jeweiligen Entwicklungsstand – nach dem Geschlecht getrennt neben die Eltern: **Die Jungen links neben den Vater, die Mädchen rechts neben die Mutter.**

Sofern sich nichts anderes ergibt, stehen die Kosmischen Eltern hinter den Eltern.

Es kann hilfreich sein, dass Gott – als Ausrichtung! – diesen gegenübersteht. Damit ergibt sich ein großes Energiefeld zwischen den Kosmischen Eltern und Gott. Ein Energiefeld, das die Familie nicht nur heilen, sondern zu ganz neuen Horizonten führen kann.

Das Stellen

Wie ich anfangs bereits betonte, ist Bert Hellinger ein genialer Therapeut. Er kann es sich deshalb leisten, die aufgestellten Personen hier- und dorthin zu stellen. Ohne dass den meisten klar wird, warum er dies gerade tut. Der Erfolg scheint ihm Recht zu geben. Und seine Lösungen haben häufig Brillanz.

Was machen aber viele seiner Schüler beziehungsweise Nachahmer daraus? Sie schieben herum, sie probieren, sie versuchen eine Idee umzusetzen, die sie nicht verstanden haben – nicht verstehen können. Denn Bert Hellinger schöpft, wie er es auch selbst sagt, aus einer eigenen Quelle, die ihm hilft und ihm Ruhe gibt. An die diese Genannten aber nicht reichen können.

So haben unzählige Aufstellungen einiger seiner Schüler etwas Manieristisches, was zum Teil sogar komisch wäre, ginge es nicht um so viel.

Um ihre Unsicherheit zu verbergen, tun sie dann genau das, was jede Unsicherheit sogleich deutlich werden lässt: Sie verwenden Bert Hellingers Begriff der Sammlung in stocksteifen Aufstellungen – humorlos, ziellos, ohne Tiefe und ohne die Leichtigkeit und die Fröhlichkeit, die gerade den Könner auszeichnen. Denn nur der Könner kann leicht und lächelnd und deshalb spielerisch seinen Weg gehen – und wenn es sein muss, im nächsten Augenblick eine tiefe Stille entstehen lassen, die alle berührt.

Er kann wirklich lachen, weil er nicht lächerlich ist. Und er kann, weil er so ausgelassen lachen kann, auch so unendlich ernst sein.

Die Sätze

Bert Hellinger arbeitet mit Sätzen, die er die aufgestellten Personen sagen lässt. Er sagt ihnen die Sätze vor, und sie müssen sie exakt nachsprechen. Sätze wie: *„Mama, ich stelle mich neben Papa! Da ist mein Platz. Sei freundlich, wenn ich neben meinem Vater stehe!"* Und vieles Ähnliche mehr, was häufig eine große Wirkung zeigt.

Aber es ist wieder das Gleiche: Bei dem Meister wirkt es, weil er den Punkt trifft. Beim schlechten Nachahmer wirkt es wie papageienartiges Nachplappern, weil es auswendig gelernt wurde und deshalb unecht wirkt.

Um es deutlich zu machen: Ich finde viele Sätze Bert Hellingers genial – aber häufig nur für ihn. Bei anderen entwickeln sie weder Tiefe noch Kraft.

Deshalb rate ich einem guten Therapeuten zweierlei: Lerne die wichtigsten Sätze. Und bewahre sie in einem Eckchen deiner Seele auf, damit du auf sie zurückgreifen kannst, wenn du sie brauchst.

Bedenke aber eines: **Wichtiger als auswendig gelernte Sätze ist die Fähigkeit zu wissen, wann du sie anwenden und – fast noch wichtiger! – wie du deine eigenen Sätze bilden kannst.**

Therapie ist ein unendlich lebendiger Prozess. Keine Therapiesitzung gleicht der anderen – und wenn, dann ist etwas grundsätzlich falsch. **Therapie bedeutet, mit dem Leben zu gehen.** Leben ist aber ständige Veränderung – zwar nach klaren Gesetzmäßigkeiten, aber Veränderung.

So kommen aus den Zweigen einer Eiche niemals die Blätter einer Buche. Trotzdem sind alle Blätter einer Eiche untereinander verschieden. Das ist die unendliche, die Göttliche Vielfalt des Lebens.

Diese Vielfalt bestimmt auch die Therapie. Deswegen braucht jeder Patient den genau **für ihn** gültigen Satz. Und der kann so ungewöhnlich sein, dass er bisher noch nie formuliert wurde. Die Aufgabe des Therapeuten ist deshalb, ihn zu finden und zu formulieren.

Die Auseinandersetzung

Es ist nun so, dass Bert Hellinger bei der Systemischen Familientherapie die einzelnen aufgestellten Personen nichts miteinander klären lässt. Sie dürfen spüren und, wenn sie vom Therapeuten gefragt werden, sagen, was sie empfinden. Sie dürfen aber nicht untereinander die Konflikte ansprechen oder gar lösen, die sie erleben. Lösen tut der Therapeut, indem er die einzelnen Personen so lange von einem Platz zum nächsten bewegt, bis das Bild für alle stimmig erscheint.

Ich finde diese Vorgehensweise aus mehreren Gründen problematisch.

Dass die Personen nicht spontan ihre Gefühle äußern und miteinander austauschen können, erachte ich als schwierig.

Durch die große Aktivität des Therapeuten und die sehr geringe der Patienten bekommt jener eine enorme Macht. Macht ist aber immer ein zweischneidiges Schwert (siehe das Kapitel über Sucht!). Du musst sehr, sehr klar sein, um viel Macht nicht nur ausüben, sondern auch ertragen zu können. Macht hat immer einen Widerhaken. **Denn Macht macht einsam.** Bist du so weit, dass du diese Einsamkeit ertragen kannst? Bist du so weit, dass du die Einsamkeit nicht durch Machtmissbrauch auszugleichen versuchst?

Wie wir sahen, unterlaufen auch Bert Hellinger gravierende Fehler – ohne dass jemand ihn darauf hinwiese.

Der kluge Therapeut geht deshalb sehr behutsam mit Macht um und sieht stets in der Gruppe ein wichtiges Korrektiv.

Außerdem gibt er der Gruppe so viel Freiraum wie möglich. Dazu muss er aber sehr flexibel und sehr kompetent sein. Er sollte seiner Gruppe die Freiheit geben, ihre Gefühle auszudrücken, und gleichzeitig die Führung weiter innehaben. Um das zu können, muss er sehr klar und gut verwurzelt im Leben und in seinem Höchsten Selbst sein.

Deswegen ist das Psychodrama die ideale Ergänzung zur Familienaufstellung und die ideale Form der Auseinandersetzung beziehungsweise der Klärung. Die Techniken des Psychodramas bringen ein Leben und eine Vielfalt in die Aufstellungen, die ihnen zum Teil fehlen.

Dabei sind zwei Techniken des Psychodramas von besonderem Nutzen: **Dass die einzelnen Personen untereinander ihre Konflikte austragen und der Rollentausch.**

Ich halte es für sinnvoll, wenn die einzelnen Teilnehmer einer Aufstellung nicht nur sagen, was sie empfinden beziehungsweise in der Position erleben, sondern dies auch mit denjenigen austragen können, mit denen sie den Konflikt haben.

Nachdem die Personen aufgestellt wurden und gesagt haben, wie es ihnen an diesem Platz geht, sollten sie die Möglichkeit haben, dorthin zu gehen, wo sie das Gefühl haben, dies sei ihr wahrer Platz in dieser Aufstellung.

Wie wir sahen, staunt jetzt der aufstellende Patient nicht wenig, wie anders diese sich spontan neu ergebende Konstellation ist als das, was er als seine Realität ansah.

Nun liegt es am Therapeuten, wie er die so unterschiedlichen Informationen dieser beiden Aufstellungen umsetzt. Nimmt er neue Figuren dazu? Ergänzt er die Aufstellung durch die Basis-Aufstellung, oder lässt er die einzelnen Personen nur klären?

Spürt er, dass ein wie auch immer geartetes Geheimnis vorliegt, wird er diesem nachgehen.

Die Kunst des Therapeuten zeigt sich darin, die einzelnen Personen aktiv und frei ihre Gefühle und Gedanken äußern zu lassen und gleichzeitig die Führung der Aufstellung nicht aus der Hand zu geben.

Klarsein und Klären

So komme ich hier zum Verlauf von Marcels Therapie in der Gruppe zurück, um, von ihr ausgehend, immer wieder Allgemeines und Grundsätzliches anzusprechen. So muss ich dich, lieber Leser, um ein wenig Geduld bitten, da häufiger Unterbrechungen entstehen werden.

Marcels Therapeutin hielt sich an die Regel, mit neuen Teilnehmern in einer Gruppe besonders behutsam umzugehen. Das heißt, ihnen vor allem **ihren Raum und ihre Zeit zu lassen.**

Dies ist gar nicht so einfach, denn, wie ich bereits sagte, kann eine Gruppe sehr schnell sehr tiefe Gefühle auslösen.

Erfuhr ein Patient seine Familie zum Beispiel als sehr kämpferisch und sich selbst als sehr bedroht, so wird er diese Gefühle in der Gruppe wieder erleben.

Und hier sind das Geschick, die Erfahrung und das Können des Therapeuten gefragt.

Die oben beschriebene Ambivalenz bewirkt nämlich, dass Patienten einerseits in der Gruppe sein und Hilfe bekommen wollen, auf der anderen Seite sind sie aber im Kampf, stellen sich über den Therapeuten und die Gruppe und hoffen mit einem ihnen völlig unbekannten Teil ihrer Seele, dass sie sogar zum Verlassen der Gruppe aufgefordert werden.

Sie beschweren sich deshalb gerne über die Gruppe und drücken ihr aus, wie unmöglich sie sie finden und wie überlegen sie sich erleben.

Marcel war hierin sehr geschickt. Er sagte Sätze wie: „Ich kann mir nicht vorstellen, dass ihr versteht, was ich meine ..." – „Ich finde, dass hier ein total inakzeptabler Ton herrscht!" – „Meiner Art entspricht, ehrlich gesagt, eine andere Vorgehensweise ..."

Diese Sätze, die außerdem von einer Haltung von mehr schlecht als recht verdeckter Überheblichkeit begleitet wurden, erzeugten sogleich entsprechende Reaktionen bei den anderen Gruppenteilnehmern.

Die Therapeutin intervenierte, als sie bemerkte, dass der Ton schärfer zu werden drohte und Marcel in keiner Weise bereit war, zu sehen, was er anrichtete. Er war vielmehr gänzlich davon überzeugt, im Recht zu sein, und reagierte auf die Einwände der anderen mit noch mehr Überheblichkeit.

Hier ist sehr viel Fingerspitzengefühl des Therapeuten verlangt.

Die Therapeutin unternahm deshalb etwas ganz Einfaches: Sie bat Marcel, vier Leute als Gruppe und einen als sich selbst aufzustellen.

Nachdem er dies getan hatte, sollte derjenige, der ihn darstellte, sagen, wie er sich fühlte.

Thomas, der ihn spielte, sagte prompt: „Ich fühle mich sehr merkwürdig! Einerseits fühle ich mich der Gruppe weit überlegen. Ihr vier seid einfach kleine Frösche für mich. Kleine Hundchen, die viel von mir lernen können.

Andererseits fühle ich mich euch aber auch sehr unterlegen und unsicher.

Und was ganz verrückt ist, ich springe immer wieder von einem dieser beiden Gefühle zum anderen. Deshalb weiß ich im Grunde nicht, wo ich stehe – geschweige denn, wo die anderen sind. Aber, ehrlich gesagt, interessiert es mich auch nicht!"

Einer der vier, welche die Gruppe repräsentierten, antwortete darauf: „Ich mag dich. Ich spüre auch deine Angst und dein Dilemma. Deine Arroganz stört mich aber. Und ist sie dann auch noch mit Aggressionen verbunden, spüre ich, wie mir die Wut hochkommt."

356

Die anderen drei bestätigten diese Gefühle.

Nachdem diese gesagt hatten, wie es ihnen ging, bat die Therapeutin Marcel, einzuwechseln. Kaum stand er auf dem Platz, nahm er seine Arroganz wahr.

Als er dies eine Zeit lang gespürt hatte und sich bewusst geworden war, wie es ihm ging, schlug die Therapeutin ihm vor, mit einem der vier Gruppenteilnehmer zu tauschen.

Kaum stand er auf dessen Platz, sagte er: „Ich empfinde dich als sehr arrogant, Marcel! Du glaubst, du bist etwas Besseres! Und dann zeigst du es auch noch so deutlich, dass du erwartest, ich müsse das so sehen wie du, sonst wirst du auch noch böse. Im Grunde ist das die Höhe!"

Marcel wechselte auf seinen Platz zurück und konnte nun sehr gut verstehen, wie es den anderen erging. Sein Verhalten der Gruppe gegenüber veränderte sich deshalb, denn er wusste nun *bewusst*, wie er sich verhielt und wie es der Gruppe dabei ging. Außerdem hatte er erfahren, dass dies ein genialer Versuch gewesen war, die Gruppe und die Therapeutin so zu verwickeln, dass er beinahe nicht zu der Arbeit gekommen wäre, wegen der er doch in die Gruppe gekommen war!

Hier sehen wir wieder etwas Wichtiges bezüglich der Klärung **vor** der Aufstellung: Geschieht sie nicht, wird möglicherweise ein entscheidender Widerstand nicht deutlich beziehungsweise nicht bearbeitet, was im Extremfall die gesamte Arbeit unterminieren kann.

Wird dagegen zu viel Zeit auf die Bearbeitung dieses Widerstands verwendet, dann kann es unter Umständen nicht mehr zur Aufstellung kommen, wodurch der nächste Widerstand, nämlich sich nicht verändern zu wollen, das Geschehen bestimmt!

So beließ die Therapeutin Marcel zwei Tage lang bei dem, was er bei der Klärung mit der Gruppe erlebt hatte. Dann bat sie ihn, seine Familie aufzustellen.

Seine Eltern, seine beiden älteren Schwestern, seinen Bruder, der direkt vor ihm kam, und sich selbst. Er war der Jüngste. Direkt vor ihm kam sein Bruder und dann als Älteste und Zweitälteste seine Schwestern.

Bei der Aufstellung wurde sogleich deutlich, dass seine Mutter seinen Vater nicht achtete.

Dieser war seinerseits gefühlsmäßig nicht anwesend.

Er, Marcel, wurde von der Mutter sehr vorgezogen. Er war Mutters Liebling.

Es stimmt, was Bert Hellinger sagt: Ist der Sohn der Liebling der Mutter beziehungsweise die Tochter der Liebling des Vaters, ist dies sehr schädlich.

Der Sohn findet nicht den Weg zum Vater und damit zum Männlichen. Dafür verachtet er die Mutter. Er wirft ihr unbewusst vor, dass sie ihn um seine Männlichkeit bringt. Genauso wie der Vater die Tochter ihrer Weiblichkeit beraubt.

Deswegen sage ich, dass ungefähr ab dem siebten Lebensjahr die Söhne innerlich zum Vater und die Töchter zur Mutter gehören. Das heißt, dass die Väter sich mehr und mehr um ihre Söhne und die Mütter um ihre Töchter kümmern müssen. **Ohne die gegengeschlechtlichen Kinder deswegen zu vernachlässigen!**

Nun sagen viele, sie hätten keine Zeit für dieses verstärkte Engagement.

Das ist ein völlig falsches Argument. Es geht nicht um Zeit, sondern um Intensität. Es geht, wie fast immer im Zwischenmenschlichen, nicht um Quantität, sondern um Qualität.

Deswegen lautet die goldene Regel: **Bist du bei deinem Sohn, sei wirklich bei ihm. Bist du bei deiner Tochter, sei wirklich bei ihr. Bist du bei deinem Partner, sei wirklich bei ihm. Bist du in deinem Beruf, dann sei wirklich dort.**

Die meisten Probleme entstehen deshalb, weil viele Menschen, wo immer sie sind, doch woanders sind. Sind sie bei ihrem Sohn, denken sie an die Arbeit, sind sie in der Arbeit, denken sie an ihren Partner (Gott weiß, an welchen!), sind sie beim Partner, denken sie an die Arbeit und so weiter.

Die unendliche Kraft des Denkens besteht in der Beschränkung! Beschränkung ist Konzentration.

Schränkst du dein Denken nicht ein, wird es ein wilder Affe und macht mit dir am Schluss, was es will. Außerdem beschäftigen dich dann unzählige Sorgen, und du ärgerst dich viel, denn das „wilde" Denken liebt die Sorgen und die Wut.

Schränkst du es dagegen ein, wird es zur gebündelten Energie und befähigt dich, Berge zu versetzen. Joseph Murphy, Milton Erickson und all diejenigen, die betonen, wie mächtig das Denken ist, haben deshalb Recht.

Das Denken ist eine unglaublich starke Kraft. Aber nur unter einer Voraussetzung hilft es dir auf deinem Weg zu wahrer Selbst-Verwirklichung: Wenn du es einschränkst und damit bündelst. Und die einfachste Art, das Denken einzuschränken, besteht darin, den Namen Gottes zu wiederholen.

Konzentrierst du dich wirklich auf dein Kind, mit dem du gerade zusammen bist, so erreichst du es, und es fühlt sich gesehen, verstanden, geachtet und geliebt.

Konzentrierst du dich dagegen nicht, kannst du Jahre an seiner Seite verbringen und noch so viele Opfer bringen, es wirft dir eines Tages zu Recht vor, du seist nie da gewesen.

Dies sind dann die bösen Überraschungen, die Eltern nicht verstehen können, weswegen sie ihre Kinder als undankbar, als egoistisch verurteilen.

Die Egoisten sind jedoch nicht die Kinder. Wer sein Denken nicht auf einen Punkt bündeln kann, den verleitet es immer zu Egoismus. Denn es ist nichts als Egoismus, bei jemandem zu sein, aber nicht an ihn zu denken, sich nicht wirklich mit ihm zu beschäftigen, sondern sich ständig anderes durch den Kopf gehen zu lassen.

Bist du dagegen – wenn auch für kurze Zeit – **ganz** bei deinem Kind, ist es zufrieden.

Viele Kinder können heute nicht allein spielen, weil sie immer allein sind – mit oder ohne Eltern. Das ist das Problem.

Deshalb: Spielst du mit deinem Kind, sei wirklich für es da. Gehe nicht ans Telefon, lass dich nicht von deinem Partner ablenken. Mache nicht nebenher etwas anderes. Sei vielmehr voll und ganz für dein Kind da, und das Kind wird anschließend für sich selbst da sein können.

Väter, die häufig außer Haus und damit von ihren Kindern getrennt sind, müssen sich deshalb zwei Dinge bewusst machen: Sie haben eine besondere Verantwortung ihren Söhnen gegenüber, weil diese von ihnen lernen, was es heißt, ein Mann zu sein. Und sie haben den Töchtern gegenüber eine besondere Verantwortung, sich innerlich darüber klar zu sein, dass die Tochter zwar zur Mutter gehört. Dass der Vater aber das Vorbild für ihre künftige Partnerwahl sein wird.

Bewusstsein und Intensität, die aus der klaren Ausrichtung entstehen, sind deshalb von weit reichender Bedeutung.

Das Austragen der Konflikte

Hier kommen wir zurück zu Marcel.

Marcel hatte, wie in seiner Aufstellung sehr deutlich wurde, ein großes Problem mit Unterordnung und Würdigung. Dies ist ein weiterer Punkt, in dem die Psychologie der Systemischen Familientherapie viel zu verdanken hat. Denn diese betont nicht nur, dass jeder **seinen** Platz haben muss, sondern auch, dass die Späteren und damit Rangniedrigeren die Ranghöheren würdigen.

Es ist nun so, und hier spreche ich nicht von der Systemischen Theorie, sondern von der Göttlichen Ordnung, dass in der Rangfolge zuerst der Mann und dann die Frau steht.

Dies ist heute – allerdings zu Recht – in Misskredit gekommen. Denn die Männer haben über Jahrtausende ihre Vormachtstellung auf Kosten der Frauen schamlos ausgenutzt. Kein Wunder also, dass die Frauen, sobald sie dazu in der Lage waren, dagegen rebellierten. Im 20. Jahrhundert, im Zuge der gewaltigen Umwälzungen, war das für sie möglich. So haben sie die verdiente Chance genutzt.

Verdiente Chance, denn ein Mann, der seine Frau – oder gar Frauen im Allgemeinen – unterdrückt, hat kein Recht auf eine Vorrangstellung. Durch seinen schlechten Charakter hat er seinen Platz verwirkt. Deshalb ist es richtig, dass die Frauen um Macht, Ansehen und damit auch um politischen Einfluss kämpften. Die Männer haben als Führungspersönlichkeiten weitest gehend versagt. Wer solche Kriege, solche Morde und solche Verwüstungen zu verantworten hat wie die Männer der letzten Jahrhunderte, der hat das Recht zu führen verwirkt.

Doch die Inkarnation als Frau ist nicht so gedacht, dass sie sich um äußere Dinge kümmern sollte. Ihr zartes Herz nimmt dabei schnell Schaden.

Das Herz der Frau ist viel weicher als das des Mannes, deshalb bedarf sie seines Schutzes. So hat er zwangsläufig insofern eine Vor-Macht-Stellung, als er die Fähigkeit hat, die Frau zu schützen.

Die Frau hat aber nicht allein die nicht hoch genug einzustufende Fähigkeit, durch ihre Liebe, das heißt durch die Erziehung ihrer Kinder, die Gesellschaft von morgen zu schaffen. Sie stellt außerdem die unschätzbare Stütze für ihren Mann dar, durch die er sich in vielen Fällen überhaupt erst in seinem Beruf und Zuhause entfalten kann und auf die er deshalb hören sollte.

Eine Gesellschaft, in der die Frauen stützend an der Seite ihrer Männer stehen, ist gesegnet und wird aufblühen und so lange Erfolg haben, wie diese Glück verheißende Einheit von Mann und Frau besteht.

Da mögen die Männer noch so viel tun, noch so viel gestalten, noch so viele Gesetze und Verordnungen erlassen, wenn die Frauen nicht durch ihr wunderbares Herz zu ihnen stehen und ihre Kinder so erziehen, dass sie hervorragende Mitglieder der Gesellschaft von morgen sind, ist alles Wirken der Männer umsonst.

Und dies ist nun der Hauptgrund dafür, dass die Männer zuerst genannt werden: Weil sie zuerst wirken. Denn die Männer gestalten zum Beispiel über die Politik die Gesellschaft von heute, die Frauen über die Erziehung der Kinder die Gesellschaft von morgen.

Durch das Versagen der Männer sind die Frauen nicht nur enttäuscht, sie sind verbittert. Und dies vielfach zu Recht.

Verbitterung ist aber ein übles Gift. Es hat nämlich die Eigenschaft, alles zu vergiften: Zunächst die Paarbeziehung, dann die Kinder und schließlich die Gesellschaft.

Genau hier sind wir heute angelangt: Die meisten Frauen sind verbittert – auch durch die ver-rückte Form von Beziehung, die viele heute praktizieren. Hat eine Frau so viele Partner, wie es heute die Regel ist, wird ihr Herz krank. Die Frau ist nicht dafür geschaffen, so viel Wechsel zu verkraften. Sie kann es einfach nicht. Entsprechend verbittert und vorwurfsvoll wird sie.

Dies wurde auch in Marcels Aufstellung deutlich: Seine Mutter verachtete seinen Vater und erzog ihre Söhne nach dem Grundsatz: „Werde ja nicht wie dein Vater. Nimm ja nicht von ihm, sondern nur von mir!"

Bert Hellinger hat zu Recht darauf hingewiesen, wie zerstörerisch diese Haltung ist und dass sie häufig die tiefere Wurzel einer Suchtproblematik ist.

Marcels Mutter zog ihre Söhne zu sich, versuchte ihren Mann ganz zu isolieren und vermittelte ihren Kindern, ihr Vater sei nicht ernst zu nehmen. Kein Wunder also, dass Marcel viel rauchte und nicht in der Lage war, damit aufzuhören.

Indem sie ihre Söhne aber von ihrem Vater weg- und zu sich hinzog, schadete sie der natürlichen Familienordnung und damit ihren Kindern erheblich.

Was geschah in Marcels Familie, was in vielen anderen heutigen ebenso geschieht? Zieht die Mutter die Söhne an sich, rächt sich der Vater dadurch, dass er die Töchter an sich zu binden versucht.

Und zwar durch Ver-Führung. Der Wortsinn ist im Deutschen auf anschauliche Weise doppeldeutig – von „falsch geführt" bis „dahin geführt werden, wo man nicht hinwill".

Der verführerische Elternteil ist für seine Kinder immer eine Katastrophe. Denn diese werden erstens falsch geführt, und außerdem werden sie mit einer mehr oder minder – häufig leider viel mehr als minder! – starken Erotik und Sexualität konfrontiert, mit der sie nichts zu tun haben **wollen und haben sollen.**

Verführung ist heute derart verbreitet, dass vielen Menschen das Gespür dafür abhanden gekommen ist, wo Verführung beginnt.

Dies zerstört Familien über mehrere Generationen.

Denn das Kind, das der wie auch immer gearteten Verführung seiner Eltern ausgesetzt ist, lernt ein äußerst destruktives Verhalten: Es lernt Beziehung und Nähe mit Sexualität, mit Macht und Verweigerung zu verquicken, was sich äußerst zerstörerisch auswirkt.

Denn der verführerische Elternteil vermittelt seinem Kind, dass er sich ihm deshalb nähert, weil es so attraktiv für ihn ist. Damit erhält es eine Macht, die ihm überhaupt nicht zusteht. Es lernt somit auf einer Klaviatur zu spielen, mitzuspielen, die ausschließlich falsche Töne erzeugt.

Die falschen Töne entstehen daher, dass das Kind durch die Unklarheit und Verantwortungslosigkeit dieses einen Elternteils oder beider auf ein Gebiet gezogen wird, in dem es nichts zu suchen hat.

Heute werden aber leider alle Ebenen vermischt.

Da sprechen Kinder ihre Eltern mit Vornamen an. Da behandeln Eltern ihre Kinder wie Freunde und Vertraute, küssen sie wie Partner auf den Mund, besprechen mit ihnen sogar ihre Eheprobleme und schrecken nicht einmal davor zurück, über dieses absolute Tabu, nämlich über ihre Sexualität, mit ihren Kindern zu reden!

Kein Wunder, dass dann eine verführerische und sexuelle Beziehung zwischen Eltern und Kindern besteht, die hier nichts, aber auch gar nichts zu suchen hat.

Denn Kinder, die so aufwachsen, die derart verführt und jenseits jeden Göttlichen Maßstabes erzogen werden, lernen nicht, beziehungsfähig, sondern beziehungsunfähig zu werden.

Das Mädchen, das der Liebling des Vaters war, und der Sohn, der der Liebling der Mutter war, möchten immer der Liebling sein, also stets im Mittelpunkt stehen, nicht aber der Partner sein.

Denn Partner können und wollen sie nicht sein. Dies ist für sie viel zu gefährlich, weil sie Angst haben, hier erstens die Macht zu verlieren und zweitens mehr geben zu müssen, als sie bereit sind.

Ein Kind, das zum Partner oder Partnerersatz des andersgeschlechtlichen Elternteils wird, geht daran in der Regel seelisch zu Grunde. Deshalb bemüht sich das Kind um einen „Macht-Kompromiss": Es möchte so viel Macht, dass es die Beziehung bestimmt. Aber nicht so viel, dass die Beziehung an seinem Machtanspruch zu Grunde geht.

Diese unglaubliche *balance of power* geht selten auf Dauer gut, weswegen solche Beziehungen fast immer scheitern – scheitern müssen, denn Macht und Nähe stehen sich wie Feuer und Wasser gegenüber.

Die Kinder, die der Liebling des gegengeschlechtlichen Elternteils waren, werden aber als Erwachsene nicht nur aus diesem Grund beziehungsunfähig sein.

Und warum? Schon einmal, weil sie nicht wirklich erwachsen werden.

Weil „Lieblinge" nicht erwachsen werden und ihr Gefühlsleben **gespalten** bleibt: **Ihre positiven Gefühle gehören dem verführerischen Elternteil und die Wut ihrem Partner.**

Das Mädchen, das der Liebling des Vaters war, liebt auch als erwachsene Frau „händeringend" den Vater. Die Wut aber, die sie verspürt, weil der Vater sie in eine Rolle zwang, die für sie zerstörerisch war, überträgt sie auf den Partner. Das Gleiche gilt für einen Jungen!

Der Partner eines Lieblings ist häufig ebenfalls ein unreifer Mensch, der von seinen Eltern so geschwächt wurde, dass er kein Gespür mehr dafür hat, was ihm gut tut und was ihm schadet – oder er war ebenfalls ein Liebling beziehungsweise beides: Ein Liebling und geschwächt, sonst würde er nicht so eine Beziehung eingehen!

Hier kommen wir ebenfalls zu einer interessanten Wortbetrachtung im Deutschen. Es heißt: Das Mädchen.

Wem es aufgefallen ist, der wird bemerkt haben, dass ich in *Sai Baba spricht über Beziehungen* von „dem Mädchen, die" gesprochen habe.

Ich habe damals das Weibliche am Mädchen unterstreichen wollen. Ebenso hier, wo ich sage: „Die Wut aber, die sie verspürt ..." Denn hier rede ich vom Mädchen als Frau für den Partner.

Für das Mädchen als Kind des Vaters steht völlig zu Recht „das". Das Mädchen soll nämlich als Frau, als weibliches Wesen insofern sachlichen Geschlechts für den Vater sein, dass es bei ihm keine sexuellen Wünsche wecken darf. Das Mädchen muss unbedingt für den Vater das Kind sein und bleiben, denn nur diese Haltung hat Segen.

Bringt er dagegen eine partnerschaftliche Konnotation hinein, zerstört er die Beziehungsfähigkeit seiner Tochter. Dies ist ein großer Schaden, der sich natürlich auch in nicht unerheblicher Weise auf das Karma auswirkt.

(Ich spreche hier besonders von Töchtern, weil Missbrauch von Frauen und Mädchen in den verschiedensten Ausprägungen weit verbreitet ist und Töchter eines besonderen Schutzes bedürfen.)

Eltern dürfen deshalb eine sexuelle Beziehung ausschließlich untereinander führen. Die Kinder haben hier in keinster Weise auch nur irgendetwas zu suchen.

Marcels Eltern respektierten diese Göttliche Ordnung nicht – deshalb respektierten die Kinder sie auch nicht. Und ihre späteren Partner ebenso wenig.

Marcel respektierte seine Frau Pauline nicht, weil er einerseits seine verführerische Mutter nicht respektierte. Andererseits aber auch seinen Vater nicht achtete, der als Familienvater und als Vater der Söhne nicht da war. Er hatte deshalb nie gelernt, was Achtung, was Würde, was die Haltung eines wahren Mannes und einer wirklichen Frau waren.

Marcel hatte entsprechend viel Wut in sich. Er fand die Welt schrecklich und Partnerschaften entsprechend. Das badete Pauline aus – aber auch deshalb, weil sie aus einem ähnlich strukturierten Elternhaus stammte.

Diese Wut musste heraus.

Marcels Therapeutin forderte deshalb seinen Stellvertreter auf, der Mutter deutlich zu sagen, was sie ihm angetan, wie sie ihm geschadet hatte.

Es kann nun sein, dass dies die Person, die als die Mutter aufgestellt ist, überfordert, besonders wenn die Wut sehr massiv geäußert wird. Dann ist es entscheidend, dass einige Gruppenteilnehmer sie stützen – auch in Form von Doubles, als bestimmte Teile ihrer selbst.

Es hängt von der Situation ab, ob es besser ist, dass der Patient selbst oder sein Stellvertreter diesen Prozess durchführt.

Die Regel ist im Grunde einfach: Je weniger die Wut dem Patienten zugänglich ist, desto besser ist es, wenn sein Stellvertreter für ihn handelt.

Es kann aber auch sein, dass es für den Patienten das Beste ist, wenn er in der Aufstellung steht und die Kosmischen Eltern ihn beim Ausdrücken seiner Wut stützen beziehungsweise unterstützen.

Der Rollentausch

Ist die Wut vollständig ausgedrückt worden – wobei der Therapeut entscheiden muss, ob dies tatsächlich der Fall ist –, folgt der nächste Schritt, den ich für mindestens so wichtig wie den ersten erachte: Der schon mehrfach betonte Rollentausch.

Im Falle von Marcel verlief der Rollentausch folgendermaßen: Nachdem er seiner Mutter gesagt hatte, wie sehr sie ihn verletzt, wie sehr sie einer Ordnung Vorschub geleistet hatte, die nicht rechtens war, und wie sehr ihm dies geschadet hatte, nahm Marcel die Rolle, sprich den Platz seiner Mutter ein. Und die Darstellerin der Mutter den seinen.

Marcel hatte eine große Wut auf seine Mutter gehabt und ausgedrückt.

Kaum stand er aber auf ihrem Platz, veränderte er sich sogleich. Man spürte, wie er seine Mutter plötzlich erlebte. Er war nun nicht mehr Marcel, das Opfer, sondern sie, die ihm all das angetan hatte. Es wurde aber ebenfalls deutlich, dass auch sie ein Opfer war, ein Opfer der Unwissenheit und des Unvermögens!

„Ich weiß", sagte Marcel in der Rolle der Mutter, „ich weiß, ich habe dir in vielem Unrecht getan. Aber glaube mir, so dumm dies klingen mag, ich wollte wirklich dein Bestes. Ich spüre aber auch, wie wenig ich wirklich für dich da war, obwohl ich dich deinem Vater vorgezogen habe. Oder gerade deshalb! Ich war wirklich um dich bemüht und besorgt. Aber, das muss ich zugeben, ich wusste vieles nicht. Und ...", hier stutzte Marcel in der Rolle der Mutter, um nach einer kleinen Weile fortzufahren: „Ich habe mir einiges zu einfach vorgestellt und gemacht! Beziehungen sind viel komplexer, als dass man sie einfach so führen könnte, wie ich mir das vorgestellt hatte. Es war das Denken eines kleinen Mädchens, und so habe ich mich auch deinem Vater gegenüber verhalten.

Ich war unzufrieden mit ihm – und er mit mir. Es hätte aber anders verlaufen können, wenn ich mich um das Wissen bemüht hätte, um das du dich hier bemühst, Marcel! Was hätte ich nicht alles gut durchdenken müssen, um in meiner Ehe richtig zu handeln! Das war mein großer Fehler, und ich hoffe sehr, Marcel, dass du es besser machst, dass du das Richtige lernst, um mit Pauline glücklich zu werden und euren wunderbaren Kindern ein glückliches Zuhause in einer harmonischen Ehe zu geben. Denn nichts ist für Kinder wichtiger, als bei glücklichen Eltern aufzuwachsen! Glaube mir, Marcel, glaube mir, die ich es zu spät lernte, nichts, nichts ist für Kinder wichtiger!"

Die Mutter war hier sehr berührt, ebenso Marcel und diejenige, die als Mutter nun im Rollentausch ihn spielte.

Marcel wollte die Rollen wieder zurückwechseln, was die Therapeutin auch stimmig fand. Kaum war er wieder in seiner Rolle, dankte er seiner Mutter von Herzen für das, was sie ihm gegeben hatte. Dann hatte er den Wunsch, vor ihr niederzuknien und sie zu würdigen. Dies ist eine wunderbare Geste, deren Heilsamkeit die Systemische Familientherapie betont. Denn das Würdigen der Eltern, das Anerkennen dessen, was sie geleistet haben, und ihnen dafür zu danken, öffnet den Kindern das Herz – und damit die Welt.

Bei Marcel entstand dieser Wunsch auch deshalb, weil er dies bei den anderen Aufstellungen beobachtet hatte, die vor seiner Arbeit gemacht worden waren – deshalb wusste er sogleich, wie er seinem Gefühl Ausdruck verleihen konnte.

Der Therapeutin schien dies zunächst etwas sehr schnell zu gehen, und sie prüfte, ob Marcel damit ein sehr großes Harmoniebedürfnis ausdrückte. Außerdem fragte sie sich, ob es nicht vielleicht ein unbewusstes Spiel sei, um seine Wut weiterhin behalten zu können. Nachdem sie diesen Fragen nachgegangen war, entschied sie, die Übung hier nicht zu unterbrechen, und fragte ihr Höchstes Selbst, ob ihre Entscheidung richtig sei. Da sie eine positive Antwort erhielt, stimmte sie Marcels Wunsch zu.

Marcel kniete vor seiner Mutter nieder und sagte ihr: „Ich ehre dich als meine Mutter. Und ich würdige, was du für mich getan hast. Wie viel du für mich getan hast, sehe ich erst jetzt. Vielen Dank!"

Dann bat er sie um ihren Segen für sich, für seine Ehe und für die Kinder. Die Mutter schloss bewusst auch Pauline in ihren Segen ein, den sie Marcel, mit den Händen auf seinem Kopf, von Herzen gab.

Mutter und Sohn hatten Tränen der Rührung in den Augen, als sie ihn sanft an den Armen hochhob und umarmte.

Diese Arbeit bewirkte eine tief gehende Heilung in der Beziehung von Marcel zu seiner Mutter.

Nachdem Marcel die schöne Stimmung eine Weile genossen hatte, fragte er die Therapeutin: „Darf ich auch noch etwas mit meinem Vater klären?" – „Ja, das ist sehr gut!", antwortete diese.

Daraufhin sagte Marcel seinem Vater, wie sehr er ihn vermisst habe, wie häufig er fand, dass sein Vater nicht da gewesen war. Und wie einsam ihn, Marcel, das gemacht hatte.

Auch hier wechselte Marcel nach einer Weile in die Rolle seines Vaters. Er erlebte, wie schwach dieser war, wie wenig in Kontakt mit sich, seiner Frau und seinen Kindern. Da rief Marcel plötzlich aus: „Oh Gott, der ist ja wie ich! Ich bin identisch mit meinem Vater! Genauso wenig anwesend, genauso wie er überlasse ich die Macht – **und die Schuld!** – meiner Frau! Genauso wenig bin ich eine Stütze für meine Kinder!"

Marcel war sehr betroffen.

Als er in seine Rolle zurückwechselte, erhob er gegen seinen Vater einige Vorwürfe. Durch die Art der Vorwürfe merkte die Therapeutin, dass Marcel noch viel mit seinem Vater zu klären hatte. Sie fand es deshalb nicht ratsam, Marcels Wunsch zu entsprechen und sogleich auch den Segen seines Vaters zu erhalten. Vielmehr sollte er sich Zeit nehmen, seine negativen Gefühle, die er seinem Vater gegenüber hatte, mehr und mehr anzuschauen.

Bisher hatte er seinen Vater weitgehend geschont und sich, wenn überhaupt, mit Pauline beziehungsweise seiner Mutter auseinander gesetzt. Über die Auseinandersetzung mit seinem Vater muss Marcel sich zwangsläufig auch seine eigenen Schattenanteile ansehen, da er ihm viel ähnlicher ist, als er bisher angenommen hatte.

Das Innehalten

Kaum hatte die Therapeutin ihre Ansicht geäußert, da wollte Marcel sogleich noch seine Beziehung zu Pauline klären. Die Therapeutin spürte kurz nach und verglich anschließend das Gespürte mit dem, was ihr die innere Stimme sagte: Beide meinten, Marcel solle hier aufhören.

Und dies hatte einen guten Grund: Arbeiten sollten nicht mehr als 45 bis 60 Minuten dauern. Natürlich benötigt ein weniger erfahrener Therapeut etwas länger, weil er mehr sucht – und mehr macht! Marcels Therapeutin führte die Aufstellung und die Klärung, ohne selbst sehr aktiv zu sein. Vielmehr **ließ sie dem Prozess seinen Lauf. Dies ist die Kraft des Tao, die besagt: Tue nicht – und alles wird getan!**

Deshalb muss ein Therapeut genau wissen, wann er mit dem Prozess gehen und wann er ihm nicht folgen soll.

Die Therapeutin wollte aus zwei Gründen nicht, dass Marcel auch noch seine Beziehung zu Pauline klärte: Einmal sollte in einer Arbeit nicht zu viel auf einmal gelöst werden.

Denn was haben wir weiter oben gesehen? Ungeduld ist der Kern der Neurose. Man könnte auch sagen: Ungeduld ist aller Übel Anfang. Durch Ungeduld der Eltern werden Kinder zuerst nervös, dann aggressiv und schließlich neurotisch.

Durch Ungeduld gehen Paare auseinander, weil Prozesse keine Zeit zum Reifen haben.

Und durch Ungeduld werden die Früchte der Therapie nicht reif.

Ungeduld ist der größte Feind der Therapie. Sie verbündet sich mit dem Widerstand, denn sie **ist, wie wir sehen, ein großer Widerstand.**

Ungeduld baut außerdem falschen Selbstwert auf. Es gibt nämlich eine nicht unerhebliche Zahl von Menschen, die ihren Selbstwert scheinbar dadurch aufbauen, dass sie Dinge schnell lösen, dass sie schnell ein Ergebnis haben wollen. Dies heißt aber auch: Alles geht so lange gut, solange sie eine schnelle Lösung finden. Müssen sie dagegen warten, kann sie dies regelrecht zum Wahnsinn führen.

Das große Problem vieler Patienten ist ihr Wunsch nach immer mehr. Das stellt einen Widerstand dar und muss unbedingt geklärt werden. Deshalb erreicht man das Ziel nur dadurch, dass man sieht, was man bekommt (**das große Geschenk der Zufriedenheit!**), und dass man – ein wichtiger Bestandteil der Zufriedenheit! – Geduld entwickelt.

Wer nicht geduldig, das heißt in sich ruhend darauf warten kann, dass der rechte Augenblick gekommen ist, kann auf lange Sicht nichts erreichen – weil es die lange Sicht nicht gibt. Ungeduld hat einen kurzen Atem, Geduld verfügt dagegen über den langen Atem, der notwendig ist, um etwas Wichtiges im Leben zu erreichen oder zu schaffen.

Wie gesagt, scheitern viele Ehen heute, weil einer oder beide Partner nicht die Geduld haben abzuwarten, dass sich in einer festgefahrenen Situation etwas Neues entwickelt. Ihre Ungeduld verführt sie dazu, die Beziehung als „hoffnungslos" aufzugeben, weil die Begleiterin der Ungeduld die Hoffnungslosigkeit ist.

Und was geschieht dann manchmal? Durch die Trennung, durch das Alleinsein, dadurch, dass er nicht ständig durch die Ungeduld des anderen unter Druck gesetzt wird, kann der eine Partner die Entwicklung machen, die er unter dem Diktat der Ungeduld nicht machen konnte.

Plötzlich sind nun Schritte möglich, die vorher unter der ständigen Anforderung, der ständigen Erwartungshaltung unmöglich waren.

Und so können Partner nach einer Zeit der Trennung wieder zusammenkommen, die zuvor keinen gemeinsamen Weg mehr sahen, weil die Trennung den Raum schuf, in dem sich Geduld entfalten konnte.

Ein Therapeut, der unter Erfolgsdruck steht, ist fast immer auch ein Opfer seiner Ungeduld. Erfolgsdruck und Gelassenheit passen zusammen wie Katz und Maus!

Für den Therapeuten gilt in besonderem Maße der Grundsatz: Nichts ist erfolgreicher als der Erfolg. Ein Therapeut, der seine Identität gefunden hat, ist an seiner wahren Quelle angelangt, an der umfassenden Stille des Tao. Denn zur Therapie gehört die innere Stille, wie zur Geduld die Kraft gehört. Ein Therapeut, der wirklich weiß, was er tut, lässt sich deshalb nicht hetzen – weder von seinen (falschen!) Ansprüchen noch von denen seiner Patienten.

Für jeden gilt der Satz: **Suche nicht den Erfolg, und er kommt zu dir. Suche nicht den Glanz, und er kommt zu dir. Suche nicht die Anerkennung, und sie kommt zu dir. Denn sie kommen zu dir, wenn du nicht das Äußere, sondern das Innere, nicht die Vielfalt der Welt, sondern die Einheit des Selbst in dir findest.**

Wer die Einheit in sich gefunden hat, kann alles bewirken. Er kann wie Krishna oder Hanuman im wahrsten Sinne des Wortes Berge versetzen. Und welcher Fels ist schwerer zu versetzen als die Starrheit, als die Ungeduld eines Menschen?

Denn: **Die Ungeduld ist mit ihrer Umtriebigkeit im Grunde starr**, weil sie das mangelnde Verankertsein im Selbst durch Starrheit zu ersetzen versucht.

Wer dagegen im Selbst, das heißt in seiner Mitte verankert ist, der kann sich geschmeidig allem hingeben, weil er wie die Boje am Anker fest an seinem Ursprung gegründet ist.

So schreibe ich dieses Buch als lebendigen Prozess und spreche immer wieder von der Geduld, um diese in dir immer größer und größer werden zu lassen.

Deshalb: Hüte dich vor schnellen Lösungen. Streben Patienten eine schnelle Lösung an, dann wollen sie in Wahrheit keine schnelle Veränderung, sondern vielmehr schnell zum Status quo zurückkehren! Bedenke, dass du Leben über Leben, Geburt über Geburt, Tod über Tod, Familie über Familie durchleben musstest, um bis hierher zu gelangen. Gab es da die *schnelle Lösung*? Nein, denn das Ziel des Lebens ist das Tao, das innere Gegründetsein. Und dies ist Geduld.

Der Weise beziehungsweise der gute Therapeut achtet daher zuallererst auf das Entwickeln von Geduld. Denn ohne Geduld ist keine Veränderung von Dauer, deswegen hat auch kein durch Ungeduld erreichter Erfolg Bestand.

Sei deshalb äußerst vorsichtig den schnellen Lösungen gegenüber – besonders, wenn sie dir von einem noch unerfahrenen Therapeuten angeboten werden.

Das Problem der heutigen Gesellschaft besteht darin, dass jeder allen schnelle Lösungen anbietet. Und welche ist wirklich die schnellste Lösung? Die schnellste Lösung ist die, die sich Zeit lässt.

Nichts ist schneller, nichts ist dauerhafter als Geduld. Deshalb ist das Ziel der Therapie nicht unbedingt Heilung der Neurose, sondern das Erlangen von Geduld. Denn Geduld ist der große Schritt zur Zufriedenheit und Zufriedenheit der große Schritt zum Glück.

Hat jemand deshalb in seiner Therapie zu mehr Geduld und Zufriedenheit gefunden, hat sein Leiden, hat sein Leben einen unendlich tiefen Sinn. Und dieser tiefe Sinn führt zum Glück!

Ich kann deshalb nicht häufig genug wiederholen: Hüte dich vor schnellen Lösungen. Liebe die Geduld.

Aber von Geduld reden, Geduld fordern kann nur ein Therapeut, der weiß, was er tut, und der schnell auf den Punkt kommt.

Marcels Therapeutin erkannte deshalb sofort, dass ihr Patient von zweierlei Gefühlen bestimmt war: Von der Freude über den Erfolg und von der Macht der Ungeduld. Deshalb wusste sie genau, dass für ihn nichts falscher gewesen wäre, als hier weiterzumachen.

Denn einerseits musste das Erarbeitete wirken, und andererseits durfte nicht zu viel auf einmal aufgewirbelt werden.

Hätte sie Marcel weiterarbeiten lassen, wären der Klärung mit seiner Mutter entscheidende Gefühle genommen worden, und die bisher geleistete Arbeit hätte nicht so intensiv weiterwirken können.

Marcel sollte deshalb dadurch, dass er jetzt aufhörte, die Möglichkeit haben, zu spüren, wie seine ungeklärten Beziehungen, sprich **seine Bindungen an die Vergangenheit, seine Gegenwart bestimmten. Er sollte erleben, wie die Lösung der Umklammerung durch die Vergangenheit die Gegenwart befreit.**

Außerdem war es wichtig zu sehen, ob ein Nein sich prompt negativ auf seine Beziehung zur Gruppe auswirken würde.

Deshalb hätte die Therapeutin Marcel einer entscheidenden Erfahrung beraubt, wenn sie ihn hätte weiterarbeiten lassen. Er musste vielmehr die Chance haben, **innezuhalten, abzuwarten, nachzuspüren**, um sehen zu können, was sich alles bereits ereignet hatte.

Marcels Kontakt zur Gruppe blieb gut, und als er am Abend nach Hause kam, begegnete er Pauline ganz anders, denn er hatte erlebt, dass er gar nicht der war, für den er sich gehalten hatte! Er war nicht der selbstständige junge Mann, der wusste, was er wollte. Er hatte vielmehr in der Therapie erlebt, dass er auf eine bestimmte Art und Weise, die er nicht für möglich gehalten hatte, an seine Eltern und die Konflikte, die er mit ihnen hatte, gebunden war. Er kam deshalb nicht mit der destruktiven Haltung nach Hause: „Ich weiß alles, und was ich weiß, weiß ich besser!" – der Haltung, die seine Mutter ihm gegenüber eingenommen hatte. Sondern mit der heilsamen Einstellung: „Ich muss mir zunächst eingestehen, dass ich gar nicht weiß, was mich alles bestimmt und dadurch mein Verhalten bedingt!"

Durch diese Haltung öffnete Marcel sich Pauline, die das erste Mal seit langem wieder das Gefühl hatte, ihr Mann höre ihr zu. Und was geschieht, wenn ein Partner dem anderen wirklich zuhört? Es entsteht Beziehung. Genau dies geschah zwischen Marcel und Pauline.

Es mussten zwangsläufig wieder Schwierigkeiten auftreten, denn so wie eine Schwalbe keinen Frühling macht, kann in den meisten Fällen nicht eine einzige Aufstellung alles verändern. Und an die plötzliche Nähe mussten sich beide auch erst einmal gewöhnen.

Natürlich gibt es diesen Fall, dass durch eine Aufstellung ein grundsätzlicher Knoten gelöst und damit der Kern eines Konflikts beseitigt wird, weswegen zumindest in der nächsten Zeit alles Wichtige gelöst ist.

Trotzdem sind häufig noch weitere Klärungen nötig, wie wir bei Marcel sehen werden, denn seine Aufstellung war nicht beendet. Außerdem hatte er auch keine Basis-Aufstellung gemacht.

Ein ebenfalls wichtiger Beitrag zu Aufstellungen sind Affirmationen, die der Therapeut speziell für die jeweilige Lebenssituation gibt.

Doch Geduld, darüber sage ich bald mehr!

Also Geduld, denn: Therapeuten, die ungeduldig sind, werden auch erfolgsabhängig sein. Selbstverständlich muss ein Therapeut sich darum kümmern, dass er nicht nur leistet, sondern seine Leistung auch ein positives Ziel anstrebt und erreicht.

Deshalb ist es natürlich in ein und derselben Familienaufstellung möglich, dass ein Patient nach der Klärung mit seinen Eltern von beiden den Segen erhält.

Gott kennt die Kraft der Zeit und daher die große Bedeutung der Geduld. Natürlich könnte Er mit einer einzigen Handbewegung bewirken, dass die Welt wieder heil wäre, dass alle ausgestorbenen Tierarten wieder lebten, dass alle Gifte der Atmosphäre aufgelöst wären, dass das Ozonloch sich schlösse. Was hätte Er aber damit erreicht? Nichts! Denn der Mensch hätte durch dieses schnelle Aufheben der Konsequenzen seines Handelns nichts gelernt. Deshalb geht Gott den Weg des geduldigen Lehrens. Er lehrt die Menschen dadurch, dass Er ihnen aufzeigt, wie sich ihr Handeln auswirkt. Durch dieses Lernen kann der Mensch die Gesellschaft von morgen aufbauen, und durch das Verstehen des rechten Weges kann er das Goldene Zeitalter schaffen.

Psychoanalyse, Familienaufstellung und Tao

Was würde es nützen, wenn Gott das Goldene Zeitalter einläutete, der Mensch es aber in seiner Unwissenheit und Ungeduld immer wieder zerstören würde? Nichts. Es wäre nichts als Zeitverschwendung. Nur durch ein höheres Bewusstsein kann der Mensch eine neue Welt schaffen *und* sie auch halten. Alles andere ist nicht von Dauer und deshalb im Grunde nicht der Rede wert.

Weil es so wichtig ist, wiederhole ich: Ein Therapeut, der in seiner wahren Mitte gegründet ist, muss als sein wichtigstes Ziel die Bekämpfung der Ungeduld betrachten. Die Ungeduld ist die wahre Feindin des Menschen und deshalb die wahre Ursache der Neurose. Deshalb sind in Wahrheit all diese schnellen Therapieformen, die heute wie Gift(!)pilze aus dem Boden schießen, mehr schädlich als nützlich. Denn sie sind mehr auf das schnelle Geld als auf die wahre Heilung aus.

Zur Heilung gehört nämlich die Beziehung.

Und hier haben die Analytiker – wieder einmal! – Recht. Die Therapie muss sich mit der Übertragung und entsprechend mit der Übertragungs-neurose beschäftigen. Und diese entsteht nur mit der Zeit – und durch die Geduld des Therapeuten. Deshalb forciert der gute Analytiker nichts. Er wartet vielmehr geduldig ab, bis sich in der Übertragung das Problem seines Patienten offenbart, dann macht er es durch seine Deutung klar. So lernt der Patient gleich zweierlei: Einmal, wie er sich verhält, denn das wird ja in der Übertragung deutlich, und zweitens, was das geduldige Abwarten bewirken kann.

Therapien, die versprechen, im Handumdrehen einen Menschen verändern zu können, sind fast immer unseriös – allein schon deshalb, weil der Weise niemals solche Versprechungen machen würde. Solche Versprechungen gibt nur derjenige, der Werbung für sich machen will und muss. Aber welcher Therapeut muss Werbung für sich machen? Derjenige, der nicht genug zu tun hat. Und warum hat er nicht genug zu tun? Weil er sein Tao noch nicht gefunden hat. Und was ist die häufigste und wahrscheinlichste Ursache dafür? Seine Ungeduld. Und was wird er deshalb mit der Unge-duld seines Patienten tun? Er wird sie unterstützen! Denn nur der kann die Ungeduld eines anderen verändern, dem dies bereits bei sich geglückt ist.

Wie bei allem kann man auch hier des Guten zu viel tun.

So wie es die *Kurzzeittherapie* gibt, so gibt es auch die *Langzeittherapie*. Kohut schreibt zum Beispiel, dass er sich nach über 600 (!) Stunden mit einem Patienten bewusst wurde, dass die Therapie diesem nichts, zumindest nicht viel brachte.

600 Stunden Therapie sind ein anders Extrem!

Und genau hier kehren wir zur Familienaufstellung zurück.

Diese hat nämlich den unschätzbaren Vorteil, dass sie sehr schnell wirkt. Was zuweilen selbst in 600 Analysestunden nicht ans Licht kommt, kann eine einzige Aufstellung aufdecken.

Was aber schnell ist, verführt auch. Denn was ist der Fehler des Verführers? Er will schnell ans Ziel. Sonst müsste er nicht ver-führen, sondern könnte vertrauen, dass sich mit Sicherheit das Richtige einstellen wird. Der Verführer aber möchte sein Leben und das der anderen, oder besser gesagt das, was sein Ego darunter versteht, in die Hand nehmen und damit so schnell wie möglich ans Ziel seiner Wünsche gelangen.

Nur der Unwissende versucht aber, das Leben „anzuschieben". Wie heißt es so treffend im Englischen? *Don't push the river!* Versuche nicht, den Fluss anzuschieben. Stelle dir vor, du stündest in der Mitte eines Flusses und versuchtest durch ständiges Rudern deiner Hände zu bewirken, dass dieser schneller fließt. Denkst du wirklich, du würdest auch nur das Geringste bewirken? Du meinst, nein? Du hast Recht. Komisch aber, dass so viele glauben, genau dies mit dem Leben machen zu müssen.

Deshalb lautet die goldene Regel: **Versuche nicht, das Leben anzuschieben. Versuche vielmehr, mit dem Leben zu gehen. Das Leben ist der große Atem Gottes. Warum meinst du, ihn anschieben zu können, zu müssen oder zu dürfen?**

Und damit kommen wir zu einem sehr wichtigen Punkt: **Wer ungeduldig ist, ist häufig auch unbescheiden. Und wer unbescheiden ist, ist häufig auch anmaßend. Und wer anmaßend ist, hat auf Dauer keinen Erfolg. Und wer keinen Erfolg hat, wird früher oder später pessimistisch. Und wer pessimistisch ist, verbaut sich den Zugang zu seinem Selbst und seinem Glück.**

Ungeduld ist also die Untugend des Ego, die dein Leben unterminiert und dich unzähligen negativen Kräften ausliefert.

Deshalb hält der weise Therapeut nichts von einer schnellen Lösung. Er strebt vielmehr die Lösung an, welche die Ungeduld auflöst. Dies ist wirklich eine wahrhaft schnelle Lösung, denn sie ist von Dauer. Und was sagte der erleuchtete Konfuzius? **„Ein wenig Geduld am Anfang verhindert ein großes Unheil am Schluss."**

Wer Familienaufstellungen durchführt, ist ein anderer Typ als derjenige, der sich der klassischen Analyse verschreibt – und möglicherweise auch noch am Kopfende seiner Patienten sitzt, damit diese nicht durch seinen Gesichtsausdruck beeinflusst werden.

Der Therapeut, der Familientherapien gibt, ist zwangsläufig extrovertierter. Er kann sich einer Gruppe gegenüber offen verhalten, kann gestalten, kann sich der Unsicherheit eines immer ungewissen Ausgangs stellen und kann sich damit der möglichen Kritik einer Gruppe aussetzen. Er hat somit auch mehr Selbstsicherheit als mancher Analytiker, der froh ist, dass er gesammelt und unbeobachtet hinter der Couch verweilen kann.

Es ist aber nicht gesagt, ob der Analytiker seinem Patienten nicht besser tut.

Denn, wie gesagt, er gibt ihm die Erfahrung der Geduld.

Viele Therapeuten, die Familienaufstellungen durchführen, lassen sich dagegen zu sehr vom Erfolgsdruck bestimmen. Sie leiden im Grunde darunter, dass sie durch eine Familienaufstellung immer dem völlig Ungewissen ausgesetzt werden. Denn bei jeder Aufstellung gibt es eine Sache, die wirklich sicher ist: Das Ende, der Ausgang ist immer ungewiss.

„Das ist bei einem Analytiker aber doch auch nicht anders!", wendest du zu Recht ein.

Natürlich stimmt dies. Es gibt aber eine entscheidende Einschränkung: Bei ihm sieht nicht eine ganze Gruppe zu, die darüber hinaus auch noch in den Prozess eingebunden ist und deshalb genau spürt, wenn etwas nicht stimmt.

Die große Gefahr für den Therapeuten, der Familienaufstellungen macht, besteht deshalb darin, dass er den Prozess kontrollieren will. Und wie kann er dies am besten? Dadurch, dass er viel tut, viel sagt, viel bestimmt.

Denke deshalb an den entscheidenden Satz: **Niemals zu viel. Oder an das Bild: Das Tao schweigt!**

Was heißt das? Das Tao, die absolute, begründete Wahrheit, muss *nicht aktiv* werden, denn sie *wirkt*! Und was sagt Laotse, der Meister des Tao? „Wer weiß, redet nicht! Wer redet, weiß nicht!"

Natürlich sind diese Sätze überspitzt, denn Rama, Krishna, Sokrates wussten – und sprachen dennoch. Sie wussten aber genau, **wann sie was sagen** durften und wann sie unbedingt schweigen mussten. Deswegen lebten sie in der Kraft des Tao.

Der Therapeut, der eine Aufstellung plant, muss sich deshalb stets mehreres fragen: Handelt er möglicherweise nur aus Unsicherheit? Kann er dem Prozess vertrauen und deshalb erst einmal nichts tun? Handelt er, weil es wirklich notwendig ist, oder weil er Macht haben oder sie verteidigen will? Bestimmt er die Ungeduld oder sie ihn?

Denke immer daran, dass das Ego die fatale Tendenz hat, dein Kerkermeister zu werden. Und wie schafft es dies? Dadurch, dass es dich zu sinnlosem, zu machtbestimmtem Handeln anstiftet.

Das Tao bedingt deshalb, dass du weißt, wann du dich zurückhalten beziehungsweise wann du handeln musst. Denn gar nicht zu handeln ist nicht Weisheit, sondern Unklarheit oder gar Faulheit und Bequemlichkeit – die sich im Übrigen niemals auszahlen!

Nur wer kein oder sehr wenig Ego hat, kann in die Stille gehen. Nur wer nicht im Ego-Kerker gefangen ist, kann die Weite des Tao leben – und weitergeben. **Nur wer im Tao gegründet ist, kann aus der Leichtigkeit heraus das Schwerste bewegen. Nur wer im Tao schwebt, kann mit den Füßen fest auf dem Boden stehen. Nur wer im Tao seine Identität aufgegeben hat, hat sie gefunden. Nur wer im Tao sein kurzsichtiges Ziel der Machtsicherung aufgibt, bekommt die wahre Macht desjenigen, der handelt, ohne zu tun, der liebt, ohne sich und andere zu binden, der tatsächlich an Grenzen gelangt und sie überwindet, weil er keine Grenzen des Machtanspruchs zwischen sich und andere setzt.**

Nur wer das Tao erreicht, weiß, dass allein das Tao weise ist – und er es dann ist, wenn er es nicht mehr sein will.

Wirke, ohne zu handeln, und du wirst viel bewirken. Und was tut derjenige, der nicht mehr bewirken will? Er bewirkt allein deshalb, weil er die Achtung vor dem Gegenüber weit über die Wertschätzung der Macht gestellt hat. **Die Achtung des anderen ist das Finden des Tao.** Die Wertschätzung der Macht ist die Verstrickung im Ego.

Wer die Macht liebt, findet das Ego. Wer das Tao in sich gefunden hat, findet den anderen. Denn das Tao ist das Stets-Andere. Dasjenige, das immer anders ist und deshalb konstant es selbst bleibt.

Dies ist der wahre Weg der Therapie. Der mit Geduld gepflastert ist.

376

So komme ich immer wieder darauf zurück, denn ich möchte, dass auch du alles aus *Shanti*, aus der Ruhe, aus der Geduld, aus dem inneren Frieden heraus tust. Dies ist ein tiefer Aspekt des Wirkens, ohne zu handeln, wodurch du dich und dein Gegenüber wirklich siehst und achtest, weil du das Tao erblickt und erfahren hast. Und wodurch? Durch ein wenig mehr Geduld!

Deswegen: Liebst du wirklich den anderen, liebst du die Geduld. Liebst du die Geduld, liebst du das Tao. Liebst du das Tao, liebst du dich – weil du dann nicht mehr du bist.

Und wo befindet sich das Tao? Es liegt nicht in meinen Worten, sondern in deinem Herzen. In dem spirituellen Herzen, rechts in deiner Brust. Das ist der Schatz deines, nein, des Lebens überhaupt. Das ist der wahre Reichtum, der durch keinen äußeren Schatz aufzuwiegen ist. Deswegen ist das Leben auch Göttlich! **Tao!**

Weitere Aspekte der Aufstellung

Nach ein wenig Geduld (!) kehren wir zu unserem lieben Marcel zurück.

Marcel hatte in wenig Zeit viel erreicht. Bei vielen Patienten müssen Therapeuten nachhelfen, ermuntern, deuten, erklären – und manchmal sogar ein wenig „pushen", das heißt zum Weitermachen auffordern (vgl. v. Stepski-Doliwa, *Theorie und Technik der analytischen Körpertherapie*, S. 176 ff.).

Bei Marcel dagegen ging es so schnell, dass die Therapeutin genau das Gegenteil von dem soeben Gesagten tat, sie bremste.

Und das war gut so. Zumindest so lange, bis das, was erarbeitet wurde, integriert war.

Hat jemand aber gravierende Beziehungsprobleme, dann steckt in den meisten Fällen mehr als nur eine Elternproblematik dahinter. Häufig gehen die bestimmenden Strukturen eines Systems über mehrere, um nicht zu sagen viele Generationen. Sie gehen zumindest in den meisten Fällen dahin, woran der aufstellende Patient keine direkte Erinnerung mehr hat. Und das ist das, was so viele an Familienaufstellungen fasziniert: Obwohl die einzelnen Personen, um die es geht, dem aufstellenden Patienten nicht mehr bekannt sind, kommt die Wahrheit ans Tageslicht. Durch die Aufstellung und das aktive Spüren der aufgestellten Personen können die größten Familiengeheimnisse aufgedeckt werden.

So war es auch bei Marcel. Sein Ur-Urgroßvater mütterlicherseits war ein angesehener Anwalt. Er hatte eine Frau mit zwei Kindern. Eines Tages aber lernte er eine andere Frau kennen und verließ für sie seine Familie. Dies war für die drei eine regelrechte Katastrophe. Denn zu jener Zeit, im 19. Jahrhundert, war es für eine Frau noch viel schwerer als heute, ohne Mann sich und ihre Kinder zu ernähren und den Kindern ein wenig Schulbildung zu ermöglichen. Die Ur-Urgroßmutter musste deshalb von morgens bis abends als Wäscherin arbeiten, und die Kinder mussten, sobald sie ein wenig größer waren, mithelfen.

Der Ur-Urgroßvater ließ es sich währenddessen recht gut gehen. Er verdiente als Anwalt nicht schlecht, verbrauchte das Geld aber weitgehend bei seinen Zechgelagen mit seinen zweifelhaften Freunden.

Die Urgroßmutter wuchs deshalb in sehr ärmlichen Verhältnissen auf und hatte sowohl eine große Sehnsucht nach ihrem Vater, dem Rechtsanwalt, als auch eine gehörige Wut auf ihn.

Sie heiratete einen einfachen Milchmann, der ebenfalls nicht viel zu Hause war. Dafür musste ihr einziger Sohn als „Idealmann" fungieren.

Damit wurde der Vater von Marcels Mutter zu einem einerseits verwöhnten, andererseits aber auch enttäuschten Mann, der weder sich noch Frauen mochte, sich aber recht freundlich gab.

Er seinerseits behandelte weder seine Frau noch seine Tochter, Marcels Mutter, besonders schlecht. Er war aber nicht zu fassen. Er war da und doch nicht anwesend. Er war bemüht und doch nicht interessiert.

Er war der Grund dafür, dass Marcels Mutter alles besser wusste: Sie musste alles besser wissen, denn ihr Vater wusste selbst nicht, wo er war und was er wollte.

Bemerkenswert bei der Aufstellung, bei der all dies ans Tageslicht kam, war nun, dass keiner der genannten Vorfahren von Marcels Mutter gewillt war, irgendetwas zu klären. So wendete die Therapeutin eine Technik an, die immer hilft: Sie ließ Marcel als Eltern des Ur-Urgroßvaters die Kosmischen Eltern aufstellen. Sie bewirkten die entscheidende Veränderung.

Denn kaum waren sie aufgestellt und die verschiedenen Rollenwechsel durchgeführt, veränderte sich die Stimmung grundlegend. Außerdem gaben die Kosmischen Eltern dem Ur-Urgroßvater so viel Liebe, so viel Verständnis – die er offensichtlich nie erhalten hatte –, dass er sein Herz öffnen und mit der Ur-Urgroßmutter klären konnte.

Nun entstanden sehr bewegende Bilder, denn der Ur-Urgroßvater wurde sich tatsächlich erst durch die Liebe und Stütze der Kosmischen Eltern bewusst, was er seiner Frau und den Kindern angetan hatte. Er war davor so tot, so gefühllos gewesen, dass er überhaupt nicht hatte spüren können, in welch ein Unglück er sie alle gestürzt hatte.

Als der Ur-Urgroßvater mit der Ur-Urgroßmutter klären und sich bei ihr sogar von Herzen entschuldigen konnte, entstand im gesamten Familiensystem eine völlig neue Energie – und viele Gruppenteilnehmer weinten ebenfalls vor Rührung.

Diese schöne Energie ging weiter von Generation zu Generation bis zu Marcels Mutter und anschließend von ihr zu ihm.

Marcel war sehr berührt, staunte aber nicht wenig, wie fast identisch sein Verhalten dem seines Ur-Urgroßvaters war, denn auch er war drauf und dran, wegen Gisèle seine Frau und die beiden Kinder zu verlassen! Er hatte offensichtlich unbewusst das Verhalten seines Ur-Urgroßvaters übernommen, der ja das „schwarze Schaf" der Familie war und den er auf seine Art „rehabilitieren" wollte.

Bei der Familie seines Vaters ergab sich nichts so Dramatisches. Vielmehr war sein Vater von klein auf viel krank und einmal über fünf Wochen im Krankenhaus gewesen, wo die Ärzte jeglichen Kontakt zu den Eltern unterbanden. Danach war er völlig verändert, um nicht zu sagen völlig verstört. Dies schmerzte seine Eltern sehr, denn ihnen war ihr Sohn so wichtig, dass sie selbst die Trennung über diese fünf so langen Wochen in Kauf genommen hatten, in der Hoffnung, es werde ihm geholfen.

Dieses Opfer war aber leider umsonst, denn Marcels Vater blieb gesundheitlich schwach. Außerdem tat er sich nach diesem Krankenhausaufenthalt schwer, offen auf Menschen zuzugehen.

So passte er gut zu Marcels Mutter, die ganz Ähnliches mit ihrem Vater erlebt hatte.

Alle verhielten sich dem jeweiligen System entsprechend, ohne es auch nur im Geringsten bewusst zu wissen!

Als all dies geklärt war, wusste die Therapeutin, dass Marcels Ehe gerettet war. Er hatte den unbewussten Grund gefunden und gelöst, der sein Verhalten Pauline gegenüber bestimmt hatte.

Er verblieb aber noch eine Zeit lang in der Gruppe, um die Basis-Aufstellung durchzuführen und sich dadurch seine unbewussten Programme bezüglich Glück, Erfolg und Gesundheit bewusst zu machen und sie – gegebenenfalls! – positiv zu verändern. Da er zu Hause nicht gelernt hatte, gut zu kommunizieren, übte er dies noch während einiger Seminare.

Außerdem gab ihm die Therapeutin die Affirmation mit auf den Weg: „Ich bin ein guter Mann für Pauline, ein guter Vater für meine Kinder. Ich habe eine wunderbare Frau, weil ich dies wirklich verdient habe!"

Die Affirmationen

Ich habe immer wieder die Bedeutung von Affirmationen hervorgehoben, ohne näher darauf einzugehen. Dies will ich nun tun.

Was sind Affirmationen? Es sind Sätze mit einer starken positiven Aussage, die jemand laut oder leise immer wiederholt.

Eine sehr hilfreiche Affirmation, die Joseph Murphy vorschlägt, ist zum Beispiel: „Ich bin völlig heil und gesund, stark, mächtig, voll Liebe, Harmonie und Glück." (Murphy, *Die Macht Ihres Unterbewusstseins*, S. 119)

Die Affirmationen, die ich dir rate, sind: **Den Namen Gottes zu wiederholen** oder zu sagen: **„Ich bin Gott, ich bin nicht verschieden von Gott!"** Ebenso: **„Ich bin Sein-Bewusstsein-Glückseligkeit!"**

Und dies solltest du dir so genau wie irgend möglich vorstellen, das heißt visualisieren.

Diese Affirmationen können wahrlich Berge versetzen.

Kein Wunder also, dass Affirmationen viele segensreiche Funktionen in der Therapie haben.

Zunächst vermitteln sie dem Patienten, **dass er selbst etwas tun kann**, dass seine Entwicklung nicht allein von der Therapie abhängt, sondern er viele Möglichkeiten hat, die Therapie zu unterstützen beziehungsweise selbstständig sein persönliches Wachstum in die Hand zu nehmen.

Affirmationen sind damit wie Hausaufgaben, die jemand mitnimmt, um immer wieder das zu üben, was er zu lernen hat.

Und damit kommen wir zu einem weiteren wichtigen Aspekt: Programme, die Menschen über Jahrzehnte gelernt und angewendet haben, sitzen fest!

So hilfreich Aufstellungen sind und so tief sie gehen, Menschen denken immer: „Hilft das wirklich? Ist durch diese Aufstellung tatsächlich der entscheidende Knoten gefunden und gelöst worden?"

Viele Menschen lieben leider nicht allein Probleme, sondern mindestens genauso ihre Zweifel. Zweifel sind negative Programme, nach dem Motto: „Ich kann mir nicht vorstellen, dass das funktioniert." Denkt jemand dies lange genug, dann schafft er es am Ende, dass es doch nicht funktioniert.

Affirmationen geben dir hier die Chance, dich neu zu programmieren.

Hältst du zum Beispiel einen Vortrag und denkst dir vorher und währenddessen ständig: ‚Es wird nicht gehen. Ich werde kein Wort herausbringen. Die Leute werden unzufrieden sein', so hat dies eine fatale Wirkung – und am Ende ist es sehr wahrscheinlich, dass es genauso negativ verläuft, wie du es dir vorstellst, wie du **dich und damit die anderen programmierst!**

Hier kommen wir zu einem entscheidenden Satz: Dein Denken bestimmt nicht nur dich, sondern auch die anderen.

Alle sind nämlich so miteinander verbunden, dass die anderen auf einmal ganz anders reagieren, wenn du dich anders programmierst.

Denkst du deshalb, es wird gut gehen, die Leute werden begeistert sein, so wird die Reaktion des Publikums eine dementsprechende sein, wie zum Beispiel Joseph Murphy es immer wieder erlebte.

Damit gelangen wir zu einer weiteren sehr wichtigen Aussage: Was dir geschieht, hat nicht mit „irgendeiner Außenwelt", sondern damit zu tun, wie du programmiert bist. Denkst du von deinem Unbewussten her die Welt als schlecht, als problematisch, als einen Ort der Schwierigkeiten und des Unglücks, **so wirst du sie schließlich in genau der Art und Weise erleben, wie du sie denkst.** Deshalb ist eine der wichtigsten Erfahrungen, die jemand in der Therapie machen kann, dass er es ist, der das schafft, was er erlebt!

Mit anderen Worten: **Du kannst die Macht deines Unbewussten beziehungsweise Überbewussten nicht hoch genug einschätzen.** Es ist wirklich so, wie ich weiter oben sagte, dass dein Denken bewirkt, ob du ein Erfolgsmensch oder ein Versager wirst. Es liegt wirklich an dir – und an deinem Karma.

Aber das Karma liegt ebenfalls bei dir: Denn wiederholst du zum Beispiel regelmäßig den Namen Gottes, so löst du in Windeseile alles negative Karma auf. Und warum tust du es dann nicht? Warum wiederholst du nicht den Namen Gottes? Weil du denkst, es sei nicht nötig, es helfe nicht, du bräuchtest das nicht! Oder weil du es so unwichtig findest, dass du es einfach vergisst!

Hier nun ein Beispiel, wie unbewusste Programme wirken: Evelyn hatte viele Probleme. Sie stritt viel mit ihrem Mann, den sie als sehr autoritär empfand, hatte einen schlechten Kontakt zu ihren Kindern und auch noch Schwierigkeiten in der Firma, in der sie halbtags arbeitete. Alles war schwierig. Alles war ein Problem. Alles war freudlos.

Hier können wir nun sehen, warum die Verbindung von Therapie und Affirmationen so wichtig ist: Evelyn war es nicht im Entferntesten bewusst, dass all diese Probleme irgendetwas mit ihr zu tun haben könnten! Sie war der Auffassung, die Welt sei so, und sie sei ziemlich schrecklich. Dies hatte sie von Kindesbeinen an gelernt, denn sowohl ihre Eltern als auch ihre Großeltern dachten und lebten danach.

Durch einen Zufall kam sie in Therapie, denn der Schulpsychologe verwies sie wegen der Lernprobleme ihrer ältesten Tochter, Jolanda, an einen Therapeuten. So begleitete sie ihre Tochter zu diesem Therapeuten. Kaum hatte sie ein paar Sätze gesagt, wusste er, dass sie eine starke Negativfixierung hatte. Er fragte sie deshalb wie nebenbei, ob sie möglicherweise die Vorstellung habe, das Leben sei schwer – zumindest so schwer, dass sie kein Glück finden könne. Hier geschah etwas sehr Interessantes: Einerseits bejahte sie mit ihrem Körper diese Frage, indem sie sich aufsetzte und nickte – ohne dies zu merken. Verbal sagte sie aber: „Nein, mit Glück habe ich kein Problem!" – Und der Therapeut ergänzte für sich: „Weil es nicht da ist!"

Da er spürte, wie verschlossen Evelyn war und dass die Probleme von Jolanda zum überwiegenden Teil mit ihr zusammenhingen, wusste er, dass sie niemals eine Gruppe mitmachen würde. Niemals, außer unter einer Bedingung: Wenn dies unbedingt notwendig für ihre Tochter wäre. Genau dies sprach er deshalb an, denn einerseits war es die Wahrheit, und andererseits wollte er gerne Evelyn die Chance geben, ihre fatalen negativen Programme zumindest einmal kennen zu lernen.

„Ist dies wirklich wahr?", fragte sie eindringlich, nachdem der Therapeut ihr den Vorschlag, an einer Gruppe teilzunehmen, unterbreitet hatte. „Ist es wirklich wahr, dass meine Teilnahme an einer Gruppe Jolanda helfen könnte?" – „Ja, das stimmt", antwortete der Therapeut mit Nachdruck.

So kam Evelyn in eine Gruppe und machte, eher unwillig, die Basis-Aufstellung.

Und kaum hatte sie die verschiedenen Instanzen aufgestellt, staunte sie nicht wenig, denn alle Beteiligten liefen woanders hin, als sie sie hingestellt hatte.

Glück, Erfolg, Gesundheit und Gott liefen von ihr weg, dafür standen Unglück, Misserfolg und Krankheit umso näher bei ihr.

Sie hätte dies nie geglaubt, und hätte es ihr der Therapeut in jener Stunde gesagt, als sie ihn mit Jolanda aufsuchte, wäre sie nie wiedergekommen.

Der Therapeut führte die Arbeit nur wenig weiter, denn er spürte, wie fest der Unglaube in Evelyn saß. Er gab ihr deshalb eine Affirmation mit auf den Weg: „Ich danke Gott, dass ich so glücklich bin!" Und dass sie dies so genau wie irgend möglich visualisieren sollte.

Evelyn hielt diesen Satz für etwas verrückt, denn sie hatte doch gerade gesehen, dass es ganz anders in ihr aussah! Trotzdem versprach sie, diese Affirmation immer zu wiederholen. Außerdem wollte sie in der Gruppe weitermachen, um die Aufstellung zu Ende zu führen.

Diese Affirmation, die sie morgens kurz nach dem Aufwachen, mittags und abends vor dem Einschlafen mehrmals aussprach, bewirkte eine große Veränderung. Sie stellte mehr und mehr fest, wie negativ sie dachte, wie sie immer zunächst das Schlechteste in jeder Situation annahm und stets an einem guten Ausgang zweifelte.

So war sie in einer späteren Gruppensitzung sehr motiviert, ihr unbewusstes Programm zu lösen. Sie klärte in einer Aufstellung viel mit ihrer Familie, besonders aber mit ihrem Vater, und blieb weiterhin bei der obigen Affirmation.

Und was geschah? Ihre Beziehung zu ihrem Vater veränderte sich grundlegend. Ihre Tochter Jolanda hatte keine Probleme mehr in der Schule. Und ihren Mann erlebte Evelyn auf einmal als sehr verständnisvoll und ihr zugewandt.

Visualisierungen verbunden mit guter Psychotherapie und festem Glauben können tatsächlich Berge versetzen.

„Verbunden mit Psychotherapie, was bedeutet das?", fragst du.

Wie wir aus dem soeben beschriebenen Beispiel ersehen, ist vielen Menschen überhaupt nicht bewusst, **dass** sie eine negative Lebenseinstellung haben. Sie glauben vielmehr, ihre Einstellung sei ganz in Ordnung, nur das Leben sei es nicht!

Deshalb muss hier Therapie überhaupt erst ein Bewusstsein für die eigene Programmierung schaffen. Anschließend können dann, wie bei Evelyn, die entsprechenden Affirmationen gegeben werden.

Therapie ist aber aus noch einem Grund sehr wichtig: Wie ich weiter oben bereits beschrieben habe, vermehren sich Wünsche wie Mäuse. Deshalb solltest du sehr vorsichtig mit dem Programmieren von Wünschen sein, denn du weißt nicht, ob sie dir wirklich gut tun.

Es gibt nämlich manche Menschen, welche die Affirmationen dazu verwenden, nur noch zu wünschen. Ihr Leben besteht aus einem Wunsch nach dem anderen. Und was schaffen Wünsche? Bindungen. Und was schaffen Bindungen? Enttäuschungen. Und was schaffen Enttäuschungen? Wut, Zorn, Hass, Eifersucht und all die anderen Geißeln des Menschen.

Ein guter Therapeut begleitet deshalb seine Patienten sehr genau bei ihren jeweiligen Affirmationen und macht sie gegebenenfalls darauf aufmerksam, wenn sie Gefahr laufen, sich in einer regelrechten Flut von Affirmationen als Form der beinahe schon unendlichen Wunscherfüllung zu verstricken.

Denn die Affirmationen machen eines besonders deutlich: **Du bist der Schöpfer deines Schicksals, deines Lebens, deines Glücks.** Gehst du weise mit Affirmationen um, werden sie dein Leben aufblühen lassen.

Lässt du dagegen die Wünsche sich wie Mäuse vermehren, dann läufst du Gefahr, nicht zum Glück bringenden Gott Ganesha zu gelangen, sondern auf die Stufe seines Gefährts, der Maus, abzusinken.

384

KOMMUNIKATION

Kommunikation ist ein besonders wichtiges Gebiet der Psychotherapie.

Sowohl die größten Erfolge als auch die größten Schwierigkeiten schafft sich der Mensch durch die Art, wie er kommuniziert. Hier wird besonders deutlich, was ich immer wieder betone: Der Mensch hat in Wahrheit drei Gesichter. Das eine spiegelt wider, wie **er sich** sieht. Das zweite, wie **andere ihn** sehen. Und das dritte, wie er **wirklich ist**. Die drei Seinsweisen sind: Körper, Verstand und *Atman*.

Diese Tatsache, dass ein Mensch sich häufig ganz anders als seine Umgebung wahrnimmt und diese ihn nochmals anders sieht, als er in Wahrheit ist, ist ein Grund für einen Teil der Schwierigkeiten, die viele Menschen damit haben, sich selbst zu finden. Denn die Außenwelt spiegelt ihnen bei weitem nicht immer wider, wie sie wirklich sind, wenn sie ihnen zum Ausdruck bringt, wie sie sie erlebt. Da bekommt zum Beispiel eine Frau von ihrem Mann gesagt, sie sei so hysterisch, so schrecklich aggressiv, dabei drückt sie nur ihren Unmut über etwas aus, was sie stört. Dies ist aber für ihren Mann bereits so bedrohlich, oder er hat derartige Angst, seine Macht einzubüßen, dass er sogleich ihre Äußerungen negativ bewertet.

Viele Menschen, die vor allem von ihrem Partner immer wieder gesagt bekommen, wie sie angeblich sind, glauben dies nach einer Weile. Besonders auch dann, wenn Paare entsprechende Freunde haben, die deshalb mit ihnen befreundet sind, weil sie eine ähnliche Sicht der Dinge pflegen. Und so reagieren einige Freunde zum Beispiel auf die Frau ähnlich, wie der Mann es tut. Passiert dies mehrfach, ist es nahe liegend, dass diese glaubt, sie sei wirklich hysterisch, wenn sie sagt, was ihr nicht passt.

Hier ist natürlich der dritte, der objektive Beobachter, von kaum zu überschätzendem Nutzen.

Deshalb sollte der gute Therapeut einen großen Teil seiner Aufmerksamkeit auf die Art und Weise richten, in der seine Patienten kommunizieren.

Die meisten sind sich nämlich überhaupt nicht bewusst, **was sie wann wie sagen!**

So schilderte eine Frau, wie sie sich fühlte. Ihr Mann schaute dabei aus dem Fenster. Und als sie fertig war und ihn fragte, ob er dem beipflichten könne oder anderer Meinung sei, antwortete dieser mit einem einfachen „Ja, ja!" Und war ehrlich verwundert, dass seine Frau durch dieses offen-sichtliche und hörbare Desinteresse verletzt war. Und nicht nur das, er meinte, ihn treffe wirklich keine Schuld! Erst die Arbeit in einer Gruppe konnte ihm vermitteln, wie er kommunizierte und dass dies seine Frau zum Teil sehr schmerzte.

Hier nun ein Beispiel eines Gesprächs, in dem sich ein Paar so verstrickte, dass der Fall in der Therapie geklärt werden musste.

Der Mann kam zu seiner Frau und den Kindern ins Zimmer, die gerade etwas Schönes gebastelt hatten, weil er dort seine Brille suchte. Er hatte den Kopf voll damit, was er heute noch alles zu tun hatte.

Als er eine Weile im Raum seine Brille gesucht hatte, sagte die Frau: „Du könntest eigentlich hallo sagen, wir haben uns doch heute noch kaum gesprochen!" Daraufhin sagte er: „Ich habe so viele verschiedene Dinge im Kopf! Warum sagst du mir das aber in so einem vorwurfsvollen Ton?" Da antwortete sie: „Ich habe doch nur darum gebeten, dass du hallo sagst!" – „Du gehst gar nicht auf das ein, was ich dir sage!", erwiderte der Mann.

Da konterte sie: „Ich habe es doch freundlich gesagt", und wiederholte den Satz in einem verbindlichen Ton. Das ärgerte den Mann, denn der Ton, der ihn verletzt hatte, war ein anderer gewesen. Hätte seine Frau es ihm so gesagt, wie sie es jetzt tat, hätte er es gut annehmen können.

Hier zerstritten sie sich restlos, denn der Mann fühlte sich von seiner Frau manipuliert – eine der größten Ängste des Mannes.

Wie sich in der anschließenden Therapiesitzung ergab, war Folgendes geschehen: Die Frau hatte die Erwartung dem Mann gegenüber, er würde sie, die Kinder und das zusammen Gebastelte sehen und sich daran freuen. Durch diesen Wunsch konnte sie sich nicht auf ihren Mann einstellen. Dadurch, dass er anders reagierte, als sie sich gewünscht hatte, war sie enttäuscht. Daher kam der Vorwurf und auch ihre Schwierigkeit zu sehen, dass sie ihm tatsächlich einen Vorwurf gemacht hatte. Der zweite Fehler bestand darin, dass sie, als ihr Mann ihren Ton ansprach, ins Kämpfen kam, anstatt seine Gefühle anzunehmen.

Der Fehler des Mannes war, dass er nicht zugab, sie samt der Kinder übergangen zu haben. Er hätte sich dafür entschuldigen und trotzdem ihren Ton ansprechen können. Auch als die Frau äußerte, sie hätte sich über ein Hallo gefreut, ging er nicht darauf ein.

Da all dies beiden völlig unbewusst war, er sich außerdem manipuliert und sie sich übergangen fühlte, konnten sie die Situation allein nicht lösen.

Wenn Kommunikation so verläuft, dann ist es nahe liegend, dass Menschen sich zuerst missverstehen, dann streiten und – sind sie sehr kämpferisch – sich schließlich sogar zerfleischen beziehungsweise trennen (vgl. Gottman und Silver, *Die 7 Geheimnisse der glücklichen Ehe*).

Deshalb gilt für jegliche Kommunikation der entscheidende Satz: **Diskutiere nie über die Gefühle des anderen. Diskutiere nie darüber, wie er es gehört, gesehen, verstanden hat. Dies ist reiner Machtkampf.**

Denn keiner kann sich anmaßen, zu sagen, wie der andere etwas zu empfinden hat. Sagt jemand: „Ich bin traurig!", so wäre die Antwort darauf: „Nein, das kann nicht sein!" absurd.

Auf der körperlichen Ebene wird dies noch deutlicher. Sagt jemand: „Ich habe Hunger", ist es völlig unpassend, wenn ein anderer ihm: „Das kann nicht sein!" antwortet.

(Außer dies ist als Ausdruck des Erstaunens zu verstehen, etwa in der Form von: „Jetzt hast du gerade gegessen und hast schon wieder Hunger, wie erstaunlich!")

Sagt jemand: „Ich finde die Art, wie du mir etwas sagst, scharf, hart, arrogant!", gibt es eine einfache Antwort: „Ah, das war mir nicht bewusst." Noch besser ist es natürlich, darauf zu sagen: „Das tut mir Leid, dass es so bei dir ankommt, das wollte ich nicht!"

Damit akzeptiert der Antwortende die Wahrnehmung des anderen, ohne seine eigene zu verleugnen.

Das Wichtigste bei jeglicher Form der Kommunikation ist, dem anderen seinen Raum zu lassen. Wie wir immer wieder gesehen haben, sind die meisten Menschen unsicher. Sie glauben, dies nicht zu können und zu jenem untauglich zu sein. Sie glauben, dass sie nicht liebenswert und nicht erfolgreich sind. Sie glauben mit einem Wort, nicht wertvoll zu sein. Deshalb berücksichtigt der Kluge dies und geht immer wieder davon aus, dass der andere vieles so sagt, weil er sich als der weitaus Unterlegenere fühlt.

So ist es entsprechend sinnlos, wenn Menschen dadurch, dass sie zum Beispiel die Macht haben, glauben, sie könnten sich über die Gesetze der Kommunikation hinwegsetzen. Manche Chefs meinen, sich dies leisten zu können, weil ihre Angestellten von ihnen abhängig sind. Ebenso nehmen sich dies manche Eltern ihren Kindern gegenüber heraus.

Bedenke aber, dass der Mensch sich mit nichts so viel negatives Karma schafft wie mit seiner Sexualität und seiner Zunge.

Bei der Zunge trifft das in doppelter Hinsicht zu: Einmal damit, was ein Mensch isst, und dann damit, was er sagt.

Bei vielen Menschen fallen diese zwei Fähigkeiten der Zunge zusammen: Sie machen sich nicht im Geringsten Gedanken darüber, wem alles sie durch ihre Essgewohnheiten schaden, wie viele Menschen und Tiere durch ihre kulinarischen Ansprüche leiden **und** wie sehr sie ihre Mitmenschen durch ihre lieblosen Äußerungen verletzen.

Denke an das, was ich immer wieder betone: Die Verletzungen, die durch ein Schwert geschlagen werden, können heilen. Manche Verletzungen dagegen, die du durch die Schärfe deiner Zunge jemandem zufügst, heilen ein Leben lang nicht!

Wie viele Menschen haben schwer dafür gebüßt, dass sie achtlos oder sogar bewusst jemanden verbal verletzten. Wie viele haben ihre Karriere ruiniert, den Partner verloren oder wurden, als Reaktion auf ihre Äußerungen, körperlich so verletzt, dass sie zum Krüppel wurden oder gar ihr Leben verloren!

Bedenke: Die meisten Morde geschehen aus Gründen, die mit Karma, Dharma und Kommunikation zusammenhängen.

Glaube ja nicht, du könntest sagen, was du willst, es sei die Aufgabe der anderen, dich richtig zu verstehen. Und wenn nicht, dann sollten sie nicht so empfindlich sein!

Lies noch einmal, was ich von Rama (S. 138 ff.) bezüglich des guten und des schlechten Menschen zitierte. Es sind die Bösen, also die Unbewussten beziehungsweise diejenigen, die in ihrer Entwicklung noch nicht so weit sind, die sich nicht darum kümmern, wie sie andere verletzen, oder gar Freude dabei empfinden, dies zu tun!

Verletze nie jemanden, denn du wirst immer die Konsequenzen zu tragen haben. Nur der Arrogante und sehr Unwissende meint, er könne andere verletzen, ohne eines Tages dafür zahlen zu müssen.

Denke daran: Es gibt keine Handlung ohne Konsequenz! Keine Einzige.

Stell dir vielmehr vor, dass jedes Lebewesen an einen riesigen Computer angeschlossen ist – die *Akasha-Chronik*, das Buch aller Handlungen und aller Leben – und dass in dem Computer ein Programm gespeichert ist, das ausrechnet, wann du welche Konsequenzen und auf welche Weise erleben wirst!

Es gibt keine Handlung im Verborgenen. Es gibt nicht den perfekten Diebstahl oder gar Mord! Alles wird registriert. Jede Handlung, jedes Wort, jeder Gedanke, denn das Höchste Selbst ist dein Herz!

Deshalb kann auch genau bestimmt werden, wie jede Handlung zu werten ist, denn zu jeder Handlung wird auch immer das Motiv mitaufgezeichnet. Denn allein das Motiv entscheidet, ob eine Tat als ein Mord oder als eine Heldentat einzustufen ist. Bei der Schlacht von Kurukshetra, bei der die zahlenmäßig weit unterlegenen Pandavas die Kauravas schlugen, war zum Beispiel das Töten des Gegners eine Heldentat.

Denke deshalb nicht, deine Art der Kommunikation sei völlig nebensächlich. Denke nicht: ‚Keiner hört es, wie ich meine Frau, meine Kinder und meine Angestellten erniedrige, und im Übrigen: Wen kümmert's?!'

Du wirst es nicht glauben, aber die Antwort ist: *Dich.* Denn erstens gibt es nach jedem Leben ein Gericht, bei dem all dein Soll und Haben zusammengerechnet wird und du nach Maßgabe dessen, was du auf Erden Gutes getan hast, eine bestimmte Zeit lang im Jenseits bleiben kannst. Und zweitens können dich die Konsequenzen deiner miserablen beziehungsweise brutalen Kommunikation jeden Tag einholen.

Sieh dir zum Beispiel Enrico an. Er redet, „wie ihm der Schnabel gewachsen ist"! Und wie ist ihm der Schnabel gewachsen? Sehr schlecht. Er redet schlecht über andere. Er sät Zwietracht, er beleidigt, er verleumdet, er beschimpft, er macht andere schlecht und freut sich daran, sie zu verletzen.

Und wie ist sein Leben? Ein Jammertal! Die Kinder sind krank. Die Frau ist krank. Sein Geschäft geht miserabel, und er hat Schulden über Schulden.

„Und das ist die Strafe?", fragst du. Keine Strafe! Sondern sein negativ gepoltes Unbewusstes beeinflusst sowohl ihn als auch sein gesamtes Umfeld. So besteht die schlimmste Strafe für die Bösen in ihrer Überheblichkeit, in ihrer Besserwisserei und ihrem Immer-Recht-behalten-Wollen, denn damit vergiften sie sich und ihre Umgebung und leiden entsprechend.

Interessant ist es in diesem Zusammenhang, wenn wir uns vergegenwärtigen, dass Sünde auf Italienisch *peccato* heißt. *Che peccato* bedeutet „welch eine Sünde" und „wie schade". Das besagt, dass, wer nicht nach der Göttlichen Ordnung lebt, leidet, anstatt glücklich zu sein: *Che peccato!* Welch eine Sünde, wie schade!

Achte deshalb auf deine Kommunikation, denn sie ist ein wichtiger Schlüssel zu deinem Glück.

Wer nicht auf seine Kommunikation achtet und alles besser weiß, hat keine Gnade, denn er ist fest im Griff der Unwissenheit. Nur der sehr Unwissende glaubt, alles besser zu wissen, und vergaloppiert sich wie derjenige, der meint, der Komparativ von flüssig sei überflüssig und der von Wissen sei Besserwisserei!

Wer so negativ denkt, ruft durch sein Handeln so lange Leiden und Schmerzen zu sich heran, bis diese sein Herz so öffnen, dass er endlich einmal auf andere hört – und umdenkt!

Bitte und Danke

So denken viele Menschen, als Folge ihrer schlechten Kommunikation, die Welt sei feindlich – besonders *ihre* Umwelt sei es. Ich sage dagegen: Die Welt ist ein Spiegel. Und warum ist sie ein Spiegel? Weil sie deine Kommunikation spiegelt. Viele merken nicht, wissen nicht, spüren nicht, *wie* sie kommunizieren. In vielen Fällen entscheidet aber deine Kommunikation, wie du lebst.

Die einfache Regel lautet deshalb: Kommunizierst du gut, öffnet sich dir die Welt. Kommunizierst du schlecht, verschließt sie sich.

Dies kann bereits durch ganz kleine Dinge geschehen.

Zum Beispiel gibt es zwei „Türöffner". Sie heißen **Bitte** und **Danke**. Viele Menschen – und leider auch viele Therapeuten! – meinen, diese Worte nicht zu benötigen. Sie stehen darüber – glauben sie! Aber wie heißt es so richtig? **Gerechtigkeit schützt ein Volk, Höflichkeit erhöht es.**

Die ganz einfache Regel lautet deshalb: Je höflicher du bist, desto deutlicher bringst du zum Ausdruck, wie weit du in deiner Entwicklung gekommen bist. Weise, erleuchtete Menschen achten immer darauf, wo ihr Gegenüber ist. **Und sie kennen die Bedeutung der kleinen Gesten.** Zu diesen besonders wirksamen und bedeutsamen kleinen Gesten gehören die Wörter **Bitte** und **Danke.**

Bitte und Danke sind deshalb bedeutsam, weil sie deinem Gegenüber unmittelbar ausdrücken, dass du es siehst, dass du es wahrnimmst, dass du es achtest.

Viele Menschen sind heute aber derart in ihrem Ego gefangen, dass sie die Höflichkeit der Wörter Bitte und Danke mit Unterwürfigkeit verwechseln.

Dies ist aber nur vordergründig der Fall. In Wahrheit können sie überhaupt nicht mit Positivem, das ihnen entgegengebracht wird, umgehen. Ihr Selbstwert, ihre narzisstische Wunde blockiert sie beziehungsweise treibt sie in den Größenwahn.

Ich werde, weil es von so großer Bedeutung ist, später noch eingehender auf das Thema von Bitte und Danke zurückkommen.

Anerkennung und Komplimente

Viele Menschen sehen sich im Grunde als völlig wert- und bedeutungslos. Sie können sich deshalb nicht vorstellen, wieso jemand sie mit Achtung und Respekt behandeln sollte. Sie gehören somit zu den Menschen, die keine Komplimente annehmen können. Im Extremfall vertreten sie die irrige Ansicht, Komplimente seien nichts anderes als Lug und Trug. Und warum glauben sie dies? Weil sie einen derart schlechten Selbstwert haben, dass sie sich nicht vorstellen können, dass jemand im Ernst irgendetwas Positives an ihnen finden könnte. Daher kann ihnen nur derjenige etwas Positives sagen, der schlicht und ergreifend lügt!

Eine andere Art und Weise, mit Komplimenten umzugehen, die ebenfalls eine narzisstische Wunde (siehe weiter oben!) ausdrückt, wenn auch nicht so ausgeprägt wie die obige, besteht im Abwehren des Kompliments. Sagt jemand: „Du hast heute ein schönes Kleid an!", so antwortet die Angesprochene nicht: „Oh, vielen Dank, es freut mich, dass es dir gefällt!", sondern: „Das ist nichts Besonderes, es ist uralt!" Entscheidend für den therapeutisch Geschulten ist hierbei, dass derjenige, der so spricht, **in Wahrheit nicht von seinem Kleid, sondern von sich selbst spricht**. Dies wird deutlich, wenn jemand wegen seiner Fähigkeiten gelobt wird. Beglückwünscht jemand nach einem Konzert den Pianisten mit den Worten: „Du hast heute wunderbar gespielt!", und antwortet dieser: „Das war nicht der Rede wert. Ich fand, dass ich nicht in Topform war!", so drücken genau diese zwei Sätze die ganze narzisstische Problematik aus: Einerseits findet er seine Leistung – und damit sich selbst! – nicht der Rede wert. Dies ist der minderwertige Teil der narzisstischen Spaltung. Andererseits folgt im nächsten Satz sogleich die Größenfantasie: Er war nicht in Topform! Das heißt mit anderen Worten, dass er bei anderen Gelegenheiten noch besser gespielt hat!

Diese zwei Sätze sind so kurz, so schnell gesagt, und doch zerstören sie im Nu die Kommunikation. Denn demjenigen, der die Anerkennung aussprach, wird zunächst widersprochen: Es war ja nicht der Rede wert, was er da lobend hervorhebt. Und dann – noch schlimmer – wird ihm bedeutet, dass er schlecht hört und wenig über Musik weiß, wenn er diese Leistung besonders hervorhebt! Aber dass er sich ja nicht einbilden soll, er, der Pianist, spiele immer so schlecht – in seiner Topform ist er unschlagbar!

Und hier kommen wir zu zwei weiteren Punkten, die durch ein narzisstisches Problem hervorgerufen werden: Die Kommunikation wird kompliziert, und aus dem Wunsch, dem anderen etwas zu geben, wird schnell ein solches Problem, dass man bereits meint, sich verteidigen zu müssen.

So geschehen im obigen Beispiel: Der eine möchte dem Pianisten nur seine Anerkennung aussprechen. Weil dieser aber so schlecht von sich denkt und nicht einfach sagen kann: „Wie schön, dass es dir gefallen hat. Das freut mich. Hab vielen Dank, dass du es mir sagst!", entsteht ein Problem, durch das derjenige, der die Anerkennung ausspricht, sich am Schluss dafür rechtfertigen muss, dass er überhaupt etwas gesagt hat.

Wer sich – und anderen – das Leben schwer macht, hat immer ein Problem. Wer dagegen das Leben leicht nimmt, ohne leichtfertig oder gar ein Leichtgewicht zu sein, ist weise, ist weit, ist in Kontakt mit sich und mit den anderen.

Das Annehmen

Bleiben wir aber bei den beiden Beispielen. Was ist geschehen? Anstatt das Kompliment, die Anerkennung anzunehmen, wurde beides abgewehrt. Und was geschah dadurch? Dadurch, dass sie nicht angenommen wurden, mussten sich die, die gelobt wurden, nicht bedanken! Dies ist wiederum eine Seite des Größenselbst! Um die narzisstische Wunde zu kompensieren, flüchtet sich jemand in die Grandiosität. *Er* muss sich nicht bedanken. *Er* hat das nicht nötig. *Ihm* steht all das Lob *selbstverständlich* zu – und genau in diesem Wort steckt der Schlüssel! Es ist *nicht* selbst-verständlich, sondern ego-... ja, was? Was versteht das Ego? Im Grunde versteht es nichts. Das ist das Problem. Es versteht weder, was es selbst braucht, noch was sein Gegenüber von ihm erwartet. Es brüskiert vielmehr den anderen, weil es selbst so häufig brüskiert, so sehr verletzt wurde und so lange schon verletzt ist, dass es meint, diese Verletzung sei etwas ganz Normales.

Sie ist es nicht, denn sie zerstört die zarte Pflanze der Kommunikation, zerbricht den Kontakt und macht deshalb einsam.

Dies ist der Grund dafür, dass so viele bekannte Persönlichkeiten – Schauspieler, Musiker, Politiker – sich häufig so, wollen wir es milde ausdrücken, absonderlich benehmen. Sie können es in ihrem Innersten nicht glauben, dass jemand wirklich *sie* meint. Sie verhalten sich – trotz und wegen all der Anerkennung – wie das ungeliebte Kind, das sich unbewusst sagt: „Wenn meine Mutter auf mich nicht positiv reagiert, dann benehme ich mich so schlecht, dass ich, wenn schon keine Liebe, dann wenigstens Hiebe bekomme! Wenn schon keinen positiven, dann wenigsten einen negativen Kontakt!" Das heißt: All die Anerkennung hilft ihnen nichts, heilt nichts, verändert nichts, denn sie wird nicht angenommen, weil die Sperre des fest gefügten schlechten Selbstbildes es verhindert. Deshalb benehmen sie sich so, als hätten sie nichts bekommen, als habe sie niemand gesehen und anerkannt. Mit anderen Worten: Sie bleiben trotz und wegen all des Trubels und in all der Anerkennung einsam, ungenährt und fühlen sich nicht gesehen.

So schlagen sie über die Stränge, womit sie gleich zwei Dinge erreichen: Einmal bestätigen sie sich ihre schlechte Selbsteinschätzung – „Ich bin doch in Wahrheit nichts wert, die anderen sehen es nur nicht!" –, und sie bekommen endlich die negativen „Zuwendungen", eben die Hiebe, die sie gut kennen und stets erwarten. Außerdem bedeutet die Tatsache, dass sie nun die Hiebe bekommen, die sie ohnehin erwarten, eine Entspannung, weil endlich das eintritt, was sie die ganze Zeit befürchtet haben. Ist es eingetroffen, können sie sich – so unangenehm es sein mag – entspannen, denn nun können sie nicht mehr unerwartet überrascht werden.

Napoleon

Wir sehen, welch eine Dimension hinter so kleinen Wörtchen wie Bitte und Danke stecken kann. Dazu noch ein Beispiel, das den ganzen Zusammenhang gut beleuchtet. Bei einem Treffen von Therapeuten werden immer wieder Papiere durch die Reihen gegeben. Einer der Therapeuten bedankt sich nie, wenn er wieder einmal ein Papier gereicht bekommt. Stumm wie ein Fisch nimmt er es aus der Hand seines Nachbarn. Kein „Danke", kein Blickkontakt. Nichts.

Dann geschehen zwei entscheidende Ereignisse. Eine Vortragende schlägt vor, ob sich nicht einige dazu äußern wollen, was sie in ihrem Leben und ihrer Arbeit einschränkt, ihnen Angst macht. Da schildert dieser Therapeut, wie schwer er sein Leben erlebt. Wie hart er für sein Auskommen arbeiten muss. Wie angestrengt und bedroht er sich zuweilen fühlt.

Wenig später fragt eine andere Vortragende die Teilnehmer nach ihren Vorstellungen in ihren Größenfantasien, in ihrer Grandiosität.

Da meldet sich eben dieser Therapeut und sagt, er stelle sich gerne vor, er sei Napoleon.

Wie erstaunlich gut diese Aussagen zusammenpassen! Wie genau beide in seiner Form der Kommunikation beinhaltet waren! Er bekam etwas gereicht und bedankte sich nicht. Das bedeutet: Er würdigte den anderen nicht. Wer aber andere nicht würdigt, würdigt sich erst recht nicht. Wer sich und andere nicht würdigen kann, dessen bewusste und unbewusste Kommunikation ist blockiert, das heißt, sie erreicht den anderen nicht. Erreicht sie den anderen nicht, fühlt dieser sich nicht gemeint. Fühlt er sich nicht gemeint, erlebt er sich folgerichtig als nicht wertvoll für sein Gegenüber. Was soll so jemand aber seinen Patienten geben können? Ein Therapeut, der seinen Patienten mit seiner Kommunikation vermittelt, dass sowohl er als auch sie wertlos sind, hilft nicht, sondern schadet. Er wird deshalb wenig helfen können, und nur diejenigen bleiben eine Zeit lang bei ihm, die sein Verhalten aus ihrer Kindheit zur Genüge kennen.

Bleiben sie aber nicht, empfehlen sie ihn auch nicht weiter. Der Therapeut verliert damit gleich zwei Einnahmequellen: Die einen gehen, und andere kommen nicht nach.

Kein Wunder also, dass der oben beschriebene Therapeut immer wieder das Gefühl hat, dass er gerade so über die Runden kommt. Das bringt ihn in Kontakt mit seinen Minderwertigkeitsgefühlen. Dies ist der eine Teil der narzisstischen Wunde. Der andere, der den Ausgleich schaffen soll, die Grandiosität, sagt ihm, er sei Napoleon. Und wer war Napoleon? Ein genialer Mensch, der an seiner Grandiosität, an seiner Rücksichtslosigkeit, die bis zur äußersten Brutalität reichte, scheiterte.

Napoleon liefert ein einleuchtendes Beispiel dafür, dass die narzisstische Wunde von außen nicht heilbar ist. Napoleon fühlte sich klein und minderwertig. Er war aber hoch begabt und äußerst fleißig. Er erreicht das Unvorstellbare: Er, der kleine Mann aus Korsika, eroberte halb Europa und wurde der Herrscher über viele Könige. Und was erreichte er damit? Nichts. Gar nichts! Das ist die Tragik der narzisstischen Wunde. Das ist die Tragik desjenigen, der nicht „Danke" sagen kann! Er kann nicht innehalten. Er muss immer mehr und mehr erreichen. Und wofür? Weil es **für ihn nie genug ist!** Dies ist die Tragik des Narzissten. Genauso wie in der Sage, in der Narziss so in sich verliebt ist, dass er zu niemandem eine befriedigende, geschweige denn eine erfüllende Kommunikation – das heißt Be-

ziehung! – aufnehmen kann und am Ende zu Grunde geht. So konnte
Napoleon nur von Schlacht zu Schlacht schreiten. Er verlagerte damit die
wild tobenden Schlachten in seinem Herzen nach außen. Und so, wie er
sich innerlich bedroht und zum Teil vernichtet fand, so bedrohte er und
vernichtete er das Leben anderer. Wofür? Was brachte es ihm? Selbst die
Chance zur Besinnung und zu einem grundsätzlich neuen Anfang anlässlich seiner Gefangenschaft auf Elba konnte er nicht nutzen, sondern floh
und führte sein vorheriges Leben unverändert weiter. Seine Grandiosität
musste unermesslich sein, weil die Wunde in seiner Brust es war. Es ging
ihm wie König Midas, dem alles zu Gold wurde, was er anfasste. Was sollte
er aber essen, wenn alles Gold war? Was nützt alles Gold dieser Welt, wenn
der Körper nicht mehr genährt wird? Wozu all das Gold, wenn es einen ins
Verderben bringt?

Das ganze Gold nützte König Midas nichts. Er bat deshalb aus der größten
Not heraus, die Götter möchten ihn **von dem Fluch befreien**, dass alles,
was er berührte, zu Gold wurde. Napoleon bat nicht darum. Er bat sowieso
nicht gerne: Weder die Menschen noch Gott. Er nahm sich lieber, was er
haben wollte. Außerdem lebte er die irrige Illusion, äußerer Prunk könne
die innere Armut, die innere Einsamkeit, Verlassenheit und Verzweiflung
heilen. Er riss Unzählige genau dahin, wo er selbst war. Er übersäte die
Staaten, die Gemeinschaften, die Familien und die Einzelnen mit unglaub-
lichem Leid – dem Leid, das in seiner Brust war. Und wofür? Für das Gold,
für die Macht, für den Prunk, die ihn nicht heilten. Er endete auf St. Helena.
Eingesperrt. Einsam und verlassen. Wofür?

Ramana Maharshi

Eine Antwort hierauf gibt ein anderes Beispiel: Ramana Maharshi, der
große Heilige, verließ als Schuljunge seine Familie, um Gott zu verwirklichen. Er suchte sich in einem Tempel ein stilles, dunkles Plätzchen, um
dort ungestört zu meditieren. Er suchte weder den Pomp noch das strahlen-
de Licht der Außenwelt, sondern die Abgeschiedenheit, um das Licht in
seinem Herzen zu finden. Er fand es und wurde selbst ein Licht für die
Welt. Wie viele hat er berührt, wie viele hat er geheilt, wie vielen hat er
geholfen. Für wie viele war er Gottes Segen in menschlicher Gestalt. Wie
liebevoll, wie achtsam, wie dankbar war er! Er hob selbst einzelne Reiskör-
ner vom Boden auf, weil er im einzelnen Korn die Liebe Gottes, die Liebe
der Erde, der Natur und derjenigen sah, die den Reis anpflanzten, pflegten,
ernteten und transportierten. Er achtete und liebte in jedem Geschöpf den
Schöpfer und begegnete deshalb allem und jedem mit achtsamster Liebe.

Er war ein wirklicher Herrscher. Er war wirklich grandios, weil er seine Grandiosität dadurch ausdrückte, dass er den unendlichen Wert eines jeden, auch den eigenen (!), sah und dem Herrn dankte. Seine größte Kraft bestand in diesem Danken, das aus seinem großen Herzen und seinem weiten Verstand kam. Ramana Maharshi war ein Verwirklichter. Gott und er waren eins. Deshalb benötigte er keinen äußeren Prunk. Warum nicht? Er hatte alles, Selbst (!) das Größte in sich. So war er ein Segen für sich und alle, die mit ihm in Berührung kamen.

Er ist deshalb ein wahres Licht. Er ist der Maßstab. Er zeigt den Weg, wie die narzisstische Wunde am besten geheilt werden kann: Durch die Verwirklichung des wahren Selbst. Dieses Selbst stellt die Heilung aller Probleme und aller Süchte dar, die so typisch für den narzisstisch Verletzten sind. Alle Alkoholiker, Raucher, Drogenabhängigen, Essgestörten, Raser, Arbeitswütigen, alle, alle von welcher Sucht auch immer Gepeinigten suchen nur das Eine: Ihr Selbst, den Gott in sich. Alles andere sind nur Wege dahin. Denn Gott ist von allen Süchten die hilfreichste und segensreichste. Gott ist die einzige Sucht, die mit ihrer Zunahme immer segensreicher und erlösender wird. Alle anderen Süchte zerstören mit der Zeit. Die Sucht nach Gott dagegen heilt, beruhigt, löst und bringt mehr und mehr Glück und Frieden. Dieses Glück und dieser Frieden fließen in deine Kommunikation ein und öffnen dir alle Türen. Alle weltlichen und alle spirituellen.

Dank und Undank

Genau dies suchte auch Napoleon. Seine Seele war aber noch nicht reif dafür. Sie musste zunächst lernen, dass das, wonach er strebte, sinnlos war und nur Unglück brachte. Dies ist die große Aufgabe des Unglücks: Dich zu lehren, dass du in einer Sackgasse gelandet bist. Dass du deinen Blick ändern musst. Dass das Glück woanders ist als da, wo du suchst.

Und was waren die hervorstechendsten Merkmale Napoleons? Sein Genie, sein Größenwahn, seine Gefühlskälte und seine mangelnde Dankbarkeit. **Und Undank kommt immer vor dem Fall.** Denn Dankbarkeit führt immer zur Zufriedenheit, und diese ist der sicherste Garant für das Glück. Wer nicht dankt, ist nicht zufrieden. Er kann auch nicht zufrieden sein, denn er würdigt weder sich noch andere. **Denn Dank ist die Anerkennung der Leistung der anderen.**

Deshalb danke und sei dankbar, dann gelangst du zu deiner inneren Bestimmung, und die heißt Glück. So wunderbar ist die Welt eingerichtet:

Wer gibt, bekommt. Wer viel gibt, bekommt viel. Wer dankt, bekommt nicht nur die Zufriedenheit, sondern das ganze Glück. Wie wunderbar, nicht wahr?

Dankst du dagegen nicht, verkümmerst du – wie Napoleon auf St. Helena. Diese Insel im Atlantischen Ozean ist ein gutes Beispiel für die Gemütslage desjenigen, der aus falschem Stolz meint, sich über alle stellen zu können und nicht danken zu müssen. Wo landete aber Napoleon schließlich? In der völligen Einsamkeit. So nahm er auch nicht das Angebot seiner Polnischen Geliebten, Maria Walewska, an, ihn zu begleiten. Nichts hätte er, den Chateaubriand als einen Menschen ohne Liebe und Mitgefühl beschrieb, mehr gefürchtet, als sich mit einer Frau, mit einer Anima, also mit der Verkörperung von Liebe, Mitgefühl, Nachempfinden, auseinander setzen zu müssen.

Er, der große Kaiser, der das Riesenreich Karls des Großen angestrebt und beinahe errungen hatte, er ging allein in die Verbannung in eine Meierei auf eine ferne Insel. Was bedeutet dies? Kommst du durch besondere Gaben hoch hinaus, verachtest dabei aber Gott, *Dharma, Sathya*, die Wahrheit und die Menschen, dann fällst du tief in die absolute Einfachheit zurück und lernst durch die Konsequenzen, die dein Karma dir schafft, dass allein das offene Herz Wegweiser ist. Diese Einfachheit führt dich zu dir, zu deiner wirklichen Identität.

Undank, Größenwahn und die dazugehörige Maßlosigkeit sind der Weg nach St. Helena.

Dank dagegen ist der Weg zur Quelle. Deshalb ist es ein wunderbares Symbol, dass Napoleon in einer Meierei einquartiert wurde.

Der Meier zog bei den Pächtern den Zins ein und lieferte ihn bei der Herrschaft ab. Wer im Größenwahn, in der Maßlosigkeit gefangen ist, liefert seinen Zins, seinen Tribut nicht an seinen Herrn ab. Er glaubt, über allen und allem zu stehen und niemandem Dank zollen zu müssen. Der Gott, dem du zu danken hast, bist aber du selbst. **Dankst du nicht, dankst du dir nicht, dankst du deinem wahren Selbst nicht. Und zerstörst dich damit selbst.**

Deshalb erlag Napoleon der Krankheit, die auffrisst: Krebs, dieser Krankheit, die durch einen Mangel an äußerer und innerer Liebe entsteht und häufig durch einen Verlust ausbricht, weil dann der Mangel an Liebe und das Ausmaß an Schmerz zu groß sind. Krebs macht erschreckend deutlich, wie ein Teil einen anderen auffrisst. Der Krebs ist *die* Krankheit der narzisstischen Wunde.

Napoleon hatte weder von seinem Vater, Carlo Maria, noch von seiner Mutter, Maria Laeticia, wahre Liebe, Nachempfinden oder Verständnis erfahren. Vielmehr wurde er im zarten Alter von neun Jahren in die Militärschule von Brienne gegeben, in der die Erziehung weder liebevoll noch mitfühlend, geschweige denn behutsam war. Man wollte „Kanonenfutter" heranzüchten und ging deshalb entsprechend rücksichtslos vor.

So lernte Napoleon früh, sich und andere zu verzehren, wofür die Schlachten das äußere Zeichen waren, der Krebs dagegen das innere Erscheinungsbild ist.

So betrachtet, verwundert es nicht, dass Krebs heutzutage derart verbreitet ist. Äußere Faktoren spielen dabei auch eine Rolle, aber eine zweitrangige. Der entscheidende Grund besteht im Mangel an wirklicher Liebe, der die narzisstische Wunde entstehen lässt. An Napoleons Größenwahn kann man zum Beispiel anschaulich erkennen, wie unendlich groß seine Wunde war. Sie wäre nur durch wirkliche Liebe zu heilen gewesen. Diese Liebe erreichte ihn aber nicht.

Und wohin führt wirkliche Liebe? Zur Dankbarkeit. So schließt sich der Kreis. So wie niemand Herzprobleme bekommt, dessen Herz offen ist, so erkrankt keiner an Krebs, der in Dankbarkeit mit seinem wahren Selbst, mit der Welt und daher mit Gott verbunden ist.

Deshalb lautet die goldene Regel: **Öffne dich der Liebe, und alle, sowohl die seelischen als auch die körperlichen Probleme lösen sich von selbst, vom Selbst!**

Dies ist der Schlüssel zum Schatzkästchen der Glückseligkeit, den ihr im *Kali Yuga*, in diesem zu Ende gehenden Zeitalter, verloren habt, den euch zu geben ich aber gekommen bin.

Danke, danke dem Herrn in dir, denn Er ist so freundlich – und dein Glück währet dadurch ewiglich!

Und noch etwas zum Schluss: Ich gebe, gebe, gebe. Und dies ist meine Bestimmung. Dies ist die von mir gewählte Aufgabe. Kein Karma zwingt mich dazu, denn ich bin frei von Karma. Ich erfülle vielmehr die von mir, aus meinem *Sanskalpa*, aus meinem freien Entschluss heraus gewählte Aufgabe. Ich bin frei und immer glücklich. Deshalb brauche ich deinen Dank nicht.

Es ist aber dein Dharma, zu danken, wenn du bekommst.

Wenn ich meine Aufgabe erfülle und dir gebe, so ist es dein *Dharma*, deine Pflicht, zu danken – nicht weil **ich** es benötige, sondern weil **du** es brauchst, denn durch das Danken gibst du deinen Teil, erfüllst du deine Verantwortung.

Das Bitten als *please*

Zum Dank gehört – wie wir sahen – unweigerlich das Bitten.

Im Deutschen ist dieses Bitten uneindeutig, denn es hat zweierlei Bedeutung.

Im Englischen gibt es zum Beispiel **please** und **welcome**.

Please wird verwendet, um etwas zu erbitten: „Kann ich bitte den Honig haben?" Dieses Bitte entspricht dem Englischen *please*. Hast du den Honig bekommen und bedankst dich dafür, sagt dein Gegenüber: „Bitte, gerne!" Dieses Bitte ist das Englische *welcome*.

Diese zwei Formen von Bitte sind mit ganz unterschiedlichen innerlichen Regungen verbunden.

Das Bitte von *please* macht deutlich, dass du etwas möchtest. Du möchtest einen anderen dazu bewegen, dir etwas zu geben. Du begibst dich damit in eine wie auch immer geartete Form der Bittstellung und daher in Abhängigkeit.

Viele sagen dabei sehr ungern „Bitte", weil sie sich nicht als Bittende erleben möchten. Natürlich hat dies ebenfalls mit der narzisstischen Wunde zu tun. Sie wurden als Kinder so verletzt, so gedemütigt, so klein gemacht und klein gehalten, dass sie sich bewusst/unbewusst geschworen haben, nie wieder schwach zu sein, das heißt, in eine abhängige, in eine bittende Stellung zu geraten.

Das Leben besteht aber aus Geben und Nehmen. Wie soll jemand geben können, der nicht nehmen kann? Und wo bleibt die Würdigung des anderen, wenn ich nicht *anerkenne*, dass er etwas besitzt, das ich mir wünsche und von dem ich hoffe, er möge es mir geben?

Nicht bitten zu können zeugt deshalb von Hochmut – eine andere Seite des Größenwahns, der sich aus der missglückten Integration des kindlichen Narzissmus ergibt.

Hochmut führt aber früher oder später immer nach St. Helena: Hochmut macht einsam, hart und schließlich krank.

Die entscheidende Haltung im Leben ist, würdevoll den Kopf senken zu können.

Wer nicht anerkennt, was ist, der scheitert.

Bert Hellinger, der Meister im Betrachten, Erkennen und Würdigen von unumstößlichen Realitäten, nannte aus gutem Grund eines seiner Bücher *Anerkennen, was ist.*

Wer nicht anerkennt, was ist, scheitert. Das ist das unumstößliche Gesetz. Anerkennst du nicht, dass du auf einer Klippe stehst und nicht fliegen kannst, sondern gehst du weiter, so stürzt du in die Tiefe. Dies geschieht auf der physischen Ebene nicht sehr häufig, da die meisten Menschen die körperlichen Gesetze früh und unmittelbar lernen.

Im psychischen Bereich, besonders in der Kommunikation, geschieht es dagegen pausenlos. Wie viele Menschen stellen sich über andere. Wie viele meinen, sich über andere erheben zu können. Wie viele denken, sie bräuchten diejenigen nicht zu würdigen, denen sie viel zu verdanken haben. Wie häufig geschieht dies in Partnerschaften!

Nicht würdigen, nicht anerkennen zu wollen, dass man bekommen hat, dass man bekommt und dass man bekommen will, ist dem oben beschriebenen Schritt in den Abgrund gleichzusetzen, denn er führt früher oder später immer zum Fall.

Napoleon schritt, von seinem Genie und seiner Krankheit getrieben, zunächst von Sieg zu Sieg. Er bat nie und dankte nie. So, wie seine Eltern ihm als Kind nie gedankt haben. Und was sagten die alten Römer: „Die Götter heben den besonders hoch, den sie umso tiefer fallen lassen wollen!" Der Spruch ist nicht als Gemeinheit der Götter zu verstehen, sondern so, dass du, je höher du bist, umso tiefer fallen kannst. Wer am Boden liegt, kann nicht mehr auf selbigen fallen. Wer dagegen, wie bei dem berühmten Bild von Caspar David Friedrich, auf einem Berg steht und ins Tal blickt, kann sehr tief fallen. **Und was schützt dich vor dem Fall? Die Demut.**

Kannst du dein Haupt senken, kannst du bescheiden sein, kannst du anerkennen, was ist – das heißt, würdigst du die Tatsache, dass du von jemandem etwas bekommen möchtest, dass du etwas von ihm erbittest, das du nicht hast und das der andere dir deshalb geben soll –, dann **bist du sicher.**

Wer war ein Meister in dieser Demut? Sokrates und Christus waren es. Deshalb konnten sie ihren Mitmenschen in aller Bescheidenheit begegnen.

Das Bitten als *welcome*

Nun möchte ich zur zweiten Form des Deutschen Bittens kommen – zum Englischen *welcome*.

Wenn jemand gibt, entsteht ein Ungleichgewicht: Der eine nimmt, der andere besitzt das Gegebene nicht mehr. **Wie gleicht der Nehmende das Ungleichgewicht aus? Durch Danken.**

Und um zu zeigen, dass er den Dank angenommen hat, sagt der Geber darauf: Bitte.

Bei einem Honigglas, wie das obige Beispiel nahe legt, ist dies einfach. Schwieriger ist es aber, den Dank anzunehmen, der deutlich macht, wie viel, wie wunderbar das Gegebene ist.

Hier knüpfe ich an das Beispiel des Pianisten an, der das Lob nicht annehmen konnte. Er war nicht in der Lage, einfach „Danke" zu sagen.

Das Danken hat nämlich eine große Kraft. Das tief aus dem Herzen kommende „Danke" kann viel größer als die größte materielle Gabe sein. So rettete ein Deutscher Arzt einem Indischen Kind das Leben. Die Mutter dieses Kindes war vollkommen mittellos. Sie hätte deshalb weder den Arzt noch seine Medikamente bezahlen können. Sie hatte nichts Materielles, was sie dem Arzt als Ausgleich hätte geben können. Was sie aber besaß, waren zwei Hände und zwei Augen. Sie ging deshalb zu dem Arzt, faltete ihre Hände vor der Brust, sah ihn mit ihren Augen, die eng mit ihrem Herzen verbunden waren, an, und sprach ein undeutliches *„thank you"* aus, da sie der Englischen Sprache nicht mächtig war. Das war alles. Und es war **alles!** Die Dankbarkeit und die Liebe flossen direkt zu dem Arzt hin. Er spürte die Kraft und den Dank und war dadurch im Herzen berührt.

Hier entstand aber das Interessante: Er hatte gegeben, und sie hatte zu danken. Nun hatte er noch einmal zu geben, indem er nämlich den tief empfundenen Dank annahm. Und genau dies konnte er nicht. Er murmelte etwas wie „welcome". Er murmelte, obwohl er sonst ein perfektes Englisch sprach. Er war aber deshalb nur zu diesem Murmeln in der Lage, weil die tiefen Gefühle dieser Frau sein Innerstes berührten – und dort auf seine narzisstische Wunde trafen.

Er war Arzt. Er hatte schon so viele Wunden geheilt. Er hatte so vielen geholfen und ihre Schmerzen gelindert. Aber seine eigene Wunde, seinen Schmerz tief in seiner Brust hatte er – wie so viele Ärzte und Therapeuten! – nicht geheilt

So konnte er das größte Geschenk nicht annehmen, das ein Mensch bekommen kann: Dass jemand ihm aus der tiefsten Tiefe seines Herzens dankt – noch dazu für das Leben seines Kindes dankt!

Dank anzunehmen – das heißt, von Herzen „Bitte" oder „Gerne" zu sagen – ist aber die große Aufgabe, die ein Heiler und so natürlich auch ein Psychotherapeut leisten muss.

Wer keinen Dank annimmt, lässt den anderen in der Schuld. Dieser ist dann immer der Nehmende. Der Therapeut bleibt seinerseits stets der Gebende. Wer immer geben muss, weil er nicht annehmen kann, dokumentiert, dass sein Geben eine Kompensation für seine narzisstische Wunde ist. Ein Therapeut, der aus diesem Grund immer nur gibt, heilt auf Dauer keine seelischen Krankheiten, sondern schafft vielmehr eher neue.

Ein Therapeut, der seinen Patienten helfen will, muss unbedingt durch ein von Herzen kommendes „Bitte" oder „Gerne" ihren Dank annehmen können. Wie wichtig dies ist, zeigen die Bräuche der alten Völker. Wer da ein Geschenk nicht annahm, drückte mit dieser Handlung eine große Beleidigung aus, die zu den schwerwiegendsten Konflikten führen konnte. Dies rührt natürlich gleichfalls aus einer narzisstischen Wunde. Es drückt aber ebenso aus, wie wichtig das Annehmen des Dankes ist.

Wer von Herzen her „Danke" und „Bitte" sagen kann, der kann allein schon deshalb vielen helfen, weil er seinem Gegenüber deutlich macht, wie sehr er ihn sieht, wie sehr sein Geben ihn erreicht und wie viel es bewirkt.

Das Leben ist, wie gesagt, von Geben und Nehmen bestimmt. **Aber es gibt nicht allein der etwas, der gibt, sondern auch der, der annimmt. Und es nimmt nicht nur der, der von anderen bekommt, sondern auch der, der den Dank nicht annimmt. Deswegen antworten manche Menschen auf den Dank, den sie bekommen, mit DANKE, womit sie deutlich machen, dass sie den Dank von Herzen annehmen.**

Derjenige, der den Dank nicht annimmt, nimmt das nicht, was sein Gegenüber ihm als Ausgleich reicht, womit er diesem die Möglichkeit des Ausgleichs nimmt.

Denn durch das vom Herzen kommende „Bitte" gibt der Nehmende seinen Teil und schafft dadurch den Ausgleich. Nimmt er den Dank nicht an, nimmt er auf der seelischen Ebene mehr, als er auf der materiellen gegeben hat. Er macht nämlich deutlich, dass er den psychischen Ausgleich nicht will. Wer diesen aber nicht will, lässt den anderen in seiner Schuld zurück. Er macht ihn klein und versucht sich dadurch groß zu machen. Deshalb gibt derjenige, der den Dank nicht annimmt, im Grunde nur, um Macht zu bekommen. Und dass er Macht bekommen will, wird dadurch deutlich, dass er den Ausgleich nicht geschehen lässt. Dies ist der tiefere Grund dafür, dass die Naturvölker erbost reagierten, wenn ihr Dank nicht angenommen wurde Sie spürten, dass hier ein Machtgefälle aufgebaut wurde, das sie nicht hinnehmen wollten.

Das „Bitte", das von Herzen kommende „Gerne", das den Dank annimmt, ist deshalb von unschätzbarer Bedeutung.

Nur der Therapeut, der das Danke annehmen und mit einem aus dem Herzen kommenden „Bitte", „Gerne" oder gar „Danke" beantworten kann, gibt seinen Patienten eine Chance zu heilen.

Kann er den Dank dagegen nicht annehmen, wehrt er oder wiegelt er ab, so macht er deutlich, wie groß *seine* narzisstische Wunde ist. Und hat er seine narzisstische Wunde nicht geheilt, wie kann er dann diejenige seiner Patienten heilen? Gar nicht! Vielmehr muss er sich fragen, ob er seine Patienten nicht dazu braucht, missbraucht, um seine Wunde, wenn schon nicht zu heilen, so doch zu „verarzten", zu „handhaben".

Das vom Herzen kommende „Bitte" oder „Gerne" stellt mit dem „Danke" das Herz aller Kommunikation dar, denn es drückt in wunderbar einfacher, gleichzeitig aber unglaublich klarer Weise aus, wie sehr der andere gesehen und geachtet wird. Fließt schließlich auch die Liebe in diese Worte, so schaffen sie nicht nur einen herrlichen Austausch, der unendlich viel, nein, die ganze Welt verändern kann. Denn was braucht die Welt, um zu heilen? Dass einer den anderen in seinem Sosein sieht, achtet und ihm dies ausdrückt. Das ist das Wundermittel, das alle Probleme wegfegt und Harmonie, Nähe und Gemeinsamkeit entstehen lässt. Das ist gelebte Liebe.

Konsequenzen und Therapie

Viele erleben aber die Konsequenzen ihrer Kommunikation erst in einem anderen Leben. Der Mann, der seine Frau verbal immer und immer wieder verletzt, sie schließlich verlässt und dann weder für sie noch für die Kinder sorgt, kann in diesem Leben möglicherweise noch durchaus gut und angenehm leben. In einem späteren Leben wird er als Frau eben das erleben, was er seiner Partnerin jetzt so leichtfertig zumutet. Erleben ist immer besser als reden. Deswegen ist Gott der stumme Zeuge, der die Situationen schafft, durch die du das lernen kannst, was du unbedingt lernen musst.

Gute Therapie beziehungsweise ein guter Therapeut können dir aber viele Umwege ersparen (vgl. Gottman und Silver, *Die 7 Geheimnisse der glücklichen Ehe*).

Du kannst in der guten Therapie erleben, wie es anderen geht, wenn du dies oder jenes sagst. Deswegen sind Aufstellungen so hilfreich, weil du dir im geschützten Rahmen der Therapie ansehen kannst, was dir außerhalb nicht so schnell gesagt wird und was du möglicherweise auch nicht so leicht annehmen würdest.

Und drittens: Du kannst in der Therapie die unendliche Kraft der Einheit von Gedanken, Worten und Werken üben und deshalb mehr und mehr in deinem Leben umsetzen und den sich daraus ergebenden Segen genießen.

Und hier schließt sich der Kreis: Unwissenheit führt zu Arroganz. Unwissenheit und Arroganz führen dich dahin, nicht über die Bedeutung der Einheit von Gedanken, Worten und Werken nachzudenken, geschweige denn sie zu leben.

Deshalb achte, achte genau auf deine Kommunikation. Suche einen Therapeuten, der dich auf deine Fehler aufmerksam macht. Denke an Enrico: Schlechte Kommunikation und Misserfolg passen hervorragend zusammen. Schieb deshalb nichts auf die anderen, sondern übernimm Verantwortung für dein Leben. **Denn der einzige Mensch, den du verändern kannst, bist du! Vergiss dies nie.** Besonders nicht in deiner Kommunikation.

Anstatt also leichtfertig mit deiner Kommunikation, mit dir, deinem Partner beziehungsweise deinem Leben überhaupt umzugehen, denke vielmehr, welch ein Geschenk du hast. Denk daran, dass es deine Aufgabe ist, glücklich zu sein und andere glücklich zu machen. So schön ist das Leben, und was machst du wegen deiner miserablen Kommunikation daraus?

Und bedenke, was die Essenz der Veden ist, die sich sehr prägnant im Englischen ausdrücken lässt: **Help ever. Hurt never! Hilf immer. Verletze nie!**

Sokrates als Maßstab

Denke, wenn du redest, immer an Sokrates. Er kam auf Erden, um den verhängnisvollen Einfluss der Sophisten zu zerstören. Wäre er nicht gekommen, wäre das *Kali Yuga* noch destruktiver gewesen.

Sokrates kam, um die Macht und den Einfluss der Sophisten zu zerstören, die lehrten, es gäbe keine Wahrheit, kein *Dharma*, keinen allmächtigen Gott.

Und wie tat Sokrates dies? Wie entmachtete er seine Gegner? **Liebevoll.**

Immer lobte er sie. Er war erleuchtet, deshalb wusste er genau, wie seine Inkarnation zu Ende gehen würde. Trotzdem verlor er kein böses Wort über die, die ihm schaden wollten und schadeten. Vielmehr sprach er stets positiv über seine Widersacher und hob immer ihre positiven Eigenschaften hervor.

Die Sophisten aber kämpften mit allen Mitteln gegen Sokrates.

Ein Mangel an Wissen hat immer schlimme, häufig sogar katastrophale Folgen. Deswegen sage ich auch: Deine größte Feindin ist die Unwissenheit. Je unwissender du bist, desto mehr **glaubst du zu wissen.** Je mehr die Menschen zu wissen **glauben**, statt dass sie **wirklich wissen, desto überzeugter sind sie von ihren Irrtümern.**

Dies wirkt auf den ersten Blick erstaunlich. Bei näherer Betrachtung zeigt sich schnell, dass es nur konsequent ist. Denn wer nicht weiß, weiß weder, *was* er alles nicht weiß, noch *dass* er nicht weiß, noch dass er ein Nichtwissender ist. Weil er nicht weiß, dass er nicht weiß, glaubt er zu wissen.

Dies war genau die Situation der Sophisten. Die Sophisten waren gleichsam Sprachakrobaten, dabei aber unwissend. Sie konnten äußerst wendig und gelenkig mit der Sprache umgehen. Sie hatten aber, ähnlich wie bereits Homer, das Wesentliche nicht mehr im Blick, denn er dichtete den Göttern alle nur erdenklichen negativen Eigenschaften an. Das Wesentliche ist nämlich die Wahrheit.

Die Sophisten dachten vielmehr, Recht zu behalten sei das Wesentliche. Recht zu behalten ist dagegen das Wesentliche für *Maya*, für den Schein. Wer dem Wandel noch ganz anhaftet, wer dem Schein noch verfallen ist, für den ist das Rechtbehalten das Wichtigste – ohne wissen zu wollen, ob er in der Wahrheit ist.

Sokrates dagegen war erleuchtet. Er war Gott gleich. Er hatte Gott verwirklicht. Was sich auch in seinem Namen ausdrückte: *So-creator-est.* So ist der Schöpfer.

Sokrates diskutierte deshalb mit den Sophisten nicht, um Recht zu behalten, sondern um die Wahrheit ans Tageslicht zu bringen.

Und wie gab er sich? Äußerst bescheiden! Er trumpfte nicht mit seinem unendlichen Wissen auf, sondern nahm als Leitsatz sein berühmtes: „Ich weiß, dass ich nichts weiß!"

Nun erhebst du die berechtigte Frage: „Wenn Sokrates mit Gott gleich war, wenn er alles wusste, warum sagte er dann: ‚Ich weiß, dass ich nichts weiß!'? War dies nicht im Grunde eine Lüge?" Eine sehr wichtige Frage. Denn es wurde, sobald Sokrates etwas sagte, deutlich, wie viel er wusste. Der Schlüssel für den berühmten Satz liegt im Wort Ich. Der Satz besagt: „Das Ich weiß nichts. Gott dagegen alles!" Sokrates war als Erleuchteter so bescheiden, dass er meinte, er als Individuum Sokrates wisse nichts. Nur Gott wisse alles. Und was er wisse, wisse er nur deshalb, weil sein guter *Daimonion*, sein guter Geist, es ihm sagte.

Dies war der eine Teil der Wahrheit. Der andere bestand darin, dass Sokrates genau wusste, dass Wissen allein niemanden überzeugt. Worte sind fast immer schwächer als Taten. Besonders wenn es darum geht, Unwissenden, Ungläubigen und Selbst- beziehungsweise Ego-Überzeugten etwas zu verdeutlichen.

Sokrates führte deshalb mit den Sophisten reinste Selbst-Erfahrungs-Seminare durch. Er zwang nämlich jeden Gesprächspartner mit seinem Satz „Ich weiß, dass ich nichts weiß", zu *begründen*, was er behauptete.

Und was heißt begründen? Etwas zu einem allgemein gültigen Grund zurückzuführen. Einem Grund, der durch seine Festigkeit, durch seinen Wahrheitsgehalt das als richtig bestätigt, was jemand behauptet.

Für Sokrates war dieser Grund das *Agathon*, das Absolute Gute. Das heißt: Die absolute Wahrheit. Die Sophisten dagegen meinten, wahr sei das, was ihnen nütze.

Das war in gewisser Weise richtig. Aber hier müssen wir wieder den Unterschied zwischen Ego und Selbst berücksichtigen. Wahrheit nützt immer dem Selbst. Dem Ego aber nicht unbedingt. Denn eine der größten Wahrheiten des Lebens besteht darin, dass das Ego sich eines Tages auflösen muss. Spätestens beim Tod oder bei der Gottesverwirklichung. Dieses Wissen, diese Wahrheit will das Ego verständlicherweise nicht wahrhaben.

Sokrates verwendete bei seinen Gesprächen mit den Sophisten bereits die Techniken, die heute wieder entdeckt werden: Er behandelte sein Gegenüber stets mit größtem Respekt. Immer wieder versicherte er ihm seine Wertschätzung. Immer wieder lobte er es. Und immer ging er behutsam und liebevoll mit ihm um.

Und er belehrte nicht. Vielmehr ließ er seine Gesprächspartner selbst zu den notwendigen Schlüssen kommen.

Sokrates vermittelte deshalb, wie es heute ein hervorragender Therapeut ebenfalls tut, nicht trockenes Buchwissen, beziehungsweise er glänzte nicht mit seiner Überlegenheit, sondern ließ vielmehr seine Bescheidenheit wirken. Er versuchte deshalb nicht, seinem Gegenüber zu beweisen, wer der Klügere sei, sondern zeigte nur auf, dass alles Gesagte immer in einem logischen Zusammenhang mit dem allumfassenden Grund steht. Das heißt, du kannst nicht willkürlich mit deinen Aussagen und deren Folgen verfahren. Alles hat der Göttlichen Ordnung entsprechend seinen Platz. Veränderst du willkürlich den Platz von irgendetwas, veränderst du damit möglicherweise die Logik des Ganzen. Deswegen befindet sich alles in der Welt in einem bestimmten Verhältnis zueinander, das heißt, alles hat seinen Platz. So auch jedes Wort.

So hat auch die Kommunikation ihre Gesetze, weswegen sich die Sophisten eingehend damit beschäftigten und Platons berühmtester Schüler, Aristoteles, ein Buch über Rhetorik verfasste.

Sokrates verwendete als Hauptunterrichtsmittel den Satz des Widerspruchs, also dass etwas nicht zugleich und in der gleichen Hinsicht das eine und auch ein anderes sein kann. Das heißt, Sokrates ist nicht zugleich und in der gleichen Hinsicht sterblich und unsterblich. Er ist vielmehr als Körper sterblich. Als Seele aber unsterblich.

Sokrates kann dich hier gleich noch etwas lehren: **Unterscheide denjenigen, dem du etwas erklären kannst, von demjenigen, der etwas erleben beziehungsweise spüren muss.**

Seine Schüler lehrte Sokrates. Seine Gegner ließ er dagegen durch den Zwang der Logik gleichsam erfahren, dass ihre Behauptungen einer Überprüfung nicht standhielten.

Ein gutes Beispiel hierfür ist die Arbeit, die Marcel in der Gruppe machte, wobei er seine ihm unbewussten negativen Gefühle der Gruppe gegenüber durch die Aufstellung *erlebte*. Er erlebte sie und verstand sie deshalb. Hätte die Therapeutin versucht, sie ihm zu erklären, hätte er ihr weder geglaubt noch sie verstanden.

Jeder Therapeut sollte deshalb eingehend die Platonischen Dialoge studieren. Ein guter Einstieg ist zum Beispiel jeder der frühen Dialoge bis hin zur *Politeia*, die gewöhnlich zum mittleren Werk Platons gezählt wird (vgl. v. Stepski-Doliwa, *Die Platonische Erkenntnistheorie*).

Lass dich nicht dadurch entmutigen, dass Sokrates das Ende dieser Gespräche offen lässt. Auch diese Form des Offenlassens ist ein Zeichen von Sokrates' Güte: Er erschlug sein Gegenüber nicht mit Fakten und Wahrheiten, sondern ließ ihm Raum für das eigene Denken und Finden.

Gewöhne dir diese wunderbare Art an, **Wahres freundlich, liebevoll, freilassend und damit geschmeidig zu sagen**. Was nützt es, wenn du dein Gegenüber verbal „niederstreckst"? Gar nichts – außer dass du dir damit mit Sicherheit einen Feind machst!

Dies ist in der Therapie von entscheidender Bedeutung. Hat jemand eine positive Übertragung (vgl. v. Stepski-Doliwa, *Theorie und Technik der analytischen Körpertherapie*) auf dich als Therapeuten, so kannst du meist davon ausgehen, dass du ihm Zusammenhänge erklären kannst.

Hat jemand dagegen eine negative Übertragung auf dich, so kannst du dich durch Erklärungen leicht in Schwierigkeiten verwickeln – ganz davon abgesehen, dass er dir entweder nicht zuhören, dich nicht verstehen oder dich aller Wahrscheinlichkeit nach missverstehen, das heißt seinen Widerstand nähren wird.

Lebe geschmeidig – und das bedeutet deshalb auch: Lerne dich kennen, wisse um die Bedeutung von positiver Kommunikation und auch darum, **wie du kommunizierst**. Das eine ist ohne das andere sinn- und zwecklos!

Der „Sprachkompass"

Sehr hilfreich in diesem Zusammenhang ist der „Sprachkompass" von Alain Cayrol (*Derrière la Magie, La Programmation Neuro-Linguistique*). Er gibt dir die Möglichkeit, Sätze einzuordnen. Dies ist deshalb von Bedeutung, weil viele sich gar nicht bewusst sind, wie das, was sie soeben sagten oder hörten, auf den anderen oder sie selbst wirkt.

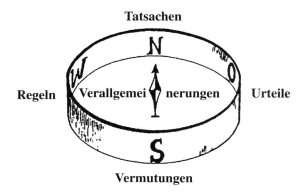

Der „Sprachkompass" (Abbildung aus dem Buch *NLP – leicht gemacht* von Bidot und Morat, S. 73) bietet dir die Möglichkeit, dir bewusst zu machen, in welche Kategorie deine Aussage gehört: **Drückt sie eine Regel, eine Tatsache, ein Urteil, eine Vermutung oder eine Verallgemeinerung aus?**

Bidot und Morat erläutern dies folgendermaßen (S. 75 f.): „Nehmen wir ein Beispiel. Jemand sagt: *Also dieser Typ hat echt Talent, mich auf die Palme zu bringen! Ist Ihnen schon mal aufgefallen, dass er abends immer als Letzter aus seinem Büro kommt? Der will wohl, dass alle denken, er arbeitet viel mehr als wir. Damit will er nur Punkte sammeln bei der Direktion. Solchen Leuten soll man nie über den Weg trauen, die ewig mit einem Lächeln herumlaufen! Die spielen mit verdeckten Karten.* In der Aussage lassen sich mühelos verschiedene Illustrationen des oben Gesagten erkennen. Sortiert man sie in unser Schema, ergibt sich vorstehendes Bild."

N

er kommt nach den anderen
aus dem Büro...
er lächelt...

Man *soll* nie...   ...immer als letzter...   die spielen mit
...man soll *nie*...   verdeckten Karten
...*ewig* herumlaufen...

er hat Talent, mich auf die Palme
zu bringen...
er will wohl, daß alle denken...

Präge dir das abgebildete Modell gut ein, und überprüfe eine Zeit lang jede deiner Äußerungen. In welche Kategorie passt sie? Sprichst du von Tatsachen, Norden, von Regeln, Westen? Machst du deutlich, wenn du eine Vermutung ausdrückst, Süden? Oder verkaufst du sie als Wahrheit? Merkst du, wenn du urteilst – oder gar ver-urteilst, Osten? Oder drückst du eine Verallgemeinerung, Mitte, aus?

Mache diese Übung, sooft du kannst – und am besten bezüglich deiner eigenen und *nicht* der Äußerungen anderer! Denke stets an den berühmten Balken im eigenen Auge und den Splitter in dem der anderen.

Gehst du so vor, ist der „Sprachkompass" eine große Hilfe, und er wird dir mit Sicherheit von großem Nutzen in deiner Partnerschaft sein. Sobald du

Probleme mit deinem Partner hast, richte den Kompass nach Norden, das heißt auf Tatsachen, denn die lassen sich am ehesten klären.

Vermutungen, Verallgemeinerungen oder Urteile solltest du in einer Konfliktsituation dagegen tunlichst vermeiden, denn sie führen schnell zu Verwicklungen. Und stelle ja nicht in einer Streitsituation neue Regeln auf. Halte dich vielmehr an Abmachungen, Westen.

Denke deshalb stets an das, was ich immer wieder betone: **Dass die allermeisten Probleme Kommunikationsprobleme sind.** Und sie entstehen besonders deshalb, weil viele Menschen glauben, ganz anders zu sein, als sie sind. Dies bedingt zwangsläufig, dass sie in Wahrheit anders kommunizieren, als sie glauben, dass sie es tun.

Bewusstwerdung ist deshalb nicht nur die erste Bürgerpflicht – auch die der Könige! –, sondern die wichtigste Voraussetzung, um glücklich werden zu können. Das heißt: **Ohne Bewusstwerdung keine klare Kommunikation. Ohne klare Kommunikation keine Ruhe. Ohne Ruhe kein Glück.**

Kommunikation und Nähe

„Wenn aber Kommunikation so wichtig ist", wendest du ein, „warum wissen so viele nicht, wie man richtig kommuniziert oder, noch schlimmer (!), warum kümmern sie sich nicht darum?"

Weil viele gar nicht wissen, welch großen Stellenwert Kommunikation hat, und sich außerdem nicht vorstellen können, wie viel sie durch gute beziehungsweise schlechte Kommunikation bewirken.

Richtige Kommunikation lernen zu wollen setzt mehreres voraus.

Erstens musst du zunächst erkennen, dass du ein Problem mit Kommunikation hast, dich also zum Beispiel so ausdrückst, dass es den anderen nicht interessiert, verschließt oder gar ärgert.

Zweitens musst du bereit sein, dies zu ändern.

Drittens erhebt sich die Frage, ob du das haben möchtest beziehungsweise aushalten kannst, was dadurch entsteht, wenn sich deine Kommunikation ändert – nämlich Nähe.

Wie wir weiter oben sahen, gibt es Menschen, die kümmert es nicht, ob sie gut kommunizieren oder andere sogar verletzen. Sie wollen so reden, wie es ihnen passt, und fertig! Sollen doch die anderen sehen, wie sie damit zurechtkommen.

Irgendwann merken sie aber, dass in ihren Kontakten zu ihren Mitmenschen nicht alles so läuft, wie sie es sich wünschen. Sie geben aber zunächst den anderen die Schuld. Dann stellen sie fest, dass die Missverständnisse, die Probleme oder gar Streitereien daher rühren, wie sie sich ausdrücken.

Und jetzt folgt der entscheidende Schritt: Wollen sie „es" ändern? Und wer ist dieses „es"? Dieses „es" sind nämlich sie selbst. Damit kommen wir zu einer der großen Schwellen für viele Menschen. „Es" wollen sie schon ändern. Dafür würden sie auch einiges einsetzen.

Wenn dieses „Es-Verändern" aber bedeutet, dass **sie sich verändern** sollen, dann schwindet das Interesse in vielen Fällen rapide.

Denn viele haben Angst, sich zu verändern, und leben deshalb nach dem Motto: **Lieber ein vertrautes Elend als ein unbekanntes Glück** – und nicht umsonst heißt es im Deutschen: „Lieber den Spatzen in der Hand als die Taube auf dem Dach!" Und damit kommen wir zu einem Schlüssel. Wer negativ kommuniziert, vermittelt sich und anderen: Das Leben ist schwer, die Menschen verstehen sich nicht, alles ist ein Problem. So ist es. Das kann man nur mit mehr oder weniger Fassung ertragen!

Dies ist ein sehr destruktives Programm, das mit Sicherheit seine fatale Wirkung haben wird – allein schon deshalb, weil, wer negativ denkt, dies auch nicht so gerne und so schnell aufgibt. „Warum ist das so?", fragst du. Weil, man mag es kaum glauben, es eine Freude am Negativen gibt!

Das andere Problem, weswegen sich viele nicht verändern wollen, besteht darin, dass positive Kommunikation Nähe schafft, und diese muss man aushalten können. Ist jemand häufig in seinem Wunsch nach Nähe enttäuscht worden, so wird für ihn die anfangs so ersehnte Nähe am Ende bedrohlich und schmerzlich. Und dies deshalb, weil in dem Moment, in dem wieder einmal Nähe entsteht, auch all die schmerzlichen Gefühle hochkommen, welche die vielen Verletzungen verursacht haben.

Schlechte Kommunikation verhindert also Nähe. Sie bewahrt aber gleichzeitig vor den Schmerzen, die sich durch negative Erfahrungen mit den Gefühlen von Nähe verbunden haben.

Deshalb haben Menschen einige „gute" Gründe, ihre schlechte Kommunikation sich weder bewusst zu machen, noch sie zu verändern: Sie müssen sich dadurch weder eine Schwäche eingestehen, noch sich mit Problemen aus der Kindheit und den damit verbundenen Leiden noch mit Nähe auseinander setzen, noch müssen sie sich verändern!

Im Grunde ist die beschriebene Vermeidungshaltung nur zu verständlich – allerdings verläuft das Leben nach anderen Gesetzmäßigkeiten. Was du erhältst, das musst du auch nutzen! Oder anders ausgedrückt: Wem viel gegeben wird, von dem wird auch viel erwartet werden! Kein Lebewesen auf Erden verfügt über eine so differenzierte Kommunikation wie der Mensch.

Das heißt, Gott hat dem Menschen das Geschenk der Kommunikation, des Bewusstseins und des Glücks gegeben. Und damit nicht genug – er hat ihm auch noch das große Geschenk gemacht, dass er diese erreichen kann und erreichen wird. Das Leben ist deshalb so aufgebaut, dass der Mensch sich nicht auf die Stufe „eines Blinden und Tauben" zurückziehen und dabei annehmen kann, dies ginge nun bis in alle Ewigkeit so weiter.

Die Geburt als Mensch ist ein großes Geschenk, denn sie beinhaltet die Möglichkeit und die Aufgabe, *Sat-Chit-Ananda*, Sein-Bewusstsein-Glück-seligkeit zu erreichen. So kannst du auf Dauer diese Gabe nicht ausschlagen, sondern wirst so lange vom Leben gedrängt und geschoben, bis du dieses Stadium erreichst, nämlich zu deinem wahren Bewusstsein gelangst.

Deshalb ist schlechte Kommunikation im Grunde eine Sache der Zeit, denn irgendwann muss jeder lernen, sich so auszudrücken, dass der andere sich wirklich gemeint, gesehen und liebevoll angesprochen fühlt – und über diese Fähigkeit erreichst du Gott.

Die Kommunikation des Erleuchteten ist hier selbstverständlich der Maßstab, denn sie ist liebevoll, nicht ausschweifend und immer vollkommen in der Wahrheit.

Deshalb ist es eine wichtige Aufgabe des Therapeuten, immer wieder seinen Patienten aufzuzeigen, **wie sie mit wem wann kommunizieren.** Und wie sehr oder wie wenig sie auf Gesagtes reagieren beziehungsweise dieses annehmen können.

Eine Gruppe ist damit ein ideales Übungsfeld, um eine gute Kommunikation zu lernen und zu praktizieren.

Das heißt, hast du eine gute Kommunikation entwickelt, dann hat dir deine Therapie bereits viel vermitteln können, denn gute Kommunikation verändert dich selbst und damit dein Leben.

Wichtige Regeln

Bedenke deshalb stets:

1. Deine Rede sei immer so liebevoll wie irgend möglich. Die Liebe, die du gibst, kehrt immer zu dir zurück.

2. Das Wichtigste nach der Liebe ist der Respekt. Achte immer dein Gegenüber. Der andere ist du, und du bist er.

3. Diese Achtung drückt sich darin aus, dass du ihm wirklich zuhörst. Zuhören ist eine der Hauptaufgaben jeder Kommunikation.

4. Versuche nicht zuerst, ihm deine Meinung zu verdeutlichen. Sondern verstehe als Erstes seine!

5. Unterbrich nicht. Unterbrechen schafft immer Aggressionen.

6. Halte auch keine Monologe. Unterbrechen und Monologisieren sind Formen der Machtausübung, womit du deinem Gegenüber dokumentieren willst, wer das Sagen hat.

7. Wenn jemand dir etwas sagt, antworte nicht sogleich darauf. Lass das Gesagte bei dir ankommen. Sag zum Beispiel: „So siehst du das. Wie wichtig!" Oder: „Das muss ich mir einen Augenblick durch den Kopf, durchs Gemüt gehen lassen!"

8. Versteht du etwas nicht, frage freundlich nach. Achte darauf, keinen Vorwurf in deiner Stimme zu haben, nach dem Motto: „Kannst du dich nicht wenigstens einmal klar ausdrücken?"

9. Sei berechenbar! Viele schweigen zu lange, äußern weder, was sie denken, noch was sie fühlen, um plötzlich herauszuplatzen. Sage rechtzeitig, was du fühlst, sodass du es noch freundlich sagen kannst. Je länger du nämlich wartest, desto mehr sitzt du auf einem Vulkan, der schließlich entsprechend ausbricht.

10. Sieh in deinem Gegenüber keinen Feind, sondern wiederhole während des Gesprächs immer den Namen Gottes, und versuche dich stets auf die positiven Eigenschaften deines Gegenübers zu konzentrieren.

11. Verwende keine Sätze mit „immer, nie, alle, jeder". Diese Wörtchen sind ideal, um die Stimmung gereizt werden zu lassen.

12. Das Gleiche gilt für „Ja-Aber-Sätze". Sie sind sehr gefährlich, denn sie gaukeln sowohl dir als auch deinem Gesprächspartner vor, du hättest etwas eingesehen oder gar angenommen. Ja-Aber-Sätze drü-

413

cken in den meisten Fällen den reinsten, außerdem gut versteckten, Widerstand aus. Du gibst mit dem Ja vor, den anderen zu verstehen oder gar seiner Meinung zu sein. Mit dem Aber hebst du jedoch das, was du soeben angenommen hattest, wieder auf! Nicht selten erleben Menschen Ja-Aber-Sätze als reine Manipulation oder gar als Lüge, weil sie in Wahrheit ein Nein ausdrücken.

13. Damit kommen wir zum entscheidenden Punkt: Bleibe unbedingt bei der Wahrheit. Versuche nichts zu beschönigen oder gar durch Lügen zu retten. Denke daran, dass alle durch das Unbewusste verbunden sind. So weiß dein Partner von seinem Unbewussten her genau, wann du lügst. Außerdem kommen Lügen immer heraus und schwächen dich ungemein.

   Denke daran, dass es zur Wahrheit gehört, nicht zu manipulieren. Manipulation ist eine abgeschwächte Form der Lüge. Auch dies spürt dein Gegenüber und verübelt es dir.

14. Bleibe deshalb bei der Wahrheit. Halte dich kurz. Halte deine Aussagen einfach. Bleibe in deiner Liebe. Und, ganz wichtig: Unterhalte dich nicht mit Menschen, die keine gute Gesellschaft sind. Sie schaffen dir nur Probleme beziehungsweise Verletzungen, und schließlich verleiten sie dich zu Äußerungen und Handlungen, die du später nur bereust!

   Pflege stattdessen die Gemeinschaft mit den Guten und Liebevollen, denn sie führen dich zum Glück.

GELD

Damit kommen wir automatisch zum Thema Geld. Denn viele Menschen verwenden Geld als ein Kommunikationsmittel. Oder als Beziehungsmittel. Oder als Druckmittel. Freuen sie sich über jemanden, schenken sie ihm Geld oder etwas mehr oder minder Wertvolles.

Ärgern sie sich, versuchen sie über Geldentzug oder -abzug ihrem Unmut Ausdruck zu verleihen. Das führt zwangsläufig zu unendlich vielen Verwicklungen, worüber sich die Rechtsanwälte, Staatsanwälte und natürlich die Richter freuen, denn sie werden alle nicht arbeitslos.

Mein Rat ist deshalb, anstatt zu agieren, das heißt, über Geld oder sonstige Machenschaften deinen Ärger auszudrücken, **kläre. Der Weise klärt. Der Unkluge agiert!**

Kläre, kläre, denn Klarheit erhebt einen Menschen, eine Familie, ein Volk.

Unklarer Umgang mit Geld führt deshalb zu unzähligen Krisen. Zu Firmenzusammenbrüchen, zum Bruch von Freundschaften und Ehen. Zu unzähligen Krankheiten und sogar zu Selbstmord.

Genieße die Gnade, arbeiten zu können.

Deine Fähigkeit, arbeiten zu können, öffnet dir alle Möglichkeiten, Geld zu verdienen.

Erkenne den unermesslichen Wert von Zeit.

Es ist *deine* Zeit, die du verwendest, um zu arbeiten und Geld zu verdienen.

Vergeude deshalb keine Zeit. Zeit zu vergeuden ist wie Geld, wie Chancen, wie Leben zu vergeuden!

Bedenke, dass der Tag in vier Abschnitte eingeteilt ist:

- Von 04 – 12 Uhr ist die goldene Zeit
- Von 12 – 18 Uhr ist die silberne Zeit
- Von 18 – 24 Uhr ist die bronzene Zeit
- Von 00 – 04 Uhr die eiserne Zeit

Sei so viel wie irgend möglich in der Zeit zwischen 4 und 8 Uhr tätig, und dein Leben wird aufblühen.

Darüber hinaus gibt es eine weitere Zeiteinteilung, auf die ich dich aufmerksam machen möchte. Du solltest deinen Tag wie folgt einteilen:

- 6 Stunden für den Gelderwerb
- 6 Stunden für Dienst am Nächsten
- 6 Stunden für dich und deine Familie
- 6 Stunden schlafen

Bei dem, was wir soeben sahen, sind Zeit, Geld, Arbeit und Sparen zwangsläufig auch große Themen in der Therapie. So ist Geld ein wichtiger Gradmesser, wie du Energie strukturierst beziehungsweise einsetzt.

Geldübungen

Als Einstieg zu diesem so wichtigen Thema möchte ich auf die Arbeit an Geld hinweisen, die in *Theorie und Technik der analytischen Körpertherapie* von Stephan v. Stepski-Doliwa (S. 235) beschrieben ist.

Dabei zählen alle Gruppenteilnehmer ihr Geld, notieren sich den Betrag und legen das Geld in die Mitte der Gruppe. So entsteht gewöhnlich ein hübscher Geldhaufen.

Nacheinander kann dann jeder Gruppenteilnehmer spielerisch zeigen, wie er mit Geld umgeht. Dies ist eine gute und sehr aufschlussreiche Methode, herauszufinden, wie jemand Geld wertet beziehungsweise es nicht schätzt.

Die Basis-Aufstellung mit Geld

Die zweite Form, an Geld zu arbeiten, ist natürlich die Basis-Aufstellung. So, wie du bei der Arbeit an der Sucht zu den acht – zu Glück, Unglück, Erfolg, Misserfolg, Gesundheit, Krankheit, dir selbst und Gott – noch die Sucht und die Freiheit aufstellst, so stellst du bei der Arbeit am Geld anstelle der Sucht und der Freiheit **Reichtum und Armut** auf. Und genau wie sonst in der Basis-Aufstellung vorgegangen wird, untersucht der Therapeut jetzt, woher die jeweiligen Einstellungen zum Geld stammen.

Die beste Basis-Aufstellung und der hervorragendste Therapeut helfen dir aber nichts, wenn du nicht die Verbindung von Geld, *Dharma* und Karma beachtest.

Geld, das nicht in *Dharma*, also rechtschaffen erworben wurde, geht entweder an Diebe oder gar Mörder – dies hängt vom Ausmaß des Raubes und der Schädigung anderer ab –, an Rechtsanwälte, die dich zum Beispiel vor Gericht verteidigen, und an Ärzte oder Psychotherapeuten, die deine körperlichen beziehungsweise seelischen Probleme behandeln, die durch den Mangel an *Dharma* entstehen. Oder es geht sonstwie verloren.

Denn wenn *Dharma* geht, gehen auch *Sathya*, die Wahrheit, *Shanti*, der Frieden, *Prema*, die Liebe, und *Ahimsa*, die Gewaltlosigkeit. Probleme und Leiden sind dir dann gewiss.

Ein gutes Beispiel hierfür ist Camillo Castiglione. „Nach dem Krieg erkannte er die großen Möglichkeiten der Geldentwertung und verstand es, sie voll auszunutzen. Er kaufte in Österreich Sachwerte auf Kredit, egal zu welchem Preis und egal aus welcher Branche, und zahlte seine Schulden später mit wertlosem Geld zurück." (Kostolany, *Die Kunst über Geld nachzudenken*, S. 55)

Das heißt, er nützte die Notlage der Verkäufer aus, kaufte ihnen ihr Hab und Gut ab und gab ihnen später nichts dafür, denn das Geld war nur mehr zu wertlosem Papier geworden.

Auf dem Unglück der anderen verschaffte er sich ein Vermögen und lebte als „*grand seigneur*" in Wien.

Weder empfand er mit den Leidenden mit, die zum Teil alles verloren hatten, noch erkannte er, dass es nicht rechtens, dass es nicht in Dharma ist, was er tat.

So lehrte ihn das Leben. Karma wirkt zuweilen sehr schnell.

Er wollte, ebenfalls in dieser Zeit nach dem ersten Weltkrieg, noch einen solchen Coup landen, diesmal auf Kosten des Französischen Franc. Er stiftete noch viele andere Hasardeure, darunter auch Fritz Mannheimer, an, mit ihm zu spekulieren.

Dr. Fritz Mannheimer hatte von der Reichsbank in den Jahren der Markentwertung den Auftrag erhalten, „mit geschickten Devisentransaktionen für die Verteidigung der Reichsbank zu sorgen. Er arbeitete sich zum großen Händler in Amsterdam hoch und war so erfolgreich, dass er für sich

ein Vermögen schaffen konnte, während die Reichsmark fast auf Null fiel."
(Kostolany, ebenda). Auch ihn kümmerte es nicht, dass er auf Kosten vieler
sein Geld erwarb.

Castiglione und Mannheimer glaubten, noch einmal auf Kosten anderer
Un-Summen (welch ein interessantes Wort!) verdienen zu können. Sie
taten alles, um den Franc unter Druck zu setzen. Sie liehen sich Geld, wo
sie nur konnten, und kauften an der Pariser Börse Dollar und Pfund auf
Termin. Außerdem verbreiteten sie mittels der Presse Alarmnachrichten
über den Franc, wodurch dieser immer mehr fiel.

Dann endlich unternahm die Französische Regierung entscheidende Schritte zur Stützung des Franc, der dadurch innerhalb kürzester Zeit enorm an
Wert zulegte und unzählige Spekulanten in den Ruin trieb.

Besonders stark traf es Fritz Mannheimer und Camillo Castiglione.

Für Castiglione war für immer das „große" Leben vorbei, das er sich auf
Kosten der Leiden anderer ergaunert hatte.

Diese Geschichte, ebenso wie die vieler anderer Betrüger, macht deutlich,
dass unrechtmäßig verdientes Geld häufig genauso schnell verloren geht,
wie es erworben wird.

**Denn erst kommt Gott, dann die Ethik, danach das Glück und an-
schließend der Reichtum. Oder anders formuliert: Erst kommt das
Höchste Selbst, dann das Du, danach das Ich und dann erst der
Reichtum.**

**Das heißt, allein das rechtschaffen erworbene Geld bleibt und bringt
Segen.**

Verdiene dein Geld deshalb immer in *Dharma*, indem du dich an die
Kosmischen Gesetze hältst. Tue Gutes, denn nur das Gute führt dich zum
Glück.

Bete lieber, als dass du irgendein Unrecht tust, um dein Geld zu verdienen.
Bete, bete, und du wirst das Notwendige immer erhalten.

Und bedenke: Dein Ziel, besonders als Therapeut, ist, so zu handeln, dass
du ein Segen für die Welt bist, weil durch dein Handeln Frieden und Glück
im Einzelnen, in den Partnerschaften, in den Familien, in den Gemeinschaften und damit in der Welt gedeihen.

Möchtest du tatsächlich Wohlstand oder sogar Reichtum erlangen beziehungsweise deine Blockaden hinsichtlich beider mittels der Basis-Aufstellung erkennen und gegebenenfalls verändern, dann bedenke, dass dein

Handeln von deinen Gefühlen, deine Gefühle von deinem Denken und dein Denken von dem bestimmt wird, was du isst. Achte deshalb genau darauf, dass du *Sathwisches*, also reines Essen zu dir nimmst. Hungere lieber, als dass du unreine Nahrung beziehungsweise Fleisch zu dir nimmst. **Du kannst die Bedeutung deiner Nahrung nicht überbewerten. Denn das, was du isst, bestimmt dein Handeln und damit dein Schicksal.**

Denke außerdem an das, was Krishna in der Gita sagt: *„Arjuna, tue deine Pflicht. Beschäftige dich mit rechtem Tun. Aber trachte nicht nach den Früchten."* (Sathya Sai Baba, *Bhagavad Gita*, S. 264)

Das Ziel des Lebens ist, so zu handeln, dass du tust, nicht aber auf das Ergebnis siehst. Achte deshalb genauestens auf deine Ernährung, denn sie kann dich entweder weit von diesem Ziel weg oder ganz nah zu ihm hinführen.

Sathwische Ernährung, rechtes Handeln, das richtige Ziel beziehungsweise das Nicht-Sehen auf die Früchte bedingen, dass Reichtum dir Segen bringt und dir nicht die Katastrophe beschert.

Und was steht noch in der bereits oben erwähnten Auslegung der *Bhagavad Gita*, S. 267? *„Die Bhagavad Gita lehrt die Übung des Anasakti, was so viel heißt wie ‚Nichtanhaften an Tätigkeit, Pflicht und Besitz'. Was wirklich geschieht, wenn ihr Anasakti habt, ist, dass eure Tätigkeit geheiligt wird. Die Gita ermuntert euch nicht dazu, auf Arbeit zu verzichten; im Gegenteil: Sie fordert euch dazu auf, eure Pflicht zu tun und alle die Tätigkeiten, die eurem Stand im Leben angemessen sind, durchzuführen. Aber ihr müsst alle diese Tätigkeiten in heilige Handlungen verwandeln, indem ihr sie dem Herrn als Opfer darbringt."* Deshalb sind das Darreichungsgebet (*Sai Baba spricht zum Westen*, 7.1. oder S. 83 in diesem Buch) und die entsprechende Einstellung bei jedem Tun von so grundsätzlicher Bedeutung.

Das heißt, **lebe in Dharma, denn Wohlstand und Dharma müssen untrennbar verbunden sein.** Führe im Geiste des *Dharma* und des *Anasakti* die Basis-Aufstellung bezüglich Armut und Reichtum durch. Dann wird sie dir mit Sicherheit Segen bringen, denn du kannst das Größte, das Unvorstellbarste erreichen, wenn du dich frei von Eigeninteressen machst.

Affirmationen und Geld

Entscheidend dabei ist, wie ich nicht müde werde zu betonen, **wie du denkst**. Denkst du in den Kategorien von Eigeninteressen, wirst du früher oder später immer Schwierigkeiten begegnen.

Denkst du dagegen, dass Gott durch dich als Werkzeug handelt, ist der Segen dein.

Zum positiven Denken gehören deshalb auch die entsprechenden **Affirmationen**. Denkst du zum Beispiel negativ über Geld, wirst du Probleme damit haben. Denkst du zum Beispiel: ‚Ich bin im Grunde ein armer Hund, ich werde es nie zu irgendetwas und so auch nicht zu Geld bringen!', wird dein Unbewusstes dies als Auftrag verstehen und alles diesem Satz gemäß einrichten. Armut und Versagen sind dir dann gewiss. Bedenke, dass du wirst, was du denkst. Denkst du dich reich, wirst du reich.

Begehe aber nicht den Fehler, den viele Reiche begehen, die sich nur wünschen, reich zu sein. Damit werden sie reich, niemals aber glücklich.

Reichtum und Glück passen nur zusammen, wenn du mit denen teilst, die Hilfe benötigen – und vergiss *Anasakti,* das Nichtanhaften, nicht!

Und noch etwas zu unbewussten Einstellungen: **Geld hat immer fünf Erben. Gibst du den Bedürftigen, dann hat dein zweiter Erbe, die Steuer, ein Einsehen und fordert weniger von dir. Gibst du der Steuer nicht, was ihr zusteht, dann kommen Diebe. Übst du dann immer noch keine Mildtätigkeit, dann kommt dein vierter Erbe, das Feuer. Hast du dann immer noch nicht gelernt zu teilen, fordern Ärzte ihren Tribut, weil Krankheiten dir das Leben schwer machen!**

Visualisiere deshalb, dass du reich bist. Visualisiere dazu aber unbedingt auch, dass du die Verantwortung desjenigen annimmst, der mehr als andere hat. Mehr Geld, mehr Macht sind dir nur dann förderlich, wenn du die Verantwortung annimmst, die sie beinhalten. Diese Verantwortung besteht darin, anderen zu helfen. Denn Geld führt entweder zu dem einen Segen bringenden „H", wenn du anderen **h**ilfst. Oder es führt zu den zwei „Hs", nämlich zu **H**ochmut und **H**ass, wenn du nur an dich und an dein Ego denkst.

Anderen helfen zu wollen ist deshalb die beste Programmierung. Sei reich und teile. Dann wirst du nicht nur reich, sondern auch glücklich sein!

Geldübung – Fantasiereise

Eine weitere schöne Art – besonders in Gruppen –, an Geld beziehungsweise den unbewussten Einstellungen dazu zu arbeiten, ist folgende Visualisierung. Sie zeigt wunderbar auf, wie jemand über sich, über Geld, über Freundschaft, über Selbstwert und Kommunikation denkt.

Entspanne dich. Atme tief ein und aus. Lass dein Gewicht in das Kissen unter dir fallen.

Spüre, wo du in deinem Körper Verspannungen hast. Atme dorthin und stell dir vor, dass du sie ausatmest.

Stell dir vor, dass in der Mitte der Gruppe (des Raumes) ein Maibaum steht, dessen Höhe durch den Raum nicht begrenzt wird. An der Spitze dieses Maibaums sind viele bunte Bänder befestigt, die bis zur Erde hinunter reichen.

Visualisiere nun, dass du von deinem Platz aufstehst, in die Mitte gehst und dir eines der herabhängenden Bänder aussuchst. Mit diesem in deiner Hand gehst du wieder auf deinen Platz.

Welche Farbe hat dein Band?

Gehe nun mit deinen Augen das Band hinauf bis an die Spitze, wo der Sitz des Höchsten Selbst ist.

Wie zeigt Es sich dir?

Wie geht es dir dabei?

Sieh, wie du über das Höchste Selbst und die Bänder mit allen in der Gruppe verbunden bist.

Nun atme all die Liebe und das Licht ein, die vom Höchsten Selbst über das Band in dich fließen.

Atme all die Blockaden aus, die dich daran hindern, diese Göttliche Liebe in dir aufzunehmen.

Bitte nun dein Höchstes Selbst, dich während dieser Übung zu führen, und wisse, dass Es immer für dich da ist und du Es immer fragen kannst.

Stell dir nun vor, dass du eine Schiffsreise machst. Du fährst mit einem großen Dampfer in ein fernes Land, in dem du etwas zu erledigen hast. Du fährst mit dem Schiff hin, um dich zu erholen, und hast vor, zurückzufliegen.

Du liegst immer wieder an Deck in einem Liegestuhl und entspannst dich. Genieße die Sonne und spüre, wie du dich äußerlich und innerlich von der Sonne bestrahlen und wärmen lässt.

Eines Abends gehst du in die Bar und setzt dich auf einen Hocker neben einen Mann, der mit seinem grauen Bart und den grauen Haaren recht bemerkenswert aussieht.

Du kommst mit ihm ins Gespräch, und er erzählt dir von seinen vielen Reisen, die er zunächst als Matrose und schließlich als Kapitän gemacht hat.

Du verstehst dich sehr gut mit ihm.

Du triffst dich nun jeden Tag mit ihm. Ihr verbringt viele Stunden miteinander, der Kapitän und du, und du genießt seine Klugheit, Lebenserfahrung und Herzenswärme.

Eines Tages liegst du an Deck und wartest auf ihn.

Er kommt aber nicht. Dafür erscheint nach einer Weile ein aufgeschreckter Steward, der sagt, du sollst sofort zum Kapitän kommen, er habe einen Schwächeanfall erlitten und verlange nach dir.

Du bist erschrocken – spüre nach, wo du diese Erschütterung in deinem Körper wahrnimmst.

Du eilst in die Kabine des Kapitäns. Er liegt da. Du siehst sogleich, dass seine sonstige Kraft einer tiefen Schwäche gewichen ist.

Der Kapitän sieht dich, und ein Strahlen geht über sein Gesicht.

Seine Aufmerksamkeit richtet sich nun ganz auf dich, als wären der Arzt, die Krankenschwester und der Steward überhaupt nicht anwesend.

Wie erlebst du diese Aufmerksamkeit? Kennst du Situationen, in denen jemand dich so annimmt, so auf dich ausgerichtet ist? Wünschst du sie dir? Wie gehst du mit ihnen um?

Du setzt dich jetzt an das Bett des Kapitäns und versuchst seine Herzlichkeit zu erwidern und deine Anteilnahme auszudrücken. Kennst du so etwas? Kannst du Mitgefühl geben?

Spüre, wie diese Fragen in dir nachklingen.

Es vergehen nun mehrere Tage. Du verbringst die meiste Zeit am Bett des Kapitäns. Du redest mit ihm, hilfst ihm, sprichst ihm Mut zu. Bist für ihn da.

Kannst du für andere da sein?

Doch der Zustand des Kapitäns bessert sich nicht.

Dann, eines Tages, kommst du wieder zu deinem Kapitän. Er sieht dich mit liebevoll-ernster Miene an und sagt dann: „Schön, dass du da bist. Ich muss mit dir reden. Setz dich." Kaum hast du dich gesetzt, fährt er fort: „Mein Leben geht zu Ende. Deshalb muss ich mit dir reden. Kannst du bitte die Tür zusperren?" Kaum hast du dies getan, fährt er fort: „Meine Reise hatte ein Ziel: Ich wollte einen Schatz heben!"

Wie ist das für dich?

„Nun ist mir dies nicht mehr möglich", spricht der Kapitän weiter. „Die Vorsehung aber hat mir dich geschickt. Mein Wunsch an dich ist, dass du eines Tages diesen Schatz hebst, dessen rechtmäßiger Eigentümer ich bin, was diese Urkunde auch beweist. Außerdem ist hier der genaue Plan, wie du ihn findest."

Der Kapitän zeigt dir einen Plan, auf dem eine Insel eingezeichnet ist. Er erklärt dir genau, wo sie liegt, wie du am besten hinkommst. Und er beschreibt dir, wo der Schatz verborgen ist.

Wie fühlst du dich jetzt? Kannst du all dies glauben? Kannst du es glauben, dass DIR so etwas geschehen kann?

Atme tief in dich hinein. Spüre, wie diese Situation auf dich wirkt. Spüre, was du wahrnimmst, was du erlebst.

Bald darauf stirbt der Kapitän. Du verbringst lange Tage der Trauer und kümmerst dich um eine besonders feierliche Beerdigung.

Du kommst an deinem Bestimmungsort an. Erledigst deine Angelegenheiten und fliegst zurück.

Wie gehst du damit um, dass du Eigentümer/in eines Schatzes bist?

Wie planst du alles Weitere?

Um den Schatz zu heben, benötigst du jemanden, der dir dabei hilft, das hat der Kapitän deutlich gesagt. Wen wählst du aus? Glaubst du, du kannst dich auf ihn oder sie verlassen?

Was verabredest du mit dieser Person? Was sind die Bedingungen?

Hast du in der Zwischenzeit Zweifel, ob die Geschichte des Kapitäns überhaupt wahr ist? Wie gehst du mit deinen Zweifeln, wie gehst du überhaupt mit Zweifeln um?

Nun bereitest du mit deiner Vertrauensperson alles Notwendige vor.

Dann startet ihr. Ihr habt alles vorbereitet.

Wie viel Zeit habt ihr für die Vorbereitung benötigt?

Ihr fahrt los. Ihr benutzt verschiedene Verkehrsmittel: Flugzeuge, Schiffe, Boote.

Schließlich landet ihr auf der Insel.

Ihr geht einen Hügel hinauf. Ihr durchquert unwegsames Gelände. Dann stehst du vor einem dichten Gebüsch. Hier soll sich, laut Plan, der Eingang der Höhle befinden, in der der Schatz liegt.

Wie fühlst du dich? Kannst du es glauben, am Ziel angelangt zu sein?

Ihr kriecht in den Busch. Jetzt steht ihr vor vielen Felssteinen, die ihr zur Seite räumt. Da siehst du tatsächlich eine Tür. Nun suchst du nach dem Schlüssel. Er soll nach dem Plan in einer Felsspalte versteckt sein. Du findest ihn.

Wie ist das für dich? Was empfindest du?

Nun öffnest du die Tür.

Du machst die Taschenlampe an und gehst eine Treppe hinunter.

Da stehen Kisten.

Du öffnest eine davon. Sie ist gefüllt mit Diamanten, Geld, Gold und Schmuck.

Die anderen ebenfalls.

Wie ist das für dich? Kannst du es glauben?

Nach dem Plan, den der Kapitän vorbereitet hat, nehmt ihr den Schatz mit euch nach Hause. Wie gehst du dabei vor?

Längere PAUSE

Du teilst mit deiner Vertrauensperson. Wie geht das?

Dann steht der Schatz in deinem Haus.

Was machst du damit? Was hast du damit vor? Wie wird sich dein Leben verändern?

Wie fühlst du dich als ein Mensch, der nun einen solchen Schatz besitzt?

Nun mache einen Sprung.

Es ist ein Jahr vergangen. Wo befinden sich jetzt die Kisten? Was hast du mit deinem Reichtum gemacht?

Wie lebst du jetzt?

Mache noch einen Sprung.

Es sind weitere vier Jahre vergangen.

Wo stehen nun die Kisten, und was hast du aus ihnen und ihrem Inhalt gemacht?

Inwieweit hat sich dein Leben (weiter) verändert?

Nun mache noch einen Sprung.

Stell dir nun vor, dass weitere fünf Jahre, also insgesamt zehn Jahre nach dem Fund, vergangen sind.

Wo bist du jetzt? Was ist aus dem Schatz und was ist aus dir geworden?

Wie sehr hat sich dein Leben verändert?

Und wie ist dein Verhältnis zu deiner Vertrauensperson, mit der du den Schatz gehoben hast?

Und zum Schluss: Was kannst du jetzt von diesem Schatz in dein Lebensprogramm mitnehmen?

PAUSE

Danke nun deinem Höchsten Selbst für die Führung, und wisse, dass Es immer für dich da ist.

Komme nun zurück in dein Tagesbewusstsein des ... (Hier gibt der Therapeut das Datum an.)

Gut. Atme nun dreimal tief durch. Öffne deine Augen und strecke dich.

Anschließend Feedback der Gruppe.

Das Geldthema beim Patienten

Geld ist, wie gesagt, ein wichtiges Thema in der Therapie.

Menschen hätten keine psychischen Probleme, wenn sie nicht auch Probleme mit Geben und Nehmen hätten. **Wer unklar ist, hat immer Schwierigkeiten zu entscheiden, wann er geben und wann er nehmen sollte. Sich und anderen.**

425

So haben die meisten Patienten Probleme mit Geld. Entweder sie achten es nicht und verschleudern es deshalb, oder sie achten es zu sehr und wollen es deshalb horten und möchten, wo es nur geht, keinen Pfennig ausgeben.

Letztere tun sich häufig schwer, einen guten Therapeuten zu finden, denn sie wollen am liebsten eine Lösung finden, die sie nichts kostet. Dies ist verständlich, besonders wenn jemand in seiner Kindheit wenig Zuwendung bekam und über sehr wenig Geld verfügte. Trotzdem ist es eine sehr gefährliche Einstellung, die leicht zu einem Misserfolg führt. Denn wahrer Erfolg stellt sich immer durch Einsatz für sich und andere ein. Willst du aber nicht das Angemessene in dich in Form von Therapie investieren, dann willst du entsprechend weder dir noch dem Therapeuten das geben, was jedem zusteht.

Hast du aber wirklich zu wenig Geld, oder möchtest du nur wenig – oder vielleicht gar nichts – hergeben?

Bedenke: Wer gibt, bekommt.

Hast du wirklich zu wenig Geld, oder *denkst* du dies nur?

Und noch etwas: Geld kannst du mit einem Schuh vergleichen. Ist er zu klein, drückt er. Ist er zu groß, hast du keinen Halt!

So ist es wichtig, dass du die richtige Menge an Geld hast. Weder zu wenig noch zu viel!

Die richtige Menge nützt dir aber nichts, wenn du es nicht weißt!

Und hier „beißt sich die Katze in den Schwanz". Denn gerade in einer guten Therapie kannst du herausfinden, ob du genug Geld hast. Gehst du aber nicht in Therapie, weil du meinst, dass du sie nicht bezahlen kannst, erfährst du möglicherweise nie, dass du ausreichend Geld besitzt, um sie zu bezahlen!

Die Kassen

Was wird nun mit einem Menschen geschehen, der sein Geld entweder horten oder nicht ausgeben oder beides will? Was wird geschehen, wenn er sich auf die Suche nach einem Therapeuten macht? Die Wahrscheinlichkeit ist groß, dass dieser Mensch an einen Therapeuten gerät, der ähnlich denkt wie er. Eben an einen, der zum Beispiel über die Kasse abrechnet. Das ist nichts Schlechtes, denn die Krankenkasse ist von der Idee her eine

Einrichtung, die die Kosten des Einzelnen auf alle verteilt. Somit ist dies ein ausgesprochen sozialer Gedanke.

Damit etwas aber wirklich sozial sein kann, muss es die Einstellung der Beteiligten auch sein. Leider bedienen sich Unzählige der Gelder, die in die Kassen eingezahlt werden, sodass sich einige goldene Nasen verdienen, viele aber auf Dauer das Nachsehen haben.

Was da täglich von mehreren schwarzen Schafen gemauschelt, geschoben und betrogen wird, ist zum Teil kaum vorstellbar – kein Wunder also, dass die Kassen mit ihren Kosten nicht hinkommen.

Leider ist es ebenfalls so, dass viele Ärzte und Therapeuten nicht unter besonders großem Selektionsdruck stehen. Viele Schlechte, die im freien Wettbewerb schon längst ihre Praxen wegen ihrer mangelnden Fähigkeiten beziehungsweise wegen ihrer Herzlosigkeit hätten aufgeben müssen, werden so mitgezogen.

Das Schlimmste ist aber, dass sie, gemäß der Basis-Aufstellung, aller Wahrscheinlichkeit nach eine ähnlich negative Ausrichtung wie ihre Patienten haben. Nur mit dem Unterschied, dass sie durch ein unklares Kassensystem finanziell überleben können. Viele ihrer Patienten aber diese Vergünstigung nicht haben.

Ich bin deshalb sehr vorsichtig mit der Empfehlung von Kassenabrechnung. In vielen Fällen kann sie eine große Hilfe sein. In nicht wenigen ist sie es hingegen ganz und gar nicht. Erstens kommt bei jedem Patienten der Moment, wo er vor dem Problem steht, selbst zahlen zu müssen, weil die Kasse keine weiteren Sitzungen mehr vergütet. Für den Patienten hat das den großen Nachteil, dass er sich nun wegen der Übertragung und der Gewöhnung nicht mehr ohne weiteres einen anderen Therapeuten suchen kann.

Zweitens ist die Frage, ob zu dem Zeitpunkt, zu dem die Kasse nicht mehr zahlt, der Patient bereits so viel Ichstärke entwickelt hat beziehungsweise nicht durch die Therapie in eine solche Regression gekommen ist, dass er nun tatsächlich selbst für seine Therapie aufkommen kann, und woher dieses Geld, sollte es vorher nicht vorhanden gewesen sein, nun plötzlich kommt.

Natürlich ist das System der Kassenvergütung bei vielen Menschen mit einer tief gehenden Störung, also einer so genannten Primärstörung, sehr hilfreich. Wie sollte der arme Patient mit einer Borderline-Störung, der also zwischen Neurose und Psychose steht, seine Therapie selbst bezahlen können?

Was geschieht aber, wenn die Kasse nicht mehr zahlt, er aber nicht so weit ist, selbst für die Kosten aufzukommen?

Du meinst, besser ein wenig als gar nichts. Das ist hier sehr die Frage.

Außerdem betreiben die Kassen eine problematische Auslese, indem sie nur bestimmte Therapiemethoden, die sie selbst festlegen, akzeptieren. Ob diese nun hilfreich sind oder nicht, bleibt oft völlig ungeprüft.

Darüber hinaus spielen die Kassen ein doppeltes Spiel: Sie vergüten bestimmte psychotherapeutische Leistungen, brandmarken aber anschließend denjenigen, der Therapie in Anspruch nahm, weil sie Menschen, die sich einer Psychotherapie unterzogen, entweder gar nicht erst neu aufnehmen oder sie zumindest mit Risikozuschlägen belegen!

Und in genau diese Problematik gerät ein Mensch, der sich von der Kasse die Therapie zahlen lassen möchte.

Aber mit alledem nicht genug: Viele Therapeuten müssen Dinge angeben beziehungsweise weglassen, müssen hier die Wahrheit verfälschen und dort mit Lügen schönen, damit die Kassen zahlen.

Wie soll all dies zu Gesundheit führen? Wie kann aus etwas, das mit so viel Negativem belegt ist, Klares, Positives, Hilfreiches, Gesundes entstehen?

Das Geldthema beim Therapeuten

Damit kehren wir zum Therapeuten zurück. Was sollte er tun?

Ich halte es für die sauberste Lösung, wenn er im Allgemeinen nicht über die Kasse abrechnet. Dies hat viele Vorteile:

Erstens muss er so gut sein, dass Patienten zu ihm kommen, obwohl sie woanders die Therapie von der Kasse vergütet bekämen. Dies fördert durch Auslese seine Leistung. Dies ist richtig, denn die ganze Welt ist so aufgebaut, dass, wer leistet, bekommt!

Zweitens kommen dadurch bestimmte Patienten zu ihm, nämlich solche, die wirklich etwas in ihre Gesundheit, in ihre Veränderung, in ihr Wachstum investieren wollen. Dies ist für alle die beste Voraussetzung für einen erfolgreichen Verlauf der Behandlung.

Drittens verhindert dies, dass Patienten in die Therapie kommen, die überhaupt nicht motiviert sind.

Nur ganz wenige Menschen würden gerne Therapie machen, können es sich aber wirklich nicht leisten.

Viele können sich eine Therapie aber deshalb nicht leisten, weil sie schlicht zu faul oder zu phlegmatisch sind, das nötige Geld zu verdienen. Sie werden weder in der Therapie noch im Leben weit kommen.

Viertens ist dadurch Geld immer wieder direkt Thema in der Therapie. Wie geht der Patient damit um, wie kommt er zurecht? Warum hat er im Moment Schwierigkeiten, die Stunden zu bezahlen? Was geschieht gerade in seinem Leben? Was passiert in der Beziehung zwischen Therapeut und Patient? Wofür steht das Geldproblem? Was verschweigt er seinem Therapeuten, spricht stattdessen aber über Geld?

Und **fünftens**: Arbeitet der Therapeut so intensiv an dem Thema Geld, dass der Patient sich die Therapie auch immer leichter leisten kann?

Therapie sollte sich nämlich selbst finanzieren. Dies ist der unbedingte Maßstab!

Patienten sollten durch die Therapie so viel klarer im Umgang mit Geld, so viel effizienter, so viel strukturierter, so viel positiver und auch so viel mutiger sein, dass sie **mehr sparen**, mehr verdienen, leichter von einer schlecht bezahlten Tätigkeit zu einer besser vergüteten wechseln können.

All dies muss die Therapie leisten. Denn es gehört zu ihrem Aufgabenbereich.

Und genau an diesen rein materiellen Ergebnissen kann der Patient auch ablesen, dass sich seine vielen Mühen und sein großer Einsatz an Zeit, Mut und Geld lohnen.

Für all dies sind zwei Voraussetzungen unabdingbar: **Die Therapie muss tatsächlich sichtbaren Erfolg bringen, und sie muss erschwinglich sein.** Viele Preise, die heute verlangt werden, finde ich einfach unanständig. An die 1.000 Mark für drei oder gar weniger Tage zu fordern finde ich unfair, denn hier ist die Zahl derjenigen, die sich dies leisten können, doch sehr eingeschränkt.

250 Mark und mehr für eine Einzelstunde zu verlangen ist ebenfalls deutlich überzogen, es sei denn, der Therapeut ist so gut, dass der Patient mit einer Stunde im Monat auskommt.

Und genau das ist mein Maßstab: Therapie sollte im Jahresdurchschnitt nicht mehr als 250 bis maximal 450 Mark im Monat kosten. Dann ist das

Preis-Leistungs-Verhältnis stimmig. Was darüber hinaus geht, muss sich durch außerordentliche Effizienz und Kürze auszeichnen, um den Preis zu rechtfertigen.

Einige Therapeuten halten wiederum so wenig von sich, dass sie überhaupt kein oder nur minimal Geld nehmen beziehungsweise nehmen können – hier zeigt sich natürlich das Syndrom des hilflosen Helfers.

Andere dagegen beginnen die erste Stunde bereits mit einer Unklarheit, wenn sie sie kostenlos anbieten. Wieso tun sie das? Geben sie in dieser Stunde denn nichts? Oder – was diese Therapeuten sich häufig nicht bewusst machen wollen – haben sie vor, die möglichen Patienten zur Therapie zu verführen?

Etwas kostenlos zu geben ist ein altbekannter Werbetrick. So fängt man in Indien Affen. Man kettet eine Kiste an einen Baum, die eine so kleine Öffnung hat, dass der Affe mit der leeren Hand hindurchfassen kann. In die Kiste wird ein Apfel gelegt. Der Affe greift in die Kiste, umfasst den Apfel und will die Hand mit dem Apfel herausziehen. Das gelingt ihm aber nicht, denn die Hand passt nun zusammen mit dem Apfel nicht mehr durch die Öffnung.

Und was tut der Affe? Er ist deshalb gefangen, weil er den Apfel nicht mehr loslässt.

So ergeht es auch vielen Menschen mit Werbeaktionen, bei denen ihnen etwas geschenkt wird. Weil es „kostenlos" ist, nehmen sie es, gewöhnen sich daran – und lassen es nicht mehr los.

Haben sie sich aber bewusst entschieden? Haben sie geprüft, was das Richtige für sie ist? Haben sie die verschiedenen Produkte miteinander verglichen? Aber genau darauf zielt ja die Werbeaktion ab, dass diese mühsamen Vergleiche unterbleiben, dass nicht lange geprüft, sondern schnell genommen wird. Das ist die Verführung.

Deshalb sollten Therapeuten solche Werbetechniken nicht praktizieren. Durch die Übertragung, die sich sogleich einstellt, werden Patienten von Anfang an an den Therapeuten gebunden. Die kostenlose Sitzung hat deshalb große Folgen: Die Patienten meinen, sie könnten doch einmal unverbindlich probieren. Aber dieses Probieren gibt es in Wahrheit nicht, denn die Übertragung beginnt sofort – und damit die Bindung.

Außerdem: Was sagte ich weiter vorne? *Doctors need more patience, not more patients!* Ärzte brauchen mehr Geduld, nicht mehr Patienten.

Der gemeinsame Weg

Doch zurück zu den oben erwähnten Preisen. Selbst wenn der Therapeut die angemessenen Preise nimmt, die ich oben nannte, wird es immer wieder Menschen geben, die sich auch dies nicht leisten können.

Dann wird es schwierig!

Denn erstens hat jeder spirituell ausgerichtete Therapeut den weiter vorne beschriebenen Gedanken an *Seva,* den Dienst am Nächsten, im Hinterkopf und fragt sich deshalb, ob er nicht ganz kostenlos arbeiten sollte.

Zweitens fragt er sich, ob er nicht wenigstens denjenigen, die es sich nicht leisten können, die Therapiegebühr erlassen sollte.

Und genau hier wird es schwierig. Denn einmal denken viele Menschen: ,Was nichts kostet, taugt nichts.' Außerdem kann dies zu einem Problem zwischen Therapeut und Patient beziehungsweise Patient und Therapeut werden.

Der Therapeut muss sich fragen: „Setze ich mich wirklich genauso für den Patienten ein, der nicht zahlt, wie für einen zahlenden?" Befürchtet er, von seinem Patienten ausgenutzt zu werden? Und was sagt sein Schatten dazu?

Beim Patienten können sehr leicht Schuldgefühle dem Therapeuten gegenüber entstehen, dass dieser ihm so viel gibt, er aber nichts zurückgeben kann.

Diese Schuldgefühle können deswegen, weil kein Ausgleich stattfindet, zu einer Selbstwertproblematik führen, nach dem Motto: „Habe ich das verdient, dass ein im Grunde wildfremder Mensch mir so viel gibt? Wie kann ich das je wieder ausgleichen? Werde ich nicht immer in seiner Schuld stehen? Werde ich nicht ewig abhängig sein?"

Dies ist die eine Seite. Die andere könnte sein, dass sehr egoistische und egozentrische Anteile des Patienten unterstützt werden. Wie viele leben von Rente, von der öffentlichen Fürsorge, von Arbeitslosengeld und sehen nicht, wie sehr sie ihre Möglichkeiten insofern unterschätzen, als sie viel mehr leisten und erreichen könnten. Das heißt nicht selten, dass sie eine bezahlte, auch gut bezahlte Tätigkeit fänden, sofern sie wirklich wollten!

Dies muss die Therapie unbedingt thematisieren.

Gelingt dies, kommen Patienten von allein zu dem Punkt, an dem sie ihre Therapie bezahlen wollen. Viele gehen damit sehr klar und selbstverantwortlich um, sodass ein Therapeut sich keine großen Sorgen machen muss, wenn er ihnen finanziell entgegenkommt.

Und genau dies ist das Stichwort. Nur in Extremfällen ist es deshalb ratsam, dass Patienten die Therapie kostenlos bekommen. **Ansonsten sollten Therapeut und Patient immer gemeinsam herausfinden, was dieser zahlen kann und will.**

Und kann er nichts bezahlen, erhebt sich die Frage, ob es vielleicht etwas gibt, das er zum Ausgleich für den Therapeuten leisten beziehungsweise ihm geben kann.

Auch hier müssen beide herausfinden, ob die gefundene Lösung sowohl für den einen als auch für den anderen stimmig ist.

Es gibt Therapeuten und natürlich Therapeutinnen, bei denen dieses System hervorragend funktioniert und es wirklich nur zu minimalen Problemen oder Verwicklungen führt.

Andere, die nicht so klar sind, können dagegen in Schwierigkeiten geraten. Deshalb sollte jeder für sich entscheiden, was für ihn und seine Patienten stimmt und *Dharma* entspricht.

Wichtig ist darüber hinaus, dass der Therapeut Folgendes sieht: Anderen kompetent helfen zu können ist Gnade, die als Gnade schon Lohn genug ist.

Auf der anderen Seite muss ein Therapeut auch Einkünfte haben, und der Patient muss aktiv und materiell etwas zu seiner Heilung beitragen.

Deshalb ist der oben angesprochene Weg der beste: **Moderate Preise, viel Engagement, hervorragende Leistung, viel Freude an der Arbeit, viel Bewusstsein der immer wieder erhaltenen Gnade und eine faire Lösung mit den Patienten.**

Wer außerdem klar ist und Herz hat, zu dem kommt der Erfolg unweigerlich. Denn die Biene findet den Nektar der süßesten Blumen auch auf dem entferntesten Feld.

Oder anders ausgedrückt: Hast du die Sonne im Rücken, wirst du keinen Glanz im Gesicht haben, außerdem wirst du deinen Schatten (*Maya*) nie einholen. Auch nicht deinen Wohlstand. Ebenso wenig dein Glück.

Drehst du dich aber um und der Sonne, als Symbol des Selbst, zu, dann muss der Schatten *dir* folgen.

Du kannst gehen, wohin du willst. Immer muss dir dein Schatten folgen, und das Licht, das Glück, der Erfolg scheinen auf deinem Gesicht.

Dies ist die einzige entscheidende Wahrheit. Die Wahrheit, die durch die Gnade Gottes kommt. Und was macht die Gnade Gottes? Sie schenkt dir die Weisheit, durch die du zu deinem inneren Frieden findest, zu *Shanti*. Und diese innere Ruhe befähigt dich, in jeder Situation die richtige – für alle Beteiligten richtige! – Lösung zu finden.

OM

LEHRSÄTZE

In dieser zum Teil so maßstabslosen Zeit möchte ich dir einige Grundsätze an die Hand geben, die dich begleiten, beschützen und zum Erfolg führen sollen.

Halte dich an sie, denn sie sind wie *Sathya* und *Dharma*, Wahrheit und Rechtschaffenheit, dein bester Schutz.

Solltest du manche Grundsätze zu „moralisch" finden, lehne sie nicht deshalb ab, sondern versuche unbedingt zu ergründen, warum ich sie **zu deinem Schutz** aufstellte.

Ich bin gekommen, um dich zurück ins Reich des Glücks zu führen. Die folgenden Grundsätze sind wichtige Begleiter dahin.

Lass sie also dich an die Hand nehmen – und werde glücklich!

Lehrsätze aus **Sathya Sai Baba, *Antworten*, S. 124 – 129:**

1. *Prema, Liebe sollte als der Lebensatem selbst betrachtet werden.*

2. *Glaube, dass die Liebe, die sich in allen Dingen gleichermaßen manifestiert, dass diese gleich Prema Paramatman, das Höchste Absolute, ist.*

3. *Der eine Paramatman befindet sich in jedem – in der Form von Prema.*

4. *Vor allen anderen Formen der Liebe sollte das erste Bemühen des Menschen sein, seine Liebe auf den Herrn zu richten.*

5. *Solche auf Gott gerichtete Liebe ist Bhakti; das ist der grundlegende Test, die Erlangung von Bhakti.*

6. *Diejenigen, welche die Glückseligkeit des Atman suchen, sollten nicht den Sinnenfreuden nachlaufen.*

7. *Sathya, Wahrheit, muss als lebensspendend wie der Atem selbst behandelt werden.*

8. *Ebenso wie der Körper, dem der Atem fehlt, nutzlos ist und innerhalb weniger Minuten zu verwesen und zu stinken beginnt, ebenso ist Leben ohne Wahrheit nutzlos und wird zur stinkenden Wohnstätte von Streit und Kummer.*

9. *Glaube daran, dass es nichts Größeres als Wahrheit gibt, nichts Wertvolleres, nichts Süßeres und nichts Dauerhafteres.*

10. *Wahrheit ist der alles beschützende Gott. Es gibt keinen mächtigeren Wächter als die Wahrheit.*

11. *Der Herr, der Sathyasvarupa, das heißt die Verkörperung der Wahrheit ist, gewährt denjenigen mit wahrheitserfüllter Sprechweise und liebendem Herzen Darshan, seinen Segen.*

12. *Seid unvermindert freundlich allen Wesen gegenüber und pflegt den Geist des selbstlosen Opferns.*

13. *Ihr müsst auch Sinneskontrolle besitzen, einen untadeligen Charakter haben und frei von Bindungen sein.*

14. *Sei immer auf der Hut vor den vier Sünden, welche die Zunge zu begehen neigt: 1) die Unwahrheit zu sagen, 2) schlecht über andere zu reden, 3) andere hinter dem Rücken zu verleumden, 4) zu viel zu reden. Es ist das Beste, diese Tendenzen zu kontrollieren.*

15. *Versuche die fünf Sünden, die der Körper begeht, zu vermeiden: Töten, Ehebruch, Diebstahl, das „Zu-sich-Nehmen" berauschender Getränke und das Essen von Fleisch. Es ist eine große Hilfe für das höchste Leben, wenn auch diese so weit wie möglich fern gehalten werden.*

16. *Man sollte immer – ohne einen Augenblick der Achtlosigkeit – gegenüber den acht Sünden, die der Geist begeht, wachsam sein: kama oder Sehnsucht, krodha oder Ärger, lobha oder Gier, moha oder Bindung; Ungeduld, Hass, Egoismus, Stolz. Es ist die erste Pflicht des Menschen, all diese Dinge in sicherer Entfernung von sich zu halten.*

17. *Der menschliche Geist ist schnell dabei, falsche Handlungen zu begehen. Erinnere dich in dem Moment an den Namen des Herrn oder versuche die eine oder andere gute Tat zu tun, ohne zuzulassen, dass der Geist es so eilig hat. Diejenigen, die sich so verhalten, werden mit Sicherheit der Gnade des Herrn würdig sein.*

18. *Gib zuerst die üble Tendenz, auf den Besitz anderer neidisch zu sein, und den Wunsch, ihnen zu schaden, auf. Sei glücklich, dass andere*

glücklich sind. Habe Mitgefühl für diejenigen, die in Not sind, und wünsche ihnen Wohlstand. Das ist das Mittel, Liebe zu Gott zu entwickeln.

19. *Geduld ist die ganze Kraft, die der Mensch braucht.*

20. *Diejenigen, die bestrebt sind, ein Leben in Freude zu führen, müssen immer Gutes tun.*

21. *Es ist leicht, Ärger durch Liebe zu überwinden, Bindung durch logisches Denken, Unwahrheit durch Wahrheit, Schlechtes durch Gutes und Gier durch Wohltätigkeit.*

22. *Auf die Worte niederträchtiger Menschen sollte keine Antwort gegeben werden. Halte dich weit von ihnen entfernt; das ist zu deinem Besten. Brich alle Beziehungen mit solchen Menschen ab.*

23. *Suche die Gesellschaft guter Menschen, selbst wenn du deine Ehre und dein Leben dafür opfern musst. Aber bleibe dabei, zu Gott zu beten, dich mit der notwendigen Fähigkeit, zwischen guten und schlechten Menschen zu unterscheiden, zu segnen. Außerdem musst du dich mit dem dir gegebenen Intellekt nach Kräften bemühen.*

24. *Diejenigen, die Länder erobern und Ruhm in der Welt ernten, werden als Helden bejubelt; daran gibt es keinen Zweifel; aber diejenigen, die die Sinne erobert haben, sind Helden, die als Eroberer des Universalen gefeiert werden müssen.*

25. *Welche Taten ein guter oder schlechter Mensch auch immer begehen mag, die Früchte daraus folgen ihm und werden niemals aufhören, ihn zu verfolgen.*

26. *Gier bringt nur Kummer mit sich; Zufriedenheit ist das Beste. Es gibt kein größeres Glück als Zufriedenheit.*

27. *Die Tendenz, Unheil zu stiften, sollte mit den Wurzeln entfernt und beseitigt werden. Wenn man ihr erlaubt, weiter zu bestehen, wird sie das Leben selbst unterminieren.*

28. *Ertrage sowohl Verlust als auch Kummer mit innerer Stärke; versuche und suche danach, Freude und Gewinn zu erreichen.*

29. *Wenn Ärger dich überkommt, übe Stillschweigen oder erinnere dich an den Namen des Herrn. Denke nicht an Dinge, die den Ärger noch mehr anfachen werden. Diese werden unberechenbaren Schaden anrichten.*

30. *Vermeide von nun an alle schlechten Gewohnheiten. Zögere nicht und schiebe es nicht auf. Sie vermitteln nicht die geringste Freude.*

31. *Versuche, soweit es im Rahmen deiner Möglichkeiten liegt, Not der Armen zu lindern, die tatsächlich daridranarayana, Gott in seinem Aspekt der Bedürftigkeit, sind. Teile mit ihnen, welche Nahrung du auch immer haben magst, und mache sie zumindest für diesen Augenblick glücklich.*

32. *Wovon immer du auch meinst, dass es dir nicht von anderen angetan werden sollte, das vermeide, anderen anzutun.*

33. *Bereue Fehler und Sünden, die du aufgrund von Unwissenheit begangen hast, aufrichtig; versuche, die Fehler und Sünden nicht zu wiederholen; bete zu Gott, dich mit der Stärke und dem notwendigen Wagemut, am rechten Weg festzuhalten, zu segnen.*

34. *Erlaube nichts, sich dir zu nähern, was deinen Eifer und deine Begeisterung für Gott zerstören könnte. Mangelnder Eifer wird den Zerfall der Stärke des Menschen mit sich bringen.*

35. *Gib nicht der Feigheit nach; gib Ananda, Glückseligkeit, nicht auf.*

36. *Lass deine Brust nicht vor Stolz anschwellen, wenn die Leute dich loben; fühle dich nicht niedergeschlagen, wenn die Leute dich tadeln.*

37. *Versuche nicht – wenn irgendjemand unter deinen Freunden einen anderen hasst und zu streiten beginnt –, sie anzustacheln und ihren Hass aufeinander zu vergrößern; versuche stattdessen ihre frühere Freundschaft mit Liebe und Mitgefühl wiederherzustellen.*

38. *Suche nach deinen eigenen Fehlern, statt nach den Fehlern der anderen zu suchen; entwurzle sie und entledige dich ihrer. Es genügt, wenn du einen Fehler von dir suchst und entdeckst; das ist besser, als Tausende von Fehlern in anderen zu entdecken.*

39. *Selbst wenn du kein punya, eine gute Handlung, tun kannst oder willst, ersinne oder führe kein papa, eine schlechte Handlung, aus.*

40. *Was immer die Leute auch über Fehler, von denen du weißt, dass sie nicht in dir stecken, sagen, mach dir nichts daraus; wohingegen du versuchen solltest, Fehler, die in dir stecken, zu korrigieren, noch bevor andere dich darauf hinweisen. Hege keinen Ärger oder Groll denjenigen gegenüber, die dich auf deine Fehler hinweisen. Begegne dem nicht damit, dass du selbst auf die Fehler der Betreffenden hinweist, sondern zeige ihnen gegenüber deine Dankbarkeit. Zu ver-*

suchen, Fehler zu entdecken, ist ein größerer Irrtum deinerseits. Es ist gut für dich, deine Fehler zu kennen, deine Kenntnis der Fehler anderer ist nicht gut.

41. *Wann immer du ein wenig freie Zeit hast, verbringe sie nicht damit, indem du über Hinz und Kunz redest, sondern nütze sie, indem du über Gott meditierst oder Dienst an anderen tust.*

42. *Der Herr kann nur von bhakta, dem Gottergebenen, verstanden werden; der bhakta wird nur von Gott verstanden. Andere können ihn nicht verstehen. Diskutiere deshalb keine Themen, die sich auf den Herrn beziehen, mit denjenigen, die kein Bhakti, hingebungsvolle Liebe, haben. Als Ergebnis solcher Diskussion wird sich deine Hingabe verringern.*

43. *Wenn irgendjemand über irgendein Thema, das er falsch verstanden hat, zu dir spricht, denke nicht an andere falsche Vorstellungen, die diesen Standpunkt unterstützen, sondern greife nur das Gute und die Süße dessen, was er sagt, auf. Die wahre Bedeutung sollte als wünschenswert geschätzt werden, nicht die falsche Bedeutung oder viele Bedeutungen, die überhaupt keinen Sinn ergeben und lediglich ein Hindernis für Ananda, Glückseligkeit, erzeugen.*

44. *Wenn du „auf einen Punkt gerichtete" Aufmerksamkeit entwickeln willst, dann lenke deinen Blick – wenn du dich in der Materie oder im Geschäftsgetümmel befindest – nicht in alle Richtungen und auf alles sonst, sondern sieh nur so weit die Straße vor dir, um Unfälle zu vermeiden. „Auf einen Punkt gerichtete" Aufmerksamkeit wird gefestigter, wenn man, ohne die Aufmerksamkeit von der Straße abzulenken, umhergeht, Unfälle vermeidet und seine Augen nicht auf andere Formen richtet.*

45. *Gib alle Zweifel in Bezug auf den Guru und Gott auf. Wenn deine weltlichen Wünsche nicht erfüllt werden, laste es nicht deiner Hingabe an. Es gibt keinen Zusammenhang zwischen solchen Wünschen und Hingabe an Gott. Die weltlichen Wünsche müssen früher oder später aufgegeben werden; Gefühle von Bhakti, Hingabe, müssen früher oder später entwickelt werden. Davon musst du fest überzeugt sein.*

46. *Verliere nicht den Mut in Bezug auf Gott, wenn dein dhyana oder japa – deine Meditation oder die Wiederholung des Namens Gottes – keine angemessenen Fortschritte macht oder wenn die Wünsche, die du*

genährt hast, keine Früchte tragen. Dies wird dich noch mutloser machen, und du wirst den Frieden, den du möglicherweise gewonnen hast – wie groß oder klein er auch sein mag – verlieren. Während dhyana und japa solltest du nicht niedergeschlagen, verzweifelt oder mutlos sein. Wenn solche Gefühle entstehen, sieh es als Fehler deines sadhana, deiner spirituellen Praxis, an und bemühe dich, sie richtig durchzuführen.

47. *Nur dann, wenn du dich in deiner täglichen Lebensführung und bei allen Handlungen in dieser Weise und nach diesen Richtlinien verhältst und handelst, kannst du sehr leicht das Göttliche Prinzip erreichen. Halte deshalb strikt an diesen Maximen fest. Kaue und verdaue diese gesprochenen Süßigkeiten, die anlässlich der Geburtstagsfeier deines Swami verteilt werden, und sei glücklich. Hast du verstanden?*

(Zitat Ende. Großschreibung von *Prema, Paramatman, Bhakti, Atman, Ananda* und *Sathya* mit „h" durch mich).

Und was ist die Essenz, die Quintessenz dieses Buches?

Eigne dir ein hervorragendes Wissen an.
Finde zu deiner wahren Bestimmung.
Behandle deine Mitmenschen und
besonders deine Patienten
mit sehr viel Liebe und großem Respekt.

Siehe die Wunder in der Welt, in dir
und in deinen Mitmenschen.
Sei dankbar, dass du helfen kannst.
Sei froh, glücklich und tugendhaft.

Erinnere dich stets an Sokrates' Satz,
dass nur die Guten glücklich
und nur diejenigen gut sind,
die sich nach den Göttlichen Werten
und Tugenden richten.

Berücksichtigst und beherzigst du dies,
dann bist du ein Segen für die Welt.

LITERATURLISTE

Bidot, N. u. Morat, B.: NLP – leichtgemacht, Herder Verlag, Freiburg – Basel – Wien 1997 (2)

Berne, E.: Games Peoples Play, Ballantines Books, New York 1964

Cayrol, A.: Derrière la Magie, La Programmation Neuro-Linguistique, InterÉdition, Paris 1984

Chopich, E. et Paul, M.: Aussöhnung mit dem inneren Kind, Bauer Verlag, Freiburg 1993/2

Erikson, E. E.: Kindheit und Gesellschaft, Klett Verlag, Stuttgart 1971

Freud, A.: Das Ich und die Abwehrmechanismen (1936), in: Die Schriften der Anna Freud, Bd. I, Kindler Verlag, München 1980

Gottman, J. M. und Silver, N.: Die 7 Geheimnisse der glücklichen Ehe, M. v. Schröder Verlag, München 2000

Haley, J.: Die Psychotherapie Milton H. Ericksons, Pfeiffer Verlag, München 1978

Hellinger, B.: Finden, was wirkt, Kösel Verlag, München 1993

Hellinger, B.: Ordnungen der Liebe, Carl Auer Verlag, Heidelberg 1994

Hellinger, B.: Familien-Stellen mit Kranken, Carl Auer Verlag, Heidelberg 1997

Hellinger, B., Hövel, G. ten: Anerkennen, was ist, Kösel Verlag, München 1997

Kernberg, O. F.: Borderline-Störung und pathologischer Narzissmus, Suhrkamp Verlag, Frankfurt a. M. 1978

Kohut, H.: Narzissmus, Suhrkamp Verlag, Frankfurt a. M. 1976

Kostolany, A.: Die Kunst über Geld nachzudenken, Econ Verlag, München 2000 (5)

Krystal, Ph.: Die inneren Fesseln sprengen, Walter Verlag, Olten 1990 (2)

Lao Tse: Tao Te King, Hugendubel Verlag, München 1984 (4)

Miller, A.: Am Anfang war Erziehung, Suhrkamp Verlag, Frankfurt a. M. 1980

Miller, A.: Du sollst nicht merken, Suhrkamp Verlag, Frankfurt a. M. 1981

Murooka, H.: Sleep Gently in the Womb, 1975 Toshiba EMI 773. (Platte)

Murphy, J.: Die Macht Ihres Unterbewußtseins, Goldmann Verlag, München 1998

Platon, Werke, Hrsg. v. Gunther Eigler, Wissenschaftliche Buchgesellschaft, Darmstadt 1990

Sathya Sai Baba: Antworten, Sathya Sai Vereinigung, Dietzenbach 1996

Sathya Sai Baba: Bhagavad Gita, Sathya Sai Vereinigung, Dietzenbach 1992

Sathya Sai Baba: Die Geschichte von Rama – Strom göttlicher Liebe, Bd. 2, Sathya Sai Vereinigung, Dietzenbach 1997

Sathya Sai Baba: Erfüllung in Gott, Sathya Sai Vereinigung, Dietzenbach 1994

Sathya Sai Baba: Mensch und Göttliche Ordnung, Sathya Sai Vereinigung, Dietzenbach 1993

Schmidbauer, W.: Die hilflosen Helfer, Rowohlt Verlag, Reinbeck 1977

Stepski-Doliwa, S. v.: Die Platonische Erkenntnistheorie, Govinda Sai Verlag, Grafrath 1988

Stepski-Doliwa, S. v.: Theorie und Technik der analytischen Körpertherapie, Govinda Sai Verlag, Grafrath 1999

Stepski-Doliwa, S. v.: Sai Baba spricht zum Westen, Govinda Sai Verlag, Grafrath 1994

Stepski-Doliwa, S. v.: Sai Baba spricht über Beziehungen, Govinda Sai Verlag, Grafrath 1995

Stepski-Doliwa, S. v.: Sai Baba spricht über die Welt und Gott, Govinda Sai Verlag, Grafrath 1997

Weber, G. (Hrsg.): Zweierlei Glück, Die systemische Psychotherapie Bert Hellingers, Carl Auer Verlag, Heidelberg 1994 (4)

Vorankündigung
Der fünfte Band der Buchreihe „Sai Baba spricht ..."
durch Stephan v. Stepski-Doliwa

SAI BABA

SPRICHT ÜBER ERZIEHUNG

Band 5

Dieser Band wird Ende 2003 erscheinen.

Sai Baba wird in diesem Buch beschreiben, was Eltern ihren Kindern geben, wie sie sie nachempfinden, sie führen, ihnen Grenzen setzen und sie in allen wichtigen philosophischen und spirituellen Fragen unterweisen sollten.

Er wird auch von den idealen Schulen und Universitäten sprechen und davon, wie sich ein Kind, ein Schüler beziehungsweise ein Student zu verhalten hat.

Sai Baba hat in Indien ein umfassendes Schul- und Universitätssystem aufgebaut, klare Maßstäbe gesetzt und seit mehreren Jahrzehnten vielen Menschen ganz neue Dimensionen von Glück und Erfolg vermittelt.

Dieses Lehrsystem ist in anderen Ländern ebenfalls mit Erfolg eingeführt worden und wird auch uns viele Anregungen, Maßstäbe und damit wichtige Hilfen an die Hand geben.

*Weitere Bände der Buchreihe „Sai Baba spricht ..."
durch Stephan v. Stepski-Doliwa*

SAI BABA
SPRICHT ZUM WESTEN
Band 1

Sathya Sai Baba, der Avatar unserer Zeit, wendet sich in diesem Buch an den westlichen Menschen: In liebevoller Weise offenbart Er zeitlose Wahrheiten über Partnerschaft, Therapie, Ernährung, Religion, Spiritualität, Karma und Wiedergeburt.

Über die innere Stimme diktierte Sai Baba Dr. Stephan v. Stepski-Doliwa 366 Tagessprüche, die nicht nur den Geist inspirieren, sondern auch unser Herz berühren.

Weitere Bände der Buchreihe „Sai Baba spricht …"
durch Stephan v. Stepski-Doliwa

SAI BABA

SPRICHT ÜBER BEZIEHUNGEN

Band 2

Sathya Sai Baba hat auch dieses Buch Dr. Stephan v. Stepski-Doliwa diktiert. Er legt uns Seine Vorstellungen von Beziehungen dar: Wie wir uns spirituell, intellektuell und gefühlsmäßig auf sie vorbereiten und eine erfüllende Partnerschaft leben können.

Gleichzeitig lehrt Er uns, mit Schwierigkeiten umzugehen. Er zeigt Wege, wie wir eine Trennung vermeiden, sagt uns aber auch, was wir nach dem Scheitern einer Beziehung tun können beziehungsweise sollten.

*Weitere Bände der Buchreihe „Sai Baba spricht ... "
durch Stephan v. Stepski-Doliwa*

SAI BABA
SPRICHT ÜBER DIE WELT UND GOTT

Band 3

Sathya Sai Baba hat in diesem Buch Dr. Stephan v. Stepski-Doliwa Geschichten diktiert, in denen Er anhand von Gleichnissen Wissen über das Leben vermittelt.

Sai Baba sagt, das Leben sei der beste Lehrer. Deswegen erzählt Er von verschiedenen Schicksalen, durch die wir berührt werden und so die Chance erhalten, uns selber zu betrachten und zu lernen.

Ebenfalls im Govinda Sai Verlag erschienen

THEORIE UND TECHNIK DER ANALYTISCHEN KÖRPERTHERAPIE

Stephan v. Stepski-Doliwa

Eine interessante und anschaulich geschriebene Darstellung vieler Therapiebereiche, die auf dem fundierten theoretischen Wissen und der reichhaltigen Praxiserfahrung des Autors beruht. Ein informatives Buch für Therapeuten und andere Therapie-Interessierte.

Ebenfalls im Govinda Sai Verlag erschienen

BEOBACHTUNG DES AUGENBLICKS

Rudy Alexander Daniel

In dem spannenden und humorvoll geschriebenen Buch beschreibt der Autor – früher in der Friedens- und Ökologiebewegung engagiert – seine Reise durch Indien, die ihn schließlich zu Sai Baba führte. Im Ashram von Sai Baba macht er Erfahrungen, die seinen westlich geprägten Verstand vollends zum Rotieren bringen.

Ebenfalls im Govinda Sai Verlag erschienen

TRAUM UND WIRKLICHKEIT IM ANGESICHT GOTTES

Dr. Naresh Bhatia

Dr. Bhatia war einer der hauptverantwortlichen Ärzte im Krankenhaus von Sathya Sai Baba. Er beschreibt in diesem Buch seine außergewöhnlichen, nicht nur den westlichen Menschen tief beeindruckenden Erfahrungen, die er mit dem Avatar unserer Zeit erleben durfte. Ein wunderbares Buch, das berührt und staunen lässt.

Ebenfalls im Govinda Sai Verlag erschienen

JESUS UND SAI BABA

Die *eine* Botschaft in Christentum und Hinduismus

Dr. Sven Jaeggi

Dr. Sven Jaeggi hat in diesem Buch in sorgfältigster Arbeit eine vergleichende Darstellung der Lehren Jesu Christi mit denen Sathya Sai Babas geschaffen. In liebevoller Weise wird die gemeinsame Botschaft von Christentum, Hinduismus und anderen östlichen Glaubensrichtungen dokumentiert, sodass aus diesem Werk sowohl Laien als auch mit der Materie Vertraute schöpfen können.

Ebenfalls im Govinda Sai Verlag erschienen

JESUS UND BUDDHA

„Die Bergpredigten" – eine vergleichende Dokumentation

Dr. Sven Jaeggi

In einer Zeit der Globalisierung, in der Fernes immer näher rückt, ist es von großem Interesse zu sehen, wie fern beziehungsweise wie nah sich zwei Religionsstifter wie Jesus und Buddha sind.

Dieses Buch von Dr. Sven Jaeggi weist die gemeinsamen Wurzeln von Christentum und Buddhismus auf und zeigt, wie beide von der gleichen Quelle genährt werden. Ein Buch, das uns wieder einmal bewusst macht, dass die Lösung der heutigen weltweiten Probleme nicht im Unterscheiden der Unterschiede, sondern im Auffinden der Gemeinsamkeiten besteht.

Ebenfalls im Govinda Sai Verlag erschienen

„SEI WIE DER LOTOS"

Photos: Barbara Wollschläger
Gestaltung: Volker Wollschläger

Die Lotosblume und ihre Bedeutung in den Aussagen von Sathya Sai Baba. Ein Bildband mit wunderschönen Photographien von Barbara Wollschläger. Im Zusammenspiel erschließen Texte und Bilder die tiefgründige Symbolkraft der Lotosblume.

Ebenfalls im Govinda Sai Verlag erschienen

MEIN FREUND SAI

Dieses Büchlein ist eine Perle aus Fürsorge, Liebe und Weisheit. Es ist eines jener Bücher, die wir immer dann gerne zu Rate ziehen, wenn wir mit einer der Fragen konfrontiert werden, die unser aller Leben bestimmen. Aber auch sonst erfreut und erfüllt uns dieses Bändchen mit der Freude und dem Licht, die so typisch sind für die Lehren, die aus der Tiefe unser aller Sein, Bewusstsein und Glückseligkeit stammen.